统计分析系列

社会调查方法与实践
（第2版）

杜智敏　编著
郭宜斌　审校

电子工业出版社
Publishing House of Electronics Industry
北京·BEIJING

内 容 简 介

本书以抽样调查为重点，以社会调查的工作流为主线，全面介绍社会调查的理论与方法。全书共六篇，第一篇，导论，包括绪论和社会调查概述；第二篇，准备阶段，包括社会调查课题的选择与研究设计，主要介绍选题及文献回顾；第三～五篇，分别介绍抽样调查、定性研究范式的社会调查和混合方法研究的适用范围、研究特点、资料的搜集与分析过程；第六篇，总结阶段，介绍调查报告的撰写。编写本书的指导思想是"为用而写"，在介绍传统调查方法的同时，把随科技进步而出现的网络问卷调查、网络民族志、数据搜集的混合模式、利用软件对定量与定性资料的分析、大数据等介绍给读者。本书的理论叙述通俗易懂，操作方法翔实，突出实践性与可操作性。读者可以随着学习本书的进程，独立完成社会调查的全过程，包括利用 SPSS 进行统计分析。为方便读者学习和教师教学，本书提供案例数据文件和电子课件，登录华信教育资源网(www.hxedu.com.cn)可免费下载。

本书既可作为高等学校相关专业本科生的教材、研究生的参考用书，也可作为国家机关、企事业单位相关管理人员的培训教材，还可作为社会调查实际工作者的工作指南。

图书在版编目(CIP)数据

社会调查方法与实践 / 杜智敏编著. — 2 版. — 北京：电子工业出版社，2022.8

ISBN 978-7-121-44161-5

Ⅰ. ①社⋯ Ⅱ. ①杜⋯ Ⅲ. ①社会调查—调查方法 Ⅳ. ①C915

中国版本图书馆 CIP 数据核字(2022)第 151270 号

责任编辑：秦淑灵   文字编辑：苏颖杰
印   刷：三河市龙林印务有限公司
装   订：三河市龙林印务有限公司
出版发行：电子工业出版社
         北京市海淀区万寿路 173 信箱   邮编：100036
开   本：787×1092   1/16   印张：26.5   字数：763 千字
版   次：2014 年 10 月第 1 版
         2022 年 8 月第 2 版
印   次：2023 年 11 月第 4 次印刷
定   价：79.00 元

前　言

社会调查方法是一门为理论研究、政策研究及工作研究提供手段和工具的方法性学科，主要研究社会调查的理论、原则、方式和方法。编写本书的主要目的是为高等院校的师生提供一本系统学习社会调查的理论与方法的教材，同时也为社会调查实际工作者提供工作指导。在电子工业出版社秦淑灵编辑的指导下，本人将拙作《抽样调查与 SPSS 应用》分为两册进行修订，于2014 年 10 月出版。其中，《社会调查方法与实践》全面介绍社会调查方法，可作为高校相关专业教材；《SPSS 在社会调查中的应用》主要介绍 SPSS 在社会调查中的应用。光阴似箭，转眼 7 年多过去了，随着计算机技术的发展，以及网络时代的到来，大数据对传统社会调查方法发出了挑战，社会调查方法在不断地创新与发展。《社会调查方法与实践》的修订正是在这样的大趋势下，坚持"为用而写"的指导思想，保留原版的特色与结构，遵循"精"与"新"的修订原则，尽心尽力完成的。

1. 正确处理三个关系，保留第 1 版的特色与结构

本书在编写的过程中，尽可能地处理好"现代社会调查"与"传统社会调查"的关系、理论与实践的关系，以及"教"与"学"的关系，注重理论阐述的可读性和方法的可操作性。

(1)采用"合—分—合"的逻辑架构，以抽样调查为重点，全面介绍社会调查的理论与方法。

本书作为教材，力求为学生建构完整的"社会调查方法"知识结构，为学生今后的工作需要和个人发展奠定基础。社会调查是对社会进行调查，因此，采用定量研究的统计调查、采用定性研究的实地调查、将定量与定性结合的混合调查均应包括在社会调查方法之中。从社会调查研究的现状来看，抽样调查已经得到了广泛的应用，实地调查也得到了越来越多的关注与运用，优秀的访谈调查报告是社会调查研究的丰硕成果中不可忽视的组成部分。在很多时候，将抽样调查与访谈调查相结合可以使调查更为深入，混合调查已经成为人们倡导并采用的一种研究范式。尽管由于经历不同、知识结构不同，调查人员会对各种社会调查方法有不同的偏爱，但事实上，方法本身没有应时与过时的区分，关键是把每种方法都用到该用的地方。

基于以上认识，在内容的选取上，本书以抽样调查作为重点，对抽样调查的理论与方法进行了比较全面的介绍。由于实地调查、混合调查并不仅是搜集资料的方法，而是与抽样调查完全不同的研究范式，因此本书内容的具体框架采用"合—分—合"的结构，将三类研究范式具有共性的理论与方法安排在一起，不同的调查研究过程则分开介绍，如图 1 所示。

具体地，第一篇，导论，包括绪论和社会调查概述；第二篇，准备阶段，包括选题与研究设计及文献回顾；第三～五篇，分别给出抽样调查、定性研究范式的社会调查和混合方法研究的适用范围、研究特点、资料的搜集与分析过程；第六篇，总结阶段，介绍调查报告的撰写。

(2)以社会调查的工作流为主线，兼顾理论与实际，突出实践的重要性。

社会调查方法是一门实践性非常强的学科，理论与实践的关系如何处理，这决定了本书内容的取舍和安排。在总体框架设计上，本书以社会调查的工作流为主线，从调查的准备阶段直至总结阶段(撰写调查报告)。例如，由于文献的搜集与研读是在整个调查研究过程中都要做的工作，特别是在选题与研究设计阶段，因此，为与实际的调查研究过程相一致，本书没有像多数相关教材那样，将文献调查法放在"调查阶段"部分，而是提前到"准备阶段"部分。

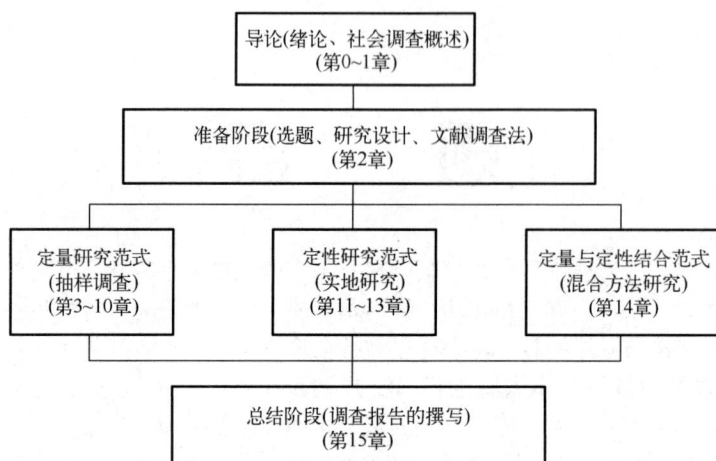

图 1　本书结构

　　强调社会调查方法是一门实践性学科，不是说社会调查方法的基本概念、基本理论不重要。任何具体的方法和技术都要在理论的指导下进行正确的实践，没有理论指导的实践是盲目的实践。因此，编写本书的指导思想是"为用而写"，兼顾理论与实际，要具有较强的可操作性，使读者能够在理论指导下去"做"。为了使读者"用"得正确，本书必须讲清"为什么"这样用，在什么时候、什么条件下才能用，即讲清基本概念和基本原理。例如，在介绍抽样调查时，要说明为什么样本可代表总体、什么样的样本是合格的样本；在介绍问卷的编制时，要讲信度与效度；在介绍抽样方案的设计时，要明确抽样的质量标准；在介绍调查报告的撰写时，要明确调查报告的质量标准。为能够"用"，就必须重视具体操作，讲清"怎么做"。作为本科生的教材，要有"度"，"足够"即可。所谓"足够"，第一是"足"，即切实保证学生学习后能够正确操作，能够顺利完成社会调查的基本过程；第二是"够"，即在宽度与深度上适可而止。以对数据资料的统计分析为例，本书不是单纯地将统计学的相关概念、公式搬过来，也不是只将 SPSS 相关模块的功能罗列出来，而是将概念、原理、使用条件讲清楚，再结合案例进行操作。因为在统计软件发达的今天，对学生及实际工作者而言，只需要掌握以下几点：根据研究问题的需要，应该使用什么方法；对所搜集的数据能用什么方法，不能用什么方法；怎么操作 SPSS 统计软件，怎么读懂输出的统计图和统计表，并知道这些结果说明什么；怎么结合实际进行解释。在"度"的把握上，本书仅给出了最基本的方法，使学生做一般的课题够用即可，既不是按模块的顺序都讲，也不是将模块中的所有功能都加以介绍。我希望学生学到的不仅仅是相关知识，更重要的是统计思维过程和做事的行为准则，使学生树立起做一切事情都要有依据、有条件的观念，做事之前要想一想："我能不能做？""我该不该做？"树立这种观念不仅是调查研究工作的行为规范，而且是做人做事的准则。让学生掌握统计思维过程，在了解、熟悉统计思维的基础上，逐步将统计思维作为处理问题的一种思维方式，而学会这种统计思维比学会具体的统计方法更为重要。

　　脱离实际的理论会成为空洞的理论。学时有限，学生的精力有限，为了让学生接触到更多的实际，加深对课程内容的理解，我的处理方法，一是"见多识广"，即"见多"才能"识广"，要向别人的实践学习；二是"实践出真知"，即"做中学"，要通过自己的实践学习。我要求学生在学习本课程之初，便组成课题研究小组，开展研究性学习。本书每章的最后都结合教学内容提出课题研究的进度与要求，学生将随着教学的进程完成一个自选小课题，体验如何用理论指导自己的社会调查实践。这也正是本书定名为"社会调查方法与实践"的原因。

(3) 明确教学目标，以学生为本，将"教"与"学"融为一体。

教学是人才培养的中心环节，教材是根据学科任务、教学目的和实际需要为教学应用而编写的具有一定深度和广度的理论、知识和技能的体系，是教师进行教学工作的主要依据和学生获取系统知识的主要来源。因此，在编写本书时，必须考虑"社会调查方法"课程的教学目的、教学要求，以及如何展开"教"与"学"的活动才能达到教学目的，以配合教学的进程。

"社会调查方法"课程的教学目的应体现高等教育培养人才的总目标、专业目标，以及联合国教科文组织提出的"学会求知，学会做事，学会共处，学会做人"四项学习。因此，教学目的不仅是传授社会调查方法知识和培养开展社会调查的能力，还需要结合"社会调查方法"课程的特点，把培养学生的学习能力、与人合作的能力、团队协作精神、严谨求实的作风作为重要组成部分。

为培养学生的学习能力，本书加强了对学生的学习指导。第一篇结合讲述学习社会调查方法的意义与作用，提出明确的、可操作的学习目标，并对学习方法进行总体指导，以激发学生学习的积极性，便于学生监控自己的学习情况，促使学生重视学习方法，并清楚如何学习"社会调查方法"课程；在每篇篇首，"学习导航"给出具体指导；除了首尾两章，其余每章开头都给出"本章思维导图"；每章最后都设置了"思考与实践"，其中的"复习思考题"针对课程内容提出，"实践与合作学习"则给出"做"的题目，以及研究小组结合该章学习内容应完成的任务，以配合教师组织学生开展研究性学习。

我建议教师开展研究性教学，做学生学习的促进者、组织者和管理者。"社会调查方法"是一门理论与实践高度结合的课程，具有极强的方法性、操作性和实践性。学生的学习不仅是对新知识的理解，而且是对新知识的分析、检验和批判。学习和掌握"社会调查方法"只能依靠学生自己的建构来完成，学生的能力、品格只能在实践中培养。与理论性学科相比，"社会调查方法"的实践性更强，因此组织学生开展研究性学习有其自身的优势，能让学生在开展调查研究的实践中掌握社会调查方法的基本理论和方法，培养创新能力，练就进行社会调查的本领；在小组讨论中学会与人合作；在遇到困难时体验团队协作精神的重要性；在课题的进行中学会组织与管理；在搜集、分析调查资料的过程中认识严谨、求实和坚守伦理道德的必要性；在课题完成时感受成功的快乐，增强学习的信心。在这个过程中，教师的角色会发生改变，从知识传授者转变为学生学习的促进者、合作者和帮助者，并成为整个教学过程的组织者、指导者和协调者。当然，要组织好学生的研究性学习，需要花费比仅采用课堂讲授方式更多的时间和精力，给予更多的投入。我相信，当参加学生的研讨，听到他们彼此的争论时，当看到学生们一项项的调研成果时，教师一定会为学生的成长和自己教学改革的成功感到骄傲与自豪！

(4) 教材是通过文字这种无声的语言与读者进行交流的，必须从读者的实际出发并具有可读性。为此，本书在论述基本概念和基本理论时，在不失严格性的前提下，尽可能用通俗易懂的语言，并结合一些有代表性的、尽可能生动的实例加以说明。本书的读者对象是学生和实际工作者，在涉及数学知识时，避免(也没必要)引入大量的计算公式；案例尽可能选择与读者关系密切或读者比较关注的问题，不单纯追求"应用面"的广泛。事实上，无论在哪个领域，社会调查方法都是相通的，掌握了方法的精髓，就能举一反三。为便于读者自学，本书的描述尽可能详细，以避免读者因一些小问题不得其解而浪费宝贵的时间。

2．对第 1 版内容进行了精简

本书在修订过程中，该保留的一定保留，该简练的一定简练，该删除的一定删除，努力做到内容精练、叙述精准、图表精确。

(1) 鉴于网上有关社会调查的资源非常丰富，查询又十分便捷，本书删去了第 1 版中每章的最后一节"案例"，改为学生自行上网查阅相关内容的文献，既能培养学生的学习自主性，提高学生的自学能力，又便于学生看到完整的案例，有利于学生理解与掌握调查方法，了解最新、最真实的社会现实。

(2)删除了一些陈旧的内容，如当时人们对网络调查的认识、某些由于技术的发展不可能再发生的案例等。

(3)对于需要保留的内容，能简则简，如对学习目标的讲述、对统计软件 SPSS 的总体介绍、结合调查方法给出的某些案例等，都尽可能简短。

(4)字斟句酌，尽最大努力减小篇幅。

3．根据社会调查方法的新进展，对部分内容进行了补充与更新

(1)对选用的 SPSS 版本进行了全面升级。为方便读者更好地结合本书学习和使用 SPSS，将选用的 SPSS 版本从 19.0 升级到 25.0，对 SPSS 的操作界面图片和输出表格进行了全面更新，对输出的叙述增加了小标题，使之更加条理、可读性更强。

(2)对网络调查的相关内容进行了全面的删减与补充，使其更加翔实，增加了"网络调查概述"(第 10.1 节)、"网络问卷调查"(第 10.2 节)和"网络民族志"(第 11.4 节)。其中，第 10.2 节中包括选择专门调查机构实施调查及使用免费开源的网络调查系统 Limesurvey 实施调查。

(3)对第 1 版中结合具体内容给出的数据及大部分案例进行了更新，基本取材于最新的统计年鉴、权威期刊、著名学者的著作及网上公布的全国性调查报告和相关专业论坛转发或发表的文章，并说明出处，以尊重作者，也便于读者进一步查阅。

(4)增写了社会调查方法的新成果和面对的挑战。第 10.3 节"大数据与抽样调查"在对大数据进行一般介绍的基础上，将学术界关于大数据对社会科学发展影响的各种观点，特别是对抽样调查提出的挑战进行了综述；第 6.6 节"搜集数据的混合模式"介绍了搜集数据的混合方式，即对同一调查对象先后采用多种调查方法；第 13.5 节"定性研究数据分析软件 NVivo 简介"介绍了用于定性资料整理与分析的软件 NVivo 12。

为方便读者学习和教师教学，本书提供案例数据文件和电子课件，登录华信教育资源网(www.hxedu.com.cn)可免费下载。

本书得以完稿，得益于许多老师和朋友的支持、鼓励与帮助。马喜亭老师为本书撰写了部分内容；周暄、张建华、常守美老师为本书的资料搜集工作提供了很多帮助；在本书的编写过程中，我参阅了许多专家学者和教师的专著、教材、论文和调查报告等学术成果，受益匪浅；电子工业出版社秦淑灵编辑对本书的编写工作给予了多次指导，苏颖杰编辑对再版文稿字斟句酌，细致认真，两位编辑为本书的出版付出了许多心血。本书完稿后，华北计算技术研究所郭宜斌研究员对全书仔细地进行了审校。在本书出版之际，对以上所提各位深表谢忱。

杜智敏

目　录

第一篇 导 论

学习导航

(1)第 0 章是对学习"社会调查方法"课程的学习指导，目的是使学生了解学习社会调查方法的意义，明确学习目标，掌握学习方法，在有限的时间里把课程学得更好。本课程学习的总目标是：比较系统地了解社会调查的基本理论，初步掌握社会调查的基本方法，能够依据并遵循社会调查的基本原理，合理地运用社会调查方法研究社会问题，为提高社会调查实际能力和科学研究素质奠定基础。

(2)第 1 章对社会调查进行概括性的介绍，大部分内容只需通读，通过学习应对社会调查概念的基本要素，社会调查的作用、分类、一般过程和社会调查的道德伦理有基本的了解。

(3)本篇参考书目如下。

① 艾尔·巴比. 社会研究方法[M]. 13 版. 邱泽奇，译. 北京：清华大学出版社，2020.

② 袁方，王汉生. 社会研究方法教程(重排本)[M]. 北京：北京大学出版社，1997.

③ 江立华，水延凯. 社会调查教程[M]. 7 版. 北京：中国人民大学出版社，2018.

④ 宋莹. 思维导图从入门到精通[M]. 北京：北京大学出版社，2018.

第0章 绪 论

通过社会调查获取需要的数据是一项非常古老的研究技术，其历史可追溯到公元前数千年的古埃及和我国古代的行政统计调查。近代的社会调查主要包括行政统计和社会问题调查。时至今日，调查研究(survey research)不仅是学者们从事社会科学研究的重要方法之一，而且是各级政府机关、企事业单位、各类社会组织等进行科学管理、科学决策时获取信息的不可或缺的途径。掌握社会调查知识已成为现代人必备的知识之一，更是现代社会管理工作者和现代社会研究工作者必须掌握和运用的基本专业技能。

目前，我国高等院校的许多专业(如社会学、教育学、管理学、政治学、人口学、心理学等)均开设了"社会调查方法"课程，这说明"社会调查方法"课程是社会科学通用的一门方法类课程。希望读者通过本章的学习，了解掌握社会调查方法的重要性，真正想学、爱学、会学社会调查方法。

0.1 为什么要学习社会调查方法

0.1.1 方法与科学方法的重要性

对于"方法"，《逻辑学大辞典》给出的解释是"从理论上和实践上为解决现实中的某个具体问题而采用的一切手段和操作的总和。亦即达到一定目的的方式，或按一定方式进行的有次序的活动。"办事情有良好的方法就可以取得"事半功倍"的效果，反之就会"事倍功半"，正如笛卡儿所言："最有价值的知识是关于方法的知识"。

"科学方法"是人们为获得科学认识所采用的规则和手段。科学方法既是科学认识的成果，又是科学认识的必要条件，它在科学认识中处于核心地位。著名科学家巴甫洛夫曾说："方法是最重要和最基本的东西，研究的严肃性如何，完全依赖于方法，依赖于行动方式。""我们的研究成就在于方法的完善。方法掌握着研究的命运。"爱因斯坦在谈到逻辑推理与理想化方法时对科学研究方法的重要性更是做了十分形象的比喻："若不用任何支架，就不可能建造房子，也不可能建造桥梁，但是支架却不是房子或桥梁的任何组成部分。"[1]科学发展的历史证明，许多重大科学问题的提出和解决，常常是科学方法获得一定突破的结果。例如，法国社会学家迪尔凯姆(Durkheim)搜集了几个欧洲国家30年的官方自杀统计资料，写出了《自杀论》，于1897年在法国巴黎出版。他运用社会统计学方法，对不同国家、地区人群的自杀率差异进行因果分析，在此基础上明确提出，引起自杀的真正原因实为社会势力。迪尔凯姆能够创建"房子"——自杀理论，正是由于他搭建的"支架"区别于以往社会研究所用的支架：他创立了社会研究的实证程序，首次将"多元分析法"引入社会学研究，从而将社会研究从单变量的描述性研究转向多变量的解释性研究，这些"支架"开创了现代科学的社会学研究"新纪元"。迪尔凯姆所创立的研究方法成为社会研究方法论的重要组成部分。人们将迪尔凯姆的《自杀论》作为社会研究进入现代阶段(实证化阶段)的时代标志。

---

① 爱因斯坦. 爱因斯坦文集(第一卷)[M]. 许良英，范岱年，编译，北京：商务印书馆，1976：572.

因此，可以毫不夸张地讲，不借助科学方法，就不可能获得科学认识，没有科学认识，就不可能有科学——反映自然、社会、思维等客观规律的分科知识体系。如今，方法论已成为一个重要的科学分支。

0.1.2　学习社会调查方法的意义与作用

社会调查方法是关于社会调查研究的理论、原则、方式、方法的科学，或者说是在社会科学中探讨如何进行社会调查研究的一门学科。社会调查方法和各种理论性的社会科学学科不同，它是一门为理论研究、政策研究及工作研究提供手段和工具的方法性学科。社会调查方法体系如图 0-1 所示，包括三个层次的知识：最高层次为方法论，是指导研究的一般思维方法或哲学方法，提供调查研究的指导思想；中间层次为基本方式，也为研究方式，表明贯穿调查研究全过程的程序步骤和操作方式；最低层次则是具体方法，包括调查研究各个阶段使用的具体方法和技术。社会调查方法作为一个体系，所涉及的内容包括调查研究的全过程——选择课题、设计研究方案、搜集资料、解释与分析资料，乃至撰写调查报告。

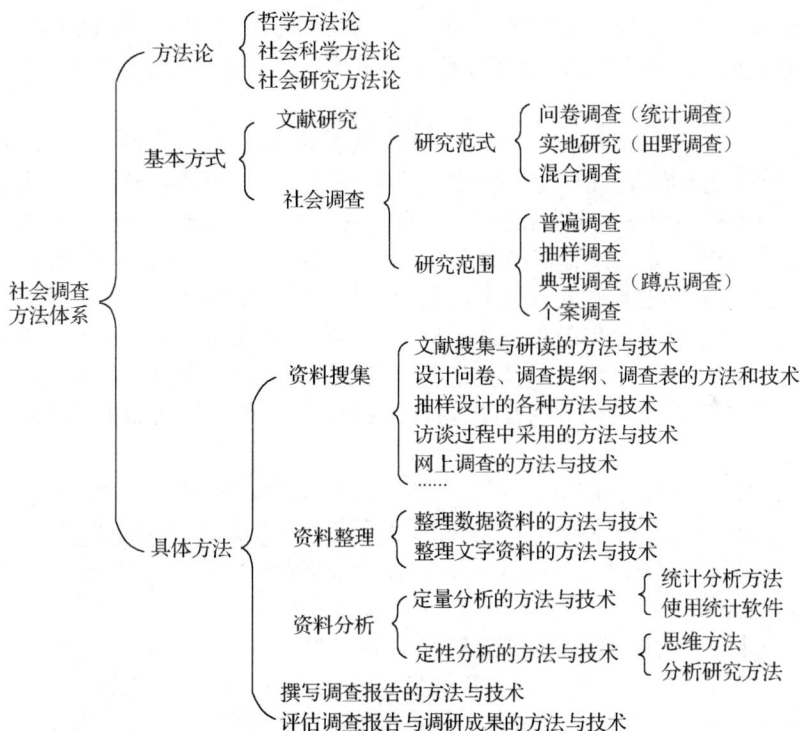

图 0-1　社会调查方法体系

社会调查方法是一整套完整的科学认识方法。学习社会调查方法无论对个人的发展、工作与研究质量的提升，还是对社会的进步与发展都有着重要的作用，既具有现实意义，也具有长远意义。

1. 提高辨别真伪的能力，不被貌似科学的调查所欺骗

社会调查作为一种常用的调研工具，在搜集民情民意、分析社会现象方面，有着自己特定的价值和意义，调查结果往往成为各级党政部门、企业乃至个人决策的重要依据之一；对许多热点的调查已经成为人们了解社会生活现状的重要渠道。但是不能不看到，调查报告良莠不齐，面对

这样的状况，除了加强对社会调查的规范，个体要有能力对各类调查报告进行全面的考查，如调查对象有没有代表性、所涉及的概念是否科学、所用的统计方法是否正确等，然后做出自己的判断，为此需要掌握必要的社会调查方法知识。

2．提高开展社会调查的能力，开拓个人就业与发展空间

今天，大学生的就业问题是社会关注的热点之一，如何拓宽自己的就业渠道，是每个大学生都关注的问题。

目前，无论国外还是国内，社会调查行业都在蓬勃发展，成为现代社会中极富生机的行业。政府所属的社会调查机构、社会组织设置的社会调查部门、独立经营的社会调查公司等，都需要在社会调查方面具有理论功底和实践经验的专门人才。如果大学生在校期间能根据自己的条件，有意识地在社会调查学习上下功夫，或许能给自己开拓一条就业的新路。如果真的喜欢这项工作，经过若干年的磨练，自己创业，成立调查公司也是可能的。

3．调查研究是做好工作的基本功

2020 年 10 月 10 日，习近平在中央党校中青年干部培训班开班式上的讲话中指出："年轻干部要提高调查研究能力。调查研究是做好工作的基本功。一定要学会调查研究，在调查研究中提高工作本领。"

无论做管理工作，还是研究工作，都要首先了解客观实际情况，"唯一的方法是向社会做调查"①。社会调查作为人们有目的、有意识的一种认识活动，同样需要有正确的方法，并按照一整套规范去做。"没有调查就没有发言权"，没有正确的调查，就不可能有正确的结论，同样没有发言权。作为一个管理者，没有正确的调查，就会瞎指挥，因此他就不应有决策权。事实上，很多社会调查或者没有真实反映实际情况，或者没有做出科学的调查结论，甚至直接或间接地为错误理论、路线、方针、政策做论证或辩护，给国家、人民造成了不可挽回的损失。就调查人员的主观因素来说，调查不深入、仅仅依据座谈会的发言就做出结论，社会调查的理论与方法掌握不到位，没有按照社会调查的程序进行，致使在调查设计及实施中出现偏颇等，都是其中的重要原因。

社会调查方法是一门综合性学科，不仅所涉及的知识领域是综合的，而且由于调查研究是政府、企业、研究单位、社会团体等组织的基础性工作之一，社会调查方法作为开展调查研究工作的必备知识就成为做好本职工作的基础。因此，无论从事哪种行业，对个人来说，掌握社会调查方法，能够正确地开展社会调查工作，都是一项实实在在的本领。张闻天曾告诫从事外事工作的同志，"提高业务水平，关键在于加强调查研究工作。调研工作是一切日常业务工作的基础""工作中的主动性、创造性的加强，有赖于调查研究""日常业务工作能力的提高，也靠调查研究"。因此，掌握社会调查方法是现代社会管理工作者和现代社会研究工作者必须掌握和运用的基本专业技能。

4．提高社会调查的质量，更好地认识社会本来的面貌

有人认为，社会调查研究总体上是一种感性认识活动。事实上，感性的东西有时并不可靠。美国社会学家艾尔·巴比曾讲过一个设想的晚宴故事：

> 你们到我家参加宴会，吃了一块我送上来的一道开胃菜——一种油炸面粉裹的东西。你们吃了几块，嗯，真好吃，然后又拿了一些。……你们开口问道："这是什

① 毛泽东. 毛泽东选集(第三卷)[M]. 北京：人民出版社，1991.

么？能告诉我是怎么做的吗？"而我则透露了一个小秘密："你们刚才吃的是油炸面粉裹虫子！"你们反应强烈，开始反胃，把客厅的地毯吐得一塌糊涂。噢！多么糟糕的待客之道啊！①

艾尔·巴比接着说："这个故事的要点是，你们对这道菜的前后两种感觉都是真实的，只不过你们在知道吃的是虫子之后才觉得恶心，因为你们和周围的人都认为虫子不适合作为食物，从小爸爸妈妈就告诉你们虫子是不能吃的。"这就说明，我们对客观事物的感知是受我们的经验、社会的约定俗成影响的。同理，社会调查要有效地把握现实社会状态及其发展变化趋势，仅有对各种事实资料和数据资料的感性认识是不够的，而需要上升到理性认识的层次。只有通过社会调查方法的学习，掌握社会调查的基本理论与方法，才可能对现实生活状态及其发展变化趋势做出比较准确的描述、科学的解释和可靠的预测。

0.2　怎样才能学好"社会调查方法"课程

学好"社会调查方法"课程并不难，重要的是要有明确的学习目标，采用适合课程特点和符合自己实际的学习方法，再加上认真、勤奋和毅力。一个坚定地向目标前进的人，整个世界都会为他让路，何况只是一门课程呢？

0.2.1　明确学习社会调查方法的目标

朱熹、吕祖谦的《近思录·为学》(卷二)中写道："学之道，必先明诸心，知所往，然后力行以求至。"确实，没有明确的目标，哪来学习的劲头？因此，学习社会调查方法，必须做到目标明确，而且要可操作、可实现，才能落到实处。具体地，学习目标有以下五个。

(1)对社会调查方法有一个全面的了解，掌握社会调查方法的基本概念和基本原理，熟悉社会调查的科学程序、主要途径与方法，掌握统计分析和定性分析的基本知识，明晰社会调查的道德伦理规范。

(2)掌握社会调查的相关技能，包括选择课题、研究设计、问卷设计、抽样设计、搜集定量与定性资料的方法与技术、利用 SPSS 对数据资料进行初步的统计分析、对文字资料进行定性分析及撰写调查报告。

(3)初步具有进行社会调查的能力，即能够结合实际选择调研主题，结合问题本身确定适合的调研方法，并正确运用这些方法开展调查研究。

(4)"学会学习"集中体现在以下两个方面。

第一，提高学习能力，能够结合研究课题知道自己需要学习哪些知识，知道到哪里查找、找到后如何学习，以及在进行课题研究的过程中怎么运用这些知识；能够利用所学知识对文献中的调查报告进行初步评价。这个过程就是搜集文献、研读文献(理解性阅读、批判性阅读)和运用文献的过程。

第二，学会监控自己的学习，能够对自己的学习状况进行评估，并有针对性地进行调整和改进。

(5)发扬团队协作精神，提高与他人合作的能力，在坚持严谨、求实的学风上有所进步，要结合自己的情况确定一个具体的目标。

---

① 艾尔·巴比. 社会研究方法基础[M]. 8 版. 邱泽奇, 译. 北京: 华夏出版社, 2002.

0.2.2　掌握科学的学习方法

人们常说"读万卷书，行万里路"，强调的是阅读与实践。这里结合"社会调查方法"课程的特点提出以下三个学习方法，供读者参考。

1. 重视阅读，学会读书

(1)认真阅读教材。教材包括本书和一两本参考书。这里在各篇的"学习导航"中介绍该篇的参考书目。

(2)结合教师教学和研究小组调研课题的进程，上网查阅相关的案例资料。

梁启超曾说："每日所读之书，最好分两类：一类是精读的，一类是浏览的。" 教材应精读，为课题研究搜集的文献可以选择性地精读，搜集的案例等大部分材料进行浏览，只需抓住几个要点：研究的问题是什么，问题怎么提出的、用什么方法解决的，得出了哪些结论，对所用方法和结论做出自己的评析。

2. 学用结合，在"学"中 "研究"，在"研究"中"学"

孔子曾经说"吾听吾忘，吾见吾记，吾做吾悟"，就是强调"做"的重要性。对于社会调查方法，只有在做的过程中才能理解基本理论，掌握具体的方法与技术。例如，只有真正开展调研活动，才能体会为什么在正式开展调研前需要进行研究设计；只有亲自设计问卷，才会发现其中可能出现的问题；只有亲自操作 SPSS 统计软件，才能知道如何利用它进行数据分析；只有深入实地做深度访谈，才能体验定性研究与定量研究的差异。也就是说，只有亲自"做"，才能"悟"。在学习中开展研究性学习，就是将"学"与"做"结合起来的一种有效学习方式。

在学习社会调查方法的过程中，研究性学习有以下两层含义。

(1)研究性学习不是特指一种具体的学习方式或学习活动，而是指在学习(无论是通过书本、课堂还是亲自实践)过程中，以创新学习观为指导，有创造性思维参与，表现为对知识不是海绵式的一概吸收，而是通过判断决定取舍；对问题不满足于现成的答案，而是主动地通过各种途径探讨新方法、新视角而得出新结论；学习过程主要不是记忆的过程，而是参与发现、创造的过程，举一反三，灵活运用；在学习过程中，有个体的学习，也有合作学习。简言之，无论是先提出问题，然后带着问题去实践、去学习相关的知识，最后解决问题，还是先学习，在学习中提出问题，并通过各种途径最后解决问题，凡是在学习过程中包含有研究的成分，就都是研究性学习，这样的学习过程是在"学"中"研究"。事实上，无论学习哪门课程，学习都应这样进行。

(2)在"社会调查方法"课程中开展研究性学习，除上面的广义研究性学习外，还指一种新的具体的学习方式，它与传统的只听教师讲课的接受型学习方式不同，强调学习的自主性、探索性和实践性。在"社会调查方法"课程教学中开展研究性学习，是指在课程学习的过程中，学生自己组织研究小组，开展有关调查课题的研究活动，具体的研究过程将随教学过程展开。在这个过程中，教师会进行指导，小组成员分工合作，共同完成调研课题。这个过程是在"研究"中"学"的过程。

上述学习方式更多地体现了学生学习的主体地位，有助于为学生创设更有利于自主意识、自学能力、创新意识、创新精神和创造能力培养的学习环境，学习内容和时空具有更大的开放性，学习过程具有更强的实践性和探索性。当然，这种学习方式对学生学习的自觉性也有更高的要求，如果在小组调研的过程中，总想"搭便车"，就什么也学不到，最后只能是学习受到影响，当然包括学习考核的成绩不过关。

3. 运用思维导图，提高学习效率

思维导图是一种新型思维模式和学习方法，它将左脑的逻辑、顺序、条例、文字、数字，以及右脑的图像、想象、颜色、空间、整体等各种因素全部调动起来，把一长串枯燥的信息变成有色彩、容易记忆、有高度组织性的图形。在学习过程中运用思维导图，可以大大提高学习效率，使学习效果明显。

思考与实践

1. 结合实际(社会调查的现状、个人的需要等)说明学习"社会调查方法"课程的意义。

2. 找两篇调查报告读一读，感受质量不同的调查报告的差异在哪里。

3. 你希望通过本课程的学习实现怎样的目标？请写在下面，以便随着课程的进展查看距离目标还有多远、应如何改进。

目标：_____

4. 如果要开展社会调查，根据自己目前的主客观条件，选择一个题目。

第1章 社会调查概述

本章思维导图

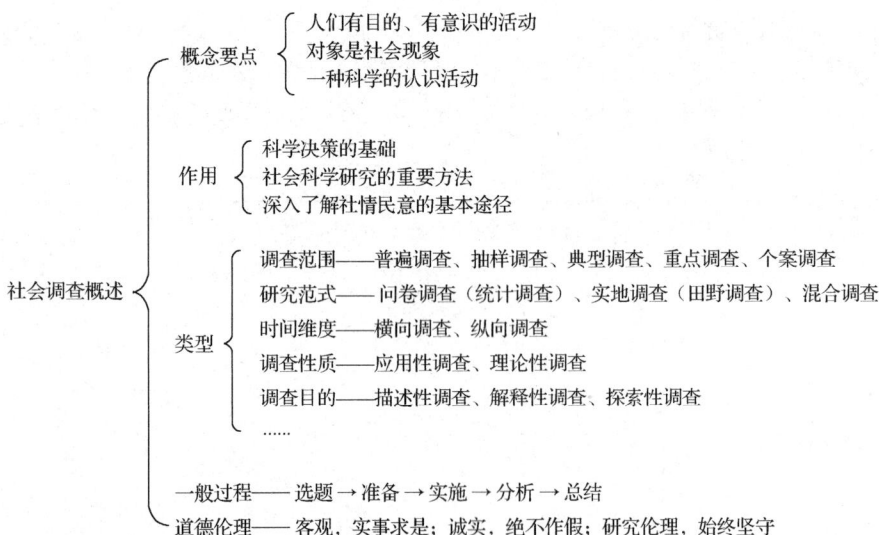

```
                      ┌ 人们有目的、有意识的活动
              概念要点 ┤ 对象是社会现象
                      └ 一种科学的认识活动

                      ┌ 科学决策的基础
              作用    ┤ 社会科学研究的重要方法
                      └ 深入了解社情民意的基本途径

                      ┌ 调查范围——普遍调查、抽样调查、典型调查、重点调查、个案调查
  社会调查概述 ┤        │ 研究范式——问卷调查（统计调查）、实地调查（田野调查）、混合调查
                      │ 时间维度——横向调查、纵向调查
              类型    ┤ 调查性质——应用性调查、理论性调查
                      │ 调查目的——描述性调查、解释性调查、探索性调查
                      └ ……

              一般过程——选题 → 准备 → 实施 → 分析 → 总结
              道德伦理——客观，实事求是；诚实，绝不作假；研究伦理，始终坚守
```

1.1 社会调查的概念及其解析

1.1.1 社会调查的概念

我国学术界对社会调查的概念有不同的界定，除称谓不一外，还从不同的视角给出了不同的内涵和外延。

在我国，社会调查的概念在总体上有两种。一种是狭义的社会调查，可以分为两类：一类认为社会调查仅仅是一种搜集社会资料或社会事实的活动，社会研究才既包括资料的搜集，又包括对所搜集资料的分析；另一类则认为社会调查是指对社会现象进行的抽样调查，即通过问卷或结构性访谈搜集资料，然后对数据进行统计分析，依据统计分析结果来描述、解释特定的社会现象、社会问题和社会事件及其规律。

另一种是广义的社会调查，认为社会调查是对某种社会事实(社会现象及其规律)进行完整认识的过程，不仅有搜集资料的活动，而且有分析研究资料的活动。搜集资料的方法不仅包括问卷法、结构式访谈法，而且包括观察法、深度访谈、文献法，甚至包括实验法；调查的方法既包括抽样调查，也包括个案调查和典型调查；分析资料的方法不仅包括对数据的定量分析，而且包括对资料的定性分析，以及将定量分析与定性分析相结合。

在英国、美国等西方国家，社会调查的概念在20世纪70年代，是指随着抽样方法和问卷方法的发展而形成的结构化的资料搜集方法。因此，社会调查更多的是指一种量化的社会科学研究方法。

　　近 20 年来，学术界关于定性研究的认识在概念、术语、理论和方法论上都有了质的飞跃。这种新型的定性研究方法在国外社会科学研究领域已得到了广泛的运用，甚至有学者提出："作为一种主要的甚至唯一的调查方法的深度访谈，在某些情况下是最适合的。"

　　对社会调查概念的界定的主要分歧在于社会调查是仅指抽样调查，还是既包括抽样调查，也包括实地调查。但学者们有三点共同的认识：社会调查是人们有目的、有意识的活动；社会调查的对象是社会现象；社会调查是一种科学的认识活动。

　　综合以上分析，本书对社会调查采用的概念是"社会调查是社会调查研究的简称，是指人们有目的、有意识地通过对客观存在的社会现象的系统考查、了解、分析和研究，以便具体地把握现实社会状态及其发展变化趋势的一种科学认识活动。"

1.1.2　对社会调查概念的解析

　　本书所指的社会调查是广义的社会调查，即是对某种社会事实(社会现象及其规律)进行完整认识的过程，不仅有搜集资料的活动，而且有分析研究资料的活动。调查与研究的关系是辩证统一的，调查与研究不仅相互作用、相辅相成，而且相互贯通，调查之中有研究，研究之中有调查。没有调查，研究就是"无米之炊"；反之，没有研究，感性认识不可能达到理性认识的高度。

1．社会调查是人们有目的、有意识的活动

　　社会调查是调查主体(调查人员)的有意识的活动，社会调查有着明确的目的，要通过调查把握现实社会状态及其发展变化趋势。对于具体的调查项目，调查人员清醒地觉察到该调查项目有必要做、应该做，从而会自觉地做，即社会调查是调查主体的一种有目的的、自觉的行为。同时，社会调查并不仅仅停留在对现实社会状态进行客观、精确的描述，对形成这种状态的原因进行科学的解释，以及在调查的基础上探索事物的发展趋势、预测事物未来的状态，而且具有在意识支配下反作用于客观世界的能动性，调查结果对各级管理部门的政策制定、相关计划的编制，乃至社会科学研究，都将发挥其自身独特的作用。因此，社会调查区别于一般日常生活中对社会现象的观察与了解。

　　基于上述认识，进行社会调查时，需要注意以下几点。

　　(1)要有明晰的调查目的。开展社会调查，首先需要明确的是"为什么"做调查，即在选题时要明确调查的具体目的、调查的必要性和调查的作用，不能为调查而调查。

　　(2)作为调查人员，要有高度的"自觉性"。既要在调查前自觉遵循社会调查的理论和方法，制定科学的调查方案，又要根据调查的进展、客观情况的变化，自觉地、及时地调整调查方案；既要根据实际情况，考虑调查的可行性，又要在客观条件允许的情况下，充分发挥主观能动性。

　　(3)要充分发挥社会调查对客观世界的能动性。尽管社会调查本身并不直接解决社会问题，但能为解决社会问题提供必要的线索和依据，一份优质的调查报告必然会对社会实践产生影响。

2．社会调查的对象是社会现象

　　社会调查，是指对具体的社会现象进行的调查。

　　社会现象不能简单地等同于社会中的普遍现象。法国学者迪尔凯姆最早指出，社会现象是"一种确定的团体现象"，"它们是存在于人们身体以外的行为方式、思维方式和感觉方式"，社会现象是"一种强制力，普遍存在于团体中，不仅有它独立于个人固有的存在性，而且作用于个人，使个人感受的现象"[①]。

---

① 埃米尔·迪尔凯姆. 社会学方法的规则[M]. 胡伟，译. 北京：华夏出版社，1999.

社会现象可以从不同的视角进行分类。例如，雷洪提出，依据事物的根本性质，社会现象可分为原生事实现象与派生反应现象。原生事实现象即发生或正在发生的客观事实现象，如人口多少、社会结构、物价上涨等；派生反应现象是由发生或正在发生的客观事实现象所产生的社会主观反应现象，如对前面所说的事实的感受、认识、态度、评价、意愿、期望等。在社会系统中，原生事实现象体现的是社情，派生反应现象体现的是民意，前者客观性强，后者主观性强；在社会调查中，前者需要用客观指标测量，后者需要主观指标测量[①]。水延凯等人则将社会现象分为物质现象和精神现象，物质现象即社会物质生活中存在的一切事物，包括社会的、经济的、政治的等物质的社会现象；精神现象则包括社会思想、文化等，如人们的思想、感情、态度、愿望、心理特征等[②]。

根据对社会现象的描述，我们不难得出以下几个结论。

(1)社会调查关注的是社会现象，而不是具体的个体。尽管很多时候社会调查的对象是一个个具体的个体，搜集的是个体的资料，但是它所要描述和解释的却是由一个个具体的个体所组成的群体与组织，是由社会中人与人之间相互联系、相互影响、相互作用而形成的"团体现象"，还包括社会产品(人类行为及人类行为的产物)。例如，关于大学生就业问题的社会调查，其调查对象是即将毕业的大学生群体，而不是被调查的每位大学生，采用概率抽样，对样本中一个个毕业生的求职意向、签约状况、就业压力来源等信息加以搜集，便可以通过就业率、平均期望月薪、各种压力来源的百分比等来描述毕业生群体当前的就业状况及压力的强度、产生压力的主要来源等。

(2)对社会现象的分类回答了"调查什么"和"对谁做调查"的问题，尽管社会现象十分繁杂，但调查的内容或称之为课题的领域可基本概括为两大类：社情和民意。通过对社情和民意的系统调查和分析，可以对现实社会的状态有一个全面的了解，从而把握社会状态的发展变化趋势。将社会现象分解为物质现象和精神现象，可使我们明确社会调查的直接对象就是"人"或"物"。

(3)对于大多数社会调查来说，没必要也往往不可能对所有的"人"或"物"进行调查，正如贝克尔所言："每个科学计划都试着通过少数例子，发现能够被应用于所有事物的东西，这种研究的结果，按照我们通常的说法，是'通则化的'。"[③]因此，正确地选择对"团体现象"具有代表性或典型性的调查对象，是一项调查最终能否达到其目的的关键之一。

3. 社会调查是一种科学的认识活动

社会调查是一种科学的认识活动，这一界定在本质上回答了应该"怎样做调查"。

社会调查是一种科学的认识活动，体现在社会调查不是一种随心所欲的活动，不是抓住零碎的、片面的事实就可以随便给出调查结论的活动，而是在社会调查的科学理论指导下，采用科学的方式和方法，系统地搜集大量有关社会现实的材料，形成对社会现象的感性认识，还要对这些材料进行深入的分析和研究，以便探究事物的本质，了解事物的内部规律性，将调查研究的结论建立在系统的经验观察、全面的事实依据和正确的逻辑推理之上。

开展社会调查时，必须做到以下几点。

(1)坚持科学性原则。首先，要有一定的理论指导，必须经过思考，从感性认识跃进到理性认识。不能停留在感性认识阶段，更不能凭着个人的主观印象对所感觉到的社会现象做出粗浅的甚至错误的解释。其次，在调查过程中要正确运用各种社会调查的方式与具体的方法，在任何环节上出现问题，都不可能使社会调查达到科学地考查社会现象的目的。

(2)坚持客观性原则。"认识"是人的头脑对客观世界的反映。当用人们的意识、愿望、心理

① 雷洪. 社会问题——社会学的一个中层理论[M]. 北京：社会科学文献出版社，1998.

② 江立华，水延凯. 社会调查教程[M]. 7 版. 北京：中国人民大学出版社，2018.

③ 劳伦斯·纽曼. 社会研究方法——定性和定量的取向[M]. 5 版. 郝大海，译. 北京：中国人民大学出版社，2012.

状态等主观因素解释各种社会现象、对调查做出各种结论时，不要忘记这些解释和结论往往会受调查主体的世界观、人生观和价值观念及实践经验、认识水平、心理特征等主观因素的影响，因为对同一个社会现象，不同的调查主体往往会有不同的评价和认识。因此，在阅读调查报告时，要有鉴别能力，万不可被人"忽悠"；自己做社会调查时，要坚持调查的客观性，尊重客观事实，从客观实际出发，避免自己的主观意愿与好恶影响对调查资料的取舍和调查报告的真实性。特别是公务需要的社会调查，更要注意避免从条条框框出发进行调查，"按图索骥"，顺着上级的意图搜集资料，只讲领导想听的话。

（3）注重实效，树立求真务实的作风。2019 年，习近平指出，要防止搞"出发一车子，开会一屋子，发言念稿子"式的调查，防止扎堆调查、"作秀式"调查。只有调查成果言之有物，有情况有分析、有解决问题的思路和举措，确保把调查成果转化为解决问题的具体行动，才能表明该项调查是有意义的、成功的。

1.2　社会调查的作用

社会调查的基本任务是通过系统地搜集调查对象真实的、有代表性的材料，运用一定的方法和手段，对社会现象进行准确、清晰的描述，并在此基础上科学地解释各种社会现象之间的关系，取得对调查对象本质的规律性认识，进而探索调查对象的发展趋势和进行对策研究。因此，社会调查是正确了解社会的基本途径，是正确掌握社会机制的基本方法和科学预测社会发展趋势的基本保证，具体体现在以下三个方面。

1.2.1　社会调查是科学决策的基础

从一个企业的兴旺发达到一个国家的繁荣昌盛，都离不开科学的管理。"管理就是决策"，这是 1978 年诺贝尔经济学奖获得者西蒙的至理名言，它突出了决策在现代管理中的核心地位。西蒙认为，决策不仅仅是做出决定，还应被视为一个过程。事实上，大到国家政策方针、发展规划的制定，小到企业产品定位、营销策略的谋划都是一个决策过程。

决策过程可分为两个阶段六个步骤（见图 1-1）。调查研究所提供的信息是决策的重要基础，也就是说，只有先把"事实"搞清楚，才能做出正确的决策。识别问题是决策的第一步，是解决问题的前提。所谓问题，就是社会系统期望与实际状态的差异，要识别问题、分析问题，就要深入地调查研究，只有熟悉了解决策系统的实际情况，按着确定目标搜集、整理有关信息资料，发现差距，找出问题关键，进而分析问题产生的原因，抓住主要矛盾，找准问题症结，才能提出解决问题的办法和方案。图 1-1 中的"拟定方案"经过"评价分析"和"优化方案"后"设计目标"能否实现、结果是否满意，有待实践的检验；在具体实施中难免会出现新情况、新问题，只有通过跟踪调查才能得到及时反馈，从而及时进行必要的修正。调查研究是形成正确决策的前提，是决策得以实施的保障，也是决策得以更新和发展的手段。决策正确，可以使企业起死回生，可以给民众带来安宁和幸福；决策失误，可能使企业倒闭，就会给民众带来痛苦和灾难。管理的全过程就是不断地调查研究，不断地形成决策、贯彻决策、更新发展决策的过程。

历史与现实的无数事实表明，一个企业的兴衰和是否重视调查研究息息相关。1973 年，世界出现了"石油危机"，严重冲击了与石油休戚相关的汽车制造业，当时西方国家所有汽车制造企业都遭受了一定程度的损失。此后，通用公司和福特公司十分重视能源方面的调查研究，在深入调查、认真研究的基础上，预测到"石油危机将卷土重来"，于是迅速做出设计、制造油耗较小的小型汽车的决策。但世界闻名的美国克莱斯勒汽车公司忽视了能源方面的调查研究，一如既往地生产耗油较大的大型汽车。当 1978 年世界性"石油危机"再度发生时，克莱斯勒汽车公司束手无策，销量急剧下降，在 1979 年的 9 个月中，连续亏损 7 亿美元，打破了有史以来的最高纪录，濒临破产。1982 年，克莱斯勒汽车公司在李·雅科卡的领导下，具备了强大的经济实力，为了公司的进一步发展，李·雅科夫计划恢复制造敞篷车，可又不知道销路如何。于是，他做了一次比较特殊的、别具心裁的调查。公司用手工制造了一辆敞篷汽车，李·雅科卡亲自把它开到大街上，马上引来了人们对这辆车的赞许，纷纷表示要买一辆这样的车。于是，公司进行分析研究后很快做出制造敞篷汽车的决定，结果第一年就销售 2.3 万辆，比预先计划的销售量多出 2 万辆[①]。

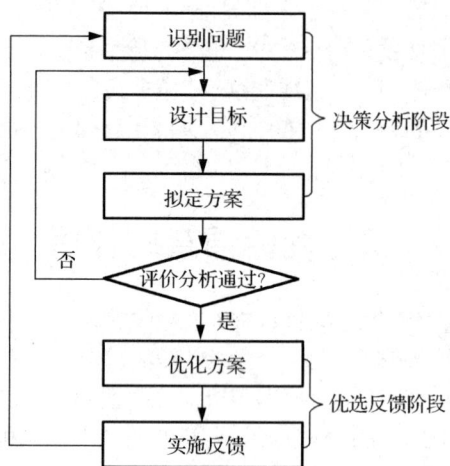

图 1-1　决策过程[②]

　　因此，要形成正确的决策并付诸实施，就必须重视调查研究，正确地运用调查研究的方法。可见，正确地开展调查研究，是一切事业的谋事之基、成事之道。

1.2.2　社会调查是社会科学研究的重要方法

　　社会调查是进行科学探究的常用方法。社会调查的目的是描述、解释社会现象的状况、发生的原因，并探索事物发展的规律，以预测社会现象的发展趋势，在这个过程中形成各种社会观点和理论，最终运用这些观点和理论指导社会实践。在实践中，通过社会调查这一环节，可发展和完善各种社会观点和理论，形成社会观点体系，即形成各种社会科学的学科体系。社会学、人类学等学科就是在社会调查的基础上形成的。

　　在《社会研究方法基础》一书中，作者艾尔·巴比记述了他和同事们通过大规模的调查，建立宗教的社会剥夺理论的过程。他们调查的课题是"为什么有些人比其他人更加笃信宗教"。调查结果表明，有四个差异与宗教信仰强烈程度关系最大：女人比男人宗教信仰强烈；老人比青年宗教信仰强烈；穷人比富人宗教信仰强烈；单身者比有家庭的人宗教信仰强烈。这四个差异可以视为规律，但为什么有这四个差异？他们围绕这一问题进行了长达数年的研究，结果发现，每种差异中的特征的价值在美国社会都是被贬低的——女人比男人地位低，老人比青年地位低，穷人比富人地位低，单身者比有家庭的人地位低。据此，他们归纳、建立了新的理论："那些在世俗生活中被最大限度地剥夺了满足感和成功感的人求助于教堂获得慰藉与补偿。"这一理论被称为"宗教的社会剥夺理论。"

　　作为社会科学研究工作者，更多的研究课题来源于实际，来源于社会需要，而非"凭空造题"。

① 洪威雷. 公务调研学[M]. 北京：中国社会科学出版社，2007.

② 彭永行. 管理决策分析[M]. 北京：科学出版社，2000.

只有通过深入实际的调查，才能掌握社会现象和社会问题的第一手资料，再进行科学的抽象，根据实际提炼、创造理论，依据"实事"去"求是"，这种理论、这种"是"，就有了坚实的实践基础，而非"闭门造车""东拼西凑"，这种理论就必然具有无限生命力，能够能动地作用于实际，用来指导实践活动，做到有"的"放矢，只有这样的研究成果才具有理论价值和实践价值。

1.2.3　社会调查是深入了解社情民意的基本途径

社情民意是指社会、政治、经济诸方面的基本情况和人民群众的意见、愿望。"上之为政，得下之情则治，不得下之情则乱"，只有听民声、察民意、知民情，才能制定正确的方针政策，才能得民心。在新的历史条件下，能否充分掌握社情民意，关系到执政党和国家生死存亡。毛泽东曾指出，"要了解情况，唯一的方法是向社会做调查"。"涉浅水者得鱼虾，涉深水者得蛟龙"，只有深入群众做调查研究，才能了解群众的利益、群众的呼声，才能了解最真实的国情，使各项决策和工作部署集中民智、体现民意、反映民情。例如，只有深入贫困地区，"掌握第一手资料，听取第一线声音"，才能了解当地群众的疾苦、当地贫困的原因和走出贫困的路在哪里，才能为打赢脱贫攻坚战做出积极贡献。

1.3　社会调查的基本类型

根据不同的标准，从不同的视角，可以对社会调查进行多种分类。

1.3.1　根据调查对象的范围分类

根据调查对象的范围，社会调查分为普遍调查（或称全面调查）、抽样调查、典型调查、重点调查和个案调查。

1. 普遍调查

普遍调查（entire population survey）简称普查，是指对调查对象全体无一例外地逐个进行调查的调查方式。"全体"的范围可以是全国性的、地区性的（如全省、全市、全社区等），也可以是行业性的，甚至是部门性的，如一个学校、一个工厂、一个医院等。

在我国，最早的全国性普查是人口普查，我国分别在 1953 年、1964 年、1982 年、1990 年、2000 年、2010 年、2020 年进行了 7 次全国人口普查。

普查的涉及面广，工作量大，普查工作必须遵守以下原则。

(1) 为保证普查结果的准确性，调查时间要统一。例如，第七次全国人口普查的标准时点是 2020 年 11 月 1 日零时。

(2) 社会现象变化极其迅速，普查现场登记工作尽可能在最短时间内完成，时间过长，容易造成巨大的误差。例如，第六次全国人口普查从 2010 年 11 月 1 日开始，到 11 月 10 日结束，在短短 10 天里完成了 13.4 亿人的登记工作。2019 年 10 月 31 日发出的《国务院关于开展第七次全国人口普查的通知》中提出，"提升信息化水平。采取电子化方式开展普查登记，探索使用智能手机采集数据。广泛应用部门行政记录，推进大数据在普查中的应用，提高普查数据采集处理效能"。

(3) 普查的项目必须简明。例如，2020 年的全国人口普查项目包括姓名、居民身份证号码、性别、民族、年龄、受教育程度、行业、职业、迁移流动、婚姻生育、死亡、住房情况等。

(4) 普查尽可能按一定的周期进行。只有按一定的周期普查，才便于对历次普查的资料进行比较，有利于发现有关社会现象的发展趋势及其规律。为了在世界范围内对各国的人口变化情况进行横向对比或纵横交错研究，联合国建议各国在年份尾数为"0"或接近"0"的年份进行普查，这便是我国每隔 10 年进行一次全国人口普查的由来。

与其他类型的调查相比，普查所搜集的资料是最全面的，也是最准确的。这些重大的国情国力调查资料成为国家制定各种政策的重要依据，也是从事社会科学研究的重要资料来源。以全国人口普查为例，1953 年的全国人口普查，是为准备第一届人民代表大会选举和开展大规模经济建设服务的；1982 年的全国人口普查，给改革开放新时期社会经济发展提供了准确且全面的人口数据；2020 年的全国人口普查向进军第二个百年奋斗目标提供了科学准确的统计信息支持。但是，普查也有其局限性，第一，需要投入大量的时间、人力和经费；第二，普查的内容往往深度不够，只能请调查对象提供一些最基本、最重要的信息，很难对有关问题进行深入的研究。

2. 抽样调查

抽样调查(sampling survey)是从全体研究对象(称为总体)中，按一定方式选择或抽取一部分对象作为样本，调查工作仅在样本中进行，从研究范式上看，属于定量研究。抽样调查有一套完备的操作技术，包括抽样方法、资料搜集方法和数字统计方法等。基本的调查步骤是：调查人员事先建立假设，并确定具有因果关系的各种变量，通过概率抽样或非概率抽样方式选择样本，使用经过检测的标准化工具和程序采集数据，对数据进行分析，建立不同变量之间的相关关系。当采用概率抽样(也称随机抽样，是指按照随机原则，从总体中抽取一定数目的个体作为样本，总体中的每个个体被选入样本的可能性是一样的)时，可以通过对样本的分析对总体进行推断；当采用非概率抽样(也称方便抽样，是从方便的角度出发或根据研究者主观的判断来抽取样本，每个个体进入样本的可能性是未知的)时，不能通过样本的信息对总体进行推断，只能对样本进行描述。抽样调查是一种非全面调查，工作量要比普查少很多，是应用比较广泛的一种调查方法。我国会在两次全国人口普查之间，在全国进行一次1%人口的抽样调查，每年还针对人口变动量进行一次抽样调查。国家统计系统在各地的城市调查队和农村调查队，也是利用抽样调查的方法来搜集城市居民的收入和消费、农民生活的有关数据的。另外，民意调查、市场调查、社会问题调查等绝大多数是采用抽样调查的方法进行的。

3. 典型调查

典型调查(modal survey/typical investigation)是指根据调查研究的目的和要求，在对所要了解的社会现象或问题有了总体的初步认识、划分类别的基础上，有意识地选择一些有代表性的单位(个人、团体、组织、社区、事件甚至产品等)，进行细致的周密调查，深入了解情况，以由此及彼地认识同类社会现象的本质及其发展规律，并找出具有普遍意义的、有价值的经验和值得借鉴的教训的一种社会调查方法。典型调查有时也会应用于抽样调查之前(为了优化调查的设计)或之后(为了进一步深入调查)。

典型调查主要是定性调查。典型调查与抽样调查不同，必须深入调查对象，通过开座谈会、个别访谈等方式进行面对面的调查，听取各方面的意见，获得丰富的第一手资料，在此基础上，运用各种科学思维方法，由个别推演到总体，分析其主要的内在联系和外部联系，搞清所调查的现象或问题的性质、特征及发展、变化的一般规律，从而探索解决问题的途径和方法。

4. 重点调查

重点调查(special survey/key-point investigation)是一种非全面调查，是从被研究的总体中选择部分重点个体(可以是一些企业、行业或部门，也可以是一些地区或城市)所进行的调查。所谓重点个体，是指在所研究的总体中占有较大比重，能够反映整个研究对象基本情况，并对全局具有决定性的一个或几个个体。例如，要调查某地区高级知识分子对某个问题的态度，只需调查该地区的高等院校和科研文化部门员工，就可以获得必要的资料。一般地，当调查任务只要求掌握基本情况，而部分个体又能比较集中地反映研究对象的某些指标的主要情况时，采用重点调查较适宜，因为可以用较少的时间、人力和物力满足一般研究任务的需要。重点调查的调查对象数量较少，关键在于选准重点个体。

重点调查与典型调查虽然有相似之处，但存在以下明显的区别。

(1) 二者选择调查对象的标准不同。典型调查选择调查对象的标准是具有代表性；重点调查选择调查对象的标准是具有集中性，强调调查对象在某些项目或指标上占有绝对大的比重，但没有推演作用。

(2) 调查的主要目的不同。典型调查是定性调查、深度调查，主要目的在于认识和把握同类事物的本质及其发展规律；重点调查是定量调查，是对一般情况的调查，主要目的是对某种社会现象的整体状况做出基本估计。

(3) 调查的方法不同。典型调查要求全面、细致、深入，往往采用面对面的直接调查；重点调查是对一般情况的调查，既可以采用直接调查，也可以采用间接调查，如电话、网络调查等。

5. 个案调查

个案调查 (case survey) 也称个别调查，是指为解决某一问题或特定的个别事物 (可以是人、单位、事件等) 所进行的调查。个案调查针对的是特定的具体问题，一般没有探索规律等目的。

"个案"一词源于医学和心理学，指个别病例和案例。最初，个案法是指对个别病人做详尽的临床检查，以判明其病理和会诊过程中的变化。而后，个案法成为心理学对人的研究方法，即搜集某个人的家庭情况及其社会地位、教育影响、职业经历、事业成就、健康条件等资料，加以分析研究，从而探寻其心理特征的形成和发展过程。法国经济学家黎伯勒最早将个案法应用于社会研究，英国的斯宾塞则被公认为是第一个推广个案法的社会学家。扩展个案法是指在"既有理论"基础上进行的个案研究，强调研究者在进入现场之前对现有的理论要有全面的理解，而且要试图发现跟已有理论冲突的地方，以修改这些理论。因此，波罗威认为事先熟悉文献是非常必要的，以便"在进入之前，尽可能地列出想要观察的现象"。

1.3.2　根据调查研究范式分类

"范式"的英文为"paradigm"，意指"模范"或"模型"，由美国哲学家托马斯·库恩于 1962 年在其经典著作《科学革命的结构》一书中提出。范式是指从事某一学科的调查人员群体所共同遵从的世界观和行为方式，它包括三个方面的内容：共同的基本理论、观念和方法，共同的信念，某种自然观 (包括形而上学假定)[①]。

事物的根本属性或与其他事物的本质联系都含有"量化"的成分，也含有不能量化的成分。例如，对一个人，我们可以用性别、年龄、身高、职业、爱好和性格等加以描述。其中，年龄、身高是可以量化的属性，称为"量"的属性；爱好、性格不能直接测量，称为"质"的属性。两个不同质的事物可以有相同的量，如"高 1.5 米"可以指人，也可以指树；反之，两个不同的量可能描述的是同质的事物，如"1.7 米"和"1.5 米"都可能是指树高。因此，调查研究的范式通常可分为三大类：定量研究 (quantitative research)、定性研究 (qualitative research)[②] 和定量研究与定性研究的结合 (混合研究)。定量研究是对事物的"量"的属性进行研究，定性研究是对事物的"质"的属性进行探寻。在社会调查中，统计调查 (普遍调查、抽样调查) 属于定量研究范式，实地调查 (通过观察、座谈、非结构性访谈等方法搜集资料的调查) 则属于定性研究范式。

---

① 摘编自 MBA 智库百科。

② "定量研究"与"定性研究"是目前国内大多数研究者的提法，对于社会调查，定性研究不包括纯思辨研究。

　　由于在指导思想和操作上存在差异,定性研究和定量研究所关注的焦点各有不同,分别使用不同的方法、从不同的角度对事物的不同侧面进行探究。总之,定量研究依靠对事物可以量化的部分及其相关关系进行测量、计算和统计分析,以对事物"本质"有一定的把握;而定性研究是通过调查人员和被调查人员之间的互动对事物进行深入、细致、长期的体验,然后对事物的"质"得到比较全面的解释性理解。在研究设计上,定量研究走的是实验的路子,而定性研究则强调尽可能在自然情境下搜集原始资料。

　　定量研究与定性研究各有其优点和弱点。一般地,定量研究比较适合在宏观层面对事物进行大规模的调查和预测,而定性研究比较适合在微观层面对个别事物进行细致、动态的描述和分析。定量研究证实的是有关社会现象的一般情况,因而对抽样总体具有代表性;而定性研究擅长对特殊现象进行探讨,以求发现问题或提出新的看问题的视角。定量研究好比将事物在某一时刻凝固,然后进行数量上的计算;而定性研究使用语言和图像作为表述的手段,在时间的流动中追踪变化的过程。定量研究从调查人员自己事先设定的假设出发,搜集数据对其进行验证;而定性研究强调从当事人的角度来了解他们的看法,注意他们的心理状态和意义建构。定量研究极力排除调查人员本人对研究的影响,尽量做到中立;而定性研究十分重视调查人员对研究过程和结果的影响,要求调查人员对自己的行为进行不断的反思[1]。

　　尽管两种研究范式如此不同,但我们应注意不要人为地夸大两者的差别。定性研究与定量研究与其说是相互对立的两种方法,不如说是一个定性和定量的连续统一体,有很多相辅相成之处。2000 年之后迅速发展的混合研究将定量研究与定性研究结合起来,是社会调查研究的重要发展趋势之一。

1.3.3　根据时间维度分类

　　根据时间维度不同,社会调查可分为横向调查(cross-sectional survey)和纵向调查(longitudinal survey)。

1. 横向调查

　　横向调查也称截面调查,是在某个时间点进行的调查,通常为涉及行政统计的普查。如第七次全国人口普查的标准时点为 2020 年 11 月 1 日零时。但多数横向调查搜集的调查对象的基本情况通常不是一个时间点上的,而是一段时间内的,如月收入、孩子的教育支出等。横向调查也可能针对某一时点。例如,苏联的历史学家通过对文献资料的调查,研究 19 世纪 70 年代俄国革命运动参加者是哪些人,并探讨他们参加革命的行为与其受教育程度、社会地位的关系[2],便属于横向调查。横向调查往往用于描述性调查研究和解释性调查研究。

2. 纵向调查

　　纵向调查是对同一个调查项目在至少两个时间点上的调查,纵向调查可分为跟踪调查、趋势调查和人口特征组调查。

1)跟踪调查

　　跟踪调查是指在不同的时间点上使用同一个样本(称为固定样本)进行调查。一个著名的案例是 1976 年获得美国心理协会"卓越贡献奖"的"特尔曼跟踪调查"。美国心理学家特尔曼和他的助手们在　　1921—1972 年,对 1500 多名高智商的儿童和中小学生进行了长期的跟踪调查,通过

---

① 陈向明. 质的研究方法与社会科学研究[M]. 北京:教育科学出版社,2000.

② Б. Н. 米罗诺夫, З. В. 斯捷潘诺夫. 历史学家与数学[M]. 黄立弗, 等译. 北京:华夏出版社,1990.

对比其中 150 名最成功的人和 150 名最不成功的人，认为这两种人最大的差别在于非智力因素，即多方面的感情、社会的适应能力和实现目标的内驱力。自 20 世纪 70 年代以来，使用固定样本开展跟踪调查的研究范围不断扩大，社会变迁的多个横断面跟踪调查研究，几乎成为所有国家和地区了解社会结构转变和社会发展状况的基础性调查。很多调查人员为固定样本提供免费的、用于接受长期调查的各种设备，然后将跟踪调查应用于研究人们相对频繁发生和重复进行的各种行为，如居民的消费状况调查、各种电视节目的收视率调查等。北京大学中国社会科学调查中心从 2010 年开始，设计实施了"中国家庭追踪调查"，通过跟踪搜集集体、家庭、社区三个层次的数据，反映中国社会、经济、人口、教育和健康的变迁，截止到 2019 年，已经完成了四次全国全样本追踪调查。图 1-2 所示为家庭变迁追踪示意图。

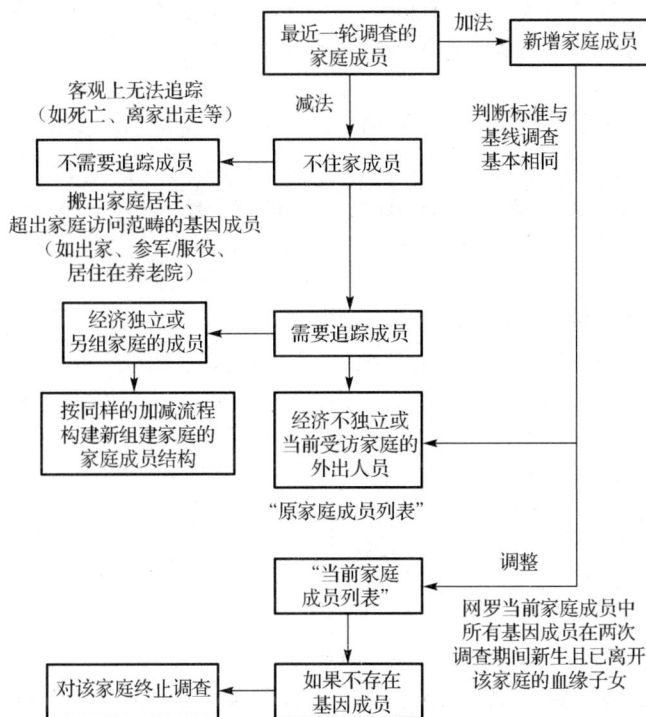

图 1-2　家庭变迁的追踪示意图[①]

高质量的跟踪调查能够提供横向调查无法了解到的深层信息，被调查人员在各个时间点的数据形成了一个时间序列，有助于认识事物发生发展的过程及探寻因果关系。做好跟踪调查的重要基础工作是选好参与第一次正式调查的调查对象(称为基线调查对象)，并且能够掌握这些调查对象的行踪，以便其能够参加后继的调查。跟踪调查间隔多长时间进行一次合适，要根据所研究的问题确定。如果调查的社会现象变化速度很快，调查间隔的时间就要相对较短；如果变化的速度较慢，则调查间隔的时间可以相对长一些。

2) 趋势调查

趋势调查和跟踪调查的不同点是在不同的时间点上使用不同的样本。例如，由中国科学技术协会主持的"中国公众科学素养调查"属于趋势调查，在 1992—2018 年在全国范围内进行了十次大规模的抽样调查，每次所采用的样本都不一样。再如，由北京大学中国国情研究中心设计与实

① 丁华，等. 社会调查方法与实务：新挑战、新方法、新工具[M]. 北京：北京大学出版社，2020.

施的"北京社会经济发展年度调查",从 1995 年开始,每年调查一次,考查了在改革开放过程中北京市居民的生活、观念、信心和承受能力等各方面的变化[①]。

趋势调查所需要的人力、物力、经费及困难程度都要低于跟踪调查。但是,趋势调查只能给出总体的变化,跟踪调查不仅可以给出总体的变化,还可以进一步了解某个人群的变化,提供的信息更加丰富。在谢宇的著作《社会学方法与定量研究》中,曾给出一个关于美国不同性别劳动参与率的跟踪调查和趋势调查相比较的例子。1970 年和 1980 年两次趋势调查的结果是这 10 年间女性的就业率有所增加,表明女性的社会地位有所提高。但是,它不能回答 1980 年有工作的人中到底是在 1970 年就有工作了,还是原来没有工作后来才找到了工作,也不能告诉我们 1980 年没有工作的人是 1970 年有工作的,还是从 1970 年就没有工作了。跟踪调查可以告诉我们这些信息。例如,仅有 15%的人在 1970 年、1980 年都有工作,45%的人在 1980 年有工作但在 1970 年没有工作。这个实例说明跟踪调查比趋势调查能提供更多的信息。

3)人口特征组调查

人口特征组调查是针对某一特殊人群,但使用不同样本所进行的调查。例如,对生于 20 世纪 30 年代大萧条时期的美国人的经济态度的研究,每隔 10 年进行一次全国性抽样调查,在 1950 年,调查从 20～25 岁的人中抽取样本;在 1960 年,从 30～35 岁的人中抽取样本;而在 1970 年,从 40～45 岁的人中抽取样本。虽然每个样本都由不同的人组成,但完全可以代表生于 1930—1935 年的这一代人。

总之,纵向调查可以描述过程,探究事物的发展变化和因果关系,但所投入的时间、精力等也是巨大的。因此,有时可以通过横向调查来做纵向的研究。例如,要研究大学生在校四年学习情况的变化,可以在新生入学时抽取一个固定样本,跟踪四年,看其发展变化;也可以在一次调查中,抽取包括四个年级学生的样本,并将所在年级设为基本信息之一,通过比较各年级在学习上的差异,考查不同年级学生的学习特点。

1.3.4　社会调查的其他分类

1. 根据性质分类

根据社会调查的性质,可以将其分为应用性调查(applied survey)和理论性调查(theoretical survey)。应用性调查是为了解决某个社会问题、了解某种社会状况、提供制定政策的依据等而进行的调查,涉及面较广。例如,互联网在中国的使用及影响的调查、农民工留守子女现状调查及各类市场调查等。理论性调查是为了探寻某种社会现象所具有的一般规律或验证、发展某种假设和理论而进行的调查,如"制度转型与阶层化机制的变迁"[②]"代内'文化反授':概念、理论和大数据实证"[③]等。

2. 根据目的分类

根据社会调查的目的,可以将其分为描述性调查(descriptive survey)、解释性调查(explanatory survey)和探索性调查(exploratory survey)。

描述性调查是为了探明并客观、准确地描述社会已发生的现象所做的调查,所要回答的问题是社会现象的状况和特征,即回答所发生的社会现象"是什么"。对社会现象进行全面、准确的描述是解释社会现象的前提,描述不仅提供有关现实的资料,而且通过对现象的属性及各类相关

① 丁华,等. 社会调查方法与实务:新挑战、新方法、新工具[M]. 北京:北京大学出版社,2020.
② 作者为李路路,发表于《社会学研究》2003 年第 5 期。
③ 作者为陈云松等,发表于《社会学研究》2017 年第 1 期。

事物相互关系的分析，可发现新的现象和问题。因此，描述性调查应用的范围比较广泛，既适用于应用性的研究课题，也可以应用于理论性研究。

解释性调查是为了对社会现象产生的原因、机制和过程进行进一步解释或说明而进行的调查，它所要回答的是"为什么"和"怎么样"，即要对某种社会现象的发生、发展和变化的原因做出解释。因此，往往不仅需要通过问卷调查对数据进行量的分析、建立因果模型，而且要通过运用定性研究方法，探索引起事物变化的内因和外因，在社会科学研究中有较广泛的应用。

探索性调查是为了进一步推测社会现象的发展趋势而做的调查，它所要回答的问题是"将会怎样"，具有预测的性质。探索性调查有时也用在调查的最初阶段。例如，对于抽样调查，为了设计一份高质量的调查问卷，往往在问卷设计的过程中要进行探索性调查。

实际上，大部分调查都包含了上述三种调查的目的，只是侧重点有所不同而已。例如，对我国家庭婚姻状况的调查，不仅要描述离婚率是多少，可能还要具体分析人们离婚的原因、不同人群对离异的态度、单亲家庭对子女成长的影响等。

3．根据搜集资料的方法分类

根据搜集资料的方法，社会调查可以分为自我报告、观察、测验、文献搜集及非结构式访谈等。

根据调查时采集信息所使用的技术手段，自我报告还可以分为传统的纸笔调查、电话访谈、集体访谈、计算机辅助调查、网络调查，以及综合运用多种手段的混合调查。

网络调查的概念与内涵，有许多不同的提法。从研究目的、内容和技术手段等方面看，基本上有两种不同含义的网络调查。第一种是以互联网为数据搜集工具进行的调查，如社会调查、市场调查等。这种网络调查是现代网络技术与传统调查技术相结合的产物，因此，与传统的调查类似，也可以根据研究范式或抽样方式进行分类。根据研究范式，可以细分为网络定量研究和网络定性研究，定量研究主要是通过网上问卷调查，定性研究主要是网络民族志，以及通过网上聊天室、电子公告板等网络手段进行的讨论、访谈等；根据抽样方式，可以分为概率抽样网络调查和便利抽样网络调查。第二种是关于互联网使用情况的调查，主要包括测量网站的流量，以及网站使用者的数量、结构和行为等。

集体访谈除包括召开面对面的调查会外，还包括德尔菲法。美国兰德公司于 1964 年首先将德尔菲法用于预测领域，它是根据有专业知识的人的直接经验，对所研究的问题进行判断、预测的一种方法。其做法是将写好的调查提纲分别交给经过选择的专家，请他们以背靠背的书面方式独立地做出回答，然后汇总、统计这些意见，并反馈给专家，再请专家们结合反馈的资料重新做出回答，修改、补充或坚持自己原来的意见。经过几轮反馈，意见趋于集中后即完成该次调查。例如，在设定评价指标体系时，为了确定各级指标的权重，有时会运用德尔菲法。

4．根据内容分类

根据社会调查的内容可以将其分为行政性调查、社会问题调查、学术性调查、民意调查、市场调查等，更具体的有经济调查、教育调查、心理调查、犯罪调查、就业与失业调查、生活状况调查等。

1.4　社会调查的一般过程

社会调查作为一种系统的、科学的认识活动，在其实施的过程中，必然是有目的、有计划、有步骤地进行的。社会调查的过程一般可以划分为五个阶段：选题阶段、准备阶段、实施阶段、分析阶段和总结阶段，如图 1-3 所示。

本节只是从总体上就社会调查的一般过程给出简要的介绍，目的是使读者对社会调查的一般过程有概括性的了解。

选题阶段 → 准备阶段 → 实施阶段 → 分析阶段 → 总结阶段

图 1-3　社会调查的一般过程

1.4.1　选题阶段

选择调查课题是整个社会调查工作的第一步，它决定着整个调查活动的目标和方向。选题阶段的主要工作包括以下三个方面。

(1)选择研究主题，即从现实社会中存在的大量的社会现象、问题、热点和焦点中，根据调查人员的兴趣、研究特长，经过可行性论证，选择一个恰当的、比较有价值的、有创新的调查主题，如农民工问题、大学生就业问题等。

(2)将调查主题进一步具体化为调查课题，即进一步明确研究的范围、集中研究的焦点，将最初比较含糊、笼统、宽泛的研究领域或研究现象落实为具体的、相对集中的研究问题。例如，"新生代农民工问题"是一个十分宽泛的社会问题，涉及方方面面，如新生代农民工社会保障问题、职业能力开发问题、子女教育问题、政治参与问题、返乡创业问题等，而有些问题可以进一步细化，如子女教育问题又可以分为留守儿童问题、在城市里的教育公平问题等。在选题阶段，要把调查主题细化为一个非常具体的课题，如将"新生代农民工就业后的自我发展需求"作为调查的课题。对于采用定量研究的调查，应在进行大量文献回顾的基础上，给出调查课题的假设和有关变量的操作化定义。

(3)对所选择的调查课题进行重要性(理论意义与现实意义)、创新性、可行性、合适性论证，同一个课题，可以从不同的视角、采用不同的方法进行研究，如对"新生代农民工就业后自我发展需求"的社会调查，可以通过问卷调查进行，也可以通过深度访谈进行。如果完全重复已有的研究，就失去了研究的意义。可行性论证非常重要，如果主观条件不具备或客观上人力、物力、环境等条件不具备，则即使在重要性和创新性上达到了一定的高度、有好的研究方案，也很难保障调查研究的质量，甚至无果而终。

1.4.2　准备阶段

准备阶段是为实现社会调查的目标而规划的蓝图和做好各项"施工"的准备。因此，准备阶段是社会调查的基础，主要任务是为实现调查目标而进行的调查方案设计和进行人力、物力的准备，具体有以下三项任务。

(1)进行探索性调查研究。通过查阅文献资料、访问专家、深入实地等探索性调查，提出研究假说，对调查对象形成初步的认识，使调查工作有一个初步的轮廓。

(2)设计调查方案。对整个调查工作进行周密的规划，既包括对调查研究的思路、策略、方式方法等进行设计，也包括对调查对象、调查内容、具体的操作步骤和方案的说明。

(3)进行人力、物力的准备。人力准备主要是组建调查团队，包括研究人员的组成、调查人员的选择和培训，大型调查还需要组建调查管理机构，制定有关调查工作的制度等。

1.4.3　实施阶段

实施阶段是按照社会调查方案进行资料搜集的阶段，其主要任务是按照调查方案中确定的调查方式、方法，与调查对象直接接触，搜集第一手资料。这一阶段是社会调查最重要的阶段，投入的人力最多，遇到的实际问题最多，受到客观条件的制约也最多。因此，在这个阶段，研究人员要努力争取获得调查地区、单位有关组织的支持与帮助；对于大型调查，需要加强组织与管理；每个调查人员都要及时做好资料的整理工作，及时发现问题，及时进行资料的修正和补充；对事先没有预料到的问题，应在不违背调查总原则的前提下灵活、主动地进行处理。

1.4.4 分析阶段

社会调查的分析阶段对调查课题的研究质量、研究成果的价值起至关重要的作用，其主要任务是系统地审查、整理所搜集的资料，并对其进行统计分析和思维加工，具体有以下四项任务。

(1)对原始资料(包括数字资料和文字资料)的清理和审核。鉴定资料的真伪，完成去伪存真、去粗取精的审核工作，以保证资料真实、准确和完整。

(2)整理经审核过的资料，进行汇总、分组，使经过加工后的资料更加系统化和规范化。对数字资料进行编码、录入计算机，并做统计分析前的预处理；对文字资料进行清理，选出最有价值的材料，并对其归类。

(3)对整理后的数字资料进行统计分析，包括对样本数据进行描述统计分析。当样本是通过概率抽样得到的随机样本时，可通过样本推断到总体，以便揭示客观事物在"量"上的本质特征和内在联系，为理论研究和问题解决提供依据。

(4)运用各种思维加工方式，并依据与调查课题相关的学科知识、以往的研究成果，对统计分析的结果及经整理后的文字资料进行理论分析，探讨事物的发展方向，验证、部分验证或推翻所提出的研究假设，探讨事物发展的一般规律，并在此基础上提出对实际工作或开展进一步理论研究的建议。

1.4.5 总结阶段

总结阶段的主要任务是撰写调查报告及对整个调查工作进行评估和总结。

调查报告是整个社会调查工作的结晶，凝聚了调查、研究人员的全部心血，也关乎对社会调查研究成果的评价。

对调查研究成果的评估和工作总结，具体包括以下三项。

(1)组织专家组，从科学性和研究价值两个方面对调查报告进行评估，对调查课题做出鉴定。

(2)以原设计方案为依据，全面回顾调查研究工作，进行总结和反思，找出工作中的优缺点、经验与教训，为今后的调查研究工作提供正、反两方面的经验；对于大型调查，还包括对做出成绩的单位和个人进行表彰。

(3)个人进行总结。在回顾个人参加调查研究工作全过程的基础上，反思个人的所见、所闻、所想、所悟和所得，以提高个人的调查研究能力和素质。

正如在本节开头所提到的，在实际社会调查过程中，上述五个阶段绝对不是各自独立、按部就班的，而是相互交错、相互影响的，五个阶段只是社会调查的一个完整过程的描述，一个"一般"的过程。

1.5 社会调查应遵循的道德伦理

社会调查研究问题、研究对象和研究方法的特点，使其不可避免地涉及很多道德伦理问题。"一项访谈调查就是一项道德事业。道德问题不仅涉及所使用的方法，同时也涉及访谈的结果。"[1] 事实上，不仅访谈调查如此，对于所有的社会调查项目均如此。为保证社会调查的质量，也为保护调查对象的权益，本节仅结合我国社会调查的现状，对调查人员应遵循的道德伦理问题做一些探讨和强调，其他方面不再赘述。

1.5.1 客观，实事求是

我们先讲一个真实的历史故事。1979 年 11 月 25 日凌晨，"渤海二号"钻井船在渤海湾迁往新井位的拖航中翻沉，不仅造成 72 名工人死亡，直接经济损失达 3700 万元，成为 1949 年以来损失最为惨重的海难事故，而且正值改革开放初期，其政治影响远远超出了事故本身。事故发生后，天津市政府和原石油部分别派出了调查组，原石油部调查组以原国家海洋局领导提出的三点看法（突遇大风浪袭击，不可抗拒；指挥无误；抢救英勇）为基础进行调查，结论是自然事故，"渤海二号"钻井船被命名为英雄集体，遇难的 72 名工人被追认为烈士。天津市调查组顶住了来自多方的压力，坚持实事求是，深入群众，掌握了大量的第一手资料，调查结论是"严重违章指挥造成的重大责任事故"。最后，国务院依据天津市调查组撰写的调查报告对相关责任人分别进行了处理。由此可见，坚持调查的客观性是多么重要，也可以体验到坚持调查的客观性真的不容易。

我们强调客观，指的是要尊重事实，一切从实际出发，"寻找事物的本来面目，说出事物的本来面目"。搜集资料时，不以自己的好恶决定取舍；设计问卷或实地调查时，不以自己的观点去诱导调查对象，不按领导的意图找材料"填空"；撰写调查报告时，准确、客观地反映事实，处理好"无我"与"有我"。"无我"是指对客观事实的描述不能掺杂个人态度；"有我"是指敢于提出自己的观点。著名作家沈从文曾说："把文学附庸于一个政治目的下，或一种道德名义下，不会有好文学。"对于调查报告，如果是唯上、唯书，同样也不会是一份有价值的报告。

1.5.2 诚实，绝不作假

诚实，即不弄虚作假，不舞弊。格罗夫纳(Charles Grosvenor)有一句名言："数字不会说谎，但说谎的人会想出办法。"2019 年由国家统计局直接查处的案件就有 89 起，处分统计违纪违法责任人员 1289 名[2]。美国学者加纳·迈雷戴尔(Gunnar Myrdal)曾针对社会科学研究的客观现实指出，文化背景和政治形势常常会诱使调查人员采取投机的做法，使其研究结论与政治或文化偏好相吻合。这些都是社会调查人员丧失职业道德的表现。我们不能为研究而研究，更不能编和骗。作为一名社会调查人员，应本着对党和国家、人民负责的态度，在调查研究过程中，做到不跟风、不编造假数据和假访谈、不出假结果、不写假报告，否则，调查研究就会成为一种随心所欲地证明某种希望被证明的东西的骗术。

1.5.3 研究伦理，始终坚守

"伦"是指人的关系，谓之"人伦"，"理"是道德规律和原则，"伦理"即人与人相处应当遵守的道德准则。在西方，伦理(ethics)一词源于希腊语"ethos"，意思是品质、性格，在拉丁语中译为"mores"[道德观念(morality)]，可理解为性格品质、习俗或习惯。

这里讨论的伦理问题，是指在社会调查的整个过程中，调查人员应遵循的伦理原则，或称研究伦理。

国际上对社会调查中研究伦理的关注是从 20 世纪中期开始的，塔斯克基梅毒试验(Tuskegee Syphilis Study)是一个关键性事件。从 1932 年起，美国政府资助的塔斯克基梅毒试验在持续

---

[1] 斯丹纳·苟费尔，斯文·布林克曼. 质性研究访谈[M]. 范丽恒，译. 北京：世界图书出版公司，2013.
[2] 国家统计局网：2019 年国家统计局关于统计违法案件责任追究情况的通报.

40 余年的研究中，对黑人进行梅毒试验、检验，却不给予治疗。这一试验使得美国政府臭名昭彰，也成为医学伦理史上一个负面的例子。之后，国际上开始关注对伦理问题的研究，特别是 1979 年 4 月 18 日，美国原卫生、教育和福利部颁发了国会通过的《贝尔蒙报告：保护人类受试者的伦理原则与准则》（以下简称《贝尔蒙报造》），将尊重、受益、公平规定为三个基本的研究伦理原则。在中国，关于社会调查的伦理问题研究尚没有作为一个显性话题引起足够的重视和讨论。鉴于此，这里仅结合目前学者的观点及《贝尔蒙报告》说明调查人员应遵循的伦理原则。

1. 知情同意

知情同意，是指在以人为研究对象的任何科研领域中，研究者必须获得研究对象的同意。对于社会调查，具体是指潜在调查对象应在获得了关于该项调查的所有必要信息，并充分理解了这些信息后，在没有强迫、不正当压力和引诱的情况下，自愿做出是否参与调查及在调查过程中是否退出的决定。调查人员提供信息、调查对象完全理解、调查对象完全自愿，是知情同意的三大要素。知情同意，就是要坚持调查对象在"知情"的基础上自愿参与，它基于对调查对象自主权的尊重。鉴于此，那些依据某级领导下发文件强迫人们参加调查，或凭借某些人的个人威望使人碍于情面不得不参加问卷调查、接受访谈等，都是与"知情同意"背道而驰的。

公开和诚意是调查人员和调查对象之间关系的主要特点，但并不是在所有情况下都必须完全公开调查研究的所有信息，允许有"试验性的欺骗"，必要时可以将研究目的、过程、手段等隐蔽，以获得可靠的数据，但事后必须把详细情况告诉调查对象，以求得谅解。关于"必要时"《贝尔蒙报告》中给出的说明是："在所有信息披露不完全的研究中，只有满足了下列条件，研究的正当性才能得到论证：

(1) 不完的信息披露对于完成研究目标确实必要。

(2) 不向受试者隐瞒高于最低程度的风险。

(3) 有一项在适当时候向受试者通报情况并让其了解研究结果的合适计划。绝对不应当通过隐瞒风险信息来诱使受试者合作，受试者提出的与研究直接相关的问题应当给予真实回答。"[1]

2. 平等与尊重

平等与尊重，是调查人员对调查对象应有的态度，因为社会调查是一种人际交往，是调查人员与调查对象之间的"互动"过程。这种态度不仅是书面上的承诺，而且包括眼神、言语和肢体动作上的平等，最为重要的是发自内心的尊重和平等，尤其是对处于边缘地带人群（如艾滋病患者、吸毒者、性工作者等）的研究，更需要如此。

要做到对调查对象的平等与尊重，首先，要培养调查人员具有多元平等的思想，有平常心，处理好对调查对象的态度，将心比心地来对待调查对象；其次，要记住，在一项社会调查中，调查人员的角色仅仅是调查人员，而不是任何意义上的道德评判者，更不是侦察与审讯的警察；再次，也是最重要的，要正确认识调查对象在社会调查中的地位与作用。调查对象不是调查的"客体"，不是调查人员达到自己的目的的工具，不能只从调查对象那里获取数据、资料，应该将调查对象视为和调查人员共同完成调查课题的合作者、参与者。只有抱着这样的观点，才能对调查对象采取平等和尊重的态度，而非以一种强势的态度出现在调查对象身边。

3. 无伤害

无伤害是社会调查的最基本原则。对调查对象的伤害，包括有形的伤害和无形的伤害，主要有生理伤害、心理伤害、法律伤害及对个人收入、工作前程、家庭和谐或职业生涯所造成的伤害。

---

[1] 摘自《中华医学会第十三次全国医学科学研究管理学学术会议暨 2012 第四届全国医学科研管理论坛论文集》。

对社会调查来说,要做到无伤害,首要的、最基本的原则是保密,即不泄漏调查对象的信息,包括文字和声音、影像信息。《中华人民共和国统计法》中规定:"属于私人、家庭的单项调查资料,非经本人同意,不得泄露。"对调查对象的信息保密,既是研究伦理的要求,也是道德的要求、国家法律的要求。因此,无论调查人员采用哪种调查方法,都必须保障调查对象的合法权益,尊重并保护调查对象的个人隐私权。具体地,调查人员应做到以下几点:

(1)在调查工作进行之前,调查人员必须预想、预测所有可能出现的伤害类型、伤害程度等,以便竭尽所能地避免对调查对象造成伤害或将伤害程度降至最低。

(2)调查人员在调查之前应向调查对象口头或书面承诺保密原则。在整个调查研究的过程中都必须保护好调查对象的隐私,保护好的个人信息、访谈记录等资料。

(3)当调查内容涉及调查对象的情感、思想和行为等时,可采用匿名和保密两种方法对资料进行处理。匿名是指使调查人员和读者都无法将答案与回答者对应起来。例如,采用不记名的问卷调查方式,在撰写和发表调查报告时,一切与调查对象有关的人名、地名和单位名都使用匿名等。保密是指在访谈和个案调查中,调查人员知道调查对象的回答,但在撰写调查报告时采用化名等方式达到保密的效果。当然,如果调查对象明确表示希望自己的名字被公开,那么调查人员就不必严格遵守保密原则。

(4)应避免对调查对象造成伤害,不能为了研究的需要,就去挖掘调查对象不愿意暴露的隐私。任何社会调查都不能搞"逼供、诱供",哪怕使用最温柔的手段。尊重他人的"隐私屏障",就是尊重他人的人格,也就是尊重调查人员自己。

"在研究的过程中,我们应该谨慎小心地行使自己的权利,注意不要给对方造成伤害。一条基本的原则是,无论产生什么问题,我们都应该首先考虑到被调查人员,然后才是我们自己的研究,最后才是我们自己:被调查人员第一,研究第二,调查人员第三。"[①]陈向明所言值得每位开展社会调查的人铭记。

4. 回报

在社会调查中,调查对象填写问卷、接受访谈需要花费自己的时间和精力,甚至涉及自己的隐私、受到某种伤害,因此很多人认为,对调查对象进行适当的奖励和补偿是必要和允许的,这不仅能够表达调查人员的歉疚和谢意,而且能够从物质上补偿调查对象所耗费的时间和精力,还能够在一定程度上激励调查对象更好地参与调查,提供更真实全面的信息,有助于调查正常有效地进行。当然也有的调查人员认为,无论礼品、酬金还是真诚的口头表达,都无法回报调查对象给予的帮助。

回报的形式有直接方式和间接方式。有经费支持的,可以采用直接方式,包括付给调查对象一定的酬金,或送给调查对象一些纪念品。要事先做好调查,根据具体情况来决定物质回报的形式和内容。

没有经费支持的,一定要在调查前向调查对象说明,并采用精神上的奖励或为调查对象做一些力所能及的事情等间接方式,来回报调查对象。事实上,即使有经费支持,给予一定的间接方式回报也是必要的。

作为对社会调查道德伦理的讨论,这里再次强调,"对调查人员来说,最重要的不是牢记有关的原则和法规,丝丝入扣地遵守这些原则和法规,而是对有可能出现的道德伦理问题保持足够的敏感,当场敏锐地加以识别,意识到自己应该承担的责任,采取相应的措施适当地加以处理。"[①]

---

① 陈向明. 质的研究方法与社会科学研究[M]. 北京:教育科学出版社,2000.

思考与实践

复习思考题

1．什么是社会调查？对于不同学者的界定，你更倾向于哪一种？

2．对于社会调查的概念，应该把握哪几点？

3．怎样认识社会调查的作用？除本书介绍的作用外，你认为还有哪些作用？一项不科学的社会调查，会给社会带来什么危害？

4．从不同的视角看，社会调查分为哪些类型？描述每一种社会调查的特点。

5．社会调查一般分为几个阶段？各阶段的主要工作是什么？

6．你认为进行社会调查时，遵循哪些道德伦理准则最重要？下列问题是否存在伦理问题[①]？

(1)一位心理学教授在上课时要求他的学生填写问卷，作为他撰写论文的资料。

(2)调查人员在对暴乱中的越轨行为进行实地调查之后，执法的警官要求调查人员指认在暴乱中涉嫌趁火打劫的犯罪嫌疑人，为了避免被警官误认为自己是疑犯，调查人员决定和警方合作。

(3)调查人员为测试普通人在被问及自己一无所知的事情时如何保住自己的面子，要求调查对象就子虚乌有的事情表达态度。

(4)调查人员即将发表一项研究结果，可是临发表前，发现在 2000 个样本中，有 25 个样本是访问员编造的。调查人员决定忽略这些错误的样本，并按原定计划发表这项研究成果。

实践与合作学习

1．以自愿为原则，3～5 人组成一个研究小组，并选出组长，建立微信群。根据组员的兴趣、主客观条件，讨论并初步确定小组本学期想要进行调查研究的主题，有一个范围即可，学习第 2 章后，再明确具体的题目。本学期，组员将以课题组的形式完成该项目的社会调查任务。

2．在组内分工，在互联网上搜集 5 个案例，分别属于普查、抽样调查、典型调查、重点调查和个案调查，并发到微信群里，供组员阅读。

3．以快速浏览的方式预习第 2 章，培养自己的自学能力，为第 2 章的学习奠定基础。

---

① 艾尔·巴比. 社会研究方法基础[M]. 8 版. 邱泽奇，译. 北京：华夏出版社，2004.

第二篇 准 备 阶 段

学习导航

(1)对本篇学习的要求如下。

① 初步掌握选择社会调查课题的原则，知道社会调查课题确定的过程及如何将其具体化。

② 初步掌握设计社会调查总体方案的原则、步骤及应包括的内容，能够对研究小组选定的调查课题进行研究设计。

③ 知道如何搜集与研读文献，并能针对研究小组课题进行具体操作。

(2)本篇的实践性很强，只有认真、积极地参与研究小组的课题亲自去"做"，才能真正理解所学内容。

(3)本篇参考书目如下。

① 艾尔·巴比. 社会研究方法[M]. 13 版. 邱泽奇，译. 北京：清华大学出版社，2020.

② 风笑天. 社会调查方法[M]. 3 版. 北京：中国人民大学出版社，2019.

③ 江立华，水延凯. 社会调查教程[M]. 7 版. 北京：中国人民大学出版社，2018.

第2章 社会调查课题的选择与研究设计

准备阶段作为社会调查的起点，一是要选择社会调查课题，二是在课题确定之后对整个调查研究工作进行策划，即进行研究设计，提出调查总体方案。在这个过程中，搜集文献资料并进行研读至关重要。"工欲善其事，必先利其器"，准备阶段的工作做得越充分、思考越周详，调查研究取得成功的可能性就越大。

本章将就选题、文献回顾和社会调查的总体方案的设计三方面内容给出比较详尽的说明，对于社会调查其他方面的准备，已在 1.4 节中介绍，不再赘述。

本章思维导图

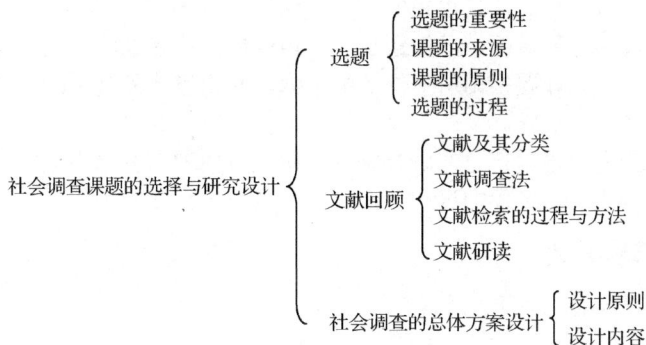

社会调查课题的选择与研究设计
- 选题
  - 选题的重要性
  - 课题的来源
  - 课题的原则
  - 选题的过程
- 文献回顾
  - 文献及其分类
  - 文献调查法
  - 文献检索的过程与方法
  - 文献研读
- 社会调查的总体方案设计
  - 设计原则
  - 设计内容

2.1 选题——确定社会调查的题目

正确地选题是整个社会调查工作中关键的一步。要做到正确地选题，就需要清楚选题的重要性、课题的来源、选题的原则及选题的过程。

2.1.1 选题的重要性

"社会调查的第一步是定题阶段，即要确定一个调查的主题。"[①]选题的过程是一个从选定某个调查领域到确定调查主题，再到调查具体题目的过程，是一个从范围宽泛、题目模糊，到特定社会现象、题目明晰的"聚焦"过程。爱因斯坦曾说："提出一个问题往往比解决一个问题更重要。"选题就是提出问题，提出一个在理论或实践上需要考查、需要解决的问题，或需要关注其发展趋势的问题。当代科学学派的创始人、英国著名科学家贝尔纳也指出："课题的形成和选择，无论作为外部的经济技术要求，或作为科学本身的要求，都是研究工作中最复杂的一个阶段……评价和选择课题，便成为研究战略的起点。"选择调查的题目是开展社会调查的起点，题目定了，整个调查活动的目标和方向也就基本确定了。不同的选题，所研究的对象、问题、内容、采取的研究方法和研究手段都有所不同，研究队伍的配备、研究人员的安排，以及研究过程也有所不同，因此选题制约着社会调查的全过程。

选题决定了整个社会调查工作的成败和调查研究成果的社会价值与理论价值，选题难度过高，

---

① 费孝通. 社会调查自白[M]. 北京：知识出版社，1985.

无力完成,甚至会半途而废;选题陈旧或脱离实际,不可能有好效果。只有选择具有现实性和时代感的题目、具有可行性的题目,才有可能使调查研究取得成功,调查研究成果才有可能具有重要的理论价值和现实意义。因此,可以说,选择了一个好的调查题目,就是完成了调查研究工作的一半。

2.1.2　课题的来源

1．课题来源的分类

课题的来源可以分为三大类:委托(或委派)性课题、招标性课题和自选性课题。

委托性课题是由有关的机构、部门、企事业单位或个人根据某种需要确定并委托或指派给调查人员的课题。调查人员对这类课题的确定没有决定权。调查人员的任务就是按照委托(或委派)单位的要求去完成课题。

招标性课题,指基金性课题或某些机构向社会或专业人员广泛征求申请者,并择优录取、提供资助的课题。例如,国家社会科学基金项目在其课题指南中列出的课题,通常都是由有关专家提出并经专家组和有关政府部门遴选出来的,这些课题具有一定的规定性和方向性,可用于指导课题的选择。这类课题是指导性的,一般题目大、内容广,比较宽泛,因此调查人员选择时有一定的自主性和灵活性,可在课题指南所提供的框架内,从内涵或外延上缩小范围,根据自己的研究方向和兴趣来选择具体的课题。

自选性课题是调查人员根据自己的研究领域、研究方向和研究兴趣或实际工作的需要,自己确定的调查课题。调查人员在选题的过程中,自由度或自主性非常大。

2．自选性课题的来源

一般来讲,自选性课题有以下三个来源。

1)从社会现实中来

社会现实是调查课题取之不尽、用之不竭的源泉,社会现象丰富多彩、变化万千,遇到的矛盾、产生的问题,可以说层出不穷、无时不在、无处不在。作为调查人员,时时关注自己研究领域所发生的新问题、出现的新现象和产生的新经验,依据高度的学术敏感性,就会捕捉到有价值的调查课题。

在社会不断发展变化的过程中,不仅有大量的应用性调查需要研究,而且有很多理论问题需要解决。例如,现在信奉佛教、基督教、天主教等宗教的人比过去多了许多,有研究表明,不仅老年人而且青年中信奉宗教的比例也有上升的趋势,因此需要通过对不同群体宗教信仰的调查,考查人们信仰宗教的现状、探求产生这种现象的深层原因,及其对社会生活及国家发展的影响等,"宗教社会学基本理论研究"便成为一个重要的社会调查课题。

2)从研读文献中来

学术著作,各类期刊、报纸,教科书乃至各种广告,都可能成为发现与提出社会调查课题的源泉。例如,《蚁族——大学生聚居村实录》的主编廉思,在2007年的夏天,偶然看到了《中国新闻周刊》的报道《向下的青春》,讲述的是一名大学毕业生在北京生活、工作的真实经历。廉思写道:"长期学术训练的敏感性告诉我,这是一个需要被关注和关心的群体,这是一个亟须研究的重大社会问题!"廉思亲自到聚居村考察,回来后组织了一次大型调查,写出了调查报告,得到了中央领导同志的高度重视。之后他写作出版了大学毕业生生存现状调查实录《蚁族》,社会影响广泛。

3)从个人经历中来

美国社会学家K·贝利在《现代社会研究方法》中指出:"社会研究人员往往选择他们

感到同自己生活特别有关的研究问题。"个人经历是一笔宝贵的财富。经历不同,看问题的视角就会不同,对社会问题关注的热点也会不同。调查人员的个人经历、各种体验及感受在某种程度上决定着他对各种机遇的敏感程度及他的兴趣所在,这往往成为最初的调查课题的来源。

2.1.3　选题的原则

选题的过程是一个连续解决下述 3 个问题的过程。

(1)我适合做的题目是什么?

(2)我能做的题目是什么?

(3)我应该做的题目是什么?

要正确解决这些问题,在选题过程中就必须遵循 3 个原则,即选题的适宜性原则、可行性原则和重要性原则。

1. 适宜性原则——选择最适合自己的课题

调查人员应该选择最适合自己的课题,即调查人员个人所具备的主观条件能够为完成课题提供最佳的保证,而且对他来说也是最佳的选择。

适宜性原则体现在以下方面:首先是自己感兴趣的课题,调查内容是自己长期关注的;其次,题目涉及的领域是自己熟悉的,自己的知识结构、研究能力达到了完成该项调查所要求具备的水平,该项调查能够充分发挥自己在相关方面的优势,即使自己的知识结构上有所欠缺,也能够很快地将其补上;最后,自己投入的精力和时间能够满足该项调查的需要。

2. 可行性原则——选择具备客观条件的课题

美国科学家莫顿曾指出:"选择题目不能草率,如果根本没有实现的可能,选题就等于零。"选题时一定要考虑是否具备完成调查所需要的客观条件,是否有可行性。

审视选题的可行性,包括以下几点。

(1)开展该项调查的政治背景、经济环境、社会环境乃至技术条件是否成熟?如果不成熟,则该项调查不可行。例如,中国的市场调查,只有在改革开放之后,建立了市场经济体制和引进西方市场调查方法的基础上才能发展起来。

(2)内容是否存在违反社会伦理道德,国家政策、法律,或者与调查对象的宗教信仰等相违背的地方?如果存在,则必须进一步修改与完善,否则该项调查不可行。

(3)该项调查是否适合通过社会调查的方法进行研究?社会现象千姿百态,面对目的、范围、对象各异的问题,并非所有的问题都适合采用社会调查的方法来完成。例如,对教育本质的研究等采用抽样调查的方法就显得不合适。

(4)如果该项调查需要有关单位的协助与配合,是否拥有这样的资源?如果目前没有,那么能否通过某些措施得到这些资源?如果也得不到,则说明这项调查目前条件还不成熟。

(5)根据现有的人力、经费及客观环境等条件,该项调查能否顺利完成?

总之,对于选题的可行性,一要关注大的社会背景;二要考虑是否适合采用社会调查的方法进行;三要处理好难易关系,掌控好调查规模,量力而行。

3. 重要性原则——选择有价值的课题

重要性是指调查课题必须是有价值的,即"要体现鲜明的时代特征、问题导向和创新意识"[①],具有现实意义或理论意义。

---

① 全国哲学社会科学工作办公室. 2020 年度国家社会科学基金项目申报公告.

(1)课题应对社会实践具有现实意义。人们常说："言当其时，一字千金，言背其时，一钱不值。"选择的调查课题应针对当前社会发展和变化中亟须解决的重大问题及社会普遍关注的热门话题，紧密结合社会发展的客观需要。只有把握住时机，力求选取具有现实性、针对性和较强的决策参考价值的课题，调查成果才具有现实意义。

(2)课题具有理论意义。有些课题虽然不是现实问题，但为使社会健康地向前发展，是需要在理论上和实践上解决的重大问题，这些课题会对社会长期可持续发展产生一定影响，对人类知识的增长具有实质性的贡献。因此，选题时要力求选取具有原创性、开拓性和较高的学术思想价值的课题。

我们将选题原则与选题思路结合起来，便可以得到如图 2-1 所示的选题路线图。

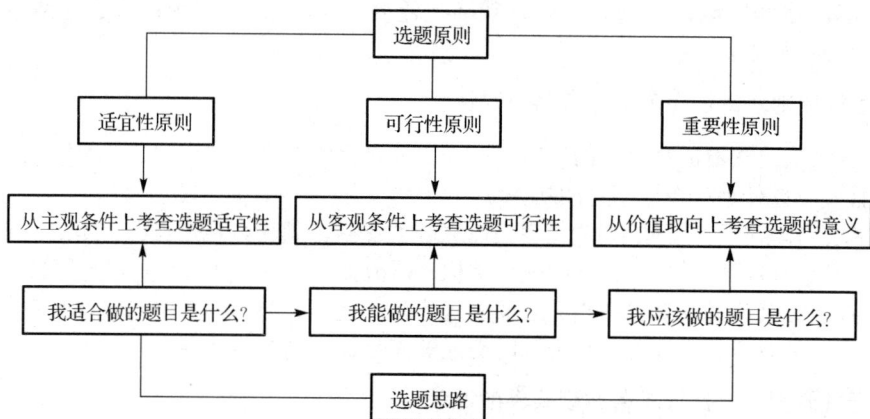

图 2-1　选题路线图

选题还需要有创新性，是指要尽可能选择别人没有进行过调查的课题，即别人没有提出过的，或虽已提出来却没有解决或没有完全解决的课题，这样的课题才具有新颖性、开拓性和先进性。新颖性并不是全面创新，更多的是在研究对象、研究视角、理论依据、研究方法及研究内容等某一方面或几方面具有创新性。选择一个具有创新性的课题，会存在不确定性和风险。作为调查人员不仅需要具有创新性思维，而且需要对各种意想不到的风险有思想准备，要有开拓的勇气和创新的精神，不迷信权威，不唯书唯上，不因循守旧。

2020 年国家社科基金课题指南中列出的项目可作为选题的范例，如"新时代公民道德建设研究""新时代大学生社会政治认同研究""数字经济下消费者心理因素研究""人民美好生活需要趋势发展研究""智能政府、数字政府建设的理论与实践研究"等课题，都是根据当时社会实际需要或未来发展迫切需要解决的理论问题与应用问题进行立项的。显然，这些课题也是开展社会调查的重要课题。

2.1.4　选题的过程

一般来说，选题需要完成以下两项工作。

第一项是，从现实社会中存在的大量现象、问题和热点、焦点中，经过论证选择一个比较有价值的、有创新性和可行性的调查课题。

第二项是，对调查课题进行简明的陈述，将比较含混、笼统、宽泛的调查课题具体化和精确化。具体的陈述可以采用叙述或描述的形式，也可以采用问题的形式。

对于采用定量研究范式的社会调查，陈述要做到精确和无可置疑，陈述得好可以为制订调查研究方案指明方向。为此，陈述不能太宽泛，对于涉及的术语要有明确的界定。例如，"地区人口的变化及其引起的相关社会问题"就非常宽泛，"地区"指"全国不同的地区"，还是"某个地区"？"人口的变化"指"人口密度的变化"，还是"人口总量的变化"或"人口结构的变化"？"相关社会问题"涉及方方面面，如交通、治安、环境、教育等方面，还可以继续分解，如"教育"可以再分解为幼儿园、小学、中学、大学教育，公办与民办教育，全日制与非全日制教育等。于是"地区人口的变化及其引起的相关社会问题"便可以分解为许多子课题，我们可以从其中一个做起，如"北京地区人口密度的变化对市民生活满意度的影响"，甚至可以将范围缩得更小，如"北京新开发区人口密度的变化对市民出行方式的影响"，然后进一步界定"新开发区"和"出行方式"的具体含义。

对于采用定性研究范式的社会调查，可以事先有明确的课题，但许多时候是随着调查研究的进展不断聚焦，才形成最终研究课题的。

通过以上分析可以看出，调查课题不是朝夕间就可以确定的。选题的过程是一个对问题由朦胧到清晰、由抽象到具体、由大到小的过程。在这个过程中，要通过大量搜集与研读文献资料、做某些实地考察和访谈，对可能的课题进行全面的了解，并通过不断地思考，以及与有关人士进行研讨，将初始确定的课题不断地进行修改，有时可能会将课题扩展，有时也许会将课题精炼，甚至完全改变了初衷。因此，可以毫不夸张地说，选题是整个社会调查过程中关键的一步。

2.2　文献回顾——社会调查的基础与先导

所谓文献回顾，是指对到目前为止的与某一研究课题相关的各种文献进行系统查阅、综合分析、归纳整理和评论，以了解该课题领域的研究现状的过程。可以说，文献回顾是任何一项科学研究的基础与先导。

本节将对文献的概念与类型、文献回顾对社会调查的作用，以及如何搜集与研读文献做出较详尽的介绍。需要说明的是，"搜集"的含义是"到处寻找（事物）并聚集在一起"[1]，而"收集"的含义仅仅是"使聚集在一起"，我们使用"搜集"，而非"收集"。

搜集文献是为了研究，而不是为搜集而搜集，因此搜集文献与研读文献是分不开的，目的是为"我"所用。正如陈向明所说："研究者需要学会恰当地使用文献——'浸泡在文献中'，但不被它'溺死'，将前人的理论整合到自己的经验研究中，但不被这些理论所淹没。"[2]这是在进行文献回顾时需要特别注意的。

2.2.1　文献及其分类

1. 文献的概念

"文献"一词最早见于《论语·八佾》中的"文献，不足故也"。朱熹在《四书章句集注》中的解释为"文，典籍也。献，贤也"。古人以"文"为典籍记录，"献"就是贤者及其学识，后来发展为专指著述。1983 年发布的中华人民共和国国家标准《文献著录总则》中给出的定义是："文献：记录有知识的一切载体"。

根据文献的概念，"文献"包含以下三个要素。

（1）要有一定的知识内容。任何文献都传递、记载着一定量的知识。

---

① 中国社会科学院语言研究所词典编辑室. 现代汉语词典[M]. 5 版. 北京：商务印书馆，2005.

② 埃文·赛德曼. 质性研究中的访谈：教育与社会科学研究者指南[M]. 周海涛，译. 重庆：重庆大学出版社出版，2009.

(2)要有一定的物质载体。文献所包含的知识内容只有借助一定的信息符号,依附于一定的物质载体,才能长期保存和传递。各种民间流传的故事、戏曲在被搜集、整理(包括付诸文字、录音、录像等)之前,不能称为文献。载体不仅包含纸质的书籍、报刊、标准、专利等,还包括电子图书、网上发表的文章、录音、录像、磁带、微型胶片等。

(3)要有一定的记录方式。有的文物价值连城,既有知识内容,又有一定的物质载体,但不是文献,记载这些文物的各种资料才是文献。

总之,文献是对研究有价值的所有形式的信息,是通过一定记录方式记录在一定载体上的知识内容。文献不仅是人类积累知识的重要宝库,也是人类认识世界的重要途径。

2. 文献的类型

从不同的视角可将文献划分为不同的类型。

1)按文献记录的技术分类

根据记录技术的不同,文献可分为手书型文献、印刷型文献、感光型文献、录制型文献和机读型文献。

手书型文献是用手工刻/铸或写的文献;印刷型文献将知识内容印刷在纸张等物质载体上;感光型文献是指以感光材料为物质载体,运用摄影等光学技术记录下来的文献;录制型文献是指以音频方式或视频方式记录、存储的信息内容;机读型文献(也称电子型文献)即计算机阅读型文献。从搜集文献资料的便捷性上看,通过网络检索、搜集与下载文献资料是首选。

2)按文献内容的加工程度分类

按文献内容的加工程度和传递信息的质和量的不同,文献可分为零次文献、一次文献、二次文献和三次文献。

零次文献又称灰色文献,指未经发表和有意修饰的最原始的文献。

一次文献也称原始文献,凡直接记录事件经过、研究成果、新知识及新技术的文献都是一次文献。它既包括以作者本人在科学研究和工作实践中取得的结论、经验和成果为基础撰写的文献,如专著,期刊、会议论文、学位论文、调查报告和统计年鉴等,也包括文件档案,会议记录,图片,录音、录像材料和总结等。一次文献具有创新性、实用性和学术性,是所有文献中数量最大、种类最多且影响最大的。这些文献是文献搜集过程中最主要的检索对象。

二次文献又称检索性文献或二级次文献,是指对一次文献进行加工整理,并按照一定的学科或专业加以汇集、筛选,经系统化、浓缩化而形成的文献,如目录、文摘、索引及经过剪辑的纪录片等。二次文献作为一种信息,以提供一次文献内容梗概为目的,其基本作用就是提供密集的科研信息,提高检索效率,使研究人员花费较少的时间和精力就能获得比较全面、系统地反映某个学科、专业或专题在一定时空范围内的原始文献线索,是积累、报道和检索文献资料的有效手段。例如,《中国社会科学文摘》《新华文摘》《中文科技资料目录》等都可用作进行社会科学研究的文献检索工具。《中国社会科学文摘》中刊登了大量经过筛选的社会科学领域的论文,给出了原文刊登的刊名、期号、作者、内容摘要等,可大大缩短查找一次文献的时间。

三次文献又称参考性文献,是在一次文献、二次文献的基础上,经过分析、综合、研究而编写的文献,如综述、评述、字典及百科全书等。三次文献浓缩了一次文献和二次文献,信息量大、覆盖面广,特别是综述类文献,能够使研究者在短时间内了解某一研究领域的历史、现状及研究水平等。因此,三次文献可以作为检索文献的有力工具,不仅对选择与确定研究课题有参考价值,而且可为进一步查找一次文献提供重要的线索。

由于二次文献和三次文献都是研究者进行加工后的产物,会受到研究者自身价值观、学术水平等的影响，因此，在搜集文献资料时，通常是从二次文献、三次文献入手，最终目标是查找一次文献。

文献的分类还有很多方法，如按文献的出版类型、学科领域、资料来源等进行分类。在我国，还有一种特殊的文献，即地方志，它比较全面、系统、真实且详尽地记述了某一地区的自然、地理、历史、人物、政治、经济及文化等的现状与历史发展，也是文献搜集的重要对象之一。

2.2.2　文献回顾对社会调查的作用

1．文献调查是选题的重要途径和方法

首先，从现有文献中寻找课题是一种十分重要的课题选取途径和方法。通过查阅某些综合的或具体的、专业的或非专业的，甚至大众的、通俗的社会类文献，有可能产生开展某项社会调查的想法和灵感，特别是通过对文献的内容、思想观点及研究方法等进行评析，多角度、多侧面、多层次地对所阅读的文献展开广泛的联想，就有可能发现需要研究的课题。

其次，将研究主题聚焦为研究课题的过程，是与文献回顾交叉进行的。依据自己感兴趣的现象或领域，通过较广泛地查阅相关文献，充分了解现有的研究基础、存在的问题和不足、研究的趋势，以及继续深入研究的可能性，在此基础上初步确定研究课题，然后进一步查阅更专业的领域的文献，将研究的题目更加具体化。这使选题既具有理论意义和现实意义，又具有科学的连续性和继承性，同时避免了盲目性和重复性，使调查课题具有可行性。可以说，没有充分的文献研究，就不可能提出有创造性的课题。

2．查阅文献是了解调查对象的重要渠道

通过查阅与调查对象相关的文献，如档案、地方志、各种登记表及有关研究成果中的描述等，可以了解调查对象的历史与现状，如调查对象所处的地理、人文环境，政治、经济、生活的基本情况和有关问题，从而形成对调查对象的初步认识和整体印象。这对于问卷设计、非结构性访谈的准备都具有重要作用。同时，当调查人员对所搜集的资料进行分析时，有关调查对象及相关研究的文献也为解释研究结果提供了背景材料。

3．文献回顾是设计社会调查总体方案的基础

社会调查题目确定之后的首要工作是设计总体方案。文献回顾是设计社会调查总体方案的基础。事实上，只有通过文献的系统查阅，了解与调查课题有关的各种理论观点和研究方法，才能科学地界定相关概念的操作化定义[①]，提出研究假设，跟踪和吸收国内外研究的学术思想和最新成就，选择合适的研究视角或研究手段。例如，通过文献回顾能为制订调查方案提供某些研究思路及方法，如从已有的研究中可以得到哪些启示；文献中使用的研究方法是否可以应用到自己的调查中，对调查所得到的资料应采用什么样的方法进行分析；通过分析得出若干结论之后，如何解释研究结果；针对某些问题要提出哪些相应的对策；调查中可能会出现哪些问题，怎样尽可能避免出现这些问题；出现问题如何进行补救等。总之，只有知道了别人走过的路，才能知道自己怎样继续走，通过搜集已有的调查报告或其他研究成果，无疑会给社会调查工作提供很好的背景材料。

4．文献回顾是构建社会调查理论框架的前提

任何一项研究，包括任何形式和规模的社会调查都需要理论，都离不开明确的理论框架或理论分析的指导。

---

① 操作化相关概念参见本书第 4.2 节。

对于调查研究,如果脱离了理论框架的指导,就会迷失目的和方向。通过查阅文献,能够帮助构建调查课题的理论框架,找到课题的指导思想,提出研究假设;否则,我们就不知道观察什么、寻找什么,以及怎样进行调研。以抽样调查为例,设计问卷时,如果不做充分的理论分析,就很难将有关态度、行为等抽象概念准确地转化为可操作的定义,可能会漫无边际地编制题目;对资料进行分析时,如果没有理论框架的指导,面对搜集来的有用和无用的一堆混杂资料,就只能盲目地进行分析,不仅事倍功半,而且不可能提出有价值的观点、理论和解决实际问题的建议。

5. 文献回顾是保障社会调查质量的必要条件

搜集与研究与课题相关的各种数据、资料是搜集资料的重要内容之一,对于一个社会调查项目,不仅需要通过抽样、访谈等途径获得第一手资料,而且需要与主题相关的第二手资料,这些资料要通过查阅各类统计年鉴等文献获得。在社会调查实施阶段顺利开展工作,在分析阶段深入理论探讨,在总结阶段撰写有价值的、具有创新性的调查报告和科学地评估调查成果,都离不开文献的搜集与研读。

几乎每天都会有新的研究成果问世,通过查阅文献,随时跟踪与课题有关的新进展,社会出现的新问题、新动向,以及国家发布的新政策、新法规,便成为整个社会调查过程中不可或缺的工作。

因此,只有将搜集与研读相关的文献资料贯穿于社会调查的整个过程,才能做好社会调查,保障社会调查的质量。

在整个社会调查过程中,文献搜集与研读所用时间与精力的分配是不一样的。在选题的最初阶段,用于查询文献的时间和精力不必很多,仅对和选定的课题相关的材料进行浏览即可,目的是了解该领域研究的现状、存在的问题,为进一步将调查课题具体化提供参考;在确定调查的具体课题之后,则要用大量的时间搜集与研读有关的文献,不仅要搜集直接相关的文献,而且要搜集相关的背景资料,写出文献综述。实际上,写出文献综述的过程也是进一步明确选题、形成总体设计方案的过程;在实施阶段,主要是跟踪研究进展及针对调查过程中出现的新问题进行检索;在总结阶段,则要针对调查报告中需要深入论证的某些问题,搜集与研读有关文献。

2.2.3　文献调查法是进行社会研究的重要方法

文献调查法,也称文献法、文献研究法、历史文献法,就是通过搜集和分析研究各种现存的文献资料,从中选取有价值的信息进行整理,进而探讨和分析各种社会行为、社会关系及其他社会现象的研究方法。

文献调查法的运用实际上是一个继承与批判的过程。文献调查的根本目的在于比较和借鉴,通过检索、搜集、鉴别及研究与运用这一系统化过程,最终实现对某一时代或社会现象的某些特点进行描述与评论,分析其形成的客观原因;对原有文献加以重新组合、升华,从而找出事物间的新联系、新规律,形成新观点并提出新理论。因此,文献调查法是一种独立的社会调查研究方法。

文献法的最大特点是可以超越时空的限制,无论研究历史,还是进行比较研究,都可以通过文献资料的获取进行;文献法研究的对象是文献,不存在调查人员对调查对象的影响,这就避免了直接调查中经常发生的在调查人员与被调查人员互动过程中可能产生的种种反应性误差;文献法受外界的影响较少,只要将需要的文献查找到就可以随时随地进行研究,而不像访谈、抽样调查那样受时间、场地等外界条件的制约,而且一旦发现资料不足或有错误,就可随时重新查找。20世纪90年代以来,随着图书馆等公共资源更加开放、计算机和网络技术的迅猛普及和发展,网络上储存的海量信息彻底改变了资料搜集的方式,特别是近几年云技术的发展使电子数据库、网络资源更加丰富，调查人员可以非常方便、快捷地从网络上获得研究所需的资料和信息，效率高且成本低。这不但节省了大量的人力和物力，而且大大提高了资料搜集、分析和保存的效率和质量，从而为得到高质量的研究成果提供了坚实的基础。

但也必须看到，很多时候文献的质量难以保证。因为文献都是一定历史条件下的产物，总要受撰写者个人的价值观、学术水平及看待问题的立场等主观因素的影响，所以文献的客观性和真实性就会受到影响。特别地，受"信息爆炸"影响，垃圾信息铺天盖地，在网上查询文献时，哪怕采用高级检索，检索出的绝大多数文献也并不是所需要的，查找到高质量、有用的文献是一件很不容易的事情。与抽样调查、实地调查相比，文献法所获得的资料是"死"的，缺乏直接体验，如果调查人员本人的学术水平有限，就会出现研究深度不够的问题。

2.2.4　文献回顾的主要任务

1. 文献检索的过程与方法

文献检索是从文献中迅速准确地找出所需资料的一种方法和程序。文献的搜集应当有目的、有选择地进行，否则就会将大量的时间浪费在查找资料上。梁启超曾说："资料，从量的方面看，要求丰备；从质的方面看，要求确实。所以资料搜罗和别择，实占全工作十分之七八。"[①]文献检索工作做得如何，有四个衡量标准：第一是准，要有较高的准确率，查出的文献要与社会调查课题密切相关；第二是全，搜集的资料要全面系统，不同观点、不同研究方法的都要搜集，应用研究与理论研究、国内与国外的研究成果都不放过；第三是深，对于所搜集的资料，在研究内容上要有一定的深度；第四是快，尽管文献检索在准备阶段占用大量的时间，但仍要尽快完成检索工作，否则，不仅会拖延课题的整个进度，而且时间长了，原本有价值的资料可能就会没用了。

文献检索的过程一般有以下三个主要步骤：第一步，分析和准备，包括明确检索的课题要求和范围，确定需要检索的作者、主题内容、研究方法、相关理论等方面的关键词或词组、资料发表的时间段，选定检索工具，确定检索途径；第二步，搜索，利用各种检索工具搜索与课题有关的文献；第三步，浏览与筛选，通过浏览各类文献，将文献初步分类建档。可以说，文献检索的过程是对相关文献"查询—浏览与筛选—建档"不断交叉进行的过程。

1) 查询文献

查询文献首先要确定有可能到达掌握所需资料的机构（如政府部门、图书馆、资料室、博物馆、展览馆、书店、私人、民间组织），并确定该机构提供资料的可能性和需要的条件。事实上，绝大多数文献查询是通过图书馆和互联网进行的。

查询文献时，根据社会调查课题的题目、关键词，利用图书馆、互联网搜索引擎进行搜索，找出有关的文献目录，包括理论专著，近年来发表在各类期刊、报纸或互联网上的国内外相关研究文章和调研报告，党和国家的相关政策法规，对相关统计指标的规定，辞典、百科全书，量表及各类统计年鉴等。除利用检索工具外，还可以请对社会调查课题的相关领域比较熟悉的教师、同事、专家推荐文献目录，然后进行查询。

检索文献全文最快捷方法是通过互联网查询。一是直接在"百度""Google""360 导航"等网站的主页上进行查询；二是利用网上的相关数据库资源，如中国知网(CNKI)、维普资讯、万方数据等中外文数据库，以及免费的学术网站，如国家科技图书文献中心(NSTL)、中国社会科学网等。

检索时，最好先查询有关社会调查课题的综述性文献，既能了解课题的研究进展情况，又能

---

① 梁启超. 中国近三百年学术史[M]. 北京：团结出版社，2006.

获得相当充分的参考文献目录，还可以用跟踪追击的方法继续查询。例如，在中国知网检索时，首先选出一篇与课题密切相关且关注度高的文章，之后根据该文章或网站列出的参考文献目录，从中选出有价值的文献进一步检索，重复这样的做法，一步步跟踪，就可以得到越来越多的文献。这种方法的优点是效率高、文献聚焦程度较高，往往能捕捉到一些最新的研究成果。

2）浏览与筛选文献

查询之后，要对文献进行快速浏览，目的是对文献有大致的了解。对于著作，可以查看导言、摘要、目录，然后找关注的章节快速阅读；对于论文，可以看摘要，读第一段、各段标题和最后一段，了解研究的内容与方法、结论。对于与社会调查课题关系密切的文献，可以对其内容多关注一些。在此基础上，对文献的价值做一个初步的判断。

要边浏览边筛选，首先要掌握好筛选的标准。第一是真实、准确；第二是可用，即对课题研究有参考价值。筛选文献时不能以自己的观点为标准，必须保持客观的态度，筛选出与课题相关的，在理论探讨、研究方法、研究结论上有代表性、有价值的文献。

文献筛选的过程，是一个去粗取精、去伪存真的过程。除根据调查人员的判断外，还要参考对有关著作、文章、调查报告的评论；内容范围要由宽到窄，由粗到细；在发表时间上，要选择不同时期的代表作，特别要注意那些最先论述某一问题的祖本和最近论述该问题的新本；在同类文献中，选择有影响力的、学术水平高的理论专著和核心期刊发表的文章；对统计指标的界定，要搜集权威部门发布的相关规定。

3）文献建档

在文献搜集、筛选、研读过程中，要及时做好文献的建档工作，以备需要时查找。对于已搜集到的文献，可以按课题建立文件夹，同时利用 Excel 等软件为搜集到的文献建立数据库，开始时对应于每篇文献记录的信息应包括作者、篇名、出处、出版时间、文献的重要程度、是否已获取全文及备注等。其中，对文献的重要程度可分为必用、应用、可用（或备用）三大类。对于"可用"的文献，通过粗读掌握文献的基本内容、与调查课题的密切程度，从中选出"应用"的文献，最后通过精读从"应用"的文献中选出"必用"的文献。

2. 文献研读

这里所讲的"研读"，即精读，就是以审视的眼光仔细地阅读。弗吉尼亚·伍尔芙在《为什么我们要读一本书？》中指出："读书有两个步骤，第一步是先尽量敞开你的胸怀，去容纳作者给你的印象；第二步是去判断和比较……为书籍做适当的评价，指出它的失败与成功的地方，哪部分是它的优点，哪部分是它的缺点。"概括地讲，第一步是理解性阅读，第二步是创新性阅读。

对于理解性阅读，古人云："善读者，始熟读而明其章句，继融会而知其义蕴。"首先，按照作者的研究思路及对相关概念的界定，全面分析文献的观点，理解作者是在什么层面和意义上使用概念的。其次，理顺作者的研究方法与过程，理解作者是如何得到研究结论的，真正把文献读懂读通。记住恩格斯的话："我们所需要的，与其说是赤裸裸的结果，不如说是研究；如果离开引向这个结果的发展来把握结果，那就等于没有结果。"

创新性阅读就是要用审视的目光阅读文献。英国著名物理学家法拉第曾说："我们应当是这样一种人，愿意倾听每一种意见，但要下决心自己做出判断。应当不被表面现象所迷惑，不对每一种假设有偏爱，不属于任何学派，在学术上不盲从大师。"[①]，为此，首先要克服思维定势的负面影响，如权威定势——迷信权威，以权威的是非为是非；从众定势——把多数人的意见或观点视为绝对正确，随大流，跟着走；唯经验定势——把个人经验绝对化，认识不到经验具有时空的狭隘

---

① 束炳如, 等. 物理学家传[M]. 长沙：湖南教育出版社，1985.

性和偶然性及个人经验的有限性，对与自己相悖的观点与做法很难接受。在此基础上才能具有批判性思维、创新性思维，坚持独立思考，将书读"活"，对文献中的观点、研究方法乃至数据进行质疑，对不同的研究视角、方法，不同的研究设计，特别是不同的观点进行分析、比较、批判与反思，深入了解各种研究的思路、优点和不足，在掌握研究现状的基础上寻找选题的切入点和突破点，使自己的研究真正地"站在巨人的肩膀上"。

3．文献建档

文献建档工作要随着文献的搜集工作不断完善，主要包括以下两项内容。

(1)在计算机中建立若干个文件夹，文件夹按文献的主题命名，然后将搜集到的文献保存到相应的文件夹中，实际上是对文献进行了一个初步的分类。

(2)对有用的文献要在研读的基础上记好笔记。记笔记的目的是将阅读过程中有价值的资料记载下来，以供进一步分析研究时使用。在对重要文献研读后，可以在文献上进行批注，做出各种标记，或者在建立的文献数据库中摘记该文献的主题、提出的假设、主要概念的测量方法、研究方法、使用的样本、主要的调查结论、提出的新观点，以及新的研究建议、相关政策建议等，还要记录自己的想法，因为有些想法转瞬即逝，及时记录下来对后继的研究十分重要。

4．写文献综述

在精读大量文献之后，要对文献资料进行梳理、评析、分类，使之系列化、条理化，将文献综合为一个有意义的整体。分类可选择按背景回顾、按理论回顾、整合性回顾和按方法论回顾等方法，将相关内容组织在一起。按背景回顾就是按问题研究的历史发展阶段分类；按理论回顾则是根据学术观点、学术流派分类，将各个文献中有关课题的论述归结在一起；整合性回顾就是将相关研究所提出的研究假设、研究结果等进行组织；按方法论回顾则指按研究程序或研究方法的运用归类。至于采用哪种方法进行分类，要依据做文献回顾的目的而定，可以同时采用多种分类方法。

在分类的基础上，列出提纲，写出文献综述。文献综述是现有研究的依据，其目的在于帮助调查人员厘清思路，看前人是如何研究的、已有哪些研究成果，以及还有哪些内容尚待研究。对于文献综述的梳理不能马虎草率，要对大量文献资料进行观点提炼，并在归纳总结中思考自身课题的亮点。撰写文献综述时要注意三点：第一，提炼观点时，要力求做到准确无误、不片面理解。第二，要对不同的观点进行合理的分析、比较和评论，要保持思维的自主性和独立性，做到客观公正，既要肯定优点，又要指出不足；对于不同观点的分析和评论，要选择合适的视角，注意产生差异的原因，不可根据自己的观点而滥加褒贬。第三，要在考查研究现状的基础上，总结当前国内外在该研究领域中的主要研究成果，及其应用价值和实际意义，指出目前存在的主要问题，以及需要进一步深入研究的问题。这些都为提出新的社会调查课题、新的研究设想及研究内容提供了依据。

2.2.5　考查文献的科学性

本节将结合抽样调查报告来具体说明如何考查有关资料的科学性、数据资料的真实性，以使读者体验什么是"研读"。

1．对文献科学性的研读

对文献的科学性进行检查、判断，是研读文献的第一个任务。应该说，绝大部分文献的质量是有保证的，但也有极少数文献的客观性和真实性存在问题。有的研究人员为了证明自己的结论正确，只给出对自己有利的论据，而对其他资料视而不见；有的研究人员出于某种目的或需要，在调查报告中偷换概念；也有的研究人员由于对数学方法本身理解不透彻、不准确，误用或乱用各种定量分析方法，造成许多"统计陷阱"。因此，在阅读文献时，一定要考查它的科学性，在阅读过程中提出批判性问题。以抽样调查报告为例，在研读时至少要考查以下四类问题。

(1)所涉及的概念是否有明确的可操作化的定义？问卷设计是否合理？问卷的信度与效度如何？

(2)抽样方法是否正确？样本量、有效回收率是否符合抽样调查的基本要求？样本结构对总体有没有代表性？

(3)根据数据的类型和课题本身，采用的统计分析方法是否正确？对统计结果的解读是否准确？

(4)在从搜集原始数据到形成结论的整个过程中，是否存在概念的偷换？所得结论是不是成立？推理有没有错误，结论有没有片面性，是否符合客观实际？

2. 对文献中数据的研读

迪斯雷利(Disraeli)曾说："有三种谎言：谎言、糟糕透顶的谎言和统计资料。"在一些调查报告或其他研究成果中，经常会引用或给出很多数据，因此在查阅文献资料时，要想不落入别人的"陷阱"，就要在研读这些数据时多提出问题。

1)对调查报告中的数据应提出的问题

对于这类数据，至少应该提出四个问题：所用的原始数据是怎么来的？数据涉及的概念是什么？数据是怎么计算的？数据的背景或条件是什么？下面，结合一些案例加以说明。

(1)作者所用的原始数据是怎么来的。作者的数据来源或者是直接通过自己的调查或试验得到的，即第一手数据；或者是从年鉴、期刊等资料中查找出来的，即第二手数据。这两种情况需要区别对待。

如果数据是第一手数据，那么，我们首先关心的不应该是数据本身，而是作者的调查或试验是否科学。如果作者在调查学生的学风时，样本由在图书馆学习的学生组成，或由在宿舍里上网玩游戏的学生组成，那么二者所得数据就会有很大的不同。

如果作者使用的是第二手数据，那么一定要问"数据是不是准确？有没有错误？"在科学研究过程中，我们经常会看到一种现象，研究者为了省事(或条件限制)，没有查原始文献(如年鉴)，而是从他人的义章中直接截取引用，这是非常危险的。对于已经注明出处的数据，最好找到原始文献再引用；如果没有注明出处，则需要自己去查寻，否则还是不用为好。

(2)数据涉及的概念是什么。1999 年，有位调查人员对一些单位的知识分子在近 5 年内的死亡情况进行了统计，结论是"所有死亡者的平均死亡年龄，不仅小于北京市人均期望寿命，而且比 10 年前我调查的平均死亡年龄还要小 5.18 岁"。一位读者针对该文发表了不同的看法，他使用那位作者的数据和 6 年中的死亡人数进行计算，得出的死亡率是 1.64%，与全国城市同龄人比较，该死亡率低了很多，因此认为在健康问题上，知识分子与普通市民比较，不存在很大差异[①]。

为什么同样的数据用不同的方法去比较、分析，得出的结论会如此不同？关键是如何进行比较。平均死亡年龄和人均期望寿命是两个完全不同的概念，在统计学中，从来不使用平均死亡年龄与人均期望寿命进行比较和研究。因此，我们对搜集到的第二手数据，一定要清楚数据所涉及的概念是什么，才能判断由这些数据得出的结论的有效性。

(3)数据是怎么计算的。利用统计数据进行欺诈，最常用的手法是在计算方法上做手脚。美国著名心理学家斯腾伯格曾提醒人们："别因为统计方法出色而轻信他人所言，你得确定统计真正报

---

① 引自《北京青年报》1999 年 4 月 9 日第 5 版文章《社会统计调查要科学求实》。

告了它所涉及的内容。"[①] 大多数研究者并不是有意欺诈的，主要是对计算方法理解得不透彻，以及在研究过程中用错了方法，导致出现错误的计算结果。当我们搜集的数据是作者的计算结果时，一定要考查他是怎么计算的，然后决定对文献的取舍。例如，为研究我国高等学校教育收费与特困生资助情况，某文献作者从本省 40 余所高校中抽取了 23 所学校的 5000 余名学生进行专题调查，数据分析时采用了其中的 13 所，数据如表 2-1 所示。

表 2-1　各校特困生的基本情况

学校代码	1	2	3	4	5	6	7	8	9	10	11	12	13
标准/元	80	150	120	170	50	100	150	100	120	60	60	70	/
总人数	311	1860	300	636	200	427	550	400	20	153	301	107	115
百分比	5	20	2.57	7.3	15	8	16.9	12	/	10	8.04	15	14.8

注："标准"指各学校自定的特困生的标准，是指家庭人均月生活费；"总人数"指各学校特困生总数；"百分比"指特困生占其校学生总数的百分比。

我们无从知道抽取这 13 所学校是否合理。由表 2-1 可看出，各校评定特困生的标准并不一致，因此某位学生在 A 校是贫困生，在 B 校就不是贫困生。可见，13 所院校的数据是不可加的，由此得出的"平均百分比"10.51%（各校特困生百分比之和为 136.61，136.61/13 = 10.51）自然也是没有意义的。显然，如果以该文献的数据为基础做进一步的研究或制定某些政策是不合适的。

（4）数据的背景或条件是什么。《统计陷阱》中讲了这样一件事情：很久以前，当约翰斯·霍普金斯大学开始接收女学生时，一个不赞成异性同校的人列举了一篇惊人的报道：约翰斯·霍普金斯大学三分之一的女学生嫁给了大学老师！然而，原始数据更清楚地描绘了事实，即总共只有 3 个女学生被录取，其中一人嫁给了大学老师[②]。这说明有时仅给出百分数而不给原始数据真的可以骗人。因此，当搜集的数据是百分数时，一定要问问原始数据是多少，当看到"调查显示"四个字时，一定要问"真的如此吗？"搜集这类数据时一定要格外小心。

有的抽样调查的样本尽管是采用概率抽样得到的，但有效回收率很低，而调查人员仍用这样的数据做分析、下结论。因此，对于抽样调查报告，首先要看其有效回收率，考查样本结构与调查总体的结构是否相当，即该样本能否代表总体，若能代表，且后面的统计分析也正确，则研究结论可信、可借鉴，否则，即使统计分析做得再好，该调查报告也不能作为参考文献使用。

2）使用年鉴等文献时应注意的问题

由国家统计局等有关单位编辑出版的各类年鉴等文献，全面系统地反映了我国各方面发展的情况，是具有权威性的数据集。搜集和使用这类文献时，一定要准确认识、把握数据的意义，重视阅读文中的注脚或对统计数据的说明。这些说明提供了有关数据的概念、算法、限定条件等。例如，反映经济状况的数据是否扣除了物价上涨的因素，历年的数据是否具有可比性等。这些说明对准确认识和把握数据的价值、正确运用统计分析的方法都是极为重要的。

如果有些数据的内涵不清楚，文献中又没有相关的说明，则要从其他资料中查找，万万不可按自己的理解使用，否则容易出问题。例如，在教育相关统计中，"教学辅助人员"与"辅助人员"是两个不同的概念。"教学辅助人员"是指"从事教学辅助工作，为教学服务的人员"。按此概念，图书馆的管理员、实验室的实验员、资料室的资料员都是教学辅助人员。而"辅助人员"是指"直接为教学、科研服务而没有中等及以上学历，也没有技术职务的人员"。学校里一位大专毕业的实验员是"教学辅助人员"，而不是"辅助人员"。所以，只有对数据的背景十分清晰，

---

① R. J. 斯腾伯格. 成功智力[M]. 吴国宏，钱文，译. 上海：华东师范大学出版社，1999.

② 达莱尔·哈夫. 统计陷阱[M]. 廖颖林，译. 上海：上海财经大学出版社，2002.

才能正确利用这些数据。

使用国际上的数据同样要十分慎重。例如，由世界银行和联合国教科文组织召集 13 个国家的专家组成的高等教育与社会特别工作组(The Task Force on Higher Education and Society)撰写的报告《发展中国家的高等教育》(*Higher Education in Developing Countries*)中，明确指出"在使用国际教育数据时，存在不同国家和不同时间获得的数据的可比性、一致性和准确性三个主要问题"。对于可比性，该报告一再提醒读者"在比较不同国家，尤其是不同国家中的不同群体的数据时，必须审慎"；对于一致性问题，尽管联合国教科文组织在关于教育统计的标准化工作方面进行了多年的努力，但"仍需审慎地解释跨国教育数据。各个国家有关教育的概念、范围、数据搜集方法仍存在差别，有些国家在不同时期或许有不同的变化等，这些都会使解释更为困难"；准确性是"教育数据的一个很大的问题，或出于政治原因官员虚报，或低效的评价技术，使数据可能不可靠"[①]。1992 年，杰弗瑞·普耶(Jeffrey Puye)在联合国教科文组织专家会谈中指出，有 70 个国家(比联合国教科文组织成员国的半数稍少)的数据可能存在严重的准确性问题。

2.3　社会调查的总体方案设计

人们常说"凡事预则立，不预则废"，在开始进行社会调查之前，要依据对该调查课题的了解、以往的研究经验及目前所具备的主客观条件，对如何开展调查进行总体方案设计。总体方案是整个社会调查工作的行动纲领，一份好的总体方案设计，是保证社会调查顺利进行的重要前提。因此，一定要把总体方案设计作为整个社会调查设计工作的重要一环。

2.3.1　总体方案设计的五项原则

国内学者认为，为了优化总体设计方案，需要遵循以下原则。

(1)可行性原则。要从实际出发，根据自身的能力选择社会调查的范围和地点。

(2)完整性原则。要尽量做到面面俱到，对社会调查过程中可能出现的问题要有所预料，并能事先提出预防的措施和解决问题的办法。

(3)时效性原则。必须考虑时间因素，尤其是一些应用性很强的课题(如市场需求变化调查、新冠肺炎疫情对青年价值观影响的调查等)，更要注重其时效性。

(4)经济性原则。必须努力做到用最少的投入产生最大的效果。

(5)留有余地的原则。调查方案是调查人员事先的设想和安排，与客观现实之间总会有或大或小的距离，加之实际调查中还可能遇到新情况、新问题，所以调查方案一定要留有余地，保持一定的弹性。

总之，总体方案设计的着眼点，是在承认社会调查本身具有局限性的同时，尽可能达到科学性要求。在设计总体方案的过程中，要从研究问题的特点出发，全面、系统地考虑各种影响因素，以确定一个相对最佳的总体方案。

2.3.2　总体方案设计的内容

1. 陈述社会调查题目、调查背景、调查目的与研究意义

美国社会学家艾尔·巴比指出："准确地表达问题往往比回答问题更困难，而一个表达准确的

---

① 世界银行和联合国教科文组织的高等教育与社会特别工作组. 发展中国家的高等教育[M]. 蒋凯，译. 北京：教育科学出版社，2001.

问题基本上就回答了问题本身。" 因此，在总体方案设计中首先要说明社会调查的题目、调查背景调查目的与调查意义。

社会调查的题目要准确、规范和简洁。准确就是把要解决的问题、调查的对象交代清楚；规范就是所用的词语、句型要规范、科学，似是而非的词语不能用，口号式、结论式的句型不要用，题目中所涉及的概念要明确化；简洁就是题目名称不能太长，一般不要超过 20 个字，如果确因研究需要，就采用主、副标题。例如，"女大学生就业影响因素分析——基于辽宁地区高校的调查"指出了研究的问题是大学生的就业问题，研究对象是女大学毕业生群体，调查的范围是辽宁地区的高校。

调查背景的主要内容是综述国内外有关本课题的研究现状和自己的见解，即写出文献综述。写文献综述时要避免两类错误，一类是罗列所有的论文和著作，使读者不得要领；另一类是只做三言两语的说明，使读者难以了解目前的研究现状以及开展调查的必要性。

由第 1.3.4 节可知，社会调查按调查目的可分为描述性调查、解释性调查和探索性调查，总体方案设计中要明确调查的调查目的属于哪类，如果是描述性的，则要指出侧重描述哪类社会现象；如果是解释性的，采用定量研究范式，则要说明调查的假设是什么，并对所涉及的概念给出明确的界定。探索性调查通常在准备阶段完成，参见第 1.4.2 节。

调查的意义包括调查的理论意义和现实意义，目的是回答为什么要进行这项社会调查，预期要达到的具体目标是什么，即要解决什么问题，解决到什么程度，调查结果用什么形式表现，研究它有什么价值。一般可以先从现实需要方面论述，指出现实中存在需要去研究、解决的相关问题，本调查对此有什么实际作用；再阐述调查的理论和学术价值，要具体、有针对性，如是要建构一种理论，还是要提出政策建议或影响社会舆论。

2. 确定社会调查类型和社会方法

对于同一个社会调查，根据调查目的，调查员个人的研究经历、专业特长，以及客观条件，可以归类为不同类型的研究。研究类型不同，相应的调查途径、方法和手段也会不同。因此，总体方案设计中一定要明确本调查的研究类型和研究方法，如是应用性调查还是理论性调查；在时间维度上，是横向调查还是纵向调查；如果是纵向调查，那么是跟踪调查，还是趋势调查；是采用传统的调查方法还是网络调查。

"科学是致力于发现的事业，无论你要发现什么，都有许多方法。"如何选择最有效的研究方法，是总体方案设计的重要内容。沃里克和利宁格指出："每一种资料搜集的方法，包括调查在内，都只能接近知识。每种方法提供对现实不同的一瞥，单独使用时各自都有它们的极限。在着手调查之前，如果能够先想想这是不是处理这个问题最适当、最有效果的方法，则研究者将会做得更好。"[1]埃文·塞德曼对研究方法的选取给予了更加具体的指导："研究方法的适当性，取决于研究目的和所提出的问题。如果研究者提出了一个类似'人们在这间教室里是怎么做的'的问题，那么参与观察可能是最佳的研究方法。如果研究者提出'排位系统中学生编班是如何与社会等级和种族相联系的'，那么调查法可能是最佳的方法。如果研究者质疑新课程是否会影响学生在标准化测试方面的成绩，那么准试验性的干预研究法则可能是最有效的方法。当然，研究旨趣并不永远或经常如此轻易就能确定。在很多情况下，研究旨趣是分为不同层次的，因此，多种方法的运用可能才是恰当的。"[2]

在总体方案设计中，研究方法的确定关系到具体实施调查的途径和手段，包括怎样搜集所需

① 劳伦斯·纽曼. 社会研究方法——定性和定量的去向[M]. 5 版. 郝大海，译. 北京：中国人民大学，2012.
② 埃文·塞德曼. 质性研究中的访谈：教育与社会科学研究者指南[M]. 周海涛，译. 重庆：重庆大学出版社，2009.

要的资料和怎样分析这些资料。具体内容包括：在研究范式上，是统计调查、实地调查，还是文献调查；是采用单一方法，还是采用多种方法的混合调查。调查方式确定之后，资料搜集的方法也就随之确定，总体方案设计中应指出更具体的方法。例如，如果选择抽样调查，那么是通过问卷搜集资料，还是通过结构式访谈搜集资料；如果是通过问卷搜集，那么是通过集体填答纸质问卷，还是通过网络进行调查或请调查网站进行调查。在对资料的分析方面，主要确定是定量分析，还是定性分析，如果是定量分析，那么是用描述统计分析、推断统计分析，还是用更复杂的统计分析方法、模糊数学方法等。

例如，大学毕业生的就业问题是当前的社会热点之一，如果调查的目的是了解大学毕业生就业的现状，那么在性质上属于应用性调查，在目的上属于描述性调查；如果还要考查近年来各届大学毕业生的就业状况，并做出对比分析，那么调查类型中还要包含文献调查；在时间维度上，如果仅对应届毕业生进行调查，则属于横向调查；在调查方法上，可以采用抽样调查，也可以进行非结构性访谈。

3．明确社会调查的范围、对象和分析单位

社会调查范围，即调查对象的总体；社会调查对象，即搜集资料时直接询问的对象；分析单位，指社会调查中分析和描述的对象，是用来考查和总结同类事物特征，解释其中差异的单位。仍以大学毕业生的就业问题为例，当采用抽样调查时，根据主客观条件，如果调查范围是全国应届大学毕业生，那么总体就是全国应届大学毕业生，调查对象是通过概率抽样被抽中的应届大学毕业生，分析单位也是大学毕业生。但如果调查的是不同类型学校(如理工类、社科类、农林类等)应届大学毕业生就业状况，那么学校就是分析单位，调查对象可能是应届大学毕业生，也可能是学生就业处的教师，此时分析单位与调查对象不一样。

1) 分析单位的五种类型

(1)个人，是社会调查中最常用的分析单位。在描述性研究中，将个人作为分析单位，其目的通常是通过对个人的调查来描述和解释由个人所组成的群体。例如，对城市居民消费观的社会调查，分析单位是每个具有城市户口的 18 岁以上的居民，通过问卷调查或访谈，了解其年收入水平及对购买奢侈品的态度与行为，目的是考查不同收入的群体在消费观上的差异。

(2)群体，是指具有某些共同特征的一群人，是通过一定的社会互动和社会关系结合起来并共同活动的人群集合体。例如，男人、女人、老年人、家庭、农民、帮派、非正式团体、由具有共同爱好组成的微信群等，都可以作为社会调查的分析单位。群体特征不同于个人特征，但某些群体特征是由个人特征汇集或抽取而来。例如，优秀生考试成绩的平均分、学习策略平均水平等可以作为优秀生的特征。

(3)组织，是社会的基本构成单位，是指具有共同目标和正式分工的一群人所组成的单位。例如，企业、学校、机关单位、医院等均为社会正式组织。将企业作为分析单位时，其特征包括雇员数量、年纯利润、总资产、合同总额及雇员的平均薪酬等；将学校作为分析单位时，其特征则是办学规模、师资力量、毕业生就业率等。把组织作为分析单位时，可以通过组织成员来获得整个组织的特征，如通过教师的学历、职称、教学和科研获奖情况等来获得学校师资力量的特征。

(4)社区，是按地理区域划分的社会单位，如乡村、居民小区、城市和小城镇等。例如，"北京市社区居委会现状调查"的分析单位便是社区。

(5)社会产物，指人类行为或人类行为的产物，包括各种类型的社会活动、社会关系、社会制度和社会产品(建筑物、书籍、画作、电影和电视等)，美国社会学家艾尔•巴比将其称其为"社会人为事实"。例如，对少数民族的婚礼仪式进行社会调查，分析单位为婚礼仪式，而不是举办

婚礼的人；对电视机的质量进行调查，电视机的各种品牌就是分析单位。

有时候，社会互动也可能成为分析单位，如打电话、聊天室讨论、跳舞等。

2) 分析单位的特征

前述五种分析单位有以下两个共同特征。一是社会调查所搜集的资料描述的是分析单位中的每一个个体。例如，如果分析单位是个人，那么资料描述的是个人的状况，如性别、年龄、职业、对某一问题的态度等；如果分析单位是群体，那么资料描述的是这个群体的状况。例如，分析单位是学校，那么资料描述的是每个学校的规模等。二是将对分析单位的描述汇总，以用来描述这些分析单位所组成的更大的群体。例如，在一项关于大学生学习策略的调查中，大学生是分析单位，所设计的问卷题目均直接描述每个大学生的基本信息(性别、年级、专业等)和学习中采取的策略(时间管理、自我监控等)，将这些信息汇总，就构成了被调查的大学生的样本信息，如果采取的是概率抽样，那么对样本得出的结论可用于描述大学生总体运用学习策略的状况。

3) 选择分析单位时应注意的问题

(1) 分析单位与调查对象是不同的概念，在通常情况下，分析单位就是调查对象，但也有很多时候两者并不一样。"北京市社区居委会现状调查"的分析单位是社区居委会，而调查对象则是居委会工作人员、社区居民等。

(2) 根据研究需要，一项社会调查可以设有多种分析单位。对于复杂的社会现象，只有从不同的角度、不同的层次选择分析单位，才有可能得到更翔实、更完整的资料。通常，先选择一个分析单位，若发现所搜集的资料不能满足课题研究需要，则增至两个或改变分析单位。但需要注意，分析单位不可过多，以免增加调查的工作量。

(3) 注意防止出现区位谬误和简化论错误。区位谬误(ecological fallacy，也称层次谬误)指用高层次的分析单位(如群体、组织、社区)做调查，却用低层次的分析单位(个人)给出结论。例如，通过调查城市的流动人口数量和城市的犯罪率，发现"流动人口多的城市比流动人口少的城市犯罪率高"，于是得出"流动人口比非流动人口犯罪率高"的结论，就是层次谬误，因为调查的分析单位是城市，而结论的分析单位却是个人。只有分别调查流动人口和非流动人口的犯罪率，再加以比较，才能得出相关的结论。

简化论(reductionism)是用一组特别的、狭窄的概念来看待和解释所有的事物。其表现之一是用低层次的分析单位做调查，却用高层次的分析单位给出结论。例如，在预测足球联赛的胜败者时，如果仅把注意力集中在每个队队员的个人能力上，那么分析单位是"队员"，在"个体"的层级上，而得出的结论却是"球队"的胜败，即用高层级的"群体"给出结论。这里，关注队员并没有错，但把球队取胜的因素简化了，忽略了球队的胜败不仅仅取决于队员，还会涉及教练、团队配合、战略战术、资金支持及球迷的支持等，队员的能力仅仅是描述球队的一个变量。简化论的表现之二是在分析问题时，认定某一分析单位比其他分析单位更重要或更相关。例如，对离婚率逐年上升的现象，社会学家会从人的价值观、道德观，以及社会的人文环境等方面加以解释，心理学家则会从男女双方的人格类型、精神创伤方面说明，而经济学家会从经济学角度给出另外的说法。事实上，离婚率问题用任何单一的分析单位都无法进行全面解析。

明确社会调查的范围、对象和分析单位，可以使我们更有针对性地搜集所需要的资料，进一步了解调查对象的特征，为正确地选择调查方法和设计问卷、进行访谈奠定基础，还可以使我们明确分析层次，正确地界定调查内容，防止出现前述错误。因此，一定要把确定社会调查范围、对象和分析单位作为总体方案设计的重点工作。

4．明确社会调查内容

社会调查内容是指社会调查要了解的调查项目和调查指标。首先说明调查的层次是宏观层面，还是微观层面，然后确定调查的主要内容，并将其进行分解、归类，最后进行细化。对调查内容的细化不仅使调查要研究的问题进一步明晰，而且可以为概念的操作化、调查问卷的设计打下良好的基础。

社会调查内容一般可以分为三大类：特征、意向性和行为，即分析单位的社会背景、对某个社会现象或问题的想法、看法，以及表现出来的行为、习惯。

1）特征

特征是分析单位的客观指标，即分析单位的社会背景。例如，个人的状态，包括性别、年龄、学历、职业、收入和婚姻状况等；企业的状态，包括人员规模、注册资金、产量、产值、利润和组织结构等。在开展一项社会调查时，要根据研究假设选择某些有针对性的指标。例如，针对大学生的调查除性别、年龄外，还包括年级、专业、成绩排名、生源地等；针对老年人的调查会有退休时间、健康状况及居住状况(如独居、与子女同住)等。

2）意向性

意向性是分析单位的内在属性，是一种主观变量，包括态度、观念、信仰、个性、动机及爱好等。或者说，意向性反映分析单位的意见和态度，如"想些什么""如何想的""有什么看法""持什么态度"等。作为分析单位，不仅"个人"具有意向性，而且群体、组织、社区乃至社会产物均具有意向性，如企业的价值观念、行为倾向等。意向性是内隐的，不能直接测量，因此在抽样调查中，往往采用间接测量，即在问卷中设计一组题目来描述态度、观念和行为倾向的不同类别或不同程度。对意向性的描述往往用于对不同群体特征的描述与比较，解释分析单位各种行为的内在原因，因此在解释性社会调查中，意向性一般是作为自变量出现的。

3）行为

行为指可以直接观察到的社会行为和社会活动，即分析单位"做了什么""怎么做的"等，它受特征和意向性的影响，通常在进行资料分析时被作为因变量。

5．明确社会调查的抽样思路

除普查外，任何社会调查都有一个抽样的问题，即如何选取调查对象。总体方案设计不是制订具体的抽样方案，而是要明确抽样的思路。例如，调查总体是什么；用概率抽样还是非概率抽样；根据研究方法和主客观条件，样本的规模应多大(一般抽样调查，应选择大样本，如果是实地研究，则样本不能太大)，用什么方法进行抽样；等等。

6．编制问卷、观察表格或访问提纲

在明确社会调查内容的基础上，要将调查内容具体化和操作化，从而将所要调查的项目系统地编排在问卷或访问提纲中。总体方案设计并不要求完成编制问卷(编制方法将在第 4 章介绍)或访问提纲(将在第 12 章介绍)，而是要说明调查对象的属性和特征，以及如何确定调查指标。

7．确定介绍调查场所和时间安排

设计社会调查总体方案时，需要结合抽样设计方案，确定调查的地点和场所。例如，在抽样调查时，采用街头调查，还是入户调查，抑或网络问卷调查；如果问卷是集体填写完成的，就要到相关单位去调查，在通常情况下，这些调查场所并不是调查人员所能单方面决定的，而需要与

有关方面联系解决；如果是实地研究，要进行长期的观察和访问，那么地点与选择观察对象或访谈对象是分不开的。

调查时间安排包括以下三个方面。一是调查时段，即调查从确定课题（或立项）到完成的起止时间。一般来说，问卷调查需要的时间较短，实地研究需要的时间较长。二是调查时点。例如，人口经常处于出生、死亡和迁入、迁出的变动之中，若按标准时点来确定人口状况，就不会因时点不统一而产生重复或遗漏。例如，第七次全国人口普查的标准时点是 2020 年 11 月 1 日零时，普查对象是在中华人民共和国境内的自然人及在中华人民共和国境外但未定居的中国公民，不包括在中华人民共和国境内短期停留的境外人员。统一规定标准时点是取得准确人口数据的重要条件。三是对整个社会调查工作的时间分配和进度（包括调查人员的任务与工作进度）进行科学安排，做到紧凑而留有余地，使调查工作有条不紊地开展，以保质保量地按时完成调查。工作进度安排要说明调查工作的步骤及各个阶段的工作任务及起止时间。其中，选题、文献搜集与研读、正式调查前的探索性调查都需要较长时间，俗话说"磨刀不误砍柴工"，一定要给调查的准备阶段安排足够的时间。

8. 确定调查人员组成及调查人员的选拔与培训

对一些较大规模的社会调查，不仅要组成课题组，而且要挑选、培训调查人员。因此，在设计总体方案时，必须考虑调查的组织工作，具体包括：课题组的组建（确定人数、人员构成、研究工作的具体分工、负责人等）；编制调查工作的组织管理办法，包括指导、规范调查工作的各种规章制度等；调查人员的挑选和培训（确定调查人员的人数、培训时间安排、培训手册的编制及确定负责人等）。

9. 研究经费和物质手段的计划和安排

开展社会调查必须有一定的研究经费支持。研究经费包括旅差费、会议费、资料费、调查人员及其协作人员的劳务费、问卷表格的印刷费等。物质手段主要指调查工具、技术手段，以及资料整理与分析的手段，如计算机、录音机、录像设备、统计软件等。应本着"厉行节约"的原则，对研究经费和物质手段做出合理安排和规划。

社会调查的研究设计实际上是在各种研究手段和策略之间进行选择，各种选择之间具有一定的相关性，由此可区分出两种研究方式：统计调查和实地研究，如图 2-2 所示。当然，在具体实施中，各种研究策略和手段间的相关性（见图 2-2 中的实线）不是绝对的，一般根据课题的性质、研究目的和个人的方法论偏好确定一种主要的研究方式，同时也可选择其他策略和手段（见图 2-2 中的虚线）作为辅助和补充。

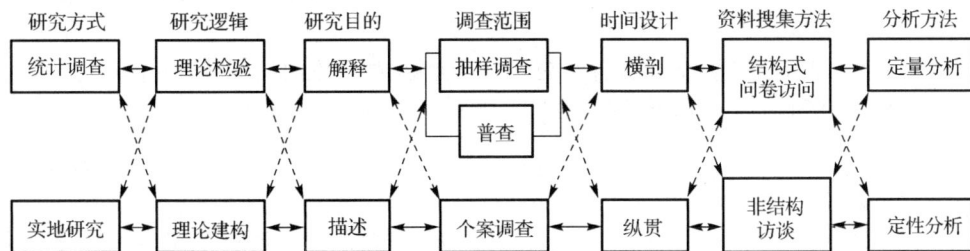

图 2-2 两种研究方式的设计

本书将按照上述思路，在第三篇中通过介绍抽样调查来说明定量研究范式的统计调查，在第四篇中以非结构访谈为重点介绍定性研究范式的实地研究，在第五篇中介绍混合方法研究。

思考与实践

复习思考题

1. 解释下列名词

文献　文献调查法　文献检索　分析单位　层次谬误　简化论

2. 正确选择社会调查课题的重要性表现在哪里？

3. 社会调查课题的来源有哪些？

4. 怎样完成社会调查选题的全过程？

5. 面对海量文献，如何能够快速检索到自己所需的文献？如何筛选与研读文献？

6. 为什么要对社会调查的总体方案进行设计？对社会调查方案"心理有数"就行了，为什么还要把它写出来？

7. 设计社会调查总体方案时应遵循哪些原则？应包括哪些内容？

8. 在确定分析单位时，可能会发生哪两类错误？试确定下列例子的分析单位。

(1)某专业2018级学生共有90名，其中男生占53%，女生占47%，平均年龄为19.2岁。

(2)2004年8月到2022年3月，中国知网可查的国内发表的有关新生代农民工问题的论文共12654篇，涉及城市融入、职业教育、社会保障、政治参与、返乡创业、社会认同等多个不同的主题。

(3)1960年，在美国130个居民人数超过10万的城市中，有126个拥有至少两家美国医院协会认可的短期非私立综合医院。

(4)2015年，某市雇员超过1000人的公司有153家，其总产值占工业增加值的60%。2019年，此类企业减少至98家，其总产值占工业增加值的48%。

实践与合作学习

1. 结合本研究小组课题，每人在网上至少检索一篇文献，并进行交流，以研究小组为单位建立文献数据库。

2. 通过讨论确定本研究小组社会调查的具体课题及总体方案设计，组员分工写出方案的相应部分，由组长汇总、修改，在班级群里进行交流。

对选题的建议如下。

(1)题目是自己比较关注的内容；题目范围要小，涉及问题的面要窄，针对一个具体的问题展开；样本要比较容易取得。

(2)上网了解目前对拟选定的题目有哪些方面的研究，哪些方面还不够深入，哪些方面可以采用不同的调查方法进行研究，在此基础上选题，做到课题有意义，研究有新意。

第三篇　定量研究范式的社会调查——抽样调查

普遍调查和抽样调查都属于定量研究范式，抽样调查将作为本书的重点进行介绍。本篇将用8章的篇幅来介绍抽样调查，包括抽样调查的概念、适用的范围、基本原理、问卷设计、抽样设计、数据搜集，以及利用 SPSS 统计软件对数据进行统计分析。

学习导航

(1) 第 3 章对抽样调查进行概述，通过学习应掌握抽样调查及其相关概念，了解抽样调查的原理，对抽样调查的过程有一个全局性的把握。

(2) 第 4~6 章介绍抽样调查的具体方法，包括问卷设计、抽样设计、搜集资料，学习的基本要求是在理解基本理论的前提下掌握各种具体方法，并能初步用于实践。

(3) 第 7~9 章介绍数据资料的定量分析，即利用 SPSS 统计软件对数据资料进行定量分析。此时很容易将精力集中在具体操作上，事实上，要正确运用各种统计分析方法，操作仅仅是其中的一个环节。读者在学习的过程中，要在理解基本概念的基础上学会操作，具体需要掌握以下四点。

① 各类统计分析方法能够解决哪类问题。

② 使用各类统计分析方法的前提条件。

③ 各类统计分析方法对应 SPSS 的哪个功能模块，如何进行相关操作。

④ 读懂 SPSS 给出的各类统计表和统计图，结合实际问题对统计结果进行具体解释。

(4) 第 10 章介绍互联网时代调查方法的新发展，学习时要重点掌握作为定量研究的网络问卷调查方法，对大数据与传统的社会调查方法，特别是抽样调查的相互融合问题，只需有所了解，作为定性研究的网络民族志将在第 11.3 节介绍。

(5) 本篇的内容基本属于具体操作的层面，实践性很强。掌握本篇的内容，读者将可以独立完成一个完整的抽样调查过程。因此，在学习本篇的过程中，一定要在学习知识的同时，重视实践环节，一定要"动手"，要边阅读边操作，跟着本书"走"一遍，再结合研究小组的课题做一遍。只有"做"才能发现问题，才能理解方法的真谛，这是一个"理论—实践—理论—再实践"的过程。

(6) 本篇参考书目如下。

① 艾尔·巴比. 社会研究方法[M]. 13 版. 邱泽奇，译. 北京：清华大学出版社，2020.

② 风笑天. 社会调查方法[M]. 3 版. 北京：中国人民大学出版社，2019.

③ 江立华，水延凯. 社会调查教程[M]. 7 版. 北京：中国人民大学出版社，2018.

④ 卢淑华. 社会统计学概要[M]. 北京：北京大学出版社，2016.

⑤ 樊文强，杜智敏. SPSS 社会调查应用教程——基本原理与实操案例[M]. 北京：电子工业出版社，2021.

⑥ 杜琳琳，等. SPSS 统计分析从入门到精通[M]. 2 版. 北京：清华大学出版社，2020.

⑦ 朱红兵. 问卷调查及统计分析方法——基于 SPSS[M]. 北京：电子工业出版社，2019.

第3章 抽样调查概述

1895 年，挪威统计学家凯尔(A. N. Kiaer)在国际统计学会(ISI)第五届大会上提出"用代表性样本方法来代替全面调查"的建议，这一年被认为是抽样调查历史的开端。一百多年以来，随着抽样理论、统计分析技术、计算机技术和统计软件的发展，抽样调查作为统计调查的一种重要方法及获取统计资料的重要手段，日益受到政府各部门、企业、学术界与社会公众的重视，在行政管理、学术研究、民意调查和市场调查等领域，无论在应用的广度还是深度上都有了极大的发展。抽样调查理论研究的活跃和广泛应用，说明了掌握抽样调查方法的重要性。

本章思维导图

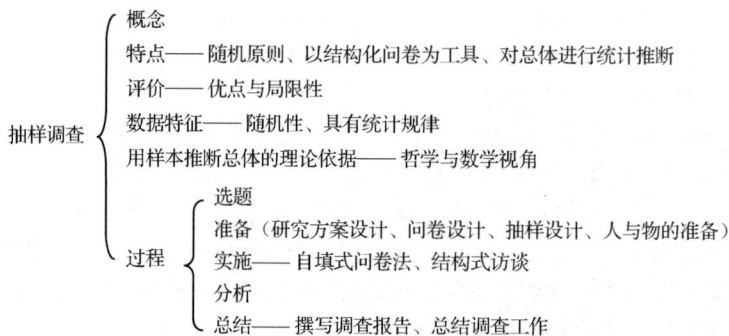

```
            ┌── 概念
            │── 特点——随机原则、以结构化问卷为工具、对总体进行统计推断
            │── 评价——优点与局限性
            │── 数据特征——随机性、具有统计规律
            │── 用样本推断总体的理论依据——哲学与数学视角
抽样调查 ──┤              ┌── 选题
            │              │── 准备（研究方案设计、问卷设计、抽样设计、人与物的准备）
            │── 过程 ──────┤── 实施——自填式问卷法、结构式访谈
                           │── 分析
                           └── 总结——撰写调查报告、总结调查工作
```

3.1 抽样调查的概念及其特点和局限性

3.1.1 抽样调查的概念

由第 1 章可知，抽样调查是一种非全面调查，根据抽样的方法，可以分为概率抽样和非概率抽样两类。在通常情况下，抽样调查是指概率抽样，即按随机原则从调查总体中选取一部分单位作为样本，以结构化问卷为工具进行调查，取得资料后，通过统计分析在数量上对总体的某些特征做出估计和推断，而且抽样误差是可控的。

抽样调查研究是一种实证研究，是通过统计分析的方法探寻事物的客观规律的研究。其基本思路和逻辑是，通过对部分事物的考查得到对现象总体的认识，这种从个别到一般、从局部到整体的认识路径，完全符合人们对客观事物认识的一般规律。抽样调查采用的是演绎法，即首先提出假设，再通过抽样获得大量的数据，然后通过统计分析来验证假设是否成立，从而最终得到对事物的规律性认识。

3.1.2 抽样调查的特点

抽样调查与其他非全面调查相比，具有三个主要特点：一是抽取样本遵循随机原则；二是以结构化问卷为工具；三是在数量上推断总体。

1．抽取样本遵循随机原则

所谓随机原则，是指当从总体中抽取一定数量的个体作为样本时，总体中的每个个体被选入样本的可能性是一样的。我们都有这样的生活经验：平时炒菜时，想知道盐放得是否合适，不需要把整锅菜都尝遍，只要在盐完全溶化之后，将菜搅拌均匀，然后取一点菜品尝就可以了，因为这一点菜是随机抽取的样本，它对整锅菜具有代表性，可以利用这点菜的咸淡来推断整锅菜的咸淡。同样，在进行抽样调查时，利用概率抽样的方法进行抽样，使总体中的每个单位被抽到的可能性完全相同，尽管样本只是总体的一个组成部分，但所得到的样本对总体具有充分的代表性。

2．以结构化问卷为工具

问卷是抽样调查的主要工具，也是抽样调查所用的工具或手段区别于其他社会调查方法（文献法、实地研究）的重要特征。基于此，人们也将抽样调查称为"问卷调查"。

调查对象按照问卷回答问题，是一个科学的测量过程。社会调查往往需要用适当的术语或概念来描述研究的对象，这些概念不仅包括平时所讲的性别、年龄、职业、文化程度等，而且包括很多抽象的概念，如学习策略、城市现代化、同情心等，这些抽象概念必须通过一系列可以观察和测量的指标来模拟。也就是说，问卷中的问题不是随意组成的，而是有结构的，而且问卷中绝大部分采用封闭式题目，即每个问题的选项是事先设定好的。抽样调查通过这样的结构化问卷对调查对象的特征及其对问题的态度进行标准化的间接测量，使调查人员能够获取大量的可以量化的信息。

3．对总体进行统计推断

抽样调查中的所有调查对象使用相同的问卷，因此在问题的表达、问题的先后顺序、答案的选项等方面都是完全相同的，这减少了人为因素造成的误差；通过调查对象填写的问卷，可以获得大量对总体具有代表性的信息；通过对问卷进行编码（将文字表达的问题和答案转化为数字），可产生大量的样本数据。在此基础上，根据概率论和数理统计的知识，就可以利用样本信息来推断总体的特征。因此，抽样调查的最大特点是采用定量的或数字的描述方式来研究总体，利用样本所产生的数据进行统计分析，并不断地将各种新的统计分析方法引入研究，使对问题的分析更加深入，这是其他调查方法所不具备的。鉴于此，抽样调查也被称为"统计调查"。

4．对抽样误差可以进行事先估计与控制

即使采用概率抽样的方法，抽样工作做得非常好，在用样本信息推断总体的特征时，也仍然会产生误差。此种误差称为抽样误差，它不包括录入错误等人为过失和其他因违反随机原则而产生的误差。抽样误差的大小，反映了样本对总体代表性的强弱。抽样误差可以事先进行计算，并通过增加样本量、改变抽样的组织形式尽可能地减少，以提高对总体特征估计的准确性。

5．具有较高的时效性和较低的成本

与全面调查、面对面访谈相比，采用自填式问卷的抽样调查具有高时效性和较低成本。随着互联网时代的到来，特别是微博、微信、朋友圈等社交网络的兴起和智能手机使用功能的多元化，采用网络调查既可以突破时空的限制，又可以节省人力资源。因此，当调查对象是一个大型的群体时，抽样调查比其他调查方法更能节省时间、经费和人力，具有更高的效率。

6．可以获得内容丰富的第一手资料

与采用深度访谈相比，采用自填式问卷或结构式访谈进行调查更能节省时间，因为在设计问卷时可以包含更多的题目，便于测量人们的态度、行为和特征。而且，使用自填式问卷或访问员

访问，可以直接从调查对象那里获取第一手资料，比某些间接地、利用文献等得到的第二手资料更准确、更真实、更符合调查人员的需要。

7．具有较高的信度

自填式问卷具有很好的匿名性，一般调查对象无须填写姓名，宽松的环境可以减轻调查对象的心理压力，有利于如实回答问题。而结构式访谈调查，更容易通过与调查对象的面对面接触观察他回答时的表情、居住环境等，以考查回答的真实性。因此，抽样调查能够搜集到更多真实的信息，具有较高的信度[①]，能够相对客观地反映社会现实的真实面貌。自填式问卷是调查对象自己填写的，这减少了某些非抽样误差，提高了数据的准确性。

基于抽样调查的诸多优点，在大量的社会科学文献中，有很多采用抽样调查进行研究的案例，特别是各类统计软件(如 Excel、SPSS、SAS 等)的相继问世和广泛应用，使复杂的统计思想和统计模型在计算机的支持下得以实现，极大地提高了人们处理数据的能力，使抽样调查方法逐步成为国内外社会调查中使用较多的一种方法。

事实上，抽样调查的应用十分广泛，特别适用于描述一个大总体的状况、性质和特征，适合分析、比较不同群体在态度、行为上的差异。正如美国社会学家艾尔·巴比所说：

"在描述大样本特征时，调查研究是相当有用的方法。审慎地根据概率方法抽样，并结合一份标准化的问卷，能使你们很好地描绘一个学生总体、一个城市、一个国家或其他任何大型群体的特征。调查研究能不可思议地得出正确的失业率、投票意愿……，但其他的观察方法却没有提供这样的正确答案的能力。"[②]

3.1.3　抽样调查的局限性

尽管相对于其他种类的调查方法，抽样调查有许多优点，但它也有不足，或谓之局限性，具体表现在以下几点。

1．缺少弹性和深度

抽样调查的许多工作是在实施调查之前设计好的，在实施调查之后很难做出相应的改变。例如，在调查过程中发现问卷需要增减题目，却不能随意改变；样本量和调查对象也是实施调查之前确定的，当问卷全部收回之后发现回收率不高，就要再选择一部分调查对象，此时的样本结构会与设计的样本结构有所差异，样本的代表性将受到影响。

调查问卷中大量的问题描述人们的态度、行为和特征，但很难对为什么会有这样的态度或行为进行比较深入的探讨。人们所处的环境不同、经历各异，对问题的看法、采取的行动等必然有所差异，然而问卷中的封闭式题目，对"为什么"只能给出有限的几种选择，即使题目的选项中设有"其他"一项，也很难避免丢失大量的信息。某些问卷设有开放式题目，调查对象可以自由回答，但是经验表明，能够认真回答的人很少，多数人不予回答。

2．容易受到人为因素的影响

调查对象回答问卷的态度直接影响回收问卷的质量。问卷测量的不是物，而是人的态度、特征。调查对象是有主观意识的，多数人能够认真地、真实地回答问题，但也会有人对调查不认真，甚至认为没有必要而产生反感，随意答卷，给出假信息，甚至拒绝回答。加之不同的人对问卷题

[①] 信度是反映测量的稳定性与一致性的一个指标。问卷的信度是指问卷测量的可靠程度，参见本书第 4.3.1 节。

[②] 艾尔·巴比. 社会研究方法[M]. 13 版. 邱泽奇，译. 北京：清华大学出版社，2020.

目的理解往往会有差异，如果问卷再设计得不够好，问卷的效度①就会较低。因此，回收的问卷有时可能并没有完全反映调查对象潜在的价值观，调查对象的行为也并不一定总是与表述保持一致，通过问卷是否能真正反映所要调查的内容就特别值得关注。

3. 问卷的有效回收率有时难以保证

问卷能否返回并不完全取决于调查人员，而取决于调查对象。无论是因为对调查没兴趣、不重视甚至反感，还是因为受到时间、精力、文化素质和能力的限制，调查对象都可能不返回问卷，以至造成问卷回收率低、有效率低，使调查资料的代表性和价值受到影响。因此，在条件具备的情况下，问卷调查最好采用团体测试的方式，这样既能在现场及时解决调查对象在填写过程中出现的问题，也能保证问卷的回收率。

3.2　抽样调查数据及其特点

众所周知，当采集的数据是调查对象总体的全部数据时，可以直接对这些数据计算相关的特征量数，以考查数据分布的特点。例如，班主任对自己班级学生的考试成绩，可以计算平均成绩，可以通过考查最高分与最低分的差距了解班上学生成绩的分散程度等。但普遍的情况是，在研究和探讨事物的内在数量规律性时，不可能将所有研究对象的全部数据搜集起来，而总是利用样本数据对总体进行推断。例如，在调查网络对我国青少年的影响时，不可能对国内每个青少年都进行调查，只能采用抽样调查的方法，通过样本来推断网络对全体青少年的影响。因此，做抽样调查的目的是通过样本所提供的信息推断总体的特征。于是，有两个问题必须解决：一是为什么可以通过样本对总体进行统计推断，二是能够做哪些统计推断，以及如何进行推断。我们对这种推断的把握性有多大，或者说抽样误差怎样估计？本节将初步探讨抽样调查数据的特点，并在第3.3 节具体说明抽样调查的原理，第二个问题将在第 8、9 章进行讨论。

3.2.1　几个基本概念

1. 常量与变量

在对自然现象进行研究时，常常会遇到各种不同的量，其中有的量在事物演变的过程中没有变化，即保持数值不变，称为常量(constant)；有的量随着事物演变的过程不断地变化，即可以取不同的数值，称为变量(variable)。在对社会现象进行研究的过程中，会涉及许多有关研究对象的特征或条件，如果在一个研究中，所有个体的某个特征或条件都相同，那么这个特征或条件是一个常量；如果不同的个体对于某个特征或条件具有不同的状态，那么这个特征或条件是一个变量。或者说，变量是具有很多值的特征或现象。任何个人、环境或试验方法的可度量的特征，如果因人而异、因环境而异或因形式而异，那么这个特征就是变量。

一份调查问卷包含多个题目，每个题目对应一个变量。例如，对于所有大学一年级学生，"年级"就是一个常量；"你用多长时间适应了大学生活？"对应的"适应期"就是一个时间变量，因为有的人适应期比较长，有的人比较短。某些变量可以用数值表示，如学习成绩、年龄、收入等；有些变量是非数值型的，如性别，教学方法、对某个问题或社会现象的认识、态度等。性别作为一个变量，男和女是它的两种可能取值；篮球、羽毛球、足球、排球等不同的具体球类是"我喜爱的球类"变量的可能取值。

---

① 效度是指测量的有效性，参见本书第 4.3.2 节。

2．总体、个体与样本

总体(population)是指研究对象的全体。个体(individual)或称元素(element)，是指组成总体的每个对象或基本单元。样本(sample)是指按一定方法从总体中抽取的，有代表性的一部分个体组成的集合。

在进行抽样设计时，个体可以是单个的人，也可以是群体、组织、社区和社会产物。例如，对北京市中学教师健康状况进行抽样调查，北京市全体中学教师构成总体，每位中学教师是总体中的个体，被抽取到的教师构成调查的一个样本。又如，为研究某个城市中学教学质量的现状进行抽样调查，研究对象是各个中学，即每个中学都是一个个体，所有中学构成研究的总体，被抽取的所有学校构成总体的一个样本。

在对调查数据进行统计分析时，分析对象并不是一个个具体的调查对象，而是与调查对象的"态度""特征"和"行为"相关的变量。例如，在研究北京市中学教师患糖尿病的状况时，餐后两小时血中葡萄糖的含量是一个变量(考查的指标)，每个教师都有相应的血糖值。在进行统计分析的过程中，研究对象是教师的血糖值，这个变量的所有观测值(血糖值)组成的集合称为总体，而所抽取的部分教师的观测值组成的集合称为样本，如图 3-1 所示。显然，样本是总体的一个子集。

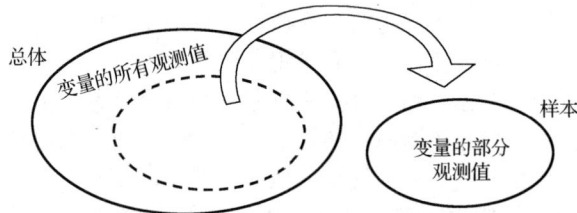

图 3-1　总体与样本

样本容量(sample size)是指样本中所包含的个体数。在通常情况下，样本容量在大于等于 30 时称为大样本(large sample)，在小于 30 时称为小样本(small sample)。对于抽样调查，一般的样本容量都在 100 以上。

3．频数、百分比与比率

1) 频数、频数分布与累加频数

频数(frequency)也称次数，是指变量的某个观测值重复出现或落在某个区间的次数。例如，有 64 名学生的考试成绩在 75～85 分之间，就可以说，考试成绩位于 75～85 分数段的频数是 64。

频数分布(frequency distribution)是指一个概念或一个变量的各种情况或取值出现的频数，简称分布。换句话说，频数分布是指变量的所有观测值及其所出现的频数。频数分布表(table of frequency distribution)也称次数分布表，是指把变量的每个观测值(或各个组别)及其相应的频数全部列出来的表格。例如，表 3-1 中的"科类"是一个变量，取值分别为理科、工科、管理、文科，科类的频数分布就是指研究生中各科类的人数。表 3-1 就是某校各专业研究生的频数分布表。

将变量的观测值排序，设 $x_1 < x_2 < \cdots < x_m$ 是所有观测值中不重复的观测值，那么，将所有小于或等于某个观测值 x_i 的观测值的频数累加起来，便得到小于或等于 x_i 的累积频数(cumulative frequency)。

表 3-1　某校各专业研究生人数统计表

科　类	理　科	工　科	管　理	文　科	合　计
人　数	171	569	180	80	1000

2）频率、比例与百分比

频率也称相对频数（relative frequency），是指在重复试验或观测中变量的某个观测值出现的次数与总观测次数的比值。例如，投掷硬币 10 次，正面出现 6 次，那么正面出现的频率是 0.6（6/10）。所有观测值的频率之和等于 1。

比例（proportion）是指总体中某部分的数量与总体数量的比值。例如，表 3-1 中的数据，工科研究生占全校研究生的比例是 569/1000 = 0.569，理科、管理和文科研究生所占比例分别为 0.171、0.180 和 0.080。如果种植蔬菜的面积是 100 亩，其中种植西红柿的面积是 25 亩，那西红柿的种植面积所占的比例是 0.25，或 1/4。

百分比（percentage）也称百分数，是将比例值乘以 100 得到的数，用"%"来表示。例如，表 3-1 中的数据，各专业类研究生占全校研究生的百分比分别为 17.1%、56.9%、18.0% 和 8.0%。

如果累积频率累加的是百分比，则称为累积百分比（cumulative percentage）。

3）比率

比率（ratio）是指各个不同类别（或组别）数量的比值。例如，表 3-1 的数据中，理科研究生人数与工科研究生人数的比率是 171∶69，近似为 1∶3.3。

做统计分析时，要注意把比率与比例、频数与频率、频率与比率的概念区别开。

3．正态分布

当将连续变量的频数分布用曲线表示时，该曲线称为频数分布曲线。正态分布（normal distribution）曲线是最常见的频数分布曲线，也称钟形曲线，形状像一个左右对称的大钟，如图 3-2 所示。曲线中间最高，两边对称，两端逐步下降，但永不和底线相交。例如，人的身高的分布，中等身高的人居多，特别高与特别

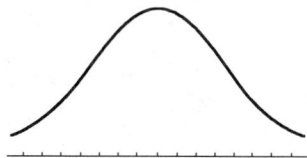

图 3-2　正态分布曲线

矮的人都很少；体重、智商、收入水平等变量的分布也是如此，即处于中间状态的人较多，处于两个极端的人很少。一般来说，在正常情况下，如果某个变量所受到的影响因素较多，而且每个因素起的作用都不太大时，该变量的分布就会近似服从正态分布。例如，影响考试成绩的因素很多，有学生的因素，也有教师的因素，学生因素中包括学生的智商、原有基础、努力程度、学习方法、身体状况等，如果考题难度比较适中，那么考试分数相对很高或很低的人应是少数，大多数人成绩将居于中等。

严格地说，正态分布是一个理论分布。拉普拉斯（Laplace）和高斯（Gauss）曾对正态分布的研究做出了很大贡献，因此正态分布也称高斯分布（Gauss distribution）。在自然界、人类社会中有大量现象的分布近似服从正态分布，因此正态分布也称常态分布。如果说一个变量的频数分布是正态分布，或者说这个变量服从正态分布，不是指从实际观测值得到的结果，而是指这个变量的理论分布。

3.2.2　抽样调查数据的特点

1．随机性

客观现象可以分为确定性现象和非确定性现象。在一定条件下必然会发生的现象为确定性现象。例如，"水在常压下，加热到 100℃ 时必然沸腾"就是确定性现象。非确定性现象是指在某种条件下可能发生，也可能不发生的现象。例如，我们随机地投掷一枚质地均匀的硬币，在它没有落地之前，无法确定出现正面。

大部分社会现象都具有这种非确定性，现象与现象之间的联系往往也是非确定性的。因此，用抽样调查方法研究社会现象与研究自然现象不同。例如，对于一个人的血型，只需抽一滴血检

测就可以肯定,而不用检测他全身的血;但是,如果从全校一年级学生中随机抽取 10 个不同的样本,每个样本都是 100 人,不同的样本由不完全相同的学生组成,一般地,10 个样本的计算英语考试的平均成绩,不会完全一样,而且也许没有一个样本的平均分与全年级学生的平均分一样。

对于调查数据的随机性,有以下两个结论。

(1)问卷调查涉及三类数据。第一类是样本的观测值,即原始数据。由于样本由总体中哪些个体组成是随机的,不同的样本有不同的原始数据,所以样本的观测值是具有随机性的数据。第二类是利用样本观测值计算出来的数据,如样本平均数就是根据样本的观测值计算的,样本数据的随机性决定了样本平均数的随机性,因此这类数据也具有随机性。第三类是需要通过样本进行估计、客观存在且反映总体特征的未知参数。例如,全体大学一年级学生英语考试的平均分,它是客观存在的一个固定的值,与抽样调查过程无关,不具有随机性。但是,在许多情况下,很难知道总体的特征量数,如北京市城镇居民的年人均可支配收入,是客观存在的、与调查工作无关的数据,但是不可能也没有必要统计北京市每个城镇居民的年可支配收入,官方公布的数据都是根据样本的年人均可支配收入通过估计得出的数据。

(2)不能把样本平均数与总体平均数等同。样本平均数是根据样本数据计算的结果,是随着样本的变化而变化的一个变量,是样本的函数,称为统计量(statistic)。总体的平均数是确定的,称为总体参数(parameter)。我们不能将样本统计量的值与总体参数等同,即不能简单地将抽样的统计结果视为总体的内在统计规律。

需要再次强调的是,在抽样调查的全过程中会产生两类数据,一类是通过抽样得到的样本观测值,另一类是根据样本观测值计算出来的统计量的值,两类数据都具有随机性,因此需要以概率论为理论基础通过样本对总体参数进行估计与统计推断。

2. 统计量服从一定的理论分布

根据样本观测值计算的统计量的值是随机的,但是每个统计量的分布却是确定的。下面是一个样本平均数分布的例子。

假设有 10 名大学生,由于其家庭的经济条件不同,每月父母提供的生活费是不一样的,分别为 0 元、1000 元、2000 元、…、9000 元,不难算出,10 名学生的平均生活费为

$$\mu = (0+1000+2000+3000+\cdots+9000)/10 = 4500(元)$$

10 名大学生生活费 X 的分布如图 3-3 所示。

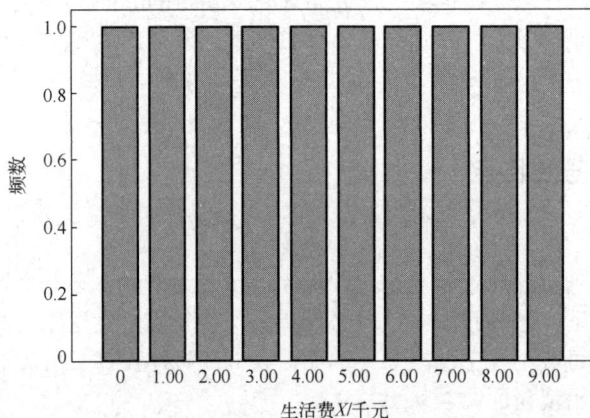

图 3-3　10 名大学生生活费的分布

现在,以概率抽样的方式(如"抓阄")从 10 名大学生组成的总体中抽取样本,考查随着样本容量 n 的增加,样本平均数的分布是如何变化的。

首先,取 $n=1$,即每次抽 1 名大学生作为样本,于是总共有 10 个样本。此时,样本的平均生活费 $\overline{X}$(以下简称平均数)的分布与 X 的分布相同,如图 3-4 所示。10 个样本的平均数 $\overline{X}$ 的平均数 $\overline{\overline{X}}$ 与总体的平均数 μ 相等,为 4.5 千元。

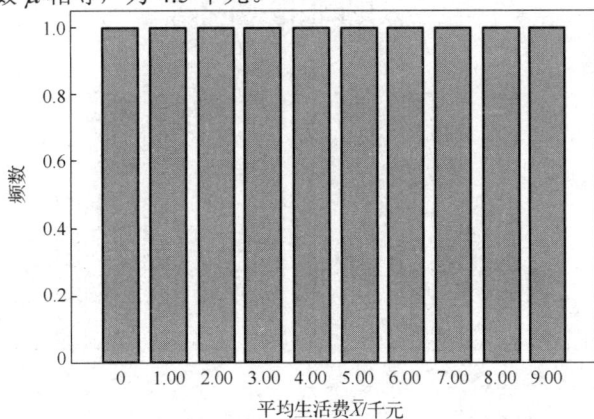

图 3-4　$n=1$ 时,10 个样本平均生活费 $\overline{X}$ 的频数分布

取 $n=2$,每次从 10 名大学生中随机抽取 2 名作为样本,于是有 45 个样本:$(0, 1)$,$(0, 2)$,$(0, 3)$,$(0, 4)$,$\cdots$,$(0, 9)$,$(1, 2)$,$(1, 3)$,$\cdots$,$(8, 9)$(括号中的数字为被抽到的 2 名大学生的生活费)。45 个平均数形成的 $\overline{X}$ 的分布,称为抽样分布,如图 3-5 所示。此时,$\overline{X}$ 的平均数 $\overline{\overline{X}}=3.50$,全距(最大值 8.50 与最小值 0.50 的差)为 8.00。

类似地,取 $n=4$,共有 210 个样本。图 3-6 所示为 210 个样本的平均生活费 $\overline{X}$ 的抽样分布,$\overline{X}$ 的平均数 $\overline{\overline{X}}=3.50$,全距为 7.50–1.50 = 6.00。

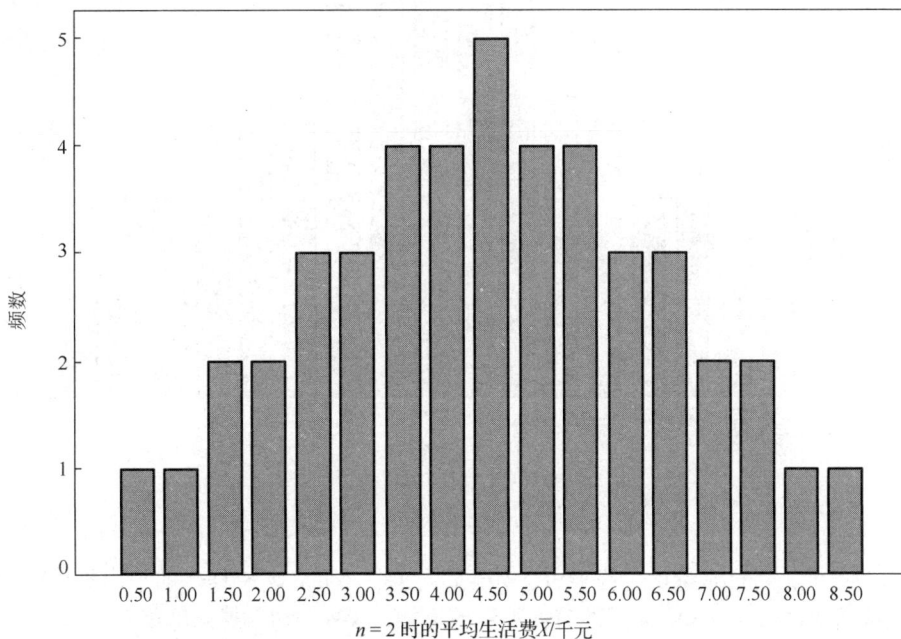

图 3-5　$n=2$ 时,平均生活费 $\overline{X}$ 的抽样分布

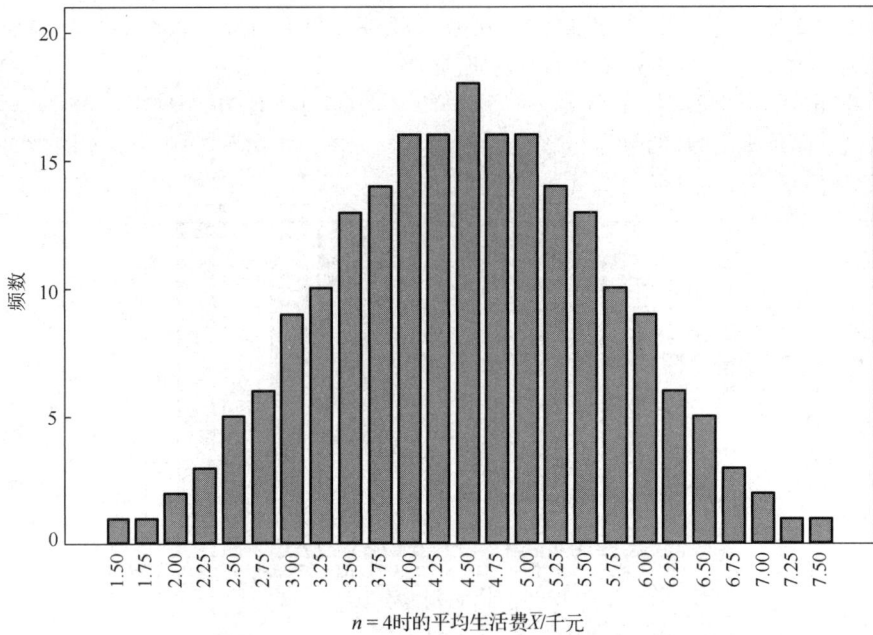

图 3-6　$n = 4$ 时，平均生活费 $\bar{X}$ 的抽样分布

取 $n = 8$，有 45 个样本，即 $(0，1，2，3，4，5，6，7)，\cdots，(2，3，4，5，6，7，8，9)$，此时 $\bar{X}$ 的抽样分布如图 3-7 所示,利用 SPSS 计算得 $\bar{X}$ 的平均数 $\bar{\bar{X}}$ 为 3.50,全距为 5.50–3.50 = 2.00。

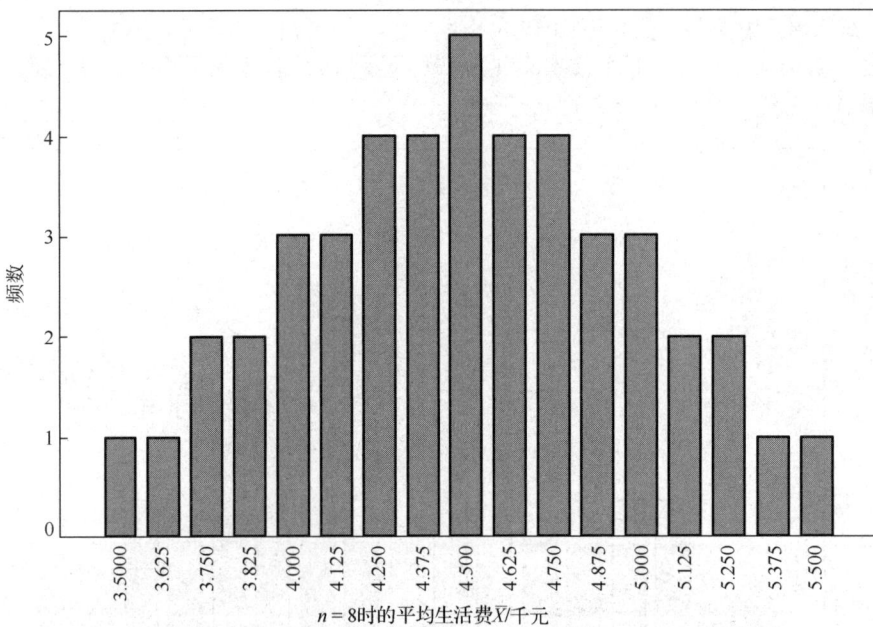

图 3-7　$n = 8$ 时，平均生活费 $\bar{X}$ 的抽样分布

可以看到，无论将样本量设定为多少，对于固定的样本量，所有样本的平均数 $\bar{X}$ 的平均数 $\bar{\bar{X}}$ 均等于总体的平均数 $\mu = 3.50$，而且随着样本量的增加，这些平均数越来越集中在总体平均数的附近(随着 n 从 2 变化到 8，全距由 8.00 减小到 2.00。平均数的抽样分布曲线也越来越近似于正态曲线)。

这个例子说明，当样本量充分大时，这些样本的平均数的频数分布(抽样分布)近似于正态分布，该抽样分布的平均数等于总体的平均数，而且随着样本量的增加，这些平均数越来越集中在总体平均数的附近。

3.3 用样本推断总体的理论依据

首先需要说明，当我们讲"用样本信息来推断总体特征"时，应明确以下三点。

(1)样本指通过概率抽样方法得到的真正能够代表总体的样本，不是诸如在街头随意采访，路人回答问题所得到的样本，这样的样本是不能用来做统计推断的。

(2)样本信息是通过调查对象真实地回答了具有符合信度与效度要求的问卷得到的信息。

(3)样本信息与总体特征既有联系又有区别，通过样本信息，推断的是总体的统计规律。

3.3.1 哲学的视角

根据辩证法的基本原理，任何客观事物都是必然性与偶然性的对立统一。必然性反映了事物的本质特征和联系，是比较稳定的，事物必然性的数量规律是能够探寻的。偶然性反映了事物的表现形式的差异，表现形式的千姿百态造成了数据的千差万别，从而将其数量规律掩盖在表面的差异之中。恩格斯曾说："在表面上是偶然性在起作用的地方，这种偶然性始终是受内部的隐蔽着的规律支配的，而问题只是在于发现这些规律。"因此，对于抽样调查，尽管在一定条件下，一次抽取的个别数据具有偶然性，但只要样本量足够大，具有代表性，通过对"重复"抽取的大量数据的观察和处理，必然会显示总体的规律性，这便是用样本推断总体的哲学基础。

3.3.2 数学的视角

通过样本对总体进行推断的理论基础是数学的一个重要分支——概率论，更确切地说，是概率论中的大数定律和中心极限定理。能够用样本推断总体的理论依据是大数定律(Low of Large Numbers)，而用样本来推断总体的各种方法所依据的理论是中心极限定理(Central Limit Theorem)。

1. 抽样调查的结论给出统计规律

1)统计规律表现的是无序中的有序

所谓"规律"，是指"事物之间的内在的本质联系。这种联系不断重复出现，在一定的条件下经常起作用，并决定着事物必然向着某种趋向发展。规律是客观存在的，是不以人们的意志为转移的，但人们能够通过实践认识它，利用它，也叫法则。"[①]在实际生活中，人们一提到"规律"，往往想到的是确定的因果关系。事实上，还存在着统计规律。例如，人们经过长期观察得出了"八月十五云遮月，正月十五雪打灯"，表述了"云遮月""下雪"这些随机现象所具有的潜在的统计规律性。所谓"统计规律"，是指在大量重复观察或试验中所体现的某种规律性，这种规律性表现的是无序中的有序，并不表明百分之百地体现在每一次观察或试验中，即结论不是"若有 A，则有 B"，而是"若有 A，则可能有 B"。因此，上述对天气的预测，实际含义是"八月十五云遮月，正月十五可能雪打灯"。

2)抽样调查的结论显示的是统计规律

利用抽样调查的方法研究社会现象时，调查目的不是关注个人的态度、特征或行为，而是关

---

① 中国社会科学院语言研究所词典编辑室. 现代汉语词典[M]. 5 版. 北京：商务印书馆，2001.

注由很多很多个人所聚集起来的集体行为和状况，即总体的特征、总体的统计规律性。调查结论是对经过概率抽样得到的大量样本数据进行统计分析后得出的。由于样本数据具有随机性，因此，统计分析的结论给出的是一种统计规律。例如，通过抽样调查对青少年犯罪的原因进行研究，得出离异家庭的孩子比完整家庭的孩子犯罪的比率大，然而并不排除完整家庭的孩子也会有犯罪的可能，因为给出的是统计规律。

那么，如何看待抽样调查所给出的统计规律呢？面对一系列不确定因素(如样本的不确定性)，其结论必然具有不确定性，会产生错误。C.R.劳指出：

(1)如果我们不得不在不确定性的前提下做出决策，则错误是不可避免的。

(2)如果错误是不可避免的，则在一定的规律下做出抉择(形成新的具有不确定性的知识)时，最好我们能知道犯错误的频率(对不确定性量度的知识)。

(3)这样的知识能够用于找出制订决策的某种规律，从而使我们减少盲目性，使做出的错误决策的频率最小，或者使由错误决策产生的损失最小[①]。

他不仅阐述了上面的观点，而且给出了下面的表达式：

$$不确定的知识 + 所含不确定性量度的知识 = 有用的知识$$

通过抽样调查所得出的结论就属于C.R.劳所说的"不确定的知识"，加之利用统计学的知识可以给出调查结论的抽样误差，因此，通过抽样调查所得到的统计规律理应为"有用的知识"。例如，调查报告称"妇女定期做妇科检查，可以早期发现癌症，使死亡率减少26%(95%置信区间为17%～35%)"。其含义是：26%只是对总体的一个估计值，根据样本推断有95%的把握说死亡率减少17%～35%，或者说，对于"死亡率减少17%～35%"这个结论，出现错误的概率是5%。显然，这是一份有意义的报告，可为相关部门制定政策提供依据。

现在的问题是，在我们所见的调查报告中，很少说明利用样本数据计算的各类估计值的置信区间或标准误差。因此，需要避免对调查报告中的统计数据可能产生的两种误解：一种是认为这些数据就是样本的特征，怎么可能和总体的特征联系起来？另一种误解则完全肯定这些数据体现的就是总体的特征，不会有错，不加任何说明直接在自己的论文或调查报告中将26%这个数据作为总体的特征加以引用。

2. 大数定律

众所周知，随机地投掷一枚质地均匀的硬币，在它没有落地之前，只知道落地时可能是正面，也可能是反面，却不能肯定是正面还是反面，但大量投掷的结果相当平稳，出现正面或反面的次数与投掷次数之比都接近1/2。我们称"出现正面"这一事件是随机事件(random occurrence)，并说"出现正面"的概率是 0.5。所谓随机事件，是指在同样的条件下，每次观察或试验可能发生也可能不发生，但在大量观察或试验中具有某种规律性的事件。概率(probability)是表示随机事件发生的可能性大小的一个数。

现实中，人们对"概率"的概念往往产生误解，正如数学家波利亚曾写过一位医生的趣闻。

> 这个医生安慰他的患者：
> 你患了一种非常严重的病，患这种病的人只有十分之一能活下来。但是你不必担心。你到我这儿来看病是十分幸运的，因为最近又有九个患这种病的人到我这儿来治疗，而他们都去世了。

① C.R. 劳. 统计与真理——怎样运用偶然性[M]. 北京：科学出版社，2004.

　　显然，"患这种病的人只有十分之一能活下来"，即通过对大量患者的统计，存活的概率是 1/10，而对于具体的 10 个患者，可能有一个人活下来，也可能有多个人活下来，但也可能没有一个存活。这位医生却理解为前 9 个人都去世了，第 10 个人就一定能活下来。

　　概率反映的是一个不以人的主观意志为转移的内在统计规律，即在大量重复观察或试验中所具有的某种规律性。计算某事件发生的概率，应用最多的方法是将随机事件出现的频率稳定值作为发生该事件的概率。概率论中著名的贝努里大数定律指出：

　　　　若 m 是 n 次独立观察中事件 A 出现的次数，那么，当次数 n 趋于无穷大时，事件 A 出现的次数 m 与 n 的比值(频率)趋向于真实比值(概率)，即当 n 充分大时，$P(\mathrm{A}) \approx \dfrac{m}{n}$。

　　由切比雪夫大数定律可以得到，当样本量充分大时，可以用样本的平均值来估计总体的平均值。于是，当要了解北京市的人均收入时，就可以通过抽样调查的方法，利用样本的平均收入来估计总体的平均收入。

　　大数定律以大量的观察为客观背景，指出了随机现象的基本规律。因此，只要通过大量的观察和试验，个别的偶然性在一定程度上就会相互抵消、相互补偿，从而显示总体的规律性。

　　对于社会调查，往往不可能重复进行多次，于是，在调查对象同质的条件下，可将每个调查对象的回答都看作一次试验。例如，对于二项选择题，每个回答都相当于掷了一次硬币(硬币可能是均匀的，也可能是不均匀的)，将回答"是"看作"硬币出现正面"，回答"否"看作是"硬币出现反面"。又如，对于有 6 个选项的多选题，每个回答都相当于掷了一次密度不一定很均匀的骰子，于是只要样本量足够大，就可以由样本的数据特征推断总体的特征，如由样本中选择第 3 个选项的百分比估计总体中选择第 3 个选项的百分比；由样本中选择第 3 个和第 5 个选项的比率估计总体中选择第 3 个和第 5 个选项的比率等。

　　综上所述，利用抽样调查的方法，依据样本推断总体的内在统计规律性是有其理论依据的，抽样调查应作为一种"有用的知识"为人们所接受。

3.4　抽样调查的过程

　　抽样调查是一种标准化程度较高的研究方法，调查过程有比较固定的程序，通常将调查过程分为五个阶段：选题阶段、准备阶段、调查阶段、分析阶段和总结阶段，如图 3-8 所示。

　　在对调查的总体目标做出正确的选择之后，调查研究工作能否取得成功在很大程度上取决于问卷的设计是否科学、所取的样本是否有代表性、调查的实施是否可以信赖、数据的处理是否准确无误、数据中包含的大量信息是否最大限度地得到了挖掘和分析等，忽视任何一个环节或在环节之间的衔接上出现问题，都会影响调查的质量。因此，必须将调查的各个阶段视为一个完整的过程，不可片面强调某个阶段，应采用系统的观点，全面考虑调查过程的所有因素，对调查的总体方案进行设计并实施，才能保障调查研究工作的质量。

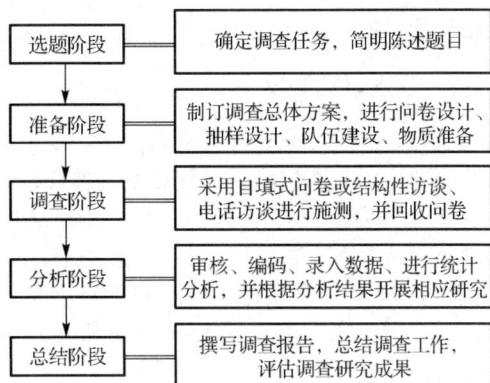

图 3-8　抽样调查过程流程图

3.4.1　选题阶段

1．选择适用抽样调查的课题

抽样调查的局限性提示我们，并不是所有调查都可以采用抽样调查的方式。总结推广先进经验要用典型调查，对山区儿童的教育问题可能采用实地研究更好。特别是在确定使用普遍调查还是抽样调查时，更要进行全面的权衡。

(1)普遍调查与抽样调查在影响调查效率、精度与成本两个方面进行权衡。普遍调查与抽样调查是对目标总体实施调查研究时的两种选择，普遍调查在理论上具有最高调查精度(完全无误差)，但调查成本非常高昂；抽样调查可以显著降低调查成本，但又必然产生抽样误差。若考虑现实条件，在普遍调查的实施过程中同样可能存在各种非抽样误差因素，如调查涵盖范围的缺漏、调查操作程序的失范、调查对象的误解或拒答等，都会影响到最终调查结果的可靠性，实际调查精度可能会远低于理论最高精度。与之相比，抽样调查由于工作量较小，方案设计可以更合理，实施条件可以更完善，质量控制可以更严格，由此获得的调查数据就更准确，调查精度反而可能高于普遍调查。因此，在实际调查方案设计中，需要结合既定的资源约束来考查普遍调查与抽样调查的调查效率，从而做出合理的选择决策。如果抽样调查在成本不变的情况下有更高的调查精度，或在精度不变的情况下有调查成本更低，就可能选择抽样调查代替普遍调查。如果普遍调查中存在相当规模的调查误差，导致其调查质量不能令人满意，则可以考虑以抽样调查的方式代替之，以求获得更高的调查效率。

(2)有些总体太大，不可能也没有必要进行普遍调查，此时应采用抽样调查。例如，对城市居民环保意识的调查，可以深入每一户，但是工作量太大，花费的人力、财力、时间太多，不符合效率原则。如果采用抽样调查，则只要抽样及问卷设计科学，组织得当，就能通过样本数据对总体进行推断，达到了解城市居民环保意识现状的目的。

(3)总体中个别对象难以接触，无法进行普遍调查，只能采用抽样调查。例如，对 60 岁以上的离退休职工进行调查，但有些人住进了医院，还有些人住在国外或外地子女家，无法联系，此时采用抽样调查较合适。

(4)有些研究经费不足、人力有限，即使研究总体规模不是很大，也只能采用抽样调查。

(5)验证普遍调查的质量，并对其资料予以补充和修正。例如，人口普查结束后，一般需要抽取 5%～10%的人口，对一些重要指标进行详细复查，并以复查结果修正普查资料。

(6)检验下级机关上报统计数据的真实性。当怀疑数据有虚报成分时，就可以做抽样调查，以核实其真实性。

2．建立研究假设

研究假设是一个有待检验的命题，是根据已知的科学理论和事实，对社会现象及其规律的尝试性的理论解释和猜测。研究假设是抽样调查在进行总体方案设计时的依据。

研究假设中往往至少包含两个变量之间的关系(相关关系、因果关系)或至少两个群体的差异显著性比较，如"学习策略水平越高，学习效果越好""男性与女性在情感表达方式上有显著性差异"。研究者可以利用经验事实(所搜集的数据资料)通过定量分析检验研究假设的真伪，如果假设成立，则可以说假设被证实，但不可以说被证明，如果被证伪，则推翻原假设(详见第 9 章)。

3.4.2 准备阶段

准备阶段的主要任务是进行调查总体方案设计、问卷设计、抽样设计、调查方式设计，以及人与物的准备。

调查的目的是要搜集所关注问题的大量信息，问卷便是搜集这些信息的一种工具。问卷设计的好坏直接影响调查的结果。关于问卷设计及对问卷质量的评价将在第 4 章详细讨论。

抽样设计是准备阶段的一项重要工作，其任务是编制抽样方案，内容包括界定调查对象总体的范围，确定样本的规模、具体抽样的方法。特别是在具体实施访谈调查之前，要准备好调查对象的姓名、联系方式等基本信息，以便能够顺利找到调查对象。这些内容将在第 5 章中介绍。

一般情况下，一项较大型的抽样调查很难由个人完成。因此，在题目确定之后，组建一个知识结构合理、能够密切配合、能够保证时间和精力的课题组，进行相关人员培训，以及准备各类文件、物质等都是准备阶段的基础工作，是完成调查任务的基本保证。

3.4.3 实施阶段

数据搜集阶段即调查的实施阶段，是按照总体方案所确定的调查方式完成搜集数据的整个过程。

需要指出的是，调查总体方案是在未实施调查之前设计的，而真正开展调查时往往会出现方案与实际情况有出入、被抽样单位拒绝调查或问卷回收率低等情况，此时需要根据实际情况进行修正或弥补。具体的调查实施过程将在第 6 章介绍。

3.4.4 分析阶段

分析阶段也称研究阶段，主要任务是整理调查资料、对数据进行统计分析，以及根据数据分析的结果开展相应的研究，如对某一方面给出总的结论、对策与工作建议等。对资料的统计分析是完成调查的必要环节，是提高调查质量的基本保证。

在进行统计分析时，应树立以下两个观念。

(1)对社会调查资料的任何数学描述，都是对复杂的社会现实的一种简化和抽象，所有统计分析方法都依赖于某些假设，所建立的各种理论模型都不可能完全符合事实。企图用正确的、反映因果关系的数学模型来说明社会现象或规律，在社会科学中是不可能的。爱因斯坦曾说："数学定律不能百分之百确实地用在现实生活里；能百分之百确实地用数学定律描述的，就不是现实生活。"因此，我们可以将统计分析方法作为工具来运用，但是不可以完全相信它，切勿脱离客观现实，将所得到的数学模型作为金科玉律。

(2)应用统计分析方法描述社会现象，无论如何不完善，都比凭主观发表议论强。随着计算技术的发展和应用，采用数学方法对各类信息进行分析得到了广泛的应用。特别是随着人们对事物认识的不断深化、统计学及各种数学方法的发展，对社会现象的数学描述会越来越接近事物的本来面目，尽管这种描述永远不会是终极的。因此，我们要努力掌握和正确运用这些方法，对数据做出相对精确而有效的描述，验证和发现事物的某些规律性内容，使调查结论更加深入、调查工作更有价值。

对调查数据进行统计分析的内容可以概括为两点：对人和对事。对人，就是要对不同群体的特征进行描述与比较，反映在统计学上就是要考查数据的分布特征，以及进行不同总体的差异比较；对事，就是要讨论各种事物之间的联系，反映在统计学上就是探讨变量之间的相关关系和不确定的因果关系。因此，进行统计分析的主要内容通常有对总体特征的估计、对不同群体的差异比较、考查不同事物之间的关系及对调查总体分类等。

时至今日,定量分析的方法得到了突破性的发展,已经不限于多元统计分析。作为一般的调查研究人员和初学者,掌握最基本的统计分析方法是首要的,而且既无必要也不可能要求每位研究者都精通高级统计分析方法。因此,本书将在说明如何进行数据整理与统计预处理(详见第 7 章)的基础上,于介绍抽样调查常用的一些最基本的统计分析方法(详见第 8、9 章)。

3.4.5　总结阶段

第 2 章中已指出,总结阶段的核心任务是撰写调查报告,以及总结调查工作、评估调查研究成果。第 15 章将对抽样调查报告的撰写进行详尽的介绍,这里不再赘述。

3.4.6　SPSS 在抽样调查过程中的应用

从 1984 年世界上第一个微机版统计软件 SPSS/PC V1.0 问世到现在,已有 30 多年,目前在国内推出的最新产品是 IBM SPSS Statistics 26.0 多国语言版,它是国际上通用的三大统计软件之一。

SPSS 非常全面地涵盖了数据分析的整个流程,提供了从数据获取、数据管理与准备、数据分析、到结果报告的数据分析的完整过程。SPSS 的优势在于用户界面友好、操作简单,菜单式操作可以实现绝大部分初级与高级统计分析功能,特别适合具有初级统计知识的用户使用。

本书采用 SPSS 25.0 中文版作为统计分析的工具,尽管该版本进行了很多改进,但基础统计分析部分并无大的变动,读者也可以使用以前的版本。

在抽样调查的过程中,SPSS 主要应用于以下三个方面。

(1)准备阶段。在对调查总体的抽样框(在一次直接的抽样时,调查总体中的所有抽样单位排列的清单,"单位"指个人、组织、社区等)确定之后,可以利用 SPSS 进行概率抽样。问卷进行初试后,对问卷进行项目分析、信度与效度分析,考查问卷的质量。

(2)问卷经整理、编码,录入计算机(或网络调查结束)后,可以利用 SPSS 对数据文件进行编辑,对数据进行净化及数据分析之前的统计预处理。

(3)分析阶段。利用 SPSS 进行相关的统计分析,如制作统计图、统计表,进行相关分析、回归分析、聚类分析等。

详细的说明如图 3-9 所示。

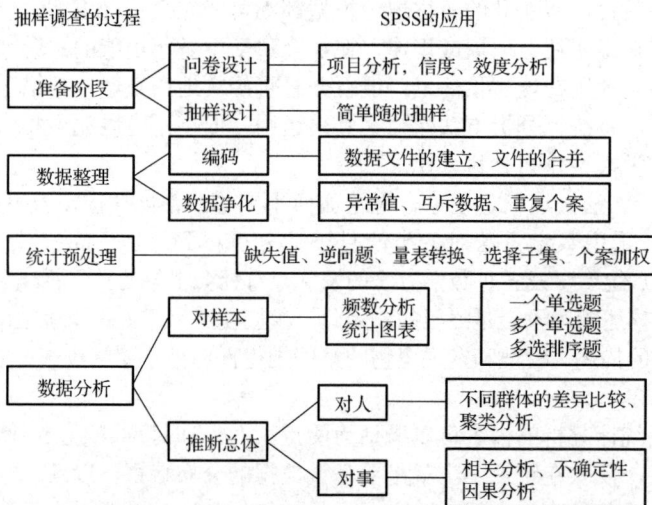

图 3-9　SPSS 在抽样调查过程中的应用

思考与实践

复习思考题

1．解释下列名词

抽样调查　　总体　　个体　　样本　　频数　　频率　　比例　　比率　　百分比

2．什么是抽样调查？抽样调查的特点与局限性有哪些？

3．结合下列课题说明哪些适合用抽样调查的方法进行。

(1)大学生信息素质现状调查。

(2)艾滋病患者的生存环境调查。

(3)大学生就业影响因素分析。

(4)2010—2020 年北京高考文科状元的现状调查。

4．通过抽样调查所得到的数据有何特点？

5．对于抽样调查，能够通过样本对总体进行推断的理论基础是什么？

6．完成一项抽样调查需要经历哪些步骤？

实践与合作学习

本研究小组设定的课题是否适合采用抽样调查，如果不合适，请重新确定调查课题、设计总体方案；如果适合，继续搜集文献资料和完善总体方案。

第4章 问卷设计

问卷是最常用的一种社会调查工具，通常用于调查人们的特征、行为和态度等。问卷设计的质量直接关系到数据搜集的质量和效率，关系到是否能够达到调查的目的，可以说，有什么样的问卷就有什么样的结果。如果问卷设计得不好，那么所有的后继工作(精心编制抽样计划、花费大量人力和物力进行测试、问卷的回收、录入数据及所做的统计分析、撰写调查报告)都会受到影响，甚至变得毫无意义。

为了使读者能够更好地掌握问卷设计的方法和技能，本章以测量理论为基础，介绍问卷的结构与类型、问卷的总体设计思想、问卷的质量标准、问卷的形成过程，并从操作层面上较详细地说明概念的操作化，以及如何设计与编制问卷。

本章思维导图

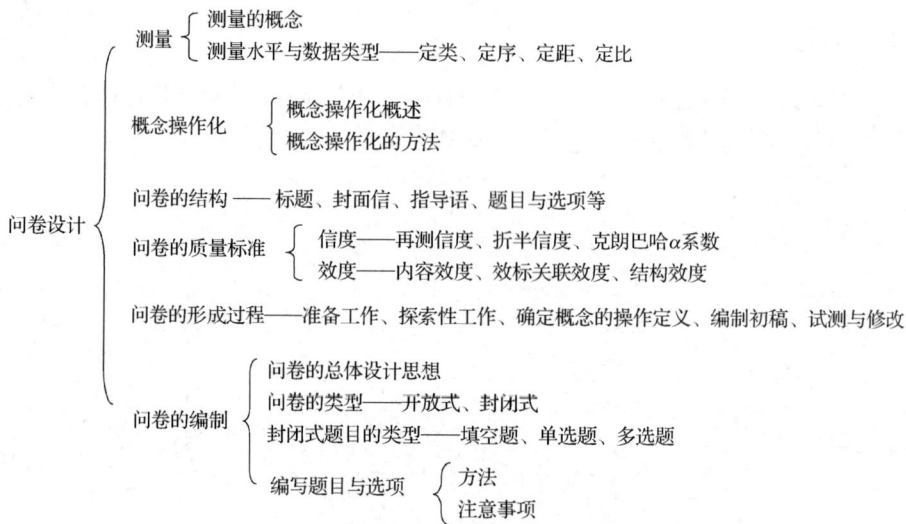

测量
- 测量的概念
- 测量水平与数据类型——定类、定序、定距、定比

概念操作化
- 概念操作化概述
- 概念操作化的方法

问卷设计

问卷的结构 —— 标题、封面信、指导语、题目与选项等

问卷的质量标准
- 信度——再测信度、折半信度、克朗巴哈α系数
- 效度——内容效度、效标关联效度、结构效度

问卷的形成过程——准备工作、探索性工作、确定概念的操作定义、编制初稿、试测与修改

问卷的编制
- 问卷的总体设计思想
- 问卷的类型——开放式、封闭式
- 封闭式题目的类型——填空题、单选题、多选题
- 编写题目与选项
  - 方法
  - 注意事项

4.1 问卷的结构与类型

在文献搜集阶段和问卷设计阶段，经常遇到的三个词是：问卷(questionnaire)、调查表(inventory)和量表(scale)。本节将在介绍这三个概念异同的基础上，结合案例说明问卷的结构与类型。

4.1.1 问卷、调查表和量表

问卷是指为了调查和统计之用而精心设计的，由一系列问题、备选答案及说明等组成的，向调查对象搜集资料的一览表，是最常用的一种社会调查工具，通常用于调查人们的特征、行为和态度等。"调查表是一系列用来提供人格、兴趣、态度或行为测量的问题，要求个体进行反应，如表示赞同或反对。"①量表则是"用于测量的准尺。它是一个具有单位和参照点的连续体，将被测量的事物置于该连续体的适当位置，看它离开参照点多少单位的计数，便得到一个测值。这种连续体就称为一个量表"②。

可见，量表的基本含义是"测量的准尺"，在对抽象的社会指标进行测量时，量表就是测量的准尺。例如，问卷中的题目：

　　　　您认为自己的身体：(1)很好　(2)较好　(3)一般　(4)较差　(5)很差

5 个选项就相当于尺子上的 5 个刻度，这就是李克特 5 点量表。经常使用的量表除李克特量表(总加量表)外，还有古德曼量表(累加量表)、语义差异量表和社会关系量表等。使用这些量表可以测量各种社会指标。这些量表将在后继的论述中介绍。量表也是用来测量人们的态度、看法、意见、性格等的一种量化工具，即测验量表。

不难发现，问卷、调查表、量表的目的都是用来测量人们社会的、心理的特征，对某些问题的看法，以及人们的某种行为；问卷、调查表、量表的结构、设计过程与设计技巧也基本相同，叫法上的差别其实只是偏好或习惯的不同。

在国内，人们往往对问卷与调查表不加区分，"调查表"更倾向于是一张表格，而不是用文字叙述的具体题目；"量表"一词往往在心理测试、人事选拔等实践中使用。在国外，调查表通过一组一组的题目来测量特定的变量，用来测量同一个变量的一组题目通常称为一个量表；有时将一个调查表整体上称作一个量表，而其中每个组成部分称作一个分量表。

尽管问卷、调查表、量表的使用有重叠的地方，但还是存在差别，举例如下。

(1)问卷相对更开放，或者说覆盖的范围较大。

所有调查表、量表都是问卷，但并不是所有的问卷都是调查表或量表。绝大多数问卷是专门为特定的研究或应用而设计的，特别是社会调查，调查的结果往往为政府的政策制定、公司和企业的决策、学术研究等提供经验依据，它所关注的是对研究总体或总体中不同群体的态度与行为特征，而非个人的状态。量表更多地应用于临床、咨询、教育、职场等场景，如在选拔、筛选、资格认定等工作中对被试者进行分类，或促进被试者对自我的了解，测试结果的主要使用者往往是参加测试的人，因此在多数情况下关注的是个体的态度与行为特征，当然也可以用于对不同群体的研究。

鉴于关注点不同，进行社会调查时，要进行抽样，回答问卷的人被称为"调查对象""被调查人员""被访者"等；而对于量表，可以随时对需要测试的个人进行测试，只有在对群体做研究时才会进行抽样或普查，回答量表问题的人一般被称为"被试""被试者""来访者"等。例如，有些大学，每年都要利用症状自评量表 SCL-90 对全体新生进行测试，以便了解每个新生的心理健康状况，以及时发现问题，采取预防措施，防止突发事件的发生。

(2)量表的编制要比一般的调查问卷更严格。

首先，如果研究者编制或准备一个正式的量表，用于心理测试，则在编制量表题目的初稿时，题目量最好是正式题量的 3～4 倍，至少为 1.5 倍，以便在试测之后删除鉴别力低的题目。但作为一般的社会调查问卷，不要求初稿的题量有这样大。

其次，人们对量表的信度与效度的关注程度要比对一般社会调查问卷更高。量表的信度、效度分析及对量表维度的划分随着统计学和统计软件的发展不断深入，相关分析、因子分析是在构建量表过程中不可或缺的步骤。问卷用来做调查研究，不同题目可能更加异质，尽管很多时候也

---

① Lewis R. Aiken. 心理问卷与调查表——民意调查与人格评估[M]. 张厚粲，译. 北京：中国轻工业出版社，2002.

② 朱智贤. 心理学大词典[M]. 北京：北京师范大学出版社，1989.

可以将题目归类，分成一个个分量表，但往往不会给出一个属于定比数据的分数。

再次，量表不仅在内容、施测和评分上要标准化，而且测试结果要给出对被试的评价，即不仅给出具体的分数，而且对分数要给出标准化的解释，指出个体在其所属的总体中所处的相对位置或水平。为此，量表的编制过程必须包含对一个标准化样本(称为常模团体)的测试，根据标准化样本的数据得出测验的常模，没有完成这一步，就不能称之为量表，而这样的步骤在通常的调查问卷编制过程中是不需要的。

最后，除了一些纵向调查、跟踪调查，许多社会调查问卷往往为一时所需，调查工作完成，问卷也就完成了自己的使命；而量表尽管随着时间的推移，虽然题目和常模会有改动，但相对比较稳定，可供长期使用。例如，斯坦福-比纳量表(Stanford-Binet intelligence)，它用于个别智力测验，从 1916 年问世至今经历了多次修改，特别是常模的修订，现已推广到全世界。为移植到我国，该量表经历了 1924 年、1936 年、1979 年 3 次修改，其中，1979 年版由吴天敏修订，全部测试题有 54 道，测试对象年龄为 2～18 岁。

4.1.2　问卷的结构

问卷一般由标题、封面信、指导语、问题与选项、结束语和其他资料六部分组成。

1．标题

问卷的标题指明了社会调查的主题，起到画龙点睛的作用。标题既要简明扼要，又要让调查对象一看到标题，就大致清楚自己要回答哪方面的问题。标题的结构一般是：调查对象+调查内容+"调查问卷"，如"新冠肺炎疫情对当代青年价值观影响调查问卷""中国公众科学素养调查问卷""特区 40 年百位智库专家问卷调查"等。

2．封面信

标题之后是给调查对象的一封短信，因将其放在问卷的开头(封面或封二)，通常称为封面信(cover letter)，也称封面语。封面信是问卷不可或缺的部分，封面信的内容直接影响调查对象回答问卷的态度，写好封面信也是调查人员饯行"知情同意"伦理原则的重要体现。

在封面信中应说明调查的目的和价值、调查对象的范围、调查对象做出回答的重要性；说明调查的秘密性，以及回答本身对调查对象没有负面影响；说明"对每个问题如何选项，没有对错之分"，以解除调查对象的心理压力，激励调查对象以认真、积极的态度对待调查。在信的开始或最后应说明调查人员的身份、调查单位的名称。信要写得简明、亲切，不要超过三百字，保证文法无误。信的结尾一定要真诚地对调查对象表示感谢。另外，如果用邮寄或网络方式进行调查，还要说明调查截止的时间。

例如，"中国综合社会调查"①城市问卷的封面信内容如下：

您好！

感谢您能够参加这次调查活动。本次调查是由国务院发展研究中心社会发展研究部与中国人民大学联合举行的一次全国性的社会基本状况调查，主要目的是了解改革开放 20 多年来中国城市居民的就业、教育和社会生活等各方面的情况。您是我

---

① 中国综合社会调查(Chinese General Social Survey, CGSS)，是中国第一个全国性、综合性、连续性的大型社会调查项目，目的是通过定期、系统地搜集中国人与中国社会各个方面的数据，总结社会变迁的长期趋势，探讨具有重大理论和现实意义的社会议题，推动国内社会科学研究的开放性与共享性，为政府决策与国际比较研究提供资料。2017 年的 CGSS 数据已于 2020 年 10 月 1 日发布。

们经过严格的科学抽样选中的调查代表，您的合作对我们了解有关信息和决策工作具有十分重要的意义。

本次调研工作采取无记名的方式进行。您的回答不涉及是非对错，但务必请您按照您的实际情况逐一回答我们所提的每个题目。对您的回答我们将按照《统计法》予以保密。

对您的合作和支持，我们表示衷心的感谢！

3. 指导语

指导语的功能是向调查对象或施测人员说明填写问卷的方法、要求和注意事项，有时还要说明填写所需要的时间，以指导调查对象正确回答问卷。如果忽略了指导语，往往会在填写问卷的过程中出现许多问题，在网络调查中甚至可能中断回答。例如，某问卷为了了解调查对象的工作情况，设计了如下题目：

您的主要工作是：

(1)教学　　　(2)科研　　　(3)思想教育　　　(4)管理工作

(5)教辅　　　(6)医疗卫生　　(7)生活服务　　　(8)其他

由于没有指明只选择一项，有的调查对象是医院的院长，便选择了科研、管理工作、医疗卫生 3 项，甚至有的调查对象选择了 6 项，为后期的数据录入和统计分析制造了困难。

在具体编写和安排上，如果问卷形式比较简单，指导语可以在封面信中做出说明。如果指导语篇幅较长，则需要将指导语与封面信分开，紧接着封面信写。下面是"大学生学习策略调查问卷"的指导语：

本测验的选择方法举例说明如下：

喜欢吃蔬菜　　1-2-3-4-5-6　　喜欢吃肉

如果您特别喜欢吃蔬菜，不喜欢吃肉，就在"1"上画圈；如果相对而言比较喜欢吃素，就在"2"上画圈；如果比较喜欢吃肉，就在"5"上画圈；如果非常喜欢吃肉，就在"6"上画圈。

另外，有时需要通过指导语对问题或概念的含义做出解释。

对回答方式的说明一般放在题目的题干后面，用括号括起来。这种安排主要应用于以下几种情况。

第一种，限定选择几个选项。给出"仅选一项""请选两项"等说明。例如：

您认为哪类课程可以用英语讲授？（可多项选择）

A. 基础课程　　　B. 专业课程　　　C. 公共课程　　　D. 选修课程

第二种，指导回答方法。例如：

我现在最苦恼的三个问题依次是(用 1、2、3 标示并将排序填入括号内)：

(1)学习压力大（　　）　　　(2)就业形势压力大（　　）　　(3)经济困难（　　）

(4)人际关系紧张（　　）　　(5)自我发展方向迷茫（　　）(6)其他（　　）

其中，"用 1、2、3 标示并将排序填入括号内"就是对学生填写问卷的指导语。

第三种，指导回答的过程。例如，对大学毕业生就业状况的调查，题目是：

① 您现在是否已与用人单位签订了合同？（如回答"否"，请转到第③题）

　　A. 是　　　B. 否

② 您的预期职业岗位与实际岗位

   A. 非常一致　B. 比较一致　C. 有一定的差别　D. 有较大差别　E. 完全不同

（请跳过下一题继续回答）

③ 您现在的打算是（如果选择 D，请简要说明）：

   A. 继续找工作　　B. 继续上学　　　C. 出国　　　D. 其他（　　）

④ ……

如果在网络上进行调查，可以通过技术手段根据第①题的回答直接跳转，此时题目中就可以不使用这样的指导语了。

4. 题目与选项

题目和选项是问卷的主体，一般包括社会调查所要询问的问题、回答问题的选项和方式，以及对回答方式的说明等。问卷中的问题从不同的视角可以做不同的分类，按问题提问的方式可分为开放式问题和封闭式问题。

1）开放式问题（open-ended question）

调查人员对所提出的问题没有规定答案的选择范围，调查对象可以按照自己的意愿自由地回答。例如：

● 您认为影响青少年健康成长的主要因素是哪些？

● 您认为宜居城市应具备哪些条件？

2）封闭式问题（close-ended question）

调查人员将问题的内容和可选择的答案进行了精心的设计，调查对象只能根据自己的实际情况，从所给出的若干个答案中进行选择，无法自由发挥。因此，封闭式问题也称选择题。

开放式问题的最大优点是灵活性大、适应性强，能够发挥调查对象的主动性。当调查人员对一个问题的全部选项不十分清晰时，利用开放式问题，能够搜集到不同的回答，甚至是意想不到的回答，可为设计封闭式问题奠定基础。开放式问题的缺点是，要花费一定的时间，有时会出现拒答；在整理问卷时工作量较大。封闭式问题恰恰相反，调查对象容易回答问题，花费的时间较少，便于编码及进行数据的统计分析；但是如果问题与选项设计得不好，会直接影响调查的质量。在实际调查中，往往需要将两种形式的问题结合起来使用，有些问卷既有封闭式问题，也有开放式问题（称为混合问卷），甚至在一个题目中将封闭式问题与开放式问题结合在一起，组成结构式问答题。例如：

您对"社会调查方法"课的教学评价是

   (1)优　　(2)良　　(3)一般　　(4)较差　　(5)很差

原因是_____

5. 结束语

自填式问卷往往有一个结束语，可以是简短的几句话，对调查对象表示真诚感谢，也可以在其后附一个开放式问题，以便调查对象有机会发表自己的见解。例如：

我们的调查到此就结束了，对您的配合与支持表示衷心的感谢！

欢迎您就本次调查及其有关问题提出建议和进一步的看法。

6. 其他资料

其他资料主要是采用面对面访问方式搜集资料时对问卷的施测过程的记录，是对问卷进行审核和分析的重要依据。调查问卷的最后应设计以下内容：

完成情况：完成＿＿＿＿，未完成(不在家＿＿＿＿，拒绝回答＿＿＿＿，其他＿＿＿＿)

访问结束时间：＿＿＿＿时＿＿＿＿分，合计＿＿＿＿分钟

访问员姓名：＿＿＿＿＿＿对回答的评价：可信＿＿＿＿，基本可信＿＿＿＿，不可信＿＿＿＿

审核员姓名：＿＿＿＿＿＿对审核的意见：合格＿＿＿＿，基本合格＿＿＿＿，不合格＿＿＿＿

录入员姓名：＿＿＿＿＿＿对录入的看法：完整＿＿＿＿，基本完整＿＿＿＿，不完整＿＿＿＿

4.1.3　问卷的类型

从不同的视角可以将问卷进行不同的分类,按使用的方法问卷可以分为自填式问卷(由调查对象自己填写)与访问式问卷(由访问员根据调查对象的回答进行填写);按功能问卷可以分为主体问卷和过滤问卷(为筛选出符合条件的调查对象而设计的问卷);按出题的方式问卷可以分为无结构型(开放式问卷)、结构型(封闭式问卷)和半结构型问卷。

1．开放式问卷

如果一份问卷全部由开放式问题组成,则称这份问卷是开放式问卷或无结构型问卷。开放式问卷只围绕调查的目的提出一些问题,在组织结构上没有严密的设计安排,调查对象可以按各自对问题的理解回答,这种问卷的优点是调查对象回答得比较自然、真实,能获得丰富多彩的信息,能如实地反映调查对象的态度、特征、对有关问题的了解程度,以及所持看法的倾向等,使调查人员能够对问题有较深入的了解。因此,开放式问卷通常应用于以下两种场景。

(1)只能进行描述性分析的较复杂问题,以及获得有关人士对某些问题的看法,以便在调查报告中引用调查对象的原话。

(2)在设计调查问卷的初始阶段,搜集对一个问题的回答有多少种,以便为封闭式问卷的编写奠定基础。

如前所述,使用开放式问卷存在对资料难以量化、无法做深入的统计分析、整理时工作量较大及易出现无回答等问题。因此,对于大型社会调查,最好不要有太多的开放式题目,更不要用开放式问卷。

2．封闭式问卷

由封闭式问题组成的问卷称为封闭式问卷,即结构型问卷,它是根据调查目的和主题精心设计的具有结构的问卷,不仅包括一定数目的问题,而且要按一定的提问方式和顺序进行编排,调查中不能随意插入或减少问题,也不能变动顺序和字句。例如,用于测量人们对黑人态度的鲍格达斯社会距离量表(如表 4-1 所示),表中的 6 个题目对黑人的接纳程度越来越高,如果调查对象能够愿意与黑人结亲,那么,前 5 个题目都会是肯定的;如果对前两个问题表示"愿意",那么,后面的问题不一定表示"愿意"。

表 4-1　鲍格达斯社会距离量表

愿意	不愿意	
☐	☐	1．你愿意让黑人生活在你的国家吗？
☐	☐	2．你愿意让黑人生活在你所在的城市吗？
☐	☐	3．你愿意让黑人住在你们那条街吗？
☐	☐	4．你愿意让黑人作你的邻居吗？
☐	☐	4．你愿意与黑人交朋友吗？
☐	☐	6．你愿意让你的子女和黑人结婚吗？

封闭式问卷的缺点，一是在设计问题的选项时比开放式问题花费更多的时间与精力；二是限制了调查对象的回答，问题难以深入；三是对于笔误或有意答错、随意填写往往难以发现。这些缺点会在一定程度上影响调查结果的准确性和真实性。

封闭式问卷如果在最后安排一个开放式问题，则称为半结构型问卷，即在问卷中既有开放式问题，又有封闭式问题，是结构型问卷与无结构型问卷相结合的一种调查问卷。

4.2 概念操作化——问卷设计的基础

4.2.1 测量概述

1. 测量的概念

人们对"测量"一词并不陌生，如测量长度、测量重量、测量温度等。"测量"由"测"与"量"组成，"测"要有"测"的对象，"量"要有"量"的规则与方法，以及"量"的结果。这就是1951年史蒂文斯(Stevens，S.S)给出的"测量"定义所包含的三个要素：事物的属性、数字和分派规则。他说："广义而言，测量是根据法则给事物分派数字。"该定义中的"事物"是指事物的属性，如温度、时间等是物理属性，知识、能力、智力、态度等则是心理属性，行为则是社会属性。这个定义概括了物理测量、社会测量和心理测量的共性。

任何领域中的测量都包括上述三个要素，社会测量也不例外，它利用测量原理对社会领域内的事物或现象给予数量化的描述。更具体地，社会测量是根据一定的规则将数字或符号分派于社会现象所具有的属性或特征，从而使社会现象数量化或类型化。抽样调查在本质上就是一种对社会现象进行的观察与测量。

下面对测量定义中的三个要素再做一些说明。

定义中的"事物"，指测量的对象是"事物的属性"，即对谁测量什么，于是有人将其分解为两个要素：测量的客体和测量的内容。例如，测量"人的智力"，"人"是测量的客体，而真正测量的内容是"智力"。在社会调查中，尽管所要测量的客体主要是各种各样的人，测量的内容是他们的各种行为、态度等特征，但最终的着眼点是测量由许多人组成的各种社会群体的特征。这里，必须明确的是测量的对象是"属性"，而非某个"事物"或某个"群体"，正如我们不能说测量"人"，而只能说测量人的"身高""智力""学习态度"一样。

定义中的"数字"，是用来表示测量结果的工具。数字在没有被用来表示事物的属性之前仅仅是一个符号，本身没有"量"的意义。只有被合理地用来描述事物的属性时，数字才变成了"数"，有了"量"的意义。例如，100是一个数字，100米表示距离，100克表示质量，100千米每小时表示速度。当数字有了量的意义后，便可以用于区分事物的属性，还可以进行排序、比较大小，甚至进行某些运算。需要注意的是，在社会调查中，有些数字只起符号的作用，没有"量"的意义。例如，用"1"表示"男"，用"2"表示"女"。所以，通过测量所得到的数字，具有不同的测量等级。

定义中的"分派"规则，解决"怎么测量"的问题。这是测量中最基本、最关键，也往往是最困难的工作。所谓"规则"，就是指导如何进行测量的准则或方法，或者说是在测量时给事物的属性分派数字的依据，有的可以用直接测量的方法，有的需要用间接测量的方法。例如，长度可用不同精度的尺子直接测量，而温度要根据不同的对象用温度计或体温计进行间接测量，水银柱的高度不是温度本身，而是由温度变化引起的结果。心理属性和社会属性大多要用间接测量的方法进行测量。例如，智力是一个抽象的概念，测量人的智力，可以用智力量表，它是对人的智力的一种间接测量的量具，智力分数是人的智力的一个测量指标(或称研究变量)，但智力分数本身不是智力。与智力量表类似，调查问卷是用于对人们的行为、态度和特征等进行间接测量的一种量具。在进行问卷设计时，首先要将一个抽象的概念转化为可以进行间接测量的一系列指标，即给出概念的操作化定义，然后说明如何分派数字。例如，对"个人收入"进行测量时，首先要明确"个人收入"的概念，指明哪些收入属于"个人收入"，然后将"个人收入"变量划分为 4 个档次：2000 元以下、2001～5000 元、5001～10000 元、10000 元以上，并分别分配数字 1、2、3、4，这便是对"个人收入"分派数字的规则。假定有 5 个人，他们的收入分别是 A_1=2500 元、A_2 = 5700 元、A_3 = 980 元、A_4 = 7100 元和 A_5= 12000 元，根据规则，每个人的收入都有一个数字与其对应，如图4-1所示，便完成了对这 5 个人收入的测量。

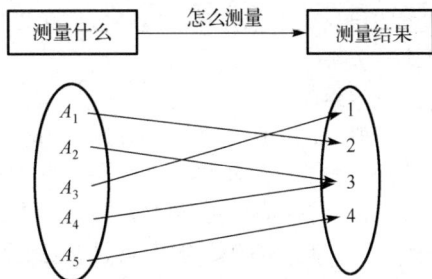

图 4-1 规则使属性与数据建立对应关系

2．有效测量的标准

判断测量是否有效的关键是对数字的分派规则。这种规则必须满足三个条件：准确性、完备性和互斥性。

准确性是指所分派的数字能真实、可靠、有效地反映事物的属性和特征的差异。正如学生的考试，只有考试的分数能反映不同考生的真实水平，作为分派分数的规则，即试卷和评分标准，才能认为这场考试是科学的，是有效的。

完备性是指分派规则必须包含事物属性的各种状态。例如，调查学生对自己考试成绩的满意度，如果设定的选项为"(1) 很满意；(2) 比较满意；(3) 无所谓；(4) 不太满意；(5) 不满意"，并且分派的数字分别为 1、2、3、4、5，那么这个分派数字的规则是完备的，去掉任何一个选项，规则都是不完备的。

互斥性是指对每个调查对象的属性或特征都能用一个且仅能用一个数字表示。例如：

课余时间您最喜欢参加的活动是(请选一项)
①科技制作　　②体育活动　　③打篮球　　④跳舞　　⑤其他

这个题目的选项就不满足互斥性，因为体育活动包括打篮球，如果某个调查对象喜欢打篮球，就对应了②和③两个数字。

3．测量水平与数据类型

测量一个零件的质量，根据对精度的不同要求，可以用不同的计量工具去度量，或用普通的磅秤，或用天平，或用其他手段。一般地，由于事物的属性不同，因此制定的规则不同，使得用数的属性来描述事物属性所达到的精确程度也不同，于是产生了不同的测量水平(levels of measurement)。

1) 定类测量

定类测量(nominal measures)也称名义测量或类别测量。这种测量只是对事物进行分类，用数字表示个体在属性上的特征或类别上的不同，不同的数字代表不同的类。这时数字只是一个符号，只起区分的作用，而无大小和程度之分。它们只有等于或不等于的性质，不能比较大小，也不能进行加、减、乘、除运算。用定类测量得出的数据称为定类数据或名义数据(nominal data)。取值用定类数据表示的变量称为定类变量(nominal variable)，也称名义变量。例如，"性别"是定类变量，可用"1"代表女性，用"2"代表男性，这里的 1 和 2 是定类数据。

2) 定序测量

定序测量(ordinal measures)也称等级测量或顺序测量。这种测量用于对事物进行排序，是用数字表示个体在某个有序状态中所处的位置(层次、水平)。这时数字除有等于或不等于的性质(能作分类)外,还可以比较大小(能够排序),但不能作加、减、乘、除运算。定序测量得出的数据称为定序数据或顺序数据(ordinal data)。用定序数据表示的变量称为定序变量(ordinal variable),也称等级变量或顺序变量。例如,当考查人们在新冠肺炎疫情期间对外出佩戴口罩的态度时,把从认为很重要到很不重要设定为 5 级,并且取值为 X=1(很重要)、X=2(重要)、X=3(一般)、X=4(不重要)、X=5(很不重要),1~5 是定序数据,变量"外出佩戴口罩 X"是定序变量。

在测量水平上,定序测量高于定类测量。定序变量的值可以排序,也可以用于分类,但定类变量的值只能用于分类;定序数据可以比较大小,但定类数据只是一个表示不同类别的符号,不能比较大小。

3)定距测量

一般地,定距测量(interval measures)也称等距测量或间距测量。在给事物及属性指派数字时,定距测量既能用于将事物区分为不同类型并进行排序,又能用于指出类别之间准确的差距是多少,也就是说,定距测量的结果是数值。定距测量给出的各数值或等级之间的差距是相同的,即有相等的单位,但没有绝对的零点(指定距测量的值为 0,并不是通常数学意义上的"0")。这时数字除具有定类数据和定序数据的特性外,还可以进行加、减运算,但由于没有绝对零点,所以不能进行乘、除运算。定距测量得出的数据称为定距数据(interval data)。用定距数据表示的变量称为定距变量(interval variable),也称间距变量、等距变量。例如,"温度"是一个定距变量。用温度计测出的数据是定距数据,可以比较大小,也可以进行加、减运算,但因为温度为 0℃时,并不表示没有温度,而是表示水结冰的温度,所以,温度不能进行乘、除运算。如图 4-2 所示,昨天 10℃,今天 12℃,不能说"今天的气温是昨天的 1.2 倍"。另外,尽管百分制的考试成绩为定序变量,但仍视其为定距变量,以利于对考试成绩做深入的统计分析。

在测量的水平上,定距测量高于定序测量和定类测量。

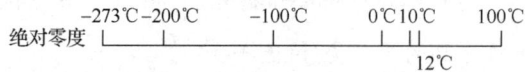

图 4-2　相对于绝对零度各温度点的关系示意图

4)定比测量

定比测量(ratio measures)也称比率测量,它代表测量的最高水平,也就是说,它在给事物及属性指派数字时,不仅有相等的单位,而且有绝对的零点。这时数字不仅具有定距数据的所有特性,而且可以进行乘、除运算。定比测量得出的数据称为定比数据(ratio data)。定比变量(ratio variable)也称定比变量,它的取值用定比数据表示。例如,用米尺测量长度,米尺不仅有相同的单位,而且有绝对零点,刻度"0"就是表示没有长度,1.5 米与 4.2 米不仅可以比较长短,而且可以进行加、减、乘、除运算,如 4.2 米比 1.5 米长 2.7 米、4.2 米是 1.5 米的 2.8 倍等。

在调查问卷中,涉及的变量大多是定类变量和定序变量,也会有定比变量,如年龄、收入、每月的消费额、每周的阅读时间等。另外,有些题目的得分相加之后所得的总分也可以视为定比变量。例如。考查学生对时间的利用水平,给出四个题目,其中一题如下:

　　　　我平时的学习效率: (1)很高　(2)较高　(3)一般　(4)不太高　(5)很低

选项(1)~(5)分别被赋予 5~1 分,将四个题目的分数相加,总分便是"时间利用"的综合分数,"时间利用"为定比变量,不同的取值表明了不同的时间利用水平。

在测量水平上,定比测量处于最高层次,高于定距测量、定序测量和定类测量。

综上所述,离开数据测量的具体背景,判断数据的类型是毫无意义的。例如,孤立地问"1"

是什么类型的数据没有意义，因为它既可能是定类数据，也可能是定序数据，还可能是定距数据或定比数据。

当对事物的属性(变量)进行测量时，首先，要考虑的是它具有什么样的测量水平，对于社会现象而言，大多只能用定类测量或定序测量；其次，还要根据调查目的和要求，考虑需要用什么样的水平进行测量(如图 4-3 所示)。例如，通常"年龄"是一个定比变量，如果关注的是不同年龄段的人对电视节目的偏爱程度，那么只需将年龄划分为"幼儿""少年""青年""中年""老年"五个不同的年龄段，"年龄"作为一个定类变量即可。如果要考查的是某个群体的平均年龄，"年龄"就应该作为定比变量，需要调查对象填写具体的年龄。所以，只有将需要与可能两方面结合起来考虑，才能最终确定使用哪级水平的测量更合适。测量的水平不同，对应的变量就会是不同类型的变量，测量所得到的数据类型也就不同。

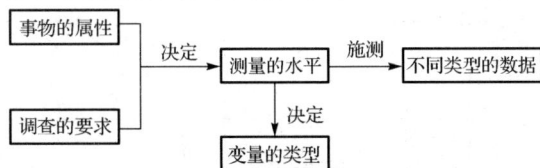

图 4-3　变量与数据类型的确定

5) 数据的其他分类方法

(1)根据测量的不同水平对数据分类。由于定类数据和定序数据说明的是事物的品质特征，这些特征仅能用数字表示，而不能用数值表示，所以称这两类数据为品质数据或定性数据(qualitative data)，相应地，将定类变量和定序变量称为定性变量。定距数据和定比数据说明的是事物的数量特征，这些特征能够用数值表示，所以统称数值型数据或定量数据(quantitative data)，定距变量与定比变量统称尺度变量(scale variable)。

(2)根据数据的来源分成点计数据和度量数据。点计数据是通过计算个数所获得的数据，如学生数、教室数、计算机台数等；而度量数据是通过一定的工具或一定的标准测量所获得的数据，如距离、速度、智商、考试成绩等。

(3)根据变量的取值范围，可以将数值变量分为离散变量(discrete variable)和连续变量(continuous variable)。离散变量的值只能用整数表示，在两个数值之间没有中间值；相反，连续变量可以在某个区间范围内取无穷多个值，而且任何两个值之间都可以无限制地插入中间值。相应地，数值型数据也可分为离散型数据和连续型数据，如班级数、教师数等为离散型数据，温度、用百分制表示的学生成绩、长度、完成作业所需要的时间等都是连续型数据。

数据的分类如图 4-4 所示。

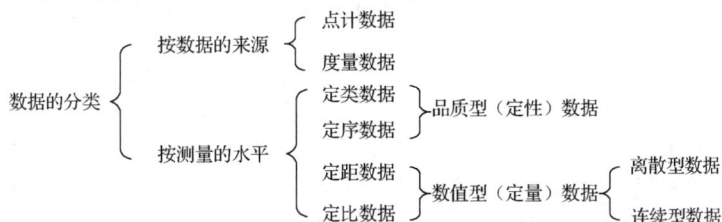

图 4-4　数据的分类

6) 四种测量的比较

表 4-2 给出了四种水平的测量的比较。需要注意的是，用高层次水平测量得到的数据，适用于低层次水平测量数据的各类运算。在社会调查研究过程中，切记不同类型的变量要采用不同的统计分析方法，否则会得出错误的结论。

表 4-2　四种水平的测量的比较

比较项目	测量的水平			
	定类测量	定序测量	定距测量	定比测量
测量的"尺" 测量结果	 | 1 | 2 | 3 | 1. 数字代表事物的名称或类别; 2. 没有数量大小的含义	 |　|　|　| 　1　2　　　3　4 1. 数字表示事物的位次关系; 2. 没有相等的单位和绝对零点	 |　|　|　| 　1　　2　　3　　4 1. 数字表示事物的差异; 2. 具有相等的单位和人定的参照点,没有绝对零点	 |　|　|　| 0　　1　　2　　3 1. 数字表示事物的差异; 2. 具有相等的单位,且有绝对零点
功　能	分类,命名,符号化	分等级、位次,排列顺序	求定距的度数,表明差异	从绝对零点开始,求定距的度数,决定定比
可进行的基本运算	$A=B$ 或 $A \neq B$	$A=B$ 或 $A \neq B$ $A<B$ 或 $A>B$	$A=B$ 或 $A \neq B$ $A<B$ 或 $A>B$ $A+B,A-B$	$A=B$ 或 $A \neq B$ $A<B$ 或 $A>B$ $A \pm B,A \times B,A \div B$
举　例	居住地: 本市=1,外地=2	对足球运动: 有兴趣=3,无所谓=2,无兴趣=1	温度: 31℃–28℃ = 28℃–25℃	学费: 甲校学费为2000元,是乙校学费1000元的2倍

4．测量误差

我们到早市买菜,有人在秤上做了手脚,400 克显示为 500 克,于是有

$$显示的质量 = 真实质量 + 100 克$$

如果再称几次都是这个质量,则说明他的秤还比较新。如果秤的弹簧有些老化,则每次显示的质量都会有很小的变化,例如:

第一次　　显示的质量 = 真实质量 + 100 克 + 5 克
第二次　　显示的质量 = 真实质量 + 100 克 – 10 克

由上可知,显示的质量有两种误差,一种是秤被做了手脚所产生的误差,这种由系统本身(秤)的固定因素引起的有规律的误差,称为系统误差(systematic error)或系统偏差(systematic bias),这种误差在每次测量中都会存在,是恒定的,从而造成测量结果一致但不准确;另一种误差是由弹簧老化产生的,是不确定的,卖菜人自己也无法事前知道差多少,这种误差是由偶然因素引起的无规律的误差,称为随机误差(random error),这种误差使得同一个测量工具对同一个对象多次测量的结果不一致,而且每次的变化都是随机的。

同样,在抽样调查中,也存在这两种误差。通过问卷得到的观测值可以分解为

$$观测值 = 真值 + 系统误差 + 随机误差$$

随机误差可看成是由于大量的非控制因素引起的,有来自调查对象的,也有来自调查人员的。例如,调查对象填写不认真、粗心、不配合;访问员不按规定的程序和标准进行访谈,甚至有诱导行为,参数出现填写错误;问卷中的敏感问题引起调查对象的不同反应;调查环境使调查对象有心理压力(如班主任在场时调查学生对班主任工作的反应)等。如果随机误差很大,重复进行测量时观测值就会摆动很大,不可信,或者说不可靠。随机误差随样本容量的增大而减小,因此,同样条件下,要尽可能使用大样本。

一般地,系统误差主要是测量仪器不精确或有缺陷造成的,对于抽样调查,系统误差主要来自问卷设计。例如,对变量的操作化定义界定不够准确,所提的问题易被误解或模棱两可,封闭式问题的选项设计不合理,问卷中正向问题或逆向问题过多、排序不当等。即使样本容量增大,

系统误差也仍然存在。

可以说，一切测量都存在误差，作为社会调查测量工具之一的问卷同样如此，关键在于如何减小误差，提高问卷的可信程度与有效性。

4.2.2　概念操作化概述

美国社会学家劳伦斯·纽曼指出，在一个理论与假设中，两个牵连在一起的变量的测量过程涉及三个层次：概念层次、操作层次及经验层次。"测量过程结合这三个过程，以演绎的方式从抽象进展到具体。研究者先概念化一个变量，赋予它一个清楚的概念定义；然后进行操作化，发展出一个操作性定义或一组指标；最后使用这些指标，用到经验世界中。抽象概念与经验现实的结合，使研究者可以检验经验假设。顺着逻辑，这些经验检验反过来又关联到理论世界中的概念假设与因果关系。"如图 4-5 所示[①]。

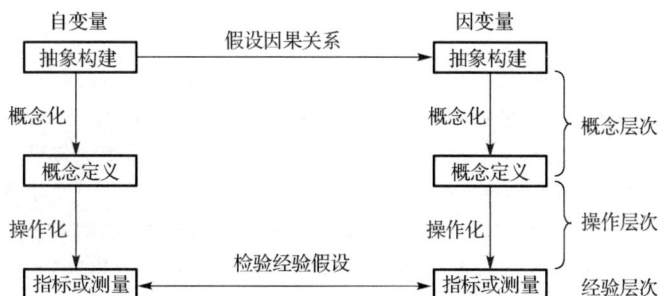

图 4-5　具体测量的抽象构建

1. 概念的抽象定义与概念的操作化定义

当我们通过调查问卷对调查对象的态度、行为、特征等进行测量时，会涉及许多变量。

有些变量比较容易测定，如年龄、性别、受教育的年限等，可以直接由调查对象填写。有些变量却比较难以测量，如"权力""政治态度""责任感""生活方式"等。这些概念往往给出的是一种抽象定义，并没有指出在调查过程中如何进行实际操作，也就是无法直接测量，并使之与"数"联系起来。

那么，对这些抽象概念能不能进行测量呢？

1918 年，美国心理学家桑代克(E. L. Thorndike)提出"凡物的存在必有其数量"。1923 年，美国测验学家麦柯尔(W.A. McCall)指出"凡有数量的东西都可以测量"。其实，在我国古代，孟子就对齐宣王说过："权，然后知轻重；度，然后知长短。物皆然，心为甚，王请度之。"他认为心与物都是可测的。恩格斯在《自然辩证法》中对概念的论述，指明了对抽象概念进行测量的途径。他说："人类的概念不过是一种简称，利用这种简称，把许多不同的、可以从感觉上感知的事物，依照其共同的属性把握住。"因此，概念必然可以在现实生活中找到与之对应的经验层次的替代物，涉及各种社会现象的概念同样如此。人的内在本质存在于人们的各种社会关系中，思想观念存在于人们的交往活动中，政治立场存在于各种政治活动中，因此可以将许多直接的、自然的经验材料作为对概念的测量指标。例如，"仁慈"，当判断某个人是不是位"仁慈"的人时，你的脑海里就会浮现许多"仁慈"的表现，如对有困难的人他是不是热心帮助，对小动物是不是很爱护等，当把各种有关"仁慈"的替代物归结完善时，就有了测量一个人是不是"仁慈"

① 劳伦斯·纽曼. 社会研究方法：定性和定量的取向[M]. 5 版. 郝大海，译. 北京：中国人民大学出版社，2012.

的尺子, 这把尺子就是通常所说的对"仁慈"概念的操作定义, 这一过程就是"仁慈"这个概念的操作化。

一般地, 概念的操作定义(operational definition)就是用一系列可以观察、测量的事物、现象和方法, 对抽象概念做出界定和说明。概念操作化, 就是集中处理抽象与具体、普遍与特殊、精确与模糊三对矛盾的过程。通俗地讲, 概念的操作化就是将抽象概念的特征具体化, 给出用什么样的"尺"去测量及怎样测量的规定或方法, 是将理论的东西变成可以测量的东西的第一步。概念的操作定义有的通过计算给出, 有的通过可观察、可操作的描述性语言给出。通常将表示一个概念或变量含义的一组可观察的事物, 称作这一概念或变量的一组指标。

例如, "发散思维"概念的抽象定义是: 根据已有信息, 从不同角度、不同方向思考, 从多方面寻求多样性答案的一种展开性思维方式。在研究学生的发散思维能力时, 就可以将"发散思维"操作定义为: 在限定的时间内, 学生列举铅笔的各种用途, 所得到的测试分数。

2. 概念操作化的意义

能否对抽象概念给出准确、清晰的操作定义, 关系到调查问卷效度的高低。事实上, 不仅在进行问卷设计时需要对抽象概念构建操作定义, 只要是采用定量分析的方法进行的调查研究, 就都需要构建概念的操作定义。下面从更加一般性的视角来看概念操作化的意义。

1) 概念操作化是定性分析与定量分析的桥梁

由前述可知, 在进行定量研究时, 首先要通过查阅大量的文献资料获得理论的指导, 然后设定变量, 提出研究假设, 这些都是定性分析。没有这种定性分析, 就没有进一步定量分析的基础。而如果没有概念操作化, 就不可能对所研究的变量进行测量, 也不可能使非量化的概念得以运算(operation), 于是难以从定性分析转向定量分析, 研究结果更无从谈起。为了达到研究的目的, 必须对概念构建操作定义。因此, 概念操作化是定性分析与定量分析的桥梁, 是调查研究的基础工作之一。

2) 概念操作化有利于研究的深入

社会科学研究与自然科学研究的一个很大的区别是社会科学研究所涉及的概念容易产生歧义。例如, "教学质量"这个概念, 可以专指教师教课的质量, 也可以理解为"教"与"学"两方面的质量, 还可以理解为对学生考试成绩、升学率等的考查结果。只有明确了概念的操作定义, 才能使概念不产生歧义, 才有交流的基础。

另外, 一个概念(变量)可以有不止一个操作定义, 只有研究者将自己界定的操作化讲清楚, 才能确认同一个课题研究的相似点和差异, 有利于不同研究者的交流, 有利于从更多的侧面分析概念(变量), 提高研究结果的可比性及研究的可重复性, 有利于研究的深入。正如有的学者所说[①]:

> 成功的关键之一是使用操作定义来测度我们研究的变量。……有效的操作定义指明了测度概念的程序和操作方法, 它使得术语具有可观察性。操作定义同时确保我们正确地识别想要观察的行为。定义中最重要的特点之一是允许另一位科学家复制或重复一项试验。

以"学习风格"为例, 自 1954 年提出"学习风格"概念之后, 人们从不同的视角给出了30 多种不同的界定, 操作定义因此而不同, 于是产生了诸如邓恩(Rita Dunn)夫妇的"学习风格调查表"(Learning Style Inventory)、凯夫(Keefe)的"学习风格测查表"(Learning Style Profile)等各种测试学习风格的量表。正是在这些基础上, 我们才有可能进一步开展对学习风格的研究。

---

① 理查德·鲁尼恩, 等. 行为统计学基础[M]. 9 版. 王星, 译. 北京: 中国人民大学出版社, 2007.

3）概念操作化对社会生活的影响

概念的操作化不仅影响对社会问题的研究，而且显著地影响着社会生活的方方面面。例如，我国最低生活保障制度目前已覆盖包括农村居民在内的全体公民，如何调整最低生活保障标准不仅是一个技术问题，也是一个理论问题，因为如何对"贫困"进行界定，决定了最低生活保障标准的制定，有人认为贫困线要根据基本生活必需品设定，有人提出要参照社会平均生活水平确定。怎样界定"贫困"，会直接影响国家政策的制定，如果仅强调维持人的基本生存，而忽视建立人与社会同步前进的机制，则贫困人群即使得到生活补贴，也仍会处于贫困之中；如果完全与收入水平挂钩，则会导致最低生活保障制度成为一种福利制度，成为衡量差异而非贫困的指标，而且极易给财政带来较重负担。因此，如何对"贫困"给出操作化定义，将影响到千百万人的生活条件。

3. 概念操作化的客观性与主观性

人们通常认为，定量研究的特点之一是价值与事实分离，研究者独立于研究对象。这对于自然科学研究是对的，因为在自然科学中，尽管研究者的价值观念、价值认识会在一定程度上影响研究活动，却不影响科学概念、定理和规律本身的内容，但对于社会科学研究，不完全如此。事实上，在选择研究问题、设定理论假设和提出变量的操作定义时，不可能排除研究者的介入，其价值观不可能与事实完全分离，研究者不可能完全独立于研究对象，也不可能脱离社会环境及其特定的研究目的。因此，选择什么样的"尺子"进行测量，既有其客观性，又有其主观性。

先看某教材中的一个例子。某企业有股东 5 人、工人 100 人。该企业 1991—1993 年股东与工人的收入见表 4-3，试考查股东与工人的收入状况。

表 4-3 股东与工人的收入

年　　份	1991	1992	1993
股东收入/万元	5	7.5	10
工人收入/万元	10	12.5	15

由于不同的人对"收入状况"采用了不同的指标，因此得出了不同的结论。老板用表 4-3 中的数据作为收入状况的指标，认为股东与工人的收入都在增加，而且增加的幅度是一样的，始终只相差 5 万元，如图 4-6(a)所示，表明劳资双方"有福同享，有难同当"。工会将 1991 年的收入视为 100%，用收入增长率作为指标，1993 年股东收入增长到 200%，而工人收入只增长到 150%，如图 4-6(b)所示，结论是应加速给工人增加收入。一位工人则用个人平均收入作为指标，如图 4-6(c)所示，结论是劳资双方的收入悬殊。于是，出现了"公说公有理，婆说婆有理"的局面。可见，站在不同的立场上，就会采用不同的指标。概念操作化决定了数据的采集方式，也就决定了研究的结论。

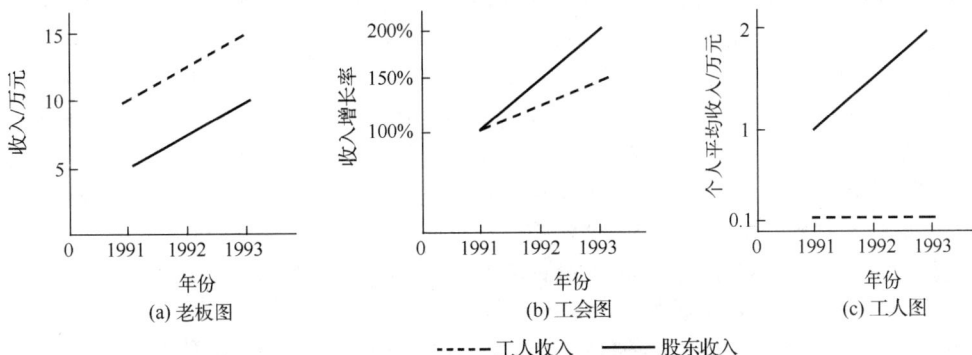

图 4-6 不同的操作定义导致结论不同

4.2.3　概念操作化的方法

在介绍概念操作化的具体方法之前，先给出两个案例，目的是使读者获得一些感性的认识。

1. 案例

【案例 1】"妇女社会地位"概念的操作化。

自 1990 年起，"中国妇女社会地位调查"每 10 年开展一次，1990 年、2000 年、2010 年成功开展了 3 次，第四次以 2020 年 7 月 1 日为调查时点，在全国开展调查。

第三次"中国妇女社会地位调查"将"妇女社会地位"定义为：不同女性群体在社会生活和社会关系中与男性相比较的权利、资源、责任和作用被社会认可的程度。显然，这是"妇女社会地位"概念的抽象定义。其操作定义将第二次调查中的 8 个维度修改为 9 个维度：健康、教育、经济、社会保障、政治、婚姻家庭、生活方式、权益与认知、性别观念和态度，再对各个维度进一步细化，进行层层剖析，最后落实到具体指标。例如，将"婚姻家庭"维度分为 7 个子维度，并对其中第三、四子维度(个人事务决定权、家庭事务决策权)再分解，最后将"婚姻家庭"维度分解成两层指标，如图 4-7 所示。

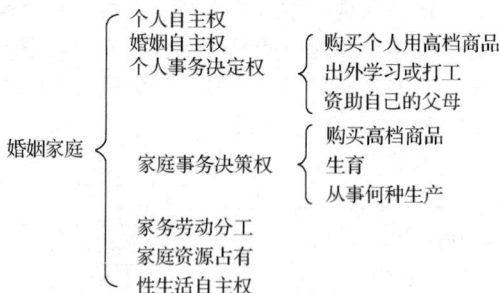

图 4-7　"婚姻家庭"维度的分解

【案例 2】"幸福感"概念的操作化。

不同研究者对幸福感(subjective well-being)的界定和理解存在相当大的差异。有的在认知的层面上理解，认为幸福感即生活满意感 (life satisfaction)，如"依据自己所持的准则对自身的生活质量的总体评价"；有的研究者则在情感层面上将其理解为快乐感(happiness)，认为幸福感是一个人对自己当前的幸福状况的评价，如"我感觉良好"。这两种观点都是以西方思想史上的快乐主义幸福观为基础的。20 世纪 90 年代兴起的以完善论幸福观为基础的幸福感研究，则力图超越快乐主义幸福观，更多地强调因自身潜能实现而获得的价值感。例如，瑞佛等人将幸福感视为"通过充分发挥自身潜能而达到完美的体验"。

邢占军在研究我国居民收入与幸福感的关系时，在整合已有研究的基础上，将幸福感界定为由人们所拥有的客观条件，以及人们的需求价值等因素共同作用而产生的个体对自身生存与发展状况的一种积极的心理体验，它是满意感、快乐感和价值感的有机统一。他从体验论主观幸福感的观点出发，采用实证方法对我国居民幸福感的结构进行了探索，提出我国居民幸福感由人际适应体验、心理健康体验、目标价值体验、心态平衡体验、身体健康体验、家庭氛围体验、社会信心体验、成长进步体验、知足充裕体验、自我接受体验 10 个维度构成，这 10 个维度可以进一步概括为身心健康体验和享有发展体验两个方面，如图 4-8 所示。

依据该结构，他编制了由 40 个项目组成的"中国城市居民主观幸福感量表"，以及由 20 个项目组成的量表简本。通过调查城市居民在该量表上的总得分，以及在各个分量表上的得分，就可以确定 11 个与幸福感有关的变量：总体幸福感及上述 10 个维度变量。

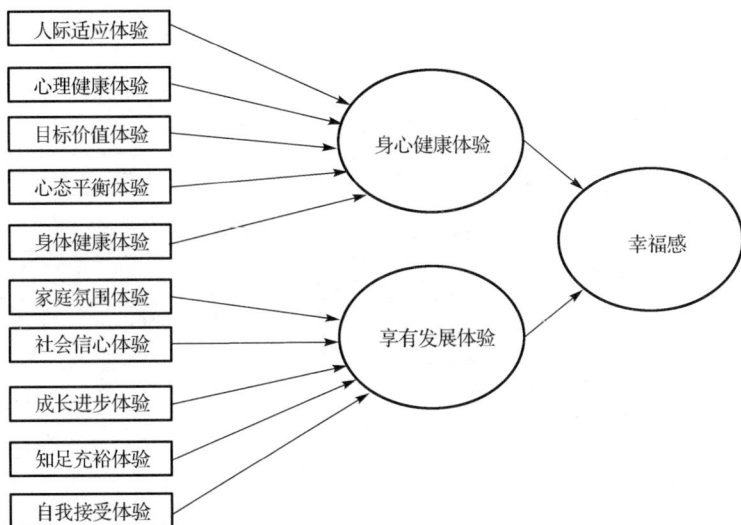

图 4-8　邢占军提出的我国居民幸福感结构模型

2. 概念操作化的步骤与方法

从前述两个案例可知，对抽象概念操作化要通过两个步骤完成：首先要研读文献，把握概念的抽象定义，在此基础上将概念分解为若干个维度，进行一层层地剖析，将每层分解为若干个子维度；然后用一个或一组可观察、可度量的事物作为指标来测量这个概念。

1) 明确概念的抽象定义

有许多概念大家都在用，如"伟大"，明白它的意思却说不出它的含义。尽管有时因对概念的理解不同会产生一点矛盾，但往往不影响大局。在进行社会科学研究时，把握概念的抽象定义是给出操作定义的前提条件，如果对概念的含义尚处于模糊阶段就草率地确定操作定义，往往不是搞错研究方向，就是使研究失败。为避免出现这类问题，需要做好以下工作。

(1) 研读文献，从中搜集概念的各种定义及相关信息。

同一个概念，不同的学者基于不同的学术传统，依据不同的理论，采用不同的视角，就会有不同的理解，给出不同的解释。当要对某个概念进行操作化时，需要了解其他研究者对这个概念是怎么定义的，有什么共同点和不同点。例如，在研究大学生的学习策略时，可通过文献检索，了解对"学习""策略""学习策略"概念的各种论述，在此基础上进行综述，将其归纳为表 4-4，并对其进行归类，为界定"学习策略"打下了基础。

(2) 依据研究目的，界定概念的抽象定义。

在对文献进行综述的基础上，依据研究目的，确定采用哪种理论给概念下定义。

一般有两种方式对概念进行界定。第一种是"拿来主义"，直接采用已被研究者多次使用、比较符合调查研究需要，且比较确切的定义；第二种是在分析比较各种定义的基础上提出自己的定义。

这里采用第二种方式对"学习策略"概念进行界定：在大学生活中，学生的学习态度和在学习过程中运用的各种学习方法、对所从事的学习活动的各个方面进行自我调节和控制的策略，以及处理与学习有关的其他因素的策略，以保证学习活动的顺利进行。

2) 设计测量指标

有些概念比较简单，如"性别""年龄"等，只有一个维度，而且这个维度只有一个指标，概念、维度、指标三者是一样的。有些概念比较复杂，在给出概念的抽象定义之后，需要弄清楚概念应具有的不同维度，将概念一层层地分解为树形结构，再用多个指标进行测量，如图 4-9 所示。

表 4-4　"学习策略"概念的多种构成

观 点	代表人物	结 构	因 素
二元论	丹塞路	基本策略、支持策略	理解、记忆、检查、阐述、复习，调控
	史耀芳	基本策略、辅助策略	注意集中、学习组织、联想、情境推理，反省思维、动机与情绪、计划和监控
三元论	迈克卡	认知策略、元认知策略、资源策略	复习、精细加工、组织，计划、监视、调节、时间管理，学习环境管理、努力管理与其他人的支持
	奈斯比特、舒克密斯	一般策略、宏观策略、微观策略	态度、动机，调控、审核、矫正、自检、提问、计划
	黄旭	一般策略、宏观策略、微观策略	编码、储存、提取、运用、选择、情绪调整、监控学习
	何英奇、毛国楠等人	学习方法、学习调控、元认知	分析、计划、执行、监控、修正，认知的学习策略、元认知的学习策略，个人动机训练的策略、成就归因的策略、自我效能训练
多元论	温斯坦	认知信息加工策略、积极学习策略、辅助性策略、元认知策略	精细加工策略、应试策略、处理焦虑、监控策略
	加涅	选择性策略、编码策略、记忆探寻策略、检索策略、思考策略	期望、注意，编码，记忆，提取、迁移，反应、强化

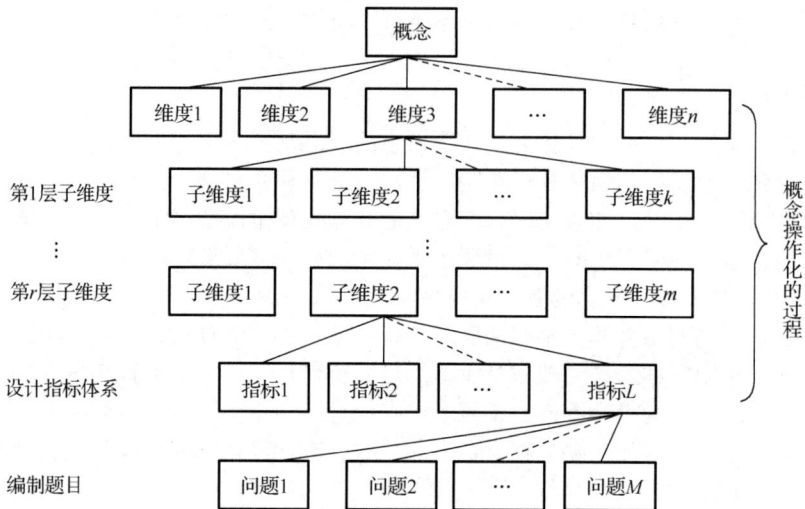

图 4-9　概念操作化与编制题目的过程

操作定义可以从三种视角给出：是什么引起了这个概念；这个概念会引起人的什么行为；这个概念是什么样的。例如，"饥饿"的操作定义可以是"24 小时以上没有进食引起的结果"；"饥饿的人"的操作定义可以是"为能够得到食物花多少钱都行的人"；也可以是"肚子咕咕叫、不管食物的口味如何，见到就要吃，没精打采的人"。

概念操作化的具体做法，一种是自己设计，即在给出概念的抽象定义和对概念进行分解后，通过开放式问卷调查或访谈等进行探索性研究，对初步形成的操作定义进一步修改和完善，然后利用客观存在的具体事物和看得见、摸得着的现象来进行测量指标的设计，完成概念操作化。值得注意的是，维度的划分应既能完整地表达概念各方面的含义，又不能有重复和交叉。为强调这点，谢宇在北京大学讲学时曾举过"社会地位"概念操作化的例子。他认为，"社会地位"可以分解为三个维度：财富、声望和权力，这三者含义不同，是不可以相互替代的，有的人有财富但没有声望和权力，有的人有声望但没有权力和财富，有的人有权力但没有财富和声望。

由于问卷调查属于实证研究，而实证研究强调测量的标准化和研究发现的重复求证，所以概念操作化的另一种做法是在研读文献的基础上，直接利用已有的指标，特别是学术型的问卷调查，经常借用已被使用多次的成熟问卷或量表，实行"拿来主义"。必须指出，在实行"拿来主义"时，一定要注意结合国情对国外的问卷进行再创造，处理好本土化和普适性的关系。

3）几点说明

（1）概念的抽象定义和操作定义是对同一概念所下的定义，它们之间既有联系也有区别。抽象定义决定着操作定义的本质和内容，操作定义是抽象定义在测量过程中的具体体现，其范围既不能过宽，也不能太窄。抽象定义与操作定义在定义描述的内容、使用的方法和着重点上都有所不同，如表 4-5 所示。

表 4-5　抽象定义与操作定义的比较

定义类型	描述的内容	使用的方法	着　重　点
抽象定义	概念的一般特征和性质	逻辑方法	揭示概念的内涵和本质
操作定义	概念的行为维度、行为特征	对各维度的行为元素进行观察或度量	与概念有关的行为特征和行为元素

（2）以不同的视角对概念进行操作化，就会有不同的操作定义。例如，前面介绍的"社会地位"的操作化定义，由于调查的对象不同，"中国妇女社会地位的调查"中的"社会地位"与谢宇所定义的就很不一样。因此，对于同一个概念的多个指标体系，要根据调查的目的，比较它们的独特性，选择独特性最强、最能正确和完整地对概念进行测量的指标体系作为操作定义。

（3）操作定义是编制问卷的基础，但操作定义本身不是问卷。对抽象概念的量化过程，是以操作定义为基础研制出问卷，或寻找已有的量表并进行实测的过程。概念是高度的概括；维度是一般性的概括，是比较抽象的东西；而指标是很具体的，可以直接测量的，是概念具体的量化标准。一个指标可能要设计一个题目，也可能要设计多个题目。由图 4-9 可以看出概念操作化与编制题目的联系与区别。

以对大学生学习策略调查中的"环境利用"为例，"环境利用"的定义是：学生有效利用学校学习环境的能力。当时网络应用尚不普及，学校的实验室并不对学生开放，因此将"学习环境"设定为：学校的硬环境与软环境，硬环境包括图书馆、教室等，软环境包括教师、同学、社团活动等。在此基础上编制相关的题目，例如：

有效利用了图书馆	1-2-3-4-5-6	利用率不高
很少与同学交流学习	1-2-3-4-5-6	经常与同学交流学习
愿找老师答疑和讨论问题	1-2-3-4-5-6	更喜欢自己思考
善于与他人交流	1-2-3-4-5-6	不太善于交流
注重借鉴别人的学习方法	1-2-3-4-5-6	主要靠自我总结探索
参加社会工作和活动促进了身心发展	1-2-3-4-5-6	被各种活动弄得很疲惫

（4）操作定义要体现时代的特点，要随着时代的发展进行修改。例如，我国城市"个人收入（personal income）"的界定，20 世纪 60 年代，个人收入只有"工资"；到了 80 年代，"工资与奖金的总和"为个人收入；2019 年 1 月 1 日开始实施的《中华人民共和国个人所得税法实施条例》中规定，"个人所得"包括九大类：①工资、薪金、奖金、年终加薪、劳动分红、津贴、补贴等所得；②劳务报酬所得；③稿酬所得；④特许权使用费所得；⑤经营所得；⑥利息、股息、红利所得；⑦财产

租赁所得；⑧财产转让所得；⑨偶然所得。另外，属于"个人收入"，目前尚不在申报之列的还有遗产赠予和保险赔偿等。

（5）对事物的认识不可能一次完成，构建概念的操作定义也不能一蹴而就，而是一个不断细化、不断修改的过程，即使调查已经完成，也可能发现所构建的操作定义仍然有不足之处，从这个意义上说"研究无止境"，一点也不过分。

4.3　问卷的质量标准

在现实生活中，评价一种测量工具的质量，最重要的指标是这个工具测量的可靠性和有效性。例如，如果用松紧带测量桌子的长度，量出来的数据是不可信的；如果有人说用米尺来测量小孩的体重，我们一定会认为他在开玩笑。对于调查问卷的质量，最重要的是这份问卷测出的信息是否可信，是否能真正测出所需要的东西。这就是衡量调查问卷质量的最重要的两个指标：问卷的信度和效度。本节将在社会测量理论的基础上对信度与效度的基本概念、两者之间的关系及如何提高问卷的信度与效度进行简要的介绍。计算信度系数与效度系数可以利用 SPSS 完成，读者学习重在概念掌握，而非计算。

4.3.1　问卷的信度

1．信度的概念

所谓信度(reliability)，是反映测量的稳定性与一致性的指标，即对同一个事物进行重复测量时，所得结果一致性的程度。一致性程度越高，信度就越高；反之，一致性越低，信度也越低。例如，用尺子测量桌子的边长，第一次是 120 厘米，第二次是 135 厘米，两次测量的差别较大，我们就认为这把尺子测出的长度很不可靠，或者说测量的信度不高。

问卷的信度表示问卷测量的可靠程度，大部分信度指标用相关系数(correlation coefficient)[①]表示，称为信度系数。如果一份问卷在测试的过程中不受调查对象的情绪、态度的影响，也不受调查环境各种因素的影响，对同一组调查对象的两次甚至多次测试的结果都一样，那么，就说该问卷的信度系数等于 1，测试的结果完全可靠；反之，如果信度系数等于 0，那么该问卷测试结果完全不可靠，根本不能用。实际上，这两种极端情况都很难找到，信度系数往往处于 0～1 之间，信度系数越接近 1，问卷测试的结果就越可靠；信度系数越接近 0，问卷测试的结果就越不可靠。问卷信度的高低取决于对随机误差的控制，尽可能减小随机误差既是问卷设计时必须考虑的问题，也是整个社会调查过程中时时要注意的问题。

对于信度的概念应把握以下三点。

（1）信度是指测量工具所测结果的可靠性，即不同次测量的结果是否一致，而不是测量工具本身。因此，不能说"该问卷是可信的"，而要说"该问卷测得的结果是可信的"。

（2）信度的值是相对的。问卷的信度高低受很多因素的影响。例如，一份问卷的项目越多，其信度会越高，但如果项目过多，就会引起调查对象的厌烦，信度反而会降低。信度还与调查样本有关，不同的人对问题的回答会不同，信度也就会发生变化。例如，状态–特征焦虑量表(STAI)无论对成人还是对儿童，在中国和在美国所测得的信度都是不同的。因此，在进行某项调查研究时，即使采用的是前人编制或修订的量表，也不要只相信其给出的信度说明，最好做试测重新检验其信度。

[①]　相关系数的概念将在第 9.6 节介绍。

（3）可信程度高与测量的精度高概念不同，可信程度高是指重复测量得到的数据有稳定性，随机误差小；而精度高是指测量的系统误差小，可信程度高不能确保精度也高。例如，一把钢尺测量 1 米会产生 1 厘米的误差，那么，无论测量多少次，测得的长度基本是一样的，称这把钢尺测量结果的信度较高，但由于存在系统误差，测量的精度并不高。

2．信度的测量

通常用五种信度系数用来估计测量工具的信度，即再测信度、折半信度、克朗巴哈 α 系数、复本信度和评分者信度。

复本信度（alternate-form reliability）和评分者信度（scorer reliability）并不完全适合考查调查问卷的信度。复本信度也称平行测验信度，是指在做某项调查时，设计两套问卷，其中一套为复本，这两套问卷在题数、形式、内容，以及难度、鉴别度等方面都必须一致，在开展社会调查时，我们很难设计出这样的两套问卷。因此，考查问卷的信度主要使用再测信度、折半信度和克朗巴哈 α 系数。

1）再测信度

再测信度（test-retest reliability）是指用同样的问卷，对同一组调查对象进行重复测试，两次测试结果的相关程度。再测信度考查的是经过一段时间后问卷测量结果的稳定程度，再测可信度越高，测量结果越一致，表明调查环境中随机因素的影响越小。因此，再测信度也称稳定性系数（coefficient of stability），是一种外在信度（external reliability）。

再测信度可以通过以下两种途径进行考查。

（1）计算两次调查结果的相关系数，如果经过统计检验，相关关系显著，则问卷的信度较高，否则信度较低。也有人提出，问卷的再测信度可以接受的标准是两次测试的相关系数在 0.7 以上。

（2）对两次重复调查结果进行两个相关样本差异的显著性检验，如果差异显著，则问卷的信度较低；若不存在显著性差异，则问卷的信度较高。

再测信度特别适用于对事实进行调查的问卷，因为一些基本的客观事实或人的兴趣、习惯等都是相对稳定的，在短时间内不会有显著的改变。另外，如果要调查的是人们对某些问题（如国家新颁布的政策、近期发生的某些重大事件、某项改革的措施等）的看法，或者涉及人们的某些比较稳定的态度（如对家庭婚姻的态度、对独生子女教育的态度及学生的学习态度等），当现实条件允许重复施测，而且没有相关的突发事件发生时，对这类问卷采用再测信度也比较合适。

两次测试间隔的时间长短应适中，时间过长，调查对象容易受其他因素的影响，从而改变回答，造成问卷的信度降低；时间过短，调查对象可能对第一次测试的回答记忆犹新，从而出现两次测试分数高度相关的假象，造成问卷的信度偏高。时间间隔多长为宜，要根据调查的目的和性质而定，但最短不能少于 2 周，通常为 2～4 周。

2）折半信度

折半信度（split-half reliability）是将调查问卷中每个维度的项目都分成两半，如分为奇数题和偶数题，或者分为前、后两部分，分别计算每个调查对象这两部的得分之和，再计算它们的相关系数 r_{hh}，r_{hh} 称为这个维度的折半系数。

态度式问卷比较适合使用折半信度。这类问卷往往采用李克特量表，对每个主题都设计多个正向或逆向题目，因此可以将每个维度中的题目按前后或按奇数题和偶数题分为两部分。注意划分时在形式和内容上两部分都要尽可能对称，题量要尽可能相等。然后适当修改逆向题目的计分，便可计算两部分的折半信度。

3）克朗巴哈 α 系数

克朗巴哈 α 系数（Cronbach's α coefficient）是由 L.J.Cronbach 提出的，它适用于多项选择题，

而且对两部分分数的分布没有要求,简称 α 系数。α 系数是描述问卷内部一致性的信度系数,它反映了问卷中项目的相互关联程度。在社会科学研究中,α 系数是目前计算李克特量表信度系数的最常用的方法。

克朗巴哈 α 系数的大小与问卷的题量、项目间相关系数的均值有关。如果问卷或量表由多个维度构成,则应分别计算各个维度的 α 系数。

在社会科学研究中,α 系数达到怎样的水平才可以接受呢?学者的观点并不完全一致。例如,薛薇给出的要求是:

如果 α 系数大于 0.9,则认为量表的内在信度很高;如果 α 系数在 0.8 ~ 0.9 之间,则认为内在信度是可以接受的;如果 α 系数在 0.7 ~ 0.8 之间,则认为量表存在一定的问题,但仍有一定的参考价值;如果 α 系数在 0.7 以下,则量表设计存在很大问题,应该考虑重新设计[1]。

吴明隆提出的建议是:

如果 α 系数在 0.6 以下,则应考虑修订量表或增删题项[2]。

4.3.2 问卷的效度

1. 效度的概念

效度(validity)是指测量的有效性。问卷的有效性,即问卷是否测出了调查人员想要测量的东西,测量的结果是否能正确、有效地说明所要研究的现象。例如,要测量小学生的数学能力,却用英语出题,那么,当学生看不懂试题时就不可能给出解答,于是测验所得的分数难以评价小学生的数学能力,这样的试卷效度就不可能高。因此,查阅或设计一份问卷时,首先要考虑的是问卷的效度。

对效度概念的理解需要把握以下两点。

(1)效度是相对的,而非绝对的。问卷的效度与特定的情境有关,只有具体情境下的效度,而不能笼统地谈论某个问卷的效度。首先,问卷的效度是针对调查的具体目标而言的,同一份问卷,对于不同的用途,就会有不同的效度。例如,一份用于调查对生活态度的问卷效度很高,但若把它用于测量调查对象的智力水平则效度不会高。其次,将一份问卷用于不同的群体,效度也会不同。因此,在评价问卷的效度时,必须考查问卷的内容与调查的目的是否符合,并以此来判断调查结果能够在多大的程度上实现调查的目的。

(2)问卷的效度不能直接测量,只能间接测量,于是从不同的视角考查问卷的有效性,就有不同种类的效度,包括内容效度(content validity)、效标关联效度(criterion-related validity)和结构效度(construct validity)。

2. 效度的测量

1)内容效度

内容效度是指"测验的测题在多大程度上代表了所要测量的全部内容,亦即测验目标界定内容范围内取样的代表性。"[3]应用于调查问卷时,内容效度是指调查内容的代表性,即问卷的内容对所要调查的问题覆盖的程度。内容效度用于检验问卷的内容能否适当地测量出调查要求测出的东西(包括态度和行为等),或者说问卷能否反映所研究的概念的基本内容。

内容效度与表面效度(face validity)往往容易混淆。实际上,两者有很大的区别。

① 薛薇. SPSS 统计分析方法及应用[M]. 4 版. 电子工业出版社,2017.

② 吴明隆. SPSS 统计应用实务——问卷分析与应用统计[M]. 北京:科学出版社,2003.

③ 朱智贤. 心理学大词典[M]. 北京:北京师范大学出版社,1989.

（1）表面效度是外行人对问卷从表面上检查确定的，而内容效度则由内行的专家或实际工作者进行评价，因此，外行人认为无效的项目，即表面效度很低的项目，可能被专家认为是十分有效的，即内容效度很高。

（2）对问卷的表面效度与内容效度的要求并不总是一致的。作为一份优质好的问卷，其内容效度必须较高；而根据调查的目的，表面效度有时需要较高，有时需要较低。在编制问卷时，要考虑项目本身对调查对象动机产生的影响，控制好问卷的表面效度。

对于内容效度，在社会科学领域内，往往是在施测之前由研究者聘请相关学者、专家依据一定的理论进行评判。学者、专家包括有实际工作经验者、有相关研究经验者及有学术背景的学者等。因此，内容效度属于一种事前的逻辑分析或对问卷合理性的评判。

检查内容效度主要包括两方面，一是问卷本身所测量的是否是调查人员所要测量的态度或行为，也就是是否符合概念的操作化定义；二是这些问题是否能够全面地反映操作化定义，即对操作化定义的覆盖面有多大。例如，考查大学生学情调查问卷中"环境利用"部分的内容效度，首先要看在环境利用部分的问题中，有没有与环境利用没有关系的题目；其次看题目是否包含学生在学习过程中利用环境的方方面面（取样的代表性），有没有遗漏。

对于内容效度的考查，尽管在对某个问题进行判断时，往往依据大多数研究者所接受的相关概念的定义，但由于每个人对所涉及概念的了解程度和理解深度不一样，因此难免存在主观判断误差。因此，应把内容效度视为保障问卷质量的必要条件，而不能视为充分条件，误以为内容效度高的问卷就一定是优质的。

2）效标关联效度

效标关联效度指测验与外在效标的关联程度，关联程度越高，问卷的效标关联效度就越高。所谓外在效标，指作为检验效度的外在的参照标准。例如，与调查问卷测试目的相同且具有良好信度与效度的其他量表、调查对象的实际表现等都可以作为外在效标。问卷的效标关联效度的视角与内容效度的视角完全不同，它是选择一个与调查问卷有直接关系的参照物作为独立标准，来考查所设计的调查问卷的效度。效标关联效度最常用的指标是问卷测得的分数与效标测得的分数之间的相关系数，因此它是一种事后统计分析的效度检验方法，故也称实证效度（empirical validity）或统计效度（statistical validity）。

效标关联效度在很大程度上与所选取的效标及样本有关，效标选择不当，会降低效标关联效度。因此，有学者提出要从理论的观点来解释测量工具的效度，即对测量工具做出推论，看它能够在多大程度上验证理论构想，于是结构效度的概念应运而生。

3）结构效度

结构效度是指问卷或量表能够测量出其内在结构的程度，也称构想效度或建构效度。在心理测验中对结构效度通常给出的定义是："测验在多大程度上正确地验证了编制测验的理论构想"[①]。事实上，研究者在设计问卷或量表时，首先要根据文献资料和实际经验对问卷的结构提出某种理论上的构想，确定在测量某社会现象时需要从哪些方面（维度）进行考查；然后依据这一构想编制问卷或量表，并选取适当的调查对象施测；最后考查这份问卷或量表在多大程度上测出了所要测量的东西。例如，要编制一份考查居民生活满意度的问卷，首先就要考虑"生活""满意度"应包含哪些方面，即"生活""满意度"的内在结构是怎样的。结构效度用来考查问卷是否符合构想。

结构效度的着眼点是理论上的假设和对假设的检验，因此，对结构效度的考查是一个过程。首先，问卷或量表的设计必须以理论的逻辑分析为基础；其次，要根据实际测量数据通过逻辑或

---

① 朱智贤. 心理学大词典[M]. 北京：北京师范大学出版社，1989.

统计分析(因子分析、协方差结构方程)来检验理论的正确性,使其更加客观。在效度分析中,结构效度是一种最理想的指标。

4.3.3 信度与效度的关系

我们可以用打靶来比喻信度与效度,靶心是要测量的对象,信度就是弹着点在靶子上的密集程度,效度是弹着点在靶心周围的密集程度。于是,通过图 4-10 便可以了解信度与效度的关系。

(a) 信度高、效度底   (b) 信度高、效度高   (c) 信度低、效度低

图 4-10 信度与效度的关系

从图 4-6(a)、(b)可以看出,信度高时,弹着点比较集中,说明测量值是稳定的,随机误差较小,但弹着点可能在靶心上(效度高),也可能不在靶心上(效度低),即

信度高 → 效度可能高,也可能不高

由图 4-6(b)可知,效度高,说明弹着点在靶心周围的密集程度高,自然信度就高,即

效度高 → 信度高

由图 4-6(c)可知,弹着点很分散,即信度不高,显然弹着点集聚到靶心的程度就不高,即

信度低 → 效度低

4.3.4 提高信度与效度的途径

要使社会调查取得预想的结果,首先要有高质量的调查问卷。下面仅从总体设计思想上提出提高问卷的信度和效度的建议,设计过程中的具体措施将在第 4.4～4.7 节介绍。

1. 必须围绕社会调查的目的和主题

评价问卷的优劣,首先要看它的效度,即是否满足社会调查的目的和要求,它所包含的问题与调查内容的关系是否密切。因此,设计问卷时必须围绕调查的目的和主题进行,只有所有题目都与调查的问题直接相关(包括要求提供背景信息的题目),才能保证问卷具有较高效度。这就必须对所涉及的相关概念、理论有比较全面的了解。"理论在构建我们需要测量的问题的概念体系方面扮演着一个重要的角色,而且,任何科学领域所测量的东西都来自理论"[1]。

2. 必须用认知科学等的理论进行指导

问卷中题目的措辞、选项的等级或排序、题目的顺序等,以及调查对象的社会期待性反应倾向都会影响调查对象对问卷的回答。这里仅列举几个典型的试验来说明这一结论。

1)关于题目措辞的试验

威尔克曼(Winkielman)曾让两组被试分别回答"在过去的一年里感到非常生气的次数"和"在上一周内感到非常生气的次数"。研究发现两组被试对"感到非常生气的次数"统计标准是不一样的,前者倾向比较强烈和严重的生气的次数,而后者倾向比较常见的、不太严重的生气的次数。

---

① 罗伯特·F. 德威利斯. 量表编制理论与应用[M]. 魏勇刚,等译. 重庆:重庆大学出版社,2004.

2) 关于等级量表的试验

为了研究量表采用不同的"刻度"对调查结果的影响,施瓦兹(Schwarz)让两组被试分别用两种不同的量表来评价自己在生活中感到成功的程度,一种量表是从"一点儿也不成功"到"非常成功"用 0~10 表示,另一种量表用–5~+5 表示。统计结果显示,在使用第一种量表的组中,13% 的被试的回答介于 0~5 之间;而在使用第二种量表的组中,34%的被试选择–5~0 之间的数字。随后的研究表明,使用第一种量表的被试将 0~10 理解为成功的不同程度,于是认为"0"代表"没有杰出的成功";而使用第二种量表的被试将–5 和+5 理解为相反的两极,即–5~+5 代表从"非常失败"到"非常成功",因此认为"–5"表示是"非常失败"。对"一点儿也不成功"的不同理解造成了两组回答的差异。

3) 关于选项顺序的试验

在国内,风笑天曾利用大规模调查的数据资料进行了经验比较分析。结果表明,对于客观性的事实问题、行为问题,选项的不同顺序对调查结果没有影响;对于主观性的认知问题、程度问题、评价问题,不同选项顺序所得结果有明显不同。

因此,为了减小问卷设计不当所引起的误差,提高调查数据的质量,需要了解调查对象在填写问卷中的认知过程和特点,并在设计问卷过程中,利用认知科学和社会科学领域的各种理论和方法处理好影响调查结果的各种因素,如问题的界定与措辞、选项的提供与排序、问题顺序的编排等。

3．必须为调查对象着想

社会调查过程是调查人员与调查对象进行社会交流与互动的过程,我们不能将调查对象当作被动的提供资料的工具,而应该将调查数据看成调查人员与调查对象共同建构的产物。整体设计法(FDM)创始者迪尔曼提出,依据社会交换理论,在调查过程中,调查对象是否愿意填写问卷,取决于两个因素:一是调查对象对于完成问卷可能需要的工作量的预想与感知;二是当完成问卷填写后,他所得到的回报。因此,要提高问卷的信度和效度,减小调查过程中产生的各种随机误差和系统误差,在设计问卷时就必须时时设身处地为调查对象着想,创造各种条件,使调查对象能够准确地理解问题的含义、正确地填写问卷、积极配合调查工作。

1) 要量体裁衣,问卷要适合调查对象

自填式问卷调查适用于成分单一的总体,因此在设计问卷之前,必须对样本的构成有清楚的认识,在整个问卷设计过程中都要以这一特定群体所具有的特征为依据。例如,要对农民群体、工人群体及大学生群体进行同一个研究主题的调查,由于调查对象的文化程度、生活环境和生活方式、心理状态不同,因此要设计多份问卷,在问卷的设计风格、指导语的详略、使用的语言、问题的难度与深度、题量的多寡都要有所差异。

2) 要将心比心,尊重、理解调查对象

"己所不欲,勿施于人",在问卷设计中同样适用。例如,作为调查人员,总希望得到的信息越多越好,往往将问卷的题目设计得尽可能多,可是,任何人看到一份有几百道题目的问卷时都会望而却步,产生厌烦心理或畏难情绪,必然会影响填写的质量和回收率。因此,题目在满足研究需要的条件下越少越好,最好在 20 分钟之内能填写完,最多不要超过 30 分钟。

4．必须明确统计分析的内容和方法

问卷设计直接影响调查结论的深度和研究价值。如果对调查数据进行统计分析的内容与方法非常明确,在设计问卷时就应使研究变量达到所需要的测量水平,围绕所要进行的统计分析确定需要调查对象的哪些背景信息;否则,信息不完备,变量水平不合要求,调查所获得的宝贵资料将

无法进一步研究开发。例如，要了解来自不同经济状况家庭的学生在一个学期里平均学习费用的差异，就必须让调查对象填写家庭的收入状况，而且最好用分档次的方法，而学习费用要填写具体数据，不能采用分档次的方法(如"2000 元以下、2000～3000 元、3000 元以上")，否则无法计算平均数。再如，当讨论学生学习成绩与哪些因素有关时，学习态度是自变量，而当探讨学习态度是否受客观环境(如家庭、学校的学习氛围、同学)影响时，学习态度就是因变量。因此，需要用多个题目来完成对学习态度的测定，而且在设计题目时要用李克特量表，以便累加分数，得到一个学习态度的总分。

　　总之，在进行问卷设计时，内容必须围绕社会调查的目的与主题，题目设计必须在认知科学等的理论指导下进行，必须从调查对象的实际出发，同时必须要考虑统计分析的内容与方法。可以说，树立这"四个必须"的观念是保障问卷质量的前提。

4.4　问卷的形成过程

　　问卷设计阶段的任务是把握相关的理论观点，并将所涉及的概念操作化，提出具有效度和信度的测量指标，在此基础上编写问卷。形成一份问卷主要有以下步骤：准备工作，探索性工作，确定概念的操作定义，编制问卷初稿，试测与修改，排版、打印、装订或制作电子版问卷，如图 4-11 所示。

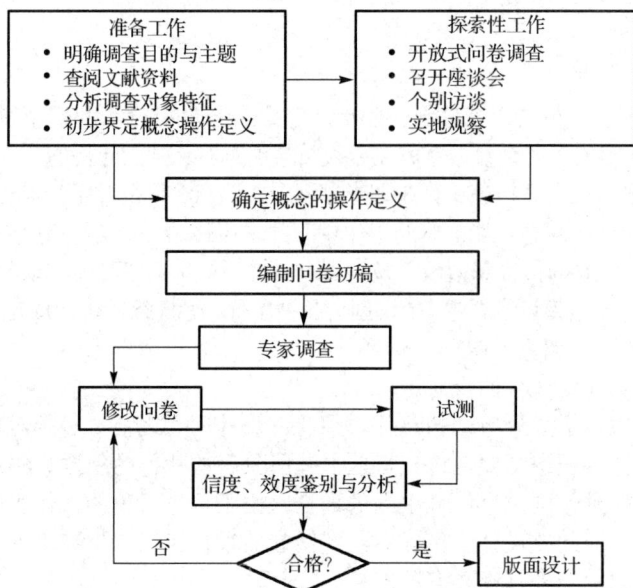

图 4-11　问卷设计流程图

　　在整个问卷设计过程中，"修改"将贯穿始终。"修改"是由粗到细的过程，是精益求精的过程，特别是在试测之后，发现问卷问题较多时，不仅要修改，而且要在修改之后重新试测，然后再修改。一份优质问卷的诞生，凝聚了调查人员、相关专家的心血，同时也包含着调查对象的支持和贡献。

　　本节主要介绍问卷形成的过程或问卷编制的程序。

4.4.1　准备工作

　　问卷设计的准备工作包括明确调查目的与主题、查阅文献资料、明确问卷调查的方式(采用自填式还是访谈式)、分析调查对象特征和初步界定概念的操作定义。这里着重介绍分析调查对象特征。

问卷设计要"量体裁衣"，符合调查对象的特征。为此，在设计问卷之前必须对调查总体的年龄结构、性别结构、文化程度分布、职业结构，甚至生活方式、社会心理等社会特征有大概的了解。这将对设计问卷时确定问题的形式、提问的方式、使用的语言，以及编写指导语等有极大的帮助。了解的途径可以是请委托单位介绍、查阅相关资料，甚至深入调查对象，通过交谈获得。

4.4.2　探索性工作

概念操作化之后，并不能马上编制问卷中的题目，必须用一段时间做探索性工作。探索性工作主要包括进行开放式问卷调查、召开座谈会、个别访谈及实地考察。通过这些工作，能对概念操作化过程中涉及的指标进行修改和完善，为开放式问卷转化为封闭式问卷奠定基础。首先，这些工作使我们知道对某个指标可以提出哪些问题，某个问题可能有多少种回答，于是经过归纳便可以设计出问题的选项；其次，这些工作还能使我们在各种问题的提法、不同类型的回答者所使用的语言、对不同问题的关注程度等方面获得第一手资料，有利于将问题编写得更加清晰、选项更加客观具体，从而使调查对象能够做出比较真实、准确的回答。

以大学生学习策略的问卷调查为例，我们召开了学校各个院系中部分高年级学习最优秀的学生座谈会；召开了部分优秀教师和班主任座谈会，请他们根据个人的教学经验和对学生的了解，畅谈学习优秀的学生在学习上的特点、学习困难的学生存在的主要问题、大学生理想的学习状态等，还对校内工科、理科、管理类、社会科学等专业的学生进行了开放式问卷调查，要求每位同学依次写出自己认为比较成功的 10 个学习策略，收回问卷 300 多份，归纳、整理了 400 多条学生学习策略方面的有关题目，为编制问卷奠定了基础。

4.4.3　设计问卷初稿

完成探索性工作之后，就进入设计问卷初稿阶段，具体步骤如下。

(1)将整理、归纳的所有题目输入计算机。题目适当多一些，有利于试测后删除不理想的题目；不必考虑题目的顺序，但要注意问题的提法和答案的设计。

(2)根据概念的操作定义，编制整个问卷的逻辑结构，并按顺序写出各部分的主题。

(3)将所有题目分别嵌入相关的部分，并将类同的题目进行合并或删除。

(4)对各部分问题进行排序，形成问卷的主体。排序的一般原则是：从内容上看，一般性题目在前，特殊的或专业性题目在后；容易的在前，难的在后；熟悉的在前，生疏的在后。从类别上看，先基本资料，再行为问题，最后为态度问题。在时间顺序上，由近及远还是由远而近，要根据不同的情况，以有利于实施调查为前提。但是，有些问卷在将题目全部归类排序之后，为了打破调查对象答题的思维定势①，有意将题目顺序打乱，随机排列。

(5)从便于回答、减小心理压力等方面考虑，反复对题目的措辞进行检查和修改。

(6)完成封面信、指导语等的撰写。

4.4.4　通过专家调查修改问卷

问卷初稿写好之后，要复印 10～20 份送给有关专家、学者、典型的调查对象等，请他们对问卷的设计进行评论。例如，整体结构是否合适，问卷的内容效度如何，题目的排序是否恰当，请

---

① 《心理学大词典》指出：定势(set)是指由先前的心理活动形成的准备状态，决定着同类后继心理活动的趋势。

他们对问卷的封面语、指导语、题目的叙述方式、措辞、答案的设定等提出修改意见。还要请他们填写调查表,对每个题目的重要度做出评价,然后对调查表进行统计,考查专家意见的一致性,并删除不必要的题目。

在综合专家意见修改问卷之后、试测之前,要进一步检查问卷——调查人员自己先做一遍,确认没有问题后才能进入试测。

4.4.5　通过试测修改问卷

无论编写问卷初稿多么认真,总会有些问题没有意识到,当问卷发出之后,即使发现了缺陷和错误,也不可能再进行修改,因此试测是问卷设计中不可缺少的一环。

试测的具体方法是:从正式调查总体中抽取一个样本,将问卷初稿按预定人数发出,然后完全按正式调查的程序进行测试。

通过试测,可以从以下三个方面发现问卷中的问题,以便对问卷进行修改。

1. 对回收问卷的填写情况进行考查

(1)如果回收率在60%以下,说明问卷设计存在较大的问题,必须做大修改。

(2)如果有效回收率不高,即在回收的问卷中废卷很多,则说明题目设计有问题(如让人难以回答、占用时间过多等),或者封面语、指导语有问题,要分析原因。

(3)如果填写方法出现错误,说明题目形式过于复杂,或者指导语没有写清楚,或者题目超出调查对象的理解水平。

(4)如果所答非所问,则很可能是调查对象对题目的理解有误,要检查题目的表述是否简明易懂,概念交代是否清晰、准确。

(5)如果对某个题目的回答较集中在一个选项上,则可能有三种情况:一是该题目的鉴别力不强,需要删除;二是题目存在诱导或是非过于清晰;三是选项的分组不妥。例如:

> 您每月的收入是在哪个范围?
> (1)500元以下　　(2)500~3000元　　(3)3001~7000元　　(4)7000元以上

当调查工人时,可能(1)、(4)的频数极少,绝大部分集中在(2);而当调查金融行业职工时,可能绝大部分集中在(4)。因此,需要针对调查对象,考虑对"收入"重新分组。又如,当发现有相当多调查对象对某个题目都选择"其他"选项时,很可能是选项有所遗漏,需要补充选项。

2. 对题目进行项目分析,删去鉴别度低的题目

对某一事物的态度、行为的测量,往往由多个题目组成,要判断这些题目是否能够真正区分调查对象的不同态度或行为,就要进行项目分析,考查每个题目的区分能力。具体方法很多,这里仅介绍频数分析法、计算鉴别度和相关系数法。

1)频数法

频数法通过频数分析来考查题目的鉴别度。如果对某个题目,超过70%的人选择了同一个选项,则此题鉴别力较差,应当删除或修改。

2)计算鉴别度

具体步骤如下。

(1)计算每个调查对象在某个维度上的总分,并根据总分对调查对象进行排序。

(2)挑出总分最高的25%(或27%)调查对象(高分组)和总分最低的25%(或27%)调查对象(低分组),分别计算两组人每个题目的平均分。

(3)将两个平均分相减，所得的差就是该题目的鉴别度。用公式可表示为

$$D = P_H - P_L$$

其中，D 为鉴别度；P_H、P_L 分别为高分组与低分组该题目的平均分。

(4)比较该维度上各题目鉴别度的绝对值，删除绝对值小的题目。

【案例】 对一份包含 10 个题目的问卷进行试测，有 12 名学生参加。表 4-6 给出了计算鉴别度的过程。

表 4-6 鉴别度的计算

调查对象		题目编号										个人总分
		(1)	(2)	(3)	(4)	(5)	(6)	(7)	(8)	(9)	(10)	
高分组	学生 1	8	8	8	8	10	10	12	12	12	11	99
	学生 2	8	7	8	6	10	8	12	12	12	12	95
	学生 3	8	4	8	8	8	10	12	10	10	10	92
	…	…	…	…	…	…	…	…	…	…	…	…
低分组	学生 10	8	6	6	4	10	7	10	12	8	2	69
	学生 11	8	3	4	2	8	8	9	8	8	0	58
	学生 12	5	6	4	4	8	4	10	8	8	2	57
高分组平均分		8	6.3	8	7.3	9.3	9.3	12	11.3	11.3	11	
低分组平均分		7	5	4.7	3.3	8.7	6.3	9.7	9.3	8	1.3	
鉴别度		1	1.3	3.3	4	0.6	3	2.3	2	3.3	9.7	

从表 4-6 中的"鉴别度"一行可以看出，第(1)、(5)题的鉴别度很小，故在制作正式问卷时，应将其删除。如果要求只保留 7 个题目，则第(1)、(2)、(5)题都要删除。

目前，许多有关社会调查的著作中，都采用本例的做法，即将鉴别度相对较小的题目删除。

那么题目的鉴别度小到怎样的程度应该删除呢？从统计学的角度看，需要进行假设检验，假设高分组与低分组没有差别，即 $D = 0$，然后计算样本的 D 值是否足够小，如果样本的 D 值已经超出了给定的"界限"，就说明该题目的鉴别度恰当，不能删除；如果样本的 D 值没有超出给定的"界限"，就说明不能否定"没有差别"的假设，该题目的鉴别度太小，需要删除。这个方法就是统计学中两个总体的平均值差异检验(见第 9 章)。

3)相关系数法

每个维度都是由多题目组成的，其中某个题目是否需要删除，就要看它的得分与该维度总分(该维度中的所有题目得分之和)之间的关系。从总体看，对调查对象来说，如果该题目得分较高、总分也较高(或较低)，或题目得分较低、总分也较低(或较高)，即相关系数高，那么该题目与所考查的维度是相关的，可以保留；反之，如果该题目的得分与总分之间没有什么关系，即相关系数低，那么该题目与所考查的维度是不相关的，可以删除。

3. 进行信度、效度分析，以考查问卷的质量

由第 4.3 节可知，高质量问卷要有较高的信度与效度。一般地，对于试测调查问卷，经常用折半信度与克朗巴哈 α 系数来估计问卷及各个维度的信度，用内容效度、效标关联效度和结构效度来估计问卷的效度。如果不符合信度与效度的要求，就要查明原因，加以修正。

此外，还需要对综合指标的信度进行检验。所谓综合指标，就是将多个题目得分的和作为一个新变量的得分。例如，把学生在"环境利用"上的 4 个题目(利用图书馆等)的得分之和作为"环

境利用能力"的得分(称为复合分数)，于是"环境利用能力"成为调查中的一个新变量(指标)，它的信度可以用递增信度来考查，公式为

$$r_w = \frac{nr_p}{1+(n-1)r_p}$$

其中，r_p 为每对指标之间的积差相关系数的平均值。n 越大，递增信度就越高。当递增信度的值大于等于 0.8 时，可接受这一综合指标。

4.4.6　问卷的版面设计

问卷进入版面设计阶段的前提条件是经过反复修改，确认问卷的内容编制已基本达到要求。好的版面设计能够提高调查对象阅读问卷的速度，减少填写时间，从而达到提高调查对象参加问卷填写的积极性、提高回收率的目的。根据调查所采用的技术手段，问卷可分为印刷问卷与网络问卷，这里仅介绍印刷问卷版面设计的主要工作。

(1)确定问卷中各部分的格式。问题与选项最好不要分页，特别是选项更不要分页，否则容易使调查对象忽略后一页的选项，造成填写不准确。

封面信、指导语可与问题、选项采用不同的字体，如前者用楷体，后者用宋体。

(2)尽可能按题目的内容或问题与选项的形式将问卷分为几部分，并列出小标题。这样可使调查对象从小标题中得到心理暗示，做好回答不同内容题目的转换或填写形式的更换，也为问卷的编码、统计分析提供了方便。

在付印(或网上发布)之前，要认真校对，避免出现漏题或错题。

4.5　封闭式题目的类型

问卷的设计理论、概念操作化和问卷设计技巧是问卷设计的三大要素。一份成功的问卷，必须考虑如何减小由于问卷设计技巧运用不当而造成的系统误差。第 4.5～4.7 节将讨论对问卷的主体——题目进行编制，首先从封闭式题目的类型说起。

封闭式题目按对调查对象的要求，可分填空题与选择题两大类。选择题又可分为单选题和多选题，具体如图 4-12 所示。

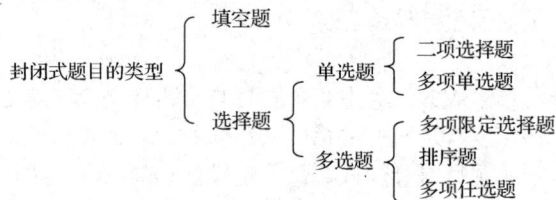

图 4-12　问卷题目的分类

4.5.1　填空题

填空题要求调查对象直接填写，通常只需填写数字。填空题的格式是在题目中画横线或括号，让调查对象填写。例如：

- 您的年龄_____岁
- 您现在居住的房屋建筑面积是_____平方米

填空题的优点是用数字填写且一般为定比数据，便于进行比较深入的统计分析。非数字的内容最好不用填空题的形式。例如，要求学生填写所学的专业，学生就会写出"广告设计""物流""钢琴调律"和"智能楼宇建设工程设计"等，可能调查了 560 名学生填写出 30 多个专业，显然不利于进行专业差异的比较。如果改为选择题，给出专业大类，如工科、理科、社会科学、医学、农林、教育、经济和管理，就比较便于统计分析。

4.5.2 单选题

所谓单选题，即要求调查对象在题目给出的多个选项中只能选择一个。单选题按其选项数目可分为两类：二项选择题和多项单选题。

1．二项选择题

二项选择题是指题目仅有两个选项，如"是"或"否"、"有"或"无"、"同意"或"不同意"等。两个选项是对立的，而且对调查对象有强迫性的要求，即二者必取其一。将这种题目转化为计算机能够识别的编码时，对应的变量只能取两个值。例如，1 表示"是"，0 表示"否"；1 表示"同意"，2 表示"不同意"；等等。因此，二项选择题对应的变量均为定类变量。

二项选择题可用于各类问题，例如：

● 您的性别是：(1)男　　(2)女
● 您准备在今年买轿车？　　(1)是　　　(2)否

采用二项选择题的优点是：易于理解，可迅速得到明确的答案，能够提高社会调查的效率，也便于统计处理。但是，由于只有两个极端的选项，信息量较少，难以反映调查对象意见与程度的差异。

2．多项单选题

多项单选题是指题目有多个选项，但调查对象只能从中选择一个。对于态度或行为方面的题目，多项单选题比二项选择题在程度的划分上更细腻。例如，对某项政策的态度，用二项选择题时，只能是"赞成"或"反对"；用多项单选题时，选项可以分为"非常赞成""比较赞成""无所谓""不太赞成"和"很不赞成"。对应这类题目的变量可能是定类变量，也可能是定序变量或定距变量，但很多时候是定序变量。定序变量型的题目通常针对某种属性，选项由一组表示不同等级的词汇组成，并按一定的程度排序。调查对象会根据自己的感觉、意见选择某个适合自己的选项。

多项单选题按形式可分为以下几种类型。

1) 文字表达式

题目的选项以文字的形式表达。例如：

我平时的学习效率
(1)很高　(2)较高　(3)一般　(4)较低　(5)很低

2) 表格式

对于若干个有相同选项的题目，为了节省篇幅和调查对象的阅读时间，可以将题目设计为表格。例如：

题号	题　　目	非常符合	比较符合	有点符合	不太符合	不符合
30	我喜欢自己的专业					
31	考试前我的压力很大					

表格式显得比较醒目、整齐。表头的安排应是：题目放在表的左侧，作为行标题；选项放在右侧，作为列标题。

3)矩阵式

矩阵式与表格式十分相似，只是将表格去掉，排列方式没有变化，例如：

在学习过程中，你通常的情况是(请根据自己的实际情况，在选项的方框内打√)

	非常符合	比较符合	不太符合	不符合
1. 做作业时，我是想一步做一步	□	□	□	□
2. 考试时我的情绪很紧张	□	□	□	□
3. 相对于自学，我更愿意听老师讲课	□	□	□	□

4)尺度式

尺度式是将选项用尺度的形式给出，处于两端的是两组意义相反的词或命题，这种形式也称语义差异(semantic differential)量表。通常将这样的题目所对应的变量视为定距变量。例如：

● 努力学好每门课　|__|__|__|__|__|　集中精力学好喜欢的课程
　　　　　　　　　　 1　2　3　4　5　6

● 热情的　|__|__|__|__|__|　冷漠的
　　　　　 1　2　3　4　5　6

4.5.3　多选题

多选题要求调查对象在给出的全部选项中，根据自己的情况选择多个。多选题比单选题能够更好地反映调查对象的实际情况，因为许多时候调查对象可能有多种想法，而不是只有一种想法，多选题提供了更大的空间。

依据不同的要求，多选题可分为多项限定选择题、排序题及多项任选题。

1. 多项限定选择题

多项限定选择题对调查对象限定了选项的个数。例如：

您最喜欢的球类活动是(请从下列答案中选择 3 项，在其序号上打√)
① 篮球　②足球　③排球　④乒乓球　⑤其他(请写明)＿＿＿＿＿

在进行统计分析时，假设条件是对于调查对象来说，所有选项所处的地位都是平等的。

2. 排序题

事实上，对于存在多个选项的题目，在多数情况下，每个选项在调查对象心里的地位并不一样。如果需要了解调查对象对选项的看重程度，就需要他对所选择的多个选项进行排序。例如：

如果你有考试成绩不及格的科目，那么最主要的三个原因是什么？(请将答案号码填入下表，成绩及格的同学不答此题)

第一位原因	第二位原因	第三位原因

① 基础差　　② 对课程没兴趣　　③ 上网时间过多　　④ 努力程度不够
⑤ 学习方法不当　⑥ 参加活动太多　⑦ 教师教学质量不高　　⑧ 其他

3. 多项任选题

多项任选题是指调查对象不受选择选项个数的限制，根据自己的实际情况可以在题目所提供的全部选项中任意选择。例如：

近五年来，国庆长假您去过下列哪些地方旅游？（可以多选并在序号上打√）
①北京　　②三亚　　③张家界　　④黄山　　⑤重庆
⑥西安　　⑦上海　　⑧泰山　　　⑨拉萨　　⑩其他_____

显然，多项任选题可以改写为二项选择题。例如，"近五年来，国庆长假您去过北京旅游吗？"选项为"是"与"否"。进行电话调查时，如果题目的选项较多，则往往会采用转化为二项选择题的方式，以利于调查对象回答。

4.6　问卷题目的编写

4.6.1　题目内容的分类

根据问卷题目的内容，对应于第 2.3 节中指出的"调查内容一般可以分为三大类：特征、意向性和行为"，问卷题目分为特征题目、意向性题目、行为题目和甄别题目(检验性题目)，目的分别是了解调查对象的特征、"是什么"、"怎么样"和检验问卷填写的真实准确程度。

1. 特征题目

特征是分析单位的一些客观指标，即分析单位的社会背景(或称为基本信息)。从形式上看，基本信息可以分为两类：定性信息和定量信息。例如，性别、文化程度、所学专业、职业等属于定性信息，年龄、收入、学习成绩等属于定量信息。特征题目是根据调查目的和要求，按一定的标志，将所研究的事物或现象区分为不同类型和组别的需要而设定的。因此，特征题目是问卷中不可缺少的一部分。

对统计数据进行分组是调查后期进行统计分析的一项重要准备工作。通过分组，可以了解总体中各类人群对某一问题的看法、态度、行为的分布情况，能够对总体内部各个群体的差异进行比较，如果遗漏了有关信息或在设计选项时详略不当，就会影响对某些问题的深层统计分析。在编写基本信息时应注意以下问题。

第一，注意调查对象总体特征及其规范的分类标准。例如：

1. 您的职业
① 商人　② 教师　③ 政府官员　④ IT 行业　⑤ 新闻　⑥ 学生　⑦其他
2. 您的月收入
① 少于$499　②$500～$999　③$1000～$2999　④$3000～$6999　⑤ 多于$7000

显然，对职业的划分，出现了重叠，IT 行业中也有商人。一般地，对于职业的选项，可以将比较常见的职业列出来，将其余的职业列为"其他"，要注意在职业的划分上应不重不漏。月收入以美元为单位，以及选项的划分对国内的普通人群就不完全适合。

第二，注意选项的详略程度。如果题目的内容涉及年龄、身高、体重、家庭人口等数字资料，则宁肯详细。以年龄为例，一般要求填写具体年龄，因为当只需要按老、中、青分类时，可以利用统计软件很快地将调查对象按年龄段分组，但如果选项按年龄段分组，当需要计算平均年龄时无法操作了。

第三,尽可能不涉及个人隐私。例如,不要求调查对象提供工作单位、家庭住址、手机号码,甚至月收入的具体数据等。

在问卷中,个人信息部分可以安排在封面信和指导语之后,也可以安排在问卷的最后部分。如果指导语较长,则马上转入问卷的主体部分较好,这样调查对象的思路不会被打断,特别是当涉及个人信息较多或有敏感性题目时,放在问卷的最后较适宜。

2. 意向性题目

意向性题目是指测量调查对象对某件事物的看法、态度、情感、认识等主观因素的题目。例如:

我个人对待考试的态度是
(1)坚持独立完成　　　　　　　(2)有时想作弊但不敢
(3)对没有把握的科目想作弊　　(4)只要有条件就想作弊

意向性题目是问卷中极为重要的组成部分。通过了解调查对象对态度题目的回答,我们能够对某些社会现象做出一定程度的解释和说明。例如,通过对待考试作弊态度的调查,可以分析考试作弊现象的严重程度及其产生的部分原因。

3. 行为题目

行为题目是指测量调查对象过去发生的或现在正在进行的某些实际行为和有关事件的题目。例如:

您平时主要看哪类书籍?
(1)时政类　(2)科普类　(3)学术类　(4)文体类　(5)其他类

通过对调查对象行为的调查,可以了解各种社会现象和社会事件发生的历史与现状,掌握各类人群的行为特征等,可以说,描述性调查的大部分题目都是围绕着人的行为展开的。

4. 甄别题目

甄别题目的目的是检验问卷填写的真实、准确程度。例如,为了真正获得公众对基本科学术语(如"激光")的了解程度,在设计选择题的同时,设置了一个甄别题目:

1. 您听说过"激光"吗?如果听说过,您自认为对它们有怎样的了解?
(1)了解　　(2)不了解　　(3)没听说过
2. 如果您对"激光"了解,请用您自己的语言简要解释一下该术语。

调查结果是,真正了解该科学术语的人的比例远低于选择"了解"的人。实际上,有些调查对象只是听说过"激光"就自认为"了解",或者出于维护个人的面子选择"了解"。

因此,为了考查真实情况,防止由于对题目理解的偏差而造成数据失真,可以在问卷中有意设置几个相关的甄别题目。

在具体做法上,还可以采取在不同的题目中用不同的方式叙述,例如:

37 做作业时,我通常是想一步做一步
52 做作业时,我一般是先整理思路再动笔

如果发现调查对象选择的都是"完全符合",或都是"完全不符合",那么这份问卷的回答就可能有问题。如果对所有调查对象对这两题的回答进行相关分析,就可以考查这个题目统计结果的可信性。

回答题目的真实性是与调查对象的态度紧密相关的，如果调查对象态度不够认真或不想说真话，则真实性就会受到影响。为了了解其可信性，还可以设置"测谎题"。例如，给出在现实生活中不可能有的现象：

　　　我从来不说谎　　A. 是　　B. 否

4.6.2 问题的编写

封闭式题目由两部分组成，问题与选项，问题部分也称题干。开放式题目仅有问题。这里所讲的"问题"，既包括封闭式题目中的题干，也包括开放式题目。

问题所使用的语言和提问的方式直接影响调查对象对问题的理解和回答的情绪，继而影响问卷的回收率和回收问卷的质量。因此，用恰当的语言和提问方式表述好问题，就成为问卷编制中至关重要的内容，同时也是十分困难的。为了有效地避免在问卷中出现常见的错误，应努力做到"五要五不要"：问题的语言要易懂，不要提难以理解或难以回答的问题；问题的陈述要简明，不要指代关系不清、界定不明；问题的含义要单一，不要有双重含义；提问的态度要客观，不要有倾向性或诱导性；提问的方式要恰当，不要直接提敏感性问题和使用否定式。

1. 问题要易懂易答

为了尽可能提高调查资料的效度，重要的也是首要的就是编写能被所有调查对象都理解的问题。问题中的词汇应是所有调查对象都能明白、熟悉的词汇，不要用专业术语、缩略语、抽象概念。例如：

　　　您喜欢贝多芬的"命运交响曲"吗？
　　　① 很喜欢　　② 比较喜欢　　③ 没感觉　　④ 不太喜欢　　⑤ 不喜欢

试想，如果将这样的问题作为对农村文化生活现状调查的题目，结果会怎样呢？再如：

　　　去年您家庭的总支出是_____元

显然有许多人是难以回答这个问题的。

2. 问题的陈述要简明

陈述问题时最好不要用长句子，应尽可能简短。陈述越长，越容易含混不清，也会使人望而生厌，影响答题的情绪。例如，下面的问题就让人费解：

　　　我相信生活是在一个欢乐与悲忧的循环模式中持续努力追求平衡的过程，要求
　　在道德和需求之间寻求权衡，沿着苦乐酸甜的轨迹不断前行，直到有一天摔倒了，
　　进入死亡的鬼门关。您同意还是不同意？

问题陈述既要简短，又要保证陈述明确，不能含混不清。例如：

　　　您所在学校的类型是_____

该问题中的"类型"究竟指什么？是学校的性质、隶属关系、学科类别，还是学校的层次？让人不知该如何回答。事实上，根据调查的需要，该题目可以设计为封闭式题目。例如：

　　　您所在的学校属于：
　　　　① 综合大学（　）　② 理工院校（　）　　③ 农林院校（　）
　　　　④ 医药院校（　）　⑤ 师范院校（　）　　⑥ 其他院校（　）

3．问题的含义要单一

在编制问卷时一个题目只能询问一个问题。所谓双重(多重)含义问题，就是在一个题目中问了两个或多个不同的问题。例如：

就您学习的专业而言，性别对学习的动机、态度、学习方式和学习效果是否有影响？
A．很大　　　　B．一般　　　　C．不大　　　　D．没有

这里实际包含了 4 个问题，学习动机、态度、学习方式和学习效果。如果某个学生认为性别对学习方式有影响，而对学习态度没有影响，那么他该如何选择？

4．提问的态度要客观

提问是否有倾向性，会直接影响调查对象的回答。俗话说，"听话听声，锣鼓听音"，如果问题中隐含着假设或期望的结果，那么，调查对象就会从问题的措辞中揣摩调查人员的本意，选择选项时往往会考虑应该怎样答或不该怎样答，而使真实性受到一定程度的影响，产生测量误差。因此，提问不能带有倾向性，也不能进行诱导，一定要客观中立。

在编写题目时，一要避免使用"多数人认为……"一类的词语；二要避免使用"您对……赞成吗？""您对……反对吗？"之类的问法；三要避免使用类似"国家规定了……您是否拥护？"等引用权威人士或组织机构言论的措辞。

还有一种情况是调查人员想当然地为调查对象设计了其行为趋势，如"您会选择下列哪个国家留学？"事实上，调查对象很可能根本没有出国留学的意向。此时应设计两个问题，先问"您是否有出国留学的打算？"，再让选择"有"的人回答前面的问题。

5．提问的方式要恰当

首先，诸如涉及个人隐私(如收入、非法用药、艾滋病等)或对某些政治性问题、上级领导的看法等的问题，都属于敏感性问题，往往会引起两种后果，一是拒答，二是说假话。调查对象这样做可能是为了使自己更符合一般的社会期望，或避免可能对自己造成的威胁或伤害，也可能是要维护自己的形象。因此，对于敏感性问题，不要直接提问，最好采用间接询问的方式，并且语言要特别委婉，使调查对象容易接受，愿意回答。或者采用投射法，即将对问题的看法、某些行为转移到第三者身上，以减轻调查对象的心理压力。例如，对采购人员调查时，如果问题是"您认为在用公款购买公用物品时是否可以拿回扣？"，那么恐怕大多数人的回答是"不可以"，但如果用下面的问题，回答会真实得多：

"在用公款购买公用物品时是否可以拿回扣"问题存在争论，有人认为应该拿，
有人认为无所谓，也有人认为不该拿。您同意哪种看法？
①　第一种看法　　　②　第二种看法　　　③　第三种看法

还有一类问题，如"您认为……的行为可取吗？""请您判断下面的观点是否正确"等，也属于敏感性问题。这样的提问方式将问题变成了试题，让调查对象感到是在进行考试，而非对某些问题的调查，会增加调查对象的心理负担。

对问题的叙述不要用否定句式或双重否定句式。例如，"您不认为身体是否健康与不吃早饭无关，是吗？"，读起来很别扭，不符合人们的阅读与思维习惯，而且很容易将否定句式想成肯定句式，即"您认为身体是否健康与不吃早饭无关，是吗？"，造成回答与调查对象的原意完全相反。如果改为"您是否认为吃早饭有利于身体健康？"显然更好，更符合人们的思维习惯。

最后，问卷中各个题目的表述要一致。例如，有的题目用"您"，有的题目用"我"，称谓不统一；有的用问答式，有的用叙述式，很不规范。

4.7 封闭式题目选项的编写

问卷中的每道题目都在对某个变量进行测量，如果将题目比作测量长度的尺子，那么选项便是尺子上的刻度。刻度的准确性，符合测量的基本准则的程度，将决定问卷的系统误差。若选项设计得不好，使调查对象难以回答，或不想回答，问卷的信度、效度就会降低，问卷资料的价值会减小。因此，一份优质的问卷不仅要求问题提得好，而且选项也要设计得好。

前文曾提到，判断测量是否有效的关键是对数字的分派规则，这个规则必须具备：准确性、完备性和互斥性。为了使封闭式题目达到这三项要求，提高问卷的信度与效度，对选项的编写应做到"五个要"：选项要具有完备性和互斥性；选项要保持与问题的一致性；选项的内容要清晰、单一，有的放矢；选项的等级划分要尽可能明确；选项的排列方式要科学。

4.7.1 评定尺度

1. 评定尺度的形式

选项的个数与内容决定了题目所对应的变量的测量水平，如果选项只给出诸如"是/否""同意/不同意""男/女"等，则对应的是定类测量水平。在多项单选题中，如果选项给出的是各种事实或各种观点，那么对应的测量仍然是定类测量。

作为定类测量的量表，除前面介绍的社会距离量表外，比较常用的还有由心理学家刘易斯·古德曼（Goodman）提出的古德曼量表（累积量表），其特点是选项只有两个，即"是"和"否"（或"同意"和"不同意"），规定持肯定态度记 1 分，持否定态度记 0 分，而且题目存在趋强的顺序。例如，测量普通美国人的"政治参与程度"，可以建构如下的古德曼量表：

政治参与程度量表

	是的	不是的
1. 你进行过选民登记吗？	□	□
2. 你参加过投票吗？	□	□
3. 你为政治运动捐过款吗？	□	□
4. 你为政治运动工作过吗？	□	□
5. 你自己参加过竞选吗？	□	□

如果调查对象选择了 5，那么前 4 项一般也会选择。

实施定序测量需要给出不同形式的评定尺度（rating scales）。所谓给出"评定尺度"，通常是针对某种属性，设计一组由最负面感觉到最正面感觉（或顺序相反）的选项序列，让调查对象根据自己的感觉、意见选择其中适合自己情况的选项。

在设计题目选项时，经常会采用：

- 完全同意　　　同意　　　没想好　　　不同意　　　完全不同意
- 赞成　　　比较赞成　　　无所谓　　　比较反对　　　反对
- 经常　　　有时候　　　很少　　　从来没有
- 很满意　　　比较满意　　　一般　　　不太满意　　　不满意

这就是李克特（Likert）量表形式，它涵盖了从"完全同意"到"完全不同意"的各种程度，即从"极度肯定"经过中间区分点"无所谓"，到"极度否定"（或相反）。中间区分点既能够反映部分调查对象的状态，也能起到"安全岛"的作用，使调查对象回避那些自己不想表态的选项。但是，当需要了解调查对象的真实态度，并避免很多人选择中间点时，可以去掉中间点，将选项设计为：

非常同意　同意　有些同意　有些不同意　不同意　非常不同意

以便"强迫"调查对象表明自己的立场。

李克特量表是由美国心理学家李克特(R. A. Likert)于 1932 年在原有的总加量表基础上改进形成的。该量表由一系列陈述组成，最先给出的是 5 个选项的形式，后来发展为 2～4 个与及 6～7 个选项的形式，是一种定序测量，选项对应的分数是定序数据。是否可以将李克特量表视为定距变量的测量工具，在学术界并未达成共识，当选项数量在 5 个以上时，有些社会研究报告将李克特量表视为定距变量的测量工具。

使用李克特量表的调查对象要表明他对每个陈述赞成的程度，在对每个题目都赋值之后，把它们相加就可以得出总分(复合分数)。因此，有时也将李克特量表称为总加量表(summated scales)。由于它的选项固定，所以可以用表格的形式给出。例如，利用李克特量表的形式设计一组题目来调查学生的人际关系：

你是否同意下列说法，请在合适的回答栏中打"√"(每题只限选一项)

题　　　目	完全同意	同意	不好说	不同意	完全不同意
1. 我在班上有许多好朋友					
2. 与周围的同学我很少交往					
3. 在我需要时，相信同学们会帮助我					
4. 很少关心别人说我什么，我只相信自己					
5. 很多同学心中只有他们自己					
6. 很多时候和同学在一起很开心					

对正向题目(第 1、3、6 题)从"完全同意"到"完全不同意"分别赋予 5～1 分，对负向题目(第 2、4、5 题)则相反，从"完全同意"到"完全不同意"分别赋予 1～5 分，将某人 6 个题目的得分相加，所得总分便是他在人际关系上的分数。李克特量表的优点是得出的总分可以视为定比变量，可以做比较深入的统计分析，也可以根据总分对调查对象排序，然后进行新的分组，考查不同群体的差异。李克特量表的缺点是在总分一样的情况下，看不出不同调查对象在选项上的差异。

另外，通常将利用语义差异量表设计的题目所对应的变量也视为定距变量。

2. 设计"评定尺度"时应注意的问题

(1)无论是哪排列种形式，选项必须按程度递增或递减的顺序排列。例如：

上学期您各科的学业成绩如何？
A. 各科都在 80 分以上　　B. 各科都在 80 分以下　　C. 半数科目在 80 分以上
D. 少数科目在 80 分以上　　E. 多数科目在 80 分以上

该题目的选项排序应为 A、E、C、D、B 的顺序才合适。

(2)要注意均衡设置选项，使调查对象感到选项之间的距离是固定的，调查人员没有任何倾向性。采用李克特量表形式时，中间区分点两边的选项数目应相等，否则会使调查结果偏向一边。例如，如果采用的选项是：

非常同意　同意　有些同意　没想好　不同意

那么，调查对象选择"同意"的机会有 3 次，而选择"不同意"的机会只有 1 次。当调查结果出现选择"同意"的比例高于"不同意"的比例时，很难判断这是调查对象的真实态度，还是选项等级的不平衡造成的系统误差。

(3)选项数目不要过多或过少，一般为 3～7 个。选项过少，很难反映调查对象的态度，也不利于进行较深入的统计分析；选项过多，又会使调查对象难以区分不同选项的差异。另外，如果选项过多而样本量较小，则在进行交叉分析时容易出现一些交叉项的数目小于等于 5，此时还得进行选项的合并工作。

4.7.2　选项的编写

1. 要具有完备性和互斥性

题目的选项具备完备性和互斥性，是指选项应当不重、不漏，即各选项不互相重叠、包含，且没有漏掉的项。

在选项设计中往往会出现选项不完备，遗漏了某些情况，而使调查对象没有选项可选。例如：

影响您参加课堂讨论发言积极性的因素有(可多项选择)
A. 主题　　B. 人数　　C. 氛围　　D. 自己的学识积累

选项中漏掉了"准备不充分""性格内向"等。

选项没有穷尽的直接后果是题目的效度降低。例如，在《经验性社会研究方法》一书中曾列出一个问题的两种提法，其调查结果截然不同。具体情况是：

问题 1：您同意还是不同意下面的说法：俄国的统治者基本上愿意与美国达成火箭协议。
调查结果：　同意　　　　49.9%
　　　　　　不同意　　　34.9%
　　　　　　没回答　　　14.2%

问题 2：并不是每个人都已对下述问题有固定的意见。如果您还没有形成意见，请您给出一个简单的回答。这里的问题是：俄国的统治者基本上愿意与美国达成火箭协议。对此您有一个看法吗？
调查结果：　是这样的　　　　　　　　　　22.9%
　　　　　　有，不是这样的　　　　　　　20.9%
　　　　　　没有，没有看法，没有回答　　56.2%

问题 1 仅仅给出两个选择："同意"或"不同意"。事实上，有些人尚没有想法或不关心这个问题，因此增加一个选项："没有想好"或"其他"是十分必要的，此时选项才具有完备性。

为了做到选项能够包括所有可能的情况，达到完备性的要求，可以在所列举的若干个主要的选项之后，加上一个"其他"选项，并根据实际情况决定是否让调查对象填写具体内容。还有人建议，除给出具体的选项外，还需要另列 3 个选项："不知道""不清楚""不回答"，以便分清调查对象不回答的具体原因，从而使调查数据的分析更准确。

选项的互斥性，是指选项不能交叉重叠或互相包含。对于单选题，只能有一个选项适合调查对象，否则就不是互斥的。例如：

2020 年的新冠肺炎疫情改变了人们的生活，您认为最突出的是哪一项？
①　卫生习惯　②　在线购物　③　网上办公　④　回家洗手　⑤　在家上网课
⑥　其他

显然，选项①包含了选项④，不符合互斥性要求。

2．要保持与问题的一致性

所谓选项与问题的一致性，就是不要答非所问。当提出问题时，要考虑应该答什么和可能答什么。例如：

您经常参加的体育活动是(最多选两项)
A．足球　　B．健身操　　C．看电视　　D．游泳　　E．健步走　　F．其他＿＿＿

该问题是关于"体育活动"的，选项中却出现了"看电视"。

3．内容要明确、单一

如果在选项中有含糊的词语、专业名词或调查对象所不熟悉的名词、事物，就会使更多的人不选择或随便选择选项，使问卷信度降低。例如：

下面的7种智能哪一种是您最强的？
A．语言智能　　　　B．逻辑－数理智能　　C．空间智能　　　D．音乐智能
E．人际智能　　　　F．内省智能　　　　　G．自然观察智能

选项中的7种智能是心理学的专业术语，一般的调查对象并不能全部了解，就只能凭个人的理解选择选项，甚至随意选择选项。再如：

您家住房面积是多少平方米？
A．100以下　　B．101～200　　C．201以上

该问题中的"面积"是指"建筑面积"，还是"居住面积"，并没有说明，因此让人很难回答。问题设计要求内容不应有双重或多重的含义，对选项同样有这样的要求。例如：

您目前学习处于以下哪种状态？
A．自主，积极，主动，高效
B．缺少自主权，积极、不够主动，效果良好
C．不能自主，积极性尚可，被动应付，效果一般
D．不能自主，积极性不高，被动应付，效果较差
E．不能自主，没有积极性，被动难应付，效果极差

每个选项都包含"自主、积极、主动、高效"的不同程度，但并没有列出所有可能的情况，假如有的学生学习自主性很强，但学习效率不高，该选择哪项？事实上，即使每个要素只有两个状态(如自主、不自主)，要穷尽所有情况也需要16个选项。显然，选项不可以这样编制。因此，每个选项的内容都一定要单一。

4．等级划分要尽可能明确

在编写选项时，经常会使用"经常""有时""很多""很少"等副词，而每个人对这些副词的理解可能都不一样。例如，每星期锻炼3次，有人会认为属于"经常"，有人会认为属于"太少了"，因此，在能够量化的情况下，应尽可能用数量的范围进行分类。例如：

您通常每周锻炼的次数是：
A．几乎为0　　B．1～2次　　C．3～4次　　D．5次以上

这样，统计的结果才有可能显示调查对象锻炼身体的基本状况。有时很难用数量来分类，如下面的题目，只能使用"经常"等副词：

● 我对自己的学习方法
　(1)经常反思　(2)有时反思　(3)很少反思
　(4)偶尔反思　(5)顺其自然
● 我对后一周的时间会做统筹安排
　(1)总是　(2)经常是　(3)有时是　(4)偶尔是　(5)从不

对于这样的问题,尽管学生对这些副词的理解和判别标准不同,会导致测量信度受到影响,但仍认为测量是有意义的,因为它反映了学生对这类问题的内在感觉,在对数据进行分析时,我们的提法应是"学生认为自己'经常反思'的比例",而不是"对学习方法经常反思的学生的比例"。

5. 排列方式要科学

由第 5.4.3 节内容可知,选项排列的顺序往往会影响调查对象的选择,在编写有程度差异的选项时,除去掉"中间区分点"的做法外,还可以扩大类别的范围,使原来的中间点后移或前移,成为非中间点;对于同一个维度的题目,正向题目(选项呈递增排列)与逆向题目(选项呈递减排列)都要有。对于叙述性的题目,可以有意将各个选项随机打乱,使调查对象在阅读题目时能更多地思考选择哪项。但也有的学者认为,同一类的题目需要放在一起排序。

思考与实践

复习思考题

1. 解释下列名词。

测量　测量误差　系统误差　随机误差　信度　效度　再测信度　折半信度
克朗巴哈 α 系数　复本信度　内容效度　效标关联效度　结构效度
概念的操作化定义　封闭式题目　开放式题目　单选题　多项限定选择题
排序题　多项任选题　李克特量表　语义差异量表　古德曼量表

2. 一份完整的问卷应包括哪些内容?
3. 写封面信和指导语时应注意哪些问题?
4. 变量按测量水平可以分为哪几类? 各自的特点和适用的运算有哪些?
5. 有效测量的标准是什么? 如何评价一份问卷的质量?
6. 有哪些方法可以评价问卷的信度?
7. 有哪些方法可以评价问卷的效度? 试说明信度与效度的关系。
8. 为什么在具体设计问卷之前,要对相关概念给出操作化定义? 怎样确定概念的操作化定义?
9. 形成一份问卷要经过哪些步骤?
10. 编写问卷的题目时,应遵守哪些原则? 注意哪些问题?
11. 编写封闭式问卷的选项时应注意哪些问题?

实践与合作学习

结合本研究小组选题,分工合作,按照编制调查问卷的程序完成问卷设计。

第 5 章　抽 样 设 计

贝克尔曾说："对于任何类型的研究，抽样都是个问题。……每个科学计划都试着通过研究少数例子，发现能够被应用于所有事物的东西，这种研究的结果，按照我们通常的说法，是'通则化'的"[①]。无论是定量研究还是定性研究，都需要进行抽样，但抽样的目的和方法是有差别的，本章主要介绍定量研究的抽样设计，同时也涉及在定性研究中采用的非概率抽样方法。

本章思维导图

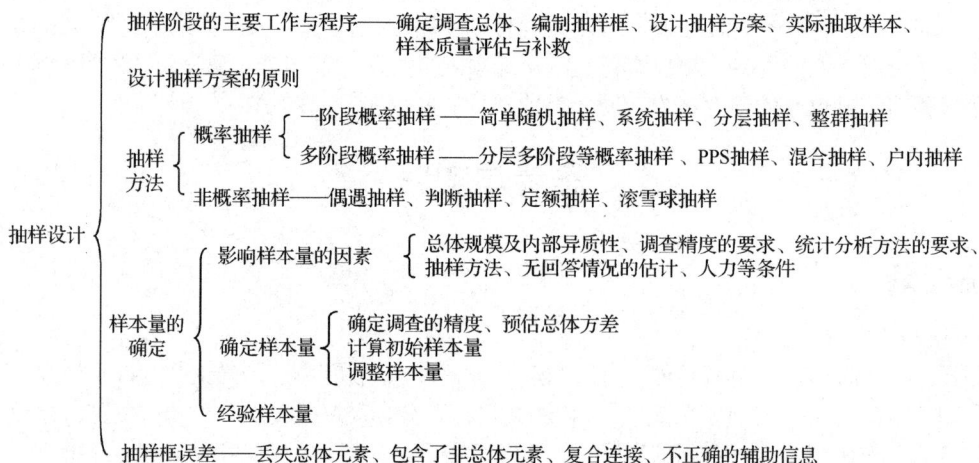

抽样设计
- 抽样阶段的主要工作与程序——确定调查总体、编制抽样框、设计抽样方案、实际抽取样本、样本质量评估与补救
- 设计抽样方案的原则
- 抽样方法
  - 概率抽样
    - 一阶段概率抽样——简单随机抽样、系统抽样、分层抽样、整群抽样
    - 多阶段概率抽样——分层多阶段等概率抽样、PPS抽样、混合抽样、户内抽样
  - 非概率抽样——偶遇抽样、判断抽样、定额抽样、滚雪球抽样
- 样本量的确定
  - 影响样本量的因素｛总体规模及内部异质性、调查精度的要求、统计分析方法的要求、抽样方法、无回答情况的估计、人力等条件
  - 确定样本量｛确定调查的精度、预估总体方差　计算初始样本量　调整样本量
  - 经验样本量
- 抽样框误差——丢失总体元素、包含了非总体元素、复合连接、不正确的辅助信息

5.1　抽 样 概 述

5.1.1　抽样的意义与作用

"抽"是动词，意指"从中取出一部分"；"样"有"样子"的含义，即"作为标准或代表"。因此，抽样就是按照一定的规则从总体中选出一部分作为样本的过程，对于抽样调查来说，抽样"是一种选择调查对象的程序和方法"[②]。

抽样的目的不是说明样本本身，而是通过样本来推断和说明总体。利用抽样的方法来认识总体的特征，这在日常生活中屡见不鲜。例如，在医院做健康检查时，医生只需抽一点血，便可推断出全部血液的情况；进行产品质量检验时，只需从全部产品中随机抽取部分产品进行检验，就可以推断该批产品的合格率；等等。这些做法说明了两个事实：第一，通过样本能够推断总体；第二，并不是所有样本都可以推断总体，而是有条件的，"随机抽取"保证了样本对于总体具有代表性。

样本对于总体的代表性主要取决于对总体的认识、抽样方法和样本量。如果对总体的认识有

① 劳伦斯·纽曼. 社会研究方法——定性和定量的取向[M]. 郝大海，译. 北京：中国人民大学出版社，2012.

② 袁方，王汉生. 社会研究方法教程(重排本)[M]. 北京：北京大学出版社，2004.

误、抽样方法有问题或样本量太小，则用样本的调查结论来推断总的情况就会导致错误。典型案例是美国的总统大选预测。1936 年，美国《文学文摘》(Literary Digest)编辑部预测奥夫·兰登当选总统，事实是富兰克林·罗斯福连任；1948 年，盖洛普预言共和党候选人汤马斯·戴当选总统，事实是杜鲁门当选。两次预测失败的共同原因是样本不具有代表性。《文学文摘》编辑部抽取的样本是有电话和汽车的富人，排除了穷人；1948 年定额抽样的依据是第二次世界大战前的 1940 年各种人口的比例，而 1948 年时城市与农村的人口比例早已发生了变化。在 2016 年的美国总统大选中，共和党的特朗普战胜民主党的希拉里，这个结果与之前的总统预测大相径庭。有的学者认为从临投票前各民调预测的全国民众投票率来看，民调并没有非常夸张的偏差，预测失败的一个重要的原因是美国的选举制度并不是严格意义上"一人一票"的普选，而是各个州实行"赢者通吃"的规则：只要在该州赢得多数选票，即可获得该州全部选票。因此，选举人并不是投票民众的有代表性的样本。由此可以看出，样本是否能正确地对总体进行估计是多么重要！

5.1.2　抽样阶段的主要工作与程序

抽样是抽样调查的重要阶段，主要工作包括确定调查总体、编制抽样框、设计抽样方案、实际抽取样本、对样本质量进行评估并做有针对性的补救，其流程图如图 5-1 所示。

图 5-1　抽样工作流程图

1．确定调查总体

进行抽样调查时，首先要根调查的目的确定研究总体。研究总体是理论上明确界定的具有某种特征的个体的集合。但是，在实际的抽样过程中，并不是研究总体中的每个个体都能有机会被选入样本，有机会被抽到的个体构成的集合称为调查总体或目标总体(target population)。例如，某项对未成年人的调查，根据我国法律规定，研究总体应为年龄未满 18 周岁的人。但考虑到需要由调查对象填写问卷，最后确定的调查总体是"武汉市区所有年龄为 7～18 岁的未成年人(含 7 岁，不含 18 岁)"。抽样工作的第一步，就是要明确调查总体，样本是从调查总体中抽取而非从研究总体中抽取的。严格地说，从样本所得到的结论只能推断到调查总体。从现在开始，除了特别说明，书中的"总体"都是调查总体。

2．编制抽样框

在确定了调查总体的基础上，为了方便抽样的实施，需要有一个或几个目录性的清单，称为抽样框(sampling frame)。也就是说，抽样框是在一次直接的抽样时，调查总体中的所有抽样单位(sampling unit)排列的清单，这里的"单位"，既可以是单个的人，也可以是组织、社区等。例如，要从一所中学抽取 100 名在职教师作为调查样本，抽样单位是教师个人，该校教师的花名册(不包括离退休教师)就是抽样的抽样框。如果要从全市中学中抽取 100 名教师，则抽取样本的工作分两步走，第一步先从全市所有的中学中抽取 10 所学校，学校是抽样单位，抽样框是由全市中学的校名构成的名单；第二步在每个被抽取的学校中随机抽取 10 名教师，教师个人是抽样单位，抽样框是每个被抽取学校的教师花名册。因此，分多个阶段抽样时，要针对不同的抽样单位分层次编制多个抽样框。在上例中，学校为第一级抽样单位，学校名单为第一级(或称初级)抽样框；各校教师为第二级抽样单位，教师花名册为第二级(次级)抽样框。类似地，对应于抽样的层次还可能有第三级、第四级抽样框。抽样框的形式并不拘泥于名单,也可以是相关的手册、地图、数据库等。

编制抽样框的工作就是要根据调查总体的范围,搜集每个抽样层次的名单,并进行统一编号。要高度重视抽样框的质量,因为抽样框的质量决定了抽样的质量。抽样框的合格标准是:调查总体的抽样单位与抽样框内的号码必须一一对应,唯有如此才能形成一份没有空号且抽样单位不重不漏的名单,供抽样时使用。

3. 设计抽样方案

设计抽样方案主要包括选择抽样方法和确定样本量。

抽样方法分为概率抽样(probability sampling)和非概率抽样(non-probability sampling)。

概率抽样也称随机抽样(random sampling),是指按照随机原则从总体中抽取一定数目的个体作为样本,总体中的每个个体都以相同的概率被选入样本。例如,用"抓阄儿"的方法在 10 个人中抽取 4 个人作样本,便是概率抽样。从理论上讲,概率抽样是最科学、最理想的抽样方法。首先,这种抽样方法不仅不受主观因素的影响,总体中的每个个体都有同等的机会入选,而且每个个体都是独立的(如甲与乙两个人能否被抽取,彼此是互不影响的);其次,样本对总体具有充分的代表性,且可以给出用样本特征来估计总体特征时产生多大的偏差,有多大的把握可以做这样的估计;最后,可以将抽样调查的系统误差控制在一定的范围,可以根据样本对总体进行推断。

非概率抽样是从方便操作出发或根据调查人员主观的判断来抽取样本的。例如,调查员在街上请路人填写调查表。这种方法往往产生较大的误差,总体中的每个个体进入样本的概率是未知的,难以保证样本的代表性,因此不能用样本的特征来推断总体的特征。但这并不说明非概率抽样没有用途,有时调查的目的是要用概括的方式描述一群人的特点、对事件的态度等。一些探索性调查,出于操作的方便,以及经费、精力上的原因,往往采用非概率抽样来获取资料。例如,问卷设计初始阶段的开放式调查、问卷初稿形成后对专家的访问、为对问卷做信度和效度分析及进一步修改问卷所组织的试测,都可以采用非概率抽样来确定调查对象。

抽样方法的分类如图 5-2 所示。

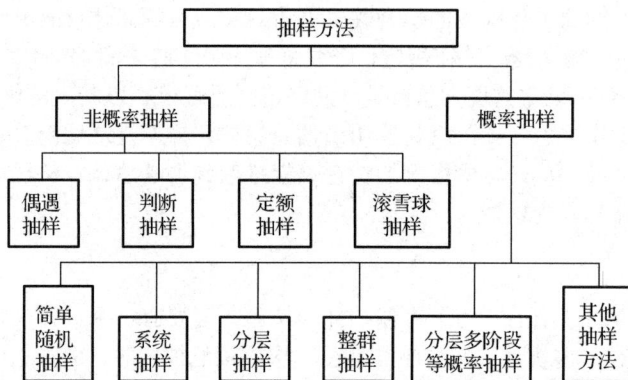

图 5-2　抽样方法的分类

如果抽样框含有 N 个个体,样本含有 n 个个体,就称 n 与 N 之比为抽样比(sampling fraction),记为

$$f = \frac{n}{N}$$

当采用概率抽样时,抽样比就是每个个体被抽中的概率。由于抽样框所含个体数不一定等于研究总体所含的个体数,所以,抽样比 f 在数值上不一定等于样本量 n 与研究总体个体数之比。显然,确定了抽样比,样本量也就随之确定。

4．实际抽取样本

实际抽取样本有两种方式，可根据具体情况设计实施方案。

一种是在实施调查之前，根据抽样方案，从抽样框中抽取，构成调查样本。仍以前述抽取教师样本为例，对于编好号的各个学校，采用抽签的方法抽出 10 所学校，然后将这 10 所学校的教师花名册（已做好的抽样框）中的人数分别除以 10，假设某校所得的商为 15，于是第 15、30、45、60、75、90、105、120、135 和 150 号教师成为样本中的一员。如果其中的某位教师不能参与调查，就将位于该教师编号前或后的教师补充到样本中。

另一种方式是与实施调查同步进行。例如，对大学生的学情调查，确定在 15 所高校中进行抽样，有的学校利用选修课的时间对学生进行问卷调查，而每次上课的学生并不固定，于是在课上填写问卷的学生构成了样本的一部分。

5．样本质量评估与补救

在取得样本之后，要对样本的质量进行评估。评估样本质量的指标是样本的精确性和准确性，以及样本是否最大限度地减少了调查的误差。

我们知道，任何调查都不可避免地存在误差。抽样调查存在两类误差：抽样误差（sampling error）与非抽样误差（non- sampling error）。抽样误差是指用样本数据估计总体的特征（如平均数）所引起的误差，这是抽样调查特有的误差。非抽样误差则是抽样误差之外的所有误差，来源复杂，主要有抽样框误差、调查测量不准确引起的测量误差、调查对象没有回答引起的无回答误差，以及计量误差、粗心大意所造成的误差等。

样本的精确性主要考查抽样误差的大小，可以通过样本量的大小加以控制。也就是说，考查样本的质量，首先要看样本量是否满足要求。

样本的准确性是指样本结构与总体结构的相似性，样本准确性高，表明样本相对于总体在结构上基本没有偏差（bias），或者说样本的代表性较好。评估的方法是搜集总体的若干个比较容易得到的结构特征资料，如年龄结构、性别结构等，然后与所得样本相应的结构进行比较，相近的方面越多，代表性就越好。反映结构特征的指标很多，在考查样本的代表性时，可以选择一两个主要指标进行比较。例如，对北京市大学生的学情调查，样本的准确性是通过对样本的专业结构与总体的专业结构的比较进行的。由表 5-1 可知，样本的专业结构与总体的专业结构基本相当，因此可以说，样本的代表性基本满足调查的要求[①]。

表 5-1　样本的专业结构与总体的专业结构比较

		工科	理科	文学	法学	农林	医学	教育	经管	合计	缺失值	总计
样本结构	人　数	1623	286	496	378	109	198	112	907	4109	14	4123
	百分比(%)	39.4	5.9	12.0	9.2	2.6	4.8	2.7	22.0	99.7	0.3	100.0
	有效百分比(%)	39.5	7.0	12.1	9.2	2.7	4.8	2.7	22.1	100.0		
总体结构百分比(%)		38.4	8.7	13.7	7.9	1.8	3.2	2.6	23.7	100.0		

在抽样阶段引起的样本偏差（sampling bias）主要来自抽样框误差、无回答误差，以及粗心大意所造成的误差。当调查问卷的回收率小于 20%时，几乎可以肯定地说样本是有偏差的。因此，要提高样本的准确性，需要减小这三种误差，这将在第 5.6 节讨论。

---

① 杜智敏. 大学生学习问题实证研究[M]. 北京：中国言实出版社，2006.

5.1.3　设计抽样方案的原则

选择什么样的抽样方法，如何处理经费预算和抽样精度及可靠性之间的关系，怎样确定样本量的大小和配置，这些问题都关系到样本的质量。但现实中存在的许多问题又往往不能让我们完全按照理想的设计方案去实施，因此抽样方案的设计是整个抽样调查过程中的重点和难点之一。抽样方案设计应遵循以下的几个原则。

(1)抽样的随机性原则，即在抽样中保证调查总体中的每个个体被抽中的可能性都是一样的，抽取的样本不带有调查人员的主观意图或其他人为因素的影响，也不是在总体的某一特定部分中抽样得到的。鉴于此，抽样调查选取的是概率抽样的方法，非概率抽样方法只能在问卷设计阶段使用。

(2)样本结构要与总体相近，样本量要满足后期统计分析要求。概率抽样的宗旨是选择足以代表总体的样本作为直接研究对象。因此，样本结构要与总体结构相近。在进行不同群体的差异分析或变量之间的相关性分析时，某些统计分析方法对样本量有一定的要求，因此在确定样本量时必须考虑后期统计分析的需要。

(3)正确处理调查精度与调研费用之间的关系，遵从抽样效果最优原则。要提高调查的精度，就要减少误差，而非抽样误差不易计算，因此在确定样本量时主要考虑抽样误差。研究表明，影响抽样误差的主要因素有两个：一个是样本量，样本量越大，抽样误差越小，但使用的经费也会越多，而且样本量大到一定程度后，抽样误差减小的效果并不明显；另一个是抽样方法和对总体特征值的估计方法，在样本量相同的条件下，不同的抽样方法会有不同的抽样误差。因此，要在经费允许的范围内选择使抽样误差最小的方案，或者在满足规定的抽样误差(或精度)的前提下，选择经费最少的抽样方案，以实现抽样效果最优。

需要注意的是，"最优"是相对的，在实际的调查工作中，往往是在给定经费的约束下设计抽样方案的，确定样本量与抽样方法的影响因素很多，有些并不是调查人员所能解决的，因此要本着上述原则灵活掌握。有人说抽样调查既是科学，又是艺术，因为"艺术"的一个解释就是"富有创造性的方式、方法"，抽样设计本身确实体现了这点。

5.2　一阶段概率抽样

顾名思义，一阶段抽样是指样本一次直接从抽样框中抽出的抽样方法。一阶段抽样主要包括简单随机抽样(simple random sampling)、系统抽样(systematic sampling)、分层抽样(stratified sampling)和整群抽样(cluster sampling)。

5.2.1　简单随机抽样

简单随机抽样是最简单、最基本的抽样方法，人们平时采用的抽签方式就是简单随机抽样。假如有10个一等奖，参加抽奖的人有250人，那么每个人被抽中的概率都是10/250=1/25，即获奖的机会是一样多的。被抽中的10个人就是一个简单随机样本。概括地说，简单随机抽样是对抽样框的所有抽样单位进行编号，然后按照等概率原则，直接抽取一定数目的抽样单位构成样本。这种方法能够保证总体中的每个抽样单位都有同等的机会入选。

根据在抽样的过程中每次被抽到的抽样单位是否再放回总体中，简单随机抽样可分为有放回简单随机抽样(simple random sampling with replacement，SRSWR)和无放回简单随机抽样(simple random sampling without replacement，SRSWOR)。利用概率论知识可以证明，无论采用哪种方法，总体中的每个抽样单位被抽中的概率都是一样的[①]。社会调查一般使用无放回简单随机抽样。

简单随机抽样主要有抽签法、随机数表法、利用相关软件等方法。

1. 随机数表法

最早的随机数表出现在英国统计学家蒂皮特(Tippett)于 1927 年出版的《随机抽样书》中，全书共 26 页，有 41 600 个数字(0～9)，每 4 个排成一组。据说作者将英国社会调查报告所给出的各教区面积的数字，除去头尾的两个数字，然后将这些裁剪过的数字一个接一个地混合排列起来，构成了完全随机生成的数字。随后，统计学家费舍(Fisher)和耶茨(Yates)出版了另一本随机数的书，书中有 15 000 个数字，由 20 位对数表中排在第 15～19 位的数字组成。目前研究人员使用的各种随机数表多是由计算机产生的。1955 年，美国兰德公司(The RAND Corporation)出版了有 100 万个数字的随机数表。国内许多书籍附录中的随机数表采用的是兰德公司的。

2. 利用 SPSS 生成简单随机样本

目前，许多软件具有产生随机数和生成简单随机样本的功能，因此在做抽样调查时，一般利用软件进行简单随机抽样。我们通过下面的案例来说明如何利用统计软件 SPSS 25.0 生成需要的简单随机样本。

【案例】 利用数据文件"562 名学生"[②]，从中抽取以下两个样本：

(1)随机抽出 20%的学生作为样本；

(2)随机抽出 100 名学生作为样本。

【操作步骤】

① 启动统计软件 SPSS 25.0，弹出数据编辑器窗口。

② 在数据编辑器窗口依次执行"文件"→"打开"→"数据"命令，在"打开数据"对话框中选取并打开数据文件"562 名学生"。

③ 依次执行"数据"→"选择个案"命令，弹出"选择个案"对话框(见图 5-3)。

④ 在"选择"栏中选择"随机个案样本"选项，然后单击被激活的"样本"按钮，弹出"选择个案：随机样本"对话框。在"样本大小"栏中"大约"选项后的方框中输入"20"(见图 5-4)，单击"继续"按钮，返回"选择个案"对话框。

⑤ 在"选择个案"对话框的"输出"栏中采用系统默认选项"过滤掉未选定的个案"，再单击"确定"按钮。于是 SPSS 自动从数据编辑窗口中随机抽取 20%的学生，未选中的用"/"标出(见图 5-5)。选中的样本量会有点小偏差，通常不会对数据分析产生重要影响。

如果在"输出"栏中选择"将选定个案复制到新的数据集"选项，然后给出新文件的名称"随机样本 562"，则会呈现图 5-6 所示界面。

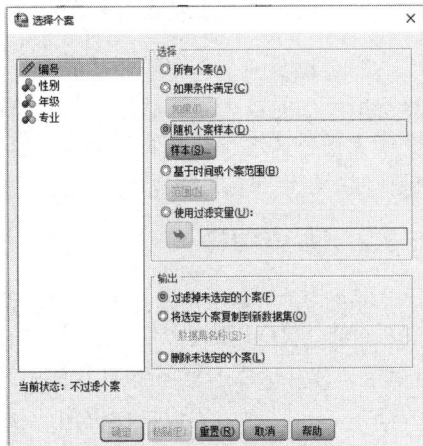

图 5-3　"选择个案"对话框

---

① 设 10 个人抽取 1 张奖券，用无放回简单随机抽样，第一次每人抽到的概率均为 1/10，如果第一个人没有抽到，则第二次剩下的 9 个人抽，每人抽到的概率仍是 $\frac{9}{10} \times \frac{1}{9} = \frac{1}{10}$。

② 关于本书的数据文件，读者可在华信教育资源网自行下载，以备学习之用。

⑥ 在选取含有100名学生的随机样本时，首先在"选择个案"对话框中单击"重置"按钮，然后重复③的操作，在"选择个案：随机样本"对话框中选择"正好为"选项，在两个方框中分别输入"100"和"562"。返回"选择个案"对话框后，给出新文件名"随机样本100名学生"，单击"确定"按钮，界面如图5-7所示，此时抽取的样本量是精确的。

至此，完成了全部随机抽样工作。

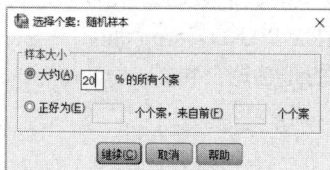

图 5-4　按 20%随机抽取样本

图 5-5　随机抽取 20%学生的界面(一)

图 5-6　随机抽取 20%学生的界面(二)

图 5-7　随机抽取 100 名学生的界面

需要说明的是，利用计算机软件形成的数列看起来是随机的，实际上并不是真正的随机数，尽管所产生的数列能够通过真正的随机数列应该通过的许多检验，但该数列是由确定的(而非随机)数学递推公式通过编制的程序产生的，因此称为伪随机数(pseudo-random number)。只是由于计算机软件中使用的几乎全是这类伪随机数，所以"伪"字常被略去。

5.2.2　系统抽样

系统抽样(systematic sampling)也称机械抽样或等距抽样，就是按照随机原则在抽样框中等间距抽取部分抽样单位作为样本的抽样方法。例如，要从100人中抽取20人，将他们编号后，将号码首尾相接，于是可以从任何一个号码开始，只要每隔4人抽取1人，便得到一个包含20人的样本。一般地，假设抽样框内的抽样单位共有 N 个，要随机抽取 n 个抽样单位，就要首先按某个标志将抽样单位排列、编号，并将号码首尾相接；其次计算抽样间距 $k=N/n$，当 k 不是整数时，如5.3，就取6为间距；最后随机从某个编号 m 开始抽样，每隔 k 个抽样单位抽1个，直到抽完 n 个抽样单位为止。

之所以要首尾相接，基于两个原因。第一，可以完全随机地抽取第1个抽样单位，以避免产生周期性误差。例如，每个班的学生都是按入学成绩排学号的，如果每隔5人抽取1人，那么不同学习水平的学生都会被抽到，但如果每个班都只抽第1号，则抽取的样本只包含了入学分数高的学生，得到的样本与总体结构相差甚远。第二，如果不首尾相接，当 k 不是整数时，如从100人中抽取18人，$k \approx 5.6$，取6为间距，则只能抽取16人，剩余4人；如果取5为间距，则会抽取20人，均不符合要求。而首尾相接就避开了这样的困境。例如，从 1 号开始，学号为 1、7、13、…、96、2 的人就构成了所要的样本。

在不存在周期性误差的前提下，系统抽样对总体的代表性要比简单随机抽样好。

5.2.3 分层抽样

在实际操作时，简单随机抽样会遇到不少问题：首先，要把总体的所有个体进行编号，不仅麻烦而且有时不可能做到；其次，即使进行了编号或有相应的数据库，获得的样本也不容易组织调查；再次，从抽样的效果看，样本对总体不一定有很好的代表性，特别是总体中个体差异较大时。因此，对于规模较大的总体，通常采用分层抽样或整群抽样。

分层抽样 (stratified sampling) 是先将总体依照一种或几种特征分为互不重叠的几类，每类称为一层，然后利用简单随机抽样或系统抽样从每层中都抽取一个子样本，将它们合在一起，即为总体的样本，称为分层样本。

在社会问题研究中，经常采用等比例分层随机抽样 (proportionate stratified random sampling)，要求按相同的比例在各层中随机抽取抽样单位，即要求各层样本量的分配比例与总体中各类抽样单位所占的比例一致。例如，要调查社区居民对在新冠肺炎疫情防控期间采取社区封闭措施的态度，全社区共有 500 户，3 种楼型分别居住 120 户、280 户和 100 户，准备抽取 100 户作为调查样本。如果以楼型为分层指标，就可以根据 3 种楼型住户数按相同比例 (20%) 抽取，分别为 24 户、56 户和 20 户，然后根据户籍册对每种楼型住户进行简单随机抽样。

在分层时，要尽可能增强层与层之间的异质性，而减弱各个层内的异质性。具体用什么变量、用多少个变量来分层，要结合所研究的问题和对总体结构的掌握情况确定，可能用一个变量，也可能用多个变量进行分层。通常选用的指标变量有性别、年龄、职业、教育程度、职称、收入、地域、民族等。例如，人口的聚集程度与社会发展水平紧密联系，因此在对地域进行分层时就以人口密度作为分层的依据。有时在多个指标的情况下，还可以采用聚类分析进行分层[①]。分层层数要综合考虑，虽然理论上分层越多，对总体的代表性越好，但实际上还要考虑样本量和调查费用，层数增加，层内的样本量就要减少，这会影响统计方法的运用和对总体特征估计的精度，还会增加调查经费。

如果在总体中某层的个体数量很少，按相同的比例抽取的子样本量就会特别少，以致影响后期的统计分析。针对这种情况，要加大该层抽样的比例，即对不同的层用不同的比例来抽样，这种方法称为不等比例分层随机抽样 (disproportionate stratified random sampling)。还有一种情况是，在总体的某层中个体的异质性很强，若按与其他各层相同的比例来抽样，所得子样本对该层的代表性就可能受到影响，此时也应采用不等比例分层随机抽样。值得注意的是，这种情况属于不等概率抽样，进行统计分析时要做数据加权处理，以便转化为等概率抽样。

分层抽样的优点是不仅可以用于估计总体的特征，而且可以估计各层的特征。当划分的各层异质性较强、层内异质性较弱时，分层抽样可以显著地提高估计的精度。另外，为了使调查对象相对集中，以有利于调查的组织实施，分层抽样时可以以地域、组织系统为分层指标变量，这样调查的组织工作就简化许多。正因为分层抽样具有上述优点，所以它是应用最广泛的抽样方法之一。

5.2.4 整群抽样

整群抽样 (cluster sampling) 也称聚类抽样，是将总体依照某种标准划分为一些互不重叠的子群，每个子群都视为一个大的抽样单位，用简单随机抽样从总体中抽若干个子群，将被抽出的子群中

[①] 聚类分析 (cluster analysis) 是对若干个样品或变量进行分类的一种统计分析方法。分类时，遵守的原则是属于同一类的个体尽量相似，不同类之间尽量相异。

所有的抽样单位合起来作为总体的样本。整群抽样与分层抽样的第一步看似一样，都是根据某种标准将总体分为若干类，但分类的标准是不同的，分层抽样要求层间异质性强、层内异质性弱；整群抽样正相反，在分类时着眼点是群间异质性要强，群内异质性要弱。整群抽样的第二步是将抽到的群中的所有抽样单位都放到样本中。例如，要调查某市中学教师的健康状况，可以将学校作为分群的指标，从35所中学中随机抽取4所中学，对这4所中学的所有教师进行体检。

整群抽样只需要第一级抽样框，不需要总体的抽样框，组织实施调查更加方便，因为调查对象相对集中，不用四处奔走，可降低调查成本。同时，通过整群抽样不仅可以了解总体的情况，而且可以对各个群体进行分析。当样本量相同时，整群抽样的抽样误差比其他抽样方式大，为减小抽样误差，可以将样本量增加一些，或者将总体的群类分得细一些，以减弱群间的异质性。

在进行群的划分时，通常采用的是自然群，即按行政区域或地域划分，因此总体中的群大多是规模不等的，正如各个中学的教师数是不完全一样的。于是，不同的抽样就会抽中不同的群，样本量的不确定性成为整群抽样的一个问题。例如，在35所中学中随机抽取4所中学，抽取的方法就有 $C_{35}^4 = 52\,360$ 种，各种组合样本的样本量显然不会一样。为了保证总体中每个个体被抽中的概率是一样的，就要采取相应的措施来控制样本规模的变化。例如，如果总体中大多数群的规模差不多，只有少数群的规模过大或过小，就对这些特殊的群进行调整，进行重新组合；如果总体中群的规模差异较大，则可以先按规模进行分层，对各个层使用相同的抽样比例，这样就可以在样本中包括规模不同的群，并且样本规模不会有太大的变化。

5.2.5 一阶段概率抽样的比较

一阶段概率抽样是最基本的抽样方法，往往并不独立使用，特别是对于规模较大的总体，这些方法仅为某一抽样阶段所采用。因此，何时采用何种方法更合适，除考虑调查费用外，关键还是了解各种方法的优缺点，具体见表5-2。

表5-2　一阶段概率抽样的比较

抽样方法	适用范围	优　点	缺　点	注意事项
简单随机抽样	总体规模不大，总体内异质性不强	方便、易理解	抽样框不易建立，费用高，精度低，不一定保证代表性	保证抽样框的质量
系统抽样	同上	比简单随机抽样易操作，一般情况下，代表性有所提高	抽样间距与调查对象本身的周期性重合时，产生偏向性误差，从而降低了代表性	检查抽样框中调查对象的排列有无某种周期性，合理确定抽样间距
分层抽样	总体规模较大，内部结构复杂，异质性较强	与简单随机抽样、系统抽样相比，在样本量相同的条件下，抽样误差较小，代表性较好，精度高	有时不易分层，因此使用的统计分析方法要求比较高，费用高	层间异质性要强，层内异质性要弱；个别层的规模较小时，要用不等概率抽样，统计分析前要做加权处理
整群抽样	总体分布广泛，规模较大，群间异质性较弱，群内异质性较强	群的抽样框编制简单，易操作，样本比较集中，成本合理	样本分布不够均匀，样本量不确定，抽样误差大于简单随机抽样	划分群时，群间异质性尽可能弱，群内异质性尽可能强

5.3　多阶段概率抽样

获得概率样本的重要前提是有完整的、准确的抽样框，但是在一般的社会调查中，特别是全国性的调查，往往很难获得全部调查对象完整、准确的抽样名单。究其原因主要是建立这样的抽样框会使抽样成本过高，也不容易搜集到抽样单位的全部信息并及时进行维护。另外，有时也没有必要这样做，如整群抽样，如果被抽中的群内含有很多次级单位，调查的工作量就太大了，特别是群内的异质性不强时，就更没有必要全部调查。因此，为确保在抽样科学的基础上降低抽样成本，在具体抽样实施过程中，一般会采用多阶段抽样。

多阶段抽样(multi-stage sampling)也称多级抽样或阶段抽样，可以看成是整群抽样的发展，是多种抽样方法的结合物。一般来说，多阶段抽样就是将整个抽样过程分成若干阶段进行抽样，由最后抽出的调查对象组成样本。如果总体中的抽样单位可以按分类(群)逐级划分，则先按某个概率抽取一级抽样单位，再从每个被抽取的一级抽样单位中抽取二级抽样单位构成样本，这种抽样方式称为二阶段抽样(two-stage sampling)。如果二级单位由更小的三级抽样单位组成，则再抽取三级抽样单位，称为三阶段抽样(three-stage sampling)。二阶段以上的抽样称为多阶段抽样。

仍以对中学教师的健康调查为例，第一阶段，从所有中学中抽取 4 所中学，并在这 4 所中学中各抽取 30 人；第二阶段，在抽取的 4 所中学中，将教师按年龄分为老、中、青三层，然后每个学校根据各层人数的比例，将 30 人进行分解，得到每层应抽取的人数，最后对每层都进行简单随机抽样或系统抽样，得到最终的样本。

在多阶段抽样中，当从总体中抽出的各级抽样单位的规模相等时，用简单随机抽样或系统抽样做下一阶段抽样，这时是等概率抽样，而且样本的规模是不变的。例如，要从全市中学中抽取 1000 名学生，采用四阶段抽样，抽样单位分别为城区、学校、班级、个人。具体方案如下。

第一阶段：抽样框为城区名，抽样单位是城区，用简单随机抽样在 7 个城区中抽取 2 个城区。

第二阶段：抽样框为被抽取城区的所有学校名，抽样单位是学校，用简单随机抽样或系统抽样在每个被抽取的城区中抽取 5 所中学，共 10 所中学。

第三阶段：抽样框为被抽取的学校的班级号，抽样单位是班级，用简单随机抽样或系统抽样在每个被抽取的学校中抽取 5 个班，于是共抽取 50 个班。

第四阶段：抽样框为被抽取的班级花名册，抽样单位是人，用简单随机抽样或系统抽样在每个被抽取的班级中抽取 20 人，于是共抽取 1000 人。

如果从总体中抽出的各级抽样单位的规模不等，那么最终每个个体被抽中的概率就不会相等。例如，要从 100 所中学中抽取 1000 名学生进行有关"沉迷网络游戏"的调查，抽样方法是：先从 100 所学校中随机抽取 20 所中学，每所中学被抽到的概率为 20/100＝20%；然后从每所中学中抽取 50 名学生构成样本。在这 20 所中学中，有的中学规模很大，有的规模很小，于是每名学生被抽到的概率就不相同。假设被抽到的两所中学的学生分别为 2000 人和 500 人，那么，规模大的中学的学生被抽到的概率为 50/2000＝2.5%，而规模小的中学的学生被抽到的概率为 50/500＝10%。于是，两所中学的学生被抽到的概率分别为

$$20\% \times 2.5\% = 0.5\%$$

$$20\% \times 10\% = 2\%$$

相对于规模小的中学的学生，规模大的中学的学生被抽中的概率要小得多。这样的抽样方法是不等概率的。在统计分析阶段，做加权处理，会比较麻烦；不做加权处理，分析结果会出现偏差。

为了保证总抽样比不变，即仍为概率抽样，通常采用分层多阶段等概率抽样方法，特别是 PPS 抽样，以阶段性的不等概率换取最终的整体等概率。

5.3.1 分层多阶段等概率抽样

分层多阶段等概率抽样的步骤如下。

先将总体中规模不等的群按规模(或重要性)分层，然后在不同阶段对不同的层使用不同的抽样比。以二阶段抽样为例，假设将总体分为大群、中群、小群 3 个层。第一阶段抽样时，大、中、小 3 个层的抽样比 f_a 依次递减；第二阶段抽样时，大、中、小 3 个层的抽样比 f_b 依次递增。为保

证样本单位等概率入样，即总抽样比 f 保持不变，可令 $f = f_a f_b$ 保持不变。如果 $f=1/400$，则可以进行如表 5-3 所示的样本设计。这里，$f_a=1$ 意味着该层中的所有群都入选。例如，全国抽样中可将北京、天津、上海和重庆 4 个直辖市构成一个层，设定抽样比为 1，即让这几个城市直接入样。$f_b=1$ 意味着在这个群内的所有单位都入样。

表 5-3　按规模抽样

层	f_a	f_b	f
大群	1	1/400	1/400
中群	1/20	1/20	1/400
小群	1/400	1	1/400

不难看出，可以将此方法扩展到三阶段以上的抽样，只要保持总抽样比 f 为各阶段的抽样比的积即可。也就是，设有 k 阶段抽样，从第一阶段到第 k 阶段的抽样比分别为 f_1、f_2、$\cdots$、f_k，则只要满足

$$f_1 f_2 \cdots f_k = f$$

就能实现等概率抽样。这种方法使各阶段的抽样比有很大的变动余地。假设给定了总体抽样比 f，可以根据具体情况确定各阶段的抽样比，只要满足

$$f_k = \frac{f}{f_1 f_2 \cdots f_{k-1}} = \frac{n/N}{f_1 f_2 \cdots f_{k-1}}$$

其中，n 是样本量；N 是调查总体的抽样单位数。我们就可以保证总体中每个个体被抽中的概率都等于 n/N。

5.3.2　PPS 抽样

采用分层多阶段等概率抽样时，需要解决的关键问题是如何确定各个阶段的抽样比，即确定每个阶段中各抽样单位被抽中的概率，以保证总体中的每个个体被抽中的概率相等。PPS 抽样（sampling with probability proportional to size）按与抽样单位的规模成比例的方法来确定被抽中的概率。下面以某市在中学生心理素质调查中采用 PPS 为例，说明使用 PPS 的具体步骤。

该调查要从全市 20 万名中学生中随机抽取 2000 人（0.2 万人）。因此，每名中学生被抽中的概率为

$$P = \frac{n}{N} = \frac{0.2}{20} = 1\%$$

该市共有 10 个区，分为市区和郊区，市区有 12 万名中学生，郊区有 8 万名中学生。计划第一阶段从 10 个区中抽取 3 个，第二阶段从每个被抽中的区中抽取 6 所中学，第三阶段从每所被抽中的中学中抽取 4 班。这三个阶段的抽样数目比较灵活，可以根据实际情况确定。第四阶段的抽样数目，即每个班级抽取多少名学生，要根据每名学生被抽中的概率均为 1% 这一准则来确定。

由于市区和郊区中学的差异较大，我们将 10 个区划分为市区和郊区两个层，于是，首先要确定市区和郊区各抽几个区。根据学生的规模，市区中学生数占中学生总人数的 12/20 = 3/5，总共要抽 3 个区，因此在市区应抽取 3/5×3=1.8≈2 个，即抽取 2 个城区、1 个郊区。

为使读者理解确定样本量的整个过程，我们以 3 个班为例加以说明，抽样过程如图 5-8 所示，假定 C、D、E 为被抽中的 24 个班级中的 3 个，学生人数分别为 50、60、60；B_1、B_6、M_6 分别是 C、D、E 所在的学校，B_1、B_6 均属于市区中的 A_2，M_6 属于郊区中的 A_9，各阶段抽样单位的规模及被抽中的概率见表 5-4。

各阶段抽样单位被抽中的概率计算公式如下：

某市区被抽中的概率 $P_1 =$（该市区的学生人数/市区学生人数）×2

某郊区被抽中的概率 P_1' =(该郊区的学生人数/郊区学生人数)×1

某中学被抽中的概率 P_2 =(该中学的学生人数/所在区学生人数)×6

某班级被抽中的概率 P_3 =(该班级学生人数/所在中学学生人数)×4

市区和郊区的某名中学生被抽中的概率分别为 $P_4 = \dfrac{P}{P_1 P_2 P_3}$ 和 $P_4' = \dfrac{P}{P_1' P_2 P_3}$。

表 5-4　四阶段抽样的计算过程

阶段	抽样单位	规模/万人	被抽中的概率	阶段	抽样单位	规模/万人	被抽中的概率
第一阶段	A_2	3	(3 / 12)×2 = 0.5	第一阶段	A_9	1.5	(1.5 / 8)×1 = 0.19
第二阶段	B_1	0.3	(0.3 / 3)×6 = 0.6	第二阶段	M_6	0.06	(0.06 / 1.5)×6 = 0.24
第二阶段	B_6	0.1	(0.1 / 3)×6 = 0.2				
第三阶段	C	0.005	(0.005 / 0.3)×4 = 0.067	第三阶段	E	0.006	(0.006 / 0.06)×4 = 0.4
第三阶段	D	0.006	(0.006 / 0.1)×4 = 0.24				
第四阶段	C 班学生		0.01/(0.5×0.6×0.067) = 0.4975	第四阶段	E 班学生		0.01/(0.19×0.24×0.4) = 0.5482
第四阶段	D 班学生		0.01/(0.5×0.2×0.24) = 0.4167				

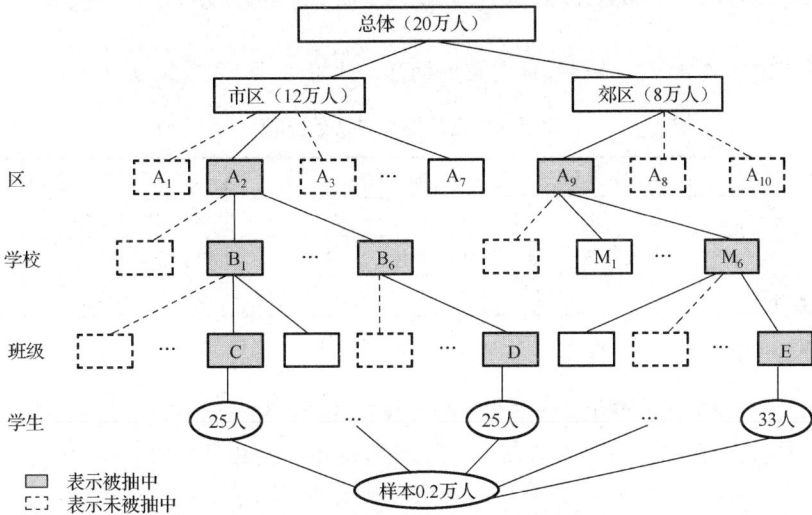

图 5-8　多阶段等概率抽样过程举例

于是，在市区，被抽中的班级应抽取的学生人数=该班学生人数×P_4；在郊区，被抽中的班级应抽取的学生人数=该班学生人数×P_4'。

因此，C、D、E 各班应抽取的人数为

C 班：0.4975×50 = 24.875≈25

D 班：0.4167×60 = 25.002≈25

E 班：0.5482×60 = 32.892≈33

在每个阶段均可采用简单随机抽样或系统抽样。以第一阶段对各市区进行随机抽样为例，先计算各区的规模在总体规模中所占的比例(用千分位数表示)，将比例累加，并根据比例的累计数依次写出每个抽样单位所对应的号码范围，然后在 1～999 的号码中用 SPSS 或随机数表选取 2 个，号码对应的区选为第一阶段的样本(见表 5-5)。

表 5-5　用 PPS 抽样抽取第一阶段的市区样本

市区名	规模/万人	所占比例(‰)	累计比例(‰)	对应号码范围	随机选取号码	入样单位
A_1	3	250	250	1～250		
A_2	2	167	417	251～417	317	A_2
A_3	2	167	584	418～584		
A_4	1	83	667	585～667		
A_5	1.7	142	809	668～809		
A_6	0.9	75	884	810～884		
A_7	1.4	116	1000	885～999	905	A_7

从本例可以看出，每个阶段各个抽样单位被抽取的概率是不一样的，前三个阶段采用按与抽样单位的规模成比例的方法确定被抽中的概率。这保证了规模大的抽样单位以大概率入样，规模小的抽样单位以小概率入样，最终实现等概率抽样的目的，保证了总体的抽样比，做到了总体中的每名学生被抽到的概率都是 1%。

显然，运用该方法的前提是能够编制各个阶段的抽样框。一些大型的社会调查往往先使用各种统计年鉴、各级行政单位的数据库资料，详尽地了解各个阶段抽样单位的规模，然后才完成抽样设计。

在样本量相同的条件下，分层抽样、整群抽样、二阶段抽样的比较见表 5-6。

表 5-6　三种抽样方法的比较

抽样方法	一级单位	二级单位	精度	提高精度的方法
分层抽样	抽取全部	抽取部分	高于简单随机抽样	增强层间异质性
整群抽样	抽取部分	抽取全部	低于简单随机抽样	减弱群间异质性，增加群数
二阶段抽样	抽取部分	抽取部分	介于整群抽样与简单随机抽样之间	减弱一级单位异质性，多抽取一级单位

5.3.3　混合抽样

从 5.3.2 节中的例子可以看出，对于各个阶段采用怎样的概率抽样方法并没有一定的规定，计算各阶段被抽中单位概率的目的，是确定最后阶段抽取个体的数目，如从被抽中的班级中抽取多少名学生。在各个阶段，前文介绍的方法根据实际情况都可以采用。

在大规模社会调查中，特别是全国性调查，由于存在多级抽样单位，组织调查工作比较方便，精度又比整群抽样好，所以常常采用多阶段抽样。至于设计多少个阶段，一般视抽样单位的层级复杂程度而定，各阶段采用的抽样方法也并不相同，因此，人们将各阶段采用不同抽样方法的多阶段抽样称为混合抽样或复合抽样。进行多阶段抽样设计时，第一阶段需要确定初级抽样单位(primary sampling unit，PSU，即从总体抽出的第一级抽样单位)及在总体中抽取初级抽样单位的方法，第二阶段确定在抽中的初级抽样单位中抽取二级抽样单位的方法，以此类推，直至确定在终级抽样单位(final sampling unit)中抽取最终样本的方法。

5.3.4　户内抽样

当采用混合抽样时，从省抽到市，再抽到区(县)，最后抽到家庭，就要入户进行结构式访谈。由于家庭规模大小不同，所以其中适合的调查对象被抽中的概率也不同。在一般情况下，入户后往往将对家庭情况比较熟悉的成年人作为访谈对象，这会造成入户抽样后调查对象特定指标(如年龄)的分布与总体指标分布不同，特别是在调查人们对某社会现象、事件(如家庭暴力)的态度、看法、建议等主观题目时，不同家庭成员很可能有不同的回答。于是需要解决如何进行户内抽样的问题，即在所抽取的家庭中，如果有几位家庭成员都符合访谈对象的条件，那么应如何随机抽取其中一人，以构成访谈对象的样本。为保证抽样的随机性，抽样专家对此设计了多种方法。目前采用较多的是以下几种方法。

1. Kish 法

Kish 法是由美国著名抽样专家基什(L.Kish)在 20 世纪 40 年代末，根据美国人口和家庭情况设计的一种入户抽样方法，目前广泛应用于各国入户抽样调查。

Kish 法的具体做法如下。

(1)调查人员先将调查问卷编号为 A、B1、B2、C、D、E1、E2、F 八种，每种问卷的数量分别占问卷总数的 1/6、1/12、1/12、1/6、1/6、1/12、1/12、1/6，并将该编号印在调查问卷上。同时，印制若干套(一套八种)"选择卡"发给调查员。为使用方便，可以将八种选择卡合并为一个表，如表 5-7 所示。

表 5-7　Kish 选择卡综合表

如果家庭中 18 岁以上人口数为	被抽选人的序号为							
	A	B1	B2	C	D	E1	E2	F
1	1	1	1	1	1	1	1	1
2	1	1	1	2	2	2	2	2
3	1	1	1	2	2	3	3	3
4	1	1	2	2	3	3	4	4
5	1	1	2	3	4	3	5	5
6 及以上	1	2	2	3	4	4	5	6

(2)在问卷中增设一个《家庭成员登记表》，项目包括"编号""性别""出生年月日"等。

(3)在调查员入户后，随机抽取一份调查问卷，先填《家庭成员登记表》，填写的顺序按"男在前，女在后，同一性别按年龄由大到小"。

(4)调查员按照调查问卷上的编号(如 B1)找出编号相同的那种选择卡，根据家庭人口数从选择卡中查出应选个体的序号，以确定访谈对象。

例如，某家庭 18 岁以上的成年人共有 4 个：祖母、父亲、母亲、儿子，排序分别为 3、1、4、2。如果调查问卷上印的编号为 C，则使用 C 式选择卡，应选序号为 2 的儿子作为访谈对象；如果调查问卷上印的编号为 F，则应对序号为 4 的母亲进行访谈。

Kish 选择卡的另一种形式是不对问卷进行分类，而是在调查前对问卷的顺序编号，根据家庭的人口数与编号的末位数对应，确定选择访谈对象[1]。

Kish 法的优点是在理论上坚持概率抽样，而且经过巧妙设计，使每个符合条件的访谈对象入选的概率都不为零；缺点是表格复杂，对调查员要求高。有研究对 Kish 法在不同文化国家的适用性提出了质疑，我国社会学学者张丽萍就曾根据"2008 中国社会综合调查"的数据撰文指出，应用 Kish 法入户抽样被访者的年龄结构存在扭曲的问题[2]。

---

① 范伟达，等. 社会调查研究方法[M]. 上海：复旦大学出版社，2012.
② 张丽萍. 应用 Kish 表入户抽样被访者的年龄结构扭曲问题研究[J]. 社会学研究，2009(4)：177-195.

2. 生日法

生日法的具体操作如下。

(1)在问卷中增设一个《家庭成员登记表》，项目为"与户主的关系""性别""出生年月日""备注"。

(2)在实施入户调查前随机确定一年中的某一天为标准日，如 7 月 1 日或 12 月 1 日，也可取调查实施期间的某一天。

(3)在调查员入户后，先填写《家庭成员登记表》，据此选择出生日与标准日最接近的家庭成员作为访谈对象。

生日法由于操作简单，因此在欧美许多著名的民意调查中使用。

3. 男女老少法

男女老少法的具体操作如下。

在不同问卷的首页分别印上"最大年龄男性""最大年龄女性""最小年龄男性"和"最小年龄女性"，份数各占总样本量的四分之一。调查员入户后，随机抽取一份问卷，然后按照问卷首页上关于性别和年龄的规定，选择相应的家庭成员作为访谈对象。

该方法的优点是操作简单易行，排除了调查员和入户家庭的主观因素干扰，保证了抽样具有随机性，因而在进行统计分析时能够将结论推断到总体。

在上述三种方法的实施过程中都可能遇到选中的访谈对象当时不在家、因病不能回答或对家庭情况不熟悉等情形，因此调查实施前应对什么情况下可以换人、什么情况下不允许换人，以及怎么换人做出具体的规定。

5.4　非概率抽样

非概率抽样是指按照调查人员的主观判断或按照方便的原则选取样本。定性研究基本上采用非概率抽样，抽样调查在编制问卷的过程中，试测时也会使用非概率抽样。非概率抽样主要有偶遇抽样、判断抽样、定额抽样、滚雪球抽样等。要注意所有使用非概率抽样得到的样本均不能用来对总体进行推断。

5.4.1　偶遇抽样

偶遇抽样(accidental sampling)也称方便抽样(convenience sampling)或自然抽样，是指调查人员根据现实情况，以自己方便的形式抽取偶然遇到的人作为调查对象，或者仅仅是选择那些离得最近、最容易找到的人作为调查对象。例如，在街头拦住行人进行交通状况调查，在商店对顾客进行服务质量的调查等，都属于偶遇抽样。

由于这种方法简便易行，省时省力，因此新闻工作者往往采用这种方法迅速了解公众对刚刚发生的某些重大事件的反应。但是，这种方法是非概率抽样，总体中每个人被抽到的概率并不一样，所得到的样本代表性较差，有很大的偶然性，所抽取的样本与总体往往存在系统偏差。

5.4.2　判断抽样

判断抽样(judgmental sampling)又称目的抽样(purposive sampling)或立意抽样。它是凭着调查人员的主观意愿、经验和知识，从总体中选择具有典型代表性的抽样单位作为样本的抽样方法。典型调查和重点调查中的取样方法都是判断抽样。

由于判断抽样完全依靠调查人员主观判断样本的代表性，因此当调查人员对典型或重点把握得较准确且样本量较小时，调查的精度较高，甚至会比通过概率抽样得到的结果精度更高。一位统计学家曾做过一个试验：用 126 块大小不一的石头组成总体，由 16 个学生根据石头的大小和形状抽取典型样本(进行判断抽样)，样本量为 1、2、5、10 时，每人抽取 3 个样本；样本量为 20 时，每人抽取 2 个样本；然后按随机数表进行概率抽样，其结果如表 5-8 所示。从表 5-8 中可以看出，随着样本量的增加，判断抽样的精度改变不大，随机抽样的精度有明显改善。样本量较小时，依靠较充足的先验信息获得的典型样本精度要比随机样本高；而样本量较大时，随机样本的估计更好。这就是说，并不是所有的情况都需要用概率抽样进行调查。但是，当调查人员的经验、判断和专业性没有达到一定的水平或对调查对象不甚了解时，他选择的"典型"很可能不具有真正的代表性，特别是调查人员有意把有利于获得"理想"结果的调查对象选入样本时，该样本就会存在很大的偏差。因此，做好判断抽样的关键是调查人员本身的素质。

判断抽样的优点是可以发挥调查人员的主观能动作用，但由于这种方法属于非概率抽样，所以对其样本的代表性难以判断，不能对总体进行推断。

表 5-8 判断抽样与随机抽样的比较

样本量	1	2	5	10	20	1	2	5	10	20
项目	样 本 量					估计的总体平均质量的平均绝对偏差				
判断抽样	48	48	48	48	16	40.0	44.9	35.3	38.5	31.0
随机抽样	126	30	90	60	10	80.6	71.4	43.3	34.1	25.2

5.4.3 定额抽样

定额抽样(quota sampling)也称配额抽样。这种方法类似于概率抽样中的分层抽样，也是首先将总体中的所有抽样单位分为若干层(类)，然后调查人员依据已确定的样本量，按照一定的标准和比例对各层分配样本量，最后在每个层(类)中用判断抽样的方法抽取样本。定额抽样与分层抽样不同的是在最后一步，分层抽样中各层都进行概率抽样，而定额抽样中进行非概率抽样。

采用定额抽样，事先要对总体的结构有所了解，掌握不同属性、特征(如年龄、性别、职业、文化程度等)的个体在总体中所占的比例，然后对总体中所有的单位按其属性、特征进行分层(类)。例如，要对大学一年级新生进行调查，若全校共有新生 1000 人，其中男生 700 人、女生 300 人，现要抽出 100 人作为样本，那么要抽 70 名男生、30 名女生。在具体抽样时，可以在一个系的学生中选取，也可以在图书馆、教学区随意选取。

定额抽样可分为独立控制定额抽样和交叉控制定额抽样两种。

独立控制定额抽样是根据调查总体的不同特征，对具有某个特性的调查样本分别规定单独分配数额，而不规定必须同时具有两种或两种以上特性的样本数。以对某种产品的消费需求进行调查为例，假定样本量为 200 人，选择消费者月收入、年龄、性别三个标准进行分类。分配样本量时，对月收入、年龄、性别三个标准分别规定样本量(见表 5-9)，而没有规定三者之间的关系。这种抽样在实施调查时操作比较简单，选择的余地较大。例如，当抽选不同月收入的消费者时，并不需要顾及不同年龄和性别样本的比例。但方便的同时也带来了弊端：选择的样本可能过于偏向某一组别。例如，女性大部分集中在"30 岁以下"和"30~40 岁"两组中，这影响了样本的代表性。

交叉控制定额抽样则要同时考虑多个特征，进行交叉分配。对于上面的案例，如果采用交叉控制定额抽样方法，就要对月收入、年龄、性别三个标准采用交叉表，同时规定样本量(见表 5-10)。这种抽样使样本结构与总体结构的一致性得到了保证，加强了样本的代表性，但是在进行抽样时，要比独立控制定额抽样困难。

表 5-9　独立控制定额抽样分配表

月　收　入	人　数
1500 元以下	28
1501～3000 元	50
3001～4500 元	70
4501 元以上	52

(a)

年　龄	人　数
30 岁以下	40
31～40 岁	57
41～50 岁	73
50 岁以上	30

(b)

性　别	人　数
男	100
女	100

(c)

表 5-10　交叉控制定额抽样分配表

年　龄	月　收　入								合　计
	1500 元以下		1501～3000 元		3001～4500 元		4501 元以上		
	男	女	男	女	男	女	男	女	
30 岁以下	2	2	5	5	7	7	6	6	40
31～40 岁	3	3	17	6	10	16	1	1	57
41～50 岁	10	1	6	4	12	7	3	30	73
50 岁以上	5	2	2	5	8	3	3	2	30
合　计	20	8	30	20	37	33	13	39	200

定额抽样是对判断抽样的程序化限制，保证了在某一个或几个属性上样本结构与总体结构的一致性，但是由于最后抽取调查对象时采用的不是概率抽样，所以仍存在无法估计抽样误差、不能用样本推断总体的问题。

5.4.4　滚雪球抽样

滚雪球抽样(snowball sampling)是先从几个适合的调查对象开始，然后通过他们得到更多的调查对象，像滚雪球一样，一步步扩大样本的范围，直到达到预定的样本量。滚雪球抽样常用于无法编制总体抽样框的情况。例如，1967 年春夏两季，美国社会学家 E.古德先后访问了二十几位大麻吸食者，访问每个人之后，请他(或她)介绍几个其他吸毒者，最后扩展到 204 位吸毒者。E.古德通过对这些人的访问，研究了吸毒的社会环境等问题①。

滚雪球抽样的优点是便于有针对性地找到调查对象，不至于"大海捞针"，大大增加了调查人员快捷地接触到总体中所需的群体的可能性，所需经费也较少。能够用这种方法的前提是总体内的个体之间具有一定的联系，而且调查对象愿意为调查人员提供下一轮调查对象的信息且后者同意接受调查，否则将影响这种调查的进行和效果。用滚雪球抽样得到的样本有时会有较大的偏差，花费的调查时间也较多，通常用于探索性研究，在定性的实地调查中也会经常使用。

5.5　样本量的确定

样本量的确定是实施抽样的必要前提。确定样本量是一个很复杂的问题。在抽样方法合理的前提下，样本量越大，样本的代表性就越好，但随机误差也会越大，耗费的人力、物力也就越多，甚至难以完成。如果样本量太小，就会使调查结果的误差过大，影响调查的效果。因此，如何以最少的投入获得最佳的效果，合理地确定样本量是抽样设计中最重要的内容之一，是保证抽样调查质量的基础。

① 宋林飞. 社会调查研究方法[M]. 上海：上海人民出版社，1990.

5.5.1 影响样本量的因素

影响样本量的因素很多,除人力、时间和经费等客观条件外,还需要对总体规模及内部异质性、调查精度的要求、统计分析的要求、抽样方法、无回答情况的估计等因素进行综合考虑,才能确定样本量。这里,先对各个因素分别进行讨论,然后再加以综合。

1. 总体规模及内部异质性

总体内部异质性,是指总体中个体的差异。当个体没有差异时,只要抽取一个个体就能代表总体,无须做抽样调查,在社会调查中这种情况极少。一般情况下,个体总会有差异,在对调查的准确性要求相同的条件下,总体中个体之间的差异越大,即异质性越强,所需的样本量就越大;反之,如果异质性较弱,则所需要的样本量就可以小一些。例如,在调查人们对某一问题的看法时,如果调查总体是大学生,那么样本量可以少一些;但是如果调查总体是18~25岁的青年,其中不仅有大学生,还有机关、企业人员及进城务工人员,样本量就要相对大一些。

那么,用什么指标来衡量总体的异质性呢?当我们说学生的学习成绩参差不齐时,意思是说学生的学习成绩分布比较广,差别比较大,有时就用最高分与最低分之差来说明。但是,这样的表示方法只用了两个分数,并不能完全说明分数的波动情况,因此引入了方差(variance)、标准差(standard deviation)两个指标。方差的计算公式是

$$\sigma^2 = \frac{\sum (X_i - \bar{X})^2}{N}$$

其中,N 为学生总数;$X_i - \bar{X}$ 为第 i 个学生的分数与班平均分的差。σ^2 是每个学生的分数与班平均分差的平方的"平均值"。可得

$$\sigma = \sqrt{\frac{\sum (X_i - \bar{X})^2}{N}}$$

其中,σ 为标准差。标准差越大,表明个体之间的差异越大,即总体内部异质性越强。

总体规模 N 对样本量的影响与 N 的大小有关,但并不是总体规模越大,样本量就要越大。当 N 较小时,影响明显,N 越大,影响力就越小。例如,对于简单随机抽样,在总体方差及精度要求相同的条件下,表5-11给出了样本量 n 随着总体规模 N 变化的情况。

表 5-11 样本量 n 随着总体规模 N 变化的情况[①]

总体规模 N	样本量 n	总体规模 N	样本量 n
50	44	10 000	385
100	80	100 000	398
500	222	1 000 000	400
1000	286	10 000 000	400
5000	370		

2. 调查精度的要求

调查的目的是通过样本推断总体,这就涉及所做推断的精度问题。精度要求越高,误差就要越小。所谓误差,就是根据样本得出的估计值(如平均值)与调查总体的实际值相差的程度。根据

① 杜子芳. 抽样技术与应用[M]. 北京:清华大学出版社,2005.

样本得出的估计值是随所抽取的样本不同而不同的，计算出的误差自然也就随着样本的变化而变化。为使绝对误差控制在一定的范围内，就只能在概率的意义下进行描述，因此，对调查精度的要求既要说明允许产生的误差是多少，还要说明对调查结果的把握性有多大，即绝对误差在允许误差范围内的概率是多大。

对调查结果的把握性，在统计学中称为置信度或置信水平(level of confidence)，一般要求置信水平为 95%，就是对得出的结果要有 95%的把握，或者说，犯错误的概率只有 5%，记为 $\alpha = 0.05$，并将置信水平记为 $1-\alpha$。例如，在估计总体平均值所在的范围(称为置信区间)时，我们每从总体中抽取一个容量为 n 的样本，就会有一个样本平均值，于是可以得到总体平均值的一个置信区间(confidence interval，计算方法略)。假如连续不断地从总体中抽取 100 个不同的样本，就会有 100 个置信区间，说置信水平达到 95%，是指可能会有 95 个样本给出的置信区间覆盖了总体的平均值，或者说所给出的置信区间有 95%的把握覆盖了总体的平均值。对此，还可以用套圈游戏来形象地说明。置信水平为 95%，表明套中目标的概率是 95%，假如投 100 个圈，就可能有 5 个没有套中。显然，在其他因素相同的条件下，置信水平越高，即调查结果的把握性越大，样本量就要越大。

调查结果的允许误差可以用绝对误差(absolute error)表示，也可以用相对误差(relative error)表示。以误差本身的量纲作为计量尺度的称为绝对误差；以指定的真实值或其他量纲相同的值作为计量尺度的称为相对误差。相对误差通常为绝对误差与真实值的比值，用百分数来表示。由于真实值并不知道，所以通常给出的是绝对误差。例如，在估计学生总体的平均分 μ 的范围时，要求最大允许绝对误差(或绝对误差限)为 3 分，这就是说，如果样本的平均分为 85 分，那么应该有 $|85-\mu| \leqslant 3$，即 $\mu-3 \leqslant 85 \leqslant \mu+3$，于是有 $82 \leqslant \mu \leqslant 88$，总体平均分估计在 82～88 分的范围内，或者说总体平均分的置信区间是 [82, 88]。如果要求绝对误差是 5 分，则有 $\mu-5 \leqslant 85 \leqslant \mu+5$，或者说置信区间为[80, 90]。可见，绝对误差就是所估计的总体平均值所在区间长度的一半。当其他影响因素相同时，在置信水平确定的条件下，随着对精度要求的提高，样本量增加的速度是很快的。例如，对规模为 20 000 的总体进行抽样，如果设定的置信水平为 95%，当最大允许误差分别为 5%、4%、1%时，相应的样本量为 377、583、6849，样本量 6849 已相当于总体规模的三分之一。在估计总体比例时，如果回收率为 100%，对规模较大的总体进行简单随机抽样，所需的最小样本量如表 5-12 所示。由表 5-12 可以看出，在要求最大允许误差小于 3%时，为了减小一个百分点的误差，所需要的样本量成倍地增加，此时就要权衡是否需要花费成倍的人力、物力来换取提高 1%的精度。

表 5-12　简单随机抽样所需的最小样本量[①]

最大允许误差	置信水平		
	90%	95%	99%
1%	6806	9604	16 641
2%	1702	2401	4160
3%	756	1067	1849
4%	425	600	1040
5%	272	384	666
6%	189	267	462
7%	139	196	340

---

① 柯惠新. 调查研究中的统计分析法[M]. 北京：北京广播学院出版社，1992.

3．进行统计分析的要求

在统计学中，通常将样本量在 30 以上的样本称为大样本。对于大样本，统计学中的许多公式都可以应用。但是，在社会调查中，由于不仅要根据样本的全部数据来推断总体的平均水平、总体中的某些比例(或百分比)及变量之间的相关关系等，还要考查不同群体的差异，因此要保证每个群体对应的子样本都有一定数量的个体，否则有些统计方法不能使用。例如，在表 5-13 中，样本数据被分成 20 类，有的类别仅有 4 人，无法使用卡方检验进行差异检验，只有将后两个选项合并之后才能做统计分析。因此，在确定样本量时，一定要考虑需要做哪些统计分析，以及这些统计分析方法对样本量有什么要求。

表 5-13　各年级学生样本在对待考试作弊的态度上的分类

选　项		年　　级				合　计
		一年级	二年级	三年级	四年级	
我对考试作弊的态度	可以理解	298	291	301	114	1004
	无所谓	516	434	371	147	1468
	气愤不举报	326	218	205	115	864
	勇于举报	27	10	6	4	47
	应给予处分	188	113	96	37	434
总　计		1355	1066	979	417	3813

一般来说，在其他条件相同时，所要分析的组越多，总的样本量就要越大。有人提出，社会调查的样本量应在 100 以上，每个小类的样本量不得小于 10；也有人认为，"样本量要足够大，使得每个主组的容量至少为 100，而每个次组的容量为 20～50"[①]。一些全国性的调查，不仅要对全国的情况进行统计分析，而且对各省份的相关数据也要进行统计分析，不仅要对某个变量进行分析，而且要对许多变量进行交叉分析，因此样本量往往是以万计的。例如，在第三期中国妇女社会地位调查抽样设计方案中，样本量为 30000，北京、天津和上海的所需样本量为 1500。如果进行分性别或分城乡的对比分析，则直辖市层抽样框主问卷的最终样本量确定为 1500×2=3000。这里考虑到统计分析的需要，将样本量从 1500 增加到 3000。

4．抽样方法

由前面对抽样方法的介绍可知，在总样本量相同的条件下，不同的抽样方法对总体的代表性的程度是不一样的，调查结果的精度也就不一样。也就是说，其他条件相同的情况下，抽样方法不同，所需的样本量也不一样。分层抽样的样本量比简单随机抽样的小，而整群抽样的样本量比简单随机抽样的大。如果严格遵从抽样理论确定样本量，则要在按简单随机抽样得到最初的样本量后，根据不同抽样方法的"设计效应"对样本量进行调整。所谓设计效应，是指在相同样本量的条件下，所选择的抽样设计估计量的效率与简单随机抽样估计量的效率之比。

5．无回答情况的估计

在实际调查时，总会出现某些调查对象没有回答个别题目，甚至拒绝调查，致使回收率、有效回答率降低，影响了最终的样本量。为了保证调查结果的精度要求，可以根据试测时的回收率或以往的经验，对回答有效率做出预测，再计算调整后的样本量，即

---

① 杜子芳. 抽样技术与应用[M]. 北京：清华大学出版社，2005.

$$\text{调整后的样本量} = \frac{\text{原定样本量}}{\text{估计有效回答率}}$$

例如，原定样本量为 1500，但估计有效回答率为 75%，于是样本量定为

$$n = \frac{1500}{0.75} = 2000$$

6. 人力、时间和经费等条件

考虑上述诸因素之后所确定的样本量，只是理论计算出的样本量，真正运作时还需要考虑人力、时间和经费等条件，才能确定最终实施调查时的样本量。

5.5.2　确定样本量

1. 简单随机抽样的样本量计算

在通常情况下，首先以简单随机抽样的样本量为基础，然后考虑不同抽样方式、统计分组情况，以及所具备的人力、物力条件，对初始样本量进行调整。

由统计学可知，简单随机抽样的样本量计算公式是

$$\frac{1}{n} = \frac{1}{N} + \left(\frac{d}{u_{\alpha/2}S}\right)^2 \tag{5.1}$$

其中，N 是总体规模；d 是绝对误差；$u_{\alpha/2}$ 是由置信水平确定的一个数值，当置信水平为 90% 时，$u_{\alpha/2}=1.645$，当置信水平为 95% 时，$u_{\alpha/2}=1.96$，当置信水平为 99% 时，$u_{\alpha/2}=2.58$；S^2 是总体方差 σ^2 的估计值，由于 σ^2 往往是不知道的，所以在确定样本量时要进行估计。

式 (5.1) 表明了影响样本量的四个因素(总体规模、总体异质性、绝对误差限和置信水平)之间的关系。当总体规模较小时，$1/N$ 会起一定的作用；当总体规模大到一定的程度时，$1/N$ 将变得非常小，此时对样本量的影响就会很小。由于社会调查的总体规模都比较大，所以在一般情况下，计算样本量的公式是

$$n_0 = \left(\frac{u_{\alpha/2}S}{d}\right)^2 \tag{5.2}$$

这就是说，对于社会调查，在确定样本量时着重考虑总体规模是不必要的。

式 (5.2) 是估计总体平均值的置信区间时，计算样本量的公式。在社会调查中，还经常要根据样本的比例 p 估计总体比例，在计算样本量时，只需将式 (5.2) 中的 S^2 改为 $p(1-p)$，即

$$n_o = u_{\alpha/2}^2 p(1-p)/d_p^2$$

其中，d_p 表示估计总体比例时的最大允许误差。从数学上可以证明，当总体的比例不是很接近 0 或 1 时，取 $p=0.5$，样本量达到最大值。因此，当总体规模较大时，实际中经常使用的公式是

$$n_0 = \left(\frac{u_{\alpha/2}}{2d_p}\right)^2 \tag{5.3}$$

2. 确定样本量的步骤

确定样本量可以通过以下七个步骤完成。

第一步：确定调查的精度，包括置信水平和最大允许误差。要注意的是：①社会调查往往涉

及多个变量，确定样本量时要以最重要的变量所要求的置信水平和误差限为参考。②对精度的要求要适当，只要是抽样调查，就不可避免地会有误差，精度只要满足决策的需要就可以，没有必要为了提高 1%的精度付出过大的代价。但如果精度太低，即使样本量很小，结果也不可靠。一般来说，置信水平取 95%时，相对误差取 2%～3%就可以了。

第二步：预估总体方差 S^2。可以选择如下方法：①利用先前的调查结果和经验；②利用预调查或试调查的结果；③利用同类、相似或有关的二手数据的结果；④先抽 n_1 个单元用来估计 S^2，确定 n，再抽其余的 $n-n_1$ 个单元；⑤利用理论上的结论（如总体比例估计问题中常取 $p=0.5$）及有经验的专家的判断[1]。

第三步：计算初始样本量。要求估计总体平均值时用式(5.2)，估计总体的比例时用式(5.3)。

第四步：确定抽样方法，根据不同抽样方法的设计效应 deff 对样本量进行调整，即

$$n_1 = n_0 \times \text{deff}$$

在样本量相同的条件下，deff 的理论计算公式为

$$\text{deff} = \frac{\text{所选择的抽样设计估计样本量的方差}}{\text{简单随机抽样设计估计样本量的方差}}$$

实际上，在通常情况下，简单随机抽样取 deff=1，分层抽样取 deff<1，整群抽样取 deff>1，系统抽样取 deff≈1。如果客观条件允许，则样本量要尽量大一些，也可以取分层抽样的 deff=1。

第五步：根据有效回收率进一步调整样本量。

第六步：根据统计分析的要求进一步调整样本量。

第七步：根据客观条件（人力、时间、财力等）对样本量做最后的调整。

例如，第三期中国妇女社会地位调查采用分层多阶段不等概率抽样，在计算第一层直辖市的样本量时，以估计简单随机抽样比例 P 时的样本量为基础，在 95%的置信度下按抽样绝对误差不超过 4%的要求进行设计，设计效应 deff 取 2.5，计算所需样本量 1500；如果要进行分性别或分城乡的对比分析，则直辖市层抽样框主问卷的最终样本量确定为 1500×2=3000。

5.5.3 经验样本量

随着抽样理论的发展和抽样调查的广泛应用，加之一般的社会调查所要求的精度并不是很高，国内外的研究者通过经验的积累，总结出一些针对不同总体规模或不同调查类型的样本量范围，并逐渐成为样本设计的参考依据。

吴明隆所著的《SPSS 统计应用实务》中提到了国外学者的一些看法[2]。例如，初学者进行与前人相类的研究时，可以参考别人的样本量，作为自己取样的参考；如果是地区性研究，平均样本量为 500～1000 较合适，而如果是全国性研究，平均样本量为 1500～2500 较适宜；进行描述研究（descriptive research）时，样本量最少占总体的 10%，如果总体规模较小，则最小样本量最好为总体的 20%。还有的学者提出，样本量大小受到多种变量的影响，在下列条件或情境中，要采用较大的样本量：①编制的测量工具的信度（可靠性）较低时；②有较多变量无法控制时；③母群体的同构型很低时；④统计分析时，需将受试者再分为较小的群组进行分析比较。

我国的一些学者对社会调查的样本量也给出了自己的建议。

袁方等人编写的《社会研究方法教程》中给出的经验确定样本量的大致范围见表 5-14[3]。

① 杜子芳. 抽样技术与应用[M]. 北京：清华大学出版社，2005.

② 吴明隆. SPSS 统计应用实务[M]. 北京：中国铁道出版社，2000.

③ 袁方，王汉生. 社会研究方法教程（重排本）[M]. 北京：北京大学出版社，2004.

表 5-14 经验确定样本量的大致范围

总体规模	100 以下	100～1000	1000～5000	5000～1 万	1 万～10 万	10 万以上
样本占总体比例	50% 以上	50%～20%	30%～10%	15%～3%	5%～1%	1% 以下

由表 5-14 可以看出，并不是总体越大，样本量就越大，样本量也不是绝对地与总体呈正比。

徐经泽等人提出，小型社会调查可把样本量确定为 50～200，中型社会调查可把样本量确定为 200～1000，大型社会调查可把样本量确定为 1000～5000[①]。

风笑天提出，小型社会调查通常用于非正式的或要求不高、总体规模较小的情况，可把样本量确定为 100～300；正式的调查研究一般要达到中型社会调查的样本规模，样本量确定为 300～1000；大型社会调查主要是全国性的调查项目，可把样本量确定为 1000～3000[②]。

这些学者所建议的样本量都在某个范围之内，其原因就在于影响样本量的因素是综合的，样本的代表性不仅取决于样本量的大小，而且取决于抽样方法是否恰当、从样本中所得到的数据是否精确。"样本量的确定必须建立在具体问题具体对待的基础上，要以研究者所要达到的各种研究目标，以及研究涉及的许多其他方面的考虑为转移。""在研究资源一定的情况下，减少用于回应率、问题设计或资料搜集质量的资源去增加样本的规模，反而会降低精确度。"[③]所以，进行抽样设计时不要局限于样本量绝对数量的多少，如果抽样方法不当，虽然抽取了很大的样本，但代表性很差，还不如以适当抽样的方法，选取有代表性的容量较小的样本。

5.6 抽样框误差——抽样设计中的非抽样误差

5.6.1 社会调查中的非抽样误差

由第 5.1 节可知，抽样误差是由于通过样本推断总体而在结果中出现的误差。这种误差本身并不是错误的结果，只要样本量充分大，就可以使抽样误差达到一定的要求。事实上，式 (5.2) 的另一种形式是

$$d = u_{\alpha/2} \frac{S}{\sqrt{n_0}}$$

其中，$S/\sqrt{n_0}$ 就是抽样误差。对于一个具体的总体而言，标准差 σ 是确定的，可以对 σ 进行预估计得到 S，因此，S 也是确定的，于是只要样本量 n_0 充分大，就可以使抽样误差达到一定的要求。但是，好的调查设计不仅要考虑如何减小抽样误差，而且必须尽可能地减小非抽样误差。

非抽样误差包括除了抽样误差的所有误差。在抽样过程中广泛存在非抽样误差，包括由于疏漏等产生的随机误差，需要特别关注的是由于抽样框和操作化定义的不完备、调查对象无回答、调查员问题及计量问题产生的误差(分别称为抽样框误差、测量误差、无回答误差、访问员误差和计量误差)。

本节仅对抽样框误差做初步讨论，无回答误差将在第 6 章讨论。

5.6.2 抽样框误差

由第 5.1 节可知，抽样框是在一次直接的抽样时，总体中的所有抽样单位(不仅指单个的个人，

① 徐经泽，等. 社会调查理论与方法[M]. 北京：高等教育出版社，1994.

② 风笑天. 现代社会调查方法[M]. 6 版. 武汉：华中科技大学出版社，2021.

③ 弗洛伊德·J. 福勒. 调查研究方法[M]. 孙振东等，译. 重庆：重庆大学出版社，2006.

也可以是组织、社区等)排列的清单。抽样框质量直接关系到抽样的设计和调查的实施。例如，抽样框中如果仅有总体的名单，那么在实施调查时，很可能联系不到被抽到的调查对象。而如果在抽样框中还有一些辅助信息，如联系电话、家庭住址及工作单位等，那么实施调查时就会顺利得多，还可以利用这些辅助信息对总体进行分层抽样或整群抽样，以提高样本的质量和调查工作的效率(当然，如果这些信息不准确，也会给样本的质量带来影响)。

鉴于抽样框的重要性，这里引入 Judith T. Lessler 和 William D. Kalsbeek 给出的一个更具体翔实的定义："抽样框由识别、区分和接近目标总体的元素的材料、程序和方法构成。抽样框由有限个单位的集合组成，对此可以进行概率抽样，联系抽样框单位和总体元素的机制或规则是抽样框的一个组成部分。抽样框中也包括辅助信息(规模度量、人口统计的信息)，这些辅助信息被用于：①特殊的抽样技术，如分层和与规模成比例的概率抽样；②特殊的估计技术，如比率估计或回归估计。"[①]依据这个定义，就可以评价抽样框的质量，考查抽样框误差产生的主要原因。

下面对产生抽样框误差的主要原因进行简要的介绍。

1. 丢失总体元素

所谓丢失总体元素，就是在编制抽样框时，没有将总体的所有基本单元都编进抽样框。例如，利用智能手机对社区居民做关于实施人脸识别进社区的调查，很多老年人由于没有智能手机而不会进入抽样框。于是，在抽样时有些符合条件的总体元素就可能抽取不到，造成低估总体元素的数量，因而对总体未知参数的估计会产生偏差。这是抽样框误差中最严重的一种，因为从抽样框中很难发现这种误差。

2. 包含了非总体元素

所谓包含了非总体元素，即在编制抽样框时，将一些本来不符合调查条件的基本单元编进了抽样框。仍以实施人脸识别进社区的调查为例，如果把居委会的居民登记册作为抽样框，那么抽样框就可能包含了已经搬家的在册人员。在实际调查中，如果出现了这种情况，就会造成高估总体元素的数量，而对总体的未知参数估计产生偏差。相对于丢失总体元素而言，这种问题比较容易发现。例如，当将居民登记册发给各楼楼长时就能发现问题。

3. 复合连接

所谓复合连接，就是抽样框中的编号与总体中的抽样单位不是一一对应的，总体中的一个抽样单位对应了抽样框中的多个编号，或者总体中的多个抽样单位对应了抽样框中的一个编号，即出现一对多或多对一，甚至多对多的情况。例如，将智能手机号码作为抽样框时，由于有的人同时有几个手机号码，就会出现一人对应多个编号的情况，抽样时被抽到的概率就要比只有一个手机号码的人高。再如，居委会要对小区内 60 岁以上老年人的生活需求进行调查，抽样框是写有户主名字的登记册，就可能出现一个家庭中有 2 位 60 岁以上的老人，而抽样框中对应的编号只有一个的情况，这 2 位老人被抽到的概率就要比其他人低。因此，如果出现复合连接的情况，就会造成总体中的抽样单位被抽到的概率不均等，产生非抽样误差。解决复合连接的方法是编制抽样框单元与总体单元唯一连接的规则。例如，规定由各楼楼长上报本楼 60 岁以上老人的名单，汇总后作为抽样框，这就保证了"一对一"。

4. 不正确的辅助信息

很显然，如果抽样框中包含了不正确的辅助信息，就会影响整个样本的代表性，从而降低估

---

① Judith T. Lessler，等. 调查中的非抽样误差[M]. 金勇进，译. 北京：中国统计出版社，1997.

计的精度。例如，在进行分层抽样时，为了保证等概率，每层抽样的规模都要与该层的规模呈正比，如果每层规模的信息不准确，那么必然会破坏抽样的等概率性。

当抽样框陈旧时，丢失总体元素、包含非总体元素，以及操作不准确的信息等情况都可能发生。因此，在编制抽样框时，一定要考查有关资料的时效性，甚至可以从所提供的资料中随机抽取一个小样本进行核实，考查是否有上述问题。只有在实施调查前认真对待抽样框问题，才能减小抽样框误差。

在实际调查过程中，有时受到客观条件的限制，编制一个理想的抽样框是很困难的，而且有时为追求抽样框的完美而花费的时间和经费与所取得的效果相比并不值得。因此，可以使用一个不完善的抽样框(丢失部分总体单位)，然后再做修正，或者在调查报告中加以说明。

5.6.3　树立正确的误差观

无论我们在调查过程中多么认真，搜集到的数据总会由于种种原因存在误差。调查对象是有思想的人，我们无法做到让每个人都愿意回答、真实回答所有问题；我们自己的价值观、对所要调查的问题理解的深度、问卷设计能力等都制约着调查的质量。误差是客观存在的，也是不可避免的，因此，我们需要树立正确的误差观。

一方面，我们要对调查研究工作精益求精，注意考查调查过程，尽可能减小误差，提高数据的准确性和有效性；在由样本推断总体时，必须经过统计检验，重视与实践结合，考查结论的正确性。

另一方面，对于调查所得的数据不能过于苛刻，像自然科学试验那样要求误差的精度。社会现象是十分复杂的，在很多情况下，我们难以知道它的准确值，因此也难以估计误差。在进行调查时，样本量的确定有时还会受到经费、时间和人力等方面的制约，因此要把根据误差要求确定的样本量与实际可能的样本量综合起来考虑。

总之，我们只能在数据质量、数量与获得这些数据的成本之间寻找一个合理的平衡点，选择一个最佳的方案。

思考与实践

复习思考题

1. 解释下列名词：

抽样　　调查总体　　调查对象　　样本　　样本量　　抽样框　　抽样单位　　概率抽样

非概率抽样　　绝对误差　　相对误差　　置信水平　　置信区间　　抽样误差

非抽样误差　　抽样框误差　　复合连接　　无回答误差

2. 抽样的目的是什么？抽样阶段的主要工作有哪些？

3. 设计抽样方案时应遵守哪些原则？

4. 如何编制抽样框？在编制抽样框时应注意哪些问题？

5. 什么是概率抽样？一阶段概率抽样有哪些具体的方法？各有哪些优点和缺点？

6. 为什么在较大型的调查中需要用多阶段概率抽样？多阶段概率抽样有哪些方法？

7. 什么是 PPS 抽样？它有哪些优点？具体如何操作？

8. 什么是非概率抽样？有哪些具体的方法？各有哪些优点和缺点？

9. 如何根据具体的问题、客观条件确定适合的抽样方法？

10. 在确定样本量时应考虑哪些影响因素？"总体规模越大,样本量就要越大"的说法对吗？根据是什么？

11. 怎样根据提出的精度要求(置信水平和绝对误差)计算初始的样本量？然后需要再做哪些工作,才能确定最终的样本量？

12. 社会调查中会出现哪些非抽样误差？应采取哪些措施减小这些误差？

实践与合作学习

1. 上网检索一篇使用多阶段概率抽样的调查报告(如《第三期中国妇女社会地位调查抽样设计》),认真阅读其抽样设计部分内容,画出设计方案流程图。

2. 根据研究小组选题,每人设计一个抽样方案,并在组内进行交流,最终确定小组选题的抽样方案。

第6章 定量资料的搜集

调查方案设计类似于建筑的蓝图，真正的实现需要根据蓝图进行施工，即要依据调查设计方案进行资料搜集。资料既包括定量的样本数据，也包括各种定性的资料，以此作为分析的基础，才能产生最终的调查报告。

纵观国内外社会调查的历史不难发现，科学技术的发展，以及各种新技术手段和工具不断涌现，为搜集资料提供了有力的支持。以抽样调查为例，随着电话的普及，在传统的面对面访谈和仅以纸笔为工具的自填式问卷调查的基础上出现了电话调查；之后，随着个人计算机及软件的发展与普及，产生了计算机辅助调查的各种方式，如计算机辅助面谈、计算机辅助电话访谈、计算机辅助自填式问卷调查等；到了 20 世纪 90 年代，随着互联网的发展与普及，出现了以计算机和网络为工具的网络调查；而今智能手机又为人们提供了更加便捷的网络调查方式，开展网络调查成为人们进行数据采集的一种新的途径。与此同时，我们也看到，尽管数据的采集方式已从传统的语言和视觉文字阶段发展到了网络阶段，但是国内外的研究人员并没有抛弃传统的常规方式而完全采用新的方式搜集数据，这说明技术本身并没有绝对的优劣之分，关键是要清楚各种方法的优势和局限性，恰当地根据需要与可行性，选择一种或几种方法。因此，除了文献调查法(参见第 2 章)、网络调查(参见第 10 章)，本章将介绍抽样调查所采用的各种传统搜集资料的方法。

本章思维导图

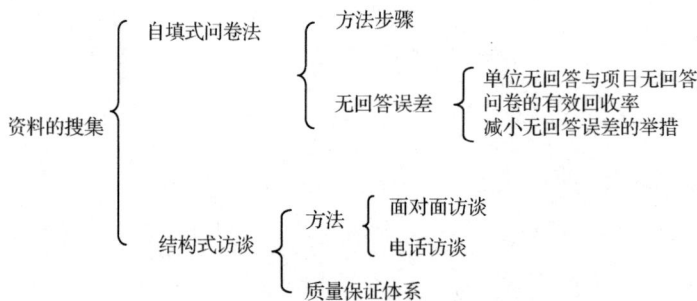

6.1 自填式问卷法

自填式问卷法是调查人员通过各种渠道将问卷发放给调查对象，由调查对象亲自填写问卷，然后回收问卷的调查方法。自填式问卷法可以分为传统的自填式问卷法和网络自填式问卷法。

传统的自填式问卷法除了计算机辅助的方式，采用的都是纸质版问卷，发放的渠道主要有个别发送或集体填答方式、报刊发布方式、邮寄方式，随着网络技术的发展，报刊发布方式、邮寄方式已逐渐被网络调查所替代。

6.1.1 发送问卷方式

根据填写问卷的环境不同，发送问卷方式可分为个别发送和集体填写两种。

个别发送是调查人员将印制好的问卷，按所抽取的样本名单找到调查对象，在向他说明调查目的、意义、填写要求和注意事项之后，将问卷调查对象，填写完毕后当场收回，或者按约定时间取回问卷。个别发送有时也可以通过委托某些单位或组织的方式进行，间接地将问卷发到调查对象手中，填写完毕后，再通过这些单位或组织集体收回。调查员直接发送的方式回收率较高，甚至可达100%；通过委托方式发送，如果受委托者不尽心，回收率较难保证。

集中填写也称团体调查，是将调查对象集中在一起，在讲解调查目的和填写要求之后，调查对象当场填写问卷，然后集中收回问卷。这种方式特别适合在有条件将调查对象召集在一起的各种组织中实施。对于较大型的社会调查，如果采用集中填写的方式，则调查前需要和参与调查的单位取得联系，说明搞好调查工作应注意的问题、报酬及相关事项，并选好填写地点、时间，以及抽取调查对象，还要准备好相关资料和物品，如调查问卷、礼品、填写问卷的圆珠笔、照相机等。在集中填写问卷的过程中，要在调查现场核实来人确实为选定的调查对象，并保持现场安静，在调查员宣读统一准备的指导语之后才能开始填写；调查对象有问题应举手提出并由调查员解答，解答时调查员只能按照"问卷说明"及培训口径低声解释相关问题；在调查对象交回问卷时要仔细检查填写情况，看有没有漏项，特别是跳答题填写是否正确等，以便及时纠正，检查无误后收卷并送调查对象小礼物以示感谢；条件允许时，最好多派几个调查员到现场指导，调查员要认真记录并拍摄现场情况，作为资料保存。收卷之后，调查员要将有效问卷统一编号上交，并完整、真实地写每场调查的填写记录，包括发卷数、有效卷数、废卷数，现场总体状态、调查对象提出的问题、现场是否有特殊情况发生等。

发送问卷方式的优点是，调查员在现场，出现疑问可以当场答疑，降低了"项目无回答"的概率，填写质量比较有保证；统一回收问卷降低了"单位无回答"的概率，回收率较高，提高了样本的代表性；省时、省力、省经费，大大降低了调查的成本。该方式的缺点是在集体填写过程中，容易出现"团体压力"，而影响信息的真实性。

采用发送问卷方式需要注意以下三点。

(1)一定要遵循"知情同意"原则，不能以任何方式方法勉强调查对象填写问卷。

(2)取得样本所在单位的支持至关重要。只有有了单位的支持，抽样框才比较容易取得，发放的组织工作才能顺利进行。

(3)要对调查员进行培训，讲明对答卷的要求、调查员应遵守的规则，以及在行为举止上应注意的事项。组织者还应为调查员准备相应的证件，以取得调查对象的信任和配合。

6.1.2　报刊问卷方式

报刊问卷方式是针对某个主题在报刊上刊登的调查问卷，读者自行填写并按指定地址寄回问卷。报刊调查方式的优点是报刊的发行量较大，调查对象分布的面较广，匿名性较较强，基于读者自愿的回答较真实，而且节省了大量的人力、财力、物力。但除了热点主题，报刊问卷的回收率较低，样本的代表性较差，只能做一般的数据统计，不能依据样本对总体特征进行统计推断。例如，某杂志刊登了一份关于企业文化的调查问卷，从事或关心企业文化工作的读者可能会积极填写并寄回，而一般的读者就不会有太多的反馈。

6.1.3　邮寄问卷方式

调查人员根据抽样框中的辅助信息，通过邮政系统将打印好的问卷寄给调查对象，调查对象按要求填写后，在规定的日期内将问卷寄回，这种调查方式称为邮寄问卷方式。邮寄问卷方式的优点是操作简单、成本较低，但第一轮邮寄的回收率通常非常低，往往需要第二轮、第三轮邮寄，调查周期较长。邮寄问卷方式曾是应用较广泛的一种调查方式，随着网络的发展，现在已经基本不再采用。

6.1.4　计算机辅助问卷方式

计算机辅助问卷方式也是自填式问卷法的方式之一，它是根据问卷编制程序，实施调查时，请调查对象在计算机上填写问卷。例如，有的学者在做有关敏感性问题的调查时，把调查对象请到完全封闭的独立访谈室中，在计算机上填写问卷，访谈室内还有一位与被调查人员同性别的访谈员，他(或她)完全看不到被调查人员的回答结果，只有在被调查人员需要的时候才会提供适当的说明与计算机操作方面的帮助。在网络调查没有大量应用之前，计算机辅助问卷方式是国际公认的最有利于获得真实回答的调查方法，尤其是调查敏感问题时的最佳方法。

6.2　自填式问卷法中的无回答误差

6.2.1　无回答误差的概念

社会调查中经常遇到两个十分棘手的问题：一是很难百分之百地回收问卷；二是在回收的问卷中，很难实测每份问卷中的所有问题都能获得有效的数据。这两种情况都称为无回答(non-response)，即由于种种原因没有对抽出的样本单位进行有效的计量，从而没有获得有关这些单元的数据。如果调查对象没有回答问卷中的任何问题，称为单位无回答(unit non-response)。例如，调查对象基于各种原因拒绝参与调查，或没有回答问卷中的任何问题，即交白卷，都属于"单位无回答"。如果调查对象接受了调查，但是由于种种原因，对调查问卷中的某些项目没有给出有效的回答，则称为项目无回答(item non-response)。例如，调查对象对某些敏感问题有意不答，或因为粗心而没有回答某些问题，或对某些问题随意乱答，都必须作为项目无回答处理。对于项目无回答，从调查数据的统计分析角度，更多地称之为缺失数据(missing data)。无回答误差就是由于有效数据缺失而产生的对总体估计的偏差。无回答误差是一种重要的非抽样误差，对调查数据的质量有举足轻重的影响，因此是统计学家研究的重要领域。

6.2.2　无回答的影响

单位无回答不仅使相关变量的平均数估计产生偏差，而且对变量的方差、总体比例等也会产生影响，有时造成的后果是十分严重的。例如，1936 年美国《读者文摘》对总统选举预测失败的重要原因，除抽样框根据电话簿和车牌登记名单编制使样本没有代表性外，单位无回答也是其中之一。《读者文摘》发出了 1000 万份调查问卷，实际回收只有 200 万份，并且回函的大部分是共和党人，造成样本的极大偏误，使预测遭到惨败。

一般来讲，如果将样本分为"有回答"子样本和"无回答"子样本，则这两个子样本的平均值是不一样的。当存在"无回答"时，估计的总体平均值可能会偏高。

另外，如果出现项目无回答，也就是某些变量存在缺失值，则会影响对该变量的统计分析结果，甚至使某些统计分析方法根本不能直接用于数据分析。

6.2.3　问卷的有效回收率

单位无回答的程度可以通过有效回收率来衡量。回收率是在实施调查之后，收回的问卷数与发出的问卷数之比，或者说是做了回答的样本单元数与总样本容量之比(也称回答率)。在回收的问卷中剔除不合格问卷后所保留的问卷称为有效问卷。统计分析是在有效问卷数据的基础上进行的。问卷的有效回收率，是有效问卷数与发出的问卷数之比，是体现样本代表性的一项重要指标。在撰写调查报告时，必须对回收率和有效回收率加以说明。

那么，有效回收率达到多少是可以接受的呢？一般来说，有效回收率因社会调查的性质、调查总体、调查方式的不同而不同，并不存在一个可接受的标准。当采用团体调查(如以班级、教研室为单位组织集体填写问卷)时，回收率比较容易保证，有效回收率为 70%时就认为偏低；但是如果采用发电子邮件等分散填写问卷的方式进行调查，70%的有效回收率就相当不错。国内外学者给出了一些参考标准，如有的提出有效回收率不应低于 70%，也有的认为必须超过 80%，当然还有的认为达到 60%就是好的，达到 70%则非常好。为了通过调查实现较准确地描述现状、得出较可靠的结论及提出有效的建议，我们认为有效回收率应在 70%以上。同时要记住艾尔·巴比的话："一个经过检验且没有偏误的回收问卷要比有偏误的高回收率要重要得多"。

6.2.4　无回答的预防措施

"防患于未然"是减少无回答的首选，即采取各种措施，努力提高回答率，减小无回答发生的可能性。

第 4 章中谈到，调查过程是调查人员和调查对象之间的一种社会交流和互动过程，调查对象最终是否愿意填写问卷，关键之一是他对完成问卷可能需要的工作量的预想与感知。因此，在实施调查前，除了编制具有准确辅助信息的抽样框，使之能够按预定的方案进行抽样，最重要的基础工作是编制好调查问卷，降低调查对象用于答卷的成本，尽量避免因问卷设计问题而影响回答率。这些问题包括：封面语写得不好，使调查对象很可能因不了解调查的意义而不重视问卷的填写，甚至拒绝回答；问卷的题量太大，使人望而生畏而退出调查，或者产生厌烦心理，只回答部分题目；问卷指导语写得不清楚，使调查对象容易出现填写错误或答题时漏项，从而造成数据缺失；对敏感性问题处理不当，使调查对象避而不答；等等。

在实施调查的过程中，不同的环节要有不同的预防措施。例如，为了保证抽样框的准确性，在确定调查对象之后，首先要做的是核实他们的联系方式，如手机号码、电子邮箱地址或住址等；在问卷发出之后，要注意随后的提醒。对于纸质版问卷，条件允许时尽可能采用集体填写方式，只要做好组织工作，认真准备好测试前的指导语，回收率及问卷的有效率都会比个别发送方式的高。

另外，由于需要占用调查对象的时间和精力，因此对接受调查并完成问卷填写的调查对象、协助调查的组织者，要给予一定的物质奖励，如发红包/抽奖或小礼物。有研究表明，付一定的酬金最高可以提高约 20%的回收率，但这种奖励应在调查对象回答前就予以说明，否则作用不大。当然，对调查对象的奖励不仅有金钱、奖品，还有精神层面的。例如，在调查问卷中表达的"正面期待与感谢"，从咨询的角度出发，使调查对象有一种被人需要与重视的满足感。支持调查对象的判断，以及让问卷看起来生动有趣，都是一种奖励的形式。

6.2.5　无回答的补救措施

当无回答不可避免地出现时，就需要研究如何进行补救，以减小相应的误差。当然，如果对无回答的程度可以容忍，认为引起的偏差不大，就可以收回的有效问卷作为数据分析的基础。如果需要认真对待偏差，就要采取适当的补救措施。

1. 无回答替代

当出现单位无回答时，为了使回答单位的数量不低于抽样设计时对样本容量的要求，可以用总体中的其他单位替代样本中的无回答单位，这些替代单位通常不是原样本单位。抽取替代单位的方法有两个：一是随机抽取，为了与无回答单位在某些方面具有相同的特征，先将总体按某一准则划分为若干类，替代单位就在无回答单位所在的类中随机抽取；二是非随机抽取，即按事前规定的原则确定替代单位，例如，在每个班级抽取学号为单号的学生为样本，如果出现缺席者，就用相邻的双号学生替代。

2. 二重抽样

所谓二重抽样(double sampling)，是在总体中先抽取一个较大的样本，再对样本中无回答的单元抽一个子样本，并尽可能地获取有关信息，使其能够代表无回答层，最后将这两部分的调查结果结合起来对总体做出估计。例如，调查大学一年级学生学习成绩与大学生活适应期的关系，原来设计的样本容量为 500 人，但有 120 人没有填写高等数学的成绩，则从这 120 人中抽取一个 80 人的子样本，请他们填写高等数学的成绩，于是我们可以计算原样本中填写成绩的人(380 人)的平均成绩和第二次抽取的 80 人的平均成绩，假设分别为 85 分和 76 分，于是就可以估计总体的平均成绩为

$$\overline{y} = \frac{1}{500}(380 \times 85 + 120 \times 76) = 82.84 \text{ （分）}$$

3. 插补法

插补法(interpolation methods)，即当出现项目无回答时，用适当的方式对缺失的无回答数据进行估计或直接用现有的其他数据进行代替。插补法可以分为以下三大类。

(1)均值插补法。用全部有回答数据的平均值或分组数据平均值作为缺失数据的替代值。

(2)组内随机抽取插补法。在分组的基础上，在缺失数据所属的组内以概率抽样的方式抽取替代值。

(3)模型插补法。实际中使用较多的是回归插补法，即根据缺失数据所在的变量与某些其他变量的关系，建立回归方程，然后利用这些变量来估计该变量的"缺失数据"。

4. 对样本加权

在社会调查过程中往往会出现两种情况：第一，尽管已采取各种方法来提高回收率，但并不尽如人意，再加之其他因素的影响，回收后的有效问卷构成的调查样本在一些重要的比例结构上可能与总体的结构不完全一致；第二，有时可能某个子总体所含的个体较少，为了能够进行统计分析，抽样时需要加大它在总样本量中的比例，这会造成所得到的样本与总体的结构不一致。因此，为了更好地达到研究目的，保证样本结构与总体结构尽可能一致，需要采取对调查数据进行加权调整的方法，即调整样本数据的权重。

具体的加权调整方法有多种。SPSS 统计软件有对个案加权的功能，可以直接实现对样本的加权处理。

6.3 结构式面对面访谈

6.3.1 访谈法概述

访谈法(interview survey)也称访问法。社会调查中的访谈法是指访问者通过口头交谈的方式，直接从受访者那里搜集有关社会情况或探讨社会问题的第一手资料的方法。随着信息技术的发展，访谈已不限于面对面交谈，诸如通过电话、网络等间接交谈的方式也不断推出。

作为社会调查的一种方法，这里的访谈与人们平时的闲谈是不同的，访谈是访问者为达到一定的目的、围绕特定的主题，精心选择访问对象后所进行的谈话；访谈过程始终以访问者为主导，

系统而有计划地获得受访者的行为、特性、态度等相关情况信息；必须通过填写调查问卷或其他方式记录受访者的谈话或回答，访谈后要进行定性或定量分析。而平时人们的谈话通常没有特定的目的，主题也很随意，谈话对象通常并不刻意，谈话中大家的地位一样，无所谓由谁来控制和主导，更没有记录的必要。

访谈法是进行社会调查的一种十分传统的方法。两千多年前，司马迁就访谈调查了孔子的故乡曲阜、韩信的故乡淮阴，并将其写到《史记》中。到了现代社会，访谈法依然是社会调查的一种基本手段。塞德曼曾说："人之所以为人，最重要的一点就是人类拥有运用语言来描绘其经历的能力。要想了解人类的行为，就意味着要理解语言的运用。海瑞指出，对人类调查研究的初始、原本的典型情况是，两个人彼此交谈和相互提问。他指出：'很难再找到更为重要的对人类进行调查研究的手段。'"[①] 访谈法的应用十分广泛，除了进行社会研究，各类媒体的新闻采访乃至对各类有影响的人物、突发事件的专访，政府机关的工作调研，各类企业市场的营销调查等都经常使用。

对访谈法的分类因视角不同而有所不同。按照访问者对访谈控制的程度，可分为结构式访谈、半结构式访谈和无结构式访谈；根据访问者与受访者交流的方式，可分为线下访谈，即直接访谈（面对面访谈、街头拦访），以及线上访谈，即间接访谈（电话访谈、网上访谈）；按访谈的人数可分为个体访谈和集体访谈（焦点小组访谈）等。

本节仅对结构式访谈进行介绍，更为详尽的介绍安排在第 12 章。

6.3.2 结构式面对面访谈的基本步骤

结构式访谈也称标准化访谈或问卷访谈，是问卷调查中搜集数据的一种重要途径，是指访谈者根据事先准备好的问卷进行的访谈。结构式访谈必须严格按着规定的方式和顺序向受访者提出问卷中的问题，或者说，访谈时只能按着问卷中的顺序将文字念出，对受访者提出的疑问，不可以有自己的解释，只能读所规定的指导语；受访者只能根据问卷中的选项选择回答，然后由访谈员填写。结构式访谈可以面对面进行，也可以通过电话或网络进行。

面对面访谈，即访问者与受访者面对面地坐在一起进行的访谈。结构式面对面访谈就是受访者在访问者的引导下面对面地通过交谈完成调查问卷的填写。

结构式面对面访谈的基本步骤如下。

第一步，做好访谈前的准备，包括以下工作。

（1）选择和培训访谈员。通过面对面访谈搜集资料，决定资料质量高低的最关键因素是访谈员。无论是课题的主持人，还是具体的研究者，都无法控制调查现场的进程，只能依靠访谈员的处置。因此，培训工作关乎调查的成败。通过培训，应使访谈员在访问前做好心理、技术、物质及相关知识的准备。使访谈员熟悉统一设计的问卷及其结构，对访谈手册了如指掌；理解问卷中每个题目的含义、答案类型和填写方法；要了解自己在访谈过程中的角色定位，以便处理好与受访者的关系。具体内容将在第 6.5 节介绍。

（2）物质准备，包括调查问卷、访谈员的身份证明（如盖有调查单位公章的胸卡）和送给受访者的小礼品或纪念品等。

第二步，访谈员携带着访谈问卷，根据样本提供的名单和地址，找到被抽中的家庭（或事先约定的调查地点），征得住户同意后进入户内，在进行自我介绍之后，按户内抽样的方法选取符合条件的受访者。

第三步，访谈员按照调查方案和调查计划的要求，按调查问卷中的题目逐一进行口头提问，并按照问卷的格式和要求记录受访者的回答。

---

① 埃文·塞德曼. 质性研究中的访谈：教育与社会科学研究者指南[M]. 3 版. 周海涛，译. 重庆：重庆大学出版社，2009.

第四步,问卷全部回答完后,访谈员要对问卷从头到尾进行全面检查,如果存在错填或漏填,则要及时向受访者询问并补填和更正,然后对被访谈者致谢并赠送礼物,结束访谈。

6.3.3 结构式面对面访谈的标准化

结构式面对面访谈的基本特征是标准化,主要体现在以下两点。

(1)访谈使用的是标准化问卷,不是调查提纲。

(2)访谈的过程是标准化的。访谈过程要尽可能避免访谈员个人主观因素对访谈过程的影响。

要实现访谈的标准化,就必须对访谈环境、进程和非语言交流有严格的控制,并对访谈员提出的严格要求。

1. 访谈的控制

结构式面对面访谈的控制十分严格,主要体现在以下三个方面。

1)环境的控制

首先,访谈员要为访谈创造融洽的氛围,在正式进入调查之前,可以先与受访者随便聊聊,将彼此的距离拉近,再把话题引向访谈的内容。其次,访谈应在一个没有任何干扰的环境中进行。例如,在访谈过程中,请其他家人不要在旁边,以免随意插话,妨碍或影响受访者的回答。最后,要告诉受访者占用的时间不会太长,请受访者将手头的事情先暂时放一放,也不要让小孩在周围跑动玩耍,以保证受访者的精力集中在访谈上。

2)访谈进程的控制

第一,进入正题之前的聊天不能过长,要及时进入访谈。

第二,在回答问题的过程中,要掌握控制好进度,念题目的语速不能太快,要让受访者听清楚;要给受访者一定的思考时间,但又不能过长;有关态度方面的问题,要求受访者给出自己的第一反应,而不是经过价值判断后的大多数人的想法。

第三,要严格控制提问与回答,特别是当受访者在听完题目后不是马上针对选项回答,甚至跑题,或对开放式题目滔滔不绝时,要适时将话题"拉"回来;反之,当受访者对某些问题支吾时,访谈员要判断是不愿回答还是想不出来,分别及时引导。

第四,要帮助受访者进行访谈内容的转换。在受访者回答完一个题目之后,要对他的回答时行重复。例如,"您认为人们的生活水平有很大提高,选的是这个题目的第一项",然后再说"好,我们现在进行下一个题目"。

第五,要适时结束访谈。当问卷完成之后就要结束访谈,如果受访者还想对调查或问卷设计等提出自己的看法,应认真听取并记录;如果受访者要谈一些与调查无关的话题,如一些空巢老人很希望有人陪他聊聊天,那么可以谈几分钟,然后告诉他自己还要去访谈其他的人,希望他保重身体、健康长寿,就此告辞。

3)非语言交流的控制

访谈过程中除"访"和"问"的语言交流外,访谈员和受访者之间还有各种非语言交流。访谈员要控制好自己的肢体语言、表情、目光等,同时应随时关注对方的表情与动作的变化,从中判断受访者的态度及其回答的真实程度。

一个人对别人的态度既取决于自己的角色定位,也取决于个人的修养,对人有礼貌、诚恳、态度虚心等不是通过"控制"就可以做到的。表情是一个人内心世界的本能反应,装出来的表情,一定会让人看穿,而修养是通过长期积淀形成的。因此,在挑选访谈员时要关注其本人的素质。另外,要让访谈员认清自己的角色定位,做好访谈员的非语言交流培训,要求他们对自己的非语言交流进行控制,学会观察受访者的表情与动作的变化。

非语言交流主要包括体态语、目光、表情和外在形象。体态语是指访谈双方的肢体语言，包括各种动作和姿势。例如，当受访者回答"不满意"时，可以边点头边说"好的"，随后在问卷的相应题目选项"不满意"处画"√"，以表示对受访者的回答十分关注；在访问过程中，访谈员要尽量避免个人的习惯性小动作，如抖腿、抓头发等。目光要柔和、自然、放松，不要自顾自地低头读题目和选项内容，在这个过程中，要通过短暂的目光接触考查受访者是否在认真地听，观察受访者的目光和表情，了解他对题目的理解程度，以便及时做出反应。读题后的目光接触，表示在等待受访者的回答。另外，访谈员的穿戴要符合身份，给人以庄重的形象，不要有任何标注群体或团体的符号。

2．对访谈员的要求

要做到访谈标准化，就必须对访谈员的"面对面"有明确的、严格的要求，主要包括以下几点。

(1)访谈员要保证用问卷的"同一副面孔"去面对所有的受访者。访谈员要严格遵循事先制定的访谈程序和规范，完全按照问卷内容、问题的顺序，逐字逐句读出题目，而不能随意改变提问的方式、问题的陈述及答案的类型，也不能随意增添自认为有利于受访者回答问题的解释。当受访者提出疑问时，访谈员只能按照规定和要求给出统一的解释，不能自由发挥；当发现受访者的回答前后矛盾时，只能通过重述其回答和追问来确认；当感到受访者对调查题目的含义理解有误时，也只能通过重述题目或根据访谈手册的解释来帮助他们理解。

(2)访谈员在整个访谈过程中，必须保持中立态度和立场，要控制自己的语言、语调、表情和态度，不能流露出自己的价值倾向和对问卷中题目选项的偏好，更不能发表自己的看法和见解，即使受访者征询自己的看法，也不能说，要委婉地拒绝。

(3)访谈员必须明确访谈过程中可能出现的问题及规定的解决办法。如果出现意想不到的突发事件，事后也要及时地、如实地向调查督导汇报，说明处理的情况，并由调查督导或调查组织者决定如何处理该份问卷。

(4)必须完整地记录受访者的答案。对于封闭式题目，除非访谈员笔误，将选项记错，产生随机误差，否则不太会出错。对于开放式题目、半开放选项"其他"，以及受访者给出的答案超出选项范围的情况，访谈员在记录受访者回答的过程中就容易出现错误，主要表现是没有如实记录原始回答，而用自己的理解代替了受访者的原意，或记录不全，或为节省时间进行主观的概括性记录。

6.3.4　计算机辅助面对面访谈

随着计算机技术的发展，20 世纪 90 年代中期计算机辅助面对面访谈(computer-assisted personal interviewing，CAPI)作为社会调查的一种新的形式，在欧美得到了广泛的应用。CAPI 的特点是用计算机代替了纸质问卷、卡片和记录笔，访谈前先将问卷输入计算机，在访谈过程中，访谈员根据计算机屏幕显示的问题和指导语，向受访者提问，并将受访者的回答输入计算机。如果受访者不愿意通过访谈员回答问题，则可以由受访者直接将答案输入计算机以保护自己的隐私。当访问结束或告一段落时，访谈员通过互联网直接将结果传回主办调查单位，主办调查单位收到所有调查结果后便可以进行结果分析。

CAPI 的变化主要体现在调查工具的不断更新上，有以下优势。

(1)访谈员可以通过网络及时将调查数据传输到调查机构的数据处理中心，缩短了调查周期，节省了调查成本，提高了效率。

(2)计算机控制跳转逻辑、输入校验码等，可及时发现访谈中的问题，纠正访谈员的各种偏差，保证了数据的质量。

(3)不仅支持逻辑更复杂的问卷和更多的题型，而且形式更加多样，支持照片、图片、概念卡显示,支持音频和视频,支持 JAVA、3D、FLASH 等软件形式,支持虚拟购物、图片选择及刻度题等,提高了受访者回答问题的积极性。

(4)便携式计算机携带方便,可以在各种环境中进行访谈,如在旅游景点、购物商城。

CAPI 也有其不利的一面,主要是需要配置计算机、维护软硬件环境、编写相关程序,故前期的投入较大,不仅需要培训访谈员,而且还要有一定数量的技术人员,以编制访问问卷。

6.3.5　对结构式面对面访谈的评析

结构式面对面访谈与自填式问卷调查一样,是一种标准化调查,适用于大型社会调查。下面,关于结构式面对面访谈的优点与局限性的说明都是相对于自填式问卷调查而言的。

1.　优点

(1)大大提高了问卷的回收率,降低了无回答率。由于访谈员与受访者面对面接触,一般情况下拒绝合作或半途而废的情况较少,绝大多数能够配合调查;在回答问题时,由于是访谈员对整个问卷逐一念题,请受访者回答,因此基本可以避免"项目无回答";即使有的受访者不在家,也可另约时间进行访谈,或用替代抽样对象进行访谈,因此"单位无回答"也大大减少。研究表明,面对面访谈的回收率可达 80%以上,大大提高了问卷的回收率。

(2)提高了调查结果的可靠性。访谈员与受访者面对面接触,当发现回答中的问题时,访谈员可以通过提问或重复念题、重新补登的方法,减少受访者的漏登、误答、错答和乱答,从而提高了调查结果的可靠性。

(3)可以对调查资料的信度与效度进行评估。访谈员不仅可以直接得到受访者对题目的回答,而且可以观察受访者的表情、神态和动作,如果是入户访谈,还可以了解受访者的生活环境,因此可以获得自填式问卷调查无法获得的,有关受访者的许多非语言信息,可帮助判断受访者回答的真实程度,于是对受访者回答的信度就有了较准确的估计。

(4)调查对象的范围更加广泛,如对调查对象的文化程度取消了限制,可对某些特殊人群(如残疾人、高龄老人)进行入户调查,从而使样本更具代表性。

(5)为进一步确定研究内容和深度访谈抽取调查对象奠定了基础。在访谈过程中,有时会发现没有想过的问题,这些问题对进一步研究影响巨大,于是可以将这些问题作为进一步研究的课题。另外,可以发现有的受访者对问题的看法有独到之处,也有的很愿意表达自己的真实想法,当需要进行深度访谈时,便可对他们进行二次甚至是多次访谈。

2.　局限性

(1)因费用较高,时间较长,往往使调查的规模受到限制。

(2)匿名性差,对于敏感、尖锐或有关个人隐私的问题,受访者的思想压力更大、顾虑更多,因此问卷的效度不及自填式问卷。

(3)访谈员的态度、素质、经验等对访谈结果有决定性的影响。访谈员往往不自觉地将主观意见或偏见带到访谈过程中,使调查结果产生偏差。

6.4　结构式电话访谈

1876 年,贝尔发明了电话;1927 年,柯乐利调查公司(Crossley Survey Inc.)为进行广播收听率的研究,第一次使用了电话调查民意,在 44 个城市访问了 3 万个对话样本。在中国,直到 1987年,电话调查才开始被一些专业的调查机构使用,主要用于民意测验和媒体接触率研究。1999 年,四川卫视利用当地的电话网进行收视率调查；2000 年，中央电视台对春晚收视率进行了及时调查。电话访谈已成为社会调查重要的方法之一。

电话访谈的载体有固定电话、手机和计算机。在手机普及之前，固定电话是人们最重要的通信方式之一，电话访谈也是通过固定电话完成的。随着手机的普及，固定电话的普及率越来越低。据工信部 2019 年 3 月发布的数据，2018 年 6 月全国各省份固定电话普及率最高的是北京，也仅为 29.2%，有 11 个省份低于 10%，广西最低，仅为 5.6%；净增手机用户 1.49 亿，总数达到 15.7 亿，手机普及率达到 112.2 部/百人，已有 24 个省份超过 100 部/百人。鉴于这种现状，电话访谈中抽样框更多使用的是手机号码。

6.4.1　访谈的实施

结构式电话访谈的具体步骤是：访谈前明确访谈的目的与要求，据此编制访谈题目或访谈提纲；挑选和培训访谈员；通过抽样确定访谈对象；拨打电话进行访谈；整理访谈内容并进行分析。

1．访谈员的挑选与培训

结构式电话访谈的访谈员要用听觉来分辨受访者对问题回答的态度、真实程度等，还要通过自己的语调、说话的口气等来影响受访者，使受访者愿意接受访谈。因此，对电话访谈员的要求除基本素质外，更强调口齿清楚、语气亲切、语速适中、声音甜美。关于访谈员挑选与培训的更为详尽的内容详见第 6.5 节。

2．抽样方法

在结构式电话访谈中，抽样方法分两步：第一步抽取电话号码；第二步抽取有效的受访者。

1）抽取电话号码

如果调查人员已建号码库，则可以直接在号码库中选择符合条件的号码进行随机抽样。

如果没有号码库，则一般采用随机拨号法(random digit dialing，RDD)，即利用简单随机抽样抽取电话号码。

对于固定电话，电话号码的前 4 位或 3 位数字是区号或局号，后 4 位数字是用户的编号。就每个地区而言，区号是唯一的、固定的。局号的数目不是很多，局号的抽样框容易取得。为使样本的代表性更强，每个地区的所有局号都被抽取，再给每个局号分配样本量。在每个局号中，利用随机抽样对后 4 位数字抽样。例如，在 8077 局号中随机抽取 500 户，则可以从 0001～9999 中采用系统抽样的方法随机抽取 500 个电话号码。

对于手机号码，前 3 位为网络识别号，标识属于哪个运营商；中间 4 位是地区编号，标识属于哪个地区；后 4 位是用户编号。运营商及地区的标识码在网上都可以查到，因此可以用分层抽样等概率抽样抽取手机号码。

例如，第 31 次中国互联网络发展状况调查的抽样设计如下。

(1)总体：我国有住宅固定电话(家庭电话、宿舍电话)或手机的 6 岁及以上常住居民。分为 3 个子总体，子总体 A，住宅固定电话覆盖人群；子总体 B，手机覆盖人群；子总体 C，手机和住宅固定电话共同覆盖人群。

(2)抽样方法采用分层二阶段等概率抽样：为保证所抽取的样本具有足够的代表性，将全国按省份分为 31 层，各层独立抽取样本。省份内采取样本自加权的抽样方式。各地、市、州(包括所辖区、县)样本量根据该地住宅固定电话覆盖的 6 周岁以上人口占全省总覆盖人口的比例分配。对于手机覆盖人群，抽样方式与固定电话覆盖人群类似。各地、市、州内电话号码的抽取按以下步骤进行：在每个地、市、州中，抽取全部手机局号；结合每个地、市、州的有效样本量，生成一定数量的 4 位随机数，与各个地市州的手机局号相结合，构成号码库(局号+4 位随机数)；对所生成的号码库进行随机排序；拨打访问随机排序后的号码库电话。对于固定电话覆盖，同样是生成随机数与局号组成电话号码，拨打这些电话号码。但为了不重复抽样，此处只抽取住宅固定电话。

2）抽取受访者

显然，采用手机电话访谈时，手机拥有者就是受访者。如果所抽取的电话号码为住宅电话，一般说来，一个家庭中符合条件的受访者可能不只1位，于是需要确定应该抽取哪个人作为受访者。在多种抽取方法中，不加选择法(no-selection method)和下次过生日者法(next-birthday method)是两种简单易行、效果较好的方法。

不加选择法就是只要接听电话的人符合调查的要求，那么谁接听电话就访问谁。不加选择法的最大优点是操作方便。台湾的民意调查相关研究证明，用这种方法抽取的样本在个人特征等方面的构成与总体是一致的。但国外也有研究发现，当电话铃声响起时，女性接听电话的比例通常是男性的两倍，年轻人接听电话的比例也高于老年人。如果是这样的话，样本的代表性就较差，所抽取的样本不能看成是自加权样本，需要事后进行加权处理。

下次过生日者法就是先询问家中马上要过生日的人是谁或谁刚过完生日，然后请这个人来接听电话。大量的研究表明，这是一种有效的抽样方法，所获得样本代表性较强。但是，接听电话的人可能不知道是谁或记错人，还可能换人接听电话时发生挂断电话的情况。

3）选择替代样本

由于种种原因，抽出的电话号码无法接通或接通后不是符合条件的受访者，此时就需要有替代样本，才能满足抽取的样本量。有以下两种选取替代样本的方式。

(1)在抽出的电话号码附近进行替代。例如，抽取的电话号码是1351638029，不符合抽样的条件，则可以规定选择上下1个号或2个号替代，如用1351638030替代。显然，这种方法增加了出现空号的可能性。

(2)增加样本量，将抽出的电话号码分组排列，根据接通率确定是3个号码一组还是5个号码一组，然后将抽出的号码随机分组，在组内，如果第一个电话号码满足要求，完成了调查，则不再拨打组内其他号码，进入第二组；如果第一个电话没有接通或不是满足条件的受访对象，则用组内其他号码替代。

显然，第一种方法比较简单。

3. 需要注意的问题

结构式电话访谈与结构式面对面访谈都是通过"谈"，由访谈员严格按着调查程序进行调查，填写问卷，区别仅在于访谈员是通过电话进行间接访谈，下列特殊问题还需加以注意。

(1)问卷的内容不宜过多，访谈一般要控制在10分钟之内，甚至有人提出不宜超过8分钟，否则受访者会出现厌烦、敷衍的态度，甚至挂断电话。

(2)要把关键问题前置，这样即使访谈中断，完成的部分也会是很有价值的样本。

(3)接通电话的时候，一定要注意用词和语气，减少受访者的警惕心理。

(4)访谈员在完成个人和调查单位的简短介绍之后，先征询受访者的许可，再进入电话访谈的正式内容。如果受访者很忙，尽可能约定好下次访问的时间，约定时间应用选择性问题，如"您看我们的访问约定在明天上午好，还是下午好？""明天下午2点好呢，还是3点？"。

(5)在沟通过程中注意语态、语速，不要引起受访者的反感导致挂断电话。

(6)保证与受访者沟通记录的准确性、真实性，不得主观判断受访者语言的真实性，有问题需要与主管人沟通。

(7)在访问时应进行录音，以便于核对记录的内容是否准确。

(8) 如果受访者比较有想法，可以适当延长访问时间，让他尽兴。

(9) 对比较配合的用户给予小礼品等物质奖励，邮寄过去，保持联系，以方便后续进行回访等。

6.4.2　计算机辅助电话访谈

计算机辅助电话访谈(computer- assisted telephone interviewing，CATI)是一种利用计算机、电话等硬件和专门用于电话访谈的特定软件构成，能够进行自动随机抽样并借助电话进行的一种创新调查方式，20 世纪 70 年代在美国诞生，80 年代早期有较突破性的发展。CATI 已在欧美发达国家使用了 40 多年，许多国家半数以上的访问均通过 CATI 完成，有些国家甚至高达 95%，这主要基于电话的高普及率，以及大城市入户调查成功率越来越低的现状。2000 年，中国国家统计局举办了"计算机辅助电话调查"培训班，并逐步建立了国家级和省级民意调查中心，建立了 CATI 系统，专业市场、研究机构、高等学校、政府机关、卫生机构、大型企业等中也出现了 CATI 的身影。目前，CATI 已广泛应用于社情民意调查、健康问题调查、顾客满意度调查、服务质量跟踪调查等。

CATI 系统通常由一台主机和十几台甚至几十台计算机连接形成局域网，通过主机管理、监控每台计算机进行电话访谈的工作情况。

计算机辅助电话访谈一般包括三个主要步骤：访前准备、电话访谈、访问结束，具体如下。

(1) 在访谈前要根据调查目的设计问卷，然后按照规定格式将问卷输入计算机；在系统中设计好随机抽取电话号码的程序；挑选、培训访谈员，使他们掌握电话访谈的程序和技能。

(2) 正式进入实施访谈阶段，访谈员坐在计算机前，头戴耳机式电话，通过计算机自动随机拨号并保存拨号记录；电话拨通后，访谈员首先需要做自我介绍并向受访者说明访问的目的；在得到受访者同意后，访谈员按照计算机屏幕上显示的题目(每次只显示问卷中的一个题目)，向受访者提问，并将受访者的回答输入计算机，计算机自动弹出下一个题目，进行同样的操作，直到完成整个问卷。在访谈的过程中，研究人员在主机上监控和管理所有访谈员的访谈进展情况，并及时解决各种临时出现的问题。如果没有与受访者联系上，CATI 系统会自动储存该电话号码和下次访问的时间(届时该电话号码会自动出现在拨号系统中)，并自动重新拨号，直到抽到接受访问的受访者为止。

(3) 整个访谈结束后，利用统计软件对计算机已存储的调查信息进行统计分析。

显然，利用 CATI 系统进行电话访谈，有许多优越性，如在短时间内即可完成调查，访问结束后几十分钟内就可以汇总数据，周期短，工作效率是面对面访谈和一般的电话访谈不可比的；更有利于访问质量的监控；调查人员的管理更系统规范，有管理集中、反馈及时之效。然而，并不是所有调查都可以采用这种方式，没有价格昂贵的 CATI 系统肯定不行，即使有了设备，抽样框不满足要求同样不能实施。

6.4.3　优点与局限性

结构式电话访谈与面对面的访谈相比主要有三个优点。首先，电话访谈避免了面对面的接触，增强了访问的匿名性，访谈员不必考虑仪表问题，表情、动作不会影响受访者，使受访者能够更独立地做出回答。其次，电话访谈不受时空的限制，对于公务繁忙或不愿别人打扰自己生活的受访者，可免去入户带来的尴尬，可在他们方便的时间进行访问。最后，对于距离较远的访谈对象，节省了旅途的时间和经费，降低了调查的成本。因此，电话访谈是开展社会调查的一种基本方法。在中国互联网络信息中心全国抽样调查的抽样设计方案中，对居民样本就是采用了计算机辅助电话访谈；许多商业调查也经常使用电话访谈来搜集所需要的信息。

但是，电话访谈也有其局限性。其一，对于抽样调查来说，电话访谈难以保证样本的代表性，因为电话访谈的受访者是根据电话号码抽取的；其二，访谈员难以控制访谈的进程，只要受访者不想回答，放下电话就可以中断，不必考虑访谈员的感受，因而拒访率相对于面对面访谈要高；第三，电话访谈由于受到时间的限制，因此调查的深度和广度也受到限制。

6.5 质量保证体系

在具体实施调查时，数据的质量体现在所搜集的资料是否准确地反映客观实际情况，即数据是否真实准确，样本是否基本上是按设计方案抽取的。在结构式访谈中，搜集数据的过程主要依靠访谈员完成，于是对数据质量的控制就显得更为重要。大型社会调查(如全国性社会调查)往往借鉴企业所实施的全面质量管理的思想和做法，实行全面质量管理，以保证调查数据的质量。

6.5.1 全面质量管理与质量保证体系概述

1. 全面质量管理

全面质量管理（total quality management，TQM)是指为保证和提高产品质量，综合运用质量管理体系、手段和方法所开展的系统管理活动。

国际标准化组织(ISO)耗时 10 年，于 1987 年发布的 ISO9000 所包含的 20 个要素给出了 TQM 最基本的标准。它集中了各国质量管理专家和众多成功企业的经验，蕴涵了质量管理的精华，是质量管理的基础，它注重过程控制，强调规范化管理。

2. 质量保证体系

质量保证体系是"企业在全面质量管理中所建立的一套系统、完整的制度和组织机构的总称。它包括产品设计和试制过程的质量保证体系、产品制造过程的质量保证体系、产品辅助生产过程的质量保证体系及产品使用过程的质量保证体系。由此，企业产品质量从制度上、组织上得到长期而稳定的保证。"[①]

质量保证体系的基本要素如下。

(1)设计过程的质量保证。

(2)制造过程的质量保证：要求最经济地生产出合格产品。

(3)辅助和服务过程的质量保证：要求为设计和制造过程提供良好的物质技术条件。

(4)销售和使用的质量保证：要求保证产品以良好的质量状态进入销售使用过程，保证产品在使用过程中能正常发挥作用。

3. 抽样调查的质量保证体系

如果将抽样调查所得到的资料视为产品，那么抽样调查的质量保证体系便是指"调查人员在对调查资料的全面质量管理中所建立的一套系统、完整的制度和组织机构的总称。"表 6-1 给出了企业产品与抽样调查的质量保证体系的对应关系。

表 6-1 企业产品与抽样调查的质量保证体系的对应关系

企业产品的质量保证体系	抽样调查的质量保证体系
产品设计和试制过程的质量保证体系	问卷设计、抽样设计质量保证体系
产品制造过程的质量保证体系	资料搜集的质量保证体系
产品辅助生产过程的质量保证体系	调查人员、设备、调查问卷等的质量保证体系
产品使用过程的质量保证体系	数据分析、调查报告的质量保证体系

---

① 中国社会科学院经济研究所. 现代经济辞典[M]. 南京：凤凰出版社；江苏人民出版社，2005.

6.5.2 结构式访谈的质量保证体系

1. 访谈过程的质量保证体系

结构式访谈搜集数据的过程主要依靠访谈员完成,特别是全国性调查,访谈员人数众多,对数据质量的控制不仅涉及访谈员的挑选与培训,还涉及组织管理、调查过程的监控等工作。表6-2给出了产品制造过程与结构式访谈的质量保证体系的对应关系。

1)建立监督和管理的规定与制度

制定调查工作的各项程序规定和管理制度,并使每个调查人员了解熟悉,是保证调查工作顺利进行和调查资料质量的前提条件。这些程序规定和管理制度包括调查进度控制措施、调查小组管理办法、调查指导和监督措施、资料复核与检查措施、调查小结与交流制度等。各种规定要明确具体。例如,调查进度控制措施中要规定每人每天的调查数量(主要规定每天最多不能超过多少,而不能任由访谈员一天调查8~10份,甚至更多),调查小结与交流制度要明确规定每天还是隔天进行一次调查总结和情况交流等[①]。

表 6-2 产品制造过程与结构式访谈的质量保证体系的对应关系

项　目	质量保证体系	
	产品制造过程中的质量保证体系	结构式访谈的质量保证体系
要　求	最经济地生产合格产品	最经济地搜集合格的资料
主要内容	加强工艺管理,严格管理工艺规程,预防不合格品产生	建立监督和管理的规定与制度,严格管理访谈程序,预防产生访谈员误差
	严格质量检验,把好质量关	调查督导现场参与、问卷审核控制,把好问卷质量关;采用抽样控制,避免出现系统误差;做好事后评估,把好调查质量关
	加强质量分析,掌握质量动态,组织质量攻关	在调查初始阶段,调查人员、调查督导参与调查,发现问题,研究解决方案;在调查实施过程中,每天或隔天进行交流与总结,定期组织调查反思,做好过程评估,发现问题并及时解决
	加强不合格产品管理	对不合格问卷进行处理,补登或废除,对访谈员诱导受访者及谎报受访者的欺骗行为进行及时处理,批评教育乃至取消访谈员资格

2)调查督导的现场参与

调查督导现场参与调查的目的是及时发现并纠正访谈员操作上的错误,使访谈员建立工作信心,养成良好的访谈习惯。特别是在调查的初始阶段,访谈员对访谈工作的各个环节还比较陌生,容易出现操作问题,调查督导参与现场调查,直接对访谈员的调查行为进行指导和监督尤为重要。

调查督导现场参与调查可以采用公开方式或隐蔽方式。在调查初始阶段,调查督导陪同自己管辖的访谈员完成一两次访谈,以便及时指出存在的问题,使后继访谈顺利进行。当访谈员基本熟悉访谈程序后,会产生某些厌倦情绪,最容易出现违规操作行为,如诱导受访者,甚至出现自己不去访问,直接代替受访者填写问卷的作弊行为,此时可以采用隐蔽方式。例如,在访谈员离开受访者之后,调查督导随即入户,或进行电话随访,了解访谈员在访谈过程中的表现,现场复核问卷,以便及时发现违规操作,及时对访谈员进行现场培训,及时对错填、漏填的问卷进行补登和处理。

原则上,调查督导对每位访谈员的工作都要进行现场督导,在指导与监督过程中要注意工作方法和表达技巧,防止与访谈员发生冲突,不利于调查工作的开展。

3)问卷审核控制,建立对问卷的"二审制"

问卷审核控制主要是指通过对问卷内容的审核控制调查质量。第一次审核往往在现场进行,以便

[①] 风笑天. 现代社会调查方法[M]. 6 版. 武汉:华中科技大学出版社,2020.

于及时改正错误。问卷的第二次审核是在离开现场后的当日或次日,由研究者或专门的问卷审核督导对问卷中的关键性问题及有逻辑关系的问题进行二次审核,确保问卷的有效性、完整性和真实性。问卷的二次审核往往通过电话找到受访者,针对容易出现访谈员自己填写的题目进行回访,或者对有矛盾的题目进行回访,以检验访谈员是否作弊。二次审核中访谈员的质量控制也可以实地复核,即由专门的复核员到调查现场,对既定问卷的填写进行逐一复核。一般而言,复核员与访谈员之间应没有任何关系,属于背对背有效复核。为确保最终有足够的有效问卷,实施样本量应为成功样本量的 110%[①]。

4)抽样控制

抽样控制的目的是尽可能实现抽样设计方案,以保证样本的代表性。抽样控制主要集中在抽样过程中的两个问题上:第一个问题是在抽取居民住户过程中易出现"单位无回答",其原因有二,一是"受访者不在家"或出于自我保护意识"拒访",二是访谈员不愿意多次入户,以"没在家"或"拒访"为由,不再入户;第二个问题是访谈员为减少自己的入户次数,入户后不按规定选取受访者,而是谁在家就访问谁。

进行抽样控制,采取的措施主要有以下三个。

(1)要争取受访者所在单位(如社区的居委会或村委会)的配合,访问时由当地工作人员引见,会减小"拒访"的概率。

(2)要严格控制 Kish 表的发放,一户一张,避免入户后选择受访者时违规操作。

(3)加强回访,调查督导必须保证 20%的回访率,通过电话回访,了解访谈员对受访者的选择是否规范,若发现问题,则及时派专人上门核查,补做该户的问卷。

5)及时进行调查反思

在调查过程中,要求参与调查的每个人都要不断进行反思,包括访谈员、调查督导和调查人员。反思的内容包括调查过程中一切与调查有关的、可能影响调查数据的细节,特别是一些"意外"的细节,以及对这些具体细节的思考。调查人员和调查督导通过定期组织访谈员开会,交流访谈中出现的"意外事件"、处理方法及个人的观点,互相启发,对某些问题的处理形成共识,在具体操作上进一步规范,为提高下一阶段的调查质量奠定良好的基础。

6)对不合格访谈员的处理

通过严格挑选和培训,大多数访谈员是负责任的,但不可否认,个别人不适宜继续担任访谈员,要及时进行处理。例如,有的访谈员工作态度十分认真,但经过三次现场复核,仍存在较大的问题,说明该访谈员能力欠缺,应取消其访谈员的身份。再如,有的访谈员连续出现调查同类群体、连续出现拒绝留电话的受访者,连续出现同类问题有不清楚、拒绝回答的情况,等等,这往往说明该访谈员对问卷的理解有系统性偏差或可能有作弊行为。如果是理解问题,调查督导应进行详尽的讲解,甚至陪同他进行访谈,使他能在后继调查工作中正确操作;但如果是有作弊行为,那么要将其完成的问卷一律按废卷处理,并结束他的调查访谈工作。

7)过程评估与事后评估

过程评估是在调查访问过程中对调查质量进行的评估。一是通过调查督导陪同访谈员入户访谈,了解访谈过程,考查访谈过程标准化程度;二是对完成的问卷质量进行考查。因此,调查督导对评估标准的掌握尤为重要。

事后评估指的是调查人员的自我评估,而非调查工作全部结束后,由专家组所做的鉴定。目的是使调查人员自己对数据质量有较全面的把握,以便在进行数据分析时心中有数。

2. 访谈员挑选与培训过程的质量保证体系

对应于辅助生产过程的质量保证体系,在调查研究中是调查人员、设备、调查问卷等的质量保证体系,最重要的是访谈员的质量保证体系,具体对应关系如表 6-3 所示。

① 风笑天. 现代社会调查方法[M]. 6 版. 武汉:华中科技大学出版社,2020.

表 6-3　辅助生产过程与访谈辅助环节的质量保证体系的对应关系

项　目	质量保证体系	
	辅助生产过程的质量保证体系	访谈过程辅助环节的质量保证体系
要　求	为设计和制造过程提供良好的物质技术条件	为访谈的整个过程提供良好的人力、物力条件
主要内容	提高各项辅助服务工作本身的质量，保证设备经常处于良好状态	做好访谈员、调查督导的挑选和培训工作，编制访谈员手册
	提供符合标准要求的原材料、燃料、动力、工具等	提供符合标准要求的调查问卷、各类文件和访谈员手册、计算机、电话等

1) 访谈员的挑选

访谈员是实施结构式访谈的具体执行者，访谈员的素质是访谈取得成功的最基本的保证。挑选访谈员时，前提条件是能够根据受访者安排的时间进行访问，一是要考查是否具备基本的素质；二是要根据不同性质的调查，考查是否符合某些特殊的要求。

访谈员的基本素质包括以下几方面。

(1) 具有良好的读写能力和文字理解能力，一般会要求具有高中或大专以上学历。例如，招募大专院校的学生、中小学退休教师等。

(2) 具有一定的观察能力、辨别能力和人际交往能力。

(3) 具有良好的职业道德品质，为人诚实、工作认真负责、吃苦耐劳，对人谦虚有礼。

特殊要求要根据调查性质、调查地区和调查对象的特点而定。例如，调查婚姻问题、家庭暴力问题用女访谈员较合适；调查社会问题、政治问题用男访谈员较合适；在少数民族地区，最好请当地同民族、同宗教的人担任访谈员。

是否具有调查访谈的经验并不重要，甚至有人认为，对于有 10 次以上调查经历的人，作弊行为往往不可避免，就不要让他担任访谈员了，而应考虑担任调查督导。

2) 访谈员的培训

访谈员的培训是开展大型社会调查不可或缺的步骤，是实施结构式访谈的基础。访谈员的培训工作可分为以下三个阶段。

第一阶段：培训前的准备工作。最主要的是编写全面详细的访谈员手册。访谈员手册不仅用于规范和指导访谈员开展访谈工作，而且是调查督导监督访谈员工作的主要依据。访谈员手册的内容一般应包括调查项目简介、项目的抽样设计、问卷解释细则(详尽解释和澄清在访谈中对问卷可能产生的困难或容易混淆的情况，当发生问题时如何处理，对受访者的提问如何回答等)、标准化访谈的要求和技巧、访谈的准备工作及注意事项、访谈员的职业规范等一切与调查有关的内容和制度。访谈员手册的编写质量直接影响访谈工作的质量，特别是访谈技巧，要详细介绍，如怎样顺利进入受访者的家；进行后第一句话应该说什么；怎样向受访者介绍自己；怎样顺利进入问卷的填写；在受访者误解题目时应怎样处理；在受访者提出疑问时应怎样回答；在某些情况下访谈员应怎样进行提问或追问；在受访者出现倦意而问卷仅回答了一部分时，应采取怎样的措施；等等。

第二阶段：通过讲解与组织讨论对访谈员进行培训。主要有以下内容。

(1) 介绍本项调查的总体情况，包括调查的目的意义、研究内容、研究计划、研究方法、调查对象等，还要说明访谈的步骤、要求、时间安排、工作量及报酬等与访谈员直接相关的具体情况。

(2) 介绍调查的相关知识、标准化调查的基本要求和技巧。

(3) 结合访谈员手册，学习抽样方案和调查问卷，通过讲解、自学和研讨确定抽样方法和问卷中可能产生的疑义，熟悉抽样方法和问卷的填写方法。在讲解过程中，不仅要讲清楚"怎样做"，而且要说明"为什么要这样做"，此项内容是整个培训的重点。

第三阶段：观摩、实习与总结。采用多媒体播放访谈实录、调查人员与调查督导示范访谈过程等方式，使访谈员通过观摩对访谈过程有进一步的感性认识，在此基础上进行点评，回答访谈员的问题，将访谈员手册的学习与实际案例结合起来。然后，将访谈员分组，模拟访谈过程，演练结束后调查人员、调查督导和访谈员一起讨论模拟演练中出现的问题，交换彼此的经验。在开始正式调查之前，组织访谈员进行实习，进入真实环境做 3～5 次试调查，调查督导进行个别指导和集体点评。最后，每个访谈员撰写心得报告，组织考试，以了解访谈员对访谈要求的掌握情况。

3) 严格挑选调查督导

在调查过程中设置调查督导的目的是尽可能减小由访谈员产生的误差，对调查数据采集过程进行规范化管理。因此，调查督导具有承上启下的作用，上能够正确领悟调查人员的思路和调查要求，下能够在具体访谈过程中指导、管理和监督访谈员，实施调查过程的质量控制，真正将调查方案通过访谈员加以实现。因此，对调查督导的挑选更要严格。

对调查督导的基本要求是：第一，具有与调查工作相关的知识结构，掌握调查研究各个环节的方法与技巧，能够及时发现、正确解决访谈过程中出现的各类问题；第二，具有丰富的调查经验，参与各类规范的调查研究至少 10 次以上；第三，具有一定的组织管理能力。调查督导要对访谈水平参差不齐、性情各异的访谈员实施各项管理，并非易事，工作中既要坚持原则，对违规操作严格管理，又要善于与访谈员和谐相处，使他们心情舒畅地完成访谈任务，没有一定的领导能力、协调能力和沟通能力是不行的。

6.6　搜集数据的混合模式

6.6.1　混合模式的概念

在搜集调查数据阶段，调查人员最大的心愿就是提高回收率、降低无回答率，特别是单位无回答率。但调查的回收率不断下滑，而调查成本不断上升在国外是一个不争的事实。因此，混合模式调查(mixed-mode survey)在国外被广泛应用。如今，混合模式调查已成为美国及欧洲社会调查领域搜集数据的常规或惯用模式。

混合模式调查指在搜集数据阶段采用一种以上调查方式。目的是通过多种数据搜集模式相互组合、彼此互补，以较低的成本搜集高质量的调查数据。与第 14 章介绍的混合研究不同，混合模式调查是在搜集数据阶段对同一个调查对象同时或先后使用不同的搜集方法。例如，先给调查对象邮寄调查问卷，如果未返回答卷，就改为面对面访谈。而混合研究是指在一项调查中，同时或先后使用定量研究与定性研究。例如，先采用半结构式面对面访谈，在此基础上编制问卷，再进行问卷调查，在这个过程中，调查对象通常是不同的。

目前，我国社会调查问卷的回收率也出现了下滑的趋势，但学术界对混合模式调查的研究与应用还较少，本节主要将混合模式调查作为一种新的搜集数据的模式简单介绍给读者，以期使其得到进一步的推广使用和研究。本节所述内容主要来源于孙艳发表在《调研世界》2020 年第 5 期上的《运用混合模式提升调查数据质量的国际经验》，读者可参考查阅。

6.6.2　混合模式的类型

1. 并行式混合模式

并行式混合模式是指搜集调查数据时在同一时间提供多种调查模式供调查对象其选择。它基于调查对象对数据模式存在选择偏好的假设，认为请调查对象自己选择调查模式有助于提升其对调查人员的好感，从而降低无回答率。但事实证明，这种方法并不能显著提高调查的整体回收率，甚至有研究表明，提供两种方法选其一，还不如就给出一种方法的回收率高。可能的解释是，提供多种模式选择反而让调查对象不知选择哪个好，而造成填写行为的延迟，以致忘记答卷。

2．接续式混合模式

接续式混合模式是指根据调查对象的不同受访状态采用不同的调查模式，在每个时段内仅接触一种调查模式。一般地，从成本最低的模式开始，对于第一阶段无应答的调查对象转成成本较高的调查模式继续开始调查。

例如，美国社区调查(America Community Survey，ACS)，为最大限度地获得调查对象的支持与参与，采用"邮寄问卷、电话访问、入户登记"依次递进的数据搜集方式，是典型的接续式混合模式。具体做法是：在邮寄问卷时段，每个调查对象会收到 3～4 封信，第一封信由普查局局长亲自签署，告知该户居民为本次社区调查的调查对象，希望其做好相关准备；第二封信在第一封信发出当月的最后一周发出，内有调查问卷、填写指南、告知有义务填写并寄回问卷的法律文书，以及寄回问卷的空信封。在寄出第二封信的第三个工作日后发出第三封信，是普查局局长亲自签署的明信片，提醒将问卷寄出。3 周后，给仍未寄出问卷的调查对象发出第四封信，仍以明信片的方式进行敦促。在第一封信发出 5 周之后，如果调查对象仍未寄出问卷，则进入"电话访问"时段，即普查局依照其家庭地址及联系方式，进行电话提醒。如果电话访问遭到两次拒绝，则派访问员登门拜访，尽最后一次努力劝说调查对象填写问卷并将其取回[①]。最后，美国邮政服务局将收到的所有问卷转交给普查局，普查局使用图像扫描捕捉系统对问卷进行扫描、审核、汇总，使一份份问卷转化为计算机中的一行行数据。

3．嵌入式混合模式

嵌入式模式是在测量工具层面引入多种模式，即在一套问卷中部分问题采用区别于主体访问模式的其他模式完成。最常见的情况是在面对面访谈中，采用自填式问卷完成敏感题目的数据搜集。例如，全美药物使用与健康调查(National Survey on Drug Use and Health，NSDUH)，当提到药物使用时，访问模式由面对面访谈转变为辅助计算机问卷模式。大量研究证明，针对敏感问题采用更有助于保护调查对象隐私的模式会减小敏感问题的测量误差。

4．追踪调查的混合模式

对于追踪调查，一般采用的混合模式是，在基线调查时采用成本最高的面对面访谈进行数据搜集，而后采用成本较低的调查模式。例如，由北京大学中国社会科学调查中心设计实施的中国家庭追踪调查，2010 年启动首轮基线调查时，对全国 25 个省份的 17960 户家庭采用面对面访谈，而且在前三轮调查中，均采用面对面访谈。随着人口流动、家庭分裂等因素造成样本规模不断攀升、地域不断扩大，项目组对部分样本采用了计算机辅助问卷模式进行数据搜集。

6.6.3 混合模式实施中的几个问题

1．混合模式对数据质量的影响

首先，采用混合模式的初衷是充分发挥每种搜集数据模式的优势，弥补各模式的不足。针对不同的人群、不同的调查项目，通过不同模式的转化，一般会提高样本的覆盖率，减小无回答误

---

① 美国社区调查是美国普查局进行的一项全国性的年度调查，社区调查不计算人口，旨在了解全国、州、县和县以下区域的人口、住房、社会经济发展情况，及时、准确地反映社区发展全貌和居民生活变化，调查汇总的各类信息为各级政府和社区领导者的决策提供第一手资料。详见《社区调查：美国人口统计新模式》。

差。例如，在实施网络调查前，向调查对象发出告知函，并附上纸质调查问卷，之后再进行网络问卷调查，这样做就会使部分调查对象不会因自身原因(如非网民)不予应答，而纸质问卷增加了样本量，减小了无回答误差。

其次，采用不同的混合模式，对数据质量的影响是不一样的。如前所述，并行式混合模式对增大样本的覆盖面、减小无回答误差作用甚小，但对于接续式混合模式，邮寄问卷的每一次提醒，调查方式的每一次转变，直至到最后的面对面访谈，都针对前一时段没有应答的调查对象，这种一而再、再而三的联系，总会促使部分未填写者完成问卷的填写，达到提高问卷回收率的目的。

最后，由于不同的调查模式在信息传递、访问主导模式、访问压力及隐私保护方面具有差异，因此对调查对象的填写过程肯定会产生不同的影响，从而导致系统性偏差。但研究表明，随着混合模式设计和执行水平的提高，在控制样本选择性之后，这种系统性偏差将处于一个低水平。

2. 混合调查模式测量工具的设计

在混合调查模式的不同时段，测量工具(如问卷)如何设计？要不要做适当的改变？这与调查项目搜集数据的策略有关。

目前主要采用统一设计模式，即开发出一套适用于所有调查模式的测量工具。设计原则是：当调查项目中存在一个主导模式时，在设计过程中遵循主导模式测量最优化原则；当调查项目中存在多个并重的数据搜集模式时，遵循调查对象负担最低的准则。例如，调查模式是面对面访谈与电话访谈的混合模式，且以面对面访谈为主导，电话访谈追踪，就可保留问卷中的多选题；但如果是面对面访谈、电话访谈与网络问卷调查的混合模式，则要把多选题修改为二项选择题，以便于调查对象回答。

另一种设计模式为定制设计模式，指针对每种调查模式下调查对象回答的特点设计最适合该模式的问卷。定制设计的难点在于要对每种模式下调查对象的应答策略了如指掌。目前，对这一设计模式的研究与应用尚缺乏足够的文献和资料。

思考与实践

复习思考题

1. 解释下列名词：

无回答误差　单位无回答　项目无回答　结构式访谈　全面质量管理

2. 抽样调查有哪几种搜集资料的方法？比较各种方法的优点和局限性。

3. 有效回收率达到多少可以接受？应采取哪些措施减小无回答误差？

4. 访谈法可以分为哪些种类？怎样进行结构式访谈？进行访谈时应注意什么？

5. 怎样进行电话访谈？进行电话访谈时应注意什么？

6. 如何对抽样调查的过程进行全面质量管理？怎样保证结构式访谈的质量？

实践与合作学习

1. 在网上检索并研读采用问卷法和计算机辅助电话访谈法进行社会调查的论文各一篇。

2. 本小组的社会调查课题进入资料搜集阶段。在搜集资料前，进一步审查调查问卷和抽样方案，确定实施调查的时间和截止日期，按时完成数据的搜集工作。

第 7 章　数据资料的预处理

在经过大量的调查工作之后，面对回收的大量问卷，应从哪里入手呢？这时开始进入数据的分析阶段，即要挖掘这些问卷所携带的信息及其深层含义。数据是调查分析的基石，如果没有完整、真实可靠的数据，对问卷的统计分析便失去了基础，由此得出的任何结论都是不可信的。因此，首先要解决的是如何将问卷的信息处理为数据，考查这些数据的质量，认真、细致地做好数据资料的预处理工作，为进一步的统计分析奠定基础。

本章思维导图

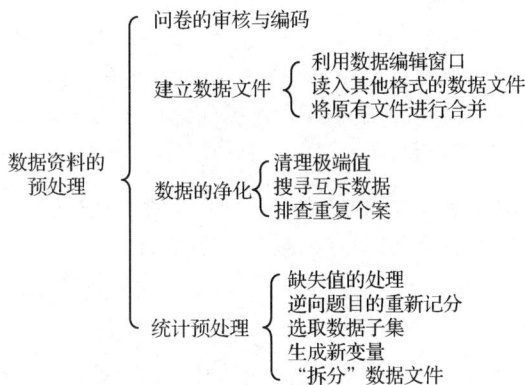

7.1　问卷的审核与编码

在用计算机输入数据之前，对问卷信息及有关的数据进行审核是非常重要的，如果不把那些不准确、不必要的数据剔除，在输入数据时就会造成人力、经费等的浪费，更不能保证数据的质量。因此，在问卷回收后，需要认真地进行审核。审核的内容有两项：检查每份问卷的每一个题目，以确定该问卷的完整性和有效性；统计回收问卷和有效问卷的份数，以确定是否需要做补充调查，以满足样本量及样本结构的要求。

7.1.1　问卷质量的审核

在审核问卷之前，要对有关问卷质量标准做出若干规定，如问卷有多少题目没有回答就是无效的；哪些信息必须是完整的，哪些信息缺失可以接受；对于没有按要求回答的题目如何处理；等等。

1. 剔除无效问卷

审核问卷的第一步，是从形式上审查问卷的有效性和真实性。如果问卷中没有回答的题目达到无效问卷规定的数量，或者各题所选择的项目是按某种规律进行的(如全选 A，或全选 C，或走 S 形等)，或者必要的基本信息没有填写，则这份问卷应视为无效问卷而被剔除，不必再对各个题目仔细检查。

如果是网上调查，则要注意答卷人是否属于调查范围，如果不属于，显然是要删除的。

在所有问卷审核完成之后，要对有效问卷进行编号，以便于输入及需要时进行查找，同时也可统计出回收的问卷中有多少是有效问卷。

2．检查问卷是否有明显错误

审核问卷的第二步是在数据输入的过程中进行的，即认真检查问卷中每个题目的回答是否符合问卷的规范和要求。

1) 基本信息填写是否有误

例如，在对计算机专业学生进行团体测试时，问卷上的"专业"理应选择"工科"，但是有的问卷中选择的是"教育"，就要进行改正。

2) 是否按指导语填写

不按指导语答案的现象往往出现在两类题目中。一类是排序题，只对题目的选项进行了选择，而没有进行排序，对此，往往按没有回答，即缺失数据处理。所谓缺失数据，就是应该有数据的地方没有数据，出现了空白，或者发现数据超出应取值的范围。

另一类是纸质问卷中的跳答题，这些题目的指导语中明确规定，如果选择本题的某一选项，则要转到后面的"第×题"继续回答，但是往往有的问卷没有跳答，仍按着题目的顺序答卷(在网络调查中，自动跳转由程序自动实现，故不存在此类问题)。例如，在对离退休教师进行"老有所为现状"调查时，其中的3个题目是：

8．您现在是否仍在参加工作？①是的，参加　②没有参加(如选②，请转到第10题)

9．您现在仍参加工作的原因是(回答后请转到11题)

①为了发挥专业特长　……　⑥满足个人兴趣　　⑦其他(　　　　)

10．您目前没有参加工作，原因是

①不想再干，只想过得轻松些……　⑥子女需要帮助　　⑦其他(　　　　)

但有的教师选择第8题的②之后，并没有转到第10题继续回答，而是对第9题及第10题都给予了回答，此时，对第9题的回答就应按第9题的编码来处理。例如，输入数据时可以设第8题选②者、第9题不回答的编码为0，以便与第8题选①、第9题不回答(作为缺失值处理)的情况区分开。

3) 是否有明显的错误和矛盾

例如，调查学生时间管理水平时，有的学生在"我总是制订好下周的时间安排表"一题中选择"非常符合"，而在另一题"我从不在时间安排上做计划"也选择"非常符合"，显然两个选择是矛盾的，我们无法鉴别真伪，因此两个题目的数据都要作为缺失数据处理。

鉴于上述讨论，在审核问卷时，对于出现问题较多的问卷，处理时要区别情况分别对待。如果样本容量较大，可以作为废卷舍去，但舍去的问卷总量一般要少于样本容量的10%；如果样本容量较小，则需要补测一次，但要注意样本的代表性。

7.1.2　对问卷进行编码

所谓编码，是指将调查对象对问卷给出的答案赋予代码，以便使计算机能够识别。根据需要，代码可以是数字，也可以是字母。对于大型的调查，统一编码是保证数据输入质量的重要环节。

1．编码的方式

编码可分为事前编码和事后编码。事前编码是在设计问卷时就把各个问题的所有可能回答的选项都赋予一个代码，编码时只要逐一记录调查对象回答的选项代码即可，封闭式问卷通常采用事前编码的方式。网上调查也采用事前编码，并在程序中完成。事后编码是在调查之后进行编码。例如，开放式题目及封闭式题目中的"其他"(由调查对象自己书写具体内容)选项,在问卷回收之后,经过整理归纳并将回答加以分类,才能进行编码。另外,为进行统计分析,需要根据问卷中的变量产生某些新的变量,对此进行的编码,可以是事前编码,也可以是事后编码。

2. 编码的具体操作方法

编码主要有三项内容:第一,定义数据项的变量名;第二,定义变量名标签,即对变量含义的说明,有助于理解输出的结果;第三,定义变量值及其标签,主要针对定类变量和定序变量。

1)单选题的编码方法

对于封闭式问卷中的单选题,编码比较简单,变量名一般与题目的序号相联系,变量值为各选项的序号,变量值标签为选项的内容。例如:

12. 我认为学校中考试作弊现象
(1)很普遍　(2)比较普遍　(3)不太普遍　(4)不普遍　(5)极个别情况

其编码内容是:

变量名——X12;

变量名标签——我认为学校中考试作弊现象;

变量值与变量值标签—— 1=很普遍,2=比较普遍,3=不太普遍,4=不普遍,5=极个别情况。

于是,如果某个学生的回答是选择(3),那么该学生对应变量 X12 的值是 3。

2)多选题的编码方法

对于封闭式问卷中的多选题,有几个选项就要编码成几个二分变量,即每个选项都要设定为一个二分变量,如果该选项没被选中,则对应的二分变量取值为 0;如果被选中,则取值为 1。例如:

5. 我参加过的社会实践活动中较多的是(可多选)
(1)家教　(2)社会调查　(3)公司打工　(4)社会公益活动　(5)其他

由于调查关注的是前四项,因此对"其他"选项没有要求具体填写,如果要求填具体内容,就要做事后编码。该题对应的编码规则如表 7-1 所示。

表 7-1　第 5 题对应的编码规则

项　目	变　量　名				
	Q5.1	Q5.2	Q5.3	Q5.4	Q5.5
变量名标签	家教	社会调查	公司打工	社会公益活动	其他
变量值及其标签	0=未选 1=选中	0=未选 1=选中	0=未选 1=选中	0=未选 1=选中	0=未选 1=选中

表 7-2 为上述社会实践调查数据文件中,3 名被调查的学生对第 5 题的回答情况,其中有 1 名学生没有回答,处理为缺失值(系统采用"."表示)。"bh"为问卷编号变量。

表 7-2　变量 Q5.1~Q5.5 的数据输入表

bh	变　量　名				
	Q5.1	Q5.2	Q5.3	Q5.4	Q5.5
10231	1	0	0	1	1
10232	0	1	1	1	0
10233	.	.	.	.	.

3)排序题的编码方法

问卷中的排序题有两种编码方式。例如，为考查学生上大学的目的，某题目给出了 6 个选项，要求回答时对 3 个主要目的进行排序：

80. 我上大学的三个主要目的是(用 1、2、3 标示并将排序填入括号内)

(1)为国家富强贡献自己的力量(　) 　　(2)找到理想职业提高经济地位(　)

(3)不辜负父母的希望(　) 　　(4)提高素质实现自身价值(　)

(5)为进一步深造奠定基础(　) 　　(6)其他(　)

第一种编码方式类似于多选题的编码，有 6 个选项就要设 6 个变量，如 X8001、X8002、…、X8006，分别表示题目中的第(1)～(6)选项。将"我上大学的主要目的是"及选项的具体内容作为变量名标签，如 X8001 的变量名标签是"我上大学的主要目的是为国家富强贡献自己的力量"。与多选题不同的是，这 6 个变量不再是二分变量，变量值有 4 种(不包括缺失值)，即将选项的排序数作为变量值。具体地，变量值及其标签是：1=第一位，2=第二位，3=第三位，0=没有选择，如图 7-1 中表格的第 3～8 行所示。图 7-2 中表格的第 1～6 列是根据这种编码对该题输入的部分结果。

第二种编码方式是，题目要求调查对象选几项就设几个变量，该题要求选择 3 项，就设 3 个变量，如 Y801、Y802、Y803，变量 Y801 的标签是"我上大学的第一位目的是"，相应地，Y802 和 Y803 的标签只需将"第一位"分别改为"第二位"和"第三位"。变量值则对应各选项的内容，变量值及其标签是：1=为国家富强贡献自己的力量，2=找到理想职业提高经济地位，…，6=其他，0=没有选择，如图 7-1 中表格的第 9～11 行所示。图 7-2 中表格的第 7～9 列是根据这一编码对该题输入的部分结果。

4)开放性题目的编码

对于开放性题目，或者题目中出现"其他"选项，而且要求调查对象写出具体内容时，应在编码之前对问卷的各种回答进行整理、归类。归类的方法是：开始时分类可以细一些，最后根据调查的需要，统一确定将哪些内容作为新的选项进行编码，而与调查的关注点关系不密切或只有极少数调查对象填写的内容，将其归为"其他"进行编码。例如，"业余爱好"最好设计为选择题，如果设计为填空题，回答就会多种多样。细分时，可分为"球类""田径""舞蹈"等，再进一步归类就可分为"体育""文艺"等。

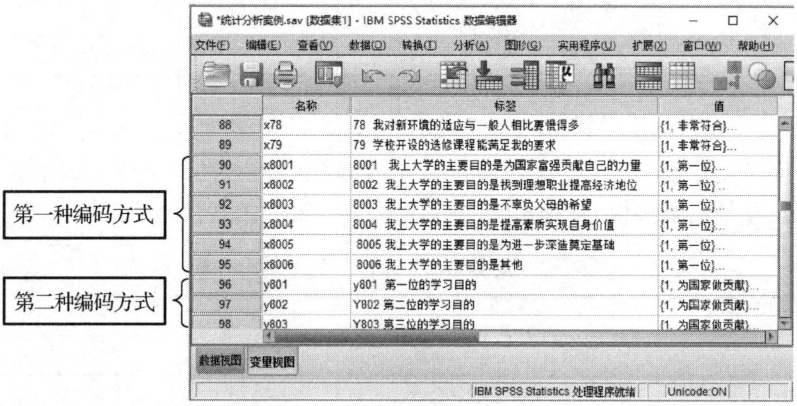

图 7-1　两种编码方式举例

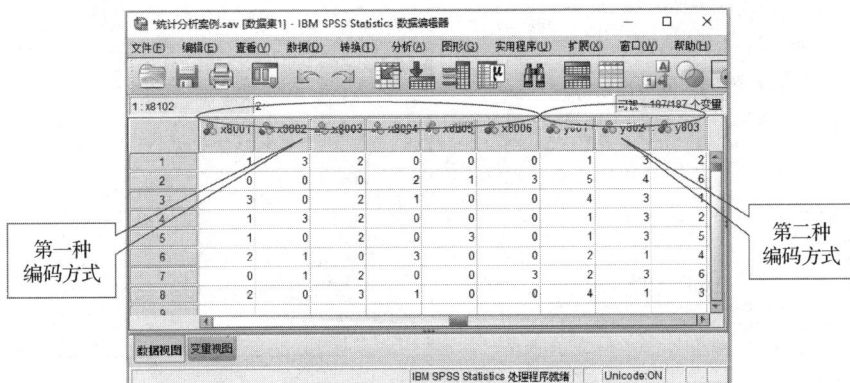

图 7-2　按两种编码方式输入的数据集举例

对于大型社会调查，如果确实需要有开放性问题，则在归类时可先随机抽取一定量的问卷(如100 份)进行归纳，划分类别，以此为基础进行编码。另外，如果是由多个单位组成调查组，一定要加强编码的组织工作，需要及时将各单位归纳的类别汇总，规定统一的编码规则之后再输入数据，否则可能不同单位用不同的代码表示相同内容，或相同的代码可能含义不一样，将无法合并数据文件，统计分析工作更无从谈起。

5) 分组汇总数据的编码

有时根据需要，还会搜集某些分组汇总数据。例如，《中国统计年鉴——2019》的第 1~3 节中给出了 4 年的国民经济与社会发展结构指标，其中，国内生产总值(生产法)的相关数据如表 7-3 所示。编码时，表中年份的分组值为 1978、1990、2000、2018，变量"产业"的分组值取第一、第二、第三，还要设置变量"百分比"，输入后在 SPSS 数据编辑窗口形成的汇总数据文件格式如图 7-3 所示。

6) 两点说明

(1) 不仅要对问卷中每个题目的回答都有确定的编码规则，而且要将问卷的编号等相关信息进行编码。例如，"北京市大学生学习状况调查"有 15 所院校参加，问卷中没有填空题"所在学校"，在编码时需要设置"学校编号"变量，每个学校都对应一个数字，如 1=北京城市学院、2=北京服装学院等。根据调查的计划，需要分析重点建设院校与一般院校学生在学习上的差异，因此要将"工科类型"作为变量考虑进去：1 = 非重点建设院校，2 = 重点院校，如图 7-4 所示。又如，对各个题目的缺失数据，规定用诸如"9""99"等变量不可能取到的特殊数字表示。

表 7-3　第一、二、三产业在国内生产总值中的百分比

产　业	年　份			
	1978	1990	2000	2018
第一产业	27.7%	26.6%	14.7%	7.2%
第二产业	47.7%	41.0%	45.5%	40.7%
第三产业	24.6%	32.4%	39.8%	52.2%

(2) 要编制编码表或编码手册，将每个变量的名称、变量值及其标签、变量的格式等内容详尽地写明。其目的有 3 个：为数据输入工作提供指南；使研究人员在数据分析过程中更加方便地理解数据所包含的变量及编码的意义；如果是网上调查，则建立数据库时也需要这样的编码表。表 7-4 所示是"北京市大学生学习状况调查问卷"部分编码规则。

图 7-3　汇总数据文件格式

图 7-4　对相关信息进行编码

表 7-4　"北京市大学生学习状况调查问卷"部分编码规则

项目	题号	变量名	变量取值的规则
基本情况	1	性别	序号值选(1),性别 =1,若选(2),性别 = 2
	2	年级	序号值选(k),年级 = k,k = 1,2,3,4,5
	…	…	…
单选题	1～8	X1～X8	所选项的序号值
	9	X9	不回答取值为 0,否则取所选项的序号值。例如,不回答者,X9 = 0;若回答者选(2),则 X9 = 2
	10～28	X10～ X28	所选项的序号值
	29～79	X29～ X79	"非常符合""比较符合"直到"不符合",分别取值为 1、2、3、4、5
多选题	80	X8001～X8006 分别对应第 80 题的 6 个选项	未选项取值为 0,所选项之值为所排的序数。例如,序数为 1、2、3 的选项分别为(4)、(1)、(5),则 X8001=2,X8004=1,X8005=3,其他变量的值为 0

7.2　建立 SPSS 格式的数据文件

建立 SPSS 格式的数据文件有多种方式,本节仅介绍利用数据编辑器窗口,将 Excel 转为 SPSS 格式的数据文件,以及如何将两个数据文件合并形成新的数据文件。

7.2.1　利用数据编辑器窗口建立数据文件

数据编辑器窗口中包含两个子窗口:变量视图和数据视图,其中变量视图是用来定义数据结构的,其作用相当于一个十分详尽的编码表,如图 7-5 所示。

1. 变量视图

在 SPSS 数据编辑器窗口的变量视图中,要给出有关数据结构的相关说明,包括变量名、数据类型、宽度、小数位数、变量名标签、变量值、缺失值、列宽度、对齐方式和度量标准(测量等级)和角色。

在变量视图的第一列输入变量名(如性别)之后,只要单击第二列"类型"相应的空格,就会出现所有列对应的系统默认值,然后可根据问卷的编码对各列做相应的修正,如图 7-5 中"性别"一行的内容。

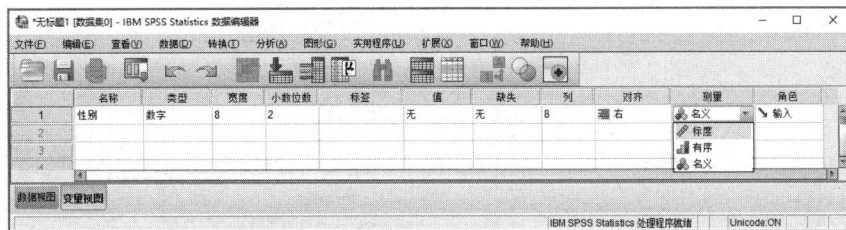

图 7-5　SPSS 数据编辑器窗口的变量视图

1) 变量名

为了统计分析时比较方便地选取变量，在为变量命名时，最好与其代表的数据含义相同。例如，性别、年级、专业等都可以直接使用汉字作为变量名，第 26 题就用"X26"作为变量名。但要注意，变量名要以字母或汉字开头，若以字母开头，则后面不能跟"！""-"和"*"，最后一个字符不能用"_"和"."；变量名不能与下画线及 ALL、AND、BY、NOT 等 SPSS 内部具有特殊含义的保留字相同。

上述这些规则不必硬记，如果出现了某个错误，系统会自动显示错误提示信息，如图 7-6 所示。

如果在输入数据时没有给出变量名，则系统会采用默认变量名，按 VAR00001、VAR00002、…依次排列下去。

2) 变量类型及其相关规定

变量类型是指变量取值的类型，SPSS 中有数值型、日期型、货币型和字符串及受限数字。其中，数值型有四种不同的表示方式：数字型、带"逗号"的数值型、用点作小数点的数值型、科学记数法型；货币型有美元型和定制货币型(用户自定义)。

具体操作过程是：单击"类型"列与相应变量所在行的单元格，出现按钮，单击此按钮，便会弹出如图 7-7 所示"变量类型"对话框，自上而下列出了上述 9 个变量类型。

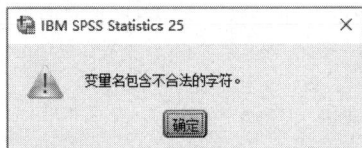

图 7-6　系统自动显示的错误提示信息

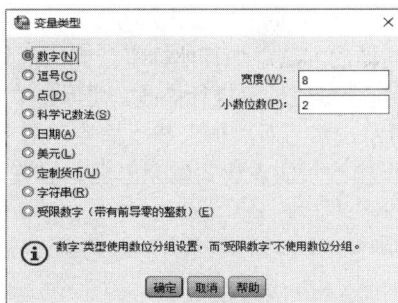

图 7-7　"变量类型"对话框

当选择"日期"或"美元"选项时会显示一个小列表框，分别如图 7-8、图 7-9 所示。对于调查数据的编辑，在一般情况下，不需要选择"定制货币"选项，如用人民币表示收入数据，用数字型即可。

关于变量格式，还有以下相关规定。

(1) 宽度：变量值可显示的最大字符位数，默认值为 8。要改变其值，可双击单元格，在编辑状态下输入用户认为合适的值，或者单击单元格中的按钮来增加或减小变量的宽度值。

(2) 小数：指定变量值应取几位小数，默认值为 2。如果取 3，则 3.1416 保留为 3.142，15 则记为 15.000；如果取 0，则为整数。例如，"性别"分别用 1、2 表示男、女时，小数位数应取 0。

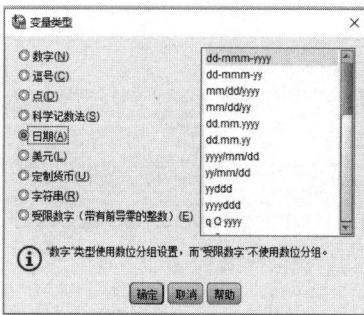

图 7-8　选择"日期"选项

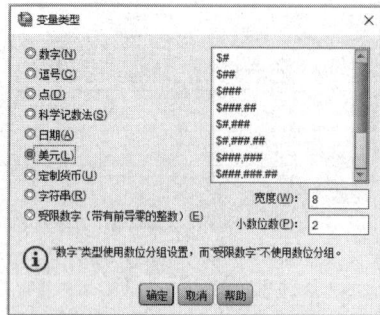

图 7-9　选择"美元"选项

(3)列：变量在数据视图中所占的列的字符数，默认值为 8。通常列宽度要不小于变量设定的宽度，否则数据显示不完整，当然这并不影响 SPSS 分析运算的结果。

(4)对齐：在数据视图中数据对齐的格式，有"左对齐""右对齐""居中对齐"3 种方式，默认方式为"右对齐"。

3)变量名标签和变量值标签

"标签"和"值"都是对变量的进一步说明。"标签"是对变量名含义的解释，最多可用 120 个字符。"值"是对变量的可能取值附加的说明，主要用于定类变量和定序变量。例如，对于题目"我经常浏览报纸杂志"，编码表中规定 1 = 非常符合，2 = 比较符合，3 = 有点符合，4 = 不太符合，5 = 不符合，这些规定都要作为变量值标签输入，如图 7-10 所示。

具体操作过程如下。

(1)单击变量所在的行与"值"列的交叉单元格，会出现按钮▨，单击此按钮，将弹出"值标签"对话框，如图 7-10 所示。

(2)在"值"框中输入变量值"1"，在"标签"框中输入变量值标签"非常符合"，单击"添加"按钮，在下面的框中就会出现：1="非常符合"。

(3)用同样的方法添加其他标签，完成后单击"确定"按钮即可。

如果要对变量值标签进行修改，则可先单击标签列表中要修改的表达式，激活"除去"按钮，如图 7-11 所示，然后对"值"和"标签"两个框中的值进行修改，修改后"更改"按钮被激活，单击该按钮，修改后的表达式就会出现在标签列表中。如果要删除选定的表达式，则单击"删除"按钮即可。

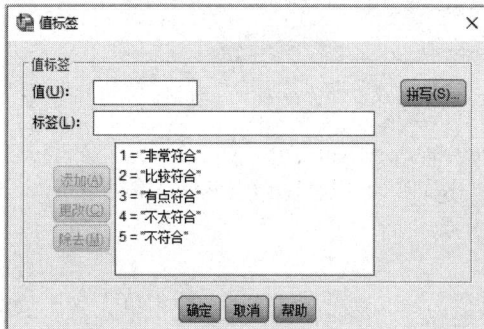

图 7-10　"值标签"对话框

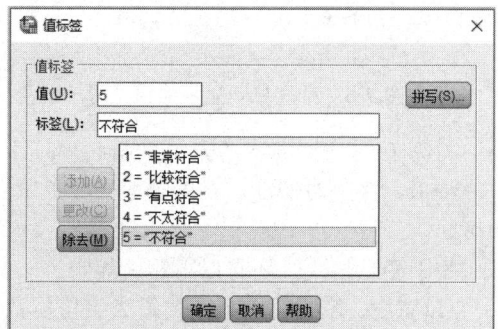

图 7-11　修改变量值标签

尽管变量值标签不是必须给出的，但建议对于定类变量和定序变量最好给出变量值标签，因为这可使统计分析结果的可读性更强。例如，在分析学生对培养专业兴趣的态度上是否存在年级差异时，SPSS 输出的统计表如表 7-5 所示，统计结果一目了然。如果没有变量值标签，那么表 7-5 中行标题与列标题显示的都是数字，需要查找每个数字的含义，显然可读性就差多了。

表 7-5　不同年级学生对培养专业兴趣的态度的交叉表

| | | | 4 我认为对专业的兴趣 | | | | |
			靠个人内在的兴趣	要有意识地培养	随着对专业的了解自然会产生	没必要培养，不喜欢就是不喜欢	总计
年级	大一	计数	33	44	39	9	125
		年级中的百分比	26.4%	35.2%	31.2%	7.2%	100.0%
	大二	计数	15	38	42	8	103
		年级中的百分比	14.6%	36.9%	40.8%	7.8%	100.0%
	大三	计数	16	42	43	14	115
		年级中的百分比	13.9%	36.5%	37.4%	12.2%	100.0%
	大四	计数	21	25	46	8	100
		年级中的百分比	21.0%	25.0%	46.0%	7.0%	100.0%
总　计		计数	85	149	170	39	443
		年级中的百分比	19.2%	33.6%	37.4%	7.8%	100.0%

4）缺失值

SPSS 说明缺失数据的基本方法是通过"缺失"列，由用户定义缺失值。具体操作过程如下。

(1) 单击变量所在的行与"缺失"列交叉单元格，会出现按钮▦，单击此按钮，弹出"缺失值"对话框，如图 7-12 所示。

(2) "缺失值"对话框有如下 3 个选项。

● 无缺失值：系统默认项，缺失值用"."表示。

● 离散缺失值：对于字符型和数值型变量，可指定 1～3 个特定的离散值，如"99""999"等。

● 范围加上一个可选的离散缺失值：给出数值型变量缺失值的范围，在"下限""上限"栏分别输入缺失值的下限和上限，如 1 与 6；还可以在"离散值"栏中附加一个上下限区间以外的离散值，如 12；表示 1～6 和 12 均视为缺失值。

以上 3 个选项可以根据需要选择其中之一。

(3) 单击"确定"按钮。

5）变量的测量等级

如图 7-13 所示，在"变量视图"窗口中，"测量"对变量的测量等级提供了以下 3 个选择。

● 标度：定距测量和定比测量。

● 有序：定序测量。

● 名义：定类测量。

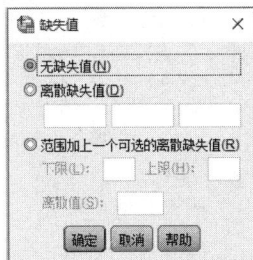

图 7-12　"缺失值"对话框　　　　　　　图 7-13　测量等级

　　显然，这里将定距测量和定比测量均归结为标度测量等级。如果要改变默认的测量等级，则单击"测量"列相应的单元格，在弹出的下拉列表中单击所要的等级即可。

　　另外，"角色"用来指定该变量在建模中的角色，分为"输入""目标""两者"等。在默认的情况下，为所有变量分配的角色都是"输入"，可以不予关注。

　　完成"变量视图"窗口的编辑工作就给出了编码中所有变量的结构定义，形成了一个标准的数据输入模板，如图 7-4 所示，可以开始在"数据视图"窗口中按问卷的编号输入数据。

　　对于由多个单位参与的大型调查，如果使用纸质调查问卷，手工输入前将编码表及数据输入模板发至每个单位至关重要，可保证数据质量和顺利进行数据合并。显然，对于纸质问卷，采用读卡的方式更加简便。

2. 数据的输入与保存

　　对于网上调查，数据已由答卷者填写，不存在数据输入问题；而采用光电输入方式中的条形码判读器时，同样不需要手工输入数据。许多高校在开学时都要对新生进行心理测试，量表应用范围大，或测试的人多时，就会采用网上测试或用条形码判读器。对于一般的抽样调查，往往是根据研究的需要进行的，一次性调查较多，样本量不大，采用手工输入数据的比较多。

　　1) 数据的输入

　　在完成了"变量视图"窗口的相关工作后，单击数据编辑器窗口下方的"数据视图"，出现的是与 Excel 类似的二维电子表格，表格中的一行称为一个个案，左侧第一列显示的是个案序号。一个个案就是一份调查问卷的全部数据，相对于"变量"可称其为"观测量"，数据就是相应变量的观测值。全部问卷数据输入完成后，便组成了一个 SPSS 的数据表。

　　数据输入与编辑方法与 Excel 基本类似，不再赘述。

　　如果在"缺失值"对话框中选择了"无缺失值"选项，那么在输入数据时，数值型变量的缺失数据可以不输入任何信息，单元格处会自动出现一个"."，作为默认的缺失值，称为系统缺失值。

　　2) 插入个案或变量

　　在按问卷编号输入数据的过程中，可能漏输了某份问卷，如编号为 6 的个案，此时只需要单击最左侧的"编号"列的"6"，激活后右击，在弹出的菜单中选择"插入个案"，如图 7-14(a) 所示，原第 6 行数据便移到第 7 行，即可在第 6 行输入数据。

　　类似地，要插入一个变量，可在弹出菜单中选择"插入变量"，如图 7-14(b) 所示。

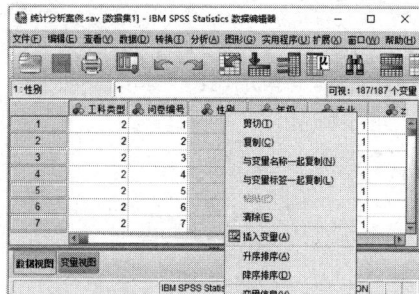

(a) 插入个案　　　　　　　　　　　　　　　(b) 插入变量

图 7-14　插入个案或变量

　　3) 保存数据文件

　　数据文件可直接保存为 SPSS 格式，也可保存为其他格式。保存的途径有两种：利用"文件"菜单中的"保存"或"另存为"，具体操作与 Word 操作相似，不再赘述。

7.2.2　Excel 格式数据文件的转换

SPSS 软件能够得以广泛应用的一个重要原因是它提供与其他软件共享数据文件的功能，即
SPSS 可以打开这些软件中的数据文件，也可以将
SPSS 的数据文件保存为这些软件包的数据文件。如
图 7-15 所示，可用 SPSS 打开的数据文件囊括了常
用的 Excel、CSV、SAS 及文本等格式。

SPSS 通过两个途径读取文本格式文件，一是直
接使用 SPSS 将数据导入引导窗口；二是使用 Syntax
语句。这里仅结合案例介绍 SPSS 格式数据文件与
Excel 格式数据文件的转换，其他转换的操作方法与
此类似。

【案例 7.1】

对数据文件"1.562 名学生（Excel）"进行 Excel
格式与 SPSS 格式的相互转换。

图 7-15　可用 SPSS 打开的数据文件类型

1.　读取 Excel 数据文件并转存为 SPSS 数据文件

读取 Excel 数据文件"1.562 名学生（Excel）"并转存为 SPSS 数据文件。

【操作步骤】

(1) 单击"文件"→"打开"→"数据"（或单击快捷按钮　），弹出"打开数据"对话框。

(2) 在"文件类型"的列表中选择"Excel（*.xls、*.xlsx 和*xlsm）"，在文件列表框中选择数
据文件"1.562 名学生（Excel）"，单击"打开"按钮，如图 7-16(a) 所示，弹出"读取 Excel 文件"
对话框，如图 7-16(b) 所示。

(3) 最上一行为文件的路径，系统默认选择"从第一行数据中读取变量名称"，单击"确定"
按钮，Excel 工作表中的全部数据便读取到 SPSS 数据编辑器窗口中。

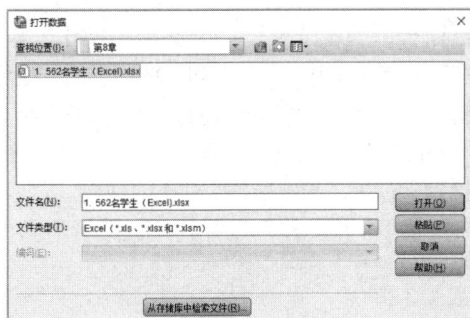

(a)

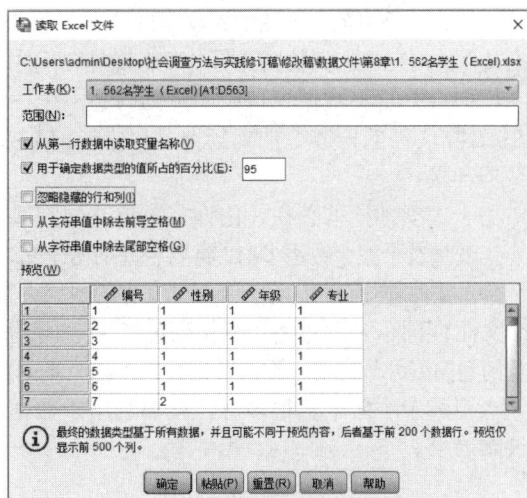

(b)

图 7-16　在 SPSS 数据编辑器窗口中打开 Excel 文件

(4)单击"文件"→"另存为"(或单击快捷按钮"保存"),弹出"将数据存为"对话框,将数据文件取名为"2.562 学生(SPSS)",单击"保存"按钮,完成从 Excel 格式到 SPSS 格式的转换。

2. 将 SPSS 格式数据文件保存为 Excel 格式文件

将文件"2.562 学生(SPSS)"转存为 Excel 格式文件。

【操作步骤】

单击"文件"→"另存为",弹出"将数据另存为"对话框。在"保存类型"中选择"Excel 2007 到 2010(*.xlsx)",如图 7-17 (a)所示。单击"保存"按钮,弹出另一个"将数据另存为"对话框,如图 7-17(b)所示,将"2.562 学生(SPSS-Excel)"输入"文件名"框,单击"保存"按钮,完成转换。

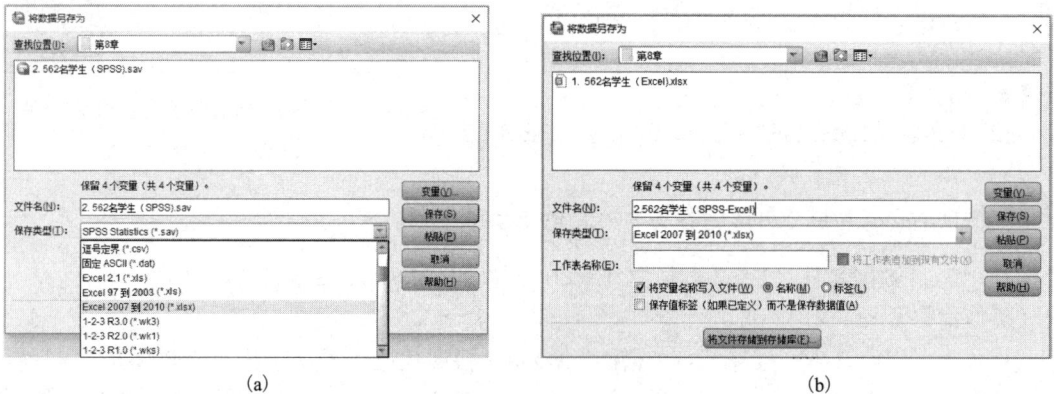

图 7-17　将 SPSS 格式文件转存为 Excel 格式

7.2.3　数据文件的合并

数据文件的合并分两种:纵向合并与横向合并。

纵向合并是将数据视图中的数据与另一个 SPSS 数据文件中的数据进行首尾连接,即将一个 SPSS 数据文件的内容追加到数据视图中当前数据的后面,并依据这两个数据文件中的变量名进行数据对接。

横向合并是将数据窗口中的数据与另一个 SPSS 数据文件中的数据进行左右连接,即将一个 SPSS 数据文件的内容追加到数据窗口中当前数据的右面,并依据这两个数据文件中的个案编号进行数据连接。

由于大型抽样调查往往是由许多单位共同完成,所以纵向合并数据文件是一个必经的操作过程。

当变量及个案个数不多时,将要合并的两个文件同时打开,就可以用"复制"和"粘贴"的方法将两个数据文件进行合并。将一个数据文件的数据进行"复制"后,如果进行纵向合并,则"粘贴"到另一个文件的下面,要注意各个变量列对接好;如果进行横向合并,则要"粘贴"到第另一个文件的右面,注意问卷的编号一定要一致,否则会把不同个案的数据对接到一行上,导致数据文件不能使用。

当变量及个案个数很多时,就要利用"数据"菜单中的"合并文件"进行处理,读者可参阅相关参考书。

7.3　数据的净化

所谓数据净化,是在数据输入后检查数据是否有错、是否有奇异值,如果有,则首先找出它们在哪里,其次分析产生的原因,最后判断是否需要修改。此时的数据错误可能是原始数据的问题(注意,有些奇异值是客观存在的,并不是输入错误或填写错误),也可能是输入的问题。数据净化主要从 3 个方面进行:清理极端值、搜寻互斥数据(检查逻辑一致性)和排查重复个案。

7.3.1　利用菜单"分析"中的"探索"清理极端值

极端值,也称异常值,是指超出变量取值范围的值。由于在对问卷进行审核时已经对极端值做了检查,此时出现的极端值多数属于输入错误。清理极端值的目的是保证数据的合法性。

菜单"探索"可以对数据做各种探索性分析,除可以计算基本的统计量(如平均数、最大值、最小值等)外,还可以通过图表给出极端值及其所在位置,判断数据是否服从正态分布,判断各组数据的方差是否齐性等。"探索"适用于定距变量或比率变量,分组变量可以是数值型变量或字符型变量。

查找极端值主要应用"探索"中"统计量"的"界外值",统计表的输出结果为所有变量值中前 5 个最大的值和后 5 个最小的值,以及这些值所在个案的序号;也可以利用茎叶图或箱图得到数据的频数分布和极端值,然后利用数据定位查到该个案的位置。

下面结合某市高校退休人员的调查数据,说明查找含极端值变量的具体操作过程。

【案例 7.2】

查找数据文件"3.高校退休人员"中的极端值。

【操作步骤】

(1)打开数据文件"3.高校退休人员"后,单击"分析"→"描述统计"→"探索",弹出"探索"对话框,如图 7-18 所示。

(2)将"性别""退休了多少年"移入"因变量列表"框,将变量"问卷编号"作为标志变量移入"个案标注依据"框,以便在输出结果中指明极端值所在的问卷编号。在左下角的"输出"栏内选择"两者",会激活"统计"和"图",如图 7-18 所示。

(3)单击"统计"按钮,弹出"探索:统计"对话框,如图 7-19 所示。勾选"离群值",并取消勾选"描述"(如果有极端值,"描述"给出的统计结果是不准确的),单击"继续"按钮,返回"探索"对话框。

(4)单击"确定"按钮。

需要说明的是,只要求搜寻极端值时,选择极端值输出、箱图和茎叶图中的一种输出结果即可。

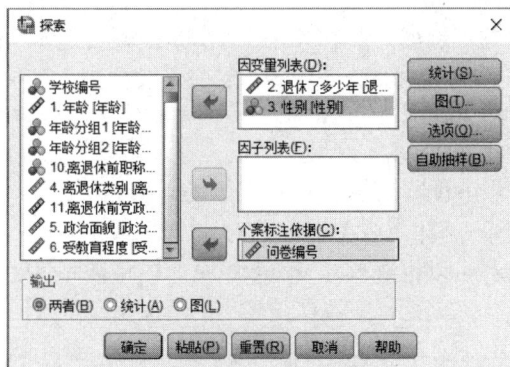

图 7-18　"探索"对话框　　　　　图 7-19　"探索:统计"对话框

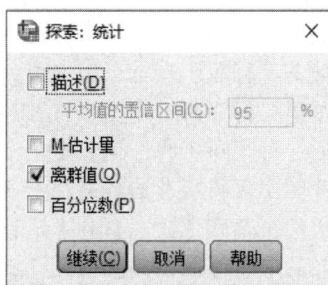

【输出结果及其解释】

在 SPSS 的输出窗口中给出了统计表和 4 幅统计图,这里仅介绍其中的 3 种。

（1）极端值表。

表 7-6 所示是极端值表，给出了 2 个变量的 5 个最大的值和 5 个最小的值的位置。例如，对于变量"退休了多少年"，个案号为 11（数据编辑窗口的第一列显示的序号）、问卷编号为 65 的调查对象退休的年数为 82。显然，不可能有人退休了 82 年，82 是极端值。表的标注 a 指出，对于取值为 30 的个案仅给出了一部分，经核对，33、31、30 都是正常值，最小值部分也是正常值，属于变量的取值范围。同理，对于"性别"变量，22 是极端值，显然是输入错误。

表 7-6　极端值表

			个案号	问卷编号	值			个案号	问卷编号	值
2. 退休了多少年	最高	1	11	65	82	3. 性别	最高	1	99	412	22
		2	54	255	33			2	205	745	22
		3	57	258	31			3	11	65	2
		4	25	134	30			4	13	68	2
		5	46	239	30a			5	14	74	2b
	最小值	1	92	374	0		最小值	1	228	822	1
		2	190	694	1			2	226	817	1
		3	6	29	1			3	225	815	1
		4	2	9	1			4	223	800	1
		5	1	5	1			5	222	798	1c

a. 在较大极端值的表中，仅显示了不完整的个案列表（这些个案的值为 30）。
b. 在较大极端值的表中，仅显示了不完整的个案列表（这些个案的值为 2）。
c. 在较小极端值的表中，仅显示了不完整的个案列表（这些个案的值为 1）。

（2）茎叶图。

茎叶图由数字组成的"茎"与"叶"构成，用于表达数据的频数分布。"茎"表示数值的整数部分，"叶"表示数值的小数部分，每行的"茎"和每个"叶"组成的数字相加再乘以茎宽，即为茎叶所表示的实际数据的近似值，即近似值=（茎+叶）×茎宽。茎叶图中还包括对应于每个"茎"的频数。图 7-20 所示为"退休了多少年"的茎叶图，其中各行的含义如下。

第一行为表头"退休了多少年　茎叶图"。

第二行自左向右分别是频数、茎（Stem）和叶。

第三行至倒数第四行给出了数据的具体分布。例如，倒数第五行含义是：频数是 5，茎是 2，叶是 88899，于是第四个叶"9"对应的退休年数为（2+0.9）×10 = 29。这些元素合在一起，表明在这一行的 5 个退休年数为 28、28、28、29、29。

倒数第三行表示有 2 个极端值，且取值大于等于 33。

倒数第二行"主干宽度"，指出茎的宽度是 10.00。

最后一行"每个叶"代表 1 个个案的观测量（退休了多少年）。

茎叶图不仅将所有的数据都列在上面，而且可以很清晰地表达数据分布的特征。茎叶图给出了极端值的个数和范围，有利于进行数据的净化。因此，在数据量较小的情况下，茎叶图是考查数据分布的非常好的工具。从图 7-20 可以看出，有 2 个退休年数大于或等于 33，整个数据分布得比较对称，基本上服从正态分布。

（3）箱图。

图 7-21、图 7-22 分别是"退休了多少年"和"性别"的箱图。箱图（boxplot）的作用之一是显示在数组中是否有特别大或特别小的观测值。在箱图中，用符号"✲"表示极值，用符号"○"表示奇异值，如果存在极值或奇异值，就会在符号的后面标注个案的序号。图 7-21 指出序号为 65

的问卷是极端值，序号为 255 的问卷为奇异值。图 7-22 指出"性别"变量有两个取值为 22，序号分别为 745 和 412。

图 7-20　"退休了多少年"的茎叶图

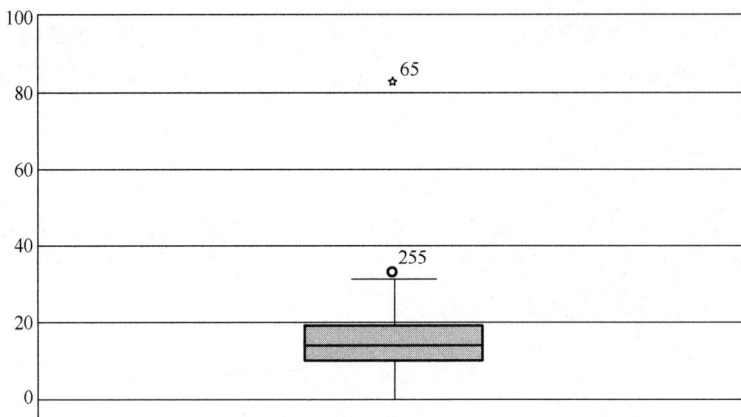

图 7-21　"退休了多少年"的箱图

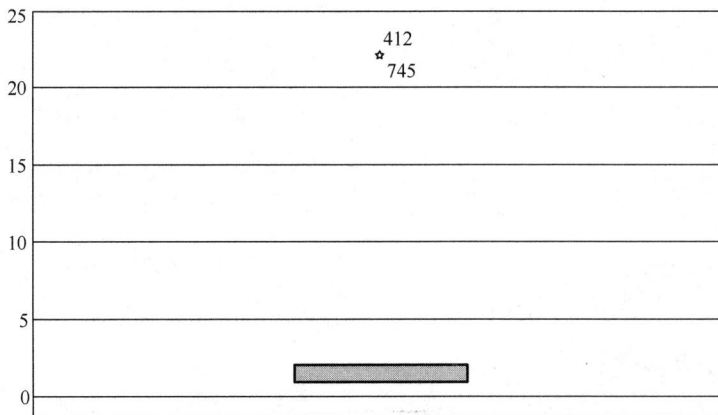

图 7-22　"性别"的箱图

7.3.2　利用"交叉表"搜寻互斥数据

所谓互斥数据，即两个变量间或多个变量间存在矛盾的数据。搜寻互斥数据的目的是保证数据的合理性和逻辑一致性。搜寻的方法有两个：一是逻辑检查，例如，"学习成绩"的选项是"优秀"，而"不及格门数"选项是"3"，就需要进一步审核；二是计算检查，例如，"每天各项活动的时间安排"，如果睡觉、学习、吃饭、锻炼等的时间之和超过了24小时，则数据肯定有错误。

逻辑检查方法往往利用"交叉表"和"选择个案"进行。

【案例7.3】

考查数据文件"3.高校退休人员"中的第24题和25题的选项(6)是否存在互斥数据。

24.　如果您几乎不参加学校组织的活动，原因是：

　　(1)体弱多病，出行不便　　　　(2)路途太远，奔波劳累

　　(3)活动内容不适合老年人　　　(4)没有兴趣　　　　　(5)其他

25.　如果您比较经常参加学校组织的活动，是哪些集体活动(可以多选)？

　　(1)形势报告　　　(2)校情通报会　　　(3)健康、心理讲座　　　(4)文娱活动

　　(5)兴趣班　　　　(6)旅游参观　　　　(7)其他

第25题为多选题，7个选项对应了7个变量。第(6)选项的变量名为X25(6)，变量值为：选择=1，未选=0。现在搜寻这两个变量是否存在互斥数据，以及互斥数据的具体位置。

【操作步骤】

(1)打开数据文件"3.高校退休人员"。

(2)单击"分析"→"描述统计"→"交叉表"，弹出"交叉表"对话框，如图7-23所示。

(3)将X24、X25(6)分别移入"行"变量框和"列"变量框(显示的是变量标签)。单击"单元格"按钮，弹出"交叉表：单元格显示"对话框，勾选"计数"栏中的"实测"，如图7-24所示。单击"继续"按钮，返回"交叉表"对话框。

(4)单击"确定"按钮。

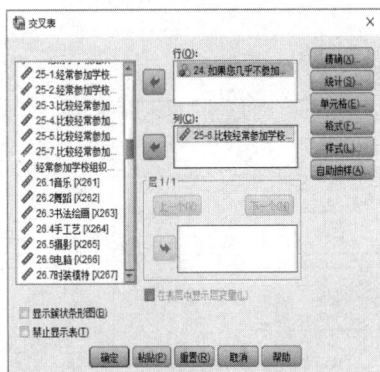

图7-23　"交叉表"对话框　　　　　　　图7-24　"交叉表：单元格显示"对话框

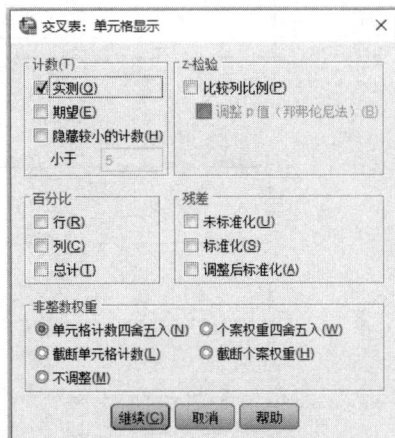

【输出结果1及其解释】

由输出的统计表(表7-7)可知，有36人存在互斥数据。例如，有3人以"体弱多病，出行不便"为理由，另14人以"路途太远，奔波劳累"为理由，表明自己"几乎不参加学校组织的活动"，但这17人又选择了"经常参加学校组织的旅游参观"，这显然是矛盾的。

表 7-7　　25-6 题与 24 题的交叉表

计　数		25-6. 经常参加学校组织的活动是旅游参观		总计
		未选	选择	
24. 如果您几乎不参加学校组织的活动，原因是	体弱多病，出行不便	6	3	9
	路途太远，奔波劳累	13	14	27
	活动内容不适合老年人	5	5	10
	没有兴趣	3	6	9
	其他	11	8	19
合　计		38	36	74

那么，如何搜寻这 17 个互斥数据的个案号呢？可以利用数据多重排序搜寻，具体步骤如下。

【进一步操作】

（5）单击"数据"→"个案排序"，弹出"个案排序"对话框，如图 7-25 所示。

（6）将 X24 移入"排序依据"框，在"排列顺序"栏中选择"升序"。

（7）将 X25（6）移入"排序依据"框，在"排列顺序"框中选择"降序"，如图 7-25 所示。

（8）单击"确定"按钮。

【输出结果 2 及其解释】

打开数据编辑器窗口，可见数据文件重新进行了排序。为了使读者看得比较清楚，这里将"学校编号""问卷编号""X24"及"X25（6）"排在了一起，如图 7-26 所示。于是发现 24 题选择"体弱多病，出行不便"的，是"学校编号"为 8、"问卷编号"分别为 232、247 和 250 的 3 人；而 24 题选择"路途太远，奔波劳累"的 14 人的问卷编号为 99、233、258、260、…、822。如果这些问卷同时有多个互斥数据，就要考虑这些问卷是否要作为无效问卷处理。

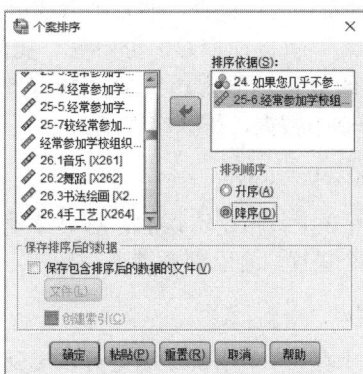

图 7-25　"个案排序"对话框

图 7-26　利用数据多重排序搜寻互斥数据

7.3.3　排查重复个案

在纸质问卷的输入过程中，重复输入时有发生。有时是工作上的疏忽或操作上的失误造成的，有时却是有意将部分数据重复粘贴，以减轻工作量。如果这些病态数据值在各变量的允许值范围内，采用查找极端值的办法是找不出来的。检查重复问卷可直接利用 SPSS"数据"菜单中的子菜单“标识重复个案”[1]，也可以利用排序的方法，即多选一些变量，均按升序(或降序)排序，一般情况下有可能发现重复个案。

【案例 7.4】

检查数据文件“4.重复输入数据问题”中是否存在重复个案。

打开数据文件“4.重复输入数据问题”后，单击“数据”→“排序个案”，随机选取 5 个变量，如 X7、X10、X15、X45、X55，按升序排列，立刻就显现了问题。如图 7-27 所示，除了变量“专业”的数据有变化(而且有重复粘贴的痕迹)，问卷编号为 46，102，…，426；49，105，…，429，…的个案各组数据完全相同，重复粘贴的问题暴露无遗。

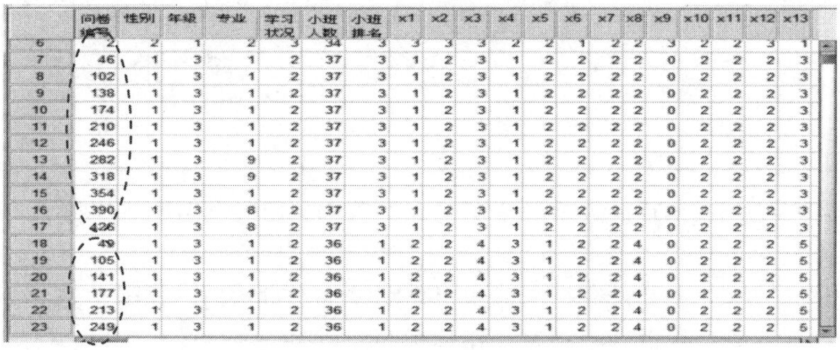

	问卷编号	性别	年级	专业	学习状况	小班人数	小班排名	x1	x2	x3	x4	x5	x6	x7	x8	x9	x10	x11	x12	x13
6	2	2	1	2	3	34	3	3	3	3	2	2	1	2	2	3	2	2	3	1
7	46	1	3	1	2	37	3	1	2	3	1	2	2	2	2	0	2	2	2	3
8	102	1	3	1	2	37	3	1	2	3	1	2	2	2	2	0	2	2	2	3
9	138	1	3	1	2	37	3	1	2	3	1	2	2	2	2	0	2	2	2	3
10	174	1	3	1	2	37	3	1	2	3	1	2	2	2	2	0	2	2	2	3
11	210	1	3	1	2	37	3	1	2	3	1	2	2	2	2	0	2	2	2	3
12	246	1	3	1	2	37	3	1	2	3	1	2	2	2	2	0	2	2	2	3
13	282	1	3	9	2	37	3	1	2	3	1	2	2	2	2	0	2	2	2	3
14	318	1	3	9	2	37	3	1	2	3	1	2	2	2	2	0	2	2	2	3
15	354	1	3	1	2	37	3	1	2	3	1	2	2	2	2	0	2	2	2	3
16	390	1	3	8	2	37	3	1	2	3	1	2	2	2	2	0	2	2	2	3
17	426	1	3	8	2	37	3	1	2	3	1	2	2	2	2	0	2	2	2	3
18	49	1	3	1	2	36	1	2	2	4	3	1	2	2	4	0	2	2	2	5
19	105	1	3	1	2	36	1	2	2	4	3	1	2	2	4	0	2	2	2	5
20	141	1	3	1	2	36	1	2	2	4	3	1	2	2	4	0	2	2	2	5
21	177	1	3	1	2	36	1	2	2	4	3	1	2	2	4	0	2	2	2	5
22	213	1	3	1	2	36	1	2	2	4	3	1	2	2	4	0	2	2	2	5
23	249	1	3	1	2	36	1	2	2	4	3	1	2	2	4	0	2	2	2	5

图 7-27 利用变量排序排查重复个案

7.3.4 问卷输入质量的检查

面对大量的数据，特别是较大规模的调查，不可能一份一份地检查，只能用抽检的方法对问卷输入的总体质量做出评价。如果将输入工作承包给别人，则必须事前提出输入质量的要求，即错误率不得超过多少。

抽检的具体步骤如下。

第一步，根据有效问卷的总量和时间、人力允许条件，计算抽检问卷的份数，一般为有效问卷的 2%～5%。例如，有 1000 份问卷，则抽取 20～50 份问卷进行检查，假定抽取 30 份。

第二步，对于已建立的数据文件，利用“选择个案”随机抽取 30 份问卷，将输入的数据与问卷逐一核查，发现问题及时纠正，并记录错误的数量。假定核查后，共有 5 个错误。

第三步，计算错误率。假设每份问卷有 40 题，共 100 个数据，那么错误率为

$$错误总量/总数据量 = 5/(100\times30)\approx1.8\%$$

即 100 个数据中有近 2 个是错误的，相当于每份问卷有近 2 个数据是错误的，这显然是不可接受的。如果每份问卷有 200 个数据，30 份问卷中仅查出 2 个错误，那么错误率为

$$2/(200\times30)\approx0.03\%$$

即每 100 个数据中仅有 0.03 个错误，每 10000 个数据中才有 3.3 个错误，这是可以接受的。

7.4 数据的加工

确定了数据的准确性、有效性和适用性之后，在对数据进行统计分析之前，还要对数据做一定的统计加工，抽出部分个案构成新的子样本的方法(利用“选择个案”)已在第 5.2 节中介绍，

① 可参阅相关参考书。

本节仅介绍缺失值的处理，以及根据需要生成新变量。很多时候，这些工作是在进行具体问题的统计分析(如考查不同年级学生学习态度的差异)之前做，并不一定在建立数据文件之后马上完成。

7.4.1　缺失值的处理

在许多情况下，有个别缺失值是可以容忍的，但一般不能超过一份问卷的数据量的10%。对缺失值进行处理的目的是尽可能弥补缺失值所造成的损失。下面，介绍在 SPSS 中处理缺失值的几种主要方法。

1．删除个案

删除个案有两种方式：全部删除和配对删除。

全部删除即将所有含有缺失值的个案都删除。这种方法会造成数据的大量流失，是我们所不希望的，一般不会采用这种方法。如果确实需要删除，可以利用"选择个案"中的"使用筛选器变量"进行。如果需要排除变量 X 中有缺失值的个案，选择该选项后，下方的箭头🔲被激活，单击该选项按钮将变量 X 通过移入右边的文本框，单击"确定"按钮即可，数据编辑器窗口的数据文件中就删除了所有含 X 缺失值的个案。

配对删除是指在进行数据分析的过程中，只把参与计算的变量中含有缺失值的个案删除，这种方法可以最大限度地使用取得的观测量。例如，某个学生在问卷中只填写了数学成绩，没有填写物理成绩，在计算学生数学成绩的平均分时，这个个案仍然有效，即这个学生的数学成绩参与计算；而在计算物理平均分时，这个个案被删除，即统计总人数及物理总分时这个个案不参与计算。这样做的结果是，计算不同的统计量可能样本容量不同。SPSS 在给出相关的统计分析结果时都会给出观测量摘要表，说明有效的、含缺失值的，以及总的观测量数(个案数)。

在 SPSS 中，配对删除和全部删除两种方法在具体的统计分析模块中都会给出。例如，"线性回归：选项"对话框中给出了 3 种处理缺失值的方式，如图 7-28 所示。"成列排除个案"，即全部删除；"成对排除个案"，即配对删除；"替换为平均值"，即利用变量的平均值替换缺失值。在进行回归分析时可根据具体情况进行选择。

2．替换缺失值

替换缺失值，即当某个变量存在缺失值时，想办法填补这些缺失值。除选择分析方法本身提供的处理方式外，还可以利用 SPSS "转换"菜单中的"替换缺失值"，以及根据具体情况，自行确定替换值。

1)利用"转换"菜单中的"替换缺失值"

下面用案例来说明具体的操作步骤。

【案例 7.5】

对数据文件"5.学生的成绩表"进行缺失值的替换。该文件中是数学、物理考试成绩和文学选修课的考查等级(1=优，2=良，3=及格，4=不及格)，2 号和 6 号学生没有填写数学成绩，4 号学生没有填写物理成绩，4 号和 13 号学生没有填写文学的考查等级，现需对这些缺失值进行替换。

【操作步骤】

(1)打开数据文件"5.学生的成绩表"。

(2)单击"转换"→"替换缺失值"，弹出"替换缺失值"对话框，如图 7-29 所示。

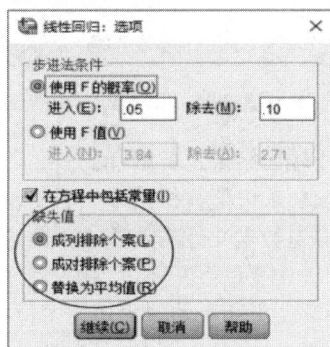

图 7-28　"线性回归：选项"对话框

(3)在左边的框中选择"数学"变量,单击箭头 ，将其移入"新变量"框中,显示"数学_1= SMEAN(数学)",表示用所有变量值的平均值代替缺失值(系统的默认选项),并用"数学_1"命名变量,"SMEAN(数学)"为系统自动生成的新变量标签。

在"名称和方法"栏中,"名称"框内自动显示新的变量名,"方法"下拉列表框中提供了5种缺失值替换方法,可自行选择,这里选择系统默认的"序列平均值"。

对于"物理"变量,可做类似的操作。

(4)选择定序变量"文学",移入"新变量"框后,框中显示"文学_1= SMEAN[文学]",定序变量不能进行四则运算,不能用平均值替换,而要用中位数(将所有文学成绩从小到大排序后,位于中间位置的数),因此要在"方法"下拉列表框中选择"临近点的中间值",此时"变化量"按钮及下面的"邻近点的跨度"被激活,"数值"为默认选项,默认值是2,"全部"表示取值范围为全部数据。这里选择"全部","新变量"框中的"文学_1= SMEAN(文学)"变为"文学_1= MEDIAN(文学 ALL)",如图7-30所示。

(5)单击"确定"按钮。

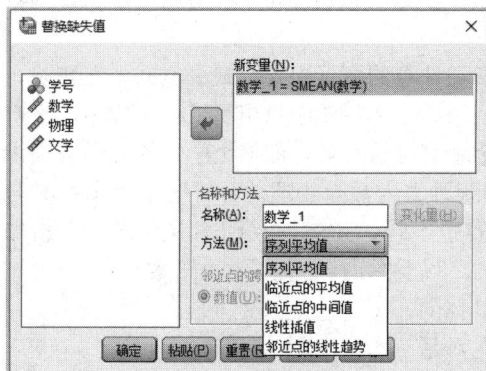

图 7-29　"替换缺失值"对话框1　　　　　　　图 7-30　"替换缺失值"对话框2

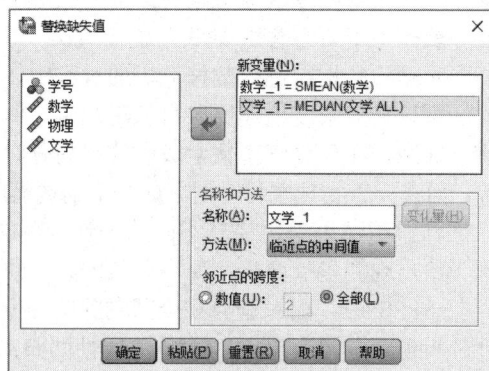

【输出结果及其解释】

(1)缺失值替换结果如表7-8所示。

(2)数据文件的改变。如图 7-31 所示,数据编辑器窗口的数据文件"5.学生的成绩表"中增加了3个变量:数学_1、物理_1和文学_1,原来数学、物理变量的缺失值分别用平均值80.4、79.2替换,文学变量的缺失值用中位数2.0替换。

表 7-8　缺失值替换结果

| | 结果变量 | 被替换的缺失值数 | 非缺失值的个案编号 | | 有效个案数 | 创建函数 |
			第一个	最后一个		
1	文学_1	2	1	17	17	MEDIAN(文学,ALL)
2	数学_1	2	1	17	17	SMEAN(数学)
3	物理_1	2	1	17	17	SMEAN(物理)

2)根据具体情况,自行确定替换值

例如,有的调查对象没有在问卷中填写"收入",那么就可以根据样本所设计的范围确定缺失值的替换方法。如果调查对象的"收入"差异不大,则可以用全部收入的数据的平均值替换;如果差异较大,则需要分层处理。当调查对象是学校教职工时,可以按问卷的"职称"进行分组,并计算每组"收入"的平均值，然后分别用各组的平均值替换组内"收入"的缺失值。SPSS 的具体操作步骤中涉及较多菜单功能，简要介绍如下。

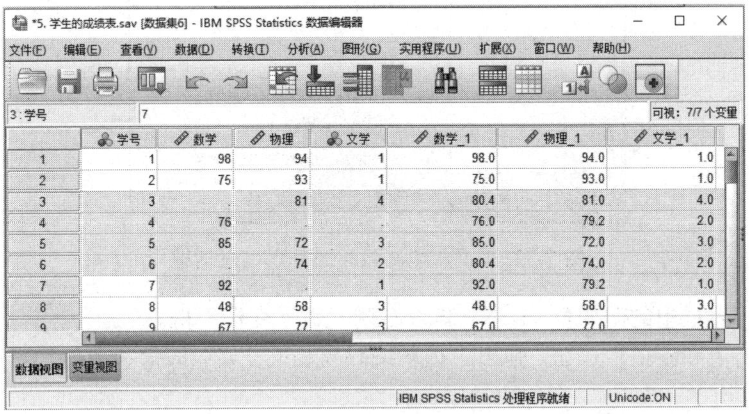

图 7-31　替换后的数据文件

第一步：打开数据文件，将"收入"变量的缺失值定义为一个特殊的数值，如 9。

第二步：计算按"职称"分组的"收入"平均值。

第三步：应用"转换"中"计算变量"的"如果"功能，定义新变量，如将新变量命名为"收入1"。当"收入"=9 时，针对不同的"职称"对"收入1"赋值为该职称收入的平均值；当"收入"≠9 时，"收入1"="收入"。

第四步：保存新的数据文件。

7.4.2　逆向题目的重新计分

问卷中经常有逆向计分的题目，在计算综合指标的分数或在做题目的鉴别力分析时，首先就要使题目的计分方式一致，于是需要对数据文件中的相关变量重新计分。

重新计分的方法可以利用"转换"中的"计算变量"所提供的条件表达式进行，也可以采用"转换"中的重新编码，即"重新编码为相同变量"，编码到同一变量，不生成新的变量，覆盖原变量的观测值。下面结合案例来说明后一种方式的做法。

【案例 7.6】

在对人的交往能力进行调查时，包括下列 4 个题目：

v1. 喜欢热闹的环境	1—2—3—7—5—6	喜欢安静的环境
v2. 愿意和大家一起干事	1—2—3—7—5—6	喜欢自己单干
v3. 和周围的人相处融洽	1—2—3—7—5—6	和周围的人总是相处不好
v4. 碰到陌生人很拘束	1—2—3—7—5—6	能和陌生人很快交谈起来

其中，v4 题是正向题目，v1～v3 题是负向题目，调查对象在每个题目上的计分(编码)是他所选择的数字。为进行统计分析，试将数据文件"5.逆向问题重新记分"中的 v1～v3 题重新计分，即将1～6 分分别改为 6～1 分。

【操作步骤】

(1) 打开数据文件"6.逆向问题重新记分"。

(2) 单击"转换"→"重新编码为相同变量"，弹出"重新编码为相同变量"对话框，如图 7-32 所示。

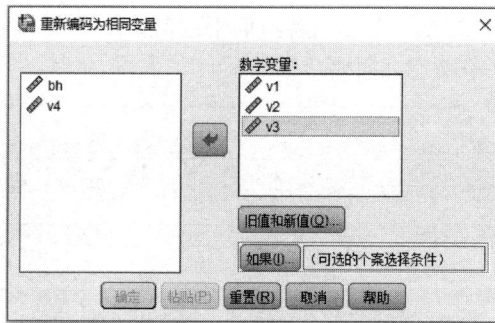

图 7-32　"重新编码为相同变量"对话框

(3)将左侧列表框中的源变量 v1~v3 移入右侧"数字变量"框。

(4)单击"旧值和新值"按钮,弹出"重新编码为相同变量:旧值和新值"对话框,进行重新计分,如图 7-33 所示。

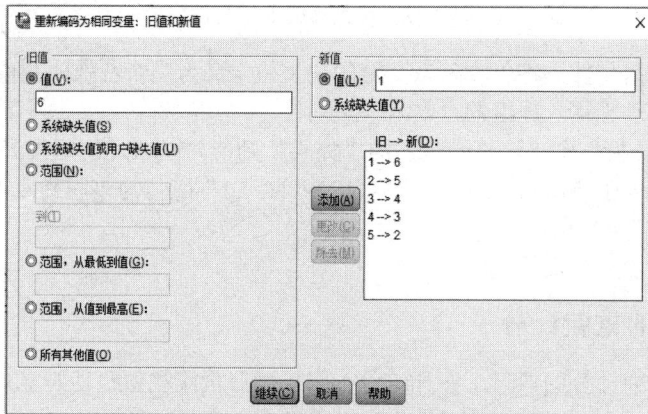

图 7-33　对 v1~v3 重新计分

(5)在左侧"旧值"栏中,选择"值"选项,在下面的框中输入"1",在右侧"新值"栏中,选择"值"选项,在后面的框中输入"6",此时按钮"添加"被激活,单击该按钮,就会在"旧→新"栏中出现"1→6",表明将数字 1 转换为数字 6。重复此操作,直到在"旧值"栏中输入"6",在"新值"栏中输入"1",就将 1~6 分别转换为 6~1,如图 7-33 所示。单击"继续"按钮,返回"重新编码为相同变量"对话框。

(6)单击"确定"按钮。

至此,完成了整个重新计分的过程,在数据窗口中,v1~v3 已重新计分,如图 7-34 所示。

(a)原数据文件　　　　　　　　　　(b)重新计分后的数据文件

图 7-34　转换前后的数据文件

7.4.3　选取数据子集

有时需要按照一定的规则从某个数据文件中抽取一部分个案进行统计分析。例如，希望对样本中的女性做较详尽的分析，就要在数据文件中选取女性个案作为一个数据子集。又如，在数据分析中，要建立某个数学模型(如回归方程)，这个模型是否能够较好地反映变量之间的关系，是否能用于预测，固然要通过统计检验，但还需要利用实际取得的数据进行验证，此时就可以用一定的抽样方法选择数据文件中的一部分个案参与建立模型，而另一部分数据用于验证模型。

选取数据子集的方法是利用 SPSS 中的"选择个案"菜单。第 5 章中已经对"选择"栏中的"随机个案样本"做了初步的介绍，下面仅对选取某一区域内的样本，即"基于时间或个案全距"选项进行说明。

【案例 7.7】

从数据文件"5.学生的成绩表"中抽取学号为 6～10 的学生，组建新的数据子集。

【操作步骤】

(1)打开数据文件"5.学生的成绩表"。

(2)单击"数据"→"选择个案"，弹出"选择个案"对话框，如图 7-35 所示。

(3)选择"基于时间或个案范围"，"范围"按钮被激活，单击该按钮，弹出"选择个案：范围"对话框，如图 7-36 所示。在"第一个个案"与"最后一个个案"下面的框中分别输入"6"和"10"。

图 7-35　"选择个案"对话框

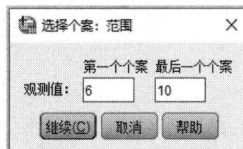

图 7-36　"选择个案：范围"对话框

(4)单击"继续"按钮，返回"选择个案"对话框。

(5)单击"确定"按钮。

至此，完成了数据的选取工作。在数据编辑窗口，落选的个案由斜杠标出，如图 7-37 所示。

学号	数学	物理	文学
1	98	94	1
2	75	93	1
3		81	4
4	76		
5	85	72	3
6		74	2
7	92		
8	48	58	3
9	67	77	3
10	77	89	2
11	84	74	1
12	94	75	2
13	76	88	

图 7-37　序号为 6～10 的个案被选取

当需要按指定条件选取个案时，如取"性别"=1的子集，则只需在"选择个案"对话框中选择"如果条件满足"，再单击"如果"按钮，在弹出的"个案选择：If"窗口中给出"性别=1"即可，其他操作不变。

7.4.4　生成新变量

在搜集数据时，往往尽可能使数据具体详尽，如"年龄"，要求调查对象写出具体数字，但在探讨对某一问题的看法时，只需将年龄分为"青年""中年""老年"3个组。这就是说，要把比率变量转换为定序(或定类)变量。又如，有时需要将百分制的考试成绩分成优、良、中、差四级，甚至及格、不及格两级，这是将定距变量转换为定类变量。更多的时候，需要将定类变量或定序变量综合为定距变量或比率变量，以便做更深入的统计分析。这种转换量表测量水平的工作称为量表转换。量表转换的过程也是新的变量产生的过程。

另外，基于研究的需要，还会根据某些计算公式形成某些新的变量。例如，考查调查对象的人际交往能力，共设计了10个题目，最后的评价是通过计算总分给出的，于是需要将10个题目的得分相加，生成一个新变量。

因此，掌握产生新变量的各种方法是对调查数据进行统计分析的前提之一。这里主要介绍利用菜单"转换"中的"计算变量"，生成新变量的方法。

1. 定类变量的计数

先看一个有关学生参加体育活动的调查题目：

> 我经常参加的体育活动有(在选项上画"√"，可多选)：
> (1)足球　(2)排球　(3)游泳　……　(8)武术　(9)长跑　(10)其他

根据调查得到的数据，可以分别统计出参加各项体育活动的人数，但要分析学生参加体育活动的广度，便需要将这道多选题综合成一个新变量 D，这个变量的取值为选择的项数，可视为定距变量或定比变量。例如，某学生选择了(1)、(2)和(10)，那么他参加体育活动兴趣的广度就是3。将选择项和未选择项分别赋值为1和0，就可以用10项取值的和来计算新变量 D 的观测值

$$D = 1+1+0+0+0+0+0+0+0+1 = 3$$

一般地，设有 n 个选项(该例中 $n = 10$)，按顺序记为 D_1, D_2, …, D_n，第 i 个选项记为 D_i，它的值为

$$D_i = \begin{cases} 1 & \text{选择了第}i\text{项} \\ 0 & \text{没有选择第}i\text{项} \end{cases}$$

于是，新的综合变量为

$$D = D_1 + D_2 + \cdots + D_n = \sum_{i=1}^{n} D_i$$

其中，Σ为取和符号，表示将所有的项相加。

利用 SPSS 中的算术表达式和计数两种途径可以解决定类变量的计数问题，下面以学生参加体育活动兴趣广度 D 的计算为例加以说明。

通过计算产生新变量，需要给出具体的计算方法，菜单"转换"中的子菜单"计算变量"提供了两种方法：①算术表达式和条件表达式。算术表达式针对每个个案，给出相应的计算结果；②条件表达式则只对满足一定条件的个案才有计算结果。

【案例 7.8】

根据数据文件 "7.体育活动的兴趣广度"，计算每个学生参加体育活动的兴趣广度 D。

【操作步骤】

(1) 打开数据文件 "7.体育活动的兴趣广度"。

(2) 单击 "转换" → "计算变量"，弹出 "计算变量" 对话框，如图 7-38 所示。在 "目标变量" 框中输入新变量名 "D"，单击 "类型和标签" 按钮，弹出 "计算变量：类型与标签" 对话框，输入变量名标签并指定变量类型，如图 7-39 所示。单击 "继续" 按钮，返回 "计算变量" 对话框。

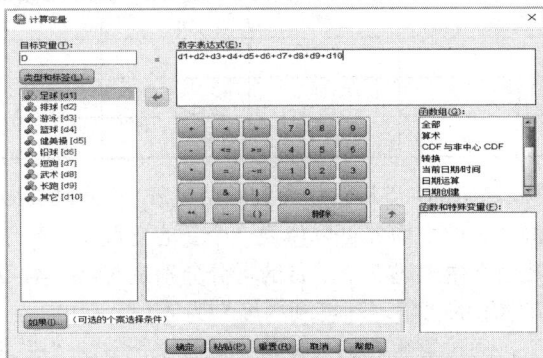

图 7-38 "计算变量" 对话框　　　图 7-39 "计算变量：类型和标签" 对话框

(3) 根据对兴趣广度的定义，应采用算术表达式方式，在 "数学表达式" 框内输入计算公式，可用键盘输入，或者利用对话框中的数字字符按钮输入，如图 7-38 所示。

(4) 单击 "确定" 按钮。

于是，数据文件中生成了新变量，给出了每个个案的 D 值，如图 7-40 所示。

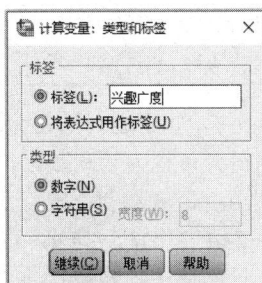

图 7-40 产生新变量 D 后的数据文件

需要说明的是，以上所说的各项体育活动的地位是平等的，但在有些题目中，各项的地位并不平等，引入新的综合变量时，就不能将各项简单地相加，而应根据不同的重要程度给予不同的权重，对贡献大的给予较大的权重，对贡献小的给予较小的权重。例如，期末学生各门课程的成绩，往往是对期末考试成绩和平时作业成绩进行加权求和。一般地，在各项的地位不平等时，新的综合变量为

$$F = k_1 F_1 + k_2 F_2 + \cdots + k_n F_n = \sum k_i F_i$$

其中，k_i 表示第 i 项的权重，而且所有权重之和应等于 1，即 $\sum k_i = 1$。

此时计算 F 的操作与计算体育兴趣广度 D 的操作基本是一样的，只是算术表达式中各项前增加了系数 k。

2. 定序变量的综合指标

有时需要将多个定序变量进行综合,以便按定距变量对待。例如,学生对学习环境的利用程度是反映其学习策略水平的重要方面之一,假定为此设计了5个题目,如表7-9所示。

表7-9 "学习环境利用"的5级利克特累加量表

序 号	题 目	非常像我 5	比较像我 4	有点像我 3	不太像我 2	根本不像 1
1	经常到图书馆借参考书	√				
2	经常到阅览室查阅资料	√				
3	经常和老师讨论问题		√			
4	经常和同学探讨各种问题			√		
5	经常在网上查询各种资料	√				

在表7-9中,每个题目的得分是按定序量表测量的,当将它作为利克特量表(Likert Scales)时,5个题目的得分可视为等距数据,于是各项得分和的平均分可以作为一个新的变量 X——学生学习环境的利用度,这是一个定距变量。如果某个学生上述5个题目的得分分别是5、5、4、3、5,那么 $X=(5+5+4+3+5)/5=4.4$,也就是说,该学生的"学习环境利用度"为4.4。

显然,只需单击"转换"→"计算变量",通过算术表达式便可生成每个个案的"学习环境利用度"的值。

值得注意的是,在综合各个题目的得分时,必须保证各个题目具有同质性,即它们要测的是同一性质的问题。如果在"学习环境的利用度"计算中加上了"考试前我的精神压力很大"(1 = 非常像我,2 = 比较像我,3 = 有点像我,4 = 不太像我,5 = 很不像我)选项的数值,则显然是错误的。

3. 定量变量转化为定性变量

将定距变量或比率变量的观测值做某种分类后,转化为定序变量或定类变量,实际上是对原变量进行重新编码。在SPSS中可以通过3种途径来实现:①重新编码("转换"中的子菜单"重新编码为相同变量"或"重新编码为不同变量");②应用条件表达式("转换"中的子菜单"计算变量"的"如果…");③应用"可视离散化"。下面以"年龄"分组为例,说明如何利用途径②,即应用条件表达式得到所要的新变量。

【案例7.9】

数据文件"8.对离退休人员的调查"是对高校离退休教职工进行抽样调查后建立的数据文件。现要将"年龄"观测值分为5组,以便根据不同年龄段的特点组织不同的活动。新变量名为"年龄分组",变量值为:1 = "59岁以下",2 = "60~69岁",3 = "70~75岁",4= "76~79岁",5= "80岁以上"。

【操作步骤】

(1)打开数据文件"8.对离退休人员的调查"。

(2)单击"转换"→"计算变量",弹出"计算变量"对话框。

(3)在"目标变量"框中输入新变量名"年龄分组",单击"类型和标签"按钮,弹出"计算变量:类型和标签"对话框,输入变量名标签"年龄分组",单击"继续"按钮,返回"计算变量"对话框,并在"数字表达式"框中输入"1"。

(4)单击"如果"按钮,弹出"计算变量:If个案"对话框,选择"在个案满足条件时包括",输入"年龄 < 60",如图7-41所示。单击"继续"按钮,返回到"计算变量"对话框。

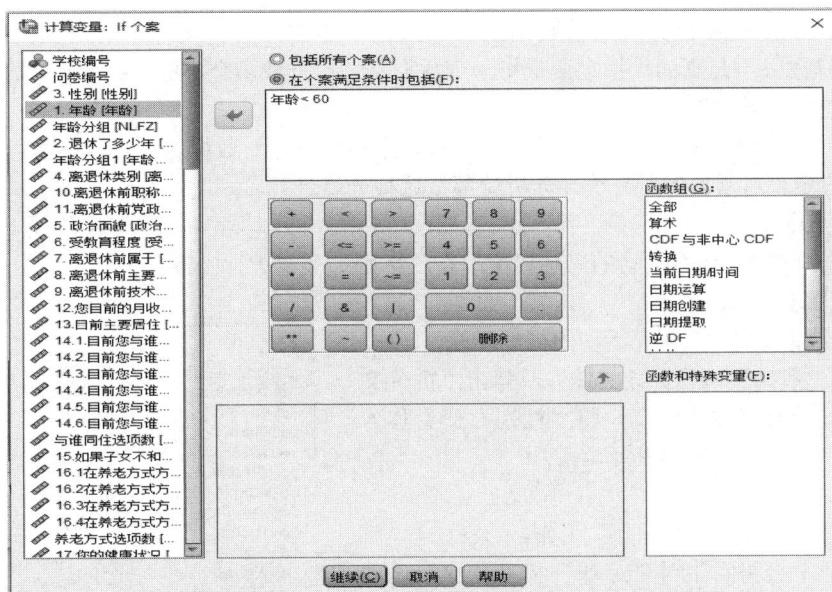

图 7-41 "计算变量：If 个案"对话框

(5) 单击"确定"按钮，数据文件中生成了新变量"年龄分组"，且对年龄小于 60 岁的个案均赋予观测值"1"，其他个案以缺失值出现。

(6) 单击"转换"→"计算变量"，在"数字表达式"框中输入"2"，单击"如果"按钮，弹出"计算变量：If个案"对话框，输入"59 <年龄&年龄 <70"，单击"继续"按钮，返回"计算变量"对话框。

(7) 单击"确定"按钮。此时会弹出计算方法确认对话框，如图 7-42 所示，单击"确定"按钮，数据窗口对满足"60≤ 年龄 ≤ 69"的个案生成年龄分组=2。

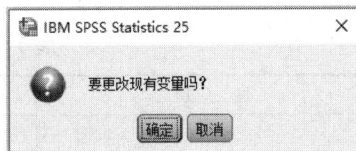

图 7-42 计算方法确认对话框

(8) 重复与(6)、(7)类似的操作，数据文件中产生新变量"年龄分组"，如图 7-43 所示。

学校编号	问卷编号	性别	年龄	年龄分组	退休时间
16	506	1	82	5	22
7	214	2	60	2	4
17	554	2	58	1	3
6	165	2	70	3	14
20	684	2	57	1	3
15	494	1	78	4	18
15	496	2	76	4	26
24	798	1	78	4	18
2	65	2	82	5	28

图 7-43 数据文件中产生新变量"年龄分组"

7.4.5 "拆分"数据文件

在对调查数据进行统计分析时，往往需要得到不同(如不同性别、不同职业、不同年龄等)群体某个变量的平均值等数据特征，或对它们的差异进行比较。例如，要分析不同性别的大学生在学习上有哪些不同的特点，需要按性别进行学习目的、学习焦虑、学习态度、学习策略等多方面的分析，于是在分析之前就要按性别对数据进行拆分。但是，有些分析功能没有设置针对分组变量的选择项,于是就要在分析之前利用菜单"数据"中的"拆分文件"对数据文件进行"拆分"(注意,这里并不是真的按指定变量将一个数据文件拆分成多个小的数据文件,只是系统将按分组的要求进行统计分析)。

利用菜单"数据"中的"拆分文件",可以根据指定变量对数据进行分组,其优点是只要不改变分组的设定,对后面的所有统计分析就都按这种分组进行。

【案例 7.10】

试将数据文件"7.体育活动的兴趣广度"按"性别"变量进行"拆分"。

【操作步骤】

(1)打开数据文件"7.体育活动的兴趣广度"。

(2)单击"数据"→"拆分文件",弹出"拆分文件"对话框。选择"比较组",将"性别"变量移入"分组依据"框,如图 7-44 所示。

(3)单击"确定"按钮。

至此,完成了数据的"拆分"工作。

如果希望考查男女生对"足球"和"游泳"运动的偏爱,则可以通过单击"数据"→"描述统计"→"频率",利用"频率"对话框得到男女生选择"足球"和"游泳"两项运动的频数表,分别如表 7-10、表 7-11 所示。从表中可以看出,男生选择"足球"的百分比高于女生,女生选择"游泳"的百分比高于男生。

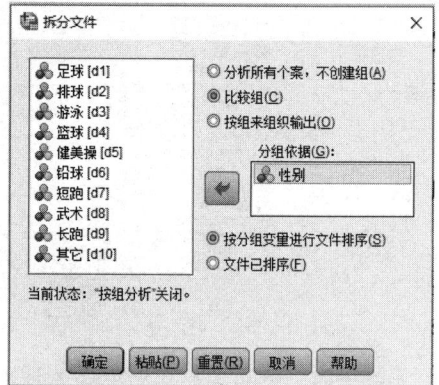

图 7-44　"拆分文件"对话框

表 7-10　男女生选择"足球"的频数表

性　　别			频　　数	百分比	有效百分比	累积百分比
男	有效	未选	3	27.3%	27.3%	27.3%
		选中	8	72.7%	72.7%	100.0%
		总计	11	100.0%	100.0%	
女	有效	未选	4	100.0%	100.0%	100.0%

表 7-11　男女生选择"游泳"的频数表

性　　别			频　　数	百分比	有效百分比	累积百分比
男	有效	未选	5	45.5%	45.5%	45.5%
		选中	6	54.5%	54.5%	100.0%
		总计	11	100.0%	100.0%	
女	有效	未选	1	25.0%	25.0%	25.0%
		选中	3	75.0%	75.0%	100.0%
		总计	4	100.0%	100.0%	

思考与实践

复习思考题

1. 在问卷回收之后、建立数据文件之前,需要做哪些工作?

2．对问卷中的各种题型应如何进行编码？编码的主要内容是什么？

3．如何在 SPSS 中建立数据文件？

4．如何将 Excel 格式的数据文件转为 SPSS 格式的数据文件？

5．统计分析前的数据净化包括哪些工作？

6．将两个数据文件合并为一个数据文件的条件是什么？如何进行合并？

7．对于数据文件中的缺失值有哪些处理方法？

实践与合作学习

1．对小组社会调查课题收回的问卷进行整理、编码，建立 SPSS 格式的数据文件。在数据净化之后，如果有逆向题目，则重新计分，形成统计分析前的正式数据文件。

2．讨论小组社会调查课题，在问卷进行统计分析前，需要生成哪些新变量，并加以实施。

3．建立时间管理倾向量表的数据文件模板。

【说明】时间管理倾向是个体在运用时间方式上表现出来的心理和行为特征，具有多维度多层次的心理结构。参照有关文献，并结合国内的广泛调查研究，黄希庭等研究者编制出我国青少年时间管理倾向量表①。该量表由 3 个维度构成：时间价值感(社会取向和个人取向的时间价值感)、时间监控观(设置目标、计划、优先级、时间分配和反馈性)和时间效能感(时间管理教能和时间管理行为效能)。该量表的因素结构清晰，信度和效度较好，可以作为评鉴青少年时间管理倾向的有效工具。小组成员可以自行测量自己的时间管理倾向，进一步改进时间管理，提高学习与工作的效率。也可以利用该量表，补充有关调查对象的个人信息(性别、年级、专业、学习成绩等)，对同学进行抽样调查，建立数据文件，并随着第 8、9 章的学习进行数据分析，既有助于掌握定量分析的方法，也可考查大学生时间利用的现状。如果再进行一些典型调查，待学习第 10 章之后，便可以写出一篇调查报告了。这里仅提供量表及建立数据文件的过程。

时间管理倾向量表

同学：这是全国教育科学"九五"规划重点课题的一项研究。这个问卷中的每个句子叙述的都是对时间的看法，以及对时间的利用情况。请你仔细阅读问卷中的每个句子，然后在答案纸上按照你自己的情况来回答。答案无对错之分，请不要有顾虑。回答时请注意：

(1)回答每道题都要根据你自己的实际情况；如果试题所描述的内容完全不符合你的情况．就在该题号右边第一个空格中画"√"；如果大部分不符合，就在该题号右边第二个空格中画"√"；如果部分符合，部分不符合，就在该题号右边第三个空格中画"√"；如果大部分符合，就在该题号右边第四个空格中画"√"；如果完全符合，就在该题号右边第五个空格中画"√"。

(2)对每道题都要回答，不要有遗漏，也不必费时去想，看懂后就回答。

(3)不要在问卷上做任何标记，所有的回答均写在答卷纸上。

题号	题　　目	完全符合	大部分符合	部分符合	大部分不符合	完全不符合
1	我认为"一寸光阴一寸金"这句话是正确的					
2	我通常把每天的活动安排成一个日程表					
3	"时间就是效益"这句话是正确的					
4	我每天都给自己指定一个学习目标					

① 黄希庭，等. 青少年时间管理倾向量表的编制[J]. 心理学报，2001(4)：337-343.

续表

题号	题　目	完全符合	大部分符合	部分符合	大部分不符合	完全不符合
5	无论做什么事情，我首先要考虑的是时间因素					
6	我以为将来比现在和过去更重要					
7	我总是把最重要的工作安排在活动效率最高的时间段去做					
8	无论做什么事情，我总是既有短期安排又有长期计划					
9	目前我尚年轻，浪费一些时间无所谓					
10	在每周开始之前，我都确定了目标					
11	对每个人来说，时间就是一切					
12	每个学期我都要制订自己的学习计划					
13	我认为我在学习和课外活动上的时间分配是合理的					
14	我总是把大量的时间花在做重要的工作上					
15	在新年开始的时候，我通常都要设定这一年自己的奋斗目标					
16	我相信时间就是生命					
17	我课后复习功课的时间是由老师布置的作业量来决定的					
18	我认为时间是可以有效地加以管理的					
19	我通常把重要的任务安排在计划表的重要位置上					
20	我能够有效地利用自己的时间					
21	我经常根据实际情况对计划进行调整					
22	如果有几件事要同时做，我经常要衡量它们的重要性以安排时间					
23	我能够很好地利用课堂上的学习时间					
24	我对自己设定的目标充满信心					
25	我对每个星期要做的事情都有一个计划安排					
26	我经常对自己利用时间的情况进行总结					
27	在处理好几件事情的时候，我认为最好是每件事情都做一些					
28	利用好时间对我具有重要的意义					
29	我对自己浪费掉的时间深感懊悔					
30	我确定的目标通常都难以实现					
31	世上最宝贵的是时间					
32	我的时间大部分掌握在自己手中					
33	我通常根据学习任务的重要性来安排学习的先后次序					
34	只要是重要的工作，我一定要挤时间去做					
35	我相信我的计划安排通常是合理的					
36	我认为我对事情重要性的顺序安排是合理的					
37	要做的事情很多，我能处理好这些事					
38	我常常与同学交流合理利用时间的经验					
39	我认为时间就是力量					
40	我通常都能按时完成老师布置的作业					
41	我常常对自己的工作在什么时候完成没有一个期限					
42	我对每天什么时候学习，什么时候玩都有一个清楚的想法					
43	为了提高时间利用效率，我经常学习有关如何有效利用时间的知识					
44	我总是根据目标的完成情况来检验自己的计划					

　　在进行编码时，第 i 个变量(题目)的变量名可设为"Xi"，变量"标签"为每个题目的题干，

变量值为：1 = 完全符合，2 = 大部分符合，3 = 部分符合，4 = 大部分不符合，5 = 完全不符合。

调查数据输入后，要利用 "转换"→"重新编码为相同变量"，对逆向题目重新计分。逆向题目的题号为：9、17、27、30、41。为叙述方便，设重新计分后的题号分别为 9*、17*、27*、30*、41*。

设置新变量：计算时间价值感(JZ)、时间监控观(JK)和时间效能感(XN)3 个分量表的分数。计算方法是将相关题目的分数相加。SPSS 的操作是单击"转换"→"计算变量"，弹出"计算变量"对话框。

时间价值感：1、3、5、6、9*、11、16、28、31、39；

时间监控观：2、4、7、8、10、12、14、15、17*、19、21、22、25、26、27*、
　　　　　　33、34、38、37、40、41*、42、43、44；

时间效能感：2、13、18、23、24、30*、32、29、35、36。

最后，单击"保存"按钮，命名数据文件、保存。

具体操作请自行完成。如果有时间，自己完成测试，审视自己在时间利用上的优点与不足。

第 8 章　对问卷题目数据特征的统计分析

利用 SPSS 对问卷建立数据文件之后，将进入对调查数据的统计分析阶段。此时将问卷中每个题目所测量的数量化特征视为一个变量，而对应于每个个体的数值称为变量的观测值或指标值。在进行统计分析时，分析对象不再是"人"，而是与人的"态度""特征""行为"相关的变量。因此，"总体"不再是所有研究对象，而是对应于某个变量的所有观测值组成的数的集合；"样本"不再是所抽取的部分研究对象，而是这些研究对象所对应的观测值组成的数的集合。显然，"样本"是"总体"的一个子集。

从统计学的角度讲，对样本中的一个单选题、填空题及对多个单选题所做的综合分数进行统计分析，即对一个变量的数据特征进行研究，称为单变量的描述统计分析。同时对多个题目，即多个变量的样本数据特征进行研究，称为多变量的描述统计分析。单变量的描述统计分析集中于描述样本数据的分布，包括频数分布及其数据特征(如算术平均值等)；多变量的描述统计分析包括频数分布及各个变量之间的关系等。这些数据特征随着样本的不同而不同，称为统计量，而总体的数据特征称为参数。显然，总体的参数是固定的，不会随着样本的不同而不同，但往往是未知的。之所以进行抽样调查，其目的是通过对样本的分析推断对总体的研究结论。在统计学中，将从样本推断到总体的研究称为推断统计分析。

我们要强调的是，只有很好地把握统计学的基本概念，才能对 SPSS 进行正确的操作，对输出结果给予准确的解释。本章将在讲清基本概念的基础上，介绍如何用 SPSS 进行单变量与双变量的描述统计分析，以及推断统计分析的部分内容——通过样本的数据特征估计总体的数据特征(称为参数估计)。至于如何应用 SPSS 探求两个变量间的关系，以及对不同群体的差异进行比较，将在第 9 章介绍。其他相关内容可参考樊文强、杜智敏编著的《SPSS 社会调查应用教程——基本原理与实操案例》等著作。

本章思维导图

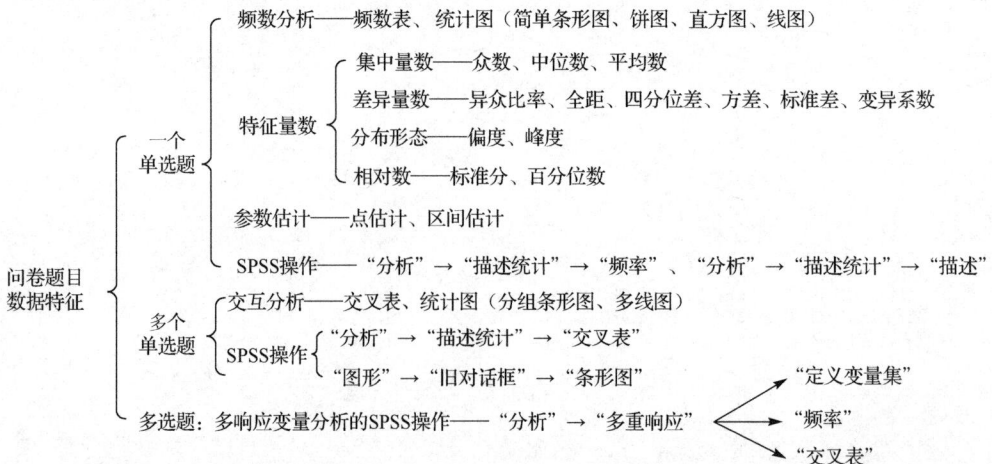

8.1　一个单选题的统计表与统计图——单变量的频数分析

统计表(statistical table)和统计图(statistical graph, statistical chart)是显示统计数据的两种基本方式。根据样本数据编制统计表和统计图，是抽样调查统计分析工作的一项最基本的内容。统计表和统计图的最大优点是省去了大量文字的叙述，通过表格、图形将数据的分布特点、变量之间的关系显示出来，使数据所表现的规律性清晰可见。统计图是用点、线段的升降，直条的长短或面积的大小等表达统计资料的一种形式，统计图比统计表更直观、形象，使人能从整体上一目了然地把握数据分布的特征，但它没有统计表精确，丢失了原始数据的许多具体信息。鉴于统计图与统计表各有所长，在对实际问题进行研究时，往往将统计表和统计图结合起来考查数据的特征。在发表研究成果时，也经常用统计表和统计图来论证观点。制作统计表和统计图有严格的规范，不同的数据类型有不同的处理方式和方法。

8.1.1　频数分布表

1. 定性变量的频数分布表

当采用统计表对一个变量的频数分布进行描述时，使用的是一维频数分布表。例如，表 8-1 所示是学生对学习负担状况反馈的统计表，列变量的栏目对应可供选择的选项，将选择各选项的人数填入相应的栏目，便形成了一个一维频数分布表。

表 8-1　学生对学习负担状况反馈的统计表

学习负担状况	很重	较重	适中	较轻	很轻	合计
人数	54	307	160	29	3	553

在实际工作过程中，我们经常会提出诸如"副高级职称以上的教师占多大的比例？"这类问题。要回答此类问题，就要对变量作累积频数表或累积百分比表。累积频数是将各类别的频数逐级向下(或向上)累加起来得到的。类似地，累积百分比是将各类别的百分比逐级向下(或向上)累加起来得到的。表 8-2 中的累积百分比是从最上面一行开始，向下将各类的百分比依次相加得到的。

需要注意的是，在编制频数分布表时，定类变量的行(列)标题中各个栏目的顺序可以互换，但定序变量的取值有次序，应按它的变化趋势排列，不要随意打乱。例如，表 8-2 中行标题的栏目从"正高级"到"未定职级"，所涉及的变量是定序变量，若顺序任意变更，则累积百分比是无意义的。

表 8-2　2019 年北京市高等学校专任教师的职称结构

职　称	人　数	百分比(%)	累积百分比(%)
正高级	21228	28.93	28.93
副高级	26253	35.78	64.71
中级	21696	28.57	94.28
初级	2042	2.78	97.06
未定职级	2154	2.94	100.00
合　计	73373	100.00	

注：资料来源于中华人民共和国教育部网站：2019 年教育统计数据之高等教育"专任教师学历、专业技术职务情况(总计)"。

2. 定量变量的频数分布表

调查问卷的填空题中的年龄、身高、住房面积等对应的变量都是定量变量。另外，诸如多个利克特量表题目的综合分数也属于定量变量。

对于取值较少的离散型定量变量，可以像处理定性变量一样，按单个变量值进行分类(或称分组)，制作频数表。但是，对于连续型变量或取值较多的离散型变量，如果按变量的每个取值制作频数分布表，则不仅繁杂，而且难以从中发现变量分布的特征，此时就要以一定的区间作为分组的数量标准来编制频数表。例如，在制作某企业 10854 名员工的年龄分布时，首先把年龄划分为 5 个组，然后分别统计各组的频数(见表 8-3)。显然，确定如何分组是这类变量编制频数分布表的关键。

表 8-3　某企业员工的年龄分布

年　　龄	人　　数	百分比(%)	累积百分比(%)
30 岁以下	2505	23.08	23.08
31～40 岁	4079	37.58	60.66
41～50 岁	2315	21.33	81.99
51～60 岁	1629	15.01	97.00
61 岁以上	326	3.00	100.00
合　　计	10854	100.00	

1) 变量值分组

对变量值进行分组，需要确定组数、组距和组限。所谓组距(group interval)，即每组区间的长度；组限即区间的界限，较小的界限值称为下限(lower limit)，较大的界限值称为上限(upper limit)。

(1) 组数的确定。

组数要适中，组数太多，会失去分组的意义；组数太少，会掩盖数据分布的特征。一般地，组数控制在 5～15 为宜。也可以参考表 8-4 给出的数据总数与组数的经验性关系进行划分，当然组数的确定要与所定的组距相匹配。

表 8-4　数据总数 N 与组数 K 的经验性关系

调查总数 N	组　数 K
50～100	6～10
100～250	7～12
250 以上	10～20

如果数据分布对称，即中间数值频数较大，两端的数值频数较小，则可以利用 Sturges 给出的数据总数 N 与组数 K 的经验公式

$$K = 1 + 3.32 \lg N$$

例如，N=30，则 K=1+ 3.32 lg30≈5.9，可以将组数定为 6。

(2) 组距的确定。

在一般情况下，采用等组距，此时可先按下式计算组距的估计值：

$$预估组距 =(数据中的最大值 - 数据中的最小值)/组数$$

然后根据计算的方便性、数据的特点和分析的要求确定组距。例如，预估组距为 6.7，可能最后确定的组距为 5 或 10。

有时根据所研究问题的性质或数据分布的特点采用不等距分组。例如，表 8-5 中给出了 2019 年中国人口年龄所划分的组。显然，各组的组距是不完全相等的。这样分组为研究不同年龄阶段对社会的需求(如医疗保健、文化教育、就业、养老等)提供了基础数据资料。

在表 8-5 中，20～29 岁有 143260 人，60～79 岁有 174073 人，似乎 60～79 岁的人口密度比 20～29 岁的人口密度要大，其实不然。由于是不等距分组，所以各组出现的频数与区间的宽度有关系，要比较各组或总体的分布，就要排除区间长度的影响，为此引入频数密度的概念

$$频数密度 = 频数/组距$$

即单位组距的频数。对开口的最后一组组距有如下规定：组距以相邻组距为组距，如对于表 8-5，"80 岁以上"的组距为 20。从表 8-5 最右一列可以看出，60～79 岁的频数密度为 0.798，小于 20～29 岁的频数密度 1.312，也小于 30～59 岁的频数密度 1.562。因此，当频数分布表中的分组是不等距组时，一定要用频数密度考查原始数据的分布特征，而不能直接用频数。

表 8-5　2019 年中国人口年龄分布

年　龄　组	人　口　数	占总人口的百分比(%)	频数密度
0～9 岁	123423	11.30	1.130
10～19 岁	115666	10.59	1.059
20～29 岁	143260	13.12	1.312
30～59 岁	511532	46.86	1.562
60～79 岁	174073	15.95	0.798
80 岁以上	23921	2.18	0.109
合　　计	1091876	100.0	

注：表中数据根据国家统计局编制的《中国统计年鉴 2020》中的"表 2-9　按年龄和性别分人口数(2019 年)"计算，该表中的数据是 2019 年全国人口变动情况抽样调查样本数据，抽样比为 0.780‰。

(3) 组限的标记。

分组的标记有许多方法，有的标记为"20～30""30～40"，有的标记为"20～""30～"，还有的用"20～29""30～39"，等等。对于上述第一标记，分别表示半闭半开区间[20，30)和[30，40)，即遵循"上组限不在内"的规则。对于第三种标记，要看原始数据的类型，如果是离散型数据，如人数，那么意义很明确，因为在 29 与 30 之间没有中间值；如果是连续型数据，那么标记的区间实际是将上、下限均向外延伸半个单位，即"20～29""30～39"表示的真实区间分别是[19.5，29.5)、[29.5，39.5)。

不界定下限和上限的优点是既包含了最大值，也包含了最小值，但在一般情况下，能不用开口数组就不用开口数组。

(4) 组中值。

对数据分组计算频数的优点是可以更好地发现原始数据的分布特征，但会损失许多信息，因为只知道在某个区间里有多少数据，却不知道取了哪些值。因此，我们希望有一个数值能够代表这个区间里的所有数值，它就是组中值(class mid-value)，即位于该区间中间位置的数值

$$组中值 = (真实的组上限 - 真实的组下限)/2$$

当一组数据用分组形式的频数分布表给出时，对这组数据分布特征的描述及各种统计分析，都是根据组中值来进行的，因此组中值是一个很重要的概念。

2) 编制频数分布表

对于定量数据，在确定数据的分组之后，便可以通过建立新变量的方法，将定量变量转化为定性变量，然后作频数分布表。

8.1.2　常用的统计图

1. 简单条形图

条形图(bar charts)是由一组平行的、具有相同宽度的条形构成的统计图,条形的高低(或长短)表示统计数据大小或变动情况,条形的宽度没有实际意义。条形图可采用图 8-1 和图 8-2 两种形式,图 8-1 所示形式也称柱形图。定类变量的条形图,条形排列的次序可以随意安排,条形是离散的;定序变量的条形图,条形排列的次序要依据取值的变化趋势,条形可以是离散的,也可以是连续的。

条形图可分为简单条形图、簇状条形图和堆积条形图。

简单条形图(simple bar charts),也称单式条形图,是表现一个变量的频数分布特征的统计图。它可以表明变量的各个观测值的频数或频率,使人对变量的频数分布有较全面的了解,同时还可以对各类频数(或频率)进行对比。从图 8-1 可以看出,价位在 1000～1499 元(人民币)的手机销售量最大。图 8-2 表明多数大学生认为只有"少部分"教师在教学中重视对学生思维能力的培养。

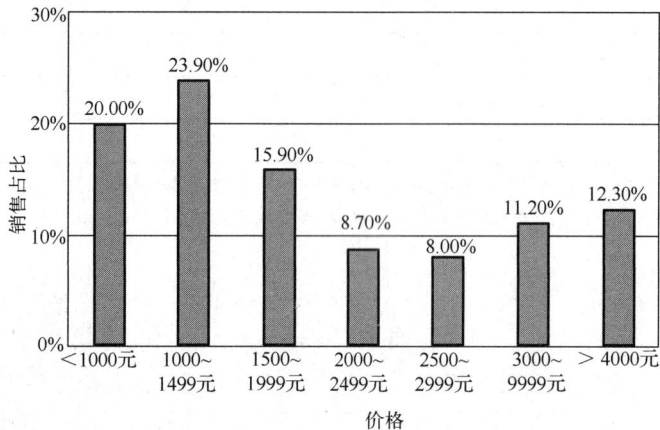

图 8-1　2019 年 5 月中国整体手机线下市场各价格机型销量占比[①]

簇状条形图和堆积条形图适用于多个变量的交互分析,将在第 8.4 节介绍。

2. 饼图

饼图(pie charts)也称圆图,是用来表示部分与总量比例关系的统计图。它以圆的面积代表总量,按各构成部分占总量比例的大小把圆分割成若干扇形(各部分百分比之和必须等于100%),扇形与各构成部分为一一对应的关系。

饼图主要用于描述离散型变量的数据结构。例如,图 8-3 所示是大学生自评所处学习状态的分布;图 8-4 所示是某企业员工学历结构的三维饼图,可以看出,具有本科学历的人数最多。

饼图和条形图都可以描述单个定性变量的频数分布。条形图可以比较不同总体的数量,如对 5 所高等院校毕业生的就业率可用条形图进行比较,而饼图只能对同一个总体的各个部分进行比较,不能对不同总体进行比较。

---

① 第一手机界研究院. 2019 年 5 月中国畅销手机市场分析报告.

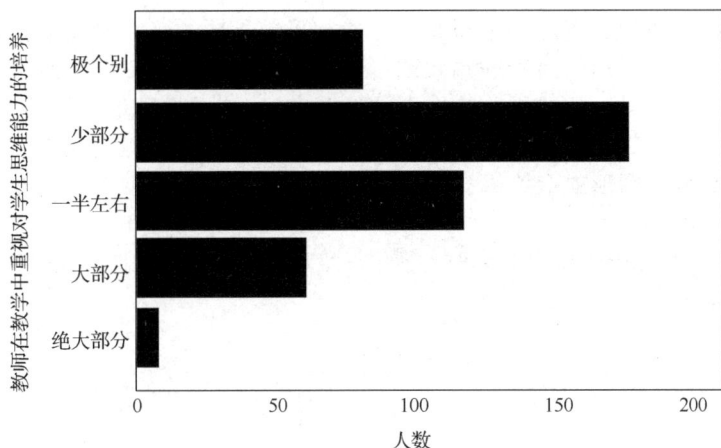

图 8-2　学生对教师评价的频数分布图

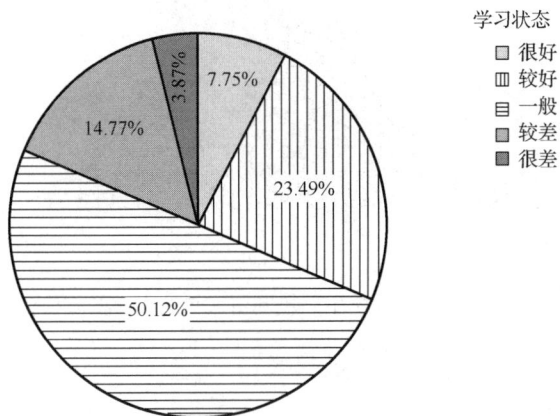

图 8-3　大学生自评所处学习状态的分布

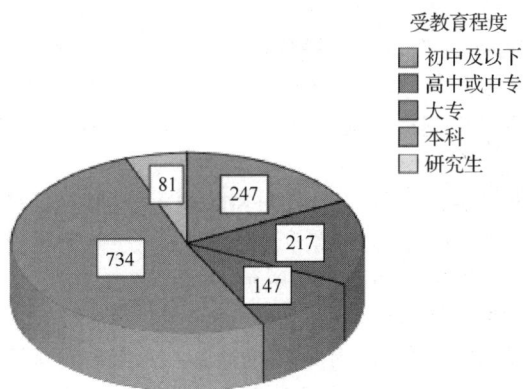

图 8-4　某企业员工的学历结构图

3. 直方图

直方图（histogram）是一种特殊的条形图，适用于描述连续变量的频数分布，其特点是各条形之间没有间隔，条形的宽度等于组距。显然，采用不同的组距时图形会有所不同。对于等组距的直方图，可以用相应组别的频数或频数密度作为条形的高度，两者图形的相对比例关系不变；当组距不等时，就要用相应组别的频数密度(或者说图形的纵轴为频数密度)作为条形的高度。例如对于表8-5中的数据，作直方图时就要用频数密度作为条形的高度，如果用人口数作条形的高度，图形就会给人以错觉。当用频数密度作为条形的高度时，条形的面积表示相应组别的频数。

图8-5所示是利用SPSS作出的某校大学生环境利用成绩的直方图，图中同时给出了一条正态分布曲线作参照。

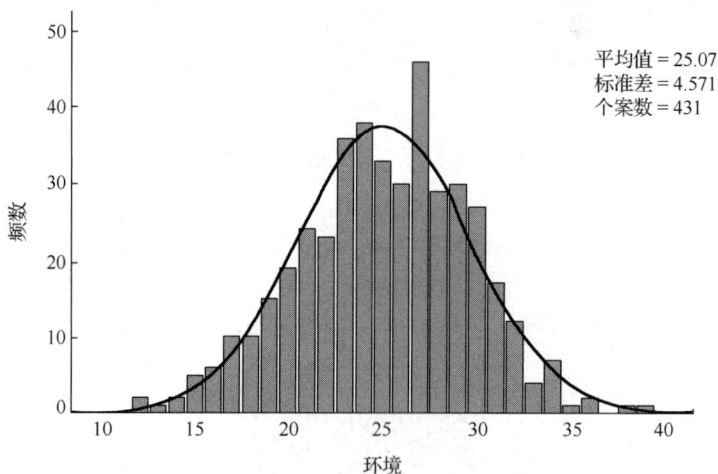

图 8-5　大学生环境利用成绩的直方图

4．线图

线图(line charts)又称曲线图，是最基本的统计图之一。在各类统计图中，线图与直方图应用最为广泛。线图的做法是，在直角坐标系所决定的平面上，点出变量的每个观测值的位置，并连接相邻各点成为线形。线图是用线段的升降来说明变量的变化情况的。我们经常会用线图来描述与时间有关的变量的变化趋势、变量的观测值的分布或两个变量间的依存关系。

线图可分为单线图和多线图，分别在一幅统计图中绘制一条或多条曲线。当考查一个变量的频数分布时用单线图，考查多个变量的频数分布时用多线图。但要注意，对于定类数据和定序数据，连线本身没有实际意义。

单线图可以描述一个变量的频数(或百分比)分布，也可以描述累积频数(或累积百分比)分布。图8-6所示是某校离退休人员各年龄组的累积百分比图。有时为了说明某个变量的变化情况，可将条形图与线图绘制在一幅图中，如图8-7[①]所示。

线图的坐标系有两种：坐标轴是算术尺度的普通线图和用对数尺度绘制的线图。以算术尺度绘制的线图，是指在图中以相等的距离表示相等的总量，常用的就是这种普通线图。有时需要将原始数据转换为对数表示，就需要用对数尺度绘制，即坐标轴的尺度依照对数计算间隔，在坐标轴上标明的自然数1、2、…，实际是以10为底的对数lg1、lg2、…，因此这种坐标系的刻度是不等距的。

---

① 前瞻研究院. 2020年中国旅游行业市场现状与发展前景分析.

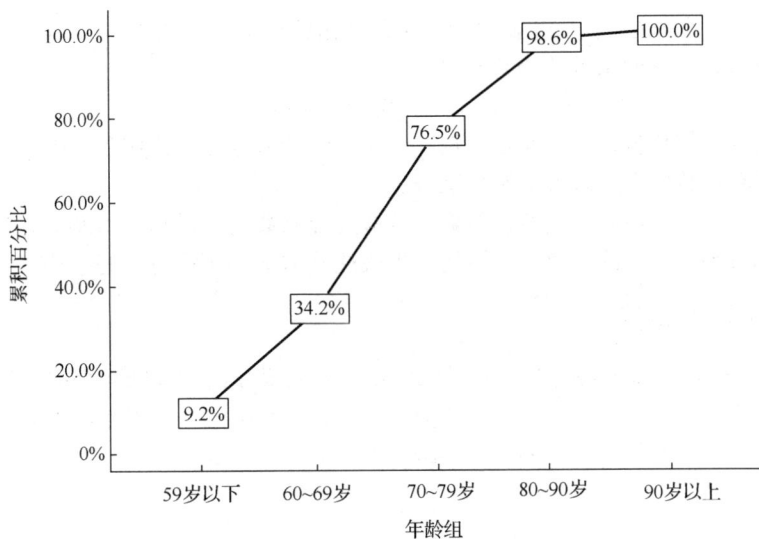

图 8-6　某校离退休人员各年龄组人数的累积百分比图

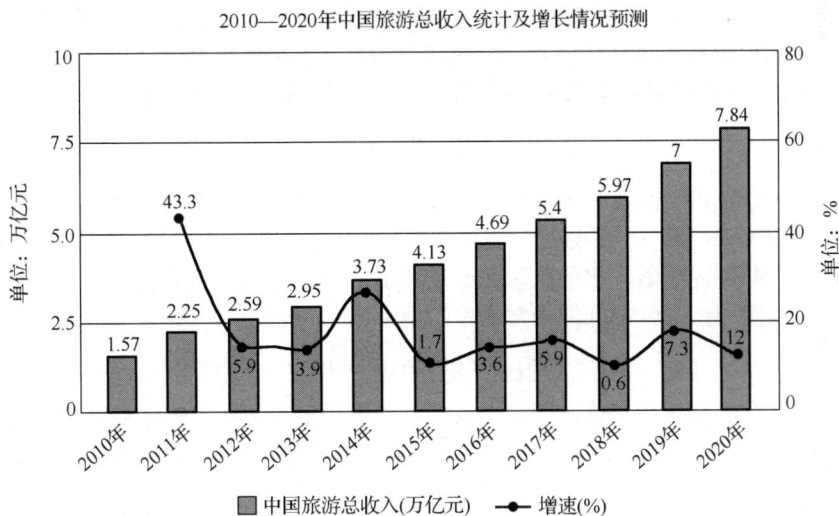

图 8-7　条形图与线图的综合使用

8.2　一个单选题的数据分布特征——单变量分布的特征量数

统计表和统计图只是向人们提供调查结果的重要形式，在对各类变量做更深入的分析时，需要以最简明的形式提供尽可能多的有价值的关键信息，其中就包括给出能够反映变量分布特征的一些代表值。另外，在调查报告中，并不是对每个主题都需要作统计图和统计表，有时只需要用几个有代表性的数值来说明变量的分布特征。

(1)表明变量分布的中心在哪里(数据的集中趋势)，包括用众数、中位数、平均值(算术平均数)；加权平均数、截尾平均数和温莎平均数等特征量数，称为集中量数。

(2)表明变量分布的离散程度如何(数据的离中趋势)，包括异众比率、全距、四分位差、百分位差、平均差，方差和标准差。在比较两个数组的离散程度时，如果单位不同，或平均值差异很大，则要用变异系数。这些量数称为差异量数。

(3)描述变量频数分布的形态如何，主要使用偏度和峰度。

对于数据的内部结构特征，经常使用第3章中介绍的百分比、比例和比率。

涉及变量相对量数的有百分位数和标准分。

本节仅介绍其中几个最常用的特征量数，这些特征量数均可以利用 SPSS 等统计软件得到，因此这里不罗列各种计算公式，希望读者更多地关注其意义并掌握应用的条件。

8.2.1 数据的集中趋势

集中趋势(central tendency)是指一组数据向某一中心聚集的倾向或数据的平均水平。描述集中趋势的量数称为集中量数，集中量数应该能够代表这组数据的一般水平。下面根据数组的不同形式、数据的不同类型和基于不同的需要，给出不同的集中量数。

1. 众数

众数(mode)是一组数据中出现频数最多的数，用 M_o 表示。例如，数组 12，23，34，46，46，54 的众数 $M_o = 46$。众数是具有明显集中趋势点的数据。众数可能不唯一，也可能不存在，如数组 12，12，23，34，46，46，54 有两个众数 12 和 46；而数组 12，12，12 中 3 个数的值都是 12，没有另一个数值的频数与 12 的频数相比较，则不能认定 12 的频数最大，即这组数据没有众数。在众数存在的前提下，对所有的数据类型都可以用众数表示集中趋势。

2. 中位数

中位数(median)是将一组数据按从小到大排列后，处于中间位置的数值，用 M_d 表示。中位数将该组数据一分为二，其中一半数据比中位数大，另一半数据比中位数小。例如，数组 12，34，23，54，56，46，46，排序后，中间位置的数是 46，即 $M_d = 46$。如果数组仅有 6 个数 12，23，34，46，46，54，则中位数为中间两个数的平均值，即

$$M_d = (34+46)/2 = 40$$

由于求中位数时涉及排序问题，所以中位数只适用于定序数据、定距数据和定比数据。

3. 算术平均数

算术平均数(arithmetic mean)也称算术平均值，是我们最为熟悉的均值(average)之一，一般讲"平均值"或"均值"时，指的就是算术平均数。算术平均数是将一组数据求和再除以总频数所得的商，用 $\bar{x}$ 表示。例如，数组 12，34，23，54，56，67 的均值是

$$\bar{x} = (12+34+23+54+56+67)/6 = 246/6 = 41$$

由于该公式中有加法运算，所以算术平均数仅适用于定距数据和定比数据。

算术平均数(以下简称"均值")是通过对全部数据的运算得到的，是对所提供信息运用最充分的量数，一般情况下，也是对数据最敏感、最有代表性的量数，适合代数运算，具有优良的数学性质，用均值还能消除随机误差的影响。但均值非常容易受极端值的影响，以数组 2，3，7，9，9 为例，数组的均值是 6，将其中的一个 9 改为 999，数组的均值就变成了 1020/5≈204，完全失去了代表性。

众数、中位数和均值的比较如表 8-6 所示。

表 8-6　众数、中位数和均值的比较

	众　　数	中　位　数	均　　　值
定　　义	在一个分布中出现频数最高的数据值。用 M_o 表示	是一个分布的中点，在它两边的数据个数相等，用 M_d 表示	将一组数据求和再除以总频数所得的商，用 $\bar{x}$ 表示。是一个分布的平衡点
适用的数据类型	各类数据；主要用于定类数据	定序数据；当一组定距数据或定比数据出现极端值时，往往用中位数	对称且单峰的定距数据和定比数据
优　　点	应用范围广；不受极端值的影响	不受极端值的影响，比较稳健	对所提供信息运用最充分，最有代表性
缺　　点	对个别值变动敏感，稳定性不好；数据的信息利用不充分；不适合代数运算	对数据的变化不敏感；数据的信息利用不充分；不适合代数运算	非常容易受极端值的影响，甚至因此影响它作为集中量数的代表性，在对数据做统计分析或看调查报告时都要注意；适合代数运算

4．加权平均数

计算一组数据的均值时，数组中的每个数的地位都是平等的，但有时不是这样的。例如，期末评定学生的学习成绩时，如果规定在总成绩中，平时作业、期中考试和期末考试的权重分别是 10%、20% 和 70%，某个学生的上述 3 个成绩分别是 80 分、95 分、90 分，则他的总成绩应为

$$80 \times 10\% + 95 \times 20\% + 90 \times 70\% = 8 + 19 + 63 = 90（分）$$

其中，90 是加权平均数；10%、20% 和 70% 是权重。

一般地，若一组数据中各个数的重要性不相同，或者说各个变量的重要性不相同，就要用加权平均数（weighted mean）作为这组数据的集中量数。

对于加权平均数，最重要的是权重的确定。权重（weight），也称权数，是对一组数据中各个数赋予的具有权衡轻重作用的数值。在对调查数据做统计分析时，往往根据调查人员的经验和对问题的理解、专家的意见等确定权重，更严格细腻的层次分析法在调查中应用得较少。

5．截尾平均数

在电视大奖赛、体育比赛中，我们经常会听到主持人宣布"去掉一个最高分，去掉一个最低分，最后得分是×分。"这里的最后得分就是截尾平均数（trimmed mean）。计算方法是先将数组按大小顺序排列，再将两端的数据去掉（去掉多少，根据具体情况而定），然后对剩下的数据求均值。例如，数组 8，6，2，14，20，15，15，34，42，101，56，按大小排序后，两端各截去 2 个数据 2、6 和 56、101，计算新数组的均值，便得截尾平均数

$$\bar{x}_{0.2} = \frac{8 + 14 + 15 + 15 + 20 + 34 + 42}{11 - 2 \times 2} = \frac{148}{7} = 21.1$$

显然，21.1 要比其均值 28.45 更能代表这组数据的平均水平。

8.2.2　数据的离中趋势

在比较两组数据的平均水平时，通常比较均值的大小，但这样做有时并不可行。例如，两组学生的考试成绩如下。

第一组：87，82，78，65，92，88
第二组：32，70，93，99，99，99

平均成绩均为 82 分。但两组数据的分布很不同，第一组的分数基本聚集在 82 附近，82 分可以代表这组学生的平均水平；第二组的分数非常分散，最高分与最低分相差 67 分，82 分很难代表第

二组的平均水平。因此，考查数据分布特征时，还需要有一个描述数据离散程度的量数。

数据分布的离散程度称为数据的离中趋势(dispersion)，表示数据围绕中心点分布得非常集中还是比较分散，描述这种离散程度的数值称为差异量数。显然，一组数据的差异量数越小，集中量数的代表性就越好。经常用到的差异量数有以下几个。

1. 定性数据的差异量数——异众比率

异众比率(variation ratio)又称离异比率或变差比，是指非众数的频数占总频数的比率。用 V_r 表示。

例如，对 200 名学生调查"当你烦恼时，最愿意和谁倾诉？"，回答的统计结果如表 8-7 所示，众数为"知心朋友"，其频数为 52，于是非众数的频数为 200−52=148，异众比率为

$$V_r = 148/200 = 0.74$$

说明众数的代表性较差。事实上，由表 8-7 可以看出，数据分布确实比较分散。

表 8-7　"最愿意倾诉的对象"频数统计表

项　　目	知心朋友	父　　母	班 主 任	同　　学	写 日 记	其　　他
人　　数	52	32	24	44	26	22

当异众比率 V_r 接近零时，说明众数的频数很大，数组中几乎所有的数值(或数字)都相同，众数完全可以作为集中量数代表这个数组；当 V_r 接近 1 时，说明众数的频数很小，在这种情况下，一般数据分布十分分散，众数的代表性很差。

在通常情况下很少用异众比率，但是对于定类数据，只能用异众比率，而不能用其他差异量数。

2. 定量数据的差异量数

1)全距

全距(range)也称极差，是一组数据中的最大值与最小值之差，通常用 R 表示。

例如，全班学生的成绩中，最高分为 98 分，最低分为 56 分，则全班分数的全距为

$$R = 98 - 56 = 42(分)$$

全距简明地反映了一组数据的离散程度，但是它所关注的只是数组中的最大值和最小值，并不能全面地反映数据的离散程度。而且只要最大值或最小值有所变化，全距就会跟着变化，说明全距的稳定性不好。

2)四分位差

一组数据按一定顺序排列后，将所有数据分为四等分，如图 8-8 所示，上四分位数 Q_U 是从中位数到最大值之间的数组成的数组的中位数，下四分

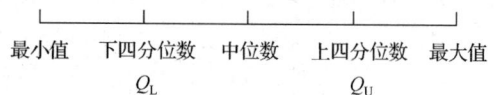

图 8-8　四分位数

位数 Q_L 是从最小值到中位数之间的数组成的数组的中位数。四分位差(quartile deviation)也称四分位距(interquartile range)，是上四分位数与下四分位数之差，用 Q_D 表示，即 $Q_D = Q_U - Q_L$。

四分位差在描述数据的离散程度上比全距好，表明了数据在中位数周围波动的情况。如果 Q_D 较小，则说明数据比较集中在中位数附近，反之则比较分散。四分位差仅反映了数组中 50%的数据的离散程度，另 50%的数据没有考虑在内，同时，四分位差不便于作数学运算。同中位数一样，当一组定距数据或定比数据包含有特大或特小的极端值时，用四分位差表示数据的离中趋势比较合适。

3）方差与标准差

由第 5.5 节可知，一组数据的方差 S^2 和标准差 S 分别是

$$S^2 = \frac{\sum (x_i - \bar{x})^2}{n} \qquad S = \sqrt{\frac{\sum (x_i - \bar{x})^2}{n}}$$

方差和标准差全面准确地反映了数据偏离均值的程度。标准差越大，说明数据分布的离散程度就越大；标准差越小，说明数据分布的离散程度越小，即数据都集中在均值的附近。

需要注意的是，由于在计算标准差的过程中用到了均值，所以标准差会受到数组中极端值的影响。仍以数组 2，3，7，9，9 为例，它的均值是 6，标准差近似为 2.97；而数组 2，3，7，9，999 的均值是 204，标准差近似为 397，可见极端值对标准差的影响有多大！

4）多组数据离散程度的比较——变异系数

在对调查数据进行统计分析的过程中，有时需要比较两个变量的离散程度。当两个变量性质相同、计量单位相同且均值相差不大时，可以直接用方差或标准差来比较。但是，如果数据的性质不同、单位不同，或者单位相同而均值差异较大，则不能直接用方差和标准差来比较它们的离散程度。例如，要比较居民收入与住房面积哪个离散程度更大，收入的单位是元，而住房面积的单位是平方米，二者用标准差根本无法比较。为此，引进表示离中趋势的一个相对量数——变异系数（coefficient of variation）。

变异系数是一个变量的差异量数除以它的集中量数，再乘以 100% 所得到的值，用 CV 表示。显然，该量数没有量纲。

例如，某班学生的身高均值是 167cm，标准差为 9cm；体重均值是 44.5kg，标准差为 5.172kg。身高和体重的变异系数分别为

$$CV_{身高} = 9 / 167 = 0.054 \quad CV_{体重} = 5.172 / 44.5 = 0.116$$

可见，体重的离散程度比身高的离散程度要大。

许多领域在考查数据的变动情况时使用变异系数。例如，股票指数是一种统计指数，基本功能是用均值的变化来描述股票市场的动态变化，用标准差描述股票的波动情况，变异系数则可以判断哪些股票波动得较大，哪些是比较稳定的。由表 8-9 给出的股票指数可知，均值的最大值为日经指数 16465.66，最小值为上证指数 1364.11，各指数的差异很大，因此要根据变异系数对股票的波动情况做出判断。表 8-8 最后一列表明，纳斯达克指数的离散程度最高，即指数波动最大；而道琼斯指数离散程度最低，指数波动最小。

表 8-8　股票指数的基本统计分析

变　　量	N	最小值	最大值	均　　值	标准差	变异系数
道琼斯指数	504	7538.70	11722.98	9867.12	1043.09	0.1057
日经指数	492	12880.00	20727.00	16465.66	1902.89	0.1155
纳斯达克指数	505	1128.00	4075.00	2202.79	904.13	0.4104
恒生指数	494	6660.00	18302.00	11848.96	2920.96	0.2465
上证指数	485	1060.00	1811.00	1364.11	184.42	0.1366

数据来源：路透系统，1998 年 4 月 3 日～2000 年 4 月 1 日各指数的收盘数据。

3．使用差异量数时需要注意的问题

1) 不同的变量类型要用不同的差异量数

定类变量只能用异众比率来度量其离散程度；定序变量主要用全距、四分位差；定距变量和定比变量主要用方差和标准差。在比较两个变量的离散程度时，如果单位不同，或均值差异很大，则要用变异系数，不能用标准差直接比较。

2) 对两个变量均值的比较必须辅以标准差

只有当标准差差异不大时，比较均值才有意义；反之，若标准差差异较大，标准差大的一组，均值的代表性差，就不能与另一个变量的均值进行比较。那么，对于两个(或多个)变量，如何通过样本信息来推断各总体均值之间的差异呢？这将在第 9 章介绍。

3) 集中量数和差异量数的匹配问题

在通常情况下，要将集中量数与差异量数结合在一起描述单变量分布的特征。在使用中要注意二者的匹配：众数匹配异众比率；中位数匹配全距或四分位差；均值匹配方差或标准差。一般地，如果定距数据或定比数据的分布是对称的，则使用均值和标准差描述数据分布代表性较好。在数据分布非对称、有极端值出现时，最好用中位数、最大值、最小值、上四分位数和下四分位数描述数据的分布，即采用五数综合的方法来描述。

8.2.3 偏度与峰度

对于连续型数据的频数分布，可以根据一定的组距作相应的直方图进行描述，还可以通过频数分布曲线来描述。分布曲线除了 J 形、反 J 形和 U 形(如图 8-9 所示)，常见的单峰分布曲线有 3 种不同的形状，如图 8-10 所示。

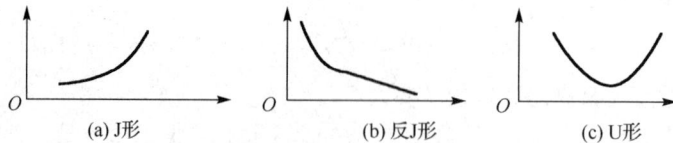

| (a) J形 | (b) 反J形 | (c) U形 |

图 8-9　J 形与 U 形曲线

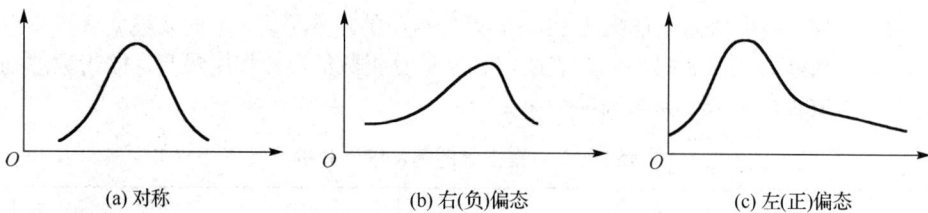

| (a) 对称 | (b) 右(负)偏态 | (c) 左(正)偏态 |

图 8-10　单峰曲线的形状

图 8-10(a)所示频数分布曲线呈对称的钟形，最常见的是正态分布曲线，此时均值、中位数和众数三者合为一点，即 $\bar{x} = M_d = M_o$。图 8-10(b)所示是频数分布曲线高峰出现在右侧，左侧拖着一条长长的"尾巴"，数据主要集中在数值较大的一端，称呈负偏态(negative skew)或右偏态。图 8-10(c)所示是频数分布曲线高峰出现在左侧，右侧拖有一条长长的"尾巴"，数据主要集中在数值较小的一端，称呈正偏态(positive skew)或左偏态。

偏度(skewness)是描述频数分布相对于正态分布偏斜程度的特征量数，或者说是描述分布的对称性的量数，也称偏态系数(skewness coefficient)。当偏度等于 0 时，频数分布呈正态分布；当偏度大于 0 时，频数分布呈正偏态；当偏度小于 0 时，频数分布呈负偏态。一般认为，在实际问

题中，偏度在±0.5 之间时，都可以认为分布是对称的。但要注意，只有在总频数大于 200 时，计算出的偏度才较可靠[1]。

峰度(kurtosis)描述频数分布在均值附近密集的峰态高低与宽窄的程度，或者说峰度表示数据分布集中于某一领域或分散于整个分布的程度[2]。峰度也称峰态系数(kurtosis coefficient)，是描述频数分布峰态的相对量数。如图 8-11 所示，当峰度等于 0 时，频数分布正态分布；当峰度小于 0 时，频数分布曲线比正态分布曲线峰低，称频数分布为低阔峰，也称平峰分布(platykurtic)；当峰度大于 0 时，频数分布曲线比正态分布曲线峰高，称频数分布为高狭峰，也称尖峰分布(leptokurtic)。与偏度类似，无论是高狭峰还是低阔峰，都是相对于正态分布而言的。而且，只有在总频数大于 1000 时，计算出的峰度才较可靠[1]。

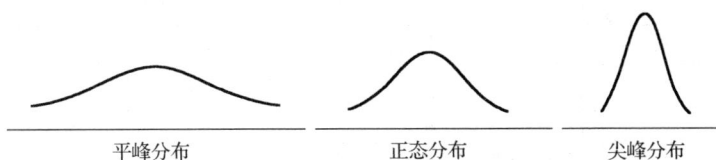

| 平峰分布 | 正态分布 | 尖峰分布 |

图 8-11　峰度不同的频数分布曲线

8.2.4　相对量数

除用于描述一组调查数据分布特征的集中量数、离中量数及偏度与峰度外，有时我们还希望描述某个数据在总体中所处的位置(如某个学生的高考成绩在所有考生成绩中的位置)，这就需要用相对量数进行度量。

调查问卷的卷面数据通常称为原始数据，而考试的卷面成绩称为原始分数(raw score)。为叙述方便，我们将它们统称为原始分数。

原始分数往往不具有可加性和可比性。例如，高考时，数学题目相对容易，分数普遍偏高，而物理题目难度大，分数普遍低，数学的 80 分与物理的 80 分就不可比，正如 1 米与 1 厘米，两个"1"是不能相加的，因此用高考总分决定录取就不甚合理。目前，是给每个考生一个"标准分"，这个标准分反映了考生在所有考生中的相对位置，是居前、居中还是靠后的。

一般地，为了表明某个原始分数所处的相对位置，必须依据某种规则将原始分数转化为一个新的分数，即寻求一个具有一定的参照点和测量单位的量表。位置量数(point measure)就是表明原始分数在总体分数中所处位置的量数，也称地位量数或相对量数。标准分和百分位数是经常用到的两个相对量数。

1. 标准分

标准分(standard score)是用原始分数与均值之差除以标准差所得的商，即

$$Z = \frac{X - \mu}{\sigma}$$

其中，X 为原始分数，μ 为总体原始分数的均值；σ 为总体原始分数的标准差。标准分也称 Z 分数(Z-score)。如果是样本数据，则 μ 和 σ 分别用样本的均值 $\overline{X}$ 和标准差 S 代换。

标准分是以原始分数的平均分为相对零点，以标准差为单位来表示的定距量表分数。标准分没有量纲，它以标准差来衡量某一原始分数与均值的差，即刻画了原始分数在均值以上 Z 个标准

---

[1] 王孝玲. 教育统计学[M]. 2 版. 上海：华东师范大学出版社，2001.

[2] 理查德·P·鲁尼恩，等. 行为统计学基础[M]. 9 版. 王星，译. 北京：中国人民大学出版社，2007.

差($Z>0$)或在均值以下 Z 个标准差($Z<0$)的位置上，从而表明了原始分数的相对位置。

例如，某班数学考试成绩平均分为 72，标准差为 8，甲考了 88 分，那么甲的标准分为 $Z=(88-72)/8=2$，根据正态分布表可知，在他的后面有 97.72% 的人，或者说，他排在前 2.28% 的位置。

再如，表 8-9 所示为两名学生参加全国研究生统一考试的成绩，现在只能有一人参加复试，如果根据原始分数的总分，则应选择考生乙参加复试；但如果按标准分的总分，就应选考生甲。选择哪位更合理呢？

表 8-9　两名考生成绩的统计表

科　　目	原始分数		全体考生		标准分	
	甲	乙	平均分	标准差	甲	乙
英　语	62	53	50	8.10	1.500	0.375
数　学	74	71	67	9	0.778	0.444
政　治	76	90	74	10	0.200	1.600
总　分	212	214	/	/	2.478	2.419

另外，在社会科学研究中，涉及的变量是多种多样的，不仅数量级有时会有很大的差别，而且量纲也不完全一样。因此，许多统计分析方法的第一步就是对数据进行标准化处理，将原始分数转换为标准分是其中一个重要的途径。

2．百分位数

百分位数(percentile)是四分位数的扩展，正如有 25% 的数据小于下四分位数一样，第 k 个百分位数是指在一组数据中有 k% 的数据小于它，即在数轴上，它的左边有这组数据中的 k% 个数据。由此可知，上四分位数就是第 75 个百分位数，下四分位数就是第 25 个百分位数。百分位数是一个顺序量表，它所揭示的是一项分布中每个数据相对于其他数据的位置。对于任一组定量数据，都可以求出位于第 5 个、第 10 个或任一指定的百分位数。

8.2.5　参数估计

在统计学中，将通过样本对总体的未知参数进行估计称为参数估计。参数估计一般有两种方法：点估计和区间估计。

1．点估计

现实中经常会进行点估计，如测量一个桌子的边长，为得到一个比较精确的数值，可以多测量几次，然后将测量的均值作为桌子的边长。统计学的大数定律表明，在足够多次的观察中，得到的随机变量的均值总会稳定在它的期望值附近。于是，只要通过大量的观察和试验，个别的偶然性在一定的程度上就会相互抵消、相互补偿，从而显示总体的规律性。当调查总体的参数(如均值)未知时，用样本的相应统计量的值作为总体的未知参数的估计值，就是通常所说的点估计(point estimation)。

点估计的方法有许多种，用得最多的是矩法(method of moment)。这种方法是用样本的数字特征来估计总体相应的未知参数。例如，在全市各区随机抽取 1000 名 12 岁的男孩，如果平均身高 $\bar{x}$ 为 153 厘米，就把 153 厘米作为全市 12 岁男孩的平均身高 μ 的估计值。

2．区间估计

通过点估计，可以得到总体未知参数的一个估计值。但是，总体参数的真值是多少并不知道，估计值与真值到底相差多少就不清楚，或者说，不知道点估计值的精度。因此，通过样本估计真值所在的一个范围或一个区间，就是区间估计，所给出的范围称为置信区间。对这个估计结果的把握性（或称可靠性），称为估计的置信水平（或称置信度）。要求有 95%的把握，就是说要求置信水平为 95%，或者说，犯错误的概率只有 5%，记为 $\alpha = 0.05$，并将置信水平记为 $1-\alpha$。置信区间是根据所要求的置信水平计算的，因此，所谓区间估计（interval estimation），就是根据所给定的置信水平估计总体的未知参数 Q 的置信区间。

下面用一个例子来简要说明均值的置信区间是如何得出的。

已知在某校学情调查中，被调查学生总数 n=415，在环境利用上的平均分 $\bar{X} = 25.06$，标准差 S=4.57。现在要对全校学生的环境利用平均分 μ 做出区间估计，并要求置信水平为 95%，即要求所求的区间有 95%的把握覆盖 μ，或者说，犯错误的概率为 5%。

求置信区间就是要求出区间的两个端点 $\hat{\mu}_1$、$\hat{\mu}_2$，使得

$$P(\hat{\mu}_1 \leqslant \mu \leqslant \hat{\mu}_2) = 0.95$$

经推导可知[①]

$$\hat{\mu}_1 = \bar{X} - 1.96 \times \frac{S}{\sqrt{n}} \qquad \hat{\mu}_2 = \bar{X} + 1.96 \times \frac{S}{\sqrt{n}} \qquad (8\text{-}1)$$

将该校数据代入式（8-1），得平均分 μ 的置信水平为 95%的置信区间是（24.62，25.50）。24.62 为置信区间的下限，25.50 为置信区间的上限。如果将置信水平改为 99%，就要将 1.96 改为 2.58，置信区间变为（24.50，25.64）。由此可知，如果要求这个区间覆盖 μ 的把握性很大，即概率很高，估计的区间肯定就会相对宽一些；反之，如果要求不是很高，估计的区间就会相对窄一些。

在以后的讨论中还会涉及两个概念，即抽样分布和标准误。仍以均值为例，每抽取一个容量为 n 的样本，都会有一个样本的均值，抽 200 个样本，就有 200 个均值，如果一直抽下去，这些均值就会形成一个新的分布，这个分布称为抽样分布。更一般地说，统计量的分布称为抽样分布。显然，我们不可能一直抽下去，所以这个分布是一个理论上的分布。统计学研究表明，这个分布的均值就是总体的均值，方差是总体方差的 $1/n$，而且随着 n 的增加，标准差 $\sigma / \sqrt{n}$ 会越来越小。统计学上将抽样分布的标准差称为标准误差（standard error），简称标准误。

8.3 利用 SPSS 对单选题进行统计分析

利用 SPSS 进行单变量的描述统计分析，应用最多的是"分析"菜单中的"描述统计"，本节仅介绍其中的"频率"和"描述"两个功能模块，并通过案例说明具体的操作方法。

【案例 8.1】

"学习焦虑"是《大学生学习策略问卷》中的一个维度，是将部分题目合成的综合分数，用于了解大学生在学习中存在学习焦虑的程度，变量名为"焦虑"。利用数据文件 "大学生学习策略部分测试数据"，试对"年级"和"焦虑"变量进行描述统计分析。

8.3.1 利用 SPSS 的"频率"模块进行统计分析

由于"年级"和"焦虑"分别为定类变量和定比变量，所以要分别进行频数分析。

1. 对"年级"变量进行频数分析

【操作步骤】

（1）打开数据文件"大学生学习策略部分测试数据"。

---

① 对该推导过程感兴趣的读者可参阅相关的统计学书籍。

　　(2)单击"分析"→"描述统计"→"频率",弹出"频率"对话框,如图 8-12 所示。将左侧源变量框中的"年级"变量通过单击向右的箭头 ，移入"变量"框,勾选左下角的"显示频率表"①选项,以便输出频数分布表。

　　(3)单击"图表"按钮,弹出"频率:图表"对话框,如图 8-13 所示,在"图表类型"栏中选择"条形图"(也可选择"饼图"),下方的"图表值"栏激活,选择"百分比"(也可以选择"频率"),单击"继续"按钮,返回"频率"对话框。

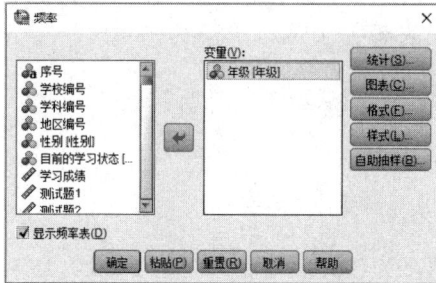

图 8-12　"频率"对话框

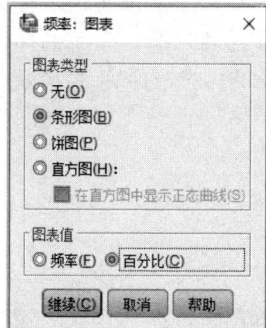

图 8-13　"频率:图表"对话框

　　(4)若选择输出形式为默认形式,则不必单击"格式"按钮。

　　(5)单击"确定"按钮。

【输出结果及其解释】

　　"输出"窗口给出两个统计表(见表 8-10 和表 8-11)和一幅统计图(见图 8-14)。

　　(1)各年级学生的频数表。

　　由表 8-10 可知,"年级"的有效人数为 162,缺失值有 2 个,说明有 2 人没有填写自己所属的年级。表 8-11 显示了各年级学生的频数分布,从左到右,各列的含义分别是频数、百分比、有效百分比和累计百分比。其中,"百分比"是按学生总数 164 人计算的各年级人数占总人数的百分比;有效百分比是按有效人数 162 计算的百分比;累积百分比是将有效百分比从上往下的累加,如三年级以下的学生占有效人数的 90.1%。

表 8-10　观测量摘要表

年　级		
个案数	有效	162
	缺失	2

表 8-11　"年级"变量频数分析表

		频　率	百分比	有效百分比	累积百分比
有效	一年级	52	31.7%	32.1%	32.1%
	二年级	49	28.9%	30.2%	62.3%
	三年级	45	27.4%	27.8%	90.1%
	四年级	16	8.8%	8.9%	100.0%
	总　　计	162	98.8%	100.0%	
缺失	系　　统	2	1.2%		
总　　计		164	100.0%		

① "频率"应为频数,下同,不再说明。

(2)各年级人数百分比的统计图。

图 8-14 所示是"年级"变量未经编辑的条形图。由于在"频率：图表"对话框"图表值"栏中选择的是"百分比"，故本图中给出的是各年级人数占总人数的百分比。图 8-15 所示是利用图形编辑器编辑后的"年级"三维条形图。如果在"频率：图表"对话框"图表类型"栏中选择"饼图"，系统就会给出"年级"饼图，也可以用图形编辑器直接将条形图转换为饼图（见图 8-16）或线图（见图 8-17）。如何利用图形编辑器对统计图进行编辑，将在第 8.6 节介绍。

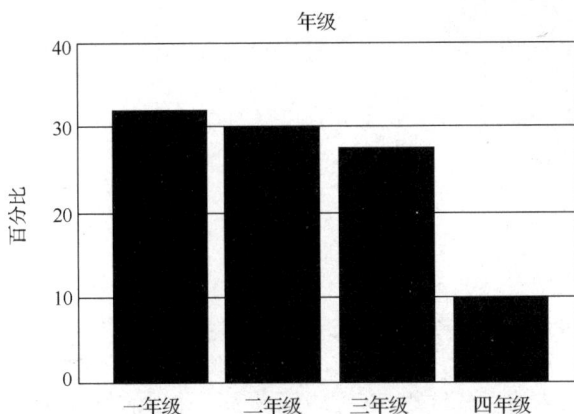

图 8-14　"年级"变量未经编辑的条形图

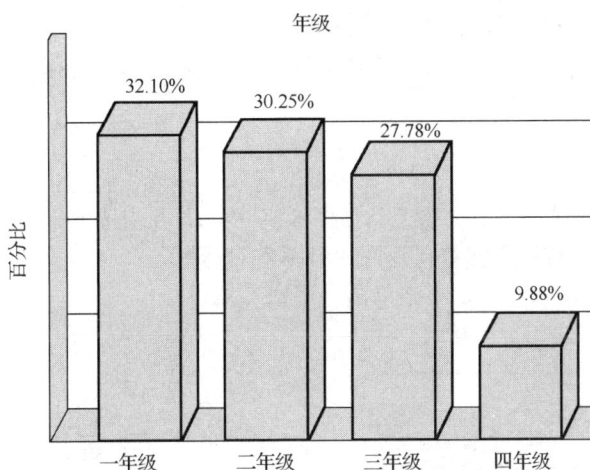

图 8-15　编辑后的"年级"三维条形图

2. 对"焦虑"变量进行统计分析

【操作步骤】

(1)单击"分析"→"描述统计"→"频率"，弹出"频率"对话框。将"焦虑"变量移入"变量"框，"焦虑"为定比变量，如果勾选左下角的"显示频率表"选项，则输出的频数表会很长（读者可自行操作观察），因此这里不勾选。

(2)单击"统计"按钮，弹出"频率：统计"对话框，如图 8-18 所示。对话框中有 4 个栏目和"值为组的中点"复选框。"集中趋势""离散"和"表示后验分布"栏的选项已很清楚，下面对"百分位值"栏进行说明。该栏中的 3 个复选项，含义如下。

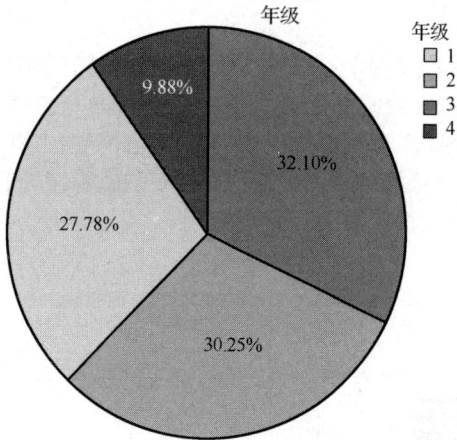

图 8-16 "年级"饼图

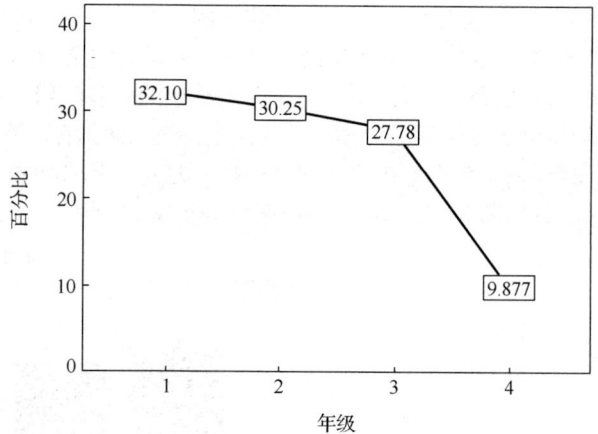

图 8-17 "年级"线图

- 四分位数：输出第 25、50、75 的百分位数。
- 分割点：按框中给定的值，将数据分为若干等份，如输入"10"，则输出第 10、20、30、⋯、70、80、90 百分位数。值得注意的是，给定的值要在 2～100 之间。
- 百分位数：输出要求的百分位数。在框中输入需要输出的数值(在 0～100 之间)，单击"添加"按钮。如果需要多个百分位数，就重复这一操作。

如果要改变某个百分位数，就选中该百分位数，然后重新输入数据，单击"更改"按钮；如果要删除已定义的百分位数，则选中该百分位数，然后单击"删除"按钮。

另外，如果数据已经分组，且用各组的组中值代表各组数据，则在计算百分位数和中位数时要勾选"值为组的中点"选项。

这里的选择如图 8-18 所示。

(3)单击"继续"按钮，返回"频率"对话框，单击"图表"按钮，弹出"频率：图表"对话框，在"图表类型"栏中选择"直方图"，如图 8-19 所示，并勾选下方的"在直方图中显示正态曲线"选项，然后单击"继续"按钮，返回"频率"对话框。

(4)选择输出形式为默认形式，不必单击"格式"按钮。

(5)单击"确定"按钮。

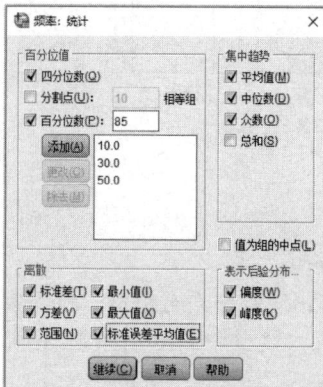

图 8-18 "频率：统计"对话框

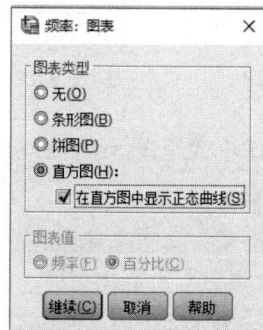

图 8-19 选择"直方图"

【输出结果及其解释】

输出窗口给出统计量表（见表 8-12）和直方图（见图 8-20）。

（1）"焦虑"的描述统计量。

表 8-12 显示，有效观测量为 161，有 3 个缺失值。表中还给出了"焦虑"的均值、中位数、众数、标准差（标准偏差）、方差、最大值和最小值，给出了所要求的百分位数。这些特征量数既是样本的特征量数，也是对学生总体在"焦虑"水平上的点估计。可以看出，学生的学习焦虑水平从总体上看是较高的。

表 8-12　"焦虑"变量的统计量

	焦虑		
个案数	有效	161	
	缺失	3	
均值		3.7509	
均值标准误差		0.06452	
中位数		3.7778	
众数		3.56	
标准偏差		0.81865	
方差		0.670	
偏度		0.147	
偏度标准误差		0.191	
峰度		−0.073	
峰度标准误差		0.380	
范围		4.22	
最小值		1.78	
最大值		6.00	
百分位数	10	2.7778	
	25	3.2222	
	30	3.2889	
	50	3.7778	
	75	4.3333	
	85	4.5556	

（2）"焦虑"变量均值的置信水平为 95%的置信区间。

表 8-12 还给出了均值（平均值）、偏度和峰度及其标准误（偏度标准误差、峰度标准误差），于是可以根据这些数值来估计总体的置信区间。例如，要求有 95%的把握，那么通过下面的计算

$$\hat{\mu}_1 = \overline{X} - 1.96 \times \frac{S}{\sqrt{n}} = 3.75 - 1.96 \times \frac{0.82}{\sqrt{161}} \approx 3.52$$

$$\hat{\mu}_2 = \overline{X} + 1.96 \times \frac{S}{\sqrt{n}} = 3.75 + 1.96 \times \frac{0.82}{\sqrt{161}} \approx 3.88$$

得到学生总体在"焦虑"变量上均值的置信区间为[3.52，3.88]，即有 95%的把握认为学生总体在"焦虑"变量上的均值在 3.52～3.88 之间。

因此，在输出结果中既有描述统计的内容，也有推断统计的内容。

（3）"焦虑"变量的直方图（见图8-20）。

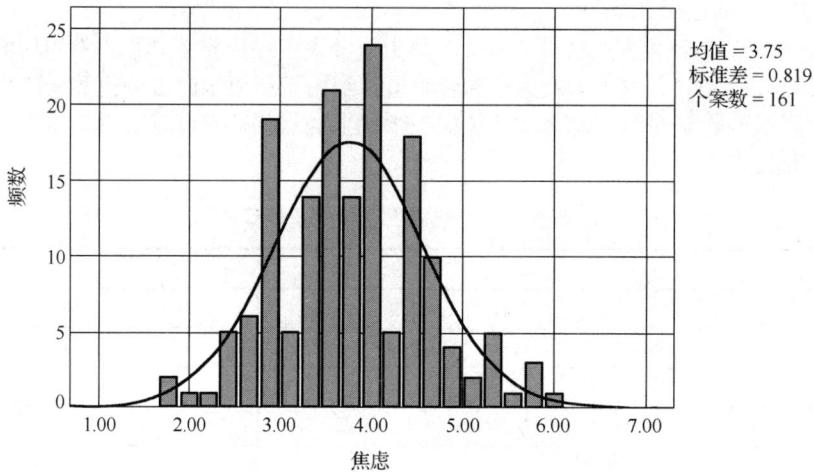

图8-20　"焦虑"变量的直方图

8.3.2　利用 SPSS 的"描述"模块进行统计分析

仍以"焦虑"变量为例，说明利用"描述"模块对单变量进行描述统计分析的具体步骤。

【操作步骤】

（1）打开数据文件"大学生学习策略部分测试数据"。

（2）单击"分析"→"描述统计"→"描述"，弹出"描述"对话框，如图8-21所示。

（3）将"焦虑"变量移入"变量"框，勾选"将标准化值另存为变量"选项，该选项的功能是计算每位学生"焦虑"的标准分，并在数据文件中形成变量名为"Z焦虑"的新变量。单击"选项"按钮，弹出"描述：选项"对话框，勾选"平均值""标准差""方差""范围""最大值""最小值"，如图8-22所示，单击"继续"按钮，返回"描述"对话框。

（4）单击"确定"按钮。

【输出结果及其解释】

系统输出的统计表（见表8-13）列出了要求的统计量，并在数据文件的最后一列给出了每个学生的焦虑标准分，即变量"Z焦虑"，如图8-23中的虚线圈所示。

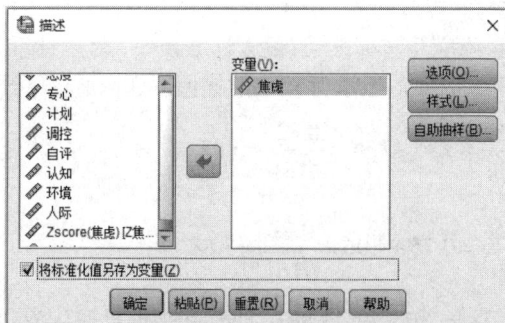

图8-21　"描述"对话框

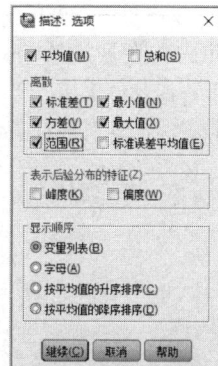

图8-22　"描述：选项"对话框

表 8-13　"焦虑"变量的统计量

	N	范围	最小值	最大值	均值	标准偏差	方差
焦虑	161	4.22	1.78	6.00	3.7509	0.81865	0.670
有效个案数(成列)	161						

需要指出的是，从"描述：选项"对话框可以看出，所计算的统计量除了"最大值""最小值"和"范围"(全距)可应用于定序变量，都是针对定量变量而言的。因此，当对定量变量进行描述统计分析时，一般用"描述"模块即可。特别要记住的是，当需要计算某个变量的标准分时，在"描述"对话框中应勾选"将标准化值另存为变量"选项。

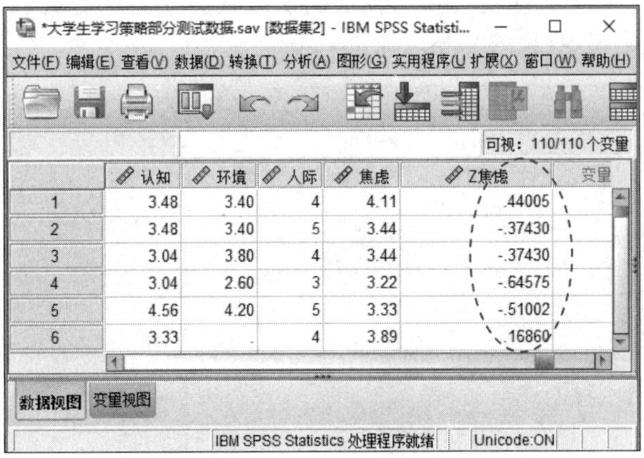

图 8-23　数据文件中的新变量"Z 焦虑"

8.4　多个单选题交叉分组时的频数分析——多变量的交互分析

对问卷进行统计分析的基本内容之一是对两个甚至多个单选题进行交互分析，既要通过交叉表和相应的统计图考查频数或百分比的分布，也要考查两个变量的相关关系，即它们之间的密切程度。

交叉表(cross-tabulation)是两个或两个以上变量交叉分组后形成的频数分析表，也称列联表(contingency table)或交叉列联表。交叉表的数据可以是数值型的，也可以是字符型的。在进行抽样调查时，问卷中的大量题目属于定类变量和定序变量，因此，在对调查结果进行统计分析时，交叉表成为十分重要的工具。对于交叉分组频数分布的统计图，比较常用的有簇状条形图、多线图、分组箱图和雷达图。本节仍借助案例来说明如何利用 SPSS 对多个变量进行描述统计分析。

8.4.1　利用 SPSS 的"交叉表"模块进行频数分析

【案例 8.2】

根据数据文件"大学生学习策略部分测试数据"，利用 SPSS 的"交叉表"进行以"性别"为行变量、"目前的学习状态"为列变量的二维交叉表，以便考查不同性别的学生目前的学习状态的差异。

【操作步骤】

(1)打开数据文件"大学生学习策略部分测试数据"。

(2)单击"分析"→"描述统计"→"交叉表",弹出"交叉表"对话框,如图 8-24 所示。

(3)将行变量"性别"移入"行"框,将列变量"目前的学习状态"移入"列"框,勾选"显示簇状条形图",以便绘制各变量交叉分组下频数分布的条形图。

(4)单击"单元格"按钮,弹出"交叉表:单元格显示"对话框,如图 8-25 所示。在"计数"栏中勾选"实测"(默认);在"百分比"栏中勾选"行""列"和"总计"。单击"继续"按钮,返回"交叉表"对话框。

(5)输出格式选择默认格式,不必单击"格式"按钮。

(6)单击"确定"按钮。

【输出结果及其解释】

输出窗口给出以大学生"性别"和"目前的学习状态"两个变量的二维交叉表(也称双向表)(见表 8-14)及复式条形图(见图 8-26)。

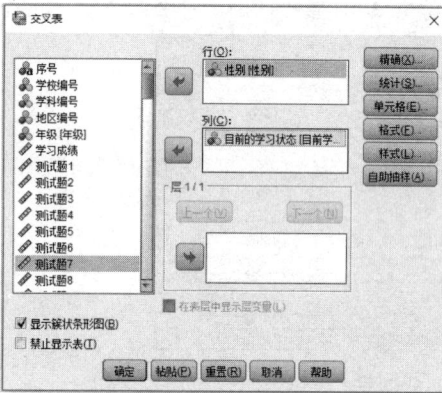

图 8-24 "交叉表"对话框

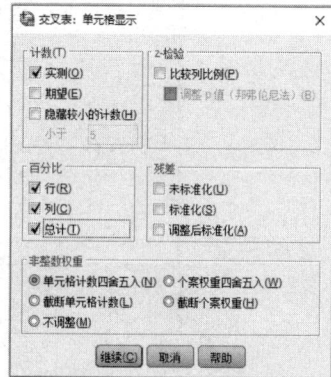

图 8-25 "交叉表:单元显示"对话框

表 8-14 "性别"和"目前的学习状态"的二维交叉表

			目前的学习状态					合计
			很好	较好	一般	较差	很差	
性别	男	计数	6	23	61	30	19	139
		性别中的%	4.3%	16.5%	43.9%	21.6%	13.7%	100.0%
		目前的学习状态中的%	100.0%	88.5%	87.1%	83.3%	100.0%	88.5%
		总数的%	3.8%	14.6%	38.9%	18.1%	12.1%	88.5%
	女	计数	0	3	9	6	0	18
		性别中的%	0.0%	16.7%	50.0%	33.3%	0.0%	100.0%
		目前的学习状态中的%	0.0%	11.5%	12.9%	16.7%	0.0%	11.5%
		总数的%	0.0%	1.9%	5.7%	3.8%	0.0%	11.5%
合计		计数	6	26	70	36	19	157
		性别中的%	3.8%	16.6%	44.6%	22.9%	12.1%	100.0%
		目前的学习状态中的%	100.0%	100.0%	100.0%	100.0%	100.0%	100.0%
		总数的%	3.8%	16.6%	44.6%	22.9%	12.1%	100.0%

表 8-14 的结构说明如下。

(1)表中的行变量是"性别",列变量是"目前的学习状态",行标题和列标题的栏目分别是两个变量的变量值(字符型)。

(2)表中最后一列数字"139"和"18"是"性别"的频数分布,称为交叉表的行边缘分布。

(3)表中的数据是观测频数和各种百分比。下面以男生对"目前的学习状态"的选择为例,说明该 4 行数据的含义。

第一行"计数":给出了男生选择"目前的学习状态"各选项的人数。

第二行"性别中的%":是对应单元格中的频数占该行总频数的百分比,称为行百分比。例如,男生中有 6 人选择"很好",占男生总人数 139 的百分比是 4.3%。

第三行"目前的学习状态中的%":是对应单元格中的频数占该列总频数的百分比,称为列百分比。例如,男生中有 23 人选择"较好",占选择"较好"的男女生总人数 26 的 88.5%。

第四行"总数的%":是每个单元格中的频数相对于总频数的百分比,称为总百分比。例如,男生中有 61 人选择"一般",占男女生总人数 157 的 87.1%。

表中最后 4 行"合计"是对样本总的情况的描述。其中,倒数第四行数字 6、26、70、36、19 是"目前的学习状态"各选项的总人数,称为交叉表的列边缘分布。不难理解,倒数第三行和最后一行是选择各选项的人数占总人数的百分比;倒数第二行是列百分比之和,均是 100%。

图 8-26 所示是以"目前的学习状态"为横坐标、选择各选项的频数(计数)为纵坐标的簇状条形图。显然,用频数作的复式条形图,不能给比较男女生在学习状态的差异提供任何信息,这需要以百分比为纵坐标的簇状条形图,要用第 8.6 节介绍的 SPSS "图形"模块来完成。

【两点说明】

(1)有些统计分析要求单元格中的频数都大于 5(有些要求在 20 以上),因此在进行统计分析的过程中,需要把频数都列在频数表中,以便了解各频数是否满足条件,如果不满足,则需要对变量的分类做调整,适当合并单元格。但在统计分析报告中,不一定需要将频数及所有类型的百分比都显示在交叉表中,也不能用频数做交叉分组时分布的比较。例如,在表 8-14 中,男生有 139 人,女生只有 18 人,根本不能用频数及列百分比比较男女生在学习状态上的差异,表中的列百分比是没有意义的。表 8-15 是由表 8-14 中各行的百分比组成的。操作方法是在"交叉表:单元显示"对话框中,仅勾选"百分比"栏目中的"行"即可。

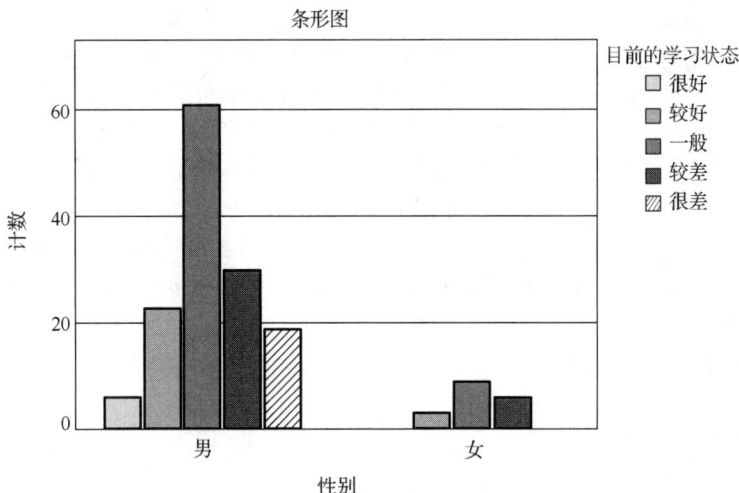

图 8-26　男女生"目前的学习状态"的簇状条形图

表 8-15　男女生目前的学习状态的比较

		占性别的百分比					
		目前的学习状态					总计
		很好	较好	一般	较差	很差	
性别	男	4.3%	16.5%	43.9%	21.6%	13.7%	100.0%
	女		16.7%	50.0%	33.3%		100.0%
总计		3.8%	16.6%	44.6%	22.9%	12.1%	100.0%

(2)推而广之，还可以有三维交叉表，用于描述 3 个变量的各种交叉取值的频数和百分比。三维交叉表与二维交叉表的不同在于表中涉及 3 个变量，不仅有行变量和列变量，还有层变量(layer)。通过对交叉表的分析能提供更多的信息。

例如，在考查不同性别、不同年级的学生对自己目前的学习状态的评价时，为得到三维交叉表，只需在操作 SPSS 时，将"性别"作为层变量移入"交叉表"对话框的"层 1/1"栏，将"年级"作为行变量、"目前的学习状态"作为列变量，其他操作与前述类似，便可制作三维交叉表。建议读者试做，并分析输出的三维交叉表各单元格的含义。

8.4.2　利用 SPSS 的"图形"模块作多变量的常用统计图

SPSS 25.0 的"图形"菜单中有 5 个子菜单："图表构建器""图形画板模板选择器""威布尔图""比较子组"及"旧对话框"(图 8-27)，作图功能十分强大，能够生成多种图形；还可以对输出的统计图进行多种形式的编辑和修改，以保证图形的质量和适用性。SPSS 25.0 中增加了新的功能，可以把大多数图表复制成微软的图形对象，这样就可以在 Microsoft Word、PowerPoint 或 Excel 中编辑标题、颜色、样式，甚至图表类型。

"图形"模块应用最多的是"旧对话框"，用户在确定图形类型的前提下通过对话框就可以完成图形的制作，包括条形图、线图、饼图、箱图、散点图和直方图等。

这里主要通过案例介绍用"图形"模块作对多个变量交互分析的簇状条形图和多线图。

簇状条形图(clustered bar charts)也称复式条形图，是表示多个变量交叉分组频数分布特征的统计图，由每两个或两个以上条形组成一组条形图，组与组之间有较大间隙，每组的条形之间没有间隙或间隙很小。

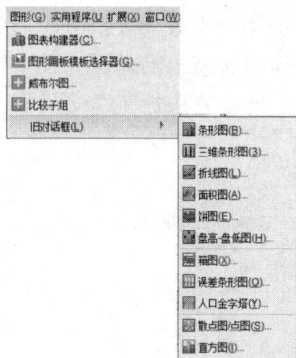

图 8-27　"图形"菜单的结构

【案例 8.3】

根据数据文件"大学生学习策略部分测试数据"，利用"图形"模块作"年级"与"目前的学习状态"的簇状条形图和多线图，以考查不同年级学生目前学习状态的差异。

1．簇状条形图

【操作步骤】

(1)打开数据文件"大学生学习策略部分测试数据"。

(2)单击"图形"→"旧对话框"→"条形图"，弹出"条形图"对话框，如图 8-28 所示，针对 3 种数据文件结构分别提供 3 种不同的条形图，即简单条形图、簇状条形图和堆积条形图。

在"图表中的数据为"栏中将数据文件结构分为以下 3 种。

● 个案组摘要：按个案分组汇总（如将学生按年级分组）。针对这种结构，条形图以某个分类轴变量作为个案分组的标准，反映以组为单位个案的情况。

● 单独变量的摘要：单个变量汇总。针对这种结构，条形图反映若干变量或同一个变量的各种参数的情况。

● 单个个案的值：个案取值。针对这种结构，条形图反映某变量的所有个案的取值情况。

针对每种数据结构，都可以作 3 种不同形式的条形图，因此共可以生成 9 种不同形式的条形图。

这里选择"簇状"条形图及"个案组摘要"选项，单击"定义"按钮，弹出"定义簇状条形图：个案组摘要"对话框，如图 8-29 所示。

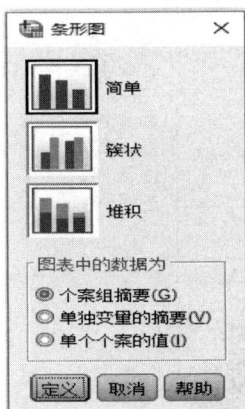

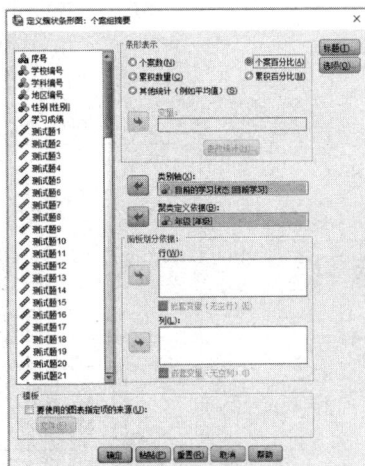

图 8-28 "条形图"对话框   图 8-29 "定义簇状条形图：个案组摘要"对话框

（3）在"条形表示"栏中选择"个案百分比"选项，将"目前的学习状态"变量移入"类别轴"栏，将"年级"变量移入"聚类定义依据"栏。

（4）单击"标题"按钮，弹出"标题"对话框，在"标题"栏的"第 1 行"框中输入"不同年级对学习状态的自我评价"，如图 8-30 所示。单击"继续"按钮，返回"定义簇状条形图：个案组摘要"对话框。

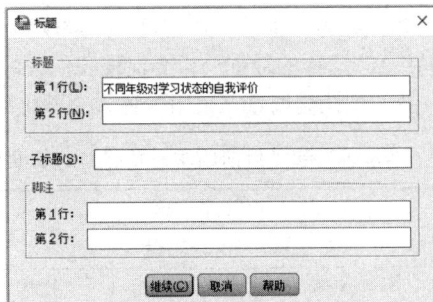

图 8-30 "标题"对话框

（5）单击"确定"按钮。

【输出结果及其解释】

输出窗口给出"年级"与"目前的学习状态"的簇状条形图（见图 8-31）。

不同年级对学习状态的自我评价

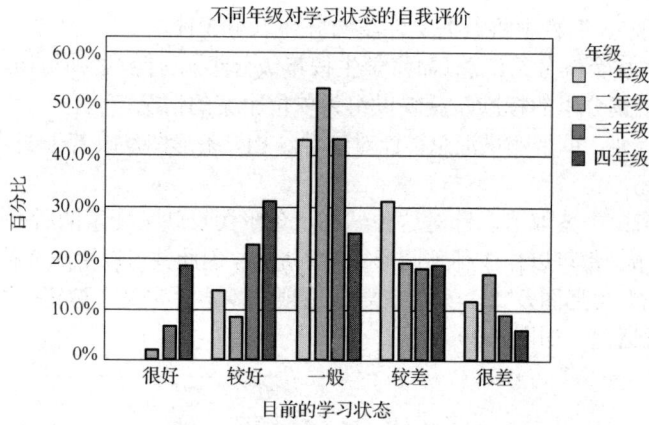

(a) 图形编辑之前

不同年级对学习状态的自我评价

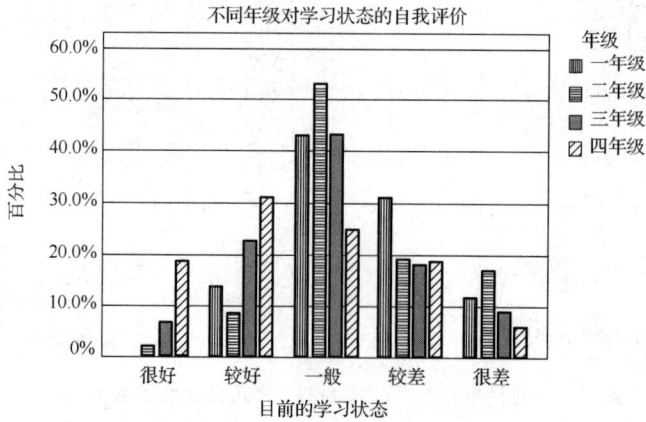

(b) 图形编辑之后

图 8-31　"年级"与"目前学习状态"的簇状条形图

　　从图 8-31 可以看出各年级学生对学习状态的自我评价的差异。例如，一年级与四年级学生的差异非常显著：四年级对学习状态的自我评价最高，近 50%的人认为自己状态"很好"或"较好"，不到 7%的人认为"很差"；而一年级没有一个人认为自己状态"很好"，只有不到 15%的人认为"较好"，却有超过 10%的人认为"很差"，超过 30%的人认为"较差"。这显然比表 8-16 更加直观(当然，没有表 8-16 精细)。这样的数据分析会促使我们去做进一步比较深入的访谈，以寻求产生差异的原因。由此可见，做一项社会调查，采用多种方法要比只用一种方法效果好。

表 8-16　"年级"和"目前的学习状态"的二维交叉表

		占年级的百分比					
		目前的学习状态					总计
		很好	较好	一般	较差	很差	
年级	一年级		13.7%	43.1%	31.4%	11.8%	100.0%
	二年级	2.1%	8.5%	53.2%	18.1%	17.0%	100.0%
	三年级	6.8%	22.7%	43.2%	18.2%	8.1%	100.0%
	四年级	18.8%	31.3%	25.0%	18.8%	6.3%	100.0%
总计		4.4%	16.5%	44.3%	22.8%	12.0%	100.0%

需要注意的是，不能将"年级"移入"类别轴"栏，而将"目前的学习状态"移入"聚类定义依据"栏，此时各年级的百分比是各年级选择"很好"选项(或其他选项)的人数除以选择"很好"选项(或对应选项)的总人数得到的。而各年级的人数不同，因此该百分比没有实际意义。

2. 多线图

当要对某个变量的多组数据进行差异比较时，可以用多线图(multiple line，也称折线图)。利用 SPSS 绘制多线图的操作方法与绘制簇状条形图的操作方法类似。

【操作方法】

(1)打开数据文件"大学生学习策略部分测试数据"。

(2)单击"图形"→"旧对话框"→"折线图"，弹出"折线图"对话框，如图 8-32 所示，选择"多线"及"个案组摘要"选项，单击"定义"按钮，弹出"定义多线折线图：个案组摘要"对话框，如图 8-33 所示。

(3)在"折线表示"栏中选择"个案百分比"选项，将"目前的学习状态"变量移入"类别轴"栏，将"年级"变量移入"折线定义依据"栏。

(4)单击"标题"按钮，弹出"标题"对话框，在"标题"栏的"第 1 行"框中输入"不同年级对学习状态的自我评价"，单击"继续"按钮，返回"定义多线折线图：个案组摘要"对话框。

(5)单击"确定"按钮。

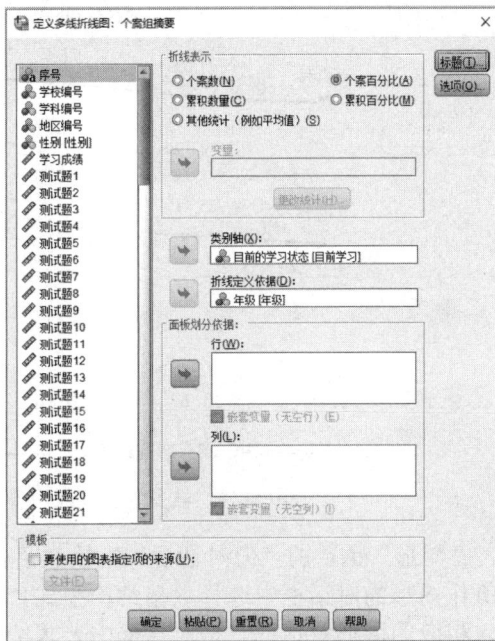

图 8-32　"折线图"对话框　　　　图 8-33　"定义多线折线图：个案组摘要"对话框

图 8-34 是图形编辑后的，以"目前的学习状态"为横坐标，以百分比为纵坐标的多线图。可以看出，在 157 名学生中，四年级的学生对学习状态比较满意，认为"很好"的百分比居四个年级之首，而认为"很差"的百分比居四个年级之末；一年级的学生对学习状态的自我评价最低，没有人认为学习状态"很好"，大部分人认为"较差"或"很差"。随着年级的升高，认为学习状态"很好"和"较好"的百分比在上升，认为"较差"的百分比基本保持不变，认为"很差"的百分比在下降。四年级的众数在"较好"中，其他 3 个年级的众数在"一般"中。

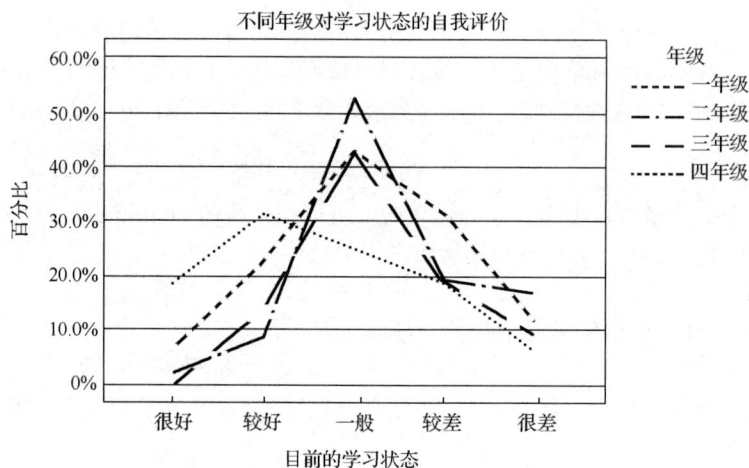

图 8-34　"年级"与"目前的学习状态"的多线图

多线图与条形图一样,应用十分广泛。例如,图 8-35 所示是 2016 年 12 月～2020 年 12 月城乡地区互联网普及率变化图,图 8-36 所示是 2016—2019 年中国手机线下市场总销售量变化图。通过这些图,我们可以看到相应事物的发展变化情况。

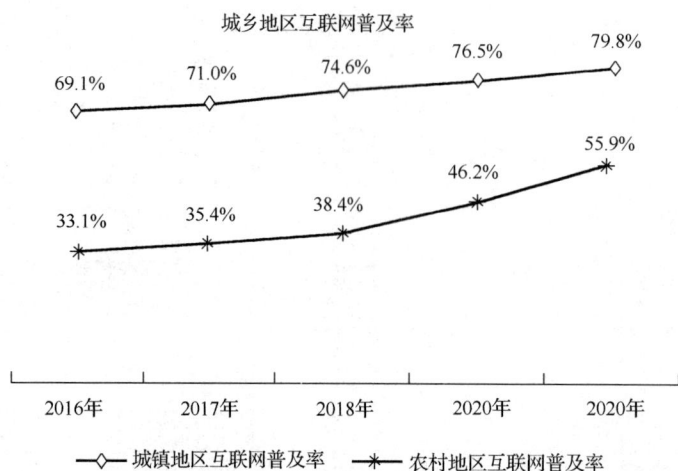

图 8-35　城乡地区互联网普及率历年变化图[①]

总之,"图形"菜单的"旧对话框"中提供了各种统计图的制作功能,其操作基本类似。首先要在所作图形的对话框中选择数据结构模式,然后确定图形类型,最后单击"定义"按钮便会进入相应的图形对话框。按对话框中要求给定各种图形的参数之后,单击"确定"按钮,就可以生成相应的统计图。如果需要编辑图形,则只需在图形上双击,就会进入图形编辑器,编辑完成后,关闭图形编辑器,便回到输出窗口。关于图形编辑的方法,将在第 8.6 节介绍。

---

① 中国互联网络信息中心(CNNIC). 第 47 次中国互联网络发展状况调查报告(2020 年).

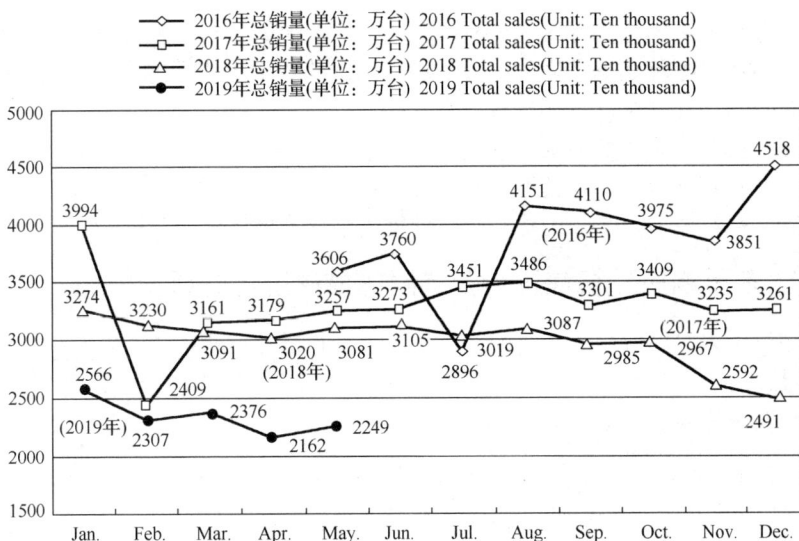

图 8-36　中国手机线下市场总销量变化图①

8.5　多响应变量分析——多选题的频数分析

8.5.1　多响应变量分析的提出

调查问卷中经常会有多选题。例如，"大学生学情调查问卷"的第 86 题："我上网的三个主要目的是(用 1、2、3 标示并将排序填入括号内)……"，题中给出了 9 个选项。由第 7.1 节可知，该题有两种编码方法，第一种是每个选项都为 1 个变量，共产生 9 个变量 X8601~X8609，将选项的排序数作为相应的变量值为：1 = 第一位，2 = 第二位，3 = 第三位，0 = 没有选择；第二种是将排序设定为 3 个变量 Y861~Y863，分别表示第一、二、三位的选项，相应的变量值为 1~9。对这两种方式，都可以利用频数分析了解每个选项的频数。利用 SPSS 的"频率"模块对每个选项都可以得到一个频数分析表，如表 8-17 所示。但是，这样的分析是不全面的，如果希望将题目的所有选项放在一起分析并产生一个表，给出每个选项的频数占总有效人数的百分比及占总的选择频数的百分比，"频率"模块就无能为力了。另外，由于上网目的是由一组变量表示的，当讨论不同性别的学生在上网目的上有无差别时，就要用多个交叉表完成，这无疑增加了很多工作量。

表 8-17　选择"我上网的主要目的是课程学习需要"的频数分布表

		频率	百分比	有效百分比	累积百分比
有效	未选择	293	65.7%	70.6%	70.6%
	第一位	64	14.3%	15.4%	86.0%
	第二位	26	5.8%	6.3%	92.3%
	第三位	32	7.2%	7.7%	100.0%
	合计	415	93.0%	100.0%	
缺失	系统	31	7.0%		
总计		446	100.0%		

---

① 第一手机界研究院.2019 年 5 月中国畅销手机市场分析报告.

针对调查问卷中的多选题进行统计分析，称为多响应变量分析。在 SPSS 中是通过菜单"分析"中的"多重响应"各项功能实现的。首先将多选题的若干个选项组成一个综合变量集(set)，然后对综合变量进行统计分析，具体有以下功能。

- "定义变量集"：建立多响应变量集。
- "频率"：对多响应变量集进行频数分析。
- "交叉表"：对多响应变量集与其他变量集或原变量进行交叉分析。

8.5.2 利用"多重响应"模块进行多选题的描述统计分析

我们仍通过案例来说明应用"多重响应"模块的具体操作过程。

【案例 8.4】

"大学生学情调查问卷"的第 86 题如下：

> 86. 我上网的三个主要目的是(用 1、2、3 标示并将排序填入括号内)
> (1)课程学习需要(　) 　(2)收发邮件(　) 　　　(3)浏览各类信息(　)
> (4)娱乐(　) 　　　　　　(5)发表个人观点(　) 　　(6)交友或聊天(　)
> (7)查找有关资料或下载工具(　) (8)处理个人事务(如购物、订票等)
> (9)其他(　)

这里选择数据文件"大学生学习策略部分测试数据"中的第二种编码规则：变量名为 Y861～Y863，取值为调查对象选择的选项序号。试对大学生上网目的进行系统的多响应变量分析。

1. 建立大学生上网目的的多响应变量集

【操作步骤】

(1)打开数据文件"大学生学情调查部分数据"，单击"分析"→"多重响应"→"定义变量集"，弹出"定义多重响应集"对话框，如图 8-37 所示。

(2)将要进入多响应变量集的变量 Y861～Y863 从"集合定义"栏移入"集合中的变量"栏，由于所选择的变量的取值是表达顺序的数字,故在"变量编码方式"栏中选择"类别",并在"范围"后的参数框中分别输入"1"和"9"；如果所选择的变量用二分法编码，就要选择"二分法"，并在其后的参数框中给出对哪组值进行分析。例如，要统计各选项被选择(变量值=1)的频数，就要选择"二分法"，并在参数框中输入"1"。

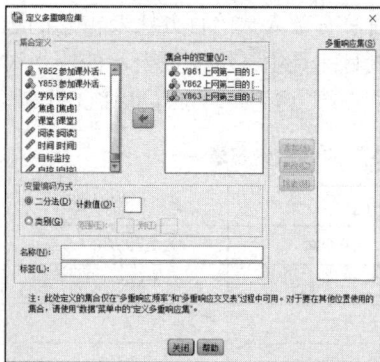

图 8-37 "定义多重响应集"对话框

(3)在"名称"框中将变量集命名为"Y86"。在"标签"框中输入变量集的标签"上网目的"。单击右侧被激活的"添加"按钮，多响应变量集 Y86 出现在"多重响应集"栏中，变量名前的字符$是系统自动加上的。同时，"集合中的变量"栏中的变量消失，可以继续对另一个多选题进行定义。

如果发现有错误需要修改，则在激活$Y86 之后，单击"更改"按钮；如果需要删除，则单击"删除"按钮。

(4)单击"关闭"按钮，就完成了对多响应变量集的定义，返回数据编辑窗口。

2. 对大学生上网目的的频数分析

【操作步骤】

(1)单击"分析"→"多重响应"→"频率"，弹出"多重响应频率"对话框，将多响应变量集"上网目的"从"多重响应集"栏移入"表"栏，如图 8-38 所示。

（2）在"缺失值"栏中确定处理缺失值的方式。SPSS 规定，只要个案在多响应变量集中有一个变量上取缺失值，分析时就会把这个个案剔除。如果多响应变量集中的变量采用的是二分变量，则应勾选"在二分集内成列排除个案"；如果多响应变量集中的变量采用的是依排序为变量值，则应勾选"在类别内成列排除个案"。由于个别变量有缺失值不会影响其他变量参与统计，所以本栏也可以不勾选任何选项。在本案例中，多重响应变量集的变量采用的是依排序为变量值，因此勾选"在类别内成列排除个案"。

（3）单击"确定"按钮。

【输出结果及其解释】

在输出窗口除了个案摘要表（见表 8-18），给出的频数分布表如表 8-19 所示。从表 8-19 中可以看出，"查找有关资料或下载工具"（选项 7）和"浏览各类信息"（选项 3）是大多数学生上网的目的,均占总人数的 60%以上；"交友或聊天""娱乐"和"收发邮件"，占总人数的 40% 左右；"课程学习需要"仅占 28.2%。说明从总体上看，大学生上网情况是正常的，查找资料或下载工具和浏览信息是重要的学习途径，反映了大学生的学习自主性。因此，可以得出大学生上网的主要目的是学习需要和人际交往。

图 8-38　对"上网目的"进行频数分析

表 8-18　个案摘要表

	个案					
	有效		缺失		总计	
	个案数	百分比	个案数	百分比	个案数	百分比
$Y86^a	411	92.2%	35	7.8%	446	100.0%

a. 组

表 8-19 中的个案数是选择"上网目的"各选项的人数。例如，选择"课程学习需要"的共有 120 人，用"频数"作的 Y861～Y863 3 个频数分布表则分别给出了把"课程学习需要"列为第一、第二、第三目的人数是 63、25、32，故有 63+25+32=120，即表 8-19 中各个上网目的个案数都是 Y861～Y863 三个频数表中选择该选项的人数之和。

表 8-19　$Y86 频数分析表

		响应		个案百分比
		个案数	百分比	
上网目的 [a]	1	120	8.7%	28.2%
	2	161	13.1%	38.2%
	3	249	20.2%	60.6%
	4	167	13.5%	40.6%
	5	34	2.8%	8.3%
	6	183	14.8%	44.5%

续表

		响应		个案百分比
		个案数	百分比	
	7	258	20.9%	62.8%
	8	17	1.4%	4.1%
	9	44	3.6%	10.7%
总计		1233	100.0%	300.0%

a. 组。

注：1—课程学习需要；2—收发邮件；3—浏览各类信息；4—娱乐；5—发表个人观点；6—交友或聊天；7—查找有关资料或下载工具；8—处理个人事务(如购物、订票等)；9—其他。

3. 对大学生"上网目的"和"年级"进行交叉表分析

【操作步骤】

(1)单击"分析"→"多重响应"→"交叉表"，弹出"多重响应交叉表"对话框，将"年级"作为行变量移入"行"栏，再将多重响应变量集$Y86 作为列变量移入"列"栏，如图 8-39 所示。

(2)单击"定义范围"按钮，弹出"多重响应交叉表：定义变量范围"对话框，如图 8-40 所示，输入"年级"的最小值"1"、最大值"4"，单击"继续"按钮，返回"多重响应交叉表"对话框。

(3)单击"选项"按钮，弹出"多重响应交叉表：选项"对话框，在"单元格百分比"栏中勾选"行"，在"百分比基于"栏中选择"个案"选项，如图 8-41 所示。单击"继续"按钮，返回"多重响应交叉表"对话框。

(4)单击"确定"按钮。

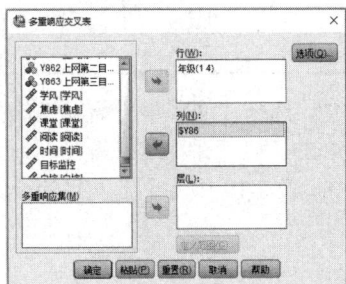

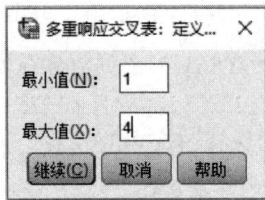

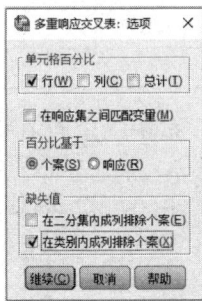

图 8-39 "多重响应交叉表"对话框　图 8-40 "……定义变量范围"对话框　图 8-41 "选项"对话框

【输出结果及其解释】

在"年级"与"上网目的"的交叉表(见表 8-20)中，各"年级内的%"为选择该选项的人数占该年级总人数的百分比，最下面一行"总计"为选择该选项的总人数。例如，大一学生中选择"课程学习需要"的人数为 39，占大一总人数(115)的 33.9%；大二学生中选择"浏览各类信息"的人数为 63，占大二总人数(98)的 64.3%；各年级选择"课程学习需要"的共有120 人。

根据表 8-20 的统计结果可以得出哪些结论，请读者自行分析，重点考查年级差异与变化趋势。

表 8-20　"年级"与"上网目的"的交叉表

			上网目的									总计
			1	2	3	4	5	6	7	8	9	
年级	大一	计数	39	39	68	52	7	62	66	3	9	115
		年级内的%	33.9%	33.9%	58.1%	45.2%	6.1%	53.9%	57.4%	2.6%	7.8%	
	大二	计数	21	30	63	49	7	47	64	5	8	98
		年级内的%	21.4%	30.6%	64.3%	50.0%	7.1%	48.0%	65.3%	5.1%	8.2%	
	大三	计数	29	46	76	36	9	28	75	5	14	106
		年级内的%	27.4%	43.4%	71.7%	34.0%	8.5%	26.4%	70.8%	4.7%	13.2%	
	大四	计数	31	46	42	30	11	46	53	4	13	92
		年级内的%	33.7%	50.0%	45.7%	32.6%	12.0%	50.0%	57.6%	4.3%	14.1%	
总计		计数	120	161	249	167	34	183	258	17	44	411

注：1—课程学习需要；2—收发邮件；3—浏览各类信息；4—娱乐；5—发表个人观点；6—交友或聊天；7—查找有关资料或下载工具；8—处理个人事务（如购物、订票等）；9—其他。

8.6　作好用好统计图

有关数据的统计图，不仅要针对变量的类型考虑选择图形的类型，而且要使图形最能反映数据的统计规律，能使看图者关注并理解图形所表现的内涵。实践经验表明，作统计图不难，但是要作好的统计图不易。

作好统计图的要点有三个：第一，掌握作统计图的基本原则；第二，利用相关软件作原始统计图；第三，进行编辑，使统计图更加完美。前文已经介绍了 SPSS 绘制统计图的基本操作，本节着重说明第一与第三点。

对统计图的利用，一是通过统计图来探求、描述事物的规律，把研究成果展示给他人；二是研读他人的统计图，从中获取有用的信息。

8.6.1　掌握制作统计图的基本原则

先看一个案例，图 8-42 所示是根据"十五"期间我国高等教育在学规模统计数据（见表 8-21），制作的 3 幅不同类型的统计图。

表 8-21　我国高等教育"十五"期间在学规模

年　　份	2001	2002	2003	2004	2005
人数/万人	1300	1600	1900	2100	2300

3 幅图共同的问题有两个，一个是人数没有标明单位"万人"；另一个是将 2001 年的数据"1300"误为"1500"。

图 8-42（a）是用饼图描述的在学规模，这犯了根本性错误，因为 5 年的数据是时间序列数据，不是某个整体的数据，不能用饼图。

图 8-42（b）是用条形图描述的在学规模，存在两个问题，一个是坐标的刻度不规范，纵轴未从"0"开始，应该按规定标示；另一个乱用作图软件功能，图中已经有数据标示，下面又加上数据表，两者取其一即可。

图 8-42（c）画蛇添足，乱用象形图。作图者的本意是想用尺寸大小不等的学生图片表示规模的大小，将人的注意力引到了图片上，而不是数据上。其实，采用线图或条形图既准确又简明。

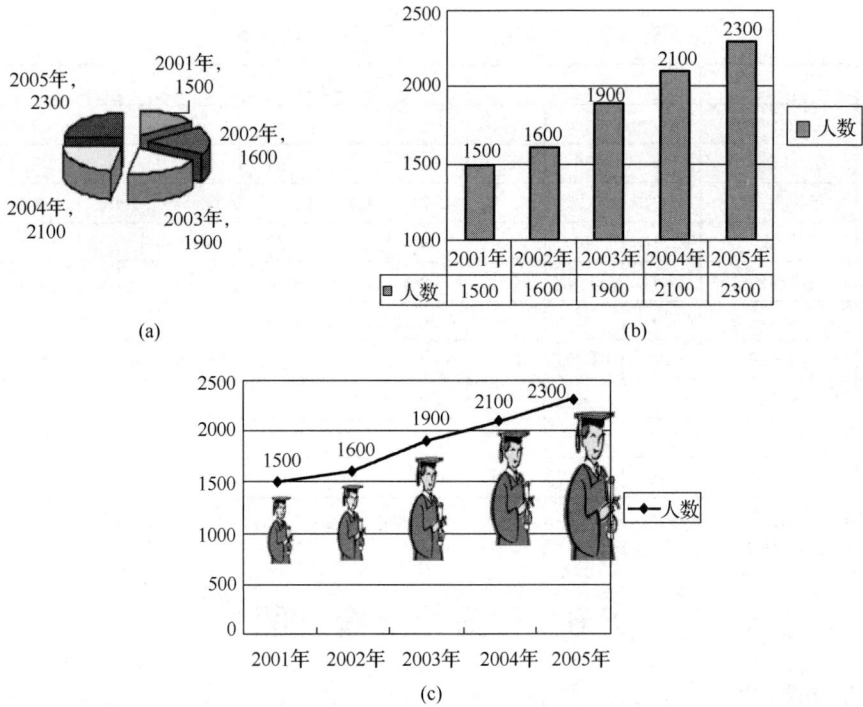

图 8-42 2001—2005 年我国高等教育在学规模统计图

图 8-43 是反映我国"十五"期间高等教育在学规模的一幅统计图,图中的信息量大,图形简洁,布局完美。

从上面的分析得到的启示是:一幅好的统计图应该做到准确、简明、清晰、和谐。为此,要把握好以下最基本的原则。

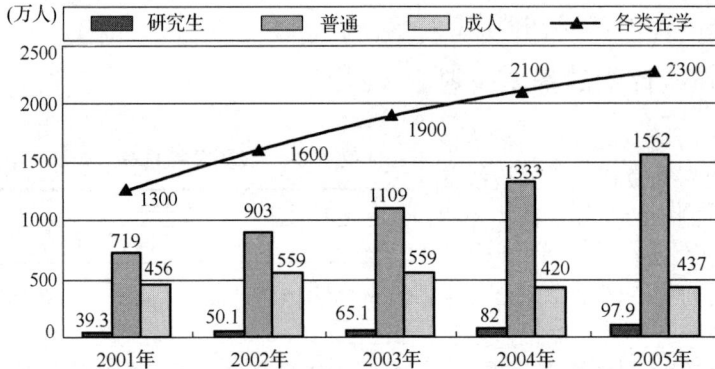

图 8-43 高等教育在学规模统计图

(1) 明确各种类型统计图的应用范围,不随意作图。

要根据不同的数据类型和不同的目的使用不同类型的统计图形。例如,描述定类变量的分布使用饼图或条形图,说明定量变量的分布一般用直方图、箱图或茎叶图;在观测值个数不多时,用茎叶图较好,但如果数据量很大,就要用直方图或箱图;要说明定量变量如何随时间的变化而变化,可以用直方图,最好用线图。

而且,还要使图形最能反映数据的统计规律。

（2）遵守作图规范，不乱加无关元素。

作统计图时要规范，如图 8-44 所示。坐标系要有原点，数值的尺度一定要从"0"开始，不可随意截取；坐标轴的刻度要等距；若数据与"0"的间距过大，可在纵轴采用折断符号。

作图时尽管图形软件功能十分丰富，但不能将太多标示放在图上，要处理好数据标示与图的关系，做到图形简明。

（3）尽可能不用象形图，更不要在图中画蛇添足。

人眼习惯于关注画面中最引人注目的东西，因此用统计图来说明问题时图形应该和谐、美观，如果添加不必要的东西，甚至让实物形象喧宾夺主，就只会分散看图者的注意力。

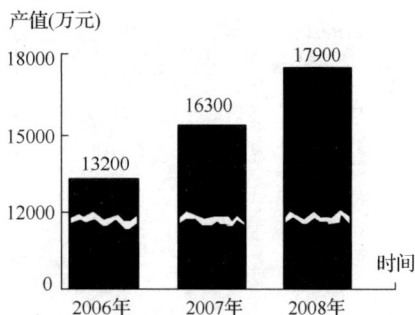

产值(万元)

图 8-44　坐标系要规范

8.6.2　统计图的编辑

从前面的作图过程可以看到，在输出窗口生成统计图后，往往需要对图形进行编辑加工。例如，将彩色统计图改为用不同的图标表示、增加数据标签等。在 SPSS 中，对图形的编辑是利用图形编辑器完成的。

进入图形编辑器的方法有多种，其中最便捷、使用最多的是在输出窗口双击想要编辑加工的图形。

进入图形编辑窗口后，对图形进行编辑的操作过程可分为以下几步。

第一步：光标指向图形中想要编辑的部分，双击，将弹出"属性"窗口。

第二步：针对所要编辑的内容，单击"属性"窗口顶部相应的选项卡名称，显示编辑该特征的选项卡。

第三步：对图形进行具体的编辑操作。

第四步：图形编辑完成后单击右上角的 ⊠ 按钮，返回输出窗口。

1．对簇状条形图的编辑

【案例 8.5】

根据数据文件"大学生学习策略部分测试数据"，利用"图形"模块作"年级"和"目前的学习状态"的簇状条形图，利用图形编辑器对该图进行编辑。

【操作过程】

（1）在输出窗口双击簇状条形图，进入图形编辑器。

（2）双击图示中的"很好"，弹出"属性"窗口，如图 8-45 所示，在"文本样式"选项卡中将"首选大小"（字号）"12"调整为"16"，单击"应用"按钮，"很好"的字号被放大。调整后的图形如图 8-46 所示。按此方法可对图形中的所有文字和数字进行字号调整。

（3）双击图示中的"很好"图标（或右击"很好"的条形），"属性"窗口出现"填充与边框"等 6 个选项卡，如图 8-47 所示。在"颜色"栏中，将"填充"的蓝色改为白色，单击"模式"下的小三角，打开各种图示菜单并进行选择，单击"应用"按钮，于是"很好"的图标变为细竖线图案。按此方法可对图标中的"较好""很差"等进行调整。至此，完成对原图的编辑。

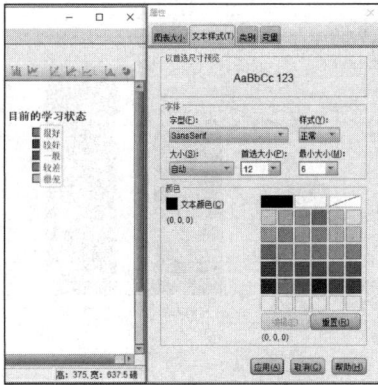

图 8-45　编辑图形中的文字

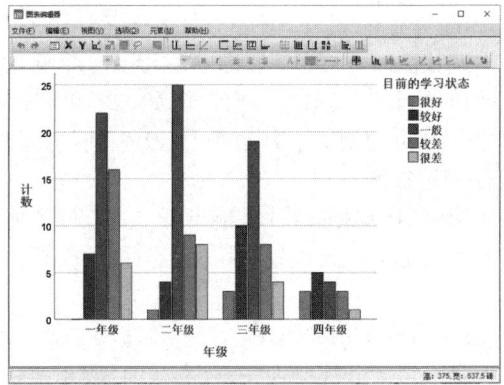

图 8-46　"图形编辑器"窗口

图 8-47　"填充与边框"选项卡

(4)如果希望将每个条形的百分比显示出来,则单击图形编辑窗口的快捷按钮 (或将鼠标放在任一个条图上,右击,弹出快捷菜单,如图 8-48 所示,选择"显示数据标签"),可立即将数据在条图上标识出来,同时弹出"显示数据标签"选项卡,确定要求显示的是百分比还是"计数"(个案数),选择"计数",单击"应用"按钮即可。添加之后如果想要隐藏,可再次单击快捷按钮 ,添加的数据标签就会消失。

(5)单击右上角的 按钮,返回输出窗口。编辑后的图形如图 8-49 所示。

【进一步的说明】

选项卡可以分为两大类,一类是通用选项卡,如最基本的选项卡"图形大小""填充与边框"与"变量",编辑文字的选项卡"文本样式"与"文本布局",编辑坐标系的选项卡等;另一类是针对具体图形类型(如条形图、折线图、饼图等)的选项卡。例如,将二维条形图转换为三维条形图,只需单击任一条图,在弹出的"深度与角度"选项卡中选择"效应"栏的"三维"选项,如图 8-50 所示,再单击"应用"按钮即可。转换后的图如图 8-51 所示。还可以单击"图形"→"旧对话框"→"三维条形图",直接制作如图 8-52 所示的三维条形图。显然,这两个图形是不一样的。

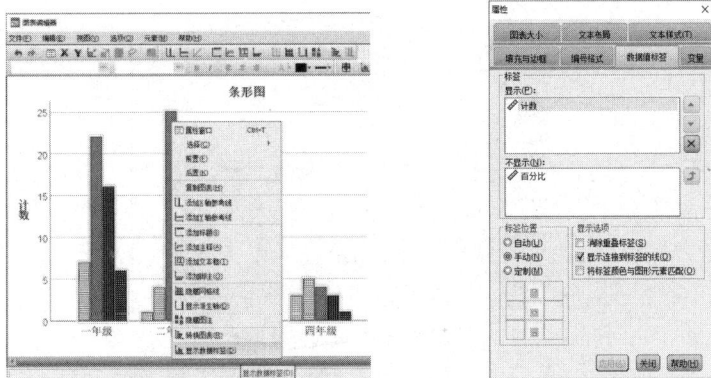

图 8-48　快捷键菜单与"数据值标签"选项卡

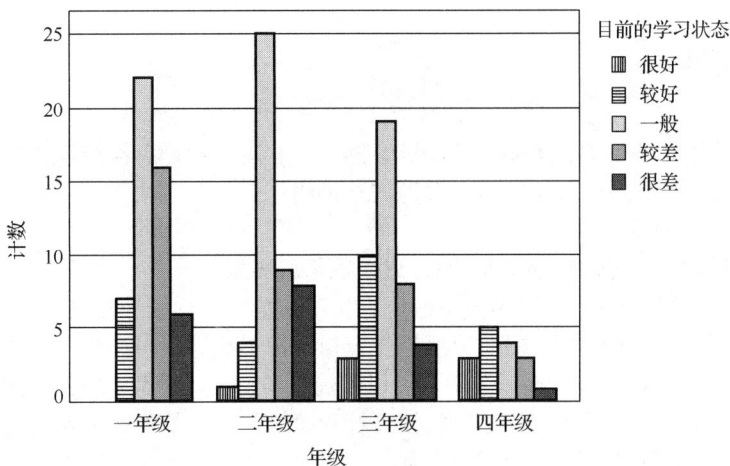

图 8-49　编辑后的簇状条形图

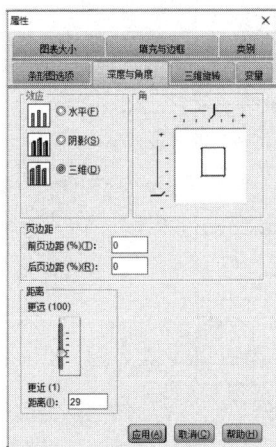

图 8-50　"深度与角度"选项卡　　图 8-51　"不同年级对学习状态的自我评价"三维条形图

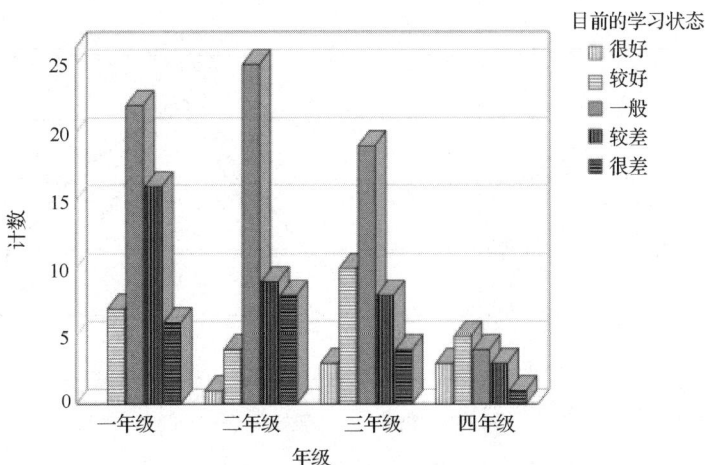

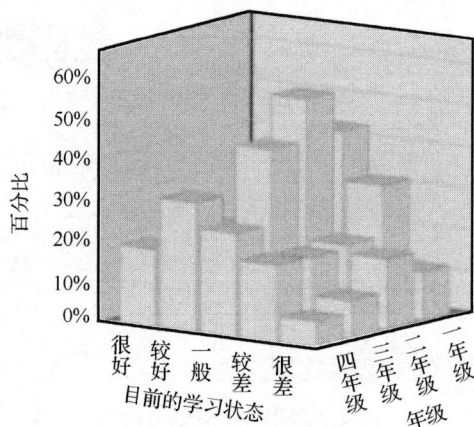

图 8-52   三维条形图

2. 对多线图的编辑

【案例 8.6】

根据数据文件"大学生学习策略部分测试数据",利用"图形"模块作"年级"和"目前的学习状态"的多线图,利用图形编辑器对该图进行编辑。

【操作方法】

(1)在输出窗口双击多线图(见图 8-53),进入图形编辑器。

(2)在"文本样式"选项卡中对图形中的所有文字和数字进行字号调整。

(3)双击图示中的"一年级"图标,"属性"窗口弹出"线""内插线""线选项"等 6 个选项卡,如图 8-54 所示。在"线"选项卡中,可以编辑线的宽度、线型、颜色和线端点,在"线"下拉列表中选择一个样式,单击"应用"按钮,标识"一年级"的折线编辑完成。类似地,编辑其他年级的折线,如图 8-55 所示。

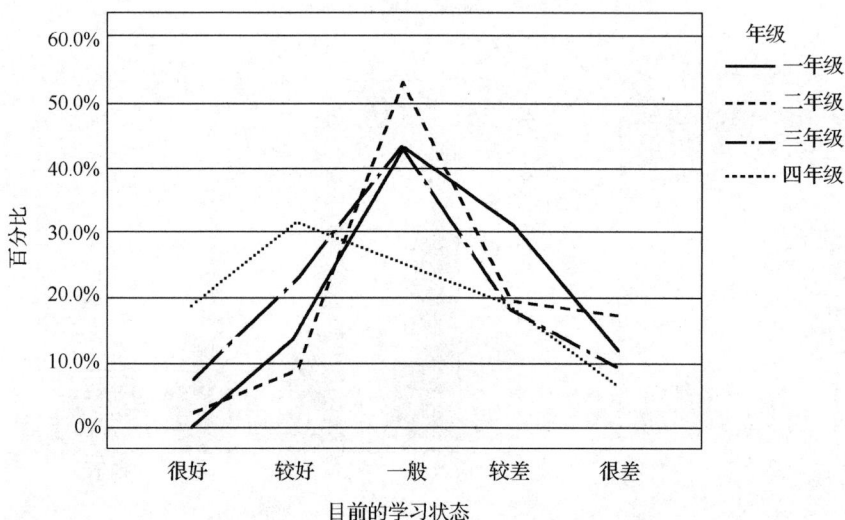

图 8-53   "年级"和"目前的学习状态"多线图

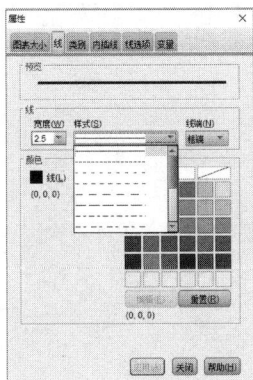

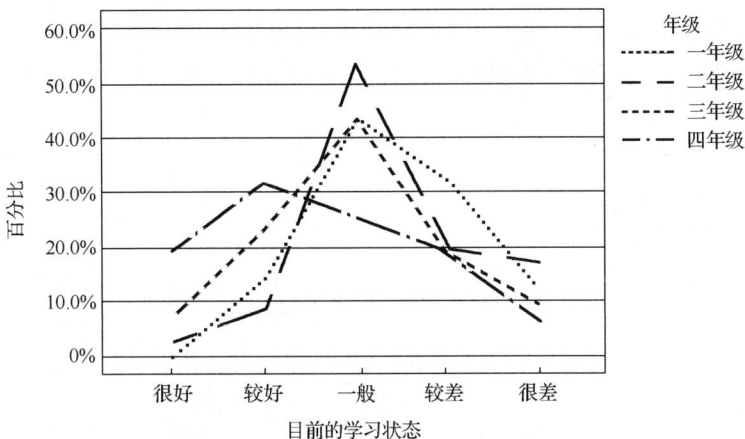

图 8-54　"线"选项卡　　　　　　　图 8-55　采用不同的线型标识不同的年级

(4)单击快捷按钮![图标]，可在折线图上对不同年级采用圆形、方形、菱形等不同的标记，以示区别。还可以继续利用"标记"选项卡修改编辑标记。

与簇状条形图一样，也可以给出各个数据值标签，不再赘述。

由上述可知，图形的编辑工作基本上是依赖于快捷按钮和选项卡完成的。

为便于读者在编辑图形时使用快捷按钮，下面对图形编辑器窗口中与添加、显示或隐藏图形元素有关的 14 个快捷按钮(见图 8-56)做简单介绍。

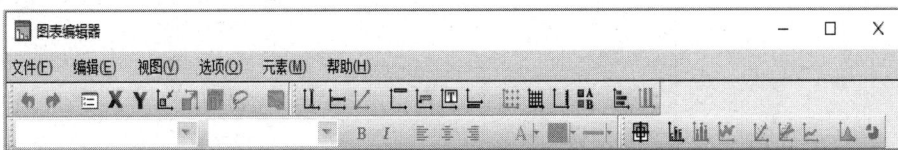

图 8-56　图形编辑窗口的菜单和快捷按钮

- ![图标]：向 X 轴添加参考线，即在 X 轴上添加一条平行于 Y 轴的参考线。
- ![图标]：向 Y 轴添加参考线，即在 Y 轴上添加一条平行于 X 轴的参考线。
- ![图标]：插入标题。
- ![图标]：插加注释。
- ![图标]：插入文本框。
- ![图标]：插入脚注。
- ![图标]：显示/隐藏网格线，即显示(或隐藏)坐标轴主(或辅)刻度的网格线。
- ![图标]：显示/隐藏派生轴，即对数值型变量的坐标轴，显示(或隐藏)图形的上方(或右侧)的另一条横轴(或纵轴)。
- ![图标]：显示/隐藏图注，显示(或隐藏)图例。
- ![图标]：转换图表坐标系，将图形转置。
- ![图标]：显示/隐藏数据标签。
- ![图标]：添加/隐藏标记在线图中显示(或隐藏)线段上对应于分类变量值的点的标记。
- ![图标]：添加内插线，对各数值点添加连线(将在线图编辑中进一步介绍)。
- ![图标]：添加总计拟合线，在散点图中添加全部散点的拟合线。系统按线性回归的结果给出拟合线，同时弹出拟合线(fit line)选项卡，可在其中选择合适的曲线作为拟合线。

选项卡可以分为两大类，一类是通用选项卡，无论编辑哪类图形都可能用到选项卡汇总如图 8-57 所示，以供读者参考。至于每个选项卡的具体内容，读者可在实践中学习，不再赘述。

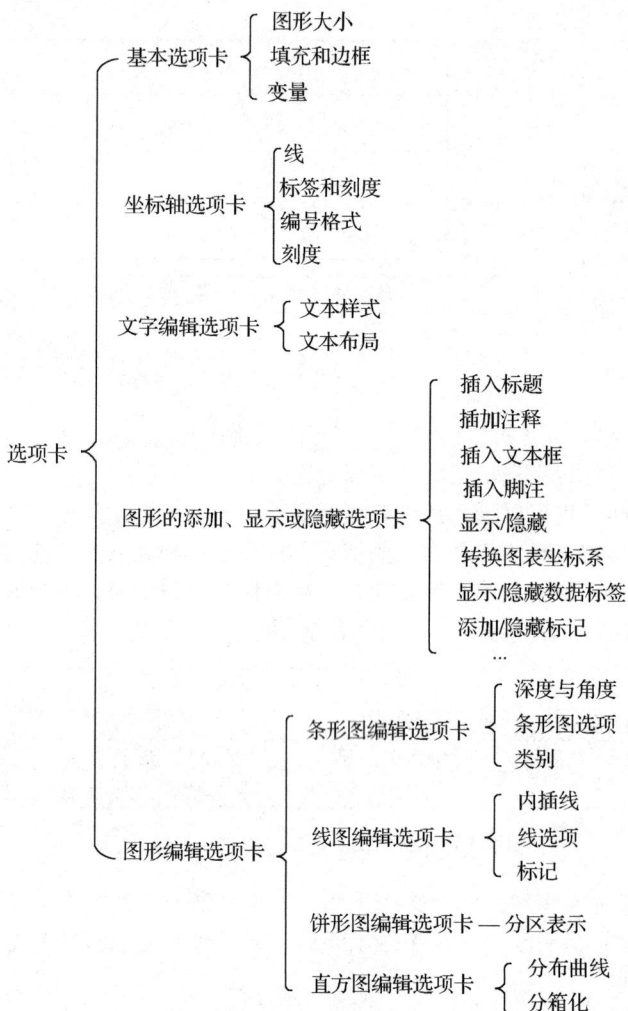

图 8-57　选项卡汇总

8.6.3　学会审图，注意统计图中的"陷阱"

统计图为人们了解事物的发展、对比不同变量在分布上的异同，以及变量之间的依存关系提供了形象、直观的画面，在各个领域都得到了广泛的应用。因此，必须要学会审视统计图，防止落入某些"陷阱"。这里仅就坐标系与象形图举几个案例。

1. 坐标系的"陷阱"

图 8-58 给出了 1937 年 6 月至 12 月美国政府支出的两幅统计图。图 8-58(a)所示是一幅广告中的统计图，标题是"政府支出急剧上升！"。图形中的折线从底部激增至顶端，与标题中的感叹号呼应，将原本仅仅是 4%的增长(从 195 万美元到 202 万美元)描绘得仿佛是 400%。而图 8-55(b)是根据相同的数据绘制的另一幅图，标题是"政府支出保持稳定"。那么，政府支出到底是平稳还是急剧上升？数据是同一组数据，两幅图给人的感觉却如此不同！其奥秘

就在于图 8-55(a) 的纵轴刻度未从"0"开始，且刻度单位是 50 万美元，而图 8-58(b) 是以百万美元为单位的。

这是《统计学的世界》一书中给出的绝妙例子，它告诉我们，对坐标系的修改，使图形的客观性变化，都会让视觉产生错觉！

2．象形图的"陷阱"

人们除了用前面所介绍的统计图，有时为了更加形象地进行对比，会采用象形图(pictogram)来表达。象形图是以各种实物形象的大小、高低表明数量关系的一种统计图。有时象形图不用坐标系，只用实物形象表明数量关系，从而容易制造"陷阱"。

例如，想说明牛奶的产量比 10 年前增长了 1 倍，于是将奶牛图片的长与宽各放大 1 倍，如图 8-59 所示。这种做法显然是很荒唐的。这样的视觉感觉是奶牛变强壮了——大小是原来的 4 倍，而不是牛奶的产量翻了一番。

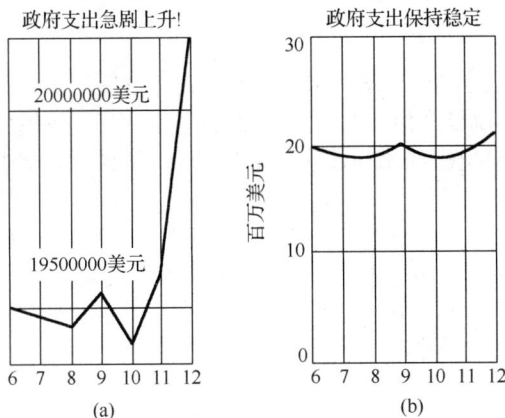

图 8-58　单位不同，视觉效果不同　　　　图 8-59　牛奶的产量增长一倍

再如，员工的 2013 年工资比 2009 年前涨了一倍，为了形象地进行对比，希望用象形图来表达。如果用图 8-60 来表达，既生动又不失真。但是，如果用图 8-61 来描述就错了，因为图中钱袋的长度与宽度各放大了一倍，表明工资是原来的四倍而不是涨了一倍。因此，当用象形图表示统计数据时，要加倍小心"陷阱"。

图 8-60　"工资涨一倍"象形图 1

图 8-61　"工资涨一倍"象形图 2

8.6.4　学会读图，抓住重点深入思考

看图是为了了解事物的特性和规律，因此是"读"图而不是"看"图。读图时，要寻找整体形态，以及是否有异于整体形态的偏差，即出现异常值。以读直方图为例，直方图(包括任意统计分布图)告诉我们，一个变量取了哪些值，这些值出现的频数或频率是多少。读图后，至少要能回答以下问题。

(1) 变量分布的形态是什么？

例如，分布的中心点在哪里？数据分布是不是很分散？最大值与最小值的差距是不是很大？图形主要的尖峰(不是直方图中的小起伏)在哪里？有几个？如果只有一个，那么在中心点两侧的图形是不是比较对称？

(2) 有没有异常值？

观测值是不是异常值往往靠主观判断，但不要把最大值和最小值作为异常值。例如，人们的收入，肯定有极少数人的收入超乎一般人的想象。

(3) 需要做哪些进一步分析？

读统计图不是目的，最终的目的是通过统计图了解相关信息，促使进一步思考。当了解了整体形态后，就要思考，为什么数据的分布是这样的？正常还是不正常？例如，当考试成绩分布出现偏斜时，就要考查试题的难度是否合适、考试过程中有没有问题等。当发现有异常值时，就要进一步考查出现异常值的原因。例如，考试成绩绝大多数分布在 75 分左右，却有两个 100 分，就要对这一现象寻求原因，进行解释。

思考与实践

复习思考题

1. 解释下列名词：

| 频数　　　有效百分比　　　累积百分比　　　集中量数　　　众数　　　四分位数　　　中位数 |
| 均值　　差异量数　　异众比　　全距　　方差　　　四分位差　　标准差　　　变异系数 |
| 偏度　　峰度　　百分位数　　标准分　　描述统计　　推断统计　　参数估计 |
| 点估计　　区间估计　　标准误　　统计量　　参数　　置信水平　　置信区间 |

2. 频数与频率有什么不同？

3．为什么低层次的变量不能使用高层次变量的集中量数和差异量数？

4．众数、中位数、均值在实际中一定存在吗？

5．均值永远是定距变量和定比变量最合理的集中量数吗？

6．何时用变异系数来比较两个变量的离散程度？

7．定类变量与定序变量分别适合作哪种统计图？作图时应注意什么问题？

8．定距变量和定比变量分别适合作哪种统计图？

9．什么样的数据组可以作饼图？

10．如何利用 SPSS 作单变量的频数表和统计图？

11．双变量的统计图有哪几种？如何利用 SPSS 作双变量的频数表和统计图？

12．如何利用 SPSS 对多选题进行频数分析和交互分析？

13．制作统计图时应注意哪些问题？

14．怎样避免落入统计图"陷阱"？

实践与合作学习

1．上网查阅一份包括定量分析的调查报告，看报告中有哪些统计分析及统计图，并加以评价，指出其亮点及不足。

2．小组研讨：对自选课题的哪些变量需要进行频数分析和交叉分析？哪些变量需要计算集中量数、差异量数？根据变量的类型选择哪些统计量？在研讨的基础上，每个小组成员利用 SPSS 完成这些工作，作相应的统计图，并加以编辑。

第9章 群体差异比较及变量的相关分析

在对调查数据进行分析时，除需要利用样本的特征量数估计总体的特征量数外，还会经常讨论以下问题：如果两个或多个样本在某个特征量数上有差异，那么怎样来推断这两个或多个总体在该特征量数是否有差异？如何依靠样本中这两个或多个样本的相关性来推断两个或多个总体的相关性？统计学上称这些工作为对变量进行推断统计分析。

检验两个或多个总体差异的显著性要根据总体的不同特点采用不同的方法。当总体服从正态分布时使用参数检验，如对两个正态总体的均值差异进行 T 检验；当总体不服从正态分布时则要用非参数检验，如用于对定性变量进行多个总体比例一致性的卡方检验。检验两个或多个总体差异的最基本的前提是，样本是通过概率抽样得到的，称为随机样本。本章讨论的所有统计推断问题都基于这一前提条件。

为便于读者在做统计分析时查找相关内容，本章各节的标题在使用相关统计学术语的同时，针对调查对象实体，在副标题中采用了"群体"的说法。

本章思维导图

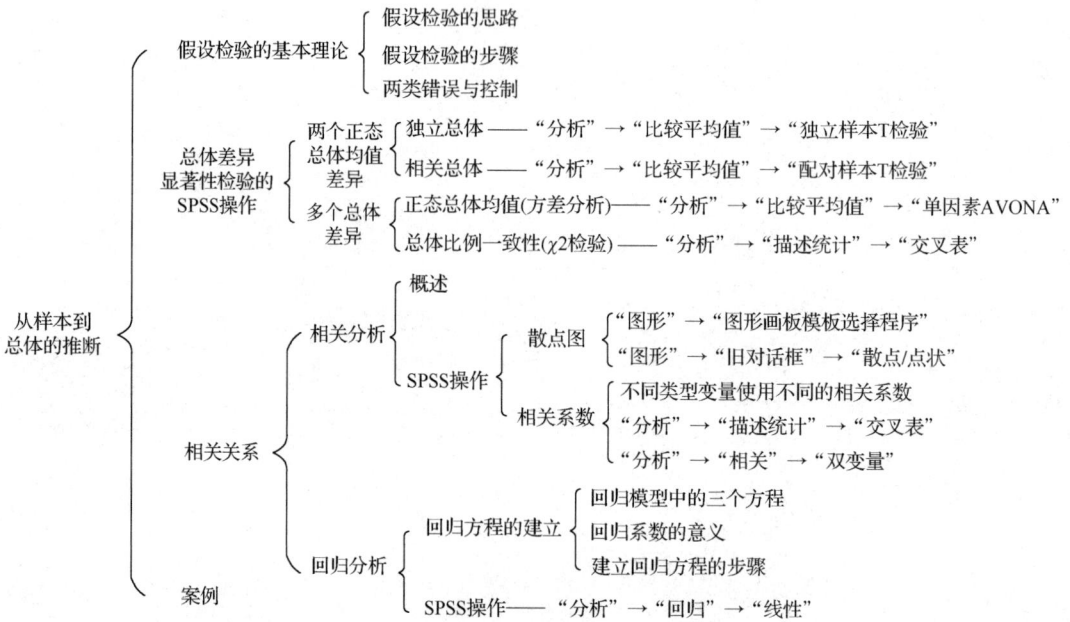

9.1 假设检验的思路与方法

怎样从两个或多个样本均值的差异，来推断两个或多个总体的均值是不是有差异，是本章要解决的第一个问题。本节用一个例子来说明解决问题的思路和方法。

企业为了提高职工的工作满意度，进行了某项改革。在考核该项改革的效果时，可以采取两种方法进行，一种是在试点单位和非试点单位各随机抽取一个样本，进行工作满意度调查，然后通过两个样本在工作满意度平均分上的差异，推断实施改革与不实施改革职工的工作满意度在平均分上有没有显著性差异；另一种是在试点单位进行，即随机抽取某个单位做试点，试点前与试点后对样本职工各做一次工作满意度调查，然后通过考查试点前后职工工作满意度平均分的差异，来推断这项改革的效果，即判断这种差异是随机误差造成的，还是这项改革真的起了作用。

第一种方法所得到的两个样本彼此独立，即抽取其中的一个样本时不影响对另一个样本的抽取，或者说，两个样本的数据是相互独立的，没有对应关系，称为独立样本(independent samples)，相应地，两个总体称为相互独立的总体。对于两个独立样本来说，抽取的样本容量可以不等。

第二种方法所得到的两个样本彼此是有关系的，都对应改革前和改革后的两个数据，即两个样本的数据有一一对应的关系，称为配对样本(paired samples)，或相关样本(related samples)，相应地，两个总体称为相关的总体。一般地，配对样本是调查对象某个特征在"前""后"两种状态下所得到的数据，也可以是某个事物的两个不同方面的描述。例如，调查 150 对夫妻各自对婚姻的满意度，在此基础上研究婚后男女对家庭的态度有何差异，等等。对于两个配对样本来说，样本容量是相等的。

9.1.1 检验两个总体均值差异的基本思路

笛卡儿曾说，当不具备决定什么是真理的力量时，我们应遵从什么是最可能的，这是千真万确的真理。在统计学中，检验两个总体均值差异用的是假设检验的方法，这种方法充分体现了笛卡儿的思想。

两个总体的均值 μ_1、μ_2 在数值关系上只有两种可能，$\mu_1=\mu_2$ 或 $\mu_1 \neq \mu_2$，因此只能提出这两种假设。显然，直接证明 $\mu_1 \neq \mu_2$ 是不可能的。但是，要推翻 $\mu_1=\mu_2$，只要从无数个样本中找出一个随机样本能够否定 $\mu_1=\mu_2$ 就可以。因此，检验采取了反证法的思路，即假设 $\mu_1=\mu_2$，然后通过样本引出矛盾，推翻这个假设，从而证明 $\mu_1 \neq \mu_2$。统计学中将假设 $\mu_1=\mu_2$ 称为零假设(null hypothesis)，或虚无假设、原假设；将 $\mu_1 \neq \mu_2$ 称为备择假设，或对立假设(alternative hypothesis)。分别用 H_0 和 H_1 表示原假设与备择假设，即

H_0：两个总体的均值 μ_1、μ_2 相等，即 $\mu_1=\mu_2$。

H_1：两个总体的均值 μ_1、μ_2 不等，即 $\mu_1 \neq \mu_2$。

如果还要考虑数值的大小，类似地，可以提出下面两种形式的假设：

H_0：均值 μ_2 大于或等于均值 μ_1，即 $\mu_2 \geqslant \mu_1$。

H_1：均值 μ_2 小于均值 μ_1，即 $\mu_2 < \mu_1$。

或

H_0：均值 μ_2 小于或等于均值 μ_1，即 $\mu_2 \leqslant \mu_1$。

H_1：均值 μ_2 大于均值 μ_1，即 $\mu_2 > \mu_1$。

第一种形式是只对差异进行检验，称为双侧检验(two-tailed test)。如果要检验的是 $\mu_1 \neq \mu_2$；则采用第二或第三种形式，称为单侧检验(one-tailed test)。

零假设与备择假设是互斥的，而且是穷尽的，因此两个假设中有且仅有一个是正确的。在建立假设时，把需要否定的作为零假设，把认为是正确的结论作为备择假设，这样做与假设检验所采用的反证方法是分不开的。

需要注意的是，现在所用的反证法与一般的反证法有一点不同。一般的反证法要求在原假设下得到的结论是绝对成立的，如果原假设与事实矛盾，就推翻了原假设。由于现在使用的样本是随机抽取的，因此现在所用的反证法是一种带有概率性质的反证法，依据的原理是"概率很小的事件在一次试验或观察中几乎是不可能发生的，或者说，如果某个事件在一次试验或观察中发生

了，就不能说这个事件是小概率事件"。实际上，小概率事件并非绝对不可能发生，只是发生的概率非常小。这种反证法的说服力是在一定概率意义上的。这就是说，假定零假设成立，如果仅仅通过一次抽样，两个样本的均值 μ_1、μ_2 就有很大的差异，便说明小概率事件发生了，或者说，$\mu_1 \neq \mu_2$ 不是小概率事件，而 $\mu_1 = \mu_2$ 几乎是不可能的。

那么，概率小到怎样的程度才是小概率事件呢？这与所研究的问题有关，通常取小概率的值 $\alpha = 0.05$，有时也会取 $\alpha = 0.01$，甚至 $\alpha = 0.001$，当然在要求不高时，也可能取 $\alpha = 0.1$。在统计学中，统计检验中所规定的小概率的标准，称为显著性水平(significant level)，并记为 α。所以，一般也称假设检验为显著性检验(significance test)。

在检验 $\mu_1 = \mu_2$ 时，如果两个独立样本都是大样本，就考查两个样本均值的差，并把差变换为标准分——Z 分数。由于每抽取两个随机样本，就有一个 Z 分数，因此 Z 分数就是一个统计量，Z 分数的分布就是一个抽样分布，在数学上已证明，这个分布是正态分布。我们要做的工作就是在这个抽样分布上找到一个"关键点"(阈值)，划出一个拒绝域。如果由两个样本得到的 Z 分数落到这个域中，就要拒绝零假设，接受备择假设。

那么，如何根据小概率的值(显著性水平)划定拒绝零假设的范围呢？

在没有使用统计软件的条件下，是通过临界值(critical value)在数轴上划分出对零假设的接受域(acceptance regions)和拒绝域(rejection regions)的。临界值是根据检验的类型(单侧检验或双侧检验)，以及所给定的显著性水平 α 确定的，统计量取该值及更极端的值的概率等于 α。若计算出的统计量的数值落在拒绝域里，则说明出现了小概率事件，应拒绝零假设，接受备择假设；否则，说明没有出现小概率事件，不能拒绝零假设。类似地，根据显著性水平 α，假设检验也有拒绝域和接受域，如图 9-1 所示。

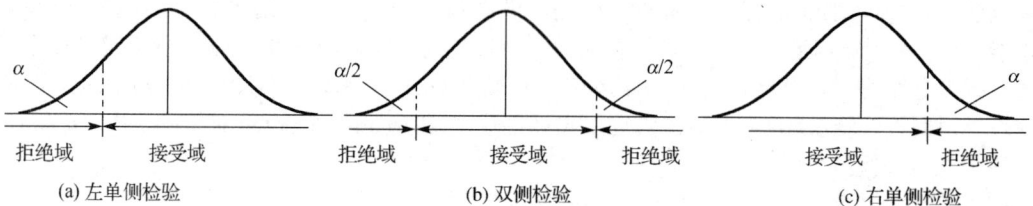

| (a) 左单侧检验 | (b) 双侧检验 | (c) 右单侧检验 |

图 9-1　假设检验的拒绝域和接受域

9.1.2　利用 SPSS 进行假设检验的步骤

在利用 SPSS 进行假设检验时，一旦确定了使用的检验方法，建立假设、选取统计量并确定其分布、计算统计量的值，以及统计量的值大于临界值的概率 p 等一系列工作就均由 SPSS 完成。鉴于此，本书不给出计算统计量的公式，有兴趣的读者可参考相关著作。SPSS 通常采用的是双侧检验，有时也会用单侧检验，有时由我们自己确定。无论是双侧检验，还是单侧检验，在输出结果中都会有所说明。利用 SPSS 进行假设检验的步骤如图 9-2 所示。

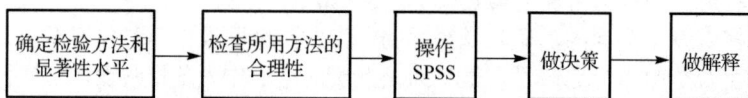

图 9-2　利用 SPSS 进行假设检验的步骤

(1)根据研究的问题、数据类型及样本特点选择适当的检验方法，并确定显著性水平 α。
(2)进一步检查所涉及的总体是否满足检验方法所要求的条件。
(3)操作 SPSS 完成检验。

（4）明确检验的零假设，根据输出窗口给出的结果，做出统计决策，当 $p \leqslant \alpha$ 时，拒绝零假设；当 $p > \alpha$ 时，不能拒绝零假设。

在看 SPSS 给出的检验结果时，一定要明确检验的零假设是什么，且一定要区分 p 与 α 的不同含义：α 是设定的显著性水平，而 p（在输出的统计表中用 Sig.表示）是检验统计量的值所对应的概率。一般地，当 $p < \alpha = 0.05$ 时，称有显著性差异；当 $p < \alpha = 0.01$ 时，称有极其显著性差异。

（5）正确解释统计决策的实际意义。

由上可知，假设检验是在抽样分布上进行的讨论，不同的统计量就会有不同的抽样分布。

9.1.3　进行假设检验时应注意的几个问题

1．决策中可能出现的两类错误

1）两类错误

如前所述，假设检验所使用的反证法是在一定的概率意义上进行的，小概率事件并非绝对不可能发生，只是发生的概率非常小而已，因此拒绝零假设有可能犯错误。同样，不拒绝零假设也可能犯错误，因为仅仅是没有找到有力的证据而已。于是在假设检验的过程中可能会犯以下两类错误。

（1）第一类错误（type Ⅰ error）：错误的性质是零假设实际上是正确的，即命题为真，我们本不该拒绝零假设却拒绝了零假设，因此这类错误也称弃真错误。犯第一类错误的概率等于显著性水平 α，这就是说，犯第一类错误的概率是可以主动控制的。

（2）第二类错误（type Ⅱ error）：错误的性质是零假设不正确，即命题为假，我们本该拒绝零假设却没有拒绝零假设，因此这类错误也称取伪错误。用 β 表示犯第二类错误的概率。

事实上，零假设是否正确是客观存在的，这两类错误都源于抽样误差，因为统计量的值落入拒绝域的概率 p 是由统计量的值决定的，而统计量的值是根据样本数据计算的，同一个问题，样本不同，p 就可能不同，所得到的假设检验的结论就会不同。

一般地，可以将统计决策的 4 种情况如表 9-1 所示。

表 9-1　统计决策的 4 种情况

统计决策	H_0 的真实状态			
	H_0 真（正确）		H_0 假（错误）	
	决策结果	发生的概率	决策结果	发生的概率
拒绝 H_0	第一类错误（弃真）	α	决策正确	$1-\beta$
不拒绝 H_0	决策正确	$1-\alpha$	第二类错误（取伪）	β

2）控制两类错误发生的方法

我们希望能够同时减少犯第一类错误的概率 α 和犯第二类错误的概率 β。但事实上是做不到的，α 和 β 是在两个不同的背景下发生错误的概率，因此 $\alpha + \beta \neq 1$。

那么，如何将犯两类错误的概率同时控制在相对最小的程度呢？采取的措施是增加样本容量，或者在样本容量一定的条件下，选择合适的 α，在此基础上尽可能减小 β。

选择合适的 α，就是在样本容量确定的条件下，根据"两利相权取其重，两弊相权取其轻"的原则，权衡两类错误所造成后果的严重程度，决定 α 的大小。如果犯第一类错误造成的后果比犯第二类错误造成的后果严重，就要将 α 取得小一些；相反，如果犯第二类错误造成的后果比犯第一类错误造成的后果严重，就要将 α 取得大一些。例如，用一种新药品代替旧药品时，首先要比较两种药品的疗效，零假设是新旧药品疗效一样，此时就要将 α 取得小一些，缩小拒绝域，增大接受域，使疗效不达到一定的程度就不能投入生产，减小犯第一类错误的概率，保护患者的利益。

2. 统计检验差异显著不等于实际差异显著

统计检验的差异显著性表示样本统计量的值是否落在拒绝域中，因此差异具有显著性就是零假设被拒绝。零假设被拒绝是由 3 个因素决定的：第一，置信水平，置信水平为 95% 时差异显著，置信水平为 99% 时就不一定差异显著；第二，样本规模，它将影响抽样误差的大小，对于同样的置信水平，样本容量越大越容易得出差异显著；第三，实际差异幅度。只要其中有一个因素发生改变，统计检验是否显著的结论就可能改变。因此，统计检验的显著性并不表示实际意义上存在显著的差异。应该说，差异显著在实际中有没有意义，不是统计检验所能回答的问题，而是一个解释问题，或者说是一个价值判断问题。对于同一个数值，有人认为差异很大，有人认为微不足道。因此，在进行统计检验后，一定要把统计结果放到整个实际研究的理论框架中去考查其实际意义。

3. 数据必须满足假设检验方法的前提条件

任何检验方法都有其使用的前提条件，只能应用于一定的范围。因此，在进行统计检验时，首先要根据所研究的问题，考虑应该用什么方法；其次检查样本数据和所涉及的总体是否满足使用该方法的前提条件，确定能不能用这种方法。通常，先看检验变量的类型，如果是定类变量，一般应用非参数检验中的卡方检验；如果是定序变量，则应用卡方检验或其他相关的非参数检验。对于定距或比率变量，如果总体服从正态分布，则用参数检验，如果不服从正态分布或根本不知道为何种分布，则用非参数检验。由于我们面对的多是大样本，因此本节主要介绍总体服从正态分布的均值差异检验，即参数检验。对于非参数检验，读者可参考樊文强、杜智敏编著的《SPSS社会调查教程——基本理论与实操案例》或其他著作。

在完成 SPSS 的具体操作之后，首先要认真分析输出结果，明确检验的零假设，确定显著性水平；其次根据结果做出统计决策，即拒绝零假设还是不能拒绝零假设；最后结合研究的问题，正确解释统计决策的实际意义。

9.1.4 正态性与方差齐性的判断

在进行两个或多个总体的均值差异检验时，需要对其正态性与方差齐性进行判断。正态性的判断方法有多种，归结起来有 3 类，第一类通过图形判断，前文介绍的直方图、茎叶图、箱图均可对一组数据的正态性进行初步的判断；第二类，利用统计量判断，若已知偏度及偏度的标准误、峰度与峰度的标准误，取 $\alpha=0.05$，若偏度的标准分与峰度的标准分绝对值均小于 1.96，即

$$-1.96 < 偏度/偏度标准误 < 1.96$$

$$-1.96 < 峰度/峰度标准误 < 1.96$$

则可认为基本是正态分布，否则不是正态分布；第三类直接进行正态检验，利用 SPSS 中的"探索"或"单样本 T 检验"模块完成。由于"探索"模块可以给出多组数据的茎叶图、箱图、描述统计、正态性检验与方差齐性检验等多项统计结果，所以应用较多。

【案例 9.1】

试对数据文件"9.1 大学生学习状况调查"中男女生"环境"利用分数的正态性与方差齐性进行检验。

【操作步骤】

(1)打开数据文件"1. 大学生学习状况调查"。

(2)单击"分析"→"描述统计"→"探索",弹出"探索"对话框,如图 9-3 所示,将"环境"移入"因变量列表"框,将"性别"移入"因子列表"框。"输出"栏中,默认选择"两者",包含了输出各种描述统计量。

(3)单击"图"按钮,弹出"探索:图"对话框,如图 9-4 所示,"箱图"栏中的"因子级别并置"及"描述图"栏中的"茎叶图"均为默认选项,勾选"含检验的正态图",在"含莱文检验的分布-水平图"栏中选择"未转换"选项。单击"继续"按钮,返回"搜索"对话框。

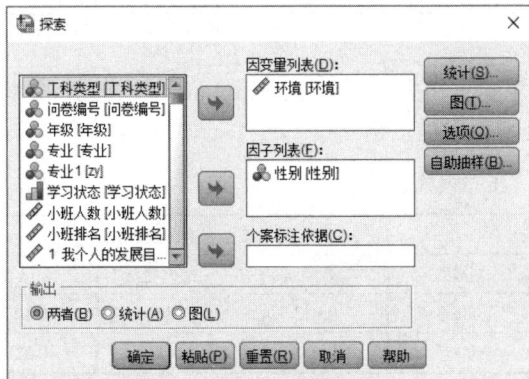

图 9-3　"探索"对话框

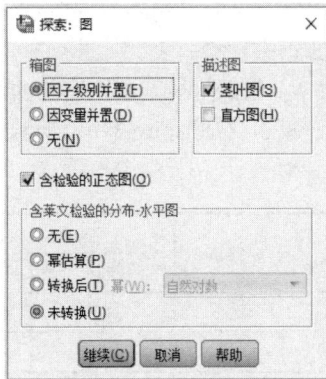

图 9-4　"探索:图"对话框

(4)选择默认选项,不必单击"选项"按钮。

(5)单击"确定"按钮。

【输出结果及解释】

输出窗口给出 4 个统计表和 8 幅统计图。

(1)个案摘要表及描述统计量表。

表 9-2 所示为个案处理摘要表,男女生有效个案数分别为 286 和 141。表 9-3 所示为男女生"环境"分数的部分描述统计量,我们的关注点是偏度与偏度的标准误。通过计算得男女生的偏度标准分分别为

$$|-0.151/0.144|=1.0486<1.96$$

$$|-0.149/0.204|=0.7304<1.96$$

男女生的峰度标准分分别为

$$|-0.102/0.287|=0.3554<1.96$$

$$|-0.214/0.406|=0.5271<1.96$$

于是可以判定,男女生的环境利用分数的分布有 95%的把握是服从正态分布的。

表 9-2　个案处理摘要表

	性别	个案					
		有效		缺失		总计	
		个案数	百分比	个案数	百分比	个案数	百分比
环境	男	286	96.9%	9	3.1%	295	100.0%
	女	141	95.9%	6	4.1%	147	100.0%

表 9-3　男女生"环境"分数的部分描述统计量

	性别		统计	标准错误
环境	男	均值	24.94	0.285
		偏度	−0.151	0.144
		峰度	−0.102	0.287
	女	均值	25.38	0.345
		偏度	−0.149	0.204
		峰度	−0.214	0.406

(2)正态性检验表。

表 9-4 包括两种正态性检验的结果,即柯尔莫戈洛夫-斯米诺夫(Kolmogorov-Smirnov)检验和夏皮洛-威尔克(Shapiro-Wilk)检验,零假设是数据服从正态分布。

表 9-4　正态性检验

	性别	柯尔莫戈洛夫-斯米诺夫 [a]			夏皮洛-威尔克		
		统计	自由度	显著性	统计	自由度	显著性
环境	男	0.078	286	0.000	0.992	286	0.107
	女	0.073	141	0.067	0.987	141	0.228

a. 里利氏显著性修正。

表 9-4 中依次给出了正态性检验的统计量、自由度和显著性(统计量对应的 p 值)。可以看出,对于男生的环境利用分数, $p = 0.000 < 0.05$,拒绝零假设,不是正态分布;而对于女生的环境利用分数, $p = 0.067 > 0.05$,不能拒绝零假设,可以认为服从正态分布。夏皮洛-威尔克检验只有在样本量小于 50 且为特定的非整数加权样本时才能使用,这里的样本量均在 100 以上,故不考虑这一检验结果。

事实上,对数据进行正态分布检验时,结论几乎都是拒绝数据服从正态分布(读者可以对本数据文件中大学生在"时间利用""课堂学习""自我评价""创新"等 10 个方面的分数做检验,均为拒绝零假设)。因此,对于实际问题,只要样本容量足够大,就可以视为近似服从正态分布,而不必一定完全服从正态分布。

结合偏度、峰度的标准分绝对值均小于 1.96,可以认定男生环境利用的分数近似服从正态分布,女生环境利用的分数服从正态分布。

(3)利用图形判断正态性。

① 男女生环境利用分数的茎叶图(见图 9-5):读图时需要注意,两个茎叶图的叶宽是不一样的,男生的叶宽为 10,女生的叶宽为 1。可以看出,男生中有 2 个小于 12 分的极端值、2 个大于 38 分的极端值,女生中只有一人小于 15 分。

② 男女生环境利用分数的箱图(见图 9-6):可以看出,女生的中位数偏上,男生的离散度较大,极端值可能影响分数分布的正态性。男生中,问卷号分别为 327 和 266 的样本分数大于或等于 38 分,问卷号分别为 3 和 138 的样本分数小于或等于 12 分。

③ 正态分布的 Q-Q 图(见图 9-7):是以变量的实际观测值作为横坐标,以变量的期望值作为纵坐标绘制的散点图。期望值来自根据原始变量的百分等级在标准正态分布下换算的 Z 分数。例如,四分位数 25%、50%、75%转换为标准分分别为−0.68、0、0.68。如果数据呈正态分布,则以变量的实际值与期望值为坐标的点应落在趋势线(从左下角延伸到右上角的对角线)附近,且应表

现出一定的集中趋势，即均值附近应聚集较多的点，越靠近两端点越少。从图 9-7 可以看出，男生偏离趋势线的点比女生多，因此正态性要比女生的差。

频率   Stem & 叶

```
2.00 Extremes   (=<12)
1.00    1 . 3
6.00    1 . 445555
12.00   1 . 666667777777
18.00   1 . 888889999999999999
31.00   2 . 0000000000001111111111111111111
36.00   2 . 222222222222222333333333333333333
45.00   2 . 444444444444444444444555555555555555555555
48.00   2 . 6666666666666666677777777777777777777777777777
37.00   2 . 8888888888888888999999999999999999
30.00   3 . 000000000000000011111111111111
13.00   3 . 2222222223333
3.00    3 . 444
2.00    3 . 66
2.00 极值   (>=38)

主干宽度：    10
每个叶：    1 个案
```

(a) 男生

频率   Stem & 叶

```
1.00 Extremes  (=<15.0)
1.00    16 . 0
3.00    17 . 000
5.00    18 . 00000
2.00    19 . 00
6.00    20 . 000000
6.00    21 . 000000
7.00    22 . 0000000
14.00   23 . 00000000000000
14.00   24 . 00000000000000
10.00   25 . 0000000000
13.00   26 . 0000000000000
15.00   27 . 000000000000000
11.00   28 . 00000000000
11.00   29 . 00000000000
11.00   30 . 00000000000
3.00    31 . 000
3.00    32 . 000
.00     33 .
4.00    34 . 0000
1.00    35 . 0

主干宽度：    1
每个叶：    1 个案
```

(b) 女生

图 9-5   男女生环境利用分数的茎叶图

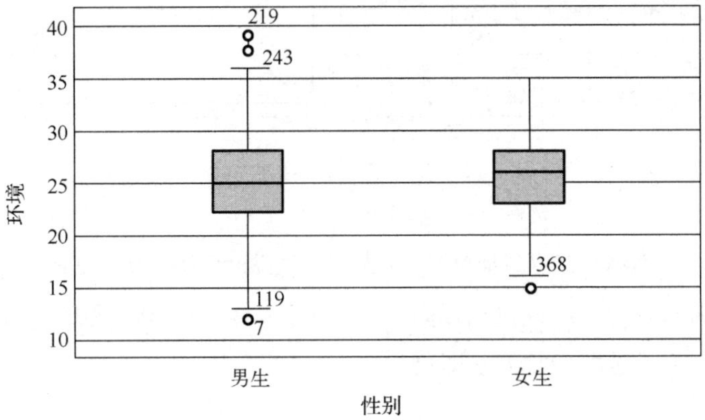

图 9-6   男女生环境利用分数箱图

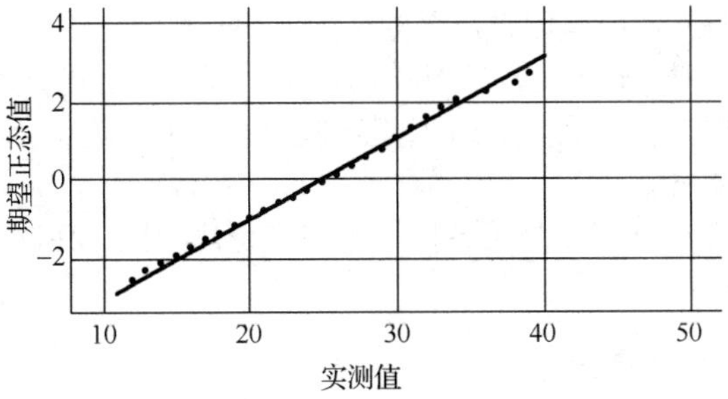

(a) 男生 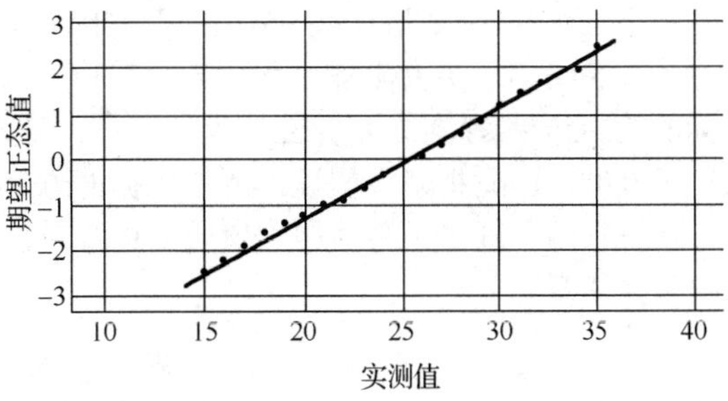   (b) 女生

图 9-7   男女生环境利用分数正态分布的 Q-Q 图

图 9-8 所示是男女生环境利用分数的去趋势正态分布的 Q-Q 图，也称偏离正态图，以实际观测值为横坐标，以实际观测值与期望值之差为纵坐标。当数据符合正态分布时，这些点应分布在

纵坐标等于 0 的水平线附近,甚至完全落在这条线上,且没有任何规律,否则意味着数据的分布不是正态的。从图 9-8 可见,男生有个别点的纵坐标超过了 0.2,女生的情况相对好些。

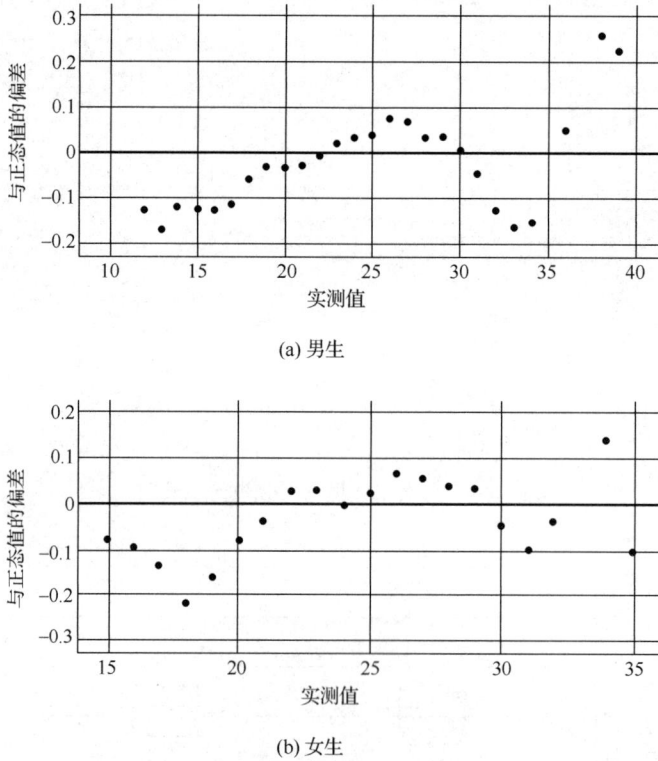

(a) 男生

(b) 女生

图 9-8　男女生环境利用分数的去趋势正态分布的 Q-Q 图

以上对正态性检验进行了较详尽的介绍。事实上,在对调查数据进行统计分析时并不是所有的方法都要用一遍,而是选取一种方法即可。

(4) 对方差齐性检验。

在进行莱文检验时,不要求两个样本的数据必须服从正态分布。表 9-5 中分别给出了基于均值、中位数、中位数及调整后的自由度,以及截尾均值得出的相关统计量。在一般情况下,如果显著性水平(所得的概率值)$p<0.05$,便可以拒绝方差齐性的零假设,否则认为方差齐性。

表 9-5 给出了男女生环境利用分数的稳健莱文(Levene)方差齐性检验结果,即基于上述 4 种指标的检验结果。莱文方差齐性检验的零假设是方差齐性,表 9-5 中的显著性水平为 0.042 或 0.044,均小于 0.05,因此拒绝零假设,两组数据的方差不齐。

在进行两个或多个总体的均值差异检验时,会根据方差是否齐性给出相应统计结果,在读表时要格外注意。

表 9-5　方差齐性检验表

		莱文统计	自由度 1	自由度 2	显著性
环境	基于均值	4.158	1	425	0.042
	基于中位数	4.153	1	425	0.042
	基于中位数并具有调整后的自由度	4.153	1	419.143	0.042
	基于剪除后的均值	4.066	1	425	0.044

9.2 两个独立正态总体均值差异的 T 检验
——两个群体差异的比较之一

本节主要介绍如何利用 SPSS,通过比较两个独立样本数据的差异推断对应的两个正态总体在某一特征上的差异是否具有统计意义上的显著性。

9.2.1 两个独立样本 T 检验的思路

设两个总体的均值分别为 μ_1、μ_2,T 检验的假设如下。

H_0:两个总体的均值相等:$\mu_1 = \mu_2$。

H_1:两个总体的均值不等:$\mu_1 \neq \mu_2$。

T 检验的思路是将检验两个总体均值的差异是否显著转化为检验两个总体的均值之差是否为零。当两个总体服从正态分布且两个随机独立样本是大样本时,选取的统计量为 Z 分数,所进行的检验称为 Z 检验;当涉及的是小样本时,统计量是 t,服从 t 分布[①],当样本量不断增加时,t 分布接近正态分布,因此在 SPSS 中检验两个独立总体的均值差异时,无论样本的大小,都用 T 检验,T 检验属于参数检验。

通常,两个总体的方差是未知的,当两个总体的方差不具齐性(所谓方差齐性,即两个总体的方差经过检验可以认为没有显著性差异)时,T 检验将对统计量 t 做出修正。因此,在考查 T 检验的结果时要注意区分情况。

9.2.2 利用“独立样本 T 检验”模块的前提条件

利用“独立样本 T 检验”有以下前提条件。

(1)样本数据为定量数据(在 SPSS 中测量等级为“标度”)。

(2)经检验,两个总体服从正态分布。

(3)两个样本为随机的独立样本。

9.2.3 利用 SPSS 比较两个独立正态总体均值的差异

【案例 9.2】

某单位对职工进行岗位培训,为考查培训的效果,将职工分两期进行培训。在第一期培训完成后,从经过培训与未经过培训的职工中各随机抽取一个样本,进行测试,测试结果为数据文件“9.2 技术培训效果的比较之一”。比较培训效果的方法是考查经过培训与未经过培训的职工,在测试成绩的平均分是否有显著性差异,以说明职工的技术水平经过培训是否有显著的提高。

下面以此为例来说明如何利用 SPSS 的“独立样本 T 检验”模块进行两个独立正态总体均值的差异比较。

【操作步骤】

1. 检查数据是否符合独立样本 T 检验要求的条件

所抽取的样本是两个独立的样本,分数属于比率数据。未培训组和已培训组的个案数分别为 219 和 204,两个样本均为大样本,因此分数的分布均可视为近似正态分布。当然,也可以先根据“培训”的取值拆分数据文件,如图 9-9 所示,然后利用“频率”对话框作直方图,如图 9-10 所

[①] t 分布是 1907 年由英国统计学家威廉姆·戈塞特(William Gosset)在用笔名“学生”(Student)发表的论文中提出的,因此也称学生分布(student distribution)。

示。基本可认为两个样本近似服从正态分布。

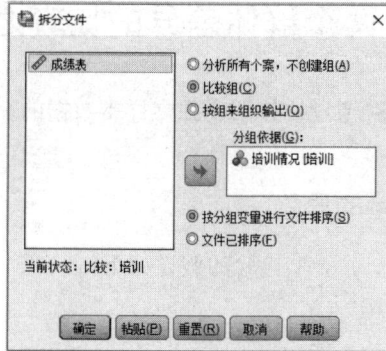

图 9-9　拆分数据文件

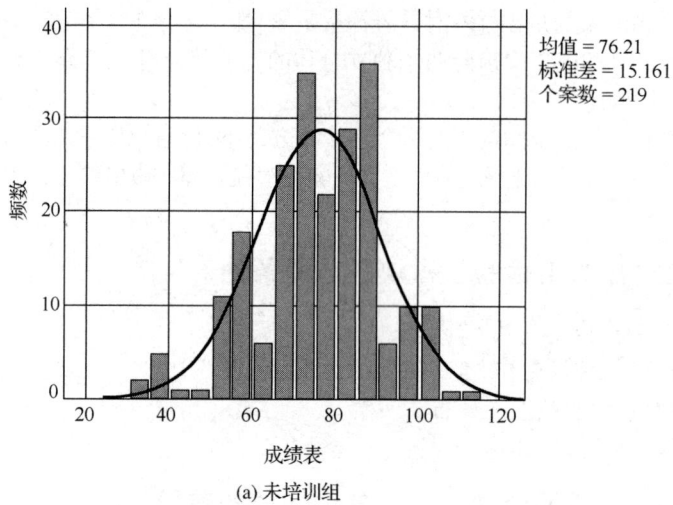

均值 = 76.21
标准差 = 15.161
个案数 = 219

(a) 未培训组

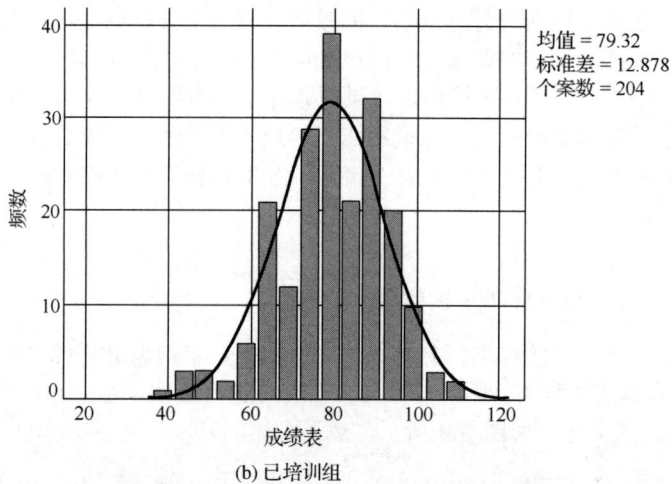

均值 = 79.32
标准差 = 12.878
个案数 = 204

(b) 已培训组

图 9-10　利用"频率"对话框制作的直方图

2. 利用"独立样本 T 检验"模块进行差异检验

(1)打开数据文件"9.2 技术培训效果的比较之一"。

(2)单击"分析"→"比较均值"→"独立样本 T 检验",弹出"独立样本 T 检验"对话框,如图 9-11 所示。

(3)将"成绩表"变量从源变量框移入"检验变量"框;"培训"作为分组变量,移入"分组变量"框,单击被激活的"定义组"按钮,弹出"定义组"对话框。

(4)给出分类变量的分组值。对"培训"进行编码时,规定 0=未培训组,1=已培训组,在"组1"框中输入"0",在"组 2"框中输入"1",如图 9-12 所示。单击"继续"按钮,返回"独立样本 T 检验"对话框。"分组变量"框中显示"培训(0 1)"。

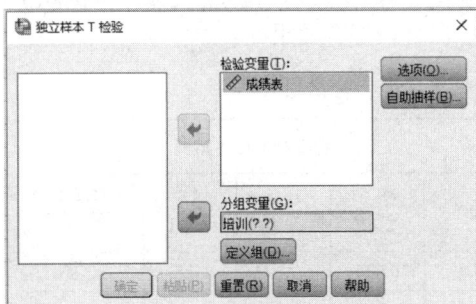

图 9-11　"独立样本 T 检验"对话框　　　　图 9-12　"定义组"对话框

(5)单击"选项"按钮,弹出"独立样本 T 检验:选项"对话框,如图 9-13 所示,进行以下设置。

① "置信区间百分比"框:给出置信水平,默认值为 95%。

② "缺失值"栏:选择缺失值的处理方式:

● "按具体分析排除个案":只有当带有缺失值的观测量与分析有关时才被剔除,此为默认选项。

● "成列排除个案":剔除在"检验变量"和"分组变量"框中的变量带有缺失值的观测量。

这里使用默认选项。单击"继续"按钮,返回"独立样本 T 检验"对话框。

图 9-13　"独立样本 T 检验:选项"对话框

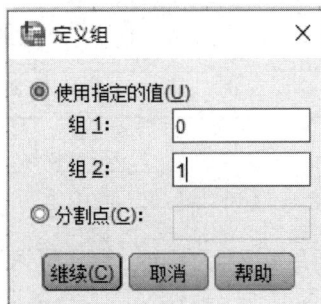

(6)单击"确定"按钮。

【输出结果及其解释】

输出窗口给出两个统计表,如表 9-6 和表 9-7 所示。

表 9-6　分组统计表

	培训情况	个案数	均值	标准偏差	标准误差均值
成绩表	未培训组	219	76.21	15.161	1.024
	已培训组	204	79.32	12.878	0.902

(1)表 9-6 所示为"培训"的分组统计表,给出了未培训和已培训的有效样本量、测试成绩的均值、标准差和均值的标准误。从表中可以看出,已培训组的均值比未培训组的均值提高了 3.11 分,而标准差缩小 2.283 分,即分数的离散程度比未培训组的要小,培训是有效果的。这种效果是随机因素造成的,还是真的有显著性差异,需要根据表 9-7 给出结论。

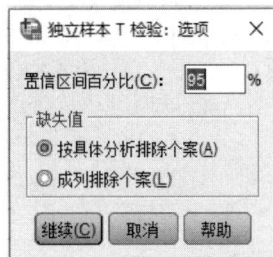

(2)表 9-7 给出了两个独立样本的方差齐性检验和 T 检验的检验结果。读表 9-7 时，首先要看"方差方程的 Levene 检验"[①]结果。如果设定显著性水平 $\alpha = 0.05$，那么当 p(Sig.)<0.05 时，检验结果为拒绝零假设，两个总体的方差不具有齐性；当 $p > 0.05$ 时，检验结果为不能拒绝零假设，可视为两个总体的方差具有齐性。由表 9-7 可知，用于检验方差齐性的统计量 F=3.835，$p = 0.051 > 0.05$，因此，两个总体的方差具有齐性(在 $\alpha = 0.05$ 的条件下可以看作是相等的)。

然后看"均值方程的 T 检验"[②]的结果。现在的结论是两个总体的方差具有齐性，要看表中的第一行数据，t 值、自由度 df 和 p 值，t=-2.265，df = 421，p=0.024，如果设定显著性水平 $\alpha = 0.05$，那么 $p<\alpha$，因此拒绝零假设，即培训与不培训的成绩在 0.05 水平上差异显著。另外，表 9-7 中的 T 检验部分给出了均值差值(未培训组与已培训组的均值之差)为 -3.109，均值差值的标准误为 1.373、95%置信区间为(-5.807，-0.411)，即经过培训的职工平均分比未培训的职工平均分要高出 0.4~5.8 分。因此，有 95%的把握可以断言，培训是有效果的。

表 9-7　成绩均值差异的检验结果

		方差方程的 Levene 检验		均值方程的 T 检验						
		F	Sig.	t	df	Sig.（双侧）	均值差值	标准误差值	差分的 95%置信区间	
									下限	上限
成绩表	假设方差相等	3.835	0.051	-2.265	421	0.024	-3.109	1.373	-5.807	-0.411
	假设方差不相等			-2.278	417.505	0.023	-3.109	1.365	-5.792	-0.426

这里涉及一个新概念"自由度"。所谓自由度，是指在给定的约束条件下，一组数据中可以自由变动数值的数据个数，通常用 df 表示。例如，一组数据包含 4 个数，当要求它们的均值为 5 时，在这 4 个数中，只能有 3 个数可以自由变动，如果这 3 个数取 3、6、9，那么，第四个数只能是 2；如果取 2、5、8，则第四个数只能是 5。这里的约束条件是"将每个数与均值之差相加，其和为零"。

由上述可知，对于独立样本 T 检验的输出结果，可以依据图 9-14 所示的流程进行审读与决策。

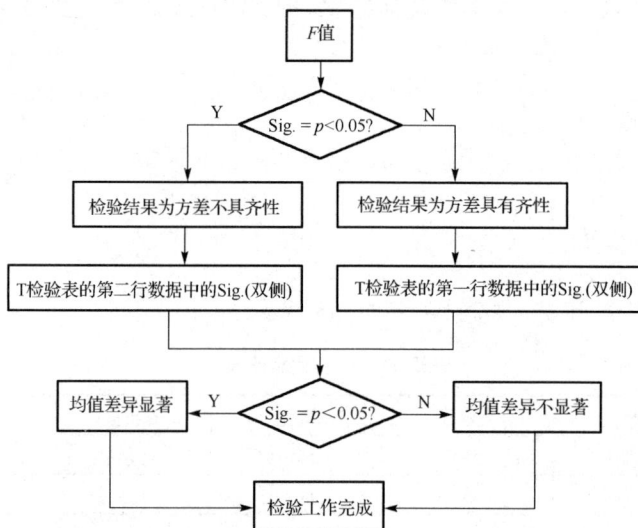

图 9-14　审读独立样本 T 检验输出结果的流程

---

① 此处"方程"应为"齐性"，即"方差齐性的 Levene 检验"。
② 此处"方程"应为"相等"，即"均值相等的 T 检验"。

【对"定义组"对话框的一点说明】

在"定义组"对话框中有一个选择项"割点"，如果分类变量尚未分为两组，就要选择此项，并输入分界点的值。

例如，假设数据文件"9.2 技术培训效果的比较之一"中的成绩都是已培训的测试成绩，而分组变量是未培训时职工的技术评语，该变量有 5 个不同的值：1=很好，2=较好，3=一般，4=较差，5=很差。现将其值小于 4 的作为一组，大于等于 4 的作为另一组，以便考查未培训时"较差"和"很差"的职工与其他职工培训后的测试成绩是否有显著性差异。此时就要选择"定义组"对话框中的"割点"选项，并输入分界点的值"4"，其他操作与前相同。

9.3　两个相关正态总体均值差异的显著性检验
——两个群体差异的比较之二

本节主要介绍如何利用 SPSS 的有关功能，通过比较两个配对样本在某一特征上的差异，来推断对应的两个服从正态分布的相关总体在某一特征上的差异是否具有统计意义上的显著性。

9.3.1　配对样本 T 检验的思路

设两个配对样本的数据分别为 x_1, x_2, …, x_n; y_1, y_2, …, y_n，配对样本 T 检验的思路是将两个样本转化为每对数据之差所形成的样本 x_1-y_1, x_2-y_2, …, x_n-y_n，然后检验这个新的样本的总体均值 μ 是否为 0。

检验两个配对样本所属的总体均值是否有显著性差异，假设如下。

H_0：新的总体均值等于零，即 $\mu=0$，$\mu_1=\mu_2$。

H_1：新的总体均值不等零，即 $\mu \neq 0$，$\mu_1 \neq \mu_2$。

显然，检验仍为双侧检验。

9.3.2　利用"配对样本 T 检验"模块的前提条件

利用"配对样本 T 检验"模块的前提条件如下。

(1)样本数据为定量数据(等距数据或比率数据)。

(2)经检验，两个总体服从正态分布。

(3)两个样本均为随机样本，且是配对样本。

这里需要强调的是，两个样本必须是配对样本，即两个样本是有对应关系的，如试验前与试验后试验对象的两组数据。如果两个样本是独立样本或两个配对样本分别来自两个非正态分布的总体，则都不能用配对样本的 T 检验，前者要用第 9.3 节的方法，后者要用非参数检验。例如，在考查两个不同时间段的旅游者对某旅游地满意度的差异时，由于调查的是不同的旅游者，两组数据之间没有任何对应关系，甚至两个样本的样本量都不相同，就不能使用配对样本 T 检验。

9.3.3　利用 SPSS 比较两个相关正态总体均值的差异

【案例 9.3】

某单位为考查职工培训的效果，从职工中随机抽取一个样本，在技术培训前后分别进行同样的技术考评。考查培训前后技术考评的平均分是否具有显著性差异。

【操作步骤】

1. 根据考评数据建立数据文件

将技术培训前后的两个成绩视为配对样本，数据文件中不再设分组变量，而将"培训前"和"培训后"的分数各设为一个变量，在输入数据时要保持两个样本之间的对应关系，即每行为一个职工培训前后的分数，如图9-15所示。输入数据后，将数据文件命名为"9.3 技术培训效果的比较之二"。

2. 检查数据是否符合T检验要求的条件

职工在培训前后的分数是两个配对样本，分数属于比率数据，利用"频率"计算偏度，分别为 -0.437 和-0.370，绝对值均小于0.5，据此可视两个总体服从正态分布。因此，可以利用"配对样本T检验"模块进行两个配对样本均值差异的T检验。

3. 利用"配对样本T检验"模块进行差异检验

(1)打开数据文件"9.3 技术培训效果的比较之二"。

(2)单击"分析"→"比较均值"→"成对样本T检验"，弹出"成对样本T检验"对话框，如图9-16所示。

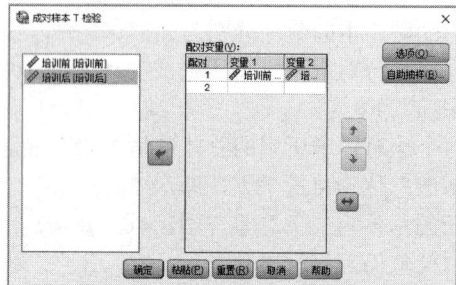

图9-15　建立数据文件　　　　图9-16　"配对样本T检验"主对话框

(3)将"培训前""培训后"移入"配对变量"栏。如果需要检验多对变量，可以同时将各对变量移入"配对变量"栏。

(4)单击"选项"按钮，打开"配对样本T检验：选项"对话框(结构同图9-13)，这里选择系统默认选项。单击"继续"按钮，返回"成对样本T检验"对话框。

(5)单击"确定"按钮。

【输出结果及其解释】

输出窗口给出的统计表如表9-8～表9-10所示。

表9-8　配对样本统计量表

		均值	N	标准差	均值的标准误
对1	培训前	21.42	407	4.342	0.215
	培训后	26.16	407	5.349	0.265

表9-9　配对样本的相关系数表

		N	相关系数	Sig.
对1	培训前 & 培训后	407	0.605	0.000

表 9-10　配对样本 T 检验的结果

		成对差分					t	df	Sig.(双侧)
		均值	标准差	均值的标准误	差分的95%置信区间				
					下限	上限			
对1	培训前—培训后	−4.735	4.399	0.218	−5.163	−4.306	−21.715	406	0.000

(1)表 9-8 所示为配对样本统计量表，给出"培训前"和"培训后"两个变量的均值、有效样本量、标准差和均值的标准误，可以看出，培训后技术考评分数的均值高于培训前，但分数的离散程度更高。

(2)为读懂表 9-9，先了解 3 个概念。一是相关关系，两个变量 x、y 之间具有相关关系，指变量 x 的值发生变化时，变量 y 的值随之发生变化，但是当变量 x 的值确定之后，由于受其他随机因素的影响，变量 y 的值不是确定的值，而是在一定的范围内取值。二是相关系数，它是表明两个变量或多个变量相关程度和方向的一个数值，记为 r，$-1 \leqslant r \leqslant 1$。三是正相关，如果一个变量的值随着另一个变量的值的增加(减少)而增加(减少)，即两个变量的值的变化方向相同，则称这两个变量呈正相关，此时，$r>0$(更详尽的内容参见第 9.6 节)。

表 9-9 所示为配对样本的相关系数表，给出了"培训前"和"培训后"两个变量的简单相关系数(0.605)，以及相关系数检验的 p 值。如果设显著性水平 $\alpha = 0.01$，由于 $p = 0.000 < 0.01$，因此可以说，"培训前"和"培训后"职工掌握技术的水平有极其密切的关系，呈正相关。这个结论说明"培训前"分数高(低)的职工，"培训后"的分数也高(低)，不能说明培训可以提高职工的技术水平。要考查技术培训的效果，还需要看表 9-10。

(3)表 9-10 给出了配对样本 T 检验的结果。$t = -21.715$，df = 406，$p = 0.000$，如果设定显著性水平 $\alpha = 0.01$，由于 $p < 0.01$，因此拒绝零假设，即培训前后技术考评分数的均值具有显著性差异。表 9-10 还给出了"成对差分"(配对差)的均值、标准差、均值的标准误和均值差 95%置信区间的上限、下限。由表中"差分的 95%置信区间"列数据可知，培训后较培训前的平均分提高的幅度为 4.306~5.163 分，于是可以有 99%的把握($p < 0.01$)认为技术培训是有效果的。

如果希望更具体地了解技术培训对原不同技术水平的职工的作用是否相同，则可以设置两个新变量，一个是分组变量，分组原则是原技术考评在平均水平之下的职工为第一组，等于或高于平均水平的职工为第二组；另一个是进步幅度=培训后的分数−培训前的分数，然后利用 SPSS 中的"文件拆分"分组进行统计，考查两组进步幅度的平均分、标准差、众数、中位数等。可以发现，培训对两个组的效果是不同的，对第一组的效果更明显，而且通过对两组进步幅度进行独立样本的 T 检验，可知在进步幅度上两组具有显著性差异。这些工作作为练习留给读者自行完成。

9.4　单因素方差分析
——多个群体均值差异的比较

很多时候不仅需要对两个样本的数据对相应的两个总体的差异进行检验，而且需要对两个以上总体在某一特征上的差异进行检验。例如，在对大学生的学习策略调查中，不仅需要分析男女生在学习上的不同点，而且要分析不同年级、不同专业的学生在学习计划、环境利用、自我调控等方面的水平是否有显著性差异。方差分析(analysis of variance，ANOVA)可以用于检验多个方差齐性的正态总体的均值是否具有显著性差异。

正如对两个总体差异的检验一样，对于多个总体的差异，也要根据样本的情况、数据的类型和特点，采取不同的统计分析方法，当不满足方差分析的前提条件时，要用非参数检验。掌握如何通过样本对多个总体差异的显著性进行检验，是深入挖掘调查数据背后的统计规律的基础之一。本节将介绍对多个正态总体的差异进行检验的方法——单因素方差分析及如何利用 SPSS 实现。

9.4.1　单因素方差分析概述

1．单因素方差分析的基本思路

为了理解单因素方差分析的基本思路，先举一个十分简单的例子。

学校随机抽取了 3 个班级的 15 名学生，经调查，3 组学生对某位教师的评分如下：

第一组　　42　41　42　42　43

第二组　　39　40　40　41　40

第三组　　43　44　43　45　45

3 组平均分分别为 $\bar{X}_1=42$、$\bar{X}_2=40$、$\bar{X}_3=44$，15 个评分的总平均分 $\bar{X}=42$，那么 3 个班级学生对这位教师的评价是否有显著性差异？

显然，可以将 3 个班级看成 3 个不同的总体，3 组数据分别是来自这 3 个总体的样本，在抽样时相互没有关系，即样本是独立的。于是，这是一个通过独立样本均值的差异检验多个总体的均值是否存在显著性差异的问题。

首先，3 组数据的差异来自以下两个方面。

(1)组与组的差异。这反映在各组的平均分不同，是由于班级不同而产生的差异，称为组间差异(between-class variation)。为了定量表示这种差异的大小，组间差异用组间离差(每组平均分与总平均分之差)的平方和表示，即

$$5\times\sum(\text{小组的平均分}-\text{总平均分})^2 = 5\times[(42-42)^2+(40-42)^2+(44-42)^2]$$
$$=5\times8=40$$

简称组间平方和，记为 $SS_b = 40$。SS_b 的自由度 $df_b=k-1=3-1=2$。SS_b/df_b 称为组间均方差(或称组间方差)。

(2)组内个体之间的差异，称为组内差异，反映在个体的分数与小组平均分的差异。组内差异是由每个个体的情况不同及测量误差造成的，用组内离差平方和表示为

$$\sum(\text{组内每名学生的分数}-\text{小组平均分})^2$$
$$= (42-42)^2+\cdots+(43-42)^2+(39-40)^2+\cdots+(40-40)^2+(43-44)^2+\cdots+(45-44)^2$$
$$= 8$$

简称组内平方和，记为 $SS_w=8$。类似地，组内均方差为 SS_w/df_w，其中，df_w 是 SS_w 的自由度。设每个样本容量均为 $n(n=5)$，则 $df_w=k(n-1)=3\times(5-1)=12$。组内均方差也称组内方差。

组间均方差如果比组内均方差大很多，则说明评分的差异主要是由于班级不同引起的，认为 3 个班级的平均分有很大的差别；如果组间均方差与组内均方差差异不大，则不能说明平均分的差异主要是由于班级不同引起的，认为 3 个班级的平均分没有大的差别。于是，可以考虑将它们的比值

$$F = \frac{SS_b/df_b}{SS_w/df_w}$$

作为检验的统计量。

以上分析形成了对多个总体均值差异显著性检验的基本思路，即通过对组间均方差与组内均方差的比较来检验各个总体均值的差异是否显著。这就是单因素方差分析的基本思想。

另外，还可以计算每个数据与总平均分的离差平方和，即

$$\sum(每个分数-总平均分)^2 = (42-42)^2 + \cdots + (43-42)^2 + \cdots + (43-42)^2 + \cdots + (45-42)^2 = 48$$

简称总离差平方和，并记为 $SS_t = 48$。于是发现，$48 = 40+8$。在数学上可以证明，总离差平方和=组内平方和+组间平方和，即

$$SS_t = SS_w + SS_b$$

同时，总的自由度为组内自由度和组间自由度之和，即

$$df_t = df_b + df_w$$

这两个关系式将在输出的方差分析表中得到体现。

2．单因素方差分析的要点

1) 单因素方差分析的功能

设有 k 个正态总体，从每个总体中随机抽出 1 个容量为 n 的样本，于是有 k 个独立的样本，各样本的数据如表 9-11 所示。单因素方差分析的功能是通过这 k 个样本均值的差异检验 k 个独立的正态总体均值 μ_1、μ_2、$\cdots$、μ_k 差异的显著性。

表 9-11　k 个样本的数据

样本 1	样本 2	样本 3	…	样本 k
x_{11}	x_{21}	x_{31}	…	x_{k1}
x_{12}	x_{22}	x_{32}	…	x_{k2}
…	…	…	…	…
x_{1n}	x_{2n}	x_{3n}	…	x_{kn}

2) 单因素方差分析使用的前提条件

使用单因素方差分析对多个总体均值的差异进行检验，前提条件有以下 3 个：

(1) 总体分布近似呈正态分布。

(2) 各个总体的方差相等。在实际应用中，如果每个样本的容量相等、总体呈正态分布，且在各个总体的方差中，最大的方差与最小的方差之比不超过 3，则 F 检验的结论仍具有一定的正确性；但如果最大方差与最小方差之比超过 3，则检验的结果值得怀疑。

(3) 各个样本是随机抽取的相互独立的样本。

3) 单因素方差分析建立的假设

单因素方差分析建立的假设如下。

H_0：k 个总体的均值没有差异，$\mu_1 = \mu_2 = \cdots = \mu_k$。

H_1：μ_1、μ_2、$\cdots$、μ_k 中至少有两个不等。

统计量 F 的分布称为 F 分布，具有两个自由度 df_w 和 df_b。

4) 统计决策

对于设定的显著性水平 α，如果计算出的 F 值超出了由 α 所确定的临界值，或者对应于 F 值的 p 值小于 α，则拒绝 H_0，否则不能拒绝 H_0。

9.4.2　利用 SPSS 比较多个正态独立总体均值的差异

【案例9.4】

根据数据文件"9.1 大学生学习状况调查",分析不同专业的学生在"创新"水平上是否存在显著性差异。

【操作步骤】

1. 打开数据文件"9.1 大学生学习状况调查"

注意,使用方差分析时,3 个专业的"创新"分数不能定义为 3 个变量,数据文件的格式是将"创新"分数作为 1 个变量,专业作为分类变量。

2. 检验各专业分数分布的正态性

因为"创新"分数为比率数据,而且 3 个专业的样本为独立样本,所以检验 3 个专业的"创新"分数是否符合使用单因素 ANOVA 的条件,主要考查分数的分布是否服从正态分布。利用"探索"的统计结果可得到表 9-12,可知偏度标准分与峰度标准分的绝对值均小于 1.96,且均为大样本,故可视为近似服从正态分布。而方差齐性的检验在"单因素 ANOVA 检验"中会给出统计结果。因引,可以进行方差分析。

表 9-12　不同专业学生"创新"分数的描述统计量

专业	个案数	均值	均值的95%置信区间		偏度		峰度	
			上限	上限	值	标准误	值	标准误
工科	235	24.49	23.87	25.10	0.023	0.159	0.298	0.316
经济	118	22.95	22.09	23.81	0.439	0.223	0.514	0.442
管理	79	24.70	23.67	25.72	−0.345	0.271	−0.439	0.535

3. 利用"单因素 ANOVA"模块进行均值差异显著性检验

(1)单击"分析"→"比较均值"→"单因素 ANOVA 检验",弹出"单因素 ANOVA 检验"对话框,如图 9-17 所示。

(2)将"创新"变量移入"因变量列表"框,将"专业"变量移入"因子"框。单击"选项"按钮,弹出"单因素 ANOVA 检验:选项"对话框,如图 9-18 所示,有以下选项。

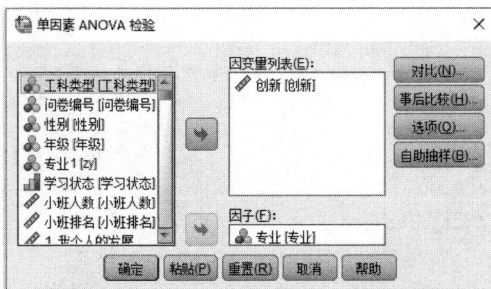

图 9-17　"单因素 ANOVA"对话框

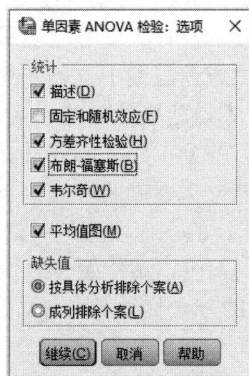

图 9-18　"单因素 ANOVA:选项"对话框

①"统计"栏:有以下 5 个复选项。

● "描述"：输出描述统计量，包括个案的数目、均值、标准差、均值的标准误、最大值、最小值，以及各组中每个均值的 95%置信区间。
● "固定和随机效应"：显示固定效应模型的标准差、标准误及 95%的置信区间，随机效应模型的标准误、95%的置信区间和方差成分估计值。在一般情况下不使用。
● "方差齐性检验"：对各组方差进行齐性检验，以便决定进行多重比较时选择哪种方法。
● "布朗-福塞斯"：计算各样本均值相等的布朗-福塞斯统计量。当不能确定方差齐性时，此统计量比 F 统计量更优越。
● "韦尔奇"：计算各样本均值相等的韦尔奇统计量。当不能确定方差齐性时，此统计量比 F 统计量更优越。

② "均值图"复选项：输出各组的均值折线图，有利于观察各组均值的差异。

③ "缺失值"栏：选项与"独立样本 T 检验"对话框（见图 9-11）相同，这里不再赘述。

这里的选择如图 9-18 所示。单击"继续"按钮，返回"单因素 ANOVA"对话框。

（3）单击"确定"按钮。

【输出结果及其解释 1】

输出窗口给出个案摘要表给出统计表（如表 9-13～表 9-16 所示）和各专业创新分数的均值折线图，如图 9-19 所示。

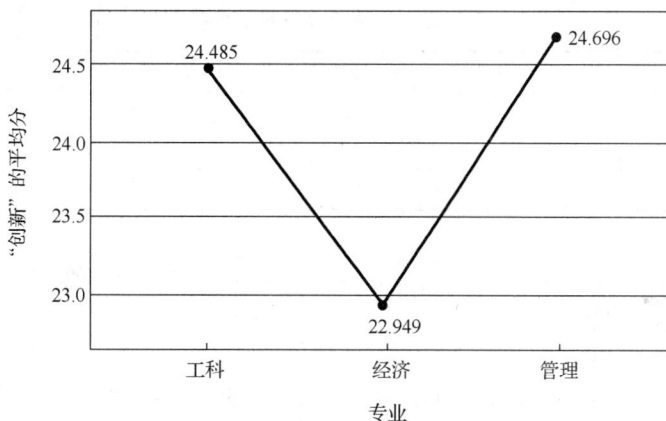

图 9-19　3 个专业"创新"平均分的折线图

（1）描述统计量表如表 9-13 所示。

表 9-13　各专业"创新"分数的描述统计量

					创新			
	个案数	均值	标准 偏差	标准 错误	均值的 95% 置信区间		最小值	最大值
					下限	上限		
工科	235	24.49	4.812	0.314	23.87	25.10	12	38
经济	118	22.95	4.703	0.433	22.09	23.81	11	39
管理	79	24.70	4.572	0.514	23.67	25.72	14	33
总计	432	24.10	4.782	0.230	23.65	24.56	11	39

（2）表 9-14 给出了方差齐性检验结果，$p=0.953>0.05$，因此不能拒绝零假设，即可以认为 3 个专业"创新"分数的方差具有齐性。表 9-12 中的标准差也证实了这点。表 9-15 的结果可用。如

果显示方差不具有齐性或 $p=0.05$，那么就要看布朗-福塞斯和韦尔奇的均值相等性稳健检验，如表 9-16 所示。

表 9-14　方差齐性检验结果

		莱文统计	自由度 1	自由度 2	显著性
创新	基于均值	0.048	2	429	0.953
	基于中位数	0.070	2	429	0.932
	基于中位数并具有调整后自由度	0.070	2	425.972	0.932
	基于剪除后均值	0.057	2	429	0.945

表 9-15　方差分析表

创新					
	平方和	自由度	均方	F	显著性
组间	219.211	2	109.605	4.879	0.008
组内	9637.102	429	22.464		
总计	9856.313	431			

表 9-16　均值相等性稳健检验

创新				
	统计 [a]	自由度 1	自由度 2	显著性
韦尔奇	4.940	2	194.526	0.008
布朗-福塞斯	5.014	2	297.399	0.007

a. 渐近 F 分布。

(3)由表 9-15 可知，$p=0.008$，若取 $\alpha = 0.01$，则 $p<\alpha$，因此应拒绝零假设，即 3 个专业"创新"的平均分存在显著性差异。

4)创新分数均值折线图

由表 9-12 及图 9-19 可知，经济专业的学生"创新"的平均分要比工科、管理专业低。

尽管表 9-14 显示 3 个专业学生的"创新"平均分有显著性差异，但是也可看到，各专业的平均分相差较多，有的差异并不很明显，因此需要考查哪两个专业的差异显著，即对专业两两之间的差异进行多重比较。

【进一步的操作】

(4)单击"分析"→"比较平均值"→"单因素 ANOVA 检验"，弹出"单因素 ANOVA 检验"对话框。

(6)单击"事后比较"按钮，弹出"单因素 ANOVA：事后多重比较"对话框，如图 9-20 所示。它的功能是在得出各样本所属的总体具有显著性差异之后，进行多重比较检验，给出两两配对比较的结果。该对话框中共给出了 18 种多重比较检验的方法，其中 14 种针对方差齐性的，另 4 种针对方差不齐的。事实上，各总体方差具有齐性时，经常使用的是"LSD""邦弗伦尼""S-N-K""图基"等方法。显著性水平的系统默认值为 0.05，也可以自定。下面简单介绍 LSD 方法。

最小显著性差异(least significant difference, LSD)法是最经常采用的方法，是用 T 检验完成各样本均值的配对比较。与 T 检验不同的是，LSD 法用全部数据进行检验，而 T 检验仅使用需要比较的两个样本的数据进行检验。LSD 法的灵敏度较高，缺点是对犯第一类错误的概率没有进行控制。

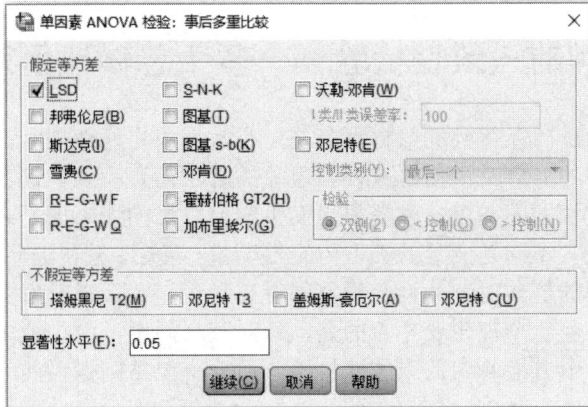

图 9-20 "单因素 ANOVA 检验：事后多重比较"对话框

这里勾选"LSD"，单击"继续"按钮，返回"单因素 ANOVA 检验"对话框。

(7)单击"确定"按钮。

【输出结果及其解释 2】

输出窗口通过表 9-17 给出多重比较的结果。

LSD 法的结果是经济专业学生的"创新"平均分与工科、管理专业的学生相比，在 0.05 水平上都有显著性差异(概率分别为 0.004 和 0.012)，即可以认为在，工科、管理专业学生的"创新"平均分都比经济专业学生高，而管理专业与工科专业学生的"创新"平均分没有显著性差异($p = 0.732>0.05$)。

在表 9-17 的"均值差值"一列中，有的值的右上角标注了符号"*"，表示 $p < 0.05$。例如，1.536*表示对应于统计量值 1.536 的概率小于 0.05。如果标注"**"，则表示 $p < 0.01$；"***"表示 $p < 0.001$；没有"*"表示 $p > 0.05$。

至此，完成了对不同专业学生"创新"平均分的差异检验。

单因素方差分析结果只能推断各总体的均值是否有显著性差异，不能说明这些均值的数量关系，也没有显示随着变量值的变化，因变量是如何变化的。例如，当对不同年级的大学生创新平均水平的差异进行比较时，还希望了解随着年级的升高，创新水平是如何变化的，此时可利用"单因素 ANOVA：对比"对话框进行统计分析，这里不再赘述。

表 9-17 3 个专业"创新"平均分的多重比较

因变量：创新						
LSD						
(I)专业	(J)专业	均值差值(I−J)	标准 错误	显著性	95% 置信区间	
					下限	上限
工科	经济	1.536*	0.535	0.004	0.48	2.59
	管理	−0.211	0.616	0.732	−1.42	1.00
经济	工科	−1.536*	0.535	0.004	−2.59	−0.48
	管理	−1.747*	0.689	0.012	−3.10	−0.39
管理	工科	0.211	0.616	0.732	−1.00	1.42
	经济	1.747*	0.689	0.012	0.39	3.10

注：*表示均值差值的显著性水平为 0.05。

9.5　对比例的一致性检验——多个总体比例差异的比较

在社会调查中，通过问卷得到的数据大多是定类数据或定序数据。面对这些数据，需要分析的问题是：不同群体的人对某个问题或社会现象的看法是否一致。例如，不同年龄组的人对社会保障政策是否具有相同的态度、学校中男女生学习目标的清晰度是否一致等。这类问题与前几节讨论的问题的最大不同是变量的类型为定性变量(定类变量和定序变量)。这类问题可以从两个视角分析：不同的群体对某一社会现象的看法是否一致，以及对某一事物的态度是否与群体的某一特征有关？前一个视角要考查的是，针对某个问题，两个或多个总体的分布是否存在显著性差异，这属于卡方检验中的一致性检验；后一个视角则探讨两个变量之间的关系，这将在第 9.6 节介绍。

9.5.1　多个总体比例一致性检验的思路

我们结合一个简单的案例来说明 χ^2 一致性检验的思路。

【案例 9.5】

根据数据文件"9.1 大学生学习状况调查"，得到男女生对待作业态度的交叉表，如表 9-18 所示，考查不同性别对待作业态度是否存在差异。

表 9-18　"性别"与"11 对于作业中老师指出的错误"交叉表

| | | | \multicolumn{6}{c}{11 对于作业中老师指出的错误，我} |
			及时改正	有时改	偶尔改正	看一下，不改正	根本不看	总计
性别	男	计数	71	73	69	50	28	291
	女	计数	52	40	33	17	5	147
总计		计数	123	113	102	67	33	438

显然，由于男女生人数不同，不能用男女生选择各选项的人数来比较，只能对各选项的比例进行比较，因此检验的假设如下。

H_0：不同性别的学生"对待作业态度"的各选项的比例一致。

H_1：不同性别的学生"对待作业态度"的各选项的比例不一致。

表 9-18 中的"计数"行给出了样本观测频数。例如，438 名学生中有 123 人选择了"及时改正"，试想，如果在"及时改正"选项上男女生的比例没有差异，那么，291 名男生和 147 名女生中选择"及时改正"的比例应一样，即理论上男女生的频数(称为期望频数)e_{11}、e_{21} 应分别满足

$$\frac{123}{438} = \frac{e_{11}}{291} \qquad \frac{123}{438} = \frac{e_{21}}{147}$$

于是有 e_{11}=81.7，e_{21}=41.3。利用 SPSS 的"交叉表"功能，可以得到所有的期望频数(见表 9-19)。

检验的基本思路是通过考查观测频数与理论上的期望频数两组数据总的差异，来推断不同总体分布的差异。于是，χ^2 统计量为

$$\chi^2 = \sum_{k=1}^{2} \sum_{j=1}^{5} \frac{(o_{kj} - e_{kj})^2}{e_{kj}}$$

其中，o_{kj} 表示位于第 k 行、第 j 列的单元格的观测频数；e_{kj} 表示位于第 k 行、第 j 列的单元格的期望频数；χ^2 服从自由度为 df = (2-1)×(5-1) = 4 的卡方分布。

对于给定的显著性水平α，当根据样本计算出的χ^2值对应的概率值$p > \alpha$时，不能拒绝零假设；当$p < \alpha$时，应拒绝零假设而接受备择假设。

9.5.2　利用 SPSS "交叉表" 模块进行χ^2一致性检验

下面结合前文的案例来说明如何利用 SPSS "交叉表" 模块进行χ^2一致性检验。

【操作步骤】

（1）打开数据文件 "9.1 大学生学习状况调查"。

（2）单击 "分析" → "描述统计" → "交叉表"，弹出 "交叉表" 对话框，如图 9-21 所示。

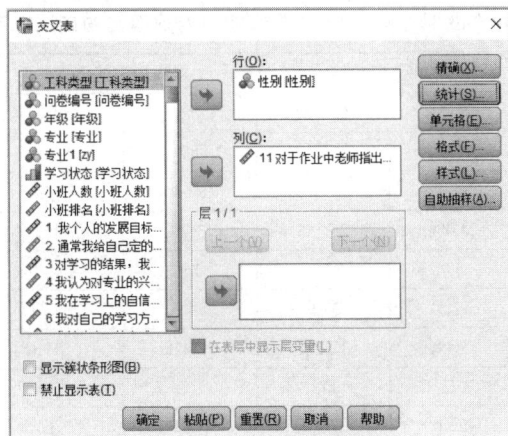

图 9-21　"交叉表" 对话框

（3）将 "性别" 作为行变量移入 "行" 框，将 "11 对于作业中老师指出的错误" 作为列变量移入 "列" 框。

（4）单击 "单元格" 按钮，弹出 "交叉表：单元格显示" 对话框，如图 9-22 所示，在 "计数" 栏中勾选 "实测" 和 "期望"。由于 "性别" 设为行变量，所以在 "百分比" 栏中勾选 "行"。单击 "继续" 按钮，返回 "交叉表" 对话框。

（5）单击 "统计" 按钮，弹出 "交叉表：统计" 对话框，如图 9-23 所示，勾选 "卡方"，单击 "继续" 按钮，返回 "交叉表" 对话框。

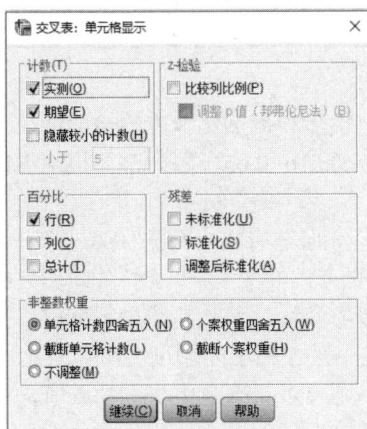

图 9-22　"交叉表：单元格显示" 对话框

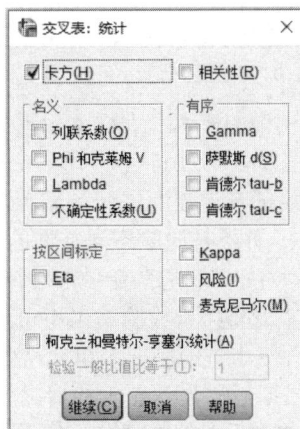

图 9-23　"交叉表：统计量" 对话框

（6）单击"确定"按钮。

【输出结果及其解释】

输出窗口给出 3 个统计表，第一个统计表为观测量统计处理摘要表，指出有效观测值为 438 个，有 8 个缺失值(表略)，另有表 9-19 和表 9-20。

（1）表 9-19 为"性别"与"11 对于作业中老师指出的错误"交叉表，给出了男女生在各选项上的计数、期望计数、计数占男女生人数的百分比，并给出了总的统计结果，即 438 人中选择各选项的计数、期望计数及总计数占总人数的百分比。类似地，最右列给出了男女生总的统计结果。

表 9-19　"性别"与"11 对于作业中老师指出的错误"交叉表

| | | | 11 对于作业中老师指出的错误，我 | | | | | 总计 |
			及时改正	有时改	偶尔改正	看一下，不改正	根本不看	
性别	男	计数	71	73	69	50	28	291
		期望计数	81.7	75.1	67.8	44.5	21.9	291.0
		占"性别"的百分比	24.4%	25.1%	23.7%	17.2%	9.6%	100.0%
	女	计数	52	40	33	17	5	147
		期望计数	41.3	37.9	34.2	22.5	11.1	147.0
		占"性别"的百分比	35.4%	27.2%	22.4%	11.6%	3.4%	100.0%
总计		计数	123	113	102	67	33	438
		期望计数	123.0	113.0	102.0	67.0	33.0	438.0
		占"性别"的百分比	28.1%	25.8%	23.3%	15.3%	7.5%	100.0%

（2）表 9-20 为卡方检验表，给出了"皮尔逊卡方""似然比"及"线性关联"3 种不同检验方法的结果，每种方法都给出了统计量的值、自由度和双侧检验时统计量值的概率值 p。

表 9-20　卡方检验表

	值	自由度	渐进显著性(双侧)
皮尔逊卡方	11.458[a]	4	0.022
似然比	12.136	4	0.016
线性关联	11.023	1	0.001
有效个案数	438		

a. 0 个单元格(0.0%)的期望计数小于 5。最小期望计数为 11.08。

由于该案例中的样本是大样本，因此皮尔逊卡方检验和似然比卡方的检验结果非常接近。如果取显著性水平为 $\alpha = 0.05$，由于 $p = 0.022 < 0.05$ 和 $p = 0.016 < 0.05$，因此都要拒绝零假设，即男女生对待作业态度的各选项的比例有显著性差异。

"线性关联"并不是检验不同总体的比例的一致性，而是将整个数据作为一个样本，考查这个样本所属的总体中，"性别"变量与对待作业态度是否有线性关系。"线性关联"只适用于定序变量，如果是定类变量，则检验结果不可用。性别是定类变量，因此其结果不可用。

在统计学中，卡方检验要求单元格中的期望计数小于 5 的不能超过 20%，因此，表 9-20 注释 a 的意思是如果期望计数小于 5 的情况超过了 20%，则要重新确定类变量的取值，将期望计数小于 5 的一类合并到相邻的类别中，然后重新检验。

【两点说明】

(1) 在对多个正态总体均值差异进行单因素方差分析时, 差异显著, 并不能说明任何两个总体均值的差异都显著。在对多个总体的比例差异进行检验时同样如此。因此, 还需要利用卡方检验进行两两比较, 考查到底哪些总体之间的差异是显著的。

例如, 根据数据文件 "9.1 大学生学习状况调查", 检验不同年级的学生在个人发展目标清晰度上是否具有显著性差异, 如有显著性差异, 就要考查这种差异发生在哪些年级之间。请读者自行完成。具体步骤和结论如下。

① 经卡方检验, 在个人发展目标的明晰度上, 4 个年级的差异显著($p=0.007$)。

② 通过选择数据子集的方法(见第 7 章), 每次选 2 个年级, 如选择一、二年级, 记为(1, 2), 共需进行 6 次卡方检验, 即(1, 2)、(1, 3)、(1, 4)、(2, 3)、(2, 4)和(3, 4)。得出的结论是: $p_{(1,3)} = 0.0260$, $p_{(1,4)} = 0.004$, $p_{(2,4)} = 0.019$, 均有显著性差异, 而(1, 2)、(2, 3)和(3, 4)没有显著性差异。

(2) χ^2 值的大小取决于检验变量取值的个数 r 和样本量 n。r 增加或减小将引起统计量 χ^2 的自由度的变化, 于是 χ^2 的分布就发生了改变, 相应的 p 值也会改变; 样本量增加或减小, 会直接影响根据样本数据计算出的 χ^2 值的大小。

9.5.3　卡方检验在评价样本质量中的应用

对样本质量的说明, 即对样本代表性的评估, 通常采用诸如性别、年龄、受教育程度等人口学变量, 并利用卡方检验或其他方法, 说明样本与总体结构的相似与差异。例如, 在某项调查中, 对样本年龄结构与总体年龄结构是否一致进行检验, 由表 9-21 可知, $\chi^2=52.459$, $p=0.000<0.05$, 样本与总体的年龄结构不一致, 说明样本的代表性不符合要求。在经过加权处理之后再进行检验, 由表 9-22 可知, $\chi^2 = 6.487$, $p =0.166 >0.05$, 样本结构与总体结构一致。如果在进行统计分析之前对样本结构进行检验, 及时进行加权, 统计结论就会更符合客观实际。

表 9-21　样本年龄代表性检验(加权前)

年龄	人数	样本百分比(%)	总体百分比(%)	检验结果
20～29 岁	214	21.5	24.87	
30～39 岁	320	32.1	25.88	卡方值 $\chi^2 = 52.459$
40～49 岁	257	25.8	22.37	$p =0.000 < 0.05$
50～59 岁	114	11.4	11.03	样本与总体的年龄结构不一致
60 岁以上	92	9.2	15.85	
合计	997	100.0	100.0	

表 9-22　样本年龄代表性检验(加权后)

年龄	人数	样本百分比(%)	总体百分比(%)	检验结果
20～29 岁	233	23.3	24.87	
30～39 岁	247	24.8	25.88	卡方值 $\chi^2 = 6.487$
40～49 岁	213	21.4	22.37	$p =0.166 >0.05$
50～59 岁	123	12.3	11.03	样本与总体的年龄结构一致
60 岁以上	181	18.2	15.85	
合计	997	100.0	100.0	

9.6　两个变量间的相关关系

9.6.1　相关分析概述

1.函数关系与相关关系

在讨论变量之间的关系时,很自然地会想到函数关系。x、y具有函数关系是指变量y的值随变量x的值变化而变化,当变量x的值确定时,变量y的值也随之确定。

客观世界中存在着不确定性现象。例如,人的身高与体重的关系是一种不确定性关系。在通常情况下,随着身高的增加,体重会越来越重,但身高相同的人体重不一定相同,因为体重不仅受身高的影响,还有遗传、健康状况、生活条件等其他因素的影响。当把人的身高、体重值作为平面直角坐标系上的一个点(x, y)时,便会有如图 9-24 所示的图形,但该图形只能说明身高和体重有关系,而无法用函数表达式来确切地说明这种关系,这时就说身高和体重两个变量具有相关关系。

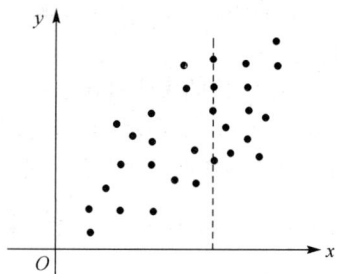

图 9-24　变量 x、y 呈相关关系

一般地,对于两个变量 x、y,变量 x 的值发生变化时,变量 y 的值也随之发生变化,但是当变量 x 的值确定时,由于受其他随机因素的影响,变量 y 的值不是确定的值,而是在一定范围内取值,就称这两个变量具有相关关系。

相关关系是对两个或多个变量之间的不确定性关系的一种描述。两个变量具有相关关系,简称两个变量是相关(correlation)的。相关分析(correlation analysis)指对变量之间的相关关系进行统计分析的方法或过程。相关分析的方法很多,初级方法可以快速发现数据之间的关系,如正相关、负相关或不相关;中级方法可以对数据间关系的强弱进行度量,如完全相关、不完全相关等;高级方法可以将数据间的关系转化为模型,并通过模型进行预测,如回归分析。

社会调查中涉及的变量大多是定性变量,可以先通过交叉表看行变量和列变量之间的相关关系。例如,表 9-23 是根据对离退休人员做调查的数据,作出的年龄与健康状况交叉表,可以看出,随着年龄的增长,健康状况越来越差,健康状况与年龄具有相关关系。

表 9-23　年龄与健康状况交叉表

年龄分组	您的健康状况			合计
	很好	一般	基本自理	
59 岁以下	54.5%	40.9%	4.5%	100.0%
60～69 岁	20.8%	73.6%	5.7%	100.0%
70～79 岁	17.5%	73.7%	8.8%	100.0%
80 岁以上	5.9%	76.5%	17.6%	100.0%

2. 散点图

对于定量变量,一般先采用如图 9-24 所示的散点图来考查变量间的相关关系。

散点图又称散布图或相关图,可反映变量之间的相关关系。例如,在图 9-24 中,两个变量值分别作横坐标与纵坐标，通过点 (x, y) 在平面直角坐标系中的分布情况，来描述两个变量之间的相关关系。散点图是以点的分布反映对同一个体所测量的两个数量变量之间关系的统计图形。在建立直角坐标系时，如果第一个变量的变化引起第二个变量的变化（称两个变量关系不对称），那么就把第一个变量标示在 x 轴上，第二个变量标示在 y 轴上。如果两个变量之间的关系是对称的（不确定或不区分 x 影响 y，还是 y 影响 x），那么无论哪个变量标示在 x 轴上都可以。

一般地，当一个变量的值随着另一个变量的值的增加（减少）而增加（减少），即两个变量的变化方向相同时，则称这两个变量呈正相关，其散点图如图 9-25(a) 所示；如果一个变量的值随着另一个变量的值的增加（减少）而减少（增加），即两个变量的变化方向相反，则称这两个变量呈负相关，其散点图如图 9-25(b) 所示；如果当一个变量变化时，另一个变量的变化没有一定的规律或没有变化，则称这两个变量呈零相关，如图 9-25(c) 所示。

从散点图可以看出，有些图形呈直线状，如图 9-25(a)、(b) 所示；也有些图形呈曲线状，如图 9-26 所示。因此，两个变量的相关关系可以分为直线相关与曲线相关，直线相关也称线性相关。

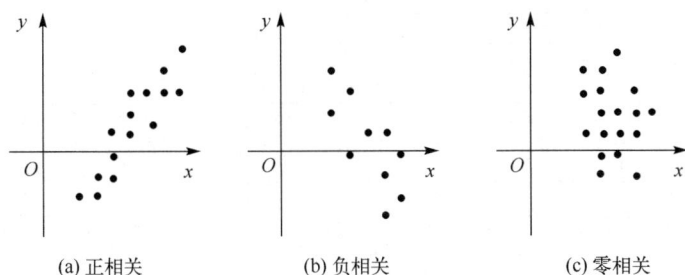

图 9-25　两个变量相关关系的散点图　　　　图 9-26　两个变量呈曲线相关

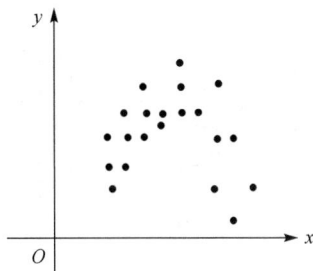

下面通过案例说明，如何利用 SPSS 作散点图。

【案例 9.6】

根据数据文件"大学生学习状况调查"，绘制大学生的"学风"与"时间"两个变量的散点图。

【操作步骤】

(1) 打开数据文件"9.1 大学生学习状况调查"。

(2) 单击"图形"→"旧对话框"→"散点图/点图"，弹出"散点图/点图"对话框，如图 9-27 所示，提供了散点图的 5 种形式，具体如下。

● 简单散点图：显示两个变量之间的相关关系。

● 重叠散点图：显示多对变量之间的相关关系。

● 矩阵散点图：以矩阵形式显示多个变量之间的相关关系。

● 三维散点图：在三维空间显示 3 个变量之间的相关关系。

● 简单点图。

这里选择"简单散点图"，单击"定义"按钮，打开"简单散点图"对话框，如图 9-28 所示（仅为其部分截图）。

(3) 将"学风"移入"X 轴"框，将"时间"移入"Y 轴"框，单击"确定"按钮。

输出窗口便会给出"学风"与"时间"的散点图，如图 9-29 所示，可以看出，学风好的学生在时间利用上也做得好，二者呈正相关。

其他形式散点图的操作类似，读者可自行制作。

3. 相关系数

散点图对变量间的关系给出了直观的描述，但不能精确地反映变量相关的密切程度。

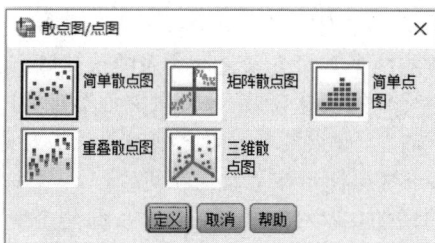

图 9-27 "散点图/点图"对话框

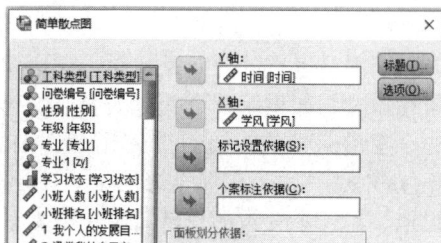

图 9-28 "简单散点图"对话框部分截图

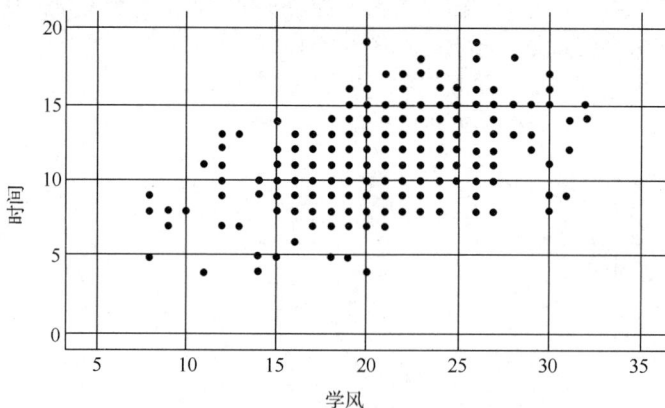

图 9-29 "学风"与"时间"的散点图

相关系数不但可以描述出变量间的相关程度，而且可以描述相关的方向。

相关系数(correlation coefficient)是表明两个变量之间或多个变量之间相关程度和方向的一个数值，通常记为 r，取值范围一般是-1～+1。当 $r<0$ 时，说明变量的变化方向相反，变量呈负相关；当 $r>0$ 时，说明变量的变化方向一致，表明变量呈正相关。相关系数的绝对值越大，变量的相关性越强；相关系数的绝对值越接近零，变量间的相关性越弱；当 $r=0$ 时，就认为变量没有线性相关性，但可能有曲线相关关系。两个变量的相关系数称为简单相关系数，在无特别说明时，我们讲的相关系数就是指简单相关系数。表示一个变量与多个变量间的线性相关关系的量数有偏相关系数(partial correlation coefficient)和复相关系数(multiple correlation coefficient)。

在探讨各种变量的相关关系时，最重要的是要针对不同的情况选择不同的相关系数。除了要注意该相关系数本身所要求的特殊条件，主要考虑变量的类型和两个变量是否具有对称性。表 9-24 是根据变量类型给出的相关系数的分类，行标题和列标题分别是两个变量的类型，定量变量中包括定距变量与定比变量，其中 Gamma 系数 G 用于两个变量是对称的情况，而萨默斯则用于两个变量是非对称的情况。

4．样本相关系数与总体相关系数

当数据是总体的数据时，两个变量的相关系数能够反映这两个变量的相关关系的密切程度乃至相关的方向，并且根据相关系数的大小将其划分为高度相关、中度相关和低度相关。如果需要通过样本的相关系数考查总体的相关性，则在符合随机抽样的条件下，要对两个变量的相关性进行假设检验。

通常采用双侧检验，建立如下假设。

H_0：在总体中，两个变量是独立的，即相关系数为 0。

H_1：在总体中，两个变量是相关的，即相关系数不为 0。

如果要检验两个变量是正相关，还是负相关，就要进行单侧检验，建立如下假设。

H_0：在总体中，两个变量是不相关的，即相关系数为 0，

H_1：在总体中，两个变量是正(负)相关的，即相关系数大于(小于)0。

根据要求，在 SPSS 的输出结果中，会给出每个相关系数检验的结果。

表 9-24　根据变量类型选择相关系数

类型	定 类 变 量	定 序 变 量	定 量 变 量
定类 变量	列联相关系数　　　Φ 相关系数 克莱姆 V 系数　　tau-y 系数 Lambda 系数　　不确定系数 χ^2 独立性检验	将定序变量视为定类变量	点二列相关① 二列相关 多列相关
定序 变量	将定序变量视为定类变量	斯皮尔曼等级相关 Gamma 系数 G 萨默斯 肯德尔等级相关系数　　tau-b 肯德尔等级相关系数　　tau-c	
定量 变量	点二列相关 二列相关 多列相关		积差相关系数 (皮尔逊相关系数)

9.6.2　利用 SPSS "交叉表" 模块进行双变量相关分析

第 8 章已经介绍过，可利用 SPSS "交叉表" 模块制作交叉表，以及分析相关关系。卡方检验并没有给出变量之间关系紧密的程度，而仅给出两个变量是否有关系，因此称为独立性检验。在 SPSS 中单击 "分析" → "相关" → "双变量"，弹出 "双变量相关" 对话框，可对定序变量和定量变量进行相关分析，可计算问卷的信度与效度。

借助下面案例来说明如何利用 SPSS 对两个变量进行相关分析。

【案例 9.7】

根据数据文件 "9.1 大学生学习状况调查"，利用 "交叉表" 模块考查 "年级" 与 "学习状态" 的相关关系。

【操作步骤】

(1) 打开数据文件 "9.1 大学生学习状况调查"。

(2) 单击 "分析" → "描述统计" → "交叉表"，弹出 "交叉表" 对话框。

(3) 将 "年级" 移入 "行" 框，将 "学习状态" 移入 "列" 框，如图 9-30 所示。

(4) 单击 "统计" 按钮，弹出 "交叉表：统计" 对话框，如图 9-31 所示，经常用到以下功能。

● "卡方" 选项：检验两个定性变量是否独立，统计量为 χ^2。

● "相关性" 选项：包括计算两个定量变量的积差相关系数和定序变量的斯皮尔曼等级相关系数。

● "名义" 栏：用于计算两个定类变量的相关系数。"列联系数" 和 "Phi 和克莱姆 V"（Φ 相关系数和克莱姆 V 系数)适用于呈对称关系的两个定类变量；"Lambda" 和 "不确定性系数" 既适用于呈对称关系的两个定类变量，也适用于呈非对称关系的变量。

● "有序" 栏：用于计算两个定序变量的相关系数。

---

① 在 SPSS 中均使用积差相关系数。

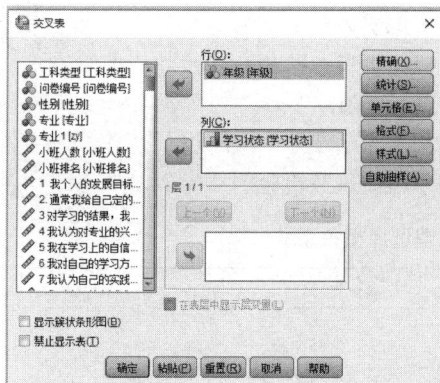

图 9-30 "交叉表"对话框

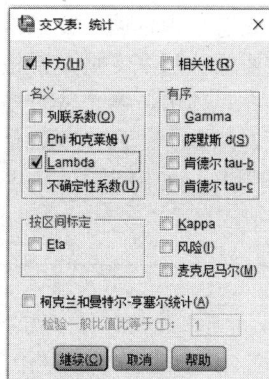

图 9-31 "交叉表：统计"对话框

● "按区间标定"栏：用于计算一个定类变量和一个定距变量的相关系数 Eta。

"年级"为定类变量，"学习状态"为定序变量，根据表 9-24，可以勾选"卡方"以进行独立性检验。在"名义"栏中勾选"Lambda"，单击"继续"按钮，返回"交叉表"对话框。

(5) 输出格式选择默认格式，不必单击"格式"按钮。

(6) 单击"确定"按钮。

【输出结果及其解释】

输出窗口给出交叉表、卡方检验表和相关系数表，分别如表 9-25、表 9-26 和表 9-27 所示。

(1) 交叉表显示，部分单元格的数据频数小于 5。

从表 9-25 中可知，有 4 个单元格中的频数小于 5，这提示我们需要对分类进行调整，再做检验。

表 9-25 "年级"与"学习状态"交叉表

		计数					
		学习状态					合计
		很好	较好	一般	较差	很差	
年级	大一	7	17	72	19	4	119
	大二	4	18	51	20	2	95
	大三	8	28	53	11	6	106
	大四	13	34	31	11	4	93
合计		32	97	207	61	16	413

(2) 卡方检验再次提醒有 20% 的期望频数小于 5。

表 9-26 所示是卡方检验表，检验"年级"变量与"学习状态"变量是否独立，零假设是彼此独立。"Pearson 卡方"为检验统计量，$p = 0.001$，如果取显著性水平为 0.05，则 $p < 0.05$，拒绝零假设，表明两个变量之间是相关的。

表 9-26 卡方检验表

	值	df	渐进 Sig.（双侧）
Pearson 卡方	33.389[a]	12	0.001
似然比	33.087	12	0.001
线性关联	11.528	1	0.001
有效案例中的 N	413		

a. 4 单元格（20.0%）的期望计数小于 5；最小期望计数为 3.60。

在交叉表中，不应有大量的期望频数小于 5 的单元格数据，否则一般不宜使用卡方检验。表 9-26 的注释 a 提示表中的单元格数据有 20% 的期望频数小于 5，因此结论是有问题的。此时要将单元格进行合并，将频数小于 5 的一类合并到相邻的类别中：在 SPSS 中单击"转换"→"重新编码为不同变量"，将"很好"与"较好"合并为"好"=1、"一般"=2，"较差"与"很差"合并为"差"=3，于是将"学习状态"分为 3 类。此时再做卡方检验，结果如表 9-27 所示。由此得出结论，"学习状态"与"年级"是相关的。

表 9-27　相关系数表

	值	df	渐进 Sig.（双侧）
Pearson 卡方	27.796	6	0.000
似然比	27.397	6	0.000
线性关联	14.280	1	0.000
有效案例中的 N	413		

（3）Lambda 相关系数检验结果。

Lambda 系数又称格特曼的可预测度系数（Guttman's coefficient of predictability），用希腊字母 λ 表示。其基本思路是以众数为准则，考查用一个定类变量的值来预测另一个定类变量的值时，可以减小多少误差。

表 9-28 所示是计算出的"年级"与"学习状态"的 Lambda 系数和 tau-y 系数（古德曼和克鲁斯卡尔 tau-y 系数）。可以看出，"对称""年级"及"学习状态"的 Lambda 系数分别为 0.058、0.088 和 0.015，渐进显著性（概率值）分别为 0.067、0.017 和 0.710，如果取显著性水平为 0.05，那么只有用"学习状态"去预测"年级"时，概率值小于 0.05，能够拒绝零假设，而其他两种情况都不能拒绝零假设。因此，可以认为"年级"与"学习状态"变量之间不是对称关系，用"学习状态"去预测"年级"约能减小 8.8% 的误差。

表 9-28　"年级"与"学习状态"的 Lambda 系数和 tau-y 系数

			值	渐近标准误差 [a]	近似 T [b]	渐进显著性
名义到名义	Lambda	对称	0.058	0.031	1.831	0.067
		"年级"因变量	0.088	0.036	2.390	0.017
		"学习状态"因变量	0.015	0.039	0.372	0.710
	古德曼和克鲁斯卡尔 tau	"年级"因变量	0.026	0.009		0.001 [c]
		"学习状态"因变量	0.030	0.011		0.000 [c]

a. 未假定原假设。

b. 在假定原假设的情况下使用渐近标准误差。

c. 基于卡方近似值。

表 9-28 中还给出了古德曼和克鲁斯卡尔 tau-y 系数。因为 Lambda 系数在计算过程中是以众数为准则的，不考虑其他频数，所以对变量之间的关系敏感性要差一些，特别是当众数都在同一行或同一列时，$\lambda=0$，导致渐近标准误差等于零，此时无法进行检验，在 SPSS 输出的统计表的标注中会给出"不能计算，因为渐近标准误差等于 0"。此时，要用给出的 tau-y 系数。

从表 9-28 中的"古德曼和克鲁斯卡尔 tau"行可以看出，经检验，无论以"年级"还是"学习状态"为自变量，都有 tau-y 系数的概率值 $p = 0.001 < 0.05$，应拒绝"年级"与"学习状态"独立的零假设。也就是说，两个变量之间的相关关系显著，尽管减小了 2.6% 或 3.0% 的误差。

至此，完成了"年级"与"学习状态"的相关分析。

【案例 9.8】

根据数据文件"9.1 大学生学习状况调查"，利用 SPSS "交叉表"模块考查"性别"与"焦虑"的相关关系，以及学习过程中"时间监控"与"焦虑"的相关关系。

【操作步骤】

"性别"与"焦虑"分别是定类变量和定量变量，计算相关关系应用点二列相关，在 SPSS 中则使用积差相关系数；"时间监控"与"焦虑"均为定量变量，也应使用积差相关系数。在操作上与案例 9.7 类似，只是在"交叉表"对话框中移入相应的变量后，在"交叉表：统计"对话框中要勾选"相关性"。

【输出结果】

如表 9-29 所示，"性别"与"焦虑"的积差相关系数为 0.060，$p \approx 0.213 > 0.05$，不能拒绝零假设，应接受"性别"与"焦虑"无关。如表 9-30 所示，"时间监控"与"焦虑"的积差相关系数为 -0.107，$p \approx 0.026 < 0.05$，拒绝零假设，"时间监控"与"焦虑"呈负相关，即时间监控做得越好，学习的计划性越强，学习的焦虑程度就会越低。

表 9-29　"性别"与"焦虑"的相关系数

		值	渐近标准误差 a	近似 T^b	渐进显著性
区间到区间	皮尔逊 R	0.060	0.045	1.248	0.213^c
有序到有序	斯皮尔曼相关性	0.052	0.046	1.077	0.282^c
有效个案数		438			

a. 未假定原假设。

b. 在假定原假设的情况下使用渐近标准误差。

c. 基于正态近似值。

表 9-30　"时间监控"与"焦虑"的相关系数

		值	渐近标准误差 a	近似 T^b	渐进显著性
区间到区间	皮尔逊 R	-0.107	0.053	-2.232	0.026^c
有序到有序	斯皮尔曼相关性	-0.088	0.050	-1.823	0.069^c
有效个案数		432			

a. 未假定原假设。

b. 在假定原假设的情况下使用渐近标准误差。

c. 基于正态近似值。

9.6.3　利用 SPSS "相关"模块中的"双变量"进行相关分析

【案例 9.9】

利用"相关"模块中的"双变量"完成案例 9.8 的工作，即分别考查"性别"与"焦虑"、"时间监控"与"焦虑"的相关关系。

【操作步骤】

考查"性别"与"焦虑"的相关关系，操作过程如下。

(1)单击"分析"→"相关"→"双变量"，弹出"双变量相关性"对话框，如图 9-32 所示。在"相关系数"栏中有 3 个选项：适用于两个定量变量的"皮尔逊"相关系数、适用于定序变量的"肯德尔 tau-b"相关系数和"斯皮尔曼"相关系数。

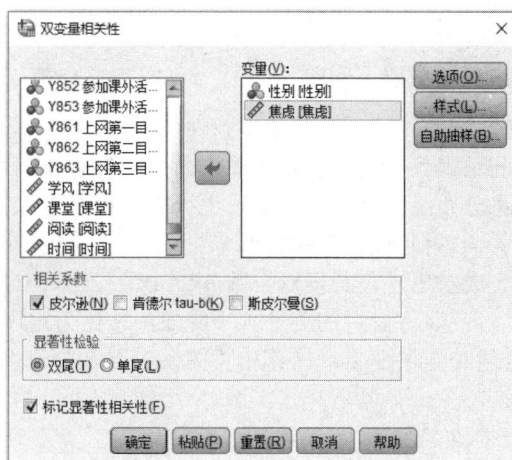

图 9-32 "双变量相关性"对话框

(2)将"焦虑"与"性别"移入"变量"框,在"相关系数"栏中勾选"皮尔逊",在"显著性检验"栏中选择"双尾"检验,并勾选"标记显著性相关性"。

(3)单击"确定"按钮。

类似地,考查"时间监控"与"焦虑"的相关关系,操作过程如下。

(1)将"时间""焦虑"移入"变量"框。

(2)勾选"皮尔逊",选择"双尾"检验并勾选"标记显著性相关性"。

(3)单击"确定"按钮。

【输出结果】

输出窗口给出表 9-31 和表 9-32。表 9-32 中的"*"表示在 0.05 级别(双尾),相关性显著。统计结果和结论与利用"交叉表"模块时相同。

表 9-31 "性别"与"焦虑"的皮尔逊相关系数

		性别	焦虑
性别	皮尔逊相关性	1	0.060
	Sig.(双尾)		0.213
	个案数	442	438
焦虑	皮尔逊相关性	0.060	1
	Sig.(双尾)	0.213	
	个案数	438	442

表 9-32 "时间监控"与"焦虑"的皮尔逊相关系数

		时间监控	焦虑
时间监控	皮尔逊相关性	1	-0.107^*
	Sig.(双尾)		0.026
	个案数	442	432
焦虑	皮尔逊相关性	-0.107^*	1
	Sig.(双尾)	0.026	
	个案数	432	436

【两点说明】

1．使用积差相关系数时应注意以下问题

1) 需要审查变量是否满足积差相关系数的使用条件

(1) 两个变量必须是由测量得到的连续变量，如产品的销售额和广告费等。

(2) 两个变量均服从正态分布或近似正态分布，至少应是单峰对称分布。

(3) 两个变量呈线性相关，可根据散点图判断。

(4) 两个变量的观测值要成对出现，数据对个数 $n \geqslant 30$。

当这些条件得不到满足时，要将变量的测量水平降低，转化为定序变量，再选择相应的相关系数。特别地，对于定类变量和定量变量，计算相关关系应用点二列相关，如果利用 SPSS 进行计算，则使用积差相关系数。

2) 检查数据中是否有极端值存在

数据中的极端值对积差相关系数的影响极大。因此，在计算相关系数之前，要通过散点图或极端值的查寻，检查是否有极端值存在。如果有极端值存在，则要查明是正常情况，还是存在某种错误，以便于修正。

3) 对结果要有正确的解释

(1) 积差相关系数只表示两个变量相关性的强弱和方向，两个变量的关系为对称关系。

(2) 从积差相关系数产生的过程可知，积差相关系数研究的是两个定量变量的线性相关关系，当 $r=0$ 时，可能两个变量曲线相关。

2．使用斯皮尔曼(Spearman)等级相关系数应注意的问题

(1) 适用的条件为两个变量是定序变量且呈线性关系。如果两个变量是比率变量或定距变量，变量呈线性关系，但不满足积差相关系数所要求的条件(如不满足正态性要求)，则可以计算斯皮尔曼等级相关系数，但必须将两个变量转换为定序变量。如果两个定比变量或定距变量满足积差相关系数的条件，除非降为定序变量，从而更合理、更宜于解释统计结果，否则不要用斯皮尔曼等级相关系数，因为在转换的过程中会丢失信息，使精度下降。

(2) 在社会调查中，如果使用的是 5 级利克特量表，则通常有较多个案在两个变量上的序数相等，使用斯皮尔曼等级相关系数不太合适，往往采用积差相关系数。

9.6.4　利用 SPSS "相关"模块中的"偏相关"进行相关分析

在进行相关分析时，要尽可能考虑多个变量之间的关系，不要匆忙地给两个变量的相关性下结论。事实上，有时是第三个变量在起作用。因此，在研究两个变量的相关关系时，引进其他变量作为控制变量，能够使我们对两个变量关系的认识提高到多个变量之间复杂结构关系的层面。如果利用"交叉表"模块进行相关分析，则可将控制变量作为分层变量移入"层 1/1"框(见图 9-21)；当两个变量均为定量变量时，可利用"相关"模块中的"偏相关"进行相关分析。下面通过案例介绍具体操作方法。

【案例 9.10】

为了确定书的价格是否与书的页数有关系，调查人员从教科书、科学专著、小说中随机抽取了 15 本书，并建立书的页数、价格及装订情况的数据文件。如果只计算价格与页数的相关系数，得 $r = -0.181$，$p = 0.510 > 0.05$，两者的相关关系不显著。但是，对精装本与平装本分别进行统计时，价格与页数的相关系数发生了变化，精装本的价格与页数的相关系数为 0.825，平装本的价格与页数的相关系数为 0.772，且两个相关关系均在 0.05 的水平上达到显著。现在将装订情况作为控制变量，考查售价与页数的相关性。

【操作步骤】

(1)打开数据文件"9.4 书价与页数"。

(2)单击"分析"→"相关"→"偏相关",弹出"偏相关性"对话框,如图 9-33 所示。

(3)将"页数"与"价格"移入"变量"框,将"装订"移入"控制"框,在"显著性检验"栏中选择"双尾"选项,并勾选"显示实际显著性水平"。

(4)单击"确定"按钮。

【输出结果】

输出窗口给出表 9-33,表明书的价格与页数的偏相关系数为 0.756,$p = 0.002 < 0.01$,相关性极其显著。

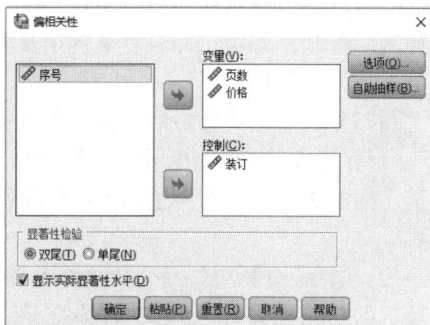

图 9-33　"偏相关性"对话框

表 9-33　引入控制变量后的相关系数

控制变量			页数	价格
装订	页数	相关性	1.000	0.756
		显著性(双尾)	.	0.002
		自由度	0	12
	价格	相关性	0.756	1.000
		显著性(双尾)	0.002	.
		自由度	12	0

9.7　回归方程的建立与应用——事物间的非确定性因果关系

9.6 节通过变量之间相关系数的讨论,研究了事物间的相关关系,本节将进一步探讨事物间的非确定性因果关系(由于因变量与自变量之间的关系是利用样本数据计算的,使用不同的样本时结果也会有所不同,因此将其称为非确定性因果关系)。探讨事物间关系的统计分析方法很多,如相关分析、回归分析、对应分析、方差分析、时间序列分析、典型相关分析等,本节仅介绍线性回归分析。

9.7.1　回归分析概述

回归分析(regression analyze)的基本思想和"回归"名称的由来与英国统计学家高尔顿(F.Galton)是分不开的。高尔顿和他的学生皮尔逊(K.Pearson)在研究父母身高与其子女身高的遗传问题时,观察了 1078 对夫妇,先将每对夫妇的平均身高作为自变量 x,他们的一个成年儿子的身高作为因变量 y,然后作 x、y 的散点图,发现其趋势近似一条直线,这条直线的方程为

$$\hat{y} = 33.73 + 0.516x$$

该方程给出的统计规律是:当父母的平均身高增加 1 个单位时,其成年儿子的身高平均增加 0.516 个单位。这说明子女的身高有回到同龄人平均身高的趋势。于是,高尔顿引进了"回归"这一名词来描述父母身高 x 与子女身高 y 的关系。后来,人们将研究变量之间统计关系的数量分析方法称为回归分析。

回归分析是研究因变量 y 与自变量 x_1、x_2、$\cdots$、x_k 之间非确定性因果关系的一种统计分析方法。回归分析是相关分析的拓展,其基本任务是根据具体的样本数据建立经验回归方程。如果因变量与自变量均为定量变量,它们之间为线性(非线性)关系,则所建立的经验回归方程称为线性

(非线性)回归方程。回归分析不仅给出因变量受自变量影响程度的大小，而且能根据回归方程进行预测和控制，即用已知自变量的值来预测因变量的值，或为使因变量保持在某个范围内，对自变量进行一定的控制。

回归分析与相关分析对变量的要求是不同的。

(1)在相关分析中，变量之间的关系可以是对称关系，也可以是非对称关系，而在回归分析中，变量之间的关系是非对称的，必须明确哪些是自变量(或称解释变量)，哪些是因变量(或称被解释变量)。

(2)在相关分析中，两个变量都是随机变量，而在回归分析中，因变量是随机变量，自变量是非随机的(non-stochastic)，即样本在重复取样时，每个样本中自变量的值都具有固定的数值，或者说，自变量是可精确测量与控制的变量。

9.7.2　回归方程的建立

当两个具有线性相关关系的定量变量 x、y 是非对称关系时，需要通过一元线性回归分析对变量间的相关关系做进一步的描述。下面结合案例说明一元线性回归分析，从而掌握线性回归分析的基本思路，并了解建立回归方程的具体步骤。

【案例9.11】

数据文件"9.5 身高影响因素"是随机抽取的31人的身高资料，包括4岁、18岁时身高及父亲的身高，如表9-34所示。试建立18岁时身高与4岁时身高的线性回归方程。

表 9-34　"身高影响因素"数据表

编号	1	2	3	4	5	6	7	8	9	10	11	12	13	14	15	16
4 岁时身高	60	62	59	60	59	58	63	64	57	56	60	63	54	61	62	64
父亲身高	169	175	168	173	173	169	176	173	167	162	171	169	169	172	173	172
18 岁时身高	170	178	171	175	173	171	180	174	169	168	171	173	168	173	175	174
编号	17	18	19	20	21	22	23	24	25	26	27	28	29	30	31	
4 岁时身高	57	58	56	67	67	62	59	51	52	59	63	64	61	61	69	
父亲身高	171	170	168	175	173	174	169	168	169	171	175	174	169	172	178	
18 岁时身高	172	169	170	177	175	176	171	170	168	176	176	175	170	171	180	

1．回归方程的意义

由图9-34可以看出，18岁时身高与4岁时身高确实呈线性关系，但当4岁时身高 x 的值确定后，由于受其他因素的影响，18岁时身高 y 的值并不完全确定，可能在一定范围内变化，因此 y 是一个随机变量。

将 x、y 之间的相关关系用方程

$$y = \beta_0 + \beta_1 x + \varepsilon \qquad (9\text{-}1)$$

来表示。其中，β_0、β_1 是待定的参数；ε 是不可观测的随机误差。显然，式(9-1)完全是根据数学理论得出的，称为18岁时身高 y 与4岁时身高 x 的理论回归方程。

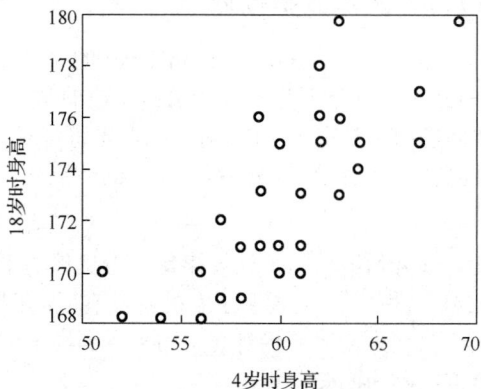

图 9-34　4 岁与 18 岁时身高的散点图

为了估计回归系数 β_0、β_1 的值，除要求变量为定量变量，以及样本数据是随机抽样结果外，统计学家还对随机误差 ε 提出了以下理论假设。

(1) 对应于 x 的每个固定的值 x_i，ε_i 的均值为 0，即没有系统误差。

(2) ε_1，ε_2，…，ε_{31} 的方差均相等，即方差齐性。

(3) ε_1，ε_2，…，ε_{31} 的分布服从正态分布。

(4) 随机误差 ε_1，ε_2，…，ε_{31} 相互独立。

在这样的理论假设下，利用概率统计知识对式(9-1)两边取均值，得

$$\overline{y} = \beta_0 + \beta_1 x \qquad (9\text{-}2)$$

式(9-2)称为一元线性回归方程，或称简单回归方程，表示 18 岁时平均身高 $\overline{y}$ 与 4 岁时身高 x 在理论上的关系。从几何上看，式(9-2)对应的是通过点 $(x_i,\ \overline{y}_i)$ 的直线。但是，β_0、β_1 的值仍无法求得，只能利用随机抽样的 31 个人的数据求出 β_0、β_1 的估计值 $\hat{\beta}_0$、$\hat{\beta}_1$。因此，最终求得的方程不是式(9-2)，而是

$$\hat{y} = \hat{\beta}_0 + \hat{\beta}_1 x \qquad (9\text{-}3)$$

式(9-3)称为经验回归方程。对应于自变量 x 的每个值 x_i，计算出的 $\hat{y}_i$ 称为对应于 x_i 的预测值。显然，不同的样本会得出不同的估计值 $\hat{\beta}_0$、$\hat{\beta}_1$，根据 x_i 计算出的 $\hat{y}_i$ 的值也不同，因此说经验回归方程给出的是一种不确定性的因果关系。利用回归分析得到的方程都是经验回归方程，只是为简便起见，直接称之为线性回归方程，读者必须清楚这点。

估计回归方程系数有多种方法，通常使用的是最小二乘估计法(OLSE)，即要求实际观测值 y_i 与利用方程计算出的预测值 $\hat{y}_i$ 的误差绝对值之和最小，此时的线性回归模型也称 OLS 线性模型。

2. 回归系数的意义

利用 SPSS 得出的 18 岁时身高 y 与 4 岁时身高 x 的经验回归方程为

$$\hat{y} = 134.581 + 0.635x \qquad (9\text{-}4)$$

式(9-4)称为非标准化方程。其中，134.581 为方程的常数项；0.635 为 x 的系数，称为回归系数，其含义是 4 岁时身高 x 每增加 1cm，18 岁时身高 y 平均增加 0.635cm。

3. 建立回归方程的步骤

建立回归方程的步骤如下。

(1) 根据实际问题及相关理论确定影响因变量的主要因素，并将这些因素作为自变量。

(2) 根据相关理论及散点图与变量的类型确定理论回归模型。

(3) 根据样本数据，估计方程中的未知参数，建立回归经验方程。

(4) 对回归方程进行以下检验。

① 对设定模型的合理性进行检验，即对回归方程进行显著性检验。假如采用的是线性模型，真的具有线性关系吗？检验的零假设是：假定方程中的所有系数同时为零；检验统计量为 F，称为 F 检验。

② 对回归系数的显著性进行检验。线性模型成立，不等于其中的每个自变量对因变量的变化都有显著的影响，因此要对每个变量的系数逐一进行检验。检验的零假设为：该变量在方程中的系数为零；通常采用的是 T 检验。但对于一元回归方程，对方程及对系数的显著性检验可以一并完成。

③ 对回归方程进行残差(观测值与预测值之差)分析,以诊断回归方程是否符合对随机误差所提出的四项理论假设。

④ 对回归方程进行拟合优度检验,目的是检验样本数据点聚集在经验回归线周围的程度,聚集得越密集,说明回归方程对样本点拟合得越好,即回归模型的效果越好。以一元线性回归方程为例,拟合优度即是散点图上的点在方程所给出的直线附近密集的程度。拟合程度一般用决定系数 R^2 来衡量。18 岁时身高 y 与 4 岁时身高 x 的经验回归方程 $R^2=0.678$,说明 18 岁时身高的变化有 67.8%可以通过 4 岁时身高来解释。可见,决定系数越接近 1,方程的拟合度越好,但拟合度并不能证明因变量与自变量具有因果关系。

⑤ 回归方程完全通过检验后,进行预测或控制。如已知某男孩 4 岁时身高为 67cm,预测他 18 岁时身高。

综上所述,建立一元线性回归方程的流程图如图 9-35 所示。

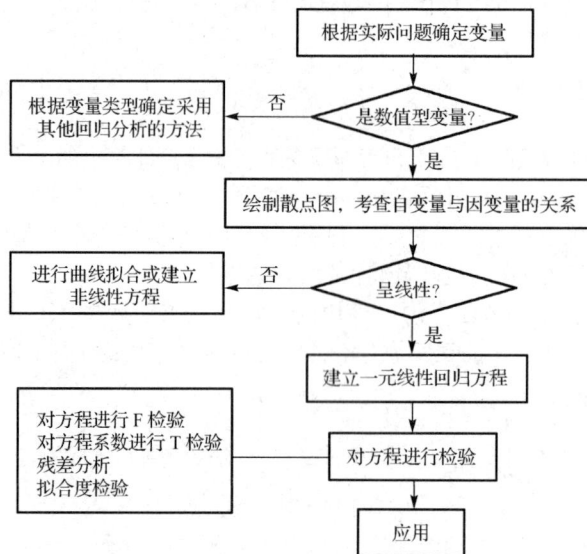

图 9-35   建立一元线性回归方程的流程图

9.7.3　利用 SPSS 进行线性回归分析

单击"分析"→"回归"→"线性",弹出"线性回归"对话框,该对话框既可进行一元线性回归,也可进行多元线性回归。下面通过案例简单介绍如何利用该对话框进行一元线性回归分析,更多内容可参阅相关著作。

【案例 9.12】

国家统计局发布的《2020 年居民收入和消费支出情况》中,给出了 2013—2020 年城镇人均可支配收入和人均消费性支出的历年数据,据此建立数据文件"9.6 城镇人均可支配收入与人均消费支出",试考查两者的关系。

【操作步骤】

1．通过散点图考查变量是否呈线性关系

实际经验表明,影响居民消费性支出的因素是多方面的,如物价水平、消费习惯、心理因素等,但不可否定的是与人的收入水平是有绝对关系的。但是,二者是否呈线性关系需要通过散点图进行考查。

利用 SPSS 绘制散点图的步骤如下。

(1)打开数据文件"9.6 城镇人均可支配收入与人均消费支出"。

(2)单击"图形"→"旧对话框"→"散点图/点图",弹出"散点图/点图"对话框,如图 9-36 所示。选择"简单散点图",单击"定义"按钮,弹出"简单散点图"对话框,如图 9-37 所示(部分截图)。将"城镇人均消费支出"和"城镇人均可支配收入"分别移入"Y 轴"框和"X 轴"框,单击"确定"按钮。

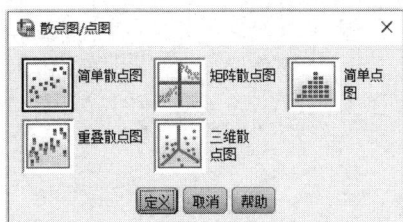

图 9-36　"散点图/点图"对话框　　　　　图 9-37　"简单散点图"对话框(部分截图)

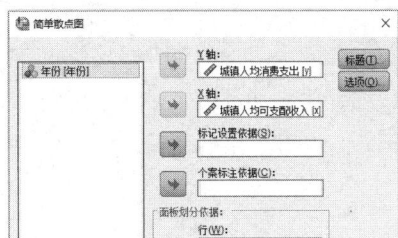

SPSS 绘制的散点图如图 9-38 所示,可看出,除了 2020 年因新冠肺炎疫情影响,消费支出有所下降,城镇人均消费支出(y)和城镇人均可支配收入(x)呈线性关系。因此,可以考虑构建一元线性回归模型。

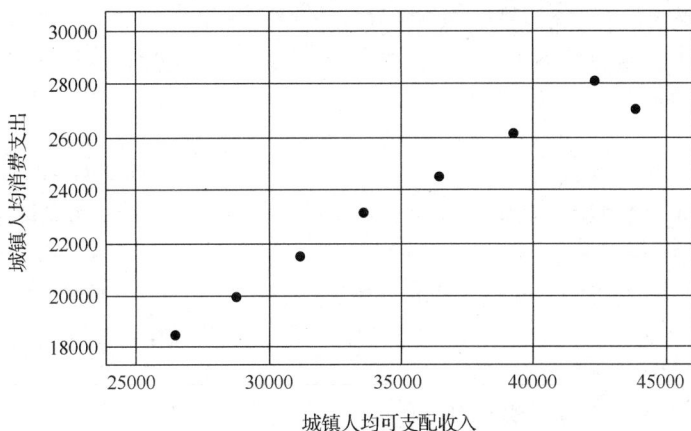

图 9-38　y 与 x 的散点图

2. 建立回归方程

(1)单击"分析"→"回归"→"线性",弹出"线性回归"对话框,如图 9-39 所示。

(2)将"城镇人均消费性支出"移入"因变量"框,将"城镇人均可支配收入"移入"自变量"框。

如果单击"确定"按钮,系统将输出 4 个统计表:回归方程中的自变量、相关系数与决定系数、方差分析表及回归系数表。这里先不单击"确定"按钮。

需要说明的是,"自变量"框位于"块 1/1"栏中,"方法"下拉列表中为自变量进入方程提供了"输入"(全部变量均进入方程)"步进""除去""后退"及"前进"5 种方法,如图 9-39 所示,这些方法主要在建立多元线性回归方程时使用。

3．选择输出的统计量

单击"统计"按钮，弹出"线性回归：统计"对话框，如图9-40所示，其功能是输出有关的统计量。一元线性回归方程主要用到的功能如下。

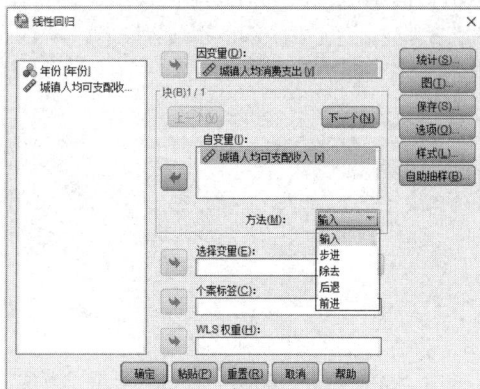

图9-39 "线性回归"对话框

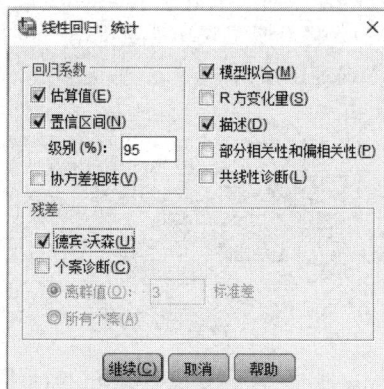

图9-40 "线性回归：统计"对话框

1）"回归系数"栏中的2个选项

（1）"估算值"：输出回归系数（或偏回归系数）及其标准误、标准化回归系数、对回归系数进行T检验所得的t值及其概率值p等，为系统默认选项。

（2）"置信区间"：输出每个非标准化回归系数的95%置信区间。

"协方差矩阵"应用于多元线性回归。

2）"残差"栏

（1）"德宾-沃森"：输出DW（德宾-沃森）检验结果、可能是奇异值的观测量诊断表，以及残差和预测值的综述统计。其中，DW用于检验残差序列的独立性，DW取值为0～4，当DW≈2时，可以认为不存在自相关。

（2）"个案诊断"：输出残差分析表和观测量诊断表。

● "离群值"：在框中输入一个正数（默认值为"3"），则仅输出标准化残差绝对值大于等于该值的观测量诊断表。

● "所有个案"：输出所有观测量的诊断表。

3）与模型拟合及拟合效果有关的5个选项

（1）"模型拟合"：输出引入与剔除方程的变量，给出复相关系数、决定系数及其修正值、估计值的标准误和方差分析表。此为默认选项。

（2）"描述"：输出有效观测量的数目及基本统计量：均值、标准差、相关系数矩阵及单侧检验的显著性水平矩阵。

另3个选项（"R方变化量""部分相关性和偏相关性""共线性诊断"）用于多元线性回归，考查多个自变量之间的共线性。

这里勾选"估算值""置信区间""德宾-沃森""模型拟合"和"描述"，单击"继续"按钮，返回"线性回归"对话框。

4．作残差图进行残差分析

单击"图"按钮，弹出"线性回归：图"对话框，如图9-41所示。使用较多的选项如下。

（1）源变量框：供作图时设置坐标系使用，包括7个变量，经常使用以下3个。

- DEPENDNT：因变量。
- ZPRED：标准化预测值。
- ZRESID：标准化残差。

（2）"散点图 1/1"栏：选择坐标轴变量，可从左侧的源变量框中选择两个变量，分别移入"Y"和"X"框，作为 X、Y 轴变量。

（3）"标准化残差图"栏：提供两种类型的标准化残差图。

- "直方图"：输出带有正态曲线的标准化残差直方图。
- "正态概率图"：输出 P-P 图，用于检查残差的正态性。

为考查方差齐性，选择以预测值 DEPENDNT 为 X 轴、标准化残差 ZRESID 为 Y 轴作散点图；为考查残差的正态性，勾选"标准化残差图"栏中的两个选项，以便输出标准化残差的直方图和 P-P 图，如图 9-41 所示。单击"继续"按钮，返回"线性回归"对话框。

5．选择在数据文件中需要保存的新变量

单击"保存"按钮，弹出"线性回归：保存"对话框，如图 9-42 所示，应用较多的栏如下。

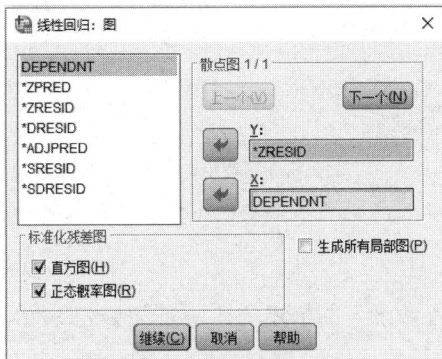

图 9-41　"线性回归：图"对话框　　　　图 9-42　"线性回归：保存"对话框

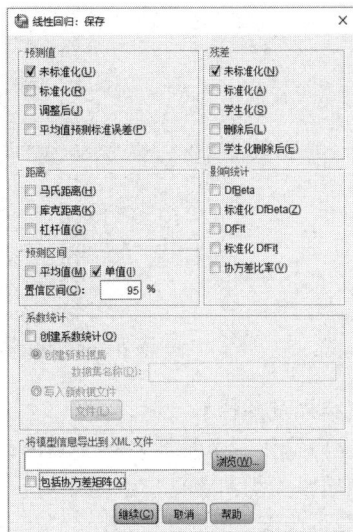

（1）"预测值"栏：保存预测值，包括未标准化预测值、标准化预测值、调整后的预测值和均值预测标准误差。

（2）"残差"栏：保存残差值，包括未标准化残差值、标准化残差值等。

（3）"预测区间"栏：对应于自变量的每组值，有以下两个选项。

- "均值"：给出因变量均值 $\bar{y}_0$ 的置信区间（见图 9-43）。
- "单值"：给出预测值 $\hat{y}_0$ 的置信区间（见图 9-44）。

"置信区间"框中给出 $\bar{y}_0$、$\hat{y}_0$ 的置信区间的置信水平，默认值为 95%。

这里的选择如图 9-42 所示。单击"继续"按钮，返回"线性回归"对话框。

单击"确定"按钮。

若单击"选项"按钮，将弹出"线性回归：选项"对话框，如图 9-45 所示。

（1）"步进法条件"栏：确定自变量进入与剔除的判断标准及缺失值的处理方式，在进行多元线性回归时使用。

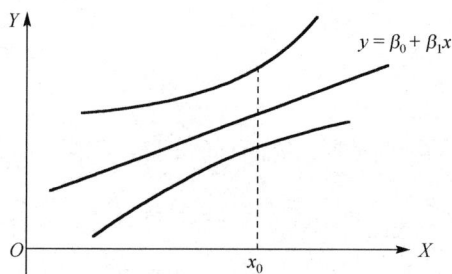

图 9-43 $\bar{y}_0$ 的置信区间

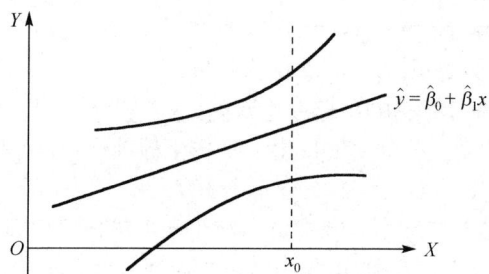

图 9-44 $\hat{y}_0$ 的置信区间

（2）"在方程中包括常量"：默认勾选。

（3）"缺失值"栏：给出缺失值的 3 种处理方式，默认选择"成对排除个案"选项。

如果均使用默认选项，则不必单击"选项"按钮。

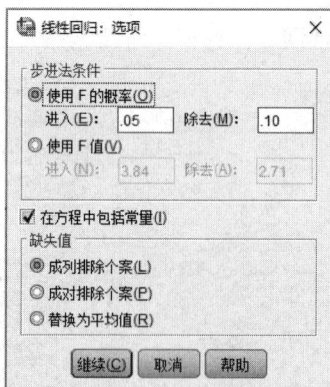

图 9-45 "线性回归：选项"对话框

【输出结果及解释】

输出窗口给出 7 个统计表和 3 幅统计图。

（1）"城镇人均消费支出"与"城镇人均可支配收入"的描述统计量如表 9-35 所示，均值与标准差的单位为元。

表 9-35 两个变量的描述统计量

	均值	标准偏差	个案数
城镇人均消费支出	23569.325	3443.8586	8
城镇人均可支配收入	35245.213	6311.3644	8

（2）"城镇人均消费支出"与"城镇人均可支配收入"的相关性如表 9-36 所示，相关系数为 0.986，说明用线性回归方程建模是可行的。

表 9-36 两个变量的相关性

		城镇人均消费支出	城镇人均可支配收入
皮尔逊相关性	城镇人均消费支出	1.000	0.986
	城镇人均可支配收入	0.986	1.000
显著性(单尾)	城镇人均消费支出	.	0.000

续表

		城镇人均消费支出	城镇人均可支配收入
	城镇人均可支配收入	0.000	.
个案数	城镇人均消费支出	8	8
	城镇人均可支配收入	8	8

(3)回归方程的建立与检验。

表 9-37 描述了建立回归方程的过程。在给出多个自变量的情况下，经过检验并不总是所有的变量都可以进入方程，根据指定的方法，有的自变量先进入方程，有的后进入方程，有的被剔除，通过依次建立多个方程，最后得到一个确定的方程。表 9-37 指出了在给出的所有自变量中，哪些变量最后进入方程，哪些变量被剔除。对于本案例，因是一元线性回归方程，所以只有一个变量进入。表中第一列回归模型的编号是 1；第二列列出进入模型的变量是"城镇人均可支配收入"；第三列是被剔除的变量(本案例不存在)；最后一列指出自变量进入方程的方式为图 9-39 中的"输入"。

表 9-37　变量的进入与剔除

模型	输入的变量	除去的变量	方法
1	城镇人均可支配收入	.	输入

表 9-38 给出了回归模型拟合的程度。从左到右各列依次是：回归模型的编号、模型的复相关系数 R、决定系数 R^2、调整后的决定系数 R^2、估计的标准误、用于检验残差是否自相关的统计量 DW 值。由表中的数据和表注可知，所建的模型为"城镇人均可支配收入"(x)和"城镇人均消费性支出"(y)的一元线性回归方程，决定系数 $R^2 = 0.972$，说明"城镇人均消费性支出"的变化有 97.2%可由"城镇人均可支配收入"解释。DW=1.586≈2，可以认为不存在自相关。

表 9-39 所示是方差分析表，作用是对方程进行 F 检验，检验设定 y 与 x 的关系模型为一元线性回归是否合适，零假设为方程中 x 的系数等于零。由表 9-39 可知，$p=0.000<0.001$，因此拒绝零假设，说明 y 与 x 之间的线性关系极其显著，模型设为一元线性回归方程是合适的。

表 9-38　模型拟合结果

模型	R	R 方	调整后 R 方	标准估算的错误	德宾-沃森
1	0.986	0.972	0.967	627.6345	1.586

表 9-39　方差分析表

模型		平方和	自由度	均方	F	显著性
1	回归	80657583.897	1	80657583.897	204.754	0.000
	残差	2363550.138	6	393925.023		
	总计	83021134.035	7			

表 9-40 中给出了回归方程的非标准化系数，从而可以写出非标准化方程

$$\hat{y} = 4613.161 + 0.538\,x$$

其中，常数项 4613.161 为自发消费，即城镇人均消费支出中不受收入水平影响，且不能用收入进行解释的相对稳定的一部分；0.538 表示边际消费倾向，即当城镇人均可支配收入每年增加 1000 元时，城镇人均消费支出每年就会增加 538 元。4613.161 和 0.538 是根据样本数据得到的估计值。

"B 的 95%置信区间"列给出了常数项和 x 的系数的区间估计，说明在 95%置信水平下，常数项为 1326.448～7899.873，x 的系数为 0.446～0.630。

表 9-40　回归系数表

模型		未标准化系数		标准化系数	t	显著性	B 的 95.0%置信区间	
		B	标准错误	Beta			下限	上限
1	(常量)	4613.161	1343.208		3.434	0.014	1326.448	7899.873
	城镇人均可支配收入	0.538	0.038	0.986	14.309	0.000	0.446	0.630

"标准化系数"列可知标准化方程为

$$\hat{y} = 0.986\,x$$

所谓标准化方程，是将原始数据转化为标准分之后建立的回归方程。"0.986"的含义是当城镇人均可支配收入增加一个标准差时，城镇人均消费支出便可增加 0.986 个标准差。结合表 9-35 可知，在标准化方程中，x 每增加一个标准差(6311.3644)，y 就增加 0.986×6311.4=6223.04。

表 9-40 中的"t"列和"显著性"列给出了对回归系数的检验，常数项 $t=3.434$，$p=0.014<0.05$；x 系数的 t 值为 14.309，$p = 0.000 < 0.001$，拒绝零假设，回归系数通过检验。

表 9-41 给出了有关残差分析各统计量的最小值、最大值、均值、标准差[1]和样本量等 12 项，这里仅给出我们关注的前 6 项。

表 9-41　残差统计量表

	最小值	最大值	均值	标准偏差	个案数
预测值	18848.082	28188.689	23569.325	3394.4826	8
标准预测值	−1.391	1.361	0.000	1.000	8
预测值的标准误差	226.080	397.623	307.208	68.487	8
调整后预测值	19089.830	28942.789	23641.125	3444.4482	8
残差	−1181.6891	668.1275	0.0000	581.0766	8
标准残差	−1.883	1.065	0.000	0.926	8

(4) 图 9-46～图 9-48 所示是用于检验残差是否满足理论假设的残差图。

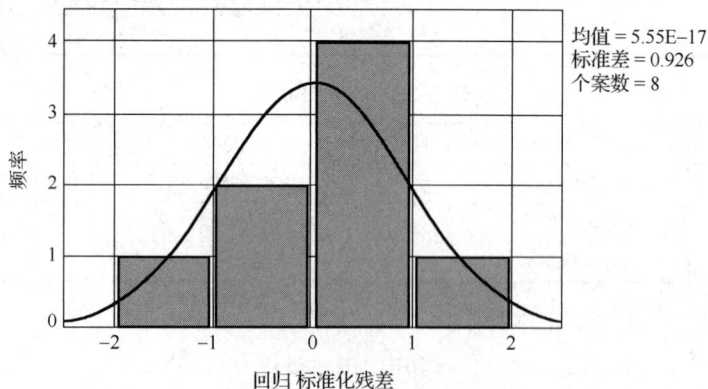

均值 = 5.55E−17
标准差 = 0.926
个案数 = 8

图 9-46　残差分布直方图

---

[1] 统计表及统计图中的"标准偏差"实为"标准差"。

图 9-46 和图 9-47 用于检验残差的正态性。对于图 9-47，要看所有的点是否都凝聚在直线的周围。图 9-48 用于考查残差的方差齐性，纵轴为标准化残差，横轴为"城镇人均消费性支出"的预测值，如果点是在标准化残差=0 的直线两侧随机分布的，无任何规律，那么方差齐性检验通过；如果存在某种规律性的变化，那么残差不具有齐性。显然，图 9-48 表明残差在某种程度上不具有齐性。

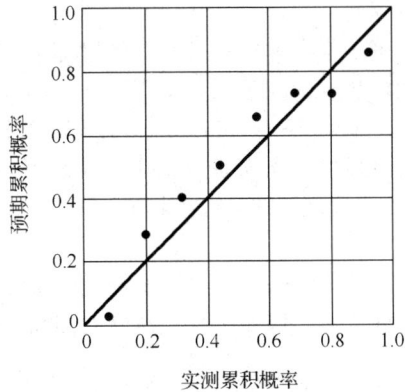

图 9-47　标准化残差的 P-P 图

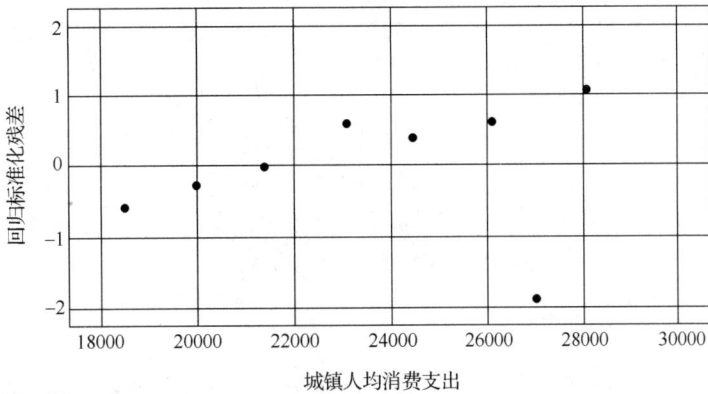

图 9-48　标准化残差与因变量预测值的散点图

图 9-49 所示是保存在数据文件中的未标准化预测值(PRE-1)、未标准化的残差(RES-1)，以及对预测值的 95%置信区间(LICI_1，UICI_1)。可以看出，置信区间基本覆盖了原始观测值，说明模型的效果较好。

年份	x	y	PRE_1	RES_1	LICI_1	UICI_1
2013	26467.0	18487.5	18848.08127	-360.58127	17030.05890	20666.10364
2014	28843.9	19968.1	20126.46502	-158.36502	18394.41069	21858.51935
2015	31194.8	21392.4	21390.86502	1.53498	19719.88542	23061.84463
2016	33616.2	23078.9	22693.18250	385.71750	21057.38089	24328.98411
2017	36396.2	24445.0	24188.36817	256.63183	22556.00608	25820.73026
2018	39250.8	26112.3	25723.67645	388.62355	24053.61110	27393.74181
2019	42358.8	28063.4	27395.27252	668.12748	25639.86978	29150.67526
2020	43834.0	27007.0	28188.68904	-1181.68904	26378.33596	29999.04211

图 9-49　按要求保存在数据文件中的预测值、未标准化的残差，以及对预测值的 95%置信区间

9.7.4　其他回归分析方法简介

由前面的讨论可知，线性回归分析只适用于因变量与自变量呈线性关系、变量均为定量变量的情况，那么如果不满足这些条件怎么办？

在实际问题中，面对因变量与一个或多个自变量呈非线性关系时，可根据具体情况采用不同的方法，SPSS 提供了多种回归模型。

如果自变量和因变量只是在形式上是非线性关系，经过变换可以直接转换为线性关系，则称这种关系为本质线性关系。例如，想要建立的回归方程为 $y = a + bx + cx^2$，设 $x = x_1$，$x^2 = x_2$，则方程可以转换为多元线性回归方程 $y = a + bx_1 + cx_2$，此时就可以利用 SPSS 中的"曲线估算"模块，它提供了 11 种可选择的曲线回归模型，如图 9-50 所示(部分截图)。当不清楚哪种模型更接近样本数据时，可以根据散点图与主观判断，同时选择其中若干个模型，就能输出这些模型的各种统计结果。

当自变量和因变量在形式上呈非线性关系，且无法通过变量变换或方程的线性化转换为线性方程时，这种关系称为本质非线性关系。例如，想要建立的回归方程为

$$y = b_0 + e^{b_1 x_1} + e^{b_2 x_2}$$

我们不可能用变量变换 $z_1 = e^{b_1 x_1}$、$z_2 = e^{b_2 x_2}$ 将该方程转换为线性方程，因为 b_1、b_2 为待估计的参数，也不可能通过取对数将方程线性化。此时，可应用 SPSS 中的"非线性回归"模块，如图 9-51 所示。

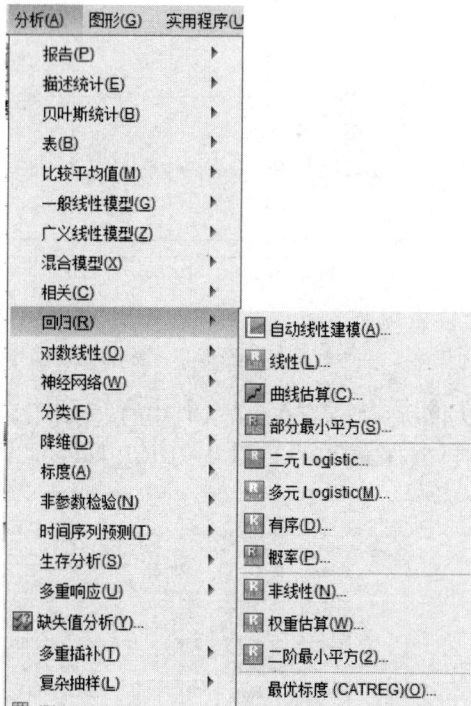

图 9-50　SPSS 提供的 11 种曲线回归模型　　　　图 9-51　"回归"菜单中的各种模型

在实际中，当因变量是定性变量时，可以利用 Logistic 回归模型。例如，考查青年工作转换的影响因素，可以将工作转换作为因变量(转换过工作=1，没有转换过工作=0)，以性别、受教育

程度、是否为独生子女、婚姻状况、工作年限等为自变量来建立 Logistic 方程。SPSS 中有"二元 Logistic"和"多元 Logistic"模型。

思考与实践

复习思考题

1. 解释下列名词：

假设检验　　参数检验　　非参数检验　　　零假设　　备择假设　　小概率原理

显著性水平　置信水平　两个独立总体　两个配对总体　　　　方差齐性

散点图　　　相关系数　　正相关　　　　负相关　经验回归方程

2. 为什么只能对概率抽样(随机抽样)的样本进行统计推断？

3. 参数估计与假设检验在思路上有什么不同？

4. 假设检验的原理是什么？假设检验要经过哪些步骤?利用用 PSS 进行假设检验时,应做哪些工作？最需要注意什么？

5. 进行假设检验时,取 $\alpha=0.05$,如果 $p < 0.05$,则拒绝零假设,是否表明决策是 100%正确的？

6. 在统计决策中,容易产生哪两类错误？如何控制这两类错误的发生？

7. 假设检验是对样本进行检验,还是对总体进行推断？

8. 比较两个总体均值的差异时,何时使用独立样本的 T 检验？何时使用配对样本的 T 检验？

9. 对多个总体均值进行差异检验时,使用什么方法？使用的前提条件是什么？

10. 可以通过哪些途径考查变量的相关关系？相关系数有哪些种类？如何根据具体情况采用不同的相关系数？何时使用积差相关系数？何时使用斯皮尔曼等级相关系数？

11. 经检验,简单相关系数为零,是否说明两个变量之间没有线性关系？是否可以断定两个变量没有关系？

12. 考查多个总体的比例是否有显著性差异,应使用哪种检验方法？应注意什么？

13. 相关分析与回归分析有什么不同？为什么说回归分析用于研究变量间的非确定性因果关系？

14. 回归分析中涉及哪 3 个方程？对随机误差提出了哪些假设？

15. 何时可以通过建立线性回归方程探讨两个变量间的关系？当得到线性回归方程之后,还需要做哪些工作？若不做这些工作,则回归方程能不能应用？为什么？

实践与合作学习

1. 上网查阅两篇利用本章内容的调查研究论文,并在微信群中进行交流。

2. 根据数据文件"9.1 大学生学习状况调查",利用 SPSS 做如下分析：

(1)男女生在"时间"利用水平上的差异是否显著。

(2)不同年级的学生在个人发展目标清晰度上是否有显著性差异。若有显著性差异,则考查这种差异发生在哪些年级之间。

3. 研究小组完成分工：检索 2001—2020 年我国财政收入与国内生产总值的数据,建立 SPSS 数据文件,按照回归分析的步骤,建立两者的线性回归方程。

4. 结合本章内容,完成研究小组课题的有关统计分析。

第10章 网络时代社会调查的新发展

1994 年 5 月，中国国家计算机与网络设施（The National Computing and Network Facility of China，NCFC）与 Internet 连通，中国官方网络正式联入 Internet，从此中国在国际上被正式承认为联入互联网的国家。进入 21 世纪以来，无论网络技术还是网络应用都得到了迅猛的发展，为网络调查奠定了坚实的基础。网络调查作为互联网时代社会调查新方法得到了人们的青睐。

本章将介绍互联网时代调查方法的新发展，包括网络问卷调查，以及大数据与传统社会调查方法，特别是抽样调查的相互融合。

本章思维导图

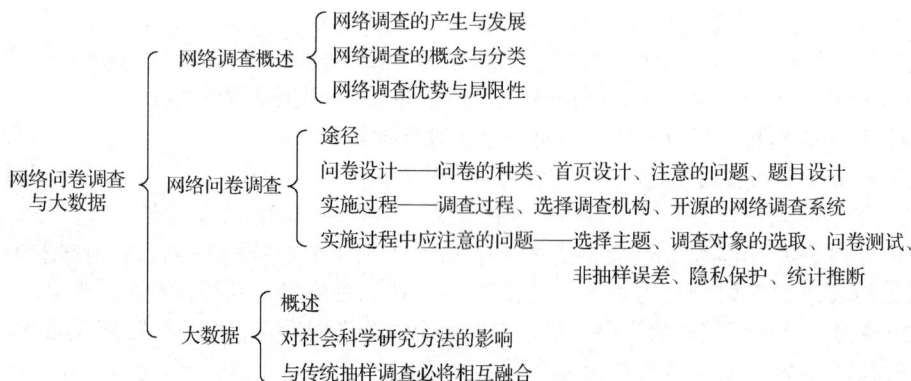

```
                                    ┌─ 网络调查的产生与发展
                        网络调查概述 ─┤─ 网络调查的概念与分类
                                    └─ 网络调查优势与局限性

                                    ┌─ 途径
                                    │─ 问卷设计——问卷的种类、首页设计、注意的问题、题目设计
  网络问卷调查 ─┬─ 网络问卷调查 ─┤─ 实施过程——调查过程、选择调查机构、开源的网络调查系统
    与大数据    │                └─ 实施过程中应注意的问题——选择主题、调查对象的选取、问卷测试、
                │                                        非抽样误差、隐私保护、统计推断
                │
                │              ┌─ 概述
                └─ 大数据 ─────┤─ 对社会科学研究方法的影响
                               └─ 与传统抽样调查必将相互融合
```

10.1 网络调查概述

10.1.1 网络调查的产生与发展

基于互联网的社会调查最早出现于 20 世纪 80 年代末至 90 年代初期，调查人员利用 ASCII 文本格式的电子邮件发放问卷，进行调查。20 世纪 90 年代中期，伴随着互联网络的迅速发展，基于社会网络的调查逐渐替代电子邮件社会调查，它具备了音频和视频等多媒体的功能，提高了用户界面的友好性和交互性。20 世纪 90 年代末期，越来越多的调查人员采用了网络调查的方法。今天，网络调查已在世界各国得到了广泛的应用。

1995 年 9 月开通的瀛海威时空网站是我国内地最早利用互联网做调查研究的机构。1998 年，北京爱特信搜狐网络公司与北京零点调查公司宣布，双方将共同拓展网上调查业务，这标志着我国调查业进入网上调查的新时代。随着网络技术的发展，利用互联网进行问卷调查逐渐成为社会上广泛关注与应用的调查方式。

第 47 次《中国互联网络发展状况统计报告》显示，截至 2020 年 12 月，我国网民规模为 9.89 亿人，互联网普及率达 70.4%。其中，农村网民规模为 3.09 亿人，农村地区互联网普及率为 55.9%。与此同时，我国手机网民数量快速增长，其规模已达 9.86 亿人，网民使用手机上网的比例达 99.7%；即时通信用户规模达 9.81 亿人，占网民整体的 99.2%；手机即时通信用户规模达 9.78 亿人，占手机网民的 99.3%。而使用台式计算机、便携式计算机和平板计算机上网的比例分别为 32.8%、28.2% 和 22.95%。如此庞大的用户数量保证了人们对信息获得的广泛性，特别是微博、微信、朋友圈等社交平台的兴起和手机使用功能的多元化，为网络调查奠定了坚实的基础。

在互联网时代，社会调查方法最突出的变化是调查数据搜集方式日益多样化。例如，一项"网约车驾驶员劳动自主性"的研究直接采用手机客户端推送的方式向驾驶员发放问卷，获得的 15484 份有效数据遍布九大城市①；一位研究者采用网络爬虫库(一种自动抓取万维网信息的程序，可以根据既定的抓取目标有选择地获取信息)抓取了超过 17.5 万个网站用户个人页面，获得了诸如用户注册时长、关注度、关注过的条目等数据②，而这些靠传统手段是很难获取的。许多政府部门、专业网站开展网络调查，专门从事网络调查的网站已数不胜数，各单位的局域网也为内部网络问卷调查创造了条件。

人类社会日趋网络化和数字化，网络行为已经成为实实在在的社会行为，互联网从技术空间发展为社会空间，进入真实日常生活领域。广阔的网络社会空间日益被调查人员关注，网络民族志成为传统民族志的延伸，成为认识和理解线上社区及其依托的社会文化现象的重要方法。

10.1.2　网络调查的概念

目前，基于互联网的调查的概念并不统一，使用频率较高的是"网络调查法"(Web survey)，也有人称其为"在线调查"(online survey)、"互联网调查"(Internet survey)、"电子调查"(E-survey)等，本书采用"网络调查"。

纵观整个基于互联网的调查，基本可以分为两种类型，一种是关于互联网络发展与使用状况的调查，如由中国互联网络信息中心(CNNIC)牵头组织的中国互联网络发展状况统计调查；另一种是以互联网为数据搜集工具进行的调查，如通过网页问卷或手机应用进行的民意调查、市场调查，通过网络聊天室等进行的访谈，通过参与网上社区对网络社会开展的田野调查等。

本书介绍的网络调查，是以各种基于互联网的技术手段为研究工具，利用网页问卷、电子邮件问卷、网络聊天室、电子公告板等网络手段来搜集、记录、整理、分析调查数据及网上观察、访谈资料的调查方法。

网络调查是传统调查方法在网络上的应用与发展，即将传统的调查方法网络化、智能化。网络调查与传统调查的基本区别是搜集数据的手段不同，网络调查充分利用了互联网的信息交流与远程交互功能，将网页制作技术、数据库管理技术和远程控制技术结合于一体，将纸质问卷转变为电子问卷，将面对面访谈转变为网上访问，将实地调查转变为通过网上观察、参与网上的各种虚拟社区，使调查人员能够通过互联网络来搜集、整理、处理调查数据和信息。相比于传统调查，网络调查既提高了调查数据的准确性、科学性和调查的效率，又降低了调查的成本。

10.1.3　网络调查的分类

(1)按研究范式，网络调查分为网络定量研究和网络质性研究。网络定量研究主要指网络问卷调查，即利用互联网的信息传递和交换功能，通过让调查对象填写多种格式的电子问卷(包括电子问卷、网页问卷和可下载问卷)的方式搜集数据的研究方法。网络质性研究主要包括网络焦点团体、

① 吴清军, 李贞. 分享经济下的劳动控制与工作自主性: 关于网约车司机工作的混合研究[J]. 社会学研究, 2018(4): 141-166+248-249.

② 崔凯, 等. 时间积累、用户行为与匿名社区资本: 基于豆瓣网网络爬虫数据的分析[J]. 青年研究, 2017(1): 28-36.

网络访谈和网络民族志。

(2)按抽样方式,网络调查分为基于便利抽样的网络调查和基于概率抽样的网络调查。基于便利抽样的网络调查有以下 3 种类型。

① 无限制网络调查:将问卷发布于网站供人自由填写的网络调查。

② 针对网站访问者的系统抽样式网络调查:在网站上每隔一定访问数量抽取一名访问者作为调查对象发放问卷。如果针对某个特定网站抽样,则为基于概率抽样的网络调查。

③ 志愿者固定样本式网络调查:所谓"固定样本"是指由管理机构、调查公司等招募来的志愿者组成样本调查对象。

基于概率抽样的网络调查有以下 3 种类型。

① 基于封闭目标人群的抽样:对能够创建抽样框的群体进行抽样。例如,在单位内部每人都有一个固定的电子邮箱,手机号码也都在册,于是可以在内部利用电子邮箱或手机号码发放问卷,进行调查。

② 基于一般人群的抽样:这种调查往往要在线下通过常规方法获得潜在调查对象的电子邮箱或手机号码,然后发送问卷。抽样框与目标人群会存在较大的差异。

③ 预先招募的调查对象:与便利抽样不同的是,这些志愿者是事先通过概率抽样的方法招募的潜在调查对象。

10.1.4 网络调查的优势

与传统社会调查方法相比,网络调查最突出的优势表现在以下 4 个方面。

(1)调查范围不受时空限制,时效性强。

调查对象只要能够上网,那么在调查期间内,无论何时都可以参与调查,这扩大了调查对象的范围,搜集数据的时间短、速度快,大大缩短了调查时间,可及时发布调查结果,特别是对时效性较强的主题调查,加强了社会效应。例如,为研究中国青年的网络隐私忧虑及其影响因素,调查人员依托"新媒体文化十二讲"在线慕课(MOOC),要求在线选修该课的网络用户填写置挂于"问卷网"的调查问卷,并鼓励用户将问卷转发至其亲友群组,邀请他人填写。经过 11 天共收回 3025 份有效问卷,从中抽取年龄在 14~28 岁且为共青团员的问卷 1599 份,构成调查样本,范围覆盖了 31 个省份,除大学生外,还包括来自党政机关、大中型企业、自办企业的人员及农民工,这用传统调查方法是绝对办不到的[①]。

(2)网上调查生动活泼,趣味性、互动性强。

问卷设计可电子化,能够综合运用图像、声音、文本、视频等多种形式,使问卷设计多样化。在调查过程中,调查人员可以随时监控调查进程,掌控数据的传递情况。填写者发现问题可直接通过特定的电子邮箱与调查人员联系。因此,网络调查不仅使填写者在答卷过程中有更多的乐趣,而且具有较强的互动性,减小了无应答率。

(3)减小了某些非抽样误差。

在填写问卷过程中,预先设置的程序会自动对所填写的答案进行校验和检查,如果发现逻辑问题就会自动提醒填写者进行修正。网络问卷还可以在填写者意识不到的情况下设置实现大量的跳答题,减少了纸质问卷中跳答题所产生的填写错误。由于网上答卷过程及数据输入均无须人工干预,因此网络调查消除了数据搜集和处理过程中人为因素引起的误差。

---

① 卢家银,白洁. 中国青年的网络隐私忧虑及其影响因素研究——基于对 1599 名共青团员的实证调查[J]. 新闻记者,2021(2): 69-79.

另外，网络调查的匿名性使填写者对没有太多顾虑，不必担心因暴露隐私而招致不良后果，也不必顾忌社会规范的束缚，从而比较真实地回答问卷中的问题，特别是一些敏感性问题，有助于提高数据的可靠性。

(4) 降低了调查成本。

网络问卷节省了问卷印刷费、人工费、差旅费等，大大降低了调查成本。网络调查不受样本的地理分布和容量大小的影响，在一个城市进行调查与在全国进行调查的费用相差无几。而且网络调查的成本基本上只有固定成本(问卷设计、上网、数据分析等)，变动成本非常低，因此样本越大，成本优势越明显。

10.1.5　网络调查的局限性

网络调查最突出的问题表现在样本的代表性，反馈信息的真实性、准确性，以及网络的安全性。

1. 非概率抽样的样本调查结论不能推断到调查总体

进行调查的目的是通过样本推断总体，如果样本的结构不能与总体的结构基本相当，那么推断出的结论就难以成立。但是，如果样本的产生不是通过概率抽样，而是将问卷发布在网上，由网民自发填写，则填写问卷的决定权完全掌握在网民手中，这使网络调查样本的有偏性更突出，直接使用网络调查结果来推断总体的特征常常会产生严重的偏差。

网络调查是以网络为载体的，填写问卷的人只能是网民，其样本质量便与我国网络发展的现实状况密切相关。首先，网络的普及率仍有待提高，第 47 次《中国互联网络发展状况统计报告》中指出，截至 2020 年 12 月，我国非网民规模为 4.16 亿人，即有近 30% 的人没有上网，特别是在农村地区，非网民占比高达 62.7%；城镇的互联网普及率为 79.8%，而农村为 55.9%，相差近 24%。其次，网民结构与人口结构差异显著。例如，2019 年我国 60 岁以上老年人占全国总人口的 18.13%，而在网民中仅占 10.2%；小学学历以下的人口占 30.4%，而网民仅占 17.2%(见表 10-1)；最后，是否完全填写问卷由网民个人的意愿决定，很难对目标群体确定抽样框与样本。因此，当调查总体范围超出网民时，由填写问卷的网民所组成的样本就可能出现两个问题：一是原本属于调查总体的填写者，其结构很难与调查总体的结构一致，即覆盖不足；二是尽管平台和调查人员采取了许多筛选措施，填写者中仍有可能有一部分人不属于调查总体。例如，调查总体设定为 18～69 岁的中国公民，未成年人也有可能填写问卷，此时便存在"过度覆盖"的问题。于是，样本的代表性成为网络调查最突出问题之一，如果样本的结构不能与总体的结构基本相当，就不能将样本的调查结论推断到总体。

表 10-1　2019 年不同受教育程度的人口结构与网民结构的比较

学　　历	小学以下	初　　中	高中/中专/技校	大专以上	合　　计
人口结构[1]	30.4%	37.3%	17.8%	14.5%	100.00%
网民结构[2]	17.2%	41.1%	22.2%	19.5%	100.00%

注：1. 源自《2020 中国统计年鉴》。

2. 源自第 45 次《中国互联网络发展状况统计报告》。

2. 不能保证反馈信息的真实性、准确性

应该说，传统问卷调查也存在信息的真实性问题，但网络调查的真实性问题更甚。网络是一个虚拟的世界，网络调查的匿名性使得对敏感性问题的回答更加真实，但同时也使得不

如实填写更容易。特别是随着网上调查的兴起，出现了众多的从事网上调查的网站，不可否认，在其样本库中或多或少存在为赚钱而填写问卷的"专业"人士，出现"人们花费自己的时间在网上做一些有针对性的调查问卷，以此来换取报酬"。由于监控机制不健全，网络信息甄别的手段还有待完善，因此调查人员有时无法鉴别答卷人的身份与填写的真伪。还有的网民利用 Web 表单、电子邮件重复提交，造成出现大量重复问卷。因此，反馈信息的真实性、准确性很难保证。

3．网络调查的回收率低，无应答误差较大

无论是将问卷发在网上，由网民自发填写，还是有一个与调查总体一致的样本框(如高校)，利用电子邮件进行调查，由于是否填写问卷的主动权完全掌握在网民自己手中，如果对调查主题不感兴趣或对问卷内容不满(如涉及个人隐私的问题)或有操作问题，都会出现拒答或中途退出。因此，回收率低是网络调查的不可忽视的问题。

4．网络调查的安全性

网络调查的安全性问题主要包括以下两个。

(1)网络调查系统与数据的安全问题：一是计算机感染病毒，使调查不能继续进行，调查数据被破坏；二是遭到黑客攻击，导致计算机不能继续提供正常服务。

(2)网络调查的保密性问题：调查客户端的数据、调查服务器端的数据及网络传输数据被泄露或篡改，国家、企业的机密和个人的隐私受到侵犯等，使网络隐私权保护问题凸显出来。

为防止出现这些问题，许多调查人员提出了很多建议和措施。例如，在计算机中安装各类防病毒软件并及时更新病毒库；对操作系统进行备份，定期备份数据文件；对调查对象或机构设置唯一的代码和密码，通过身份认证后才能填写问卷等。

最后需要说明的是，网络调查只是社会调查中的一种，并不适合所有的调查主题，纸质问卷调查等依然是不可替代的社会调查方法。在开展社会调查时，一定要对各种调查方法进行比较，结合具体的课题和主客观条件，选择最适宜的一种方法或由多种方法混合的调查模式。

10.2   网络问卷调查

10.2.1   网络问卷调查的途径

目前，通过网络进行自填式问卷调查的途径主要有 3 个：电子邮件、网页问卷和可下载问卷。

1．电子邮件

电子邮件调查(E-mail survey)是指将调查问卷作为电子邮件的组成部分，发送到调查对象的电子信箱，请他们完成问卷的填写并通过电子邮件传回调查人员，根据对问卷的处理方式可以分为以下 3 种。

(1)文本式的电子邮件调查：将一份问卷直接发送给调查对象，调查对象填写后，发送到指定电子邮箱。调查对象可以将电子邮件下载后填写，返回时在线提交。这种方式的问题是问卷的交互性很差，不能自动进行题目跳转。另外，调查人员要用人工的方法输入数据。目前该种形式已经很少使用。

(2)电子邮件软件调查：根据调查人员的需要，设计个性化的电子邮件管理系统，生成问卷并实现数据自动采集，消除了费时费力且易于出错的人工数据输入这一环节。

（3）附件式电子邮件调查：将调查问卷作为电子邮件的附件发送给调查对象，调查对象下载后填写，然后返回给调查人员。

使用电子邮件与传统的邮寄问卷方式类似，但操作更简单易行，可同时向多个调查对象发送，时效性强，节省人力、财力。电子邮件调查的前提条件是有比较完整的 E-mail 地址清单作为抽样框，这样才能进行概率抽样，将调查结论推断到总体。一般的社会调查很难得到研究总体的完整、有效的 E-mail 地址清单，因此电子邮件调查更适用于对机构（如学校、机关、企业等）内部人员的调查，或已建立信息数据库的商家对客户（如购买某个品牌产品的顾客、经销商等）的调查。另外，在进行问卷设计时，如果有需要征询意见的专家的 E-mail 地址，可以通过电子邮件调查专家对问卷的意见和建议。

2．网页问卷

网页问卷调查（html form）是问卷以网页作为载体的网络调查，没有预先选定的调查对象，由浏览到网页并对该调查感兴趣、自愿填写完成问卷的网上用户构成调查的样本。根据问卷格式和生成系统，这类调查又可以细分为以下 3 种。

（1）超文本格式的网页调查：调查人员将超文本格式的问卷附加在一个或多个网页上，有兴趣回答问卷的网民可以通过点击按钮或填写文本框完成问卷，最后一次性提交数据。这种调查问卷设计比较灵活，可以插入图形、声音、录像、动画等形式的多媒体组件，使得完成调查更有趣。但这种方法不能实现交互功能，不能实时进行错误检查，不能控制答案的修改，而且往往需要利用其他软件来回收调查对象提交的数据。

（2）固定表格式互动网页调查：在调查人员编制好问卷的题目后，使用固定的专业调查软件生成网络问卷。这类软件调查人员可以在自己的计算机上使用，也可以在某些调查网站上在线使用。这种调查的优点是，可以设计较复杂的问卷，如进行筛选甄别、自动查错，也可以完成题目的跳答，因此目前绝大多数网页问卷调查采用这一方式。但是，其格式是固定的，调查人员只能按几种已有的格式设计问卷，而且要支付一定的费用。

（3）定制互动式网页调查：所谓"定制"，即除具有固定格式互动网页所具备的功能外，还可以由专门的技术人员根据需要设计更复杂的问卷，但调查成本（时间、费用）也会成倍地提高。

3．可下载问卷

可下载调查（downloadable survey）一般应用在具有固定样本或预先招募好调查对象的调查项目中，事前在调查对象的计算机上安装好需要的软件，调查对象下载调查文件，运行时可以生成一个数据文件，当 PC 再次联网时，数据文件自动上传，完成数据回收。这种方式比网络调查的其他方式所花费的经费都高，而且对调查对象的计算机操作能力要求也高。另外，由于可以下载后进行填写，所以调查人员无法控制问卷的返回时间，特别是对于固定样本来说，多次填写各类问卷往往会让填写者产生厌倦情绪，导致回收率下降。

10.2.2　网络问卷的设计

要完成一项高质量的社会调查，编制问卷是关键的一步。网络调查问卷的设计包括内容设计和版面设计，第 5 章已经对一般问卷内容设计做了详尽介绍，这里介绍网络问卷的内容设计。读者若关注问卷的版面设计，可查阅相关著作，如赵国栋著的《网络调查研究方法概论》。

1．问卷的种类

在网络上发布的问卷有以下 3 种：

(1)单个题目:整个问卷只有一个题目。例如,《华哥读报》每天在"华哥热话题"栏目推出一个题目,并要求"使用手机投票"。

(2)多个题目:问卷仅就研究的主题进行设计,题目根据内容组合成几个分卷,每个分卷包括 3~4 个题目。这种问卷仅关心对某一社会现象的反映、对某产品的满意度等,并不在意不同人群态度的差异。

(3)完整问卷:问卷不仅包含有研究主题的题目,而且包含调查对象的基本信息,如性别、年龄、职业等,调查内容完整、题目及选项设计规范。如果调查样本为概率抽样所得,那么这种问卷可以进行较深入的统计分析。

2.首页设计

类似纸制问卷的封面信,网络问卷的首页应对调查进行简明的介绍,同时应说明问卷填写的操作方法,叙述应简单明了,涉及某些题目填写的具体方法要和相应的题目放在一起。另外,由于是在网上填写问卷,保护调查对象个人隐私的事项更为突出,必须在封面信中承诺,除非得到调查对象的许可,否则不能公开个人隐私。

3.注意的问题

(1)根据调查目的,可以将题目分为必答题与选答题,通过程序控制在没有完成必答题之前不能填写下一题,也不能提交问卷。例如,在正式题目之前的"筛选题"就应设为必答题。

(2)要明示调查的起止日期,以利于有意参与者安排填写问卷的时间。

(3)内容不能过多,篇幅要明显小于纸质问卷,以减小无应答率。

(4)对于开放题,应尽量避免输入大量文字信息,以免造成填写者的厌烦情绪。必要的开放性题目可以分成几个小题目,以提高问卷的应答率。

(5)利用网络的优势,在完成问卷填写后,尽可能立即显示调查结果,如每个题目选择各个选项的人数及其所占的百分比,以利于更多的网民参与调查。

4.题目设计

(1)认真编写好问卷的第一个题目。"先入为主"是人们认识事物的客观规律,填写者往往根据第一个题目判断填写的难度、调查的重要性和问卷编写的水平,并在很大程度上由此决定是否需要继续填写,因此,要使第一个题目能够最大限度地激发填写者的兴趣,使其愿意参与调查。为此,第一个题目一定要言简意明、一目了然,同时不要涉及个人的背景资料,不设置敏感性问题或很难回答的问题,也不要安排开放题;还应在一屏内完整显示,无须使用滚动条,以方便阅读。

(2)题目及选项应尽可能简短,词意清晰易懂,避免填写者因词句冗长而"跳读",由此忽略了关键词,影响对内容的理解。只有让填写者一看就明白题意和如何回答,才能避免其拒答、乱答,提高调查的准确性和真实性,减小填写误差。

(3)题目的选项不宜太多,3~5 个为宜。

10.2.3　网络问卷调查的实施过程

1.网络问卷调查的过程

与纸质问卷调查一样,网络调查也要经历调查方案设计、问卷设计与抽样设计、实施调查、数据搜集与统计分析、撰写调查报告等几个阶段。具体地,不同的学者有不同的划分。例如,江立华、水延凯主编的《社会调查教程》中给出的流程是:制订调查计划—设计调查问卷—设计数据库和网页—测试和试调查—问卷的网络发布和开始调查—数据搜集和统计分析—撰写并提交调查报告[①]。

中国台湾研究者陈佳玲提出的是：调查研究目的的设定—网络问卷的设计—确定样本框—选择发放问卷的形式—问卷的前测与网络测试—正式问卷调查—适时发送催复函—数据整理—信度和效度检验—资料的统计与分析—提出研究结论[②]。

丁华等在《社会调查方法与实务》中提出的标准实施程序如图 10-1 所示[③]。

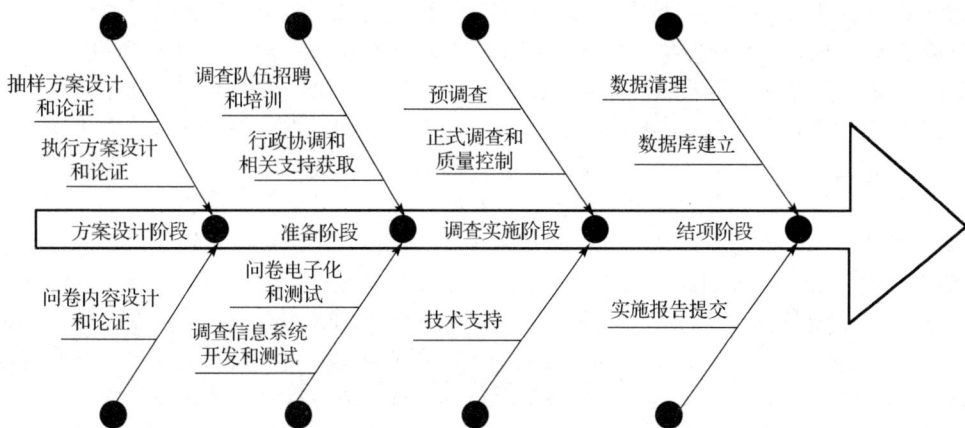

图 10-1 标准实施程序

事实上，由于网络调查是伴随着计算机和通信技术发展而出现的调查方法，因此技术是关键性因素。不同的机构、不同的课题在使用网络调查时，鉴于技术条件不同、研究目的不同、调查对象不同，具体实施方式也会有所不同。

2．网络调查机构

1）国内网络调查机构的分类

有研究者将我国调查网站从功能上分为如下三类[④]。

第一类的功能是"招募网民注册和有偿填写问卷"。这类网站本质上就是市场调查公司，主要任务是获得各群体消费者对各种商业产品的意见和反馈信息。

第二类的功能是"招募网民注册和自助式网络问卷设计"。访问这类网站的网民包括了希望能够设计和发布问卷而实施网络调查的研究者。它的运作方式是：首先在网站上注册一个用户账号，然后进入网络调查系统设计调查问卷，可通过各种通信方式向调查对象发布问卷，包括电子邮件、短信等。调查结束后，可在网站上查看和下载调查数据。个人用户可以免费注册。

第三类的功能是"自助式网络调查平台"，可为用户提供网络调查平台的技术支持服务，包括自助性网络问卷设计、网络调查实施和数据统计分析服务。它的运作方式是：首先在网站上注册一个用户账号，登录后通过网络浏览器创建网络问卷，然后通过网络发布，有的网站也支持手机填写。问卷返回后，可在网站上查看和下载调查数据。这类网站包括免费和付费两种方式。选择这类调查网站，要注意哪些项目是免费的，哪些不是，很多调查网站的免费功能只

① 江立华，水延凯. 社会调查教程[M]. 7 版. 北京：中国人民大学出版社，2018.

② 赵国栋. 网络调查研究方法概论[M]. 2 版. 北京：北京大学出版社，2013.

③ 丁华，等. 社会调查方法与实务[M]. 北京：北京大学出版社，2020.

④ 赵国栋. 网络调查研究方法概论[M]. 2 版. 北京：北京大学出版社，2013.

给出初步的描述性统计分析，如果要下载数据或利用 SPSS 等软件进行更深入的统计分析，则是要付费的。

2)网络调查机构的选择

开展社会调查，如果委托网络调查机构进行，则一般要选择上述第二类或第三类网络调查机构。对于如何选择网络调查机构，这里提出以下几点建议。

(1)审视调查总体方案中的各个环节，为选择做足功课。例如，如何取样、对样本有什么要求，准备通过何种渠道发放问卷，问卷需要哪些题型，对数据的分析包括哪些内容等。

(2)通过问卷编辑、数据搜集、统计分析、样本服务四大指标体系来评价各机构的服务(见表 10-2)，以寻找符合自己需求的机构。例如，在问卷编辑方面，考查机构的创建方式时，可以看它有没有空白问卷，如果有，能不能导入自己已经编辑好的问卷；如果没有，人工输入的服务费是多少；提供的模板是否足够多，可否利用；是否有打印功能，即将在平台上编辑好的文字打印为纸质问卷，为线下问卷发放提供支持；页面外观、页面语言及抽奖/红包功能是否可自行设置等。在数据搜集方面，有没有过滤功能，以从源头上控制样本的构成；在填写问卷的过程中有没有时长设置、允许修改、控制提交次数等，以便防止重复填写、筛选无效答卷等。在统计分析方面，除了可以生成统计图表、进行交互分析，是否包括问卷的来源分析与完成率分析，如来源渠道、填写时间、地理位置、填写设备、IP 地址等，以利于剔除不符合要求的问卷；是否可以导出原始问卷和统计报表；是否有在线 SPSS 统计分析等。样本服务即调查人员向机构支付一定的费用，委托机构向符合调查统计的目标人群发布问卷，因此需要考查样本库里的样本质量如何，所提供的样本结构是否基本满足需求等。

(3)结合自身的调研经费，评价是否有支付相关服务费的能力。目前，基础的问卷调查功能均提供免费服务，但问卷输入、样本服务、某些高级题型等功能需要购买专业服务。

表 10-2　评价调查机构服务的四大指标体系

问卷编辑	数据搜集	统计分析	样本服务
创建方式 提醒选择 逻辑跳转 页面设置 快捷打印 抽奖/红包	发布渠道 回收规则	原始问卷 统计报表 数据导出	样本来源 样本构成 质量控制

3)做好问卷编辑与过程监控工作

作为用户，在编辑好问卷后，网络自填式问卷的许多工作是由系统完成的，如自动生成链接和二维码，通过微信、微博和 QQ 等社交平台发布链接和二维码，邀请调查对象填写问卷。系统也可以实施网站嵌入，即通过代码嵌入的方式在官网发布问卷，上网者可以直接在网站点击填写。部分机构还提供电子邮件和短信渠道发布问卷，用户可针对既定的调研对象发送邀请电子邮件或短信。系统可以针对每个电子邮件地址和手机号码生成唯一的问卷链接，且每个问卷链接只能提交一次。搜集问卷之后的统计分析也可以由系统完成。因此，调查人员最基础、最重要的工作是问卷编辑与过程监控，这关系到调查的成败。

3. 使用免费开源的网络调查系统 LimeSurvey 实施调查

选择委托网络调查机构有时会面临两难的局面，免费版的产品功能过于简单，也没有技术支持，很难满足调查研究的需要；而功能较全、有技术支持的产品费用较高，而且由于数据保留在调查机构的网络调查平台上，不得不考虑数据的失密问题。因此，使用免费开源的网络调查系统 LimeSurvey 便成为调查人员进行网络调查的一个选择。

　　LimeSurvey 基于 Web 的免费开源在线调查系统，自 2003 年 3 月发布第一个公开版本（0.93 版）以来，不断升级，目前总计有 49 种语言/方言版本，目前已升级为 4.6.3 版本（见图 10-2、图 10-3）。LimeSurvey 是一个在线问卷管理系统，有问卷设计、修改、发布、回收和统计等多项功能，而且可以导出多种格式文件（如 SPSS 数据格式的 dat 文件），以便进行深入的统计分析。同时，它也是一个开源软件，集成了调查程序开发、调查问卷发布及数据搜集等功能。使用 LimeSurvey 和使用 Excel、SPSS、SAS 等其他软件一样，用户不必了解这些功能的编程细节。

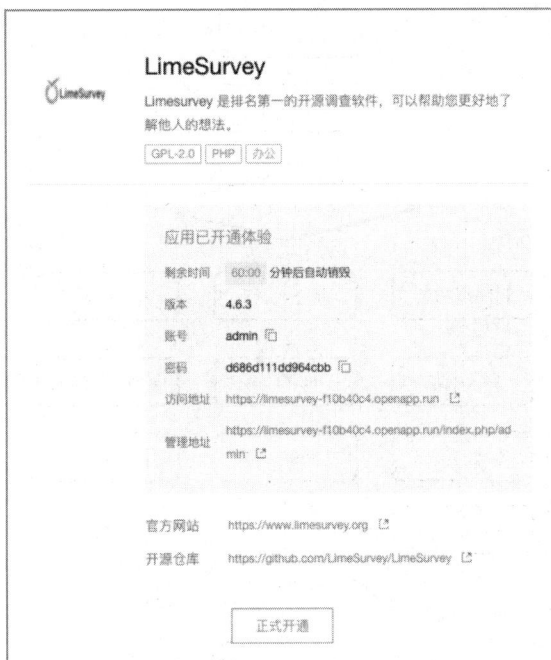

图 10-2　LimeSurvey 4.6.3 的基本信息

图 10-3　LimeSurvey 的管理员界面

　　LimeSurvey 的主要用户是社会科学研究者、市场调研人员和经常做问卷调查的相关人员,其最新版本软件可以免费下载使用。与 SPSS 类似,LimeSurvey 的全部功能均采用图形操作界面,登录系统之后,只要按照图 10-4 所示的流程进行操作,就可以设计出一份网络调查问卷并开始实施网络调查[①]。

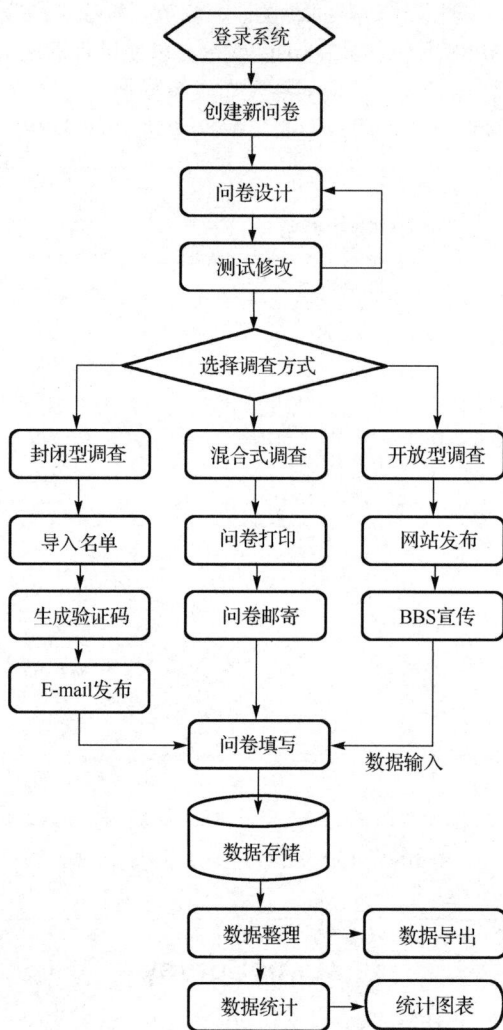

图 10-4　LimeSurvey 的基本操作流程

10.2.4　实施过程中应注意的问题

1. 选择适于网络问卷调查的主题

　　网络调查无法对填写内容进行查证和核实,因此不宜围绕客观事实和行为方面的主题开展调查,而要选取以主观态度、意愿、感受为主题的调查,如民生领域公众生活满意度调查、中国网民网络信息安全意识调查等。

---

① 赵国栋. 网络调查研究方法概论[M]. 2 版. 北京: 北京大学出版社, 2013.

2．尽可能将调查对象限制在特定的网民群体中

进行问卷调查的目的是，通过对样本的统计分析，将调查结论推断到调查总体，此时需要建立严格意义的抽样框，样本必须是通过概率抽样得到的，而只有在拥有比较完整的调查对象的手机号码或 E-mail 地址清单时，才能进行概率抽样。因此，对于上网还不够普及的地区（如偏远的农村）或人群（如老年人群、文化程度较低的群体），不宜采用网络自填式问卷。进行网络问卷调查时，尽可能把调查对象限制在特定的网民群体中，而不是一般的网民大众。只有这样，才能使用概率抽样的方法，以保证样本对总体具有代表性，减小抽样框误差。

特定的网民群体可分为两类。一类是在某一组织的内部，如行政机关、学校、学术组织等，可以利用电子邮件地址或手机号码清单得到完整的抽样框，然后进行概率抽样。例如，某市对高校离退休人员生活状况与养老需求进行抽样调查，由各校通过手机将调查问卷发送给被抽到的人员，不仅反馈快，而且回收率高。另一类是已建立信息数据库且具有某一共同特征的特殊群体。例如，对银屑病患者的网络调查，调查对象为在某一时间段内到某医院就诊并至少由两位副主任医师诊断的患者，通过某调查网站将问卷链接或二维码发至患者微信群。问卷返回后，在排除 4 类调查对象（填写问卷时间不足 8 分钟者；电子问卷身份证号填写错误，导致无法计算年龄者；计算病程为负数者；填写问卷时年龄不足 18 岁者）后构成最后的样本。

当调查目的仅仅是对某类人群的行为、态度等进行一般描述统计时，也可以利用便利抽样进行网络调查。例如，对残疾人的旅游意愿进行调查，目的是为开发残疾人旅游市场服务，而不需要推断到总体。在进行抽样时采用滚雪球抽样，通过社交媒体软件请残疾人在某调查网站的在线平台上填写问卷，并重点对 10 位调查对象分别进行 15～30 分钟半结构式的在线访谈[1]。

3．重视对问卷进行测试

在问卷初稿设计完成后，一定要对问卷进行测试，主要目的是及时发现和修正调查过程中可能出现的各种错误，以优化问卷设计，为实际调查和分析工作做好准备。测试包括对问卷内容进行的前测和对调查系统的前试。

测试通常采用四段式测试流程[2]。

第一阶段：同事测试。请有经验的同事根据事先确定的设计标准对问卷中题目的完整性、有效性、恰当性、量表尺度和格式的适宜性进行检验。

第二阶段：认知测试。挑选一些典型的调查对象填写问卷，并要求在填写的过程中说出自己的想法，填写完成后提出对问卷的意见和看法，而调查人员在一边进行观察。目的是检查题目措辞是否易懂、题目是否有歧义、题目顺序是否合理、卷面是否美观等，以便评估问卷的认知和情感特性。

第三阶段：实况测试。抽取一个小规模的目标群体（对于大规模的调查，迪尔曼建议至少应邀请 100～200 人）从头到尾模拟整个调查过程。通过模拟检查各项显示是否正常，包括题干和选项显示、加载是否正确、跳转路径是否与问卷中的说明要求一致、在系统中填入某些答案后是否按照问卷设定的规则跳出说明或直接通过。

第四阶段：扫尾测试。邀请一些与本次调查无关的人员对问卷进行最后一次检查，看是否有排版等方面的错误。

① 张清，等. 残疾人旅游意愿的网络调查分析[J]. 农村经济与科技，2020(22)：197-198.

② 赵国栋. 网络调查研究方法概论[M]. 2 版. 北京：北京大学出版社，2013.

4．尽可能减小非抽样误差

抽样调查的误差可以分为抽样误差和非抽样误差。抽样误差是由于抽样调查的随机性引起的样本统计量与总体参数之间的差异，是抽样调查固有的，可以事先计算并加以控制。对于网络调查，需要特别关注的是非抽样误差，包括抽样框误差、无回答误差和测量误差。

1）减小抽样框误差

必须承认，抽样框误差是网络调查目前存在的主要问题，因此专家建议，要尽可能使调查主题与调查目标人群一致。随着互联网的进一步普及，网络调查所能覆盖的调查对象范围会越来越大，抽样框误差会得到更好的控制。

从技术上可以采取某些措施。例如，在对特定的调查对象展开网络调查时，要设置身份识别过滤网，加强对填写者身份的识别并判断其是否符合调查的要求。在调查前，对特定的调查对象一般要通过信函或电子邮件发出邀请函，征得本人同意后，将问卷或问卷的网址和密码告知这些调查对象，以避免重复填写，也避免了非调查对象参与调查。通过抽奖等活动，获取填写者的真实姓名及其他身份信息，通过识别技术来删除重复问卷。另外，也可以在网上发布消息时，说明调查对象应具有的资格，或在调查问卷的标题上体现调查对象的范围，以避免非调查对象参与调查。

2）减小无回答误差，提高回收率

(1)提高网络问卷的质量，使填写者乐于参加调查并正确填写。因此，一定要做好问卷设计，重视网络问卷的测试。

(2)充分利用各种宣传渠道告知网络调查的信息，尽可能扩大样本量。可将网络问卷的网址分布在常用的网站上，或提供给搜集索引擎网站，此时要提供不同的相关搜集寻关键词；将开展网络问卷调查的消息广泛发布在与调查主题相关的讨论群组、BBS 或聊天室；利用非网络形式(如报纸、杂志、电视等广告)等。

(3)实时监控调查的进展，向尚未回复的调查对象适时发出电子邮件，提醒他们尽早回复；请填写不完全的调查对象进行补填。研究表明，适时的督促可以提高问卷的回复率。通过监控发现填写者的中断率较高时，要分析原因，看是否与某些题目的设计有关。当问卷出现某种程序方面的错误或因向调查对象发送了错误密码而导致无法登录填写问卷时，及时进行修改。

(4)采取适当的激励手段。例如，给填写者发放红包、参加抽奖等。

5．重视保护调查对象的隐私权，维护好网络安全

网络隐私权指个人对其在网上使用、存储、传递的个人资料所具有的支配权，未经同意，任何组织或个人不得擅自搜集、使用这些资料。

侵犯填写者个人隐私权主要表现在以下方面。

(1)在进行网络调查时，调查人员与调查对象之间的联络主要是通过电子邮箱、电话等途径，调查人员将调查对象的通信信息及电子邮件的内容、反馈的问卷等有意或无意地泄露给他人。

(2)在问卷中，为了对不同特征的人群进行差异分析，调查人员需要填写者填写个人身份的相关资料是必要的，但有些调查人员过度搜集(与调查无关)填写者的个人资料。

(3)在问卷中，强迫填写者回答他(她)所不愿回答的问题。

(4)由于电子邮件和网络问卷通过互联网传递，因此就很有可能被他人窃取或盗用，如一些网站利用提供某种服务非法截取填写者的个人信息资料。

(5)一些调查机构对网络访问者实施在线监控,未经允许就通过软件程序监控或窥视访问者的活动，建立综合数据库，并将分析结果相互交换、出售。

因此，在搜集数据的过程中，如何保护填写者的隐私是一个非常值得注意的问题。如果决定

将问卷发布在网络上，就一定要选择具有值得公众信任的域名、没有侵犯网民隐私的行为、服务质量高的机构。

6. 无论非概率抽样的样本有多大，都不要将结论推断到总体

在进行统计分析及给出调查结论时，对于非概率抽样样本，不要将样本的结论推断到样本范围之外，可以将网民填写的数据通过描述统计分析，来说明"大众倾向"。例如，2020 年 10 月《赛立信通信研究》刊登了有关大学生 5G 消费意愿的调查报告。报告明确指出"受访大学生中，56%的大学生能接受的 5G 手机价格在 2000～4000 元"，"66%的大学生能接受的 5G 手机价格与目前在用的 4G 手机持平，近 18%的大学生愿意支付比当前在用手机还要高的价格去换 5G 手机"，这组数据完全可以从定性的角度说明大学生对 5G 手机价格的承受能力，但 56%、66%、18%是"受访大学生"的数据，不能作为对我国全体大学生的推断。

7. 抽取非网络样本，以便于与网络样本进行对照

如果调查总体不限于网民，则要根据调查总体的抽样框抽取一个样本，采用传统的自填式问卷进行调查，并将网络调查的结论与线下调查的结论进行比较分析，以更加准确地得出调查结论。

10.3　大数据与抽样调查

2012 年，牛津大学教授维克托·迈尔-舍恩伯格（Viktor Mayer-Schnberger）在其著作《大数据时代——生活、工作与思维的大变革》中言道："在大数据时代，我们可以分析更多的数据，有时甚至可以处理和某个特别现象相关的所有数据，而不再依赖于随机抽样。"数据分析将从"随机采样""精确求解"和"强调因果"的传统模式演变为大数据时代的"全体数据""近似求解"和"只看关联不问因果"的新模式，引发了包括社会科学、统计学研究领域的研究者在内的大众对大数据的关注与研究。以统计学为理论基础的抽样调查方法是社会科学研究的重要方法之一，在大数据时代，真的不再需要抽样调查，不再需要探讨事物之间的因果关系吗？大数据对社会调查方法意味着什么？本节将围绕大数据与抽样调查方法，以大数据对社会科学研究的影响为基础，对大数据对社会调查方法，特别是抽样调查的影响进行初步的介绍。

10.3.1　大数据概述

1. 大数据的提出与发展

随着计算机和互联网的广泛应用，以及云计算、物联网等技术的兴起，人类的生产、生活、学习、娱乐、科研日益离不开电子化数据信息，人们在打电话、发微信、乘公交、网上购物中不断地生产数据、消耗数据、产生数据垃圾，制造数据问题。与此同时，各类工业设备、交通工具、各种仪表等有着无数的数码传感器，测试出温度、速度等海量数据。于是，人类产生、创造的消费数据与工业数据呈爆炸式增长，并日益成为重要的资源。国际数据公司 IDC 的统计显示，全球近 90%的数据产生于最近几年，如图 10-5 所示。预计到 2025 年，全球数据量将超过 2016 年的 10 倍，达到 163ZB[①]。也许，这样的说法比较抽象，维克托·迈尔-舍恩伯格对 2013 年数据量的预测给出了一个形象的比喻："1.2ZB 的数据量意味着什么呢？如果把这些数据全部记载在书中，这些书可以覆盖整个美国 52 次；如果存储在光盘中，这些光盘可以堆成 5 堆，每堆都

---

① 对于数据量的大小及增长速度，有多种说法和预测结果，唯一能够肯定的是数据量将以高速持续增长。

可以堆叠到月球。"①正是计算机技术、智能技术、网络技术和云计算等多种科学技术的迅猛发展与数据量呈指数增长并资源化，使人类进入了大数据时代。

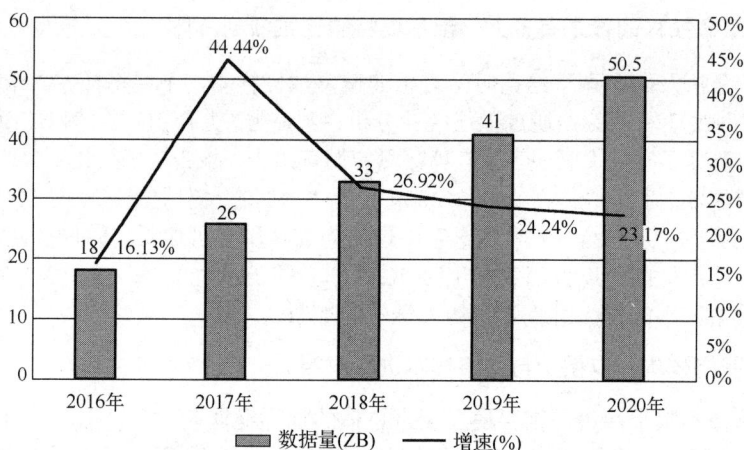

资料来源：IDC、Seagate、Statista estimates前瞻产业研究院整理

图 10-5　2016—2020 年全球数据量增长统计图②

多数研究者认为，最早提出"big data"(大数据)一词的是美国高性能计算公司 SGI 的首席科学家约翰·马西(John Masey)。1998 年，他在一份国际会议报告中指出，随着数据量的快速增长，必将出现数据难理解、难获取、难处理和难组织等四个难题，并用"big data(大数据)"来描述这一挑战，在计算领域引发了思考。事实上，早在 1983 年出版的《第三次浪潮》中，托夫勒就预言"如果说 IBM 的主机拉开了信息化革命的大幕，那么'大数据'则是第三次浪潮的华彩乐章"③。2007 年，计算机图灵奖得主、数据库领域的先驱人物吉姆格雷(Jim Gray)表示，大数据将成为人类触摸、理解和逼近现实复杂系统的有效途径，并认为在实验观测、理论推导和计算仿真之后，将迎来第四范式——数据密集型科研发现(data intensive scientific discovery)，引发了从科研视角审视大数据的热潮。2008 年，美国《自然》杂志正式提出"大数据"概念。2011 年，麦肯锡研究院发布报告，提出大数据是指其大小超出了常规数据库工具获取、存储、管理和分析能力的数据集。2012 年，大数据成为在瑞士达沃斯召开的世界经济论坛的主题之一，其发布的报告《大数据，大影响》(Big Data，Big Impact)向全球正式宣布大数据时代的到来。数据已经成为一种新的经济资产类别。

大数据与人工智能、云计算是联系在一起的，大数据应用的基础是对数据的深层挖掘，通过对数据的处理把大量数据转化为多种具有价值的信息，使社会中的海量数据变成潜在的财富。大数据的出现为科学研究、商业活动、政府决策和社会生活带来了便捷的技术支持，越来越成为现代社会不可或缺的一部分。2012 年 3 月 22 日，奥巴马政府宣布投资 2 亿美元拉动大数据相关产业发展，将"大数据战略"上升为国家意志。紧接着，联合国也在 2012 年发布了大数据政务白皮书《大数据促发展：挑战与机遇》。2014 年，大数据首次写入《2014 年国务院政府工作报告》；2015 年国务院发布《促进大数据发展行动纲要》，要求"推动大数据技术产业创新发展，构建以数据为关键要素的数字经济，运用大数据提升国家治理现代化水平，运用大数据促

---

① 维克托·迈尔-舍恩伯格. 大数据时代——生活、工作与思维的大变革[M]. 盛杨燕，等译. 杭州：浙江人民出版社，2013.

② 穆晓菲. 2020 年中国大数据产业市场发展现状分析.

③ 托夫勒所著《第三次浪潮》1983 年由三联出版社出版，1996 年由新华出版社、2006 年由中信出版社再版。

进保障和改善民生，切实保障国家数据安全"。该纲要已成为我国的战略部署。目前，大数据已从概念落到实地，在精准营销、智慧医疗、影视娱乐、金融、教育、体育、安防、语义识别、文本分析等领域的应用中取得了丰硕成果。特别是在 2020 年以来抗击新冠肺炎的过程中，大数据起到了不可替代的作用。例如，国家政务平台建设"防疫健康信息码"，共享"健康码" 6.23 亿条，累计服务 6 亿人次。图 10-6 所示为腾讯公司根据国家和各地卫健委的数据，实时更新的统计数据与统计图。随着云计算、物联网、移动互联网等行业的快速发展，未来大数据将拥有更广阔的应用市场空间，如图 10-7 所示。

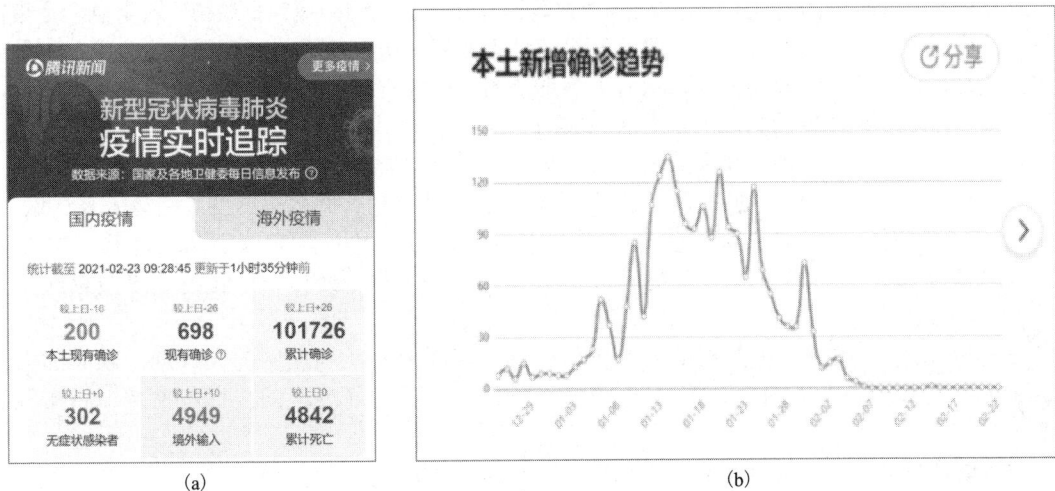

(a)　　　　　　　　　　　　　　　　(b)

图 10-6　大数据对新冠疫情的实时跟踪

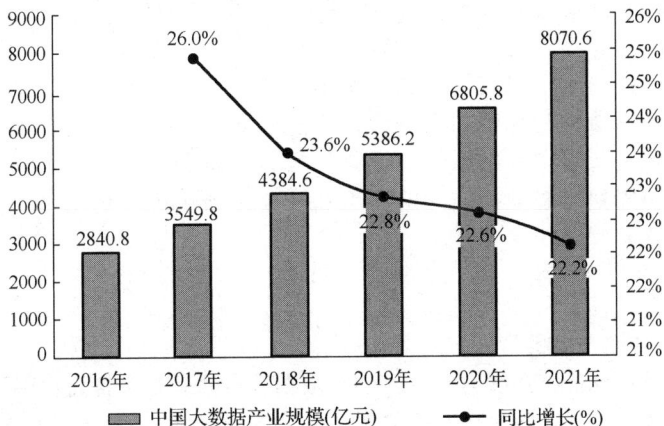

图 10-7　2016—2021 年中国大数据产业规模①

2．大数据的概念

大数据的概念可以从技术和管理两个方面来定义。在技术方面，主要是对大数据获取、储存和应用的过程进行分析，如麦肯锡提出的"大数据是一种数据容量超越了常规数据技术获取、存储、处理和应用能力的数据合集"。维基百科给出的"大数据表面上是指容量巨大的数据合集，实

---

① 前瞻产业研究院.2019 年中国大数据行业研究报告.

际上从技术的角度来看，是指使用常用的硬件和软件工具获取和分析数据所需时间超过可接受时间的数据集"。在管理方面，主要是从大数据所蕴含的潜在价值，以及能够被挖掘出的可能性出发进行分析，如 IDC 将大数据描述为"大数据是最新的数据分析技术，它能够实现高频数据处理，从体量巨大和类型复杂的数据中快速获取价值，提高数据处理的效率"①。

对大数据的概念尽管有不同的叙述，但基本可以理解为，大数据泛指无法在可容忍的时间内用传统信息技术和软硬件工具进行获取、管理和处理的巨量数据集合，需要可伸缩的计算体系结构支持其存储、处理和分析。

维克托在《大数据的时代》中还指出，"大数据并非一个确切的概念。最初，这个概念是指需要处理的信息量过大，已经超出了一般计算机在处理数据时所能使用的内存量……今天，一种可能的方式是，也是本书采取的方式，认为大数据是人们在大规模数据的基础上可以做到的事情，而这些事情在小规模数据的基础上是无法完成的。"②

有研究者指出，系统地认知大数据，可以从以下 3 个层面展开。

(1)理论层面：从大数据的特征定义、对大数据价值的探讨、大数据的发展趋势等来认识。

(2)技术层面：技术是大数据价值体现的手段和前进的基石，应分别从云计算、分布式处理技术、存储技术和感知技术的发展来说明大数据从采集、处理、存储到形成结果的整个过程。

(3)实践层面：实践是大数据的最终价值体现，可以分别从互联网的大数据、政府的大数据、企业的大数据和个人的大数据 4 个方面来描绘大数据已经展现的美好景象及即将实现的蓝图。

大数据是数据分析的前沿技术，从各种类型的数据中快速获得有价值信息的能力，就是大数据技术。

中国军事科学院梅宏在第十三届全国人大常委会专题讲座"大数据：发展现状与未来趋势"中，对大数据的价值做了十分概括的说明："大数据的价值本质上体现为：提供了一种人类认识复杂系统的新思维和新手段。就理论上而言，在足够小的时间和空间尺度上，对现实世界数字化，可以构造一个现实世界的数字虚拟映像，这个映像承载了现实世界的运行规律。在拥有充足的计算能力和高效的数据分析方法的前提下，对这个数字虚拟映像的深度分析，将有可能理解和发现现实复杂系统的运行行为、状态和规律。应该说大数据为人类提供了全新的思维方式和探知客观规律、改造自然和社会的新手段，这也是大数据引发经济社会变革最根本性的原因。"③

3. 大数据的特征

大数据具有以下 4 个典型的特征。

(1)数据的海量性(volume)：19 年前，人们对数据容量的认知单位还仅限于 MB 和 GB，现已从 TB 级别跃升到 PB 级别，有些大企业的数据量甚至达到了 EB 级别，像百度、腾讯、阿里这样的网络公司，它们数据集的容量单位已经达到了 ZB($1ZB=10^{12}GB$)。

(2)数据类型繁多(variety)：从数据关系看，传统的数据类型主要是结构化数据，而大数据不仅包括结构化数据，还包括以网页、图片、视频、音频、文档、地理位置信息等形式存在的未加工的、半结构化和非结构化的数据。从数据来源上划分，有社交媒体数据、传感器数据和系统数

---

① CSDN 博主"江小小轩"的原创文章。
② 维克托·迈尔-舍恩伯格. 大数据时代——生活、工作与思维的大变革[M]. 盛杨燕，等译. 杭州：浙江人民出版社，2013.
③ 中国人大网。

据。从数据格式上划分，有文本数据、图片数据、音频数据、视频数据等。近几年，数据的类型增加了很多，主要原因是移动设备、传感器及通信手段的发展。如此复杂多变的数据类型，带来的是数据分析和数据处理的困难。

（3）流动速度快（velocity）：流动速度指数据的获得、存储，以及挖掘有效信息的速度。大数据可分为消费数据与传感器数据，传感器数据需要实时上传，且需要实时处理，这种数据就像河流一样，源源不断地产生和处理，于是注意力越来越关注的是"数据流"而非"数据集"。大数据的"1 秒定律"，就显示了对处理速度的要求，一般要在秒级时间范围内应用各种类型的数据给出分析结果，获得高价值的信息。同样，决策者需要的也是能够及时处理数据流的构架，否则数据就会失去价值。这个速度要求是大数据处理技术和传统的数据挖掘技术最大的区别。

（4）价值密度低（value）：价值密度即有用数据在总数据中所占的比例。价值密度低的原因，一是庞大的数据量和复杂的数据类型带来的不仅是有价值的数据，更多的是垃圾数据和无用数据；二是相对于数据的流动速度，处理速度过慢，无法迅速准确地获取有价值的数据。只要合理利用数据并对其进行正确、准确的分析，就会带来很高的价值回报。

4．获取大数据的途径

有人说："如今的我们，淹没在大数据的海洋中，却又忍受着没有数据而导致的饥渴。很多人都想做大数据研究，但数据在哪里呢？"常用的数据根据获取途径可分为一手数据与二手数据，一手数据就是通过调查或试验得到的数据，不再详述；二手数据可分为内部来源的数据和外部来源的数据。

1）内部来源

内部来源的数据包括内部数据库（如学校在教学、科研过程中产生的数据，企业在生产过程中产生的数据等）和传感器产生的数据等。

2）外部来源

（1）到数据共享网站获取数据。

数据共享即数据可以被任何人自由免费地访问、获取、利用和分享。在互联网上，可以查询到诸如统计部门或政府的公开资料，统计年鉴，调查机构、行会、经济信息中心发布的数据情报等。

作为社会科学研究的共享数据，在国内，北京大学中国社会调查中心设有"北京大学开放研究数据服务平台"，凡欲申请和使用中国调查数据资料库发布的数据资料的机构或个人，都需先取得会员资格，之后可获得平台的高级用户资格[①]。在国际上，政治与社会研究校际数据库联盟（Inter-University Consortium for Political and Social Research，ICPSR）于 1962 年成立于美国密歇根大学，是目前全球范围内最大的社会科学数据中心。

（2）到大数据交易所购买数据。

数据只有流动起来才能发挥其作用。随着大数据技术的成熟和发展，大数据在商业、科学研究中的应用越来越广泛，有关大数据的交互、整合、交换、交易的例子也日益增多。大数据交易所随之应运而生。2014 年，全国首个大数据交易平台——中关村数海大数据交易平台成立；2015 年，贵阳大数据交易所作为全国首家大数据交易所正式挂牌运营，并完成首批大数据交易。在全国范围内，上海、重庆、北部湾等数十个交易平台相继运营。2021 年 3 月，由北京金融控股集团有限公司发起成立了北京国际大数据交易有限公司（简称"北数所"），这是国内首家基于"数据可用不可见，用途可控可计量"新型交易范式的数据交易所。华中大数据交易所是中国乃至全球首个

---

① 具体使用办法可查阅北京大学中国社会调查中心的官网。

全网系大数据交易平台，是国内首个同时独立支持个人和机构用户的综合实时在线交易系统，不仅提供原始数据集，而且提供实时数据（API）和基于数据分析的智力成果。

（3）购买网络数据采集软件。

网络数据采集是指，通过网络爬虫或类似的程序从网站上获取数据信息。网络爬虫是抓取网页的程序，可从网站某个页面（通常是首页）开始，读取网页的内容，找到网页中的其他链接，然后通过这些链接寻找下一个网页，直到把这个网站的所有关联网页都抓取完为止。如果把整个互联网当成一个网站，那么网络爬虫就可以把互联网上所有的网页都抓取下来。该方法可以将非结构化数据从网页中抽取出来，将其存储为统一的本地数据文件，并以结构化的方式存储。它支持图片、音频、视频等文件或附件的采集，附件与正文可以自动关联。

10.3.2　大数据对社会科学研究方法的影响

正如维克托所言：“大数据是人们获得新的认知、创造新的价值的源泉；大数据还是改变市场、组织机构，以及政府与公民关系的方法。”[①]大数据的兴起不仅是一项技术领域的革新，更是与人类认知和科学研究密切相关的范式转换。大数据技术体系为推动社会科学借鉴自然科学成果、形成基于数据驱动的社会科学研究新范式提供了有力支撑。麻省理工学院的布林约尔弗森（Brynjolfsson）教授指出：“大数据对于社会科学研究的意义不亚于显微镜对于生物学、天文望远镜对于天文学的意义，它会给整个社会科学研究的实证基础带来变化，加速定量与定性研究的融合。”[②]研究者普遍认为，大数据的兴起为社会科学学科体系的重构和研究范式的改变带来新的机遇。对此，许多研究者做了大量的研究，如《大数据何以重构社会科学》《大数据时代下中国社会调查的科学新观》《找回失去的传统：“大数据”研究范式的反思与重构》《新计算社会学：大数据时代的社会学研究》等。对于社会科学研究方法，大数据时代推动科学研究范式从知识驱动向数据驱动转型，即科学研究进入数据密集型科研。2019 年 1 月，有国内知名大学和研究机构研究人员参加的大数据与社会科学转型高端学术研讨会的主题就是“数据驱动社会科学研究转型：方向、方法与路径”。大数据技术与方法对社会科学研究转型的作用具体体现在研究方法的改进和研究理论的创新。通过与社会科学不同学科领域、原有社会科学研究理论与方法的交叉融合，数据驱动社会科学研究的新方法不断完善、成熟，时空数据、社会网络分析、人工智能、社会计算等方法为社会科学研究提供了更多样的选择[③]。

有研究者提出，从知识驱动向数据驱动转型主要体现在以下方面：推动科研人员工作的重点由“如何获取经验材料”转向“如何分析海量数据”，并从中挖掘有效信息，获取知识；在科学知识的生产方式上，大数据将推动演绎式逻辑转向归纳式逻辑；在科学理论的检验手段上，数据密集型科研推动从经验检验转向预测检验；在科研方法上，将导致学科数据化趋势日渐增强，有利于破解长期以来人文社会科学研究中数据分析普遍处于缺席状态[④]。

也有研究者指出，问题导向、数据出发、机制溯源、综合集成、量化计算将是数据驱动的社会科学研究范式的基础特征。未来社会科学研究范式将面临重大变革，但并不会违背自身的学术本源；将更多地应用大数据技术，但不会摒弃建立在定量统计方法上的经验研究基础；将不断深入而精准地刻画微观个体的行为和状态，但不会忽略宏观总量特征和微观-宏观

① 维克托·迈尔-舍恩伯格. 大数据时代——生活、工作与思维的大变革[M]. 盛杨燕, 等译. 杭州: 浙江人民出版社, 2013.
② 陈云松. 大数据中的百年社会学: 基于百万书记的文化影响力研究[J]. 社会学研究, 2015(1): 23-48.
③ 黄欣卓. 数据驱动社会科学研究转型的方向、路径与方法——关于“大数据与社会科学研究转型”主题的笔谈[J]. 公共管理学报, 2019(2): 159-167.
④ 文军, 吴晓凯. 找回失去的传统: “大数据”研究范式的反思与重构[J]. 新疆师范大学学报: 哲学社会科学版, 2018(1): 63-71.

一体化的研究途径；将主要采用数据计算和模拟试验的科学方法，但仍以人类智慧和专业经验为指导[①]。

除了理论探讨，很多学术期刊及相关网络平台刊载了应用大数据在社会科学方面的研究成果。例如，对构建中国特色的政府职责体系推进国家治理现代化的问题展开的深入的研究[②]；针对大数据技术自身的属性，可能在金融合规管理中导致更多、更大的隐私风险，有研究者提出了伦理对策及相应的制度保障[③]；还有研究者以疫情谣言作为研究对象，提出了基于大数据分析的谣言综合分析模型，在对谣言的内容分类和平息方式进行有效分类的基础上，研究不同类型谣言在不同辟谣方式下的管控效果[④]。特别值得提出的是，陈云松基于谷歌图书的最新语料库（811 万种书籍，8613 亿词汇），通过设计、检索社会学的学科关键词获得历年词频数据，对 19 世纪中期以来社会学的发展进行追踪，并由此展示、分析和诠释了社会学的学科轨迹、名家大师、理论流派、领域热点、分析方法，以及中国社会学在文化影响力维度上的百年变迁，同时对建立"社会组学"进行了展望。该项研究为如何利用大数据进行人文社科研究提供了宝贵的经验。

10.3.3　大数据与传统抽样调查必将融合

社会调查方法将随着网络技术的发展、大数据引起的社会科学研究范式的转型而获得新的发展，大数据对于以统计学为理论基础的抽样调查既是机遇，也是挑战。但是，在大数据时代，传统调查方法（特别是抽样调查）仍然有不可或缺的价值，大数据无法取代传统的抽样调查，乃至传统的社会调查方法，二者应该相辅相成、相互融合，以提高社会调查的质量。

1．大数据相对于传统抽样调查的优势

立足于大数据的 4 个特征：volume（数据的海量性）、variety（数据类型繁多）、velocity（流动速度快）、value（价值密度低），以及大数据技术，研究者从不同的视角阐述了大数据相对于传统抽样调查的诸多优势，以下仅举几则。

1）测量

问卷是抽样调查的测量工具，在问卷设计阶段，研究者要确定概念的操作化定义，再根据建构起来的概念设计问卷的题目，这些都与研究者的学术水平密切相关，必然影响到问卷的信度与效度；在实施调查阶段，一些调查对象并不一定认真填写或如实填写问卷，测量误差不可避免。大数据则不同，许多大数据是人们实时行为的真实记录。从这个角度看，大数据在一定程度上弥补了对概念认知的不足，提高了调查内容的真实性，减小了测量误差[⑤]。

2）样本

样本框的质量与实际抽取的样本结构均是影响抽样调查成功的关键因素，抽样框质量低下、抽得的样本结构与总体的结构不一致，都会直接影响样本的代表性，结论的有效性必然受到影响。现实中，一是很难确定总体的结构，抽样框难以编制；二是实施调查时也难以得到按抽样框抽取的样本，如居民收入抽样调查中的人口流动问题，餐饮业抽样调查中面临的小餐馆新增、移店和倒闭的问题等。大数据时代将为抽样框的及时更新维护提供便利条件[⑥]。

① 佚名. 大数据时代的社会科学研究新范式.
② 朱光磊, 等. 构建中国特色社会主义政府职责体系推进政府治理现代化（笔谈）[J]. 探索, 2021（1）: 49-76.
③ 吕耀怀, 等. 论大数据背景下金融合规管理中的隐私问题及其伦理对策[J]. 财经理论与实践. 2021, 42（1）: 2-9.
④ 崔金栋, 等. 基于大数据的多类型网络谣言类型平息方式实证研究——以"新冠肺炎疫情期间谣言"为例[J]. 情报理论与实践, （录用定稿）网络首发时间: 2021-02-09.
⑤ 丁小浩. 大数据时代的教育研究[J]. 清华大学教育研究, 2017（5）: 8-14.
⑥ 王莹, 等. 大数据时代下抽样调查面临的机遇与挑战[J]. 统计与信息论坛, 2016（6）: 33-36.

3）数据

传统抽样调查是在调查目的确定之后根据抽样设计去采集数据，限于人力、物力和财力，在满足研究需求的条件下样本量要尽可能小，得到的数据是结构化的静态数据，因此，一旦调查实施中关注的重点有所变化，现有的抽样调查设计与搜集的数据就无法有效满足新的调查目的与调查精度的要求。而大数据包含有各种不同性质、不同类型、不同来源的数据集，除包含静态数据外，还包含动态数据；除结构化数据外，还包含图像、音频、视频等非文字记录的非结构化数据；以及微信、QQ 等社交平台记录的人与人沟通互动的信息等。这些信息构成了大数据中的非结构化、半结构化数据和异构数据，扩大了样本数据的范围，也为调查目的的变化创造了条件。同时，综合利用源源不断的海量数据，让我们可能发现在小样本时难以发现的东西，从而取得原来目的之外的意外成果。

4）数据采集

传统的抽样调查是通过问卷调查或结构性访谈得到的，大数据拓宽了抽样调查数据采集的渠道。数据采集不再局限于传统的常规模式，互联网成为大数据时代中采集数据的重要渠道，一些传统概念中无法获得的数据、需要在现场获得的数据都有可能通过在网上的各种数字化记录进行有效提取，缩短了调查时间。

5）统计分析过程

传统的抽样调查进行统计分析时采用的是"假设—检验"的实证分析方法，如考查男女生在时间利用上的差异时，首先假设没有差异，其次利用样本数据对假设进行检验，否定或肯定在一定的概率下男女生无差异或有差异。这种实证分析结果存在很大的误差。而在大数据时代，实证分析的思路是"对数据进行整合，先从中寻找关系、发现规律，然后加以总结、形成结论……"，其分析方法是发现—总结[①]。

2．大数据相对于传统抽样调查的不足

在看到大数据的优势的同时，许多研究者也提出了目前大数据存在的不足，仅列举如下几点。

（1）大数据只包括实时的"客观"数据，缺少对人的意识、情感、认知等深层次的"主观"数据。两位大学生到图书馆学习的频数、时间可能完全相同，但很可能一位是为了考取研究生，另一位仅仅是为了考试能够及格。詹姆斯·弗雷泽曾指出："描述一系列行为而毫不涉及行为人的意识状态，就体现不了社会学的宗旨，因为社会学的目标并非只是记录，而是要搞清楚社会中人的行为。这就是说，如果不在每一环节引入心理学，社会学就不能完成它的任务。"真正要取得调查对象的相关数据，很多时候只能通过传统的抽样调查方法获得。以中国互联网络发展状况调查为例，统计数据可以分为两大类，一类是根据中国互联网络信息中心和相关单位直接提供的各类数据，如 IP 地址、网站、总体网民规模、使用实时通信、网上外卖、发生网络诈骗等的数量；另一类则只能采用抽样调查获得，如非网民不上网的原因、对他们的影响和非网民上网的促进因素、网民遭遇网络诈骗的类型比例等，都是通过填写问卷才得到的。例如，在第 48 次《中国互联网络发展状况统计报告》中，关于非网民上网促进因素及网民遭遇网络诈骗问题的比例的统计结果分别如图 10-8（a）、（b）所示。

（2）对于一项社会调查而言，相比于庞大的数据量，数据质量更为重要。事实上，我们真正需要的并不仅仅是大量的数据，而是大数据背后所隐藏的各种有用的信息资源，然而现实是，大数据所蕴含的大量信息缺乏使用价值，很多停留在碎片化阶段，甚至是"虚伪"信息、"垃圾"数据。

---

① 朱建平, 张悦涵. 大数据时代对传统统计学变革的思考[J]. 统计研究, 2016(2): 3-9.

依据这样的数据得出的研究结论就需要十分审慎[1][2]。而抽样调查是根据统计学原理，从调查总体中通过概率抽样获取样本，再从样本的特性推断总体的特性，"窥一斑而知全豹"应该说是抽样调查的精妙之处。

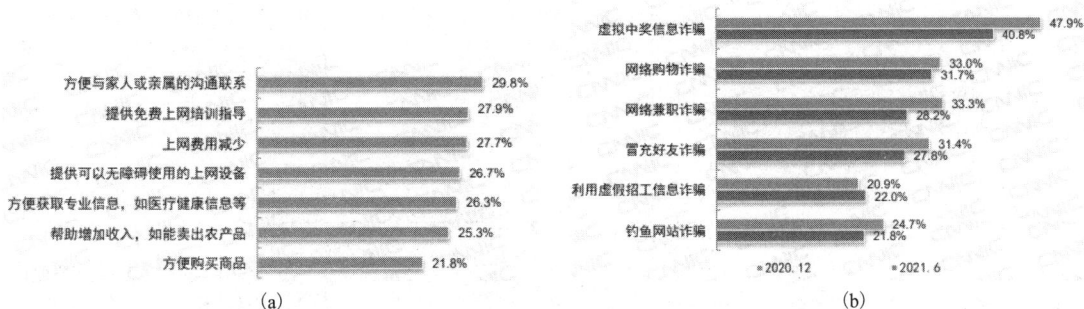

图 10-8　第 48 次《中国互联网络发展状况统计报告》中的相关统计图

（3）维克多·迈尔-舍恩伯格的《大数据时代》中认为"相关关系可以帮助我们捕捉现在和预测未来""建立在相关关系分析法基础上的预测是大数据的核心"。事实上，这样的预测未必成功，Google 流感趋势（Google Flu Trends，GFT）从"大数据运用的典范"变成了"大数据缺陷的典范"便是最好的案例[3]。更重要的是，人类从事研究的目的不仅限于"是什么"，还有"为什么"，开展社会调查的目的之一就是，要对社会现象产生的原因、机制和过程做出解释或说明，即要探寻因果关系。相关关系是因果关系的必要条件，只能分析事物间关联的表象，表面上的相关却可能是伪相关，不一定具有因果关系，只有因果关系才能把握和揭示事物间的内部运行机制。例如，儿童脚的大小与他的识字量呈正相关，实际上这是一种伪相关，是因为二者都是随年龄的增长而增加的。如果只用相关关系而不考虑因果关系，那么"没有经过因果关系逻辑判别的相关关系很可能处处是陷阱"，在制定政策、实施改革时便可能会造成灾难性的后果。

（4）信息开放、大数据共享对政府、企业乃至对各个领域的科学研究都具有深远的影响。但目前的大数据基本分别掌握在不同主体中，存在"信息孤岛"现象，出于历史原因或对各自的利益考虑，数据相互屏蔽，很难做到数据透明和共享，真正完全做到信息资源共享仍需时日。因此，在进行社会调查时，能够真正运用大数据的地方还为数不多。

3. 抽样调查仍为社会调查不可或缺的方法

当我们在"中国知网"上考查 2014—2020 年开展各项社会调查的论文时发现，大量的社会调查依然以传统的抽样调查或深度访谈法、实地调研方法为主。例如，2020 年 12 月 30 日~2021 年 2 月 21 日，涉及消费满意度、疫情、民心、医疗、教育等方面的社会调研报告共有 15 项，其中 6 项采用问卷调查，3 项采用问卷调查与访谈，2 项实地调查，3 项采用网络调查，1 项召开座谈会。

表 10-2 列举了 2020 年发布的 4 项全国性大型调查，均采用了抽样调查方法。应该说，从整体上看，在未来可以预见的一定时期内，以问卷调查为基础的"小数据"可能仍然是社会科学研究的主要数据来源之一。

---

[1] 文军，吴晓凯. 找回失去的传统："大数据"研究范式的反思与重构[J]. 新疆师范大学学报：哲学社会科学版，2018（1）：64-71.
[2] 王莹，等. 大数据时代下抽样调查面临的机遇与挑战[J]. 统计与信息论坛，2016（6）：33-36.
[3] GFT 是 Google 于 2008 年推出的一款预测流感的产品，即能及早预警流感传播的"谷歌流感趋势"系统。它可以提前两周预测美国疾控中心（CDC）报告的流感发病率。然而从 2011 年 8 月到 2013 年 8 月的 108 周里，GFT 有 100 周高估了 CDC 报告的流感发病率。其中，2010—2012 年，GFT 预测的发病率是 CDC 报告值的 1.5 倍多；2012—2013 年，GFT 流感发病率已经是 CDC 报告值的 2 倍多。

表 10-2　2020 年我国 4 项全国性抽样调查情况简介①

项目	简介	调查对象	抽样与调查方式
中国互联网络发展状况调查	自 1997 年开始,每年组织 2 次调查,发布"中国互联网络发展状况统计报告"。调查包括互联网基础建设、网民规模及结构、互联网应用发展、互联网政务发展、产业与技术发展和互联网安全。第 48 次统计报告于 2021 年 9 月发布	总体:我国有住宅固定电话(家庭电话、宿舍电话)或手机的 6 岁及以上常住居民 子总体 A:住宅固定电话覆盖人群 子总体 B:手机覆盖人群 子总体 C:手机和住宅固定电话共同覆盖人群	采用双重抽样框方式。抽样框分别为住宅固定电话名单和手机名单。两个子总体均采用分层二阶段抽样方式。将全国按省份分为 31 层,各层独立抽取样本。省份内采取样本自加权的抽样方式。 通过计算机辅助电话访问系统进行调查
中国妇女社会地位状况调查	自 2000 年开始,每 10 年调查一次,2020 年 7 月 1 日开始第 4 次全国性抽样调查。问卷分个人问卷与社区问卷(电子版问卷),个人问卷调查为调查的主体。个人问卷涵盖健康、教育、经济、社会保障、政治参与、婚姻家庭、生活方式、法律与人权、性别观念与认知 9 个方面	总体:居住在内地家庭户内,18~64 岁中国男女公民。 调查对象:全国 31 个省份和新疆生产建设兵团的 18~64 岁中国男女公民,计 3 万人,社区问卷调查对象是村、居委会负责人或相关人员,计 2000 名左右	采用分地域分层四阶段(市辖区、县;街道、乡、镇;居民委员会、村民委员会;家庭户)PPS 抽样。 采用入户调查方式,同时进行社区与企事业单位调查与统计文献调查
中国公民科学素质调查	自 1992 年起,中国科学技术协会共组织开展了 11 次公民科学素质抽样调查。第 11 次于 2020 年 4~10 月进行,旨在全面了解掌握新时代我国公民科学素质的发展状况,总结评估《全民科学素质行动计划纲要(2006—2010—2020 年)》的实施情况。调查主要内容为公民对科学的理解程度、公民的科技信息来源、公民对科学技术的态度	总体:全国 31 个省份和新疆生产建设兵团的全部地市级行政单位,调查对象为 18~69 岁公民 回收有效样本 30.98 万份,并首次实现了对 419 个地市级单位全覆盖	历次调查均采取实地面访(入户调查)与信息化手段相结合的方式实施
全国未成年人互联网使用情况调查	2006 年启动,2020 年 1 月,项目组完成了第 10 次全国抽样调查。调查包括中国未成年人互联网运用的网络行为、网络认知、网络交往、网络表达、网络学习、网络素养。本次调查还针对留守儿童和流动儿童互联网使用情况进行了调查	总体:18 岁以下的小学、初中、高中、职高、中专、技校在校学生,未成年网民规模不包括 6 岁以下群体和非学生样本。 共抽取全国 31 个省份的小学、初中、高中及中等职业学校 34661 名学生	采用分层二阶段抽样,第一阶段按照省份将全国分为 31 层,第二阶段为省份中各地(市)的抽样:每个地(市)7 所学校(高中、初中及小学各 2 所,其中包括城镇、农村各 1 所,职校 1 所)抽中学校每个年级随机抽取 1 个班。使用纸质调查问卷

4. 大数据与传统抽样调查的融合与相互补充

美国社会学家艾尔·巴比曾说:"在社会科学领域,理论范式只有是否受到欢迎的改变,很少会完全舍弃……社会科学范式提供了不同的观点,每个范式都提及了其他范式忽略的观点。"无论大数据还是传统社会调查的定量或定性方法,都有自己的侧重点、优势与不足。有研究者指出,无论试验、观察与访谈、抽样数据,还是大数据,都始终难以突破"解释范围—解释力"这一张力的困境,在精确化与整体化之间存在着天然的对峙。如图 10-9 所示,解释力(精确化)越强的研究方法,其解释的范围越小;反之,解释的范围越大的研究方法,其解释的精确性越差。因此,"大数据"与"小数据"并非是天然对立的,而是对立统一、相互补充的。

当然,对于社会科学领域的不同学科,大数据的重要性也会有所不同,对于经济学、管理学

---

① 依据第 46 次《中国互联网络发展状况统计报告》、3 万人参与的第四期中国妇女社会地位状况调查结果(2020-7-1)、第十一次中国公民科学素质抽样调查结果(2021-1-26)、第十二次全国未成年人互联网使用情况研究报告(2020-5-13)。

等学科，基于管理平台而获得的大数据资源会越来越多，越来越多样化和详细，大数据在这些学科的研究中所处的地位会相应提高；但是对于社会学、教育学等学科，抽样调查、实地定性调查和混合调查仍会处于主要地位，"大数据可能成为'小数据'的重要补充形式"。例如，由北京大学承担的中国家庭追踪调查(China Family Panel Studies，CFPS)[①]，是一个全国性、大规模、多学科的社会跟踪调查项目，样本覆盖 25 个省份，16000 户的所有家庭成员及其今后的血缘/领养子女，作为 CFPS 的永久追踪对象。但是，鉴于人口的流动性，每次调查前都要做到精准地识别和确定所有迁徙样本的新地址。通过互联网大数据挖掘技术，结合线下的人员打探，基本能够再次联系上这些迁徙样本的新地址。大数据挖掘技术在其中发挥了强大的威力[②]。

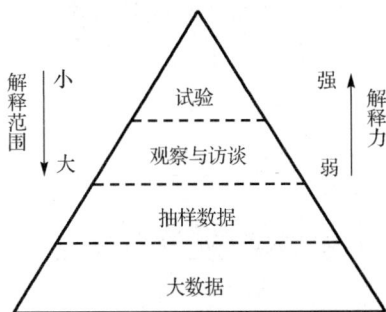

图 10-9 研究方法比较示意图[③]

总之，尽管大数据技术高速发展，大数据技术赋予人类认知世界的又一手段，对抽样调查方法产生了极大的冲击，但是，传统抽样调查能够通过样本帮助人们全面、高效地对总体做出推断，它具有坚实的理论基础，经历了长时间的学术沉淀，具有较强的逻辑性、科学性和规范性，这是大数据研究方法难以相比的。在社会科学的多数学术研究领域中，调查法，尤其是问卷调查，包括纸制版和电子版的问卷，仍将是获得研究数据的不可忽视的来源，而大数据可以作为传统抽样调查的重要补充，"将大数据同传统的抽样数据、观察与访谈、试验法等有机结合，探索形成'大数据+抽样数据+观察与访谈+试验'复合方法和立体式的观察视角，这无疑会为人类认知世界开启另一扇大门。"[②]

思考与实践

复习思考题

1．解释下列名词：

网络调查　　网络问卷调查　　网页问卷调查　　可下载的问卷调查　　大数据

2．试说明技术对社会调查方法发展的影响。

[①] 该项调查旨在通过跟踪搜个体、家庭、社区 3 个层次的数据，反映中国社会、经济、人口、教育和健康的变迁，为学术研究和公共政策分析提供数据基础。CFPS 重点关注中国居民的经济与非经济福利，以及包括经济活动、教育成果、家庭关系与家庭动态、人口迁移、健康等在内的诸多研究主题，由北京大学中国社会科学调查中心(ISSS)实施，2010 年做完基线调查之后，2010 年开始正式调查。CFPS 设有社区问卷、家庭问卷、成人问卷和少儿问卷 4 种主体问卷类型，并在此基础上不断发展出针对不同性质家庭成员的长问卷、短问卷、代答问卷、电访问卷等多种问卷类型，并采用计算机辅助调查技术开展访问。详情可上网查阅。

[②] 顾佳峰. 大数据时代下中国社会调查的科学新观[J]. 大数据, 2016(2)：29-37.

[③] 文军, 吴晓凯. 找回失去的传统："大数据"研究范式的反思与重构[J]. 新疆师范大学学报：哲学社会科学版, 2018(1)：64-71.

3．网络调查可以怎样分类？

4．网络调查的优势与局限性表现在哪里？

5．哪些调查主题适合采取网络调查的方法？

6．可以通过哪些途径进行网络问卷调查？网络问卷调查和纸质问卷调查的实施过程有哪些异同点？

7．设计网络调查问卷与设计纸质调查问卷有哪些异同点？

8．实施网络问卷调查过程中应注意哪些问题？

9．什么是大数据？它有什么特点？

10．你对《大数据时代》中的 3 个基本观点(样本=总体、不是精确性而是混杂性、不是因果关系而是相关关系)如何看？

实践与合作学习

1．利用研究小组课题的调查问卷，选择一个免费的调查网站做网络调查，并与目前已完成的数据统计分析结论进行比较。

2．在互联网上检索并阅读一篇有关大数据的学术论文。

第四篇　定性研究范式的社会调查

本篇将以定性的实地研究作为社会调查定性研究范式的代表[①]，对实地研究的概念、特点、研究过程、搜集与分析资料的方法逐一进行介绍，使读者对定性研究范式有较全面的认识。

学习导航

（1）了解实地研究的过程；理解定量研究范式与定性研究范式的差异；初步掌握各种实地调查的具体方法，特别是参与观察和实地访谈，包括操作过程、运用技巧；初步掌握对定性资料进行整理和分析的各种方法。

（2）表面看来，似乎掌握社会调查的定性研究方法要比定量研究方法容易，而实际上定量研究程序比较固定，而定性研究要灵活得多，需要研究者充分运用自己的经验、想象、智慧和情感，运用相关理论指导整个研究过程。因此，学习本篇尤其要多读案例、多实践，在实践、体验、感悟中掌握实地研究。

（3）定性研究、质性研究的概念在中国社会科学研究界并没有统一的界定，有人认为二者没有区别，有人认为二者所指很不相同。在国外的学术著作中，"qualitative" 有的译为"定性"，有的译为"质性"；对于"典型调查"是否属于实地研究同样有不同的观点。我们认为，具体概念的界定等理论问题是社会学家要解决的问题，作为普通的读者，学习、掌握定性研究范式的社会调查方法，无论目的是理解社会现象、探求事物的规律，还是发现问题、解决问题、改变事物的现存状态或进行政策性预测，最需要关注的是如何正确地"用"。

（4）作为网络时代民族志的新发展——网络民族志，综合现有的研究成果，将在第 11.3 节进行介绍，希望读者能够关注这一新的领域。同时必须明确，非网络时代的实地研究仍是网络时代社会调查最基本的重要的研究方法之一，必须掌握好。

（5）本篇参考书目如下。

①艾尔·巴比. 社会研究方法[M]. 13 版. 邱泽奇, 译. 北京：清华大学出版社，2020.

②劳伦斯·纽曼. 社会研究方法——定性和定量的去向[M]. 5 版. 郝大海, 译. 北京：中国人民大学出版社，2000.

③迈尔斯，休伯曼. 质性资料的分析：方法与实践[M]. 张芬芬, 等译. 重庆：重庆大学出版社，2008.

④陈向明. 质的研究方法与社会科学研究[M]. 北京：教育科学出版社，2000.

⑤袁方，王汉生. 社会研究方法教程(重排本)[M]. 北京：北京大学出版社，2004.

⑥江立华，水延凯. 社会调查教程[M]. 7 版. 北京：中国人民大学出版社，2018.

⑦风笑天. 社会研究方法[M]. 5 版. 北京：中国人民大学出版社，2018.

⑧罗伯特·V. 库兹奈特. 如何和研究网络人群和社区[M]. 叶韦明, 译. 重庆：重庆大学出版社，2016.

---

① 本书所讲的"定性研究"不包括纯粹的单一思辨研究和一般的工作总结。这种思辨研究不是实证研究，研究者的大部分材料都是通过其他人或物(如学术著作、政策法规、新闻媒体等)这些"中介者"间接获得的；这类研究成果大多是感想式的、思考性的、哲学性的、主张式的或指示性的。

第11章 定性研究范式的社会调查方法

本章思维导图

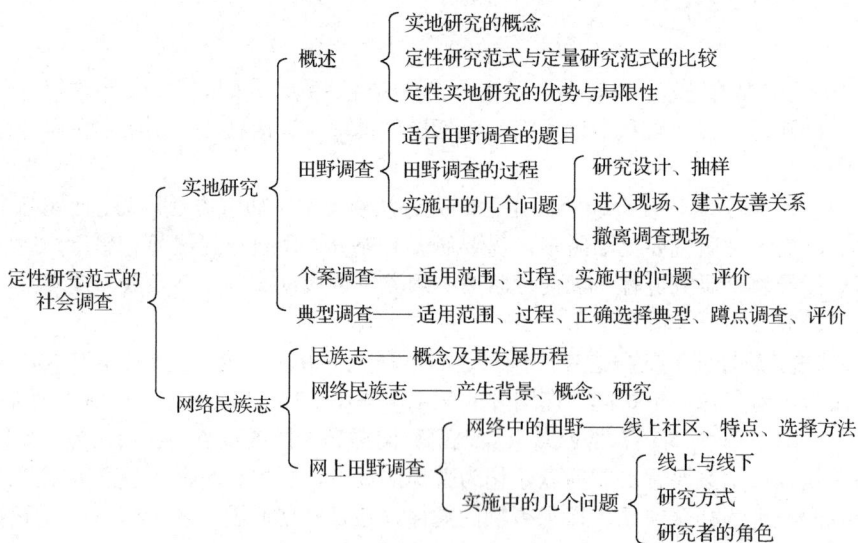

```
                                        ┌ 实地研究的概念
                              概述 ┤ 定性研究范式与定量研究范式的比较
                                        └ 定性实地研究的优势与局限性
                                        ┌ 适合田野调查的题目
                                        │                        ┌ 研究设计、抽样
                     ┌ 实地研究 ┤ 田野调查 ┤ 田野调查的过程      │
                     │                    └ 实施中的几个问题 ┤ 进入现场、建立友善关系
                     │                                          └ 撤离调查现场
  定性研究范式的 ┤
   社会调查        │       个案调查——适用范围、过程、实施中的问题、评价
                     │       典型调查——适用范围、过程、正确选择典型、蹲点调查、评价
                     │                  ┌ 民族志——概念及其发展历程
                     └ 网络民族志 ┤ 网络民族志——产生背景、概念、研究
                                    │                  ┌ 网络中的田野——线上社区、特点、选择方法
                                    └ 网上田野调查 ┤                          ┌ 线上与线下
                                                       └ 实施中的几个问题 ┤ 研究方式
                                                                              └ 研究者的角色
```

11.1　实地研究概述

　　美国社会学家艾尔·巴比指出："实地研究在社会科学中既古老也非常新颖"。当谈到实地研究时，不能不提到著名的英国人类学家马林诺斯基(Bronislaw Malinowski)和他的学生、我国著名的社会学家、人类学家费孝通。马林诺斯基曾于1914—1918年到巴布亚新几内亚考察三次，生活在土著居民中，在后两次的考察中他直接用当地语言进行交谈。基于对当地居民生活的全面参与，他写出了在人类学史上影响深刻的《西太平洋上的航海者》等多部著作。他的人类学田野工作方法，包括深度访谈、参与观察和强调对研究调查对象的所言、所行与所思之差别的辨析是留给后人的宝贵学术遗产。费孝通的《江村经济》是第一次将人类学方法用于研究现代农村而形成的专著，马林诺夫斯基给予了高度的评价，并亲自撰写序言。序言一开始就列举了若干该书的优点，认为该书是"一个土生土长的人在本乡人民中间进行工作的成果"，指出《江村经济》将促使社会人类学研究从异文化走向本土文化，从"野蛮社会"进入"文明社会"，"将被认为是人类学实地调查和理论工作发展的一个里程碑"。

　　时至今日，实地研究的理论得到了进一步完善，研究不断规范。实地研究作为社会调查的重要方式在实践中得到了广泛的应用，既包括社会学、人类学、历史学、管理学、教育学、心理学、经济学等学科，也包括在公共行政、组织研究、企业研究、家庭研究、方案评估、政策分析等应用领域。这说明，方法是通用的，并不受领域的限制。典型调查、蹲点调查等本土化的实地调查，尽管在调查对象的选取和调查的主要作用上与田野工作有很大区别，但调查对象的范围与调查方式有很多相似之处。因此，掌握好实地研究的理论与方法，不仅对从事社会科学研究，而且对从事各类管理工作都具有重要意义。

11.1.1　实地研究的概念

美国社会学家劳伦斯·纽曼曾指出，"很难给实地研究下一个明确的定义，因为与其说实地研究是一套固定的应用技术，还不如说它是一种研究取向"[①]，并引用沙兹曼的话加以佐证："田野方法就像一把活动伞，伞下的任何一项技术都可以用于获得想要的知识，并用于对这个信息进行思索的过程。"

通常对实地研究有 3 种不同的理解。第一种理解是从研究的空间给实地研究下定义，实地研究就是深入"实地"进行的研究，即在完全自然的情景下进行研究。事实上，根据这种定义，实地研究既包括定性研究，也包括定量研究，如表 11-1 所示。

表 11-1　实地研究的不同研究范式

研究方法	定量研究	定性研究	
观察	结构式观察	半结构式观察	无结构式观察
访谈	结构式访谈	半结构式访谈	无结构式访谈

第二种理解专指质性研究中的田野调查（field work），甚至有的学者认为"质性研究亦称为田野研究或实地研究"。所谓质性研究是指"以研究者本人为研究工具，在自然情境下采用多种资料搜集方法对社会现象进行整体性探究，使用归纳法分析资料和形成理论，通过与研究对象互动对其行为和意义建构获得解释性理解的一种活动"[②]。艾尔·巴比对实地研究给出的解释是对"参与观察（participant observation）、直接观察（direct observation）和个案研究（case study）的所有研究方法"的概括。同时指出，"新闻记者和报刊记者也会使用相同的技术，但千万不要将它们和实地研究混为一谈，因为它们与资料的关系是完全不同的。比如，在新闻和社会学中，个体访谈是很常用的一种方法；不过，社会学家并不简单地报告研究对象的态度、信念或者经历。社会学家的目的是要从访谈中获取资料，以便进一步更一般性地理解社会生活"[③]。为与定量的实地研究相区别，艾尔·巴比在《社会研究方法（第 11 版）》中将第 10 章的标题定为"定性的实地研究"。

由于越来越多的基础学科与应用领域的研究者采用了定性研究范式，有学者观察到"以下诸多的词汇实际上已经变成同义词了，这些词汇包括民族志（ethnography）、田野法（field methods）、质性研究（qualitative inquiry）、参与观察（participant observation）、个案研究（case study）、自然取向研究（naturalistic methods）……"[④]，因此，"个案研究"与"实地研究"只是称谓上的不同。

第三种理解则指所有采用定性研究范式的实地研究，即到实地进行调查，所搜集的资料主要为文字资料，如半结构式、非结构式观察记录和半结构式、非结构式访谈记录等，并采用定性分析的方法进行分析。在这种理解下，定性的实地研究既包括田野研究，也包括典型调查、蹲点调查等。

袁方主编的《社会研究方法教程》中指出，"区分研究法的主要标准是：①资料的类型；②搜集资料的途径或方法；③分析资料的手段和技术"。据此标准，本书对实地研究采用上述的第三种理解，对于田野研究，本书使用"田野调查"，以区别于典型调查等。

① 劳伦斯·纽曼. 社会研究方法——定性和定量的去向[M]. 5 版. 郝大海，译. 北京：中国人民大学，2012.
② 陈向明. 质的研究方法与社会科学研究[M]. 北京：教育科学出版社，2000.
③ 艾尔·巴比. 社会研究方法[M]. 11 版. 邱泽奇，译. 北京：华夏出版社，2009.
④ Matthew B. Miles. 质性资料的分析：方法与实践[M]. 重庆：重庆大学出版社，2008.

1．定量的实地研究

对于定量的实地研究，第 6 章中对结构式访谈进行了介绍。

结构式观察也称标准化观察、控制观察、系统观察，类似于结构式访谈，是一种比较程序化的观察活动。结构式观察的方法是：调查人员为了获得可以量化的观察数据，对观察到的内容进行统计分析，设计统一的观察对象和观察内容并制成观察表格，然后严格按着统一规定的观察程序和记录方法进行观察。例如，被网友调侃的"群体式过马路"：凑够一拨人就可以走，和红绿灯无关，也和斑马线无关。如果想对"群体式过马路"现象进行调查，就可以采用到繁忙的十字路口观察路人过马路的方式。事前设计好一个调查表(如表 11-2 所示)，然后选取若干个人流、车流较多，等候红灯时间间隔不同的路口，确定观察的时间段(如上午 7～10 点)，然后带着调查表、摄像机(或手机)到现场进行调查，搜集资料之后进行统计分析，这便是结构式的观察。

表 11-2　"群体式过马路"观察表

路口名称＿＿＿＿＿＿　　等候红灯时间＿＿＿秒　观察时间＿＿年＿＿月＿＿日　观察人＿＿＿＿＿＿

	时间	未闯红灯人数	闯红灯带头人		闯红灯人数			年龄分布				闯红灯时的状况		
			有	无	男	女	计	儿	青	中	老	强行	人多随大流	没有车通过
1														
...														
合计														

2．定性的实地研究

定性的实地研究是一种研究范式，不是具体的调查方法。定性的实地研究的基本特征如下。

(1)研究者一定要深入研究对象的社会生活环境，对一个或几个个体(个人、家庭、企业、社会团体或社区等)进行全面的研究，以便详细描述调查对象的全貌，了解事物的发展、变化的全过程。

(2)实地研究通过参与观察、无结构访谈(深度访谈)及焦点团体访谈等搜集资料。这些资料是定性资料，包括记录的真实事件、人们所说过的话(包括语言、表情及语调)、观察到的特定行为，还有有关的文献资料，如文件档案、录音和影视资料等。

(3)研究者对资料的分析方法是定性(质性)分析的方法，强调与研究对象的互动，通过观察、询问、感受和领悟，对研究的人群的行为和意义建构获得解释性理解，并使用归纳法分析资料和形成理论。

后文介绍的实地研究均为定性的实地研究。

11.1.2　定性研究范式与定量研究范式的比较

本小节将通过对实地研究中的田野调查(field work)与定量研究中的抽样调查进行对比，来阐明定性研究范式与定量研究范式的差异。应该说，两者在理论基础、研究目的与作用、研究内容、研究方法、适应范围等方面都有所不同，但是这两种范式并不是相互排斥的，有很多研究根据需要将两种范式混合使用。进入 21 世纪以来，混合方法研究已经成为公认的第三种研究范式，这将在第 14 章进行介绍。这里只从研究设计、逻辑思维方式、具体的研究方法，以及研究者与被研究者的关系方面对定量研究范式与定性研究范式的差异进行说明。

1．研究设计的差异

抽样调查是一种定量研究，有固定的程序，在调查的准备阶段，就有明确的选题，要提出理论假设；分析的框架事先设定，然后加以验证；整个调查过程是程序化的，只有前一个阶段完成才能进入下一个阶段。例如，问卷设计、抽样设计没有完成，就不能具体实施调查；问卷没有收回就不能进行数据分析。因此，从整个工作流程上看，抽样调查的模式是一个线性的模式，如图11-1所示，严谨、详尽的研究设计对抽样调查的成败至关重要。

实地研究属于定性研究，相对比较灵活，选题、理论假设和分析的框架都在调查的过程中不断演变，是逐步形成的；整个调查过程呈三维互动模式，如图11-2所示[①]。其中，"两维"是指在某个时间点（圆锥体的横截面）上，实地研究的5个组成部分（研究问题、目的、情境、方法和效度）相互关联、相互影响，任何部分的运动都会受到其他部分的牵引和拉扯。这是马克斯威尔1996年给出的互动设计模式，它们构成了两个三角形，倒三角形反映的是研究者的目的、经验、知识、假设和理论，正三角形是研究者的具体研究活动及检验研究结果的步骤和手段；纵轴为时间轴，随着时间的进程，5个组成部分不断地向下聚焦，圆锥体横截面逐渐变小，问题逐渐明确。反观研究的整个轨迹，构成了一个三维立体图形——圆锥体，反映了研究的实际情况和研究者的思考状态。

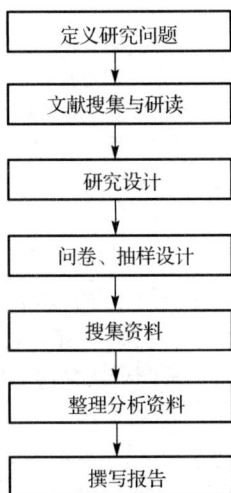

图 11-1　抽样调查的模式

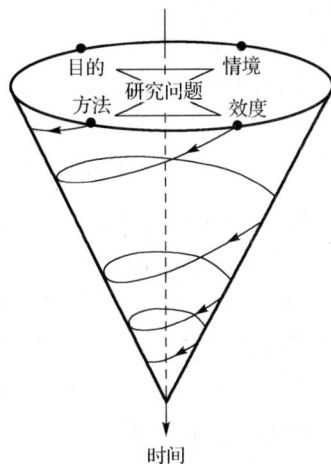

图 11-2　实地研究的模式

2．逻辑思维方式的差异

抽样调查采用的是演绎法，实地研究采用的是归纳法。下面以研究学生的考试成绩与备考时间的关系（见图11-3）为例说明二者的差异。

采用抽样调查的方法时，具体步骤如下。

(1)假设考试成绩与备考时间成正相关（H_0）。

(2)进行抽样，搜集样本中每个人的考试成绩及备考时间。

(3)进行统计分析，计算考试成绩与备考时间的积差相关系数并进行假设检验，接受或拒绝 H_0。

采用实地研究的方法时，具体步骤如下。

(1)到学生中去，搜集考试成绩和他们用于备考的时间。

[①]《质的研究方法与社会科学研究》（教育科学出版社2000年出版）第72页给出了的定性研究模式的"立体两维互动模式"，本书在图形与解释上做了部分改动，形成图11-2，为使图形清晰，只画出了"效度"螺旋线，以显示实地研究的特点。

(2)根据搜集的数据找出一条最能够代表或描述这些资料特色的模式,即图 11-3(b)中的黑色曲线。

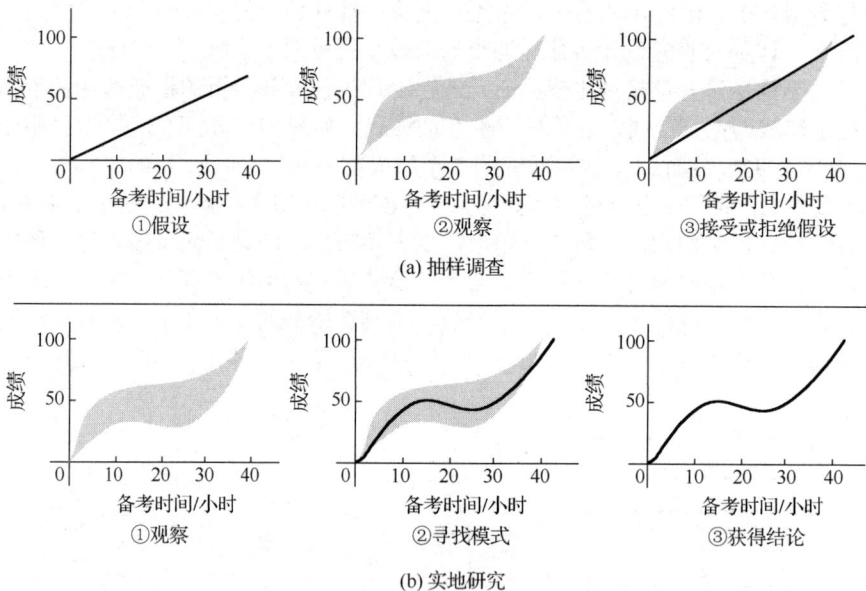

(a) 抽样调查

①假设　②观察　③接受或拒绝假设

(b) 实地研究

①观察　②寻找模式　③获得结论

图 11-3　演绎法与归纳法的比较[1]

(3)根据这条曲线,得出的结论是:备考时间为 1～15 小时时,备考时间越长,考试成绩越高;备考时间为 15～25 小时时,考试成绩与备考时间关系不大;备考时间在 25 小时以上时,备考时间越长,考试成绩越高。这样,通过归纳法就得出了一个趋势性的结果。但同时又提出了一个新的问题,为什么备考时间为 15～25 小时的学生考试成绩变化不大?要回答这个问题,就得做进一步实地研究。

3．具体研究方法的差异

两种研究方式使用的调查工具、手段、研究的情境、搜集与分析资料的方法均不同。抽样调查采用的工具是标准化问卷、调查表、结构性观察,通过概率抽样确定调查对象,为了将结论推断到总体,要求样本必须具有代表性,而且样本量较大;通过发放问卷、访谈员的结构式访谈搜集数据资料,研究者并不一定到调查现场;在获得数据后利用统计软件对数据进行分析,并将结论推断到总体。

实地调查的工具是研究者自己,再加之录音机(录音笔)、录像机、计算机等设备;调查对象通过非概率抽样(如滚雪球方法)得到,选择调查对象的标准为是否具有研究潜力、能否体现某些特征、是否有助于发展并检验理论和所做出的解释;研究者在自然情境中(在现场)开展调查;搜集的资料是描述性资料,如实地笔记(包括观察记录、访谈记录等)、图片、录像及文献资料等;资料的分析与调查同步进行,采用的是定性分析方法,对资料进行深度描述,以实现对具体对象的理解和认识。

4．研究者与被研究者关系的差异

抽样调查的立论基础之一是认为调查是客观的,研究者与被研究者之间不能存在互动,即使

---

[1] 艾尔·巴比. 社会研究方法基础[M]. 8 版. 邱泽奇,译. 北京:华夏出版社,2000:42.

是结构式访谈，也要严格控制研究者对被研究者的影响。因此，研究者的主观意识不会影响调查结果；研究者是研究的主体，与被研究者的地位是不对称的。

实地研究认为研究不是在一个"客观的"真空环境中进行的。研究者与被研究者的角色，以及双方在研究过程中的互动方式，都有可能对研究的进程和结果产生一定的影响。实地研究强调研究者与被研究者互为主体，"研究者和被研究者的视角就像人的两只眼睛，他们彼此的理解就是双方'视域'的融合。因此，研究者应该做的不是努力将研究关系中的影响因素排除，而是在充分反省自己角色的基础上积极地利用这些因素。"①田野调查要求研究者不是作为一个纯粹的局外人进行调查，而是要设法成为被研究者中的一员，融入其中；研究者在研究过程中的角色既可以是单一的，也可以是多重的，既可以从"局内人"到"局外人"，也可以从"局外人"到"局内人"，甚至是"双重人"，关键是研究者应懂得实地研究是一种"理解"的艺术，只有参与其中，才能从被研究者角度来了解他们的看法，注意他们的心理状态和意义建构，全身心地投入研究工作。

鉴于这种认识上的差异，实地研究十分关注伦理问题，而抽样调查很少涉及伦理问题。

11.1.3　定性实地研究的优势与局限性

1．定性实地研究的优势

(1)能搜集到第一手资料。定性实地研究是在一个自然环境里研究正在发生的现象或行为，以及这些现象或行为发生时的特殊环境和气氛。

(2)研究过程具有弹性，调查与研究过程结合进行，实地研究(特别是田野工作)的过程在一定程度上是一个"观察—发现—认识—再观察—再发现—再认识……"的过程，因此可以随时修正自己的研究设计，使得素质较高的研究者能够及时发现并抓住机会，随着研究的进程聚焦研究的问题，从而效度比较高。

(3)采用参与观察、无结构式访谈的方法，研究者与研究对象有更充分的情感交流，更能理解研究对象的真实情感、价值观念和思维方式，能比较准确地分析和解释他们的行为。可以说，在所有的社会调查方法中，除了实地研究，便没有更好的方法能如此了解人们内心深处的情感和态度。

(4)对于非语言行为的研究有特殊作用，有利于对研究对象进行全面、细致、纵深的考查，从而发现隐藏在现象背后的事物本质和规律。

(5)实地研究花费的经费相对较少。

2．定性实地研究的局限性

(1)因参与程度较高，研究者易受同化，所获资料不免带有主观成分，所以往往信度较低。

(2)对于可能影响资料的外部因素难以控制。

(3)难以进行定量研究。实地研究所获得的资料多为文字等非数字化资料，难以标准化，只能依靠主观判断得出调查研究结论。

(4)实地调查要进行深度访谈，因此选取的调查对象较少，不适于做大群体的调查。

(5)实地研究对研究者的素质要求较高，研究者需要充分运用自己的经验、想象、智慧和情感，需要通过反复梳理现场记录和其他资料，反复修正不明确的结论，逐步深入寻找概念和主题，需要运用相关理论指导整个研究过程。因此，与抽样调查相比，研究者的素质对实地研究的成果质量影响更大。

---

① 陈向明. 质的研究方法与社会科学研究[M]. 北京: 教育科学出版社, 2000.

11.2　田　野　调　查

11.2.1　适合田野调查的题目

田野调查最适合于研究需要在自然情境下通过观察和访谈，深入研究人们的态度和行为的问题，既包括对一个个体的研究，也包括对多个个体的比较研究。这些问题中有很多是不宜通过定量研究来完成的。事实上，每个人的所思所为，乃是世事与人心互动的感知表达，绝非统计学意义上的数字所能呈现的。例如，在国外，有怀特对街角社会的研究、贝克尔关于美国城市中吸食大麻者的研究等经典案例；在国内，有费孝通等老一代社会学家的调查，廉思对中国高校毕业生低收入聚居群体"蚁族"的研究，潘绥铭、黄盈盈对艾滋病患者的调查等。

田野调查通常要对研究对象进行较长时间的考查，重点是对调查对象及其所在地的政治制度史、社会文化史、社会生活史，以及社区发展与变迁等历时性考查，因此特别适合跨越时间的社会过程的研究，以了解某些社会现象发生、发展变化的具体过程，如费孝通对中国社会结构的探索——"江村调查"、宋林飞的研究报告《"江村"农村生活近五十年之变迁》等。

陈向明在《质的研究方法与社会科学研究》中根据马克斯维尔(Maxwell)的观点，指出了质性研究适合的研究问题类型[①]。

(1)质性研究对"特殊性问题"的研究比对"概括性问题"的研究更有价值。"概括性问题"是指对某一特定人群具有一定普遍意义的问题，抽样方法是从特定的人群中抽取"有代表性"的样本进行调查；"特殊性问题"是指一个特殊个案所呈现的问题，研究只对这个个案本身进行探讨。

(2)质性研究比较适合"过程性问题"的研究，即探讨事情发生和发展的过程，将研究的重点放在事情动态变化上。具体有两类问题："意义类问题"和"情境性问题"，前者探讨当事人对有关事情的意义的解释，如从事特殊教育的教师如何看待自己的职业；后者探讨在某一特定的情境下发生的社会现象，如从事特殊教育的教师每天如何履行自己的职责。

(3)质性研究比较适合"描述性问题"和"解释性问题"，不适合"评价性问题"和"推论性问题"，选择"理论性问题"更要慎重。

(4)有实地研究经验的研究者，可以选择"比较性问题"，但初学者不要选择这类问题，否则往往容易将自己的注意力放在差异的可比性上，而忽略了当事人对事情本身意义的理解。

(5)质性研究比较适合研究"什么"和"如何"类的问题，不适合直接探讨"为什么"的问题，即使要研究这类问题，也需要通过对事情的状态和过程进行探讨，从中找出事件发生的先后顺序和因果关系。

11.2.2　田野调查的过程

田野调查通常可以分为5个主要阶段：选择研究场域、获准进入并取得信任和建立友善关系、搜集资料做好田野笔记、整理和分析资料，以及撤离现场并撰写研究报告。劳伦斯·纽曼在《社会研究方法——定性和定量的取向》中给出了更具体的步骤[②]。

(1)做好准备，阅读文献并聚集焦点。

(2)选择进行实地研究的地点并取得进入的路径。

① 陈向明. 质的研究方法与社会科学研究[M]. 北京: 教育科学出版社, 2000.
② 劳伦斯·纽曼. 社会研究方法——定性和定量的取向[M]. 郝大海, 译. 北京: 中国人民大学出版社, 2012.

(3) 进入田野，与田野人物建立社会关系。

(4) 选择并扮演一个社会角色，熟悉内幕，和田野成员相处融洽。

(5) 观察、倾听并搜集质性资料。

(6) 开始分析资料，产生并评估工作假设。

(7) 关注田野环境中某些特定的维度，并使用理论抽样。

(8) 对田野报告人进行访问。

(9) 从田野环境中抽身，实际上离开田野环境。

(10) 完成分析并撰写研究报告。

11.2.3 田野调查实施中的几个问题

实地研究过程中所采用的观察法、访谈法等将在第 12 章介绍，这里仅就其他有关步骤做出说明。

1. 做好研究设计

调查研究本身是一种有计划、有目的的活动，在调查前需要进行调研的总体方案设计，即研究设计。千万不要认为田野调查的过程灵活性很大，研究的问题、内容、方法都是在研究过程中不断聚焦的，就把这种"特性"作为"无序的和随意的'瞎碰'的借口"，可以不做或只做非常松散的计划。事实上，如果不做任何设想就进入现场，特别是对于刚刚开始从事实地研究的人，很可能会给自己造成许多麻烦。例如，总觉得所有的信息都很重要，做了很长时间的田野工作，搜集了很多的资料，却不好聚焦，花很长时间都理不出头绪；探讨了多个个案，却没有共同的规范，很难进行跨个案比较。而且，在进行调查前，任何研究者都不可能对要研究的社会现象没有一点想法。因此，在开始调查前，需要使自己的想法更加清楚，对研究项目做初步的规划，即基于对研究信息的初步了解，根据所拥有的研究手段、方法、能力、时间和财力等条件，以简要的方式集中提炼出研究的具体思路、步骤和实施方案，以便为今后的研究实践提供纲领性的指南。当然，由于田野调查是一个循环往复、不断演化发展的过程，在研究过程中要根据具体情况适时对研究设计做出相应的调整和修改。

研究设计的主要内容有：①研究的现象和问题；②研究的目的和意义；③研究的情景；④研究方法的选择；⑤研究的评估和手段；⑥时间、人员与经费安排等[①]。

2. 抽样——选择现场、调查对象与事件

到实地去调查之前，就要决定到哪里调查、对谁做调查、何时调查、调查什么，这些都会影响调查结论可应用的范围，甚至决定调查的成败。因此，田野调查的抽样问题比抽样调查复杂，不仅要抽取待观察和待访问的人，还要包括对场所、事件及社会过程的选择。

1) 选点

选点，即选择调查现场。考虑 3 个因素，第一，资料的丰富性，通过比较多个地点，选择一个存在各种社会关系网络，有各种各样的活动，还随时都有可能发生不同事件的地点，就更能够给自己提供丰富的资料；第二，自己对该地点越陌生越好，人常说"熟视无睹"，太熟悉了，就缺乏对事物的敏感性；第三，主客观条件是否满足，如自己的时间与能力、经费支持的力度、是否对该地点有了一定的了解(当地的风俗习惯、宗教信仰、生活习惯等)，以及能否获准进入现场等。在进入现场后，根据研究的进程，很可能还要考虑选择其他地点进行对比研究或补充调查。在进

---

① 陈向明. 质的研究方法与社会科学研究[M]. 北京：教育科学出版社，2000：76-102.

行访谈时，还要考虑在什么地点合适，一般要选择比较安静的环境，而对于敏感性问题更要考虑如何保护被访者的个人隐私。例如，对艾滋病患者选择在家中访谈比较恰当，而对家庭暴力问题要听取当事人的意见。另外，不要将现场仅仅理解为固定的地点，它是指事件或活动发生的环境。例如，对学校足球队的研究，其现场既包括足球赛场、训练场，也包括更衣室、宿舍或其他某个地方。

2)抽样的策略与方法

无论选点还是调查对象或事件的选取，都要根据调查研究的目的和研究的范围、条件进行选择，即抽样为"目的性"抽样。结合调查研究的进程对抽样的策略和方法做如下归纳[①]，供读者参考。

(1)在研究初期，对情况不甚了解，在这里现场调查的计划时间较长的情况下，可以采用机遇式抽样或方便抽样。机遇式抽样比较灵活，很可能发现新的情况和新的关注点；方便抽样则是没有办法的办法，由于受到当地实际情况的限制，只能随自己的方便进行抽样，尽管这种方法省时、省力，却可能对研究进程和研究结果产生负面影响。瑞典学者 Bjorn Kjellgren(中文名熊彪)是位"中国女婿"，在谈到在深圳做田野调查时，他说："利用我妻子的关系，去获得最初的与调查对象的接触和在中国的住所，这一切当然给了我与钱家成员建立融洽关系的一个坚实平台，但融洽关系并不会让田野调查变得简单。……例如，鉴于我妻子与钱小姐亲密的关系，我不能询问户主或她的香港男友过于个人化的问题。……鉴于我和户主的这种亲密关系，3 个雇工也不时想把我用作潜在的信息传递者，来和他们的雇主沟通。"[②]

(2)如果调查对象总体规模较大，则可采用最大差异抽样，即按不同的情况进行分类，然后在不同的类中进行目的性抽样，以便最大限度地覆盖研究域。例如，为了解北京市各高校心理咨询室的现状及学生的反映，可以按综合大学、理工科院校、农林院校、文科院校等分类，然后在每类中抽取一所学校。

(3)事先已对研究现象或研究问题有一定了解时，可以采用分层抽样，即将研究现象按一定的标准划分为不同的层级，然后在不同的层级中进行目的性抽样。例如，为了研究国有企业、集体企业、私人企业和外资企业在投资方面差异的具体形态及其对投资产生的影响，可以从上述 4 种企业层级中各选择一定的样本进行对比研究。

(4)如果事先已经对抽样设定了一个标准或基本条件，则可以选择所有符合标准或条件的个案作为调查对象，即进行效标抽样。例如，当对"严重的家暴会引发命案"有异议时，命案还与犯罪人的性格、法律意识等因素有关，可选择已在狱中服刑的案犯作为样本，还可以选择家庭暴力严重但通过其他方式解决了矛盾并未发生命案的个案，通过对这些个案有关资料的搜集、深度访谈等，进行深入的分析，以确定是否应对原有理论做进一步修正。在具体抽样时，可以通过相关人的介绍，对第一个受访人进行访谈后，采用第 5 章介绍的滚雪球抽样方法，得到需要的样本。熊彪在调查中，除直接与陌生人发起对话外，还采用了滚雪球的方法，他说："更常用的寻找合适受访人的方法(特别是当我知道需要采访哪些人时)，是询问我曾经采访过的人，看看他们是否认识符合条件的人来帮助我完成采访。"[②]

(5)在现场中经过一段时间的观察之后，对研究对象已有初步的了解，此时可以采用的抽样方法有：强度抽样——选择能够为研究问题提供非常密集的、丰富的信息的个案；极端或偏差型抽样——选择研究现象中非常极端的或被认为"不正常"的情况；典型个案抽样——为了展示或说

---

① 陈向明对派顿提出的 14 种策略与方法进行了重新分类(见质的研究方法与社会科学研究[M]. 北京：教育科学出版社，2000：104-113)，这里是在此重新分类基础上结合社会调查做出的归纳。

② 玛丽亚·海默，等. 在中国做田野调查[M]. 于忠江，赵晗，译. 重庆：重庆大学出版社，2012.

明研究现象的一般情况，选择具有代表性的个案；关键个案抽样——选择对研究现象会产生决定性影响的个案。

(6)当研究范围限定后样本数量仍然很大时，可以采用目的性随机抽样，目的是更加有力地说明"发生了什么"及"如何发生的"，以提高研究结果的"可信度"。例如，要对某区高中生出国留学的动机、心情及对未来的设想进行较详细的个案调查，需要进行深度访谈，但该区出国留学的高中生有 150 名之多，工作量之大不可承受，便可以根据这 150 名学生的名单进行随机抽样。

(7)在研究后期，为了对已有的研究结论进行检验，可以选择有助于证实或证伪的个案，以便对结论做进一步的证实或证伪。

(8)当进行焦点团体访谈(如召开座谈会)时，可以采用同质性抽样，即选择同质性较高的个案。例如，调查单亲家庭孩子的教育问题，可以在单亲母亲中进行目的性抽样。

这里需要提醒的是，当面对一个复杂的个案时，要记住所抽取的人是次要的探究重点，真正想要知道的是场所、事件或过程的特征。因此，要注意把抽取样本的总体与研究问题放在一起思考，最初选择的样本可能不能让我们持久地获取丰富的资料，因此要经常做这样的反思，以便及时调整、精炼样本。

3)对资料的选择

迈尔斯在其著作《质性资料的分析：方法与实践》中对提出的建议是：值得选择的有用资料应该是能引出重点的新线索；能扩展信息的领域；能连接已存在的各元素；能强化主要的趋势；能说明现有的其他资料；能为一个重要主题提供实例或更多证据；能证明或反驳现有的信息[①]。

3. 决定参与的程度

当采用田野调查方法时，必须考虑自己在进入现场后所参与的程度及与研究对象的关系。当然，这种角色并不是一成不变的。

对研究者参与的程度有两种不同的划分。高德将研究者在日常生活中实际参与的程度，以一个连续体的形式排列其角色，如图 11-4 所示。

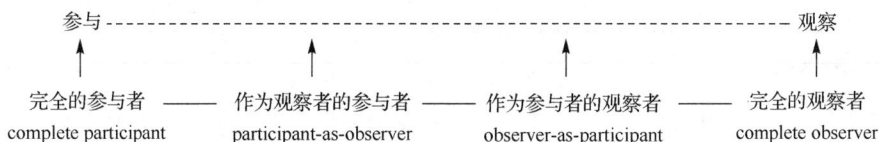

图 11-4　观察连续体

高德将"参与"和"观察"作为连续体的两端，然后根据不同的参与程度和观察方式将它们进行不同的两两组合，限定了 4 个固定的角色，但这并不排除在每两个角色之间存在其他角色。"完全的观察者"是一个"局外人"，不参加当地的活动，在活动之外进行观察，如党政领导到基层视察、学生到工厂参观等。"作为参与者的观察者"，研究者身份是被所研究和观察的群体知道的，他是以这种公开的身份参与到被研究群体或社区中进行观察的。这种角色的典型例子是美国社会学家怀特所做的"街角社会"研究和费孝通所做的"江村经济"研究。"作为观察者的参与者"，观察者既能成为群体的一员，又能在不暴露研究者身份的情况下询问问题。"完全的参与者"类似间谍，研究者身份不被知晓，就像是被研究群体中的一个普通成员。例如，1979 年，美国一位 33 岁

① Matthew B. Miles A. Michael Huberman. 质性资料的分析: 方法与实践[M]. 张芬芬, 卢晖临, 译. 重庆: 重庆大学出版社, 2008.

的妇女化装成 85 岁的老妪进行私访，以便了解老年人在美国的处境。她到访了 14 个州，足迹涉及 100 多个城市的大街小巷，3 年后，她伤痕累累，身心受到严重的摧残。她把自己的经历写成一本书《一个真实的、令人厌恶的故事》，描述老年人的悲惨生活，并要求改变国家对待老年人的方式。事实表明，随着参与程度的增强，研究者所获得的信息会越来越丰富，完全的参与者能够分享到"局内人"才知道的秘密信息，能够真正从局内人的视角来理解群体内所发生的一切。"对于大多数的人类活动场所来说，除非你愿意成为其中的成员，否则不可能了解局内人的意义世界和行动。"① 当然，如果研究者参与过度则可能失去自己的观点，因此研究者必须学会研究者角色与"局内人"角色的转换。

阿德勒(Adler Patricia A.)和皮特(Peter Adler)等人建议划分 3 种角色：边际成员、积极的成员和完全的成员。边际成员，意味着研究者保持与研究对象之间的距离，或者基于研究者的观念或对成员行为的不适应造成限制；积极的成员，是指研究者承担成员的角色并经历与成员相同的感觉，就像成员那样参与活动，研究者维持高水平的信任，同时还能定期地退出田野；完全的成员，研究者皈依田野并"本土化"，作为一个完全的忠实的成员，经历和其他人一样的情绪，而且必须离开田野才能重新回到研究者的角色②。

研究者必须根据对情况的了解和自己的判断，以及方法论与伦理来决定选择角色。我国著名社会学家、犯罪学家严景耀，一开始对罪犯进行研究时，选择了"完全参与者"角色，作为"假犯人"入狱，当被犯人识破后，便公开自己的身份，住在监狱的一间办公室里，成为"完全的观察者"。由于罪犯很高兴获得"谈话"的机会，他也尽可能地帮助罪犯做些事情，因此得到了罪犯的信任，使他能够继续在监狱中进行研究，并完成了博士论文。

对于研究者与调查对象的关系，陈向明指出，研究者的"局内人"与"局外人"角色可以与公开身份与否、与调查对象的亲疏关系、自己的参与程度相互交叉，形成许多复杂的关系，并就主要的关系列出了"研究关系一览表"，如表 11-3 所示。

表 11-3　研究关系一览表

角色	公开与否		亲疏关系		参与程度	
局内人	隐蔽的局内人	公开的局内人	熟悉的局内人	陌生的局内人	参与型局内人	观察型局内人
局外人	隐蔽的局外人	公开的局外人	熟悉的局外人	陌生的局外人	参与型局外人	观察型局外人

4．获准进入现场

获准进入现场是实地研究的关键一环。研究者要根据课题的要求、现场的情况采用不同的处理方法。

(1)一些公共场所(如餐馆、火车站等)是开放的，如对车站流浪者的调查研究，无须获得任何人的批准即可进入。

(2)某些场所(如贩毒集团)肯定不会同意研究者进入，此时研究者只能以隐蔽的方式(如作为贩毒者或吸毒者)进入。例如，美国教会历史学家阿尔弗雷德(Randy Alfred)进行的魔鬼教徒研究③：

> 我以外来者的身份接触这个群体(魔鬼教派)，并很快地表明了加入的兴趣。我伪装投身魔鬼教派却没有被怀疑而获得接纳，并依据我在仪式上的地位，被指派行政责任和'做法'角色，我在这个整体中取得了快速的进展。

① 丹尼·L. 乔金森. 参与观察法[M]. 龙筱红，等译. 重庆：重庆大学出版社，2009.
② 劳伦斯·纽曼. 社会研究方法——定性和定量的取向[M]. 郝大海，译. 北京：中国人民大学出版社，2007.
③ 艾尔·巴比. 社会研究方法(上)[M]. 邱泽奇，译. 北京：华夏出版社，2000.

　　(3)在大多数现场(如少数民族聚集地、社区、学校、医院、监狱等),研究者要有正式的、合法的身份及单位或组织的介绍信,并征得当地相关部门的同意,还往往需要某些"关键人物"(守门人)、"中间人"或"线人"的帮助或某些特殊的关系。所谓"守门人"是指当地的关键人物,他们熟悉调查现场的情况,在所处的群体中居于核心地位,研究者如果能够得到他们的支持,就可以顺利地进入调查现场。

　　怀特研究"街角社会"时,通过诺顿大街福利委员会一名社会工作者的帮助,认识了多克。多克是诺顿帮的核心人物,多克充分理解他的研究意图,对他的研究工作给予了大力支持。多克对他提出处事的忠告,并把他作为自己的朋友介绍给诺顿帮的其他成员。他通过多克认识了萨姆,于是在诺顿帮认识了萨姆所在的米勒帮,后来又认识了科纳维尔著名的非法团伙成员托尼·卡塔尔多,了解到不少内情。怀特所取得的成功与多克对他的帮助和支持密不可分。事实上,在研究过程中,多克与怀特的关系发生了变化,从开始时的担保人、重要信息提供者的角色变成了研究的合作者。

　　至于调查人员的身份,理想的状态是向调查对象直接表明自己的研究者身份,并适当地介绍自己的调查研究内容;有时也可以采用逐步暴露的形式,通过与调查对象的自然接触,使调查对象对自己有一些了解,然后随着信任感不断增强,逐步暴露自己的研究者身份。

5. 建立友善关系

　　获准进入现场只是第一步,关键是要通过各种有效的方式,尽快与研究对象建立友好关系,只有取得他们的理解、信任、支持与合作,才能真正深入他们。费孝通在《社会调查自白》中举例:"在菲律宾与澳大利亚之间的洋面上有一个小岛。岛上的居民对外来人都有一定的戒心。他们对突然到来的人都要问:'你是什么人? 来干什么?'我想任何被调查人员都会有这种出于防卫心理的反应,只不过程度不同而已。因此,建立调查人员与调查对象之间的信任关系,对于我们取得真实可靠的访问是非常重要的。"在一定的意义上,与调查对象能否建立友好关系,取得他们的信任,将决定实地研究的成败。"撒谎、夸张、有意无意的欺骗(包括自我欺骗)、人际间的表面应酬和造作、缺乏知识或者知识具有很大局限性,以及误解等,诸如此类的情况都会给搜集准确可靠的资料带来严重的问题。"[①] "信任是感情交流的基础,有了信任感,才能合作,才能说真话,才能保证资料的真实性。"[②]

　　要取得调查对象的信任,研究者首先要尊重并顺应当地的风俗习惯、道德规范和生活方式,要充分尊重研究对象在饮食起居、禁忌喜好、礼仪应酬、言谈举止等方面的习惯。美国社会学家贝利特别提醒,访谈者服饰的样式应近似于被访者,一个服饰华丽的访问者可能难以从较贫穷的被访者那里获得良好的合作和回答。

　　其次,要与调查对象以诚相见,表现出真诚的关心、兴趣、诚实,成为他们可以信赖的朋友,使他们相信你不会伤害他们或他们的利益,同时要在力所能及的范围内,帮助他们克服一些具体的困难。

　　最后,在对调查对象有初步了解之后,要学习以调查对象的视角进行思考与采取行动,以产生情感认同。所谓情感认同,是指能够和调查对象一样地感觉事物,但这并不意味着同情、同意或赞同调查对象的观点与行为。情感认同的发展将加深研究者与调查对象的友好关系。

　　怀特为了能够融入当地的社会生活,得到当地人的认同,住进了马丁尼家,与这家人的关系非常融洽,他们都把他当作自家人看待。科纳维尔是意大利移民聚居区,为了与社区成员的交流、

① 丹尼·L. 乔金森. 参与观察法[M]. 龙筱红, 等译. 重庆: 重庆大学出版社, 2009.

② 费孝通. 社会调查自白[M]. 北京: 知识出版社, 1985.

沟通及访谈工作顺利进行，他刻苦学习意大利语，并尽量参与群体和社区的活动，为一些政治团体在该社区的活动出谋献策。他了解当地人的风俗习惯，知道哪些事该做，哪些事不该做；他尽可能地帮助有困难的人。他完全融入了科纳维尔，该社区的人对他有一种深切的认同感，把他视为自己人。这为他的调查工作顺利进行打下了坚实的基础。

对于建立友好关系，有以下两点要明确。

(1)信任与合作不是绝对的，而是有不同程度。研究者不可能与当地的每个人都发展出亲近的关系，最有可能的是与少数几个人建立非常信任甚至是亲密的关系和友谊；与某些人保持良好的，但不那么亲密的关系；与其他人建立一种有限的信任与合作的关系；甚至与某些人无法建立信任关系。有的调查对象很可能拒绝访问，有的可能会说假话，对于后者没有必要戳穿他，可以表面接受，但内心"绝不上当"。正如沙兹曼与斯特劳斯所说："研究者'什么都信'，同时'什么都不信'。"

(2)友好关系不是一次就能获得的，也不是永久有效的，更不是调查对象可以在一切问题上都能毫无保留地向研究者袒露襟怀。例如，调查对象可以告诉你自己曾考试作弊，但他不会把自己与女朋友的感情经历、亲密行为都告诉你。再如，你和某些人建立了信任和亲密关系，就有可能卷入某些派系或团体的矛盾漩涡，当你与某派的人接触时，很可能会被拒绝，也有可能原来的信任和亲密关系消失殆尽。因此，你必须对人际关系保持持续的关注，注意巩固、保持和重新创造彼此的友好关系和信任感[①]。

6. 撤离调查现场

无论在现场的时间有多长，研究者总会在某个时刻撤离现场。在一般情况下，是研究已经走到尽头，不再会了解到什么新情况，或理论建构已经终止，达到终了阶段，当然也可能因为某些外部原因而被迫终止(如工作期满、没有经费支持、"守门人"命令研究者离开等)。

撤离调查现场的方法，从时间上，可以采用快速撤离(在某天离开后，不再返回)，最好控制在一段时间内进行，可以采用减少每星期涉入的程度，逐步退出。从形式上，一般在撤离前很短时间内才告诉调查对象。与调查对象今后是否保持联系，要视情况而定。有些参与观察者在撤离现场后，还会周期性地回去拜访朋友，甚至从事进一步的研究。

无论采用哪种方法，在撤离前一定要先将早先承诺和商议好的事项兑现，还应向当地有关部门介绍自己的调查发现，并与他们一起商量解决问题的办法。在写好调查报告之后，应给主要的调查对象看报告中涉及他们的有关内容，并征得他们的同意；也可以征询有关部门对调查报告的修改意见。

11.2.4　个案研究及其"代表性"

前文已经指出，"个案研究"与"实地研究"只是称谓上的不同，之所以使用"个案研究"，是因为很多时候，人们更习惯使用"个案研究"。对实地研究提出的质疑，往往是对"个案"的"代表性"问题。

1. 个案研究

个案研究(case study)就是定性的实地研究，是指通过在实地采用观察、访谈等方法对一个单独个案或几个个案搜集资料，并进行详细分析来研究社会现象的方法。个案可以是一个人、一个群体、一个事件、一个过程、一个社会或社会生活的任一单位。个案研究也称案例

---

① 关于获准进入现场并建立友善关系，更详尽的论述可参见劳伦斯·纽曼著的《社会研究方法(第5版)》(中国人民大学出版社2007年出版，2012年第4次印刷，469~484页)，丹尼·L.乔金森著的《参与观察法》(重庆大学出版社2009年出版，62~75页)。

研究，例如，罗伯特·K. 殷著的 *Case Study Research：Design and Method* 译为《案例研究：设计与方法》，*Applications of Case Study Research* 译为《案例研究方法的应用》，均将"case study"译为"案例研究"，但管理学中的"案例研究"并不都要求到实地进行调查，也可使用文献法。

实地研究单位可分为狭义的个案研究和社区研究。

(1)狭义的个案研究把个案看成个人、家庭、群体、组织和事件，因此主要是对个人、家庭(家族)、群体、组织和事件的研究，通过进行详细、深入的个人生活史研究，从中发现发生在个人或家庭的重大生活事件对个人生命历程的影响，以及重大生活事件和社区、社会之间的关系。早期的个案研究针对具有特殊生活经历的个人，如罪犯、病人等；现在的个案研究根据课题的性质和目的，任何个人、组织等都可成为研究的对象。

(2)当研究的个案是社区时，通常称为社区研究。社区研究基本上属于综合研究。社区不仅仅是人们居住的空间概念，实际上是一种生活方式的综合反映，是一种行为方式和价值规范的集合。因此，社区研究都在长期观察和深入访谈的基础上，反映社区的地理、经济和历史概况，同时也详细研究社区内部或社区之间人与人的关系、社区生活状况等。林德夫妇的《中镇》、怀特的《街角社会》及费孝通的《江村经济》都是属于社区研究的经典之作。当然，也有一些实地研究是专题性的，如应星的《大河移民上访的故事》，周煜、王颖的《突发公共卫生实践中的新媒体传播策略——基于新冠肺炎疫情的个案研究》，赵辉、曾伟等人撰写的《职务犯罪人腐败心理机制的质性研究》等。

2. 个案研究的"代表性"

人们常常对个案研究发出这样的疑问：对单个个案的研究，能有代表性吗？能有多大的代表性？个案研究的结论如何能推断到总体？可以说，个案研究的"代表性"是国内外社会学界至今还没有完全解决的问题。

首先，关于对"个案"与"个案研究"的解释，商务印书馆 2018 年出版的《现代汉语词典》(第 7 版)对"个案"的解释是"个别的、特殊的案件或事例"；在英语中，"个案研究"对应 case study，就其词源意义而言，与"代表性"是无关的。

所谓"代表性"，指的是定量研究中样本的一种属性，即样本能够再现总体的属性和结构的程度，对样本代表性的要求，是为了能够将对样本的研究结论推断到总体。而个案研究对象所需要的不是统计学意义上的代表性，而是质的分析所必需的典型性。代表性与典型性不是一回事，对于个案研究，从根本上说，不存在"代表性"问题。对此，费孝通在回答利奇等人对他的质疑时，从方法论层面进行了说明："Leach 认为我们那种从农村入手个别社区的微型研究是不能概括中国国情的，在我看来，正是由于混淆了数学上的总数和人文世界的整体，同时忘记了社会人类学者研究的不是数学，而是人文世界"[①]。这才是问题的关键，然从属于人文主义方法论，就不能按照实证主义方法论来要求其"代表性"。

那么，能否从个案上升为一般结论呢？能否从个案的"深描"去展现更大的理论追求？事实上，任何个案都具有共性和个性，是共性和个性的统一。列宁说："一般只能在个别中存在，只能通过个别而存在。任何个别(无论怎样)都是一般。任何一般都是个别的(一部分或一方面)。"[②]在个案中，共性通过个性存在，并通过个性表现出来。艾尔·巴比(Earl Babbie)认为，个案研究是对某现象的例子进行深度检验，"个案研究的主要目的可能是描述性的……而对特定

① 费孝通. 重读《江村经济·序言》[J]. 北京大学学报：哲学社会科学版, 1996(4)：4-18.
② 列宁. 列宁全集(第 38 卷)[M]. 北京：人民出版社, 1992.

个案的深入研究也可以提供解释性的洞见"。因此,我们目前对于"能否从个案上升为一般结论"的回答有如下 3 点。

(1)个案研究得出的一般结论只适合于某类现象,即与所研究的个案相类似的其他个案或现象。至于能否推断到更大的范围及外部推论,社会学家并没有一致的认识。

(2)关键在于所选取的个案是否具有典型性。"你必须亲身投入特殊性,以便从中发现恒定性……一个特殊的案例,只要建构得完善,就不再是特殊的了。"[①]怀特在《关于"街角社会"的成书过程》一文中说:"如果这项研究是研究特定的个人,而这个地区共有 2 万多人,我又怎么能以个人和群体为基础反映整个科纳维尔的重要情况呢?我逐渐认识到,只有当我从个人和群体在社会结构中的地位来看待他们时才能做到这点。我还必须看到,无论个人之间和群体之间有什么差异,都可以找出一些基本的共同点。因此,我不必为了对科纳维尔的街角帮做出有意义的说明而去研究每一个街角,只研究一个街角帮肯定不够,假如多研究几个帮能揭示我期待发现的一致性,这部分任务就好办了。"[②]

费孝通的《江村经济》所采用的研究方法得到了马林诺夫斯基的高度评价。马林诺夫斯基认为,"通过熟悉一个小村落的生活,我们犹如在显微镜下看到整个中国的缩影"。费孝通的《江村经济》,是沿海农村的典型;之后的《禄村农田》,是内地(云南)农村的典型;他同张之毅合作,撰写了《易村手工业》,是手工业与农业结合的典型;还撰写了《玉村商业和农业》,是受商业中心影响较大的农村的典型。费孝通说:"把一个农村看作全国农村的典型,用它来代表所有的中国农村,那是错误的。但是把一个农村看成一切都与众不同,自成一格的独秀……也是不对的……如果我们用比较方法把中国农村的各种类型一个一个地描述出来,那就不需要把千千万万个农村一一考察而接近于了解中国所有的农村了……通过类型比较法是有可能从个别逐步接近整体的。"[③]

(3)研究个案要跳出个案、超越个案。格尔茨提出"不是超越个案进行概括,而是在个案中进行概括"。有研究者结合自己对一个傣族村庄家庭照片的个案研究总结道:"尽管这个研究针对一个傣族村庄家庭照片的个案展开,要回应的却是某个特定社区中维系其社会运转和稳固其成员价值信念的内在机制等问题。从这个角度讲,该个案的探究意义就不仅仅限于一隅的村落,而是任何群体和个人都会面对的关于人自身及文化意义等命题。……我们在研究中不能止步于提供个案的典型性或代表性,而应该去尽力追求理论所具有的建构性意义。"[④]

我们还看到,个案研究是证伪的重要路径。经验表明,无论有多少只白天鹅,都难以证实"天鹅皆白"这个普遍命题,因为下次飞来的天鹅可能不是白的。相反,一只黑天鹅就足以推翻"天鹅皆白"的普遍命题。同样,无论有多少个个案,都难以证实某个普遍命题,而一个典型个案足以否定一个普遍命题。这种对普遍性的否定和驳斥,恰恰就是个案(反例)的力量所在。它不是要去代表什么,而是要去否定或限定以往理论的普遍性或代表性(可外推性)。

11.3　个案调查与典型调查

11.3.1　个案调查

个案调查(case survey)也称个别调查,是指"从研究对象中选取一个或几个个体(如个人、

① 布迪厄, 华康德. 实践与反思: 反思社会学导引[M]. 李猛, 李康, 译. 北京: 中央编译出版社, 2004.

② 威廉. 富特. 怀特. 街角社会——一个意大利人贫民区的社会结构[M]. 黄育馥, 译. 北京: 商务印书馆, 1994.

③ 费孝通. 费孝通学术文化随笔[M]. 北京: 中国青年出版社, 1996.

④ 孙信茹. 田野作业的拓展与反思——媒介人类学的视角[J]. 新闻记者, 2017(12): 70-78.

家庭、企业、社区、班组等)进行深入、细致地调查。它的主要作用是详细描述某一具体对象的全貌，了解事物发展、变化的全过程"[①]。因此，个案调查是为解决某一问题、特定的个别事物(某人、某单位、某事件等)所进行的调查，目的是解决特定的具体问题，一般不存在探索规律等。

个案调查具有以下 3 个特点。

(1)调查对象是个别的，不是客观地描述大量样本的同一特征，而是主观地洞察影响某一个案的独特因素，是通过深入"解剖麻雀"来描述各个"点"的情况。

(2)调查对象的选择方法往往会随应用的领域或研究问题而不同，有的个案调查不存在选择问题，有的要求调查对象具有代表性或典型性，而有的要求调查对象是特定的、不可替代的。

(3)不以由个体推断总体为目的，而着重于个案本身的分析和研究，深入细致地描述一个或几个具体单位的全貌和具体的社会过程，因而属于深度调查。

1．个案调查的适用范围

以社会学的视角看，个案调查适用的范围如下。

(1)了解某一调查对象的生活史或发展过程。个案调查通过了解每个个案的生活经历及生活史中的重大事件，发现哪些事件会影响个体的行为和观念，从中得出一些具有普遍性的结论。调查对象指的是社会生活中的个人或以一定标志分类的人群，如对农村"留守儿童"的个案调查、对英雄人物成长史的调查等。

(2)深入地了解人们的社会活动，分析人们的行为或生活方式与其社会文化背景和生活环境的关系。例如，邓磊等人通过对 3 位重庆市青年公益组织负责人进行深度访谈，呈现了当前我国青年公益人职业的从业初衷及发展现状，并从政策法律保障等方面提出具体的支持策略，以期促进青年公益人职业的健康、快速发展[②]。

(3)了解社会生活中各类问题的性质、作用范围、现存状况和发展趋向等。例如，2008 年对"三鹿奶粉事件"的调查便是食品安全问题的一个典型案例。

2．个案调查的过程

在社会调查中，个案调查一般包括以下 4 个步骤。

(1)准备阶段：包括立案——界定调查研究课题，了解个案的一般情况和进行研究设计。

(2)搜集资料阶段：包括搜集静态资料(各类现存的与个案有关的资料，如日记、信件档案、文件等)、动态资料(反映个案现实活动的资料，如思想倾向、态度、心理状态等)和证明材料(能够说明个案的个性特征和行为方式、证实或推翻某项假设的材料)。

(3)分析判断阶段：利用各种定性分析方法，综合地、系统地、实事求是地分析与个案相关的各种要素、关键因素及其相互联系，以便从科学的分析中得出正确的判断，提出解决问题的建议和方案。

(4)撰写结论性分析报告。

3．个案调查实施中的几个问题

1)确定调查研究课题

确定调查研究课题，也称立案。立案有两种形式。一种是主动立案，研究者自己根据理论研究或实际工作的需要而立案。例如，在开展"中国贫困省基础教育重读、辍学研究"课题时，陈

---

① 袁方，王汉生. 社会研究方法教程(重排本)[M]. 北京：北京大学出版社，2004.

② 邓磊，等. 青年公益人职业发展现状研究——基于重庆市的个案调查[J]. 中国青年研究，2020(11)：29-35.

向明对一名农村辍学儿童"小刚"进行了个案调查①,写出了《王小刚为什么不上学了——一位辍学生的个案调查》;另一种是被动立案,根据上级布置或接受他人请求为个人或组织而立案。

2)选择调查对象

如果是被动立案,则不存在选择调查对象的问题;如果是主动立案,则存在选择调查对象问题,包括选择的标准和个案的个数。例如,廉思与他的团队对高校青年教师的调查,在5000多名调查人员中选择了13个个案作为高校青年教师生存的样本,同时选择了6位学者进行访谈,从不同的视角阐释了高校青年教师所处的时代特点。

3)进行第一次访问

第一次访问的一个目的是了解个案本身的材料及背景材料。例如,要了解一个家庭,不仅要了解家庭的人口数、性别构成、受教育程度、婚姻状况、家庭收入等,而且要了解家庭的过去和现在、家庭的社会关系和周围的环境。另一个目的是与案主建立良好的关系,为今后的继续访问打下良好的基础。

4)进行研究设计

在初步搜集了个案的基本情况后制订研究计划,如应围绕案主搜集哪些资料及从哪里搜集这些资料。如果是一般理论意义上的研究,则应确定围绕研究主题搜集哪些资料及从哪里搜集这些资料。研究设计还应包括时间安排、人员、经费等。

5)调查中的技巧

个案调查往往涉及某些不愿被人知晓的私事或不宜公开的事件,因此会出现当事人拒访或说假话。对此可采用以下方法解决:通过正式的组织渠道,取得某些档案或保密资料;调查个案的外围,如对案主的伙伴、家庭、学校、邻里等知情人做调查;直接访问案主,如果个案调查属于对犯罪嫌疑人的调查,可以要求案主必须回答问题,但在一般情况下,应通过自身努力,取得案主的信任,然后进行访问。

4. 对个案调查的评价

1)个案调查的优点

(1)注重把调查对象放到社会背景中加以考查,因此个案调查的推论是由对整体情况、整个个体的调查分析得到的。

(2)调查内容是动态的,注重历史状况与发展过程。

(3)调查人员能在调查过程中得到丰富的感性认识和第一手资料,因此可以对真实的状况或事实进行翔实的描述。

(4)有利于对调查对象进行全面深入的定性研究。个案调查具有质的深刻性和社会实在性,是研究事物发展因果关系极好的方法。

2)个案调查的局限性

(1)每个个案都不能完全保证具有一般性的特质,因此在推演中容易出现偏差,导致出现"以偏概全"。

(2)个案调查结论的真实性、可靠性往往与调查人员的素质相关,并没有理论上的可靠保证,只能得出探索性的结论或假定。一旦调查人员的某些主观因素起作用,他就只能看到他所希望看到的东西,其结论的真实性就会受到质疑。

(3)个案调查的分析标准难以标准化,不能进行定量研究。

(4)为了弄清个案的来龙去脉,需要花费较长时间。

---

① 陈向明. 王小刚为什么不上学了——一位辍学生的个案调查[J]. 教育研究与实验, 1996(1):35-45.

11.3.2　典型调查

典型调查是指根据调查研究的目的和要求，在对所要了解的社会现象或问题有了总体的初步认识、划分类别的基础上，有意识地选择一些有代表性的典型单位(个人、团体、组织、社区、事件甚至产品等)，进行深入细致的周密调查，深入了解情况，以由此及彼地认识同类社会现象的本质及其发展规律，并找出具有普遍意义和有价值的经验及值得借鉴的教训的一种社会调查方法。

典型调查是认识世界的一种科学方法。世界上的一切客观事物都处于普遍联系之中，任何事物都是共性与个性、一般与个别的统一体。人类对客观事物的认识过程由个别的特殊事物开始，然后逐步扩大到认识一般事物，从个性到共性，再由一般到个别、由共性到个性，不断循环往复，不断向前发展。典型调查的基本特点是由点到面，从个别研究推断一般(总体)，而这正是按照人类的认识规律来研究社会现象。

1．行政管理视角下的典型调查

《辞海》中有"个案研究亦称'典型调查'"。费孝通说："典型调查已经变成了中国化的个案研究的代名词。"这里的"典型调查"更多的是指社会学研究中的个案研究，或者说是田野调查(如费孝通所做的研究)，而非现行行政管理视角下的典型调查，所以才视两者等同。袁方主编的《社会研究方法教程》中写道："从调查对象的范围和调查方式上说，典型调查与个案调查有很大的相似之处；但从它们的起源和主要作用上说，两者又有很大的区别。典型调查的主要作用在于真实、迅速地了解全局情况。与个案调查不同，典型调查要求被调查的对象具有典型性。"

事实上，现在人们经常提及的"典型调查"，往往与各级行政管理部门相联系。个案研究与典型调查除了在搜集、分析资料的方法上基本相同或相似，在研究目的、研究对象的选择、研究者的角色、研究过程等方面是有差异的。例如，社会科学研究部门组织的课题组到实地进行个案研究，只有通过当地有关部门或"守门人""关系人"才能进入现场，而上级机关以调查组或工作组的名义到基层进行典型调查，是不需要经过"准入"这一关的。课题组调查的目的是对所研究的社会现象或问题进行描述性或解释性的研究，为政策的制定提供实际背景，有的研究会提出某些建议；而工作组是为了发现问题、解决问题，为制定政策奠定基础，从总体上推动工作及各项方针政策的落实。简而言之，课题组的研究目的是更好地认识社会，而工作组是为了更好地改变社会；课题组研究的问题在深入实地的过程中不断聚焦，而工作组调查的问题在深入实地之前已确定；课题组与工作组在实地的角色不尽相同；课题组的调查质量在很大程度上取决于研究者个人或团队的专业素养和研究经验，而工作组的调查质量更多地取决于调查人员的思想政治素质、政策水平和分析问题的能力；课题组的调查过程重视伦理问题(如知情同意等)，而工作组的调查过程重视道德问题(如不得弄虚作假等)；课题组的调查报告是学术性研究报告，而调查组的调查报告更多的是公文式的调查工作报告。

2．典型调查的适用范围

典型调查可以真实、迅速地了解全局，其应用十分广泛[①]。

(1)研究尚未充分发展、处于萌芽状况的新生事物或有某种倾向性的社会问题。通过对典型单位深入细致的调查，可以及时发现新情况、新问题，探索事物发展变化的趋势，形成科学的预见。

---

① 邓恩远, 等. 社会调查方法与实务[M]. 北京: 北京大学出版社, 2009.

(2)通过对调查对象的深入分析，可揭示事物发生、发展的过程及其与各个方面的联系，掌握事物的发展变化规律。

(3)可以弥补普查、抽样调查的不足，对社会事务或社会现象的详细情况进行更深入细致的调查研究。

(4)通过深入实际，倾听各方面的意见，了解新政策、措施、办法的可行性，为最终决策提供依据。

(5)通过类型分析，对调查对象进行分类，并通过对不同事物的比较，得出事物间的差异和相互关系，总结正反面的经验，进一步进行对策研究，促进事物的转化与发展，从整体上推动有关方针、政策落实工作的开展。

3．典型调查的过程

典型调查可分为以下 7 个步骤。

(1)确定调查题目：根据工作任务的需要由单位自拟调研课题，也可能由上级布置或下级上报申请确定。题目本身应有鲜明的目的性。

(2)进行预调查：在选点之前，一般要进行预调查，通过查阅文件报告等资料、听取汇报、实地采访、开座谈会等方法，搜集相关资料，然后将这些材料汇总，以便对调查总体有一般的了解。在此基础上，有重点地了解总体内各单位的情况，并适当进行分类排队。预调查可以使选点避免盲目性和主观性。

(3)选择调查对象：根据调查主题对各个单位进行划分，从各类中选出适合典型要求和标准的一个或多个单位作为调查对象，进行典型调查。选点时，应该倾听各方面的意见，使所选择的典型具有广泛的群众基础。

(4)制订调查计划和调研提纲：在深入典型单位之前，要制订详细的调查计划，拟定调查提纲，调查计划应尽可能包括与抽样调查结合的内容，以获得全面、准确的认识。

(5)进点调查：调查员进入调查单位，按照调查提纲，进行深入、细致的调查，围绕调查目的和任务，客观、全面地搜集资料。为了提高典型调查的质量，调查人员一定要实事求是，努力排除主观性。搜集资料的方法有参与观察、深度访谈、召开座谈会，还要搜集各种档案、报告等定性和定量的资料。要及时分析所搜集的资料，以便更好地开展后继调查。

(6)整理分析资料：不仅要通过定性分析，找出事物的本质和发展规律，而且要借助定量分析，从对调查对象的各个方面进行分析，以提高分析的科学性和准确性。这里的定量分析是描述统计分析，经常用到的是比例、百分比、平均数等。从个性中发现共性，从个别中提炼出指导工作的经验和教训，特别是对于要推广的典型经验，必须注意点与面的结合，考查、分析推广到面是否具备条件、条件是否成熟，即要对经验推广的价值和可行性进行分析。

(7)根据要求撰写综合调查报告或专题调查报告：对于典型的情况及调查结论，要注意哪些属于特殊情况，哪些可以代表普遍情况。必须慎重对待调查结论，尽可能搞清楚哪些结论具有普遍意义，哪些结论具有特殊意义，对于其适用范围要做出说明，切忌 "一刀切""模式化"的做法。调查报告形式多数采用公文体式，即以公文的笔法、结构和风格撰写报告，采用研究体式的较少。研究体式的调查报告，是指在调查研究的基础上写出的带有工作研究、理论研究和总结论证性质的，有较强思想性、政策性和理论性的调查报告。

4．正确地选择典型是典型调查的关键

对于"典型"通常有两种理解。一种突出典型的代表性，认为最能代表同类事物发展水平者为典型，即从普遍性上来理解"典型"。典型集中体现了所研究现象的主要特征和属性，成为该类

别现象的典型载体。典型调查有意识地选择同类事物中有代表性的单位作为调查对象。典型的代表性主要指所代表事物本质上的特征，典型调查的对象，无论是个人、单位或部门，都应具有广泛的代表性，能从各个侧面、各个层次充分反映同类其他对象的基本特征。另一种把某种事物中发展最充分、某种特点最突出者视为典型，即从特殊性上来理解"典型"。典型具有极端性，即反映了所研究现象的反常现象或典型具有启示性，属于鲜为人知的类别，对某类现象最具有揭示性意义(如前些年俗称"黑窝点"的地下产业)。典型调查也会有意识地选择具有特殊性的典型。

"有意识地选择"并不是随心所欲地选择，而是在对调查对象总体进行了解和初步分析的基础上，按照调查的目的和要求，正确选择个别或少数单位、人员进行调查。典型单位可以是一般典型，也可以是先进或后进典型；可以是单个的，也可以是多个的；可以是临时的，也可以是固定的。如果调查目的是揭示调查对象的本质，就要选择矛盾发展得比较充分的、明显的典型。

具体地，选择典型可采用以下方法。

(1)选择层次性的典型：根据调查对象在全局中所处的地位和作用，选取上、中、下 3 类代表不同层次的典型，分别进行调查。在做法上，可以用定性的方法将调查总体划分为 3 类，然后从每类中选择一个典型；也可以用定量的方法进行，如选定几个关键性指标，通过这几个指标将调查总体分类，再用目标抽样的方法确定典型。

(2)选择特殊性典型：当社会上出现某种新现象或产生某类突出的问题时，对这些现象和问题专门进行调查。

(3)选择全面性的典型：为观察、掌握某类对象的历史状况、发展概况和现实情况，选择经过充分发展、具有调查目标比较完备要求的对象进行的调查，以体现选择典型的全面性。

(4)划类选典型：当被调查事物的各种特征参差不齐，不容易找到具有代表性的典型时，可以先按所研究问题的有关标识，划分几个类型组，然后在各个类型组中选择有代表性的单位作为典型。

典型往往不是一次选定的，需要多阶段选点，即初选时可以多一些，再在此基础上经过反复比较和筛选，找出最有普遍意义的典型。

典型的数目取决于调查对象中各单位的差异程度。若各单位差异小，就选取少数几个调查对象；若差异大就多选几个，或按上述划类选典型方法选择调查对象。

应该说明的是，任何典型的代表性都是相对的、有条件的，它会随着时间、空间、研究深入程度的变化而变化。任何把典型固定化、绝对化的想法和做法都是不符合实际情况的。对于复杂的问题，要想找出一个能代表一切的典型是很困难的。根据实际情况，利用事物的差异，选择不同的典型进行深入解剖，产生全面的认识才是切实可行的。

5．对典型调查的评价

典型调查与普查、抽样调查相比，不仅花费的人力、物力较少，而且调查的深度更深，获得的资料更真实可靠；在较短的时间内对事物做较深入细致的研究，通过"解剖麻雀"，实现举一反三。因此，典型调查是社会调查不可或缺的一种基本调查方法。

典型调查的局限性如下。

(1)典型调查的质量在很大程度上与调查人员的素质有关，科学地选择典型单位与正确推断总体是保证典型调查质量的两个重要环节。典型单位的选择容易受调查人员主观意志的左右，对调查资料分析的深度、所得的调查结论均受调查人员的经验、能力和态度的影响，因此典型调查不可避免地带有一定的主观性。

(2)典型调查是非全面调查，在总体中取少数单位作典型，典型与总体总会存在不同程度的差异。通过典型调查所把握的规律，并不完全等同于总体规律。

11.3.3　蹲点调查

蹲点调查是典型调查的一个重要方法，往往是指党政机关在选择典型后，领导干部集中一段时间深入典型单位，"蹲"在这个点上，直接进行观察和了解，通过"解剖麻雀"发现实际工作中在贯彻现行政策、落实各项计划，以及采取措施后的效果等方面存在的问题，总结经验教训，探索解决社会问题的途径和方法、制定新的政策与措施的可行性，以指导更大范围内的实践。

蹲点调查不是"走马看花"，而是"下马看花"，既是一种领导方法，也是密切干群关系的一条重要途径，在我国行政管理工作中得到了广泛的应用。

1．蹲点调查的类型

蹲点调查大体可分为以下两种类型。

(1)非介入式蹲点调查：是指调查人员不介入被调查人员活动、不改变被调查人员社会环境，完全以旁观者身份进行的蹲点调查，尽可能保持调查情况的原始性、真实性和客观性。例如，党政机关组织若干调查组，选择若干村委会作为蹲点调查对象，了解农村劳动力外流的情况，但不帮助他们解决流动过程中出现的各种问题。

(2)介入式蹲点调查：是指调查人员以参与者、指导者甚至领导者身份，介入被调查人员及其社会环境中进行的蹲点调查，不仅要眼看、口问、耳听，而且要动手干，力求弄清楚某种政策、某种措施、某种方案的社会效果及其可操作性。例如，党政机关组织工作组，选择若干村委会作为调查对象，以领导者身份与村民、村干部共同探讨建立和完善农村养老保障制度的实施办法，即属此种调查。

2．对蹲点调查法的要求

首先，对调查人员的工作有以下3个要求。

(1)必须是调查人员亲自"进点"，不能请人代劳。党政领导干部蹲点调查，一定要身下去、心下去，不能"只挂名，不出征"或"心不在焉"。

(2)一定要有甘当"小学生"的精神，不可以先入为主、自以为是、乱发议论，在工作上指手画脚、越俎代庖，要多学、多问、多干事，工作要勤勤恳恳，生活要艰苦朴素。

(3)坚持实事求是的科学态度，不专门为领导或自己的观点找证据；不怕听不同意见；不怕实践推翻领导或自己已经做出的不符合实际的判断和决定。

其次，对调查工作的要求如下。

(1)选点必须符合调查目的，符合实际情况，兼顾不同类型；不唯上，不带框框选典型；必须是基层单位，如农村的村委会、城镇的居委会、工厂的车间、班组等，而不能以中层机构代替。

(2)调查目的必须明确，是掌握调查对象的本质及其发展规律，探索解决社会问题的途径，而不能只是以搜集一些具体事实、数据和零散资料。

(3)调查工作必须是有计划地进行，既要全面、深入，又要抓住重点，讲求实效；研究工作必须系统、周密，而不能马马虎虎、敷衍了事、浅尝辄止。

(4)对调查点要公平处事、公正对待，不能"拔苗助长"，不能在人、财、物上对自己所在的点"开小灶"、不能迁就护短。

(5)对于蹲点调查结论，要给予科学的、实事求是的评价，要把调查结论中的普遍价值与特殊含义加以区别。

(6)必须持续较长时间，短则十天半月，长则几个月甚至几年，要根据不同调查对象的具体情况，调查事物发展的全过程，而不能蜻蜓点水、半途而废。

11.4　网络民族志

随着社会化媒体的应用，人类社会日趋网络化和数字化，网络行为已经成为实实在在的社会行为。互联网从一个技术空间发展为一个社会空间的、真实日常生活的领域，广阔的网络社会空间日益成为研究者关注的研究田野，网络民族志成为认识和理解线上社区及依托的社会文化现象的重要方法。

网络民族志是民族志在网络时代的新发展。民族志乃至网络民族志都由三大要素组成：①作为研究者/作者的专业人员，重点研究文化或文化的某些方面；②研究者进行以参与观察为主要内容的田野调查；③强调深度描述，对研究对象采用整体性描述的文本写作方法，以便把文化生动地再现。因此，网络民族志不是搜集数据的具体方法，其中的田野调查才是搜集研究对象相关信息的过程。

为了更好地理解网络民族志中的田野调查，本节首先从民族志谈起，继而介绍网络民族志，最后通过比较田野调查在传统民族志与网络民族志中的异同，说明网络民族志田野调查的特点。

11.4.1　民族志及其发展历程

1. 民族志的概念及研究特点

从字面上看，"民族志"的英文是"ethnography"，其中的词根 ethno 意指"一个民族""一群人"或"一个文化群体"，而 graphy 是"绘图、画像"的意思，ethnography 就是"人类画像"，并且是同一族群中人们"方向或社会"的画像。把关于异地人群的所见所闻写给同自己一样的人阅读，这种著述被称为民族志，它是对人及人的文化进行详细的、动态的、情境化描绘的一种方法，探究的是特定文化中人们的生活方式、价值观念和行为模式。这种方法要求研究者长期与当地人生活在一起，通过自己的切身体验获得对当地人及其文化的理解。目前，民族志已经成为质性研究中一种主要的研究方法。

有研究者提出，在最宽泛的意义上，对于民族志的理解有 3 个层面：方法（或研究策略）、文本类型、研究取向。研究取向，即"深描"（或意义的阐释）。借用美国人类学学者格尔兹（Clifford Geertz）的话来说，所谓深描，"是揭示使我们的研究对象的活动和有关社会话语'言说'具有意义的那些概念结构；建构一个分析系统，借助这样一种分析系统，那些结构的一般性特征及属于那些结构的本质特点，将凸显出来，与其他人类行为的决定因素形成对照"[1]。

于是可以认为，民族志既是社会科学研究的一种不可取代的方法，也是一种文本类型。这种文本的生成过程是研究者经过田野实践和调查最终到文本创作的过程，用来揭示研究对象特定的生活方式、价值观念和行为模式。

2. 民族志的发展历程

民族志的发展历程可以归结为"自发性、随意性和业余性的民族志""科学的民族志"和"反思性民族志"三个时代[2]。

民族志起源于文化人类学，在田野调查出现之前，人类学家、民族学家都是在书斋中，基于文献资料的阅读及整理和归纳形成民族志，因此被誉为"扶摇椅上的学者"。

---

① 郭建斌. "民族志"与"网络民族志"：变与不变[J]. 南京社会科学, 2017(5)：95-102.

② 高丙中. 为《写文化——民族志的诗学与政治学》一书所写的译序. 民族志发展的三个时代[J]. 广西民族学院学报：哲学社会科学版, 2006(3)：58-63.

20 世纪 20 年代，马林诺斯基所著的《西太平洋的航海者》为民族志研究确立了有效的科学规则，开创了"科学的民族志"时代。他在该书的导论中指出："在以前的专家(如哈登那一辈)以"调查工作"为基础的某些成果中，我们看到了部落组织的一副精致的骨架，但它缺少血肉；学者可以利用搜集来的文献或实物证据及土著人的陈述达到对土著风俗的规则的条理化，然而这种条理化与真实的生活有很大的距离。人类学家应该去土著村落里生活。"他提出了田野工作的三大基石[①]。

"方法原理可以归结为 3 条：首先，学者理所当然必须怀有科学的目标，明了现代民族志的价值与准则；其次，它应该具备良好的工作条件，主要是指在土著人当中而无须白人介入；最后，他得使用一些特殊方法来搜集、处理和核实他的证据。"

他指出科学的民族志必须做到搜集资料的主体与理论研究的主体合一：

"民族志者不应当只是守株待兔，还必须四面出击，把猎物逼进网中，或穷追不舍，不达目的不罢休。正是这一点把我们引向了更为积极地搜集民族志证据的方法。"

马林诺斯基将民族志、田野调查和理论统一起来，改变了以往"书斋"式的研究，使民族志成为社会人类学者用参与观察的方法，对特定文化及社会搜集制作资料、记录、评价，并以社会或人类学的理论来解释此类观察结果的一种独特的研究方法和独特的文本形式。

20 世纪 60 年代，人类学的民族志受到社会学、心理学、传播学等人文社会科学领域学者的关注，呈现跨学科交叉融合的特色。民族志的概念扩展为研究者长期深入某一特定区域参与观察特定群体，并展开文化意义层面的描述与分析，这里已经没有学科的限定。民族志研究作为质性研究方法的经典调查方法，成为社会研究的一种普遍的途径，被许多学科或应用领域所采用。

20 世纪 80 年代，随着时代发展和社会学科研究的不断扩展，民族志也步入了新阶段，其方法论研究进入了后现代的"反思"阶段。拉比诺 1977 年出版的《摩洛哥田野作业的反思》及此后相继出版的一系列著作都在尝试怎样在民族志中把调查对象写成主体、行动者。在这个过程中，产生了不同类型的民族志，如"主体民族志""自我民族志""多点民族志"等多元理论视角。早期的民族志是用文字来记录和表达的，随着影像记录技术的出现，民族志的记录和呈现出现了新的方式。民族志从早期发达地区学者对相对原始落后地区文化发展的探寻，逐步扩展到各种主题的社会科学研究中。

20 世纪 90 年代，随着互联网的日益普及，出现了大量新的社区形态——线上社区，民族志的思路又被运用到网络社区中，由此出现了一种新的民族志形态，人类学家对其给出了不同的称谓，如"线上民族志"(online ethnography)、"网络民族志"(ethnography)、"虚拟民族志"(virtual ethnography)、"数字民族志"(digital ethnography)等。正如库兹奈特所指出的，"民族志是民族志，在它前面加上数字的、在线、网络、互联网或网页等前缀完全是可选择的"，但从阶段划分上，网络民族志仍属于"反思性民族志"时代。

11.4.2　网络民族志概述

1. 网络民族志的产生背景与发展

网络技术的产生与发展带来崭新的社会文化现象，尤其是智能手机和社交媒介的广泛运用，使每个拥有智能手机的人都在日益面对一个在互联网中生活的图景：浏览与查阅各大网站、微博、微信和朋友圈中的信息，看视频、发链接、书写或用语音表达自己的情感与观点，进而参与线上与线下的各类活动；衣食住行、教育、医疗等越来越离不开互联网，几乎所有人都被吸纳到互联

---

① 马林诺夫斯基. 西太平洋的航海者[M]. 梁永佳, 等译. 北京: 华夏出版社, 2002.

网中，线上世界构成了一个充满活力的社会宇宙。"文化无疑是基于沟通的，也由沟通来传播"[①]，人们的生活方式在转变，人们的观念也在转变。正如孙信茹所言："网络和新媒体的崛起生成了人们新的社会活动空间。网络媒体不仅是人们获取一般性信息的重要渠道，也成为形塑个人思维观念、形成新的文化表达、影响个体社会行为的重要力量。""互联网不仅是独立的技术力量，还是新的文化形态"[②]，讨论与互联网有关的研究方法，观察、记录、理解当下发生的鲜活的互联网文化成为民族志研究者和实践者的共同旨趣，他们通过进入网络"田野"，细致考查人们对网络与新媒体的运用，展现新文化形态的变化和特质，"网络民族志"应运而生。

国外学者最先提出将田野场域搬进互联网，并逐步完善网络民族志方法论建构。1994 年，霍德华·莱茵戈德（Howard Rheingold）《虚拟社区》的出版，标志着社会科学研究者开始将网络空间作为研究领域；1997 年，罗伯特·V. 库兹奈特（Robert V. Kozinets）提出了"网络民族志"；2000 年，米勒、斯莱特出版了《互联网：一项民族志研究》（*The Internet: An Ethnographic Approach*）。在国内，2002 年，陈晓强提出"虚拟社群"概念；2004 年，朱凌飞、孙信茹在《走进虚拟田野——互联网与民族志调查》中论证虚拟田野时，认为网络多媒体不仅便于调查，而且多文本、多链接提供了丰富多元的意义表达和阐释空间；2005 年，刘华芹出版了国内第一本网络民族志专著《天涯虚拟社区：互联网上基于文本的社会互动研究》；之后网络民族志研究逐渐增多。

段永杰等人对国内外文献进行检索，截至 2019 年 3 月 6 日，得到有效文献国外 752 篇、国内 216 篇。通过对国内外网络民族志研究进行计量对比分析，总体看国外研究热点集中在反消费主义、品牌营销、虚拟决策过程等网络应用议题，国内集中在青年亚文化、网络流行文化、网络自我呈现等文化建构议题[③]。

2．网络民族志的概念

罗伯特·V. 库兹奈特 1997 年提出"网络民族志"，并应用于虚拟社区的研究，之后在其著作《如何研究网络人群和社区：网络民族志方法实践指导》中具体界定了网络民族志的概念。首先，他概括性地提出网络民族志是"一种专门的民族志方法，应用于当前以计算机为中介（computer- mediated）的社会世界中可能发生的一切事情"。然后，他更加具体地给出网络民族志的定义："网络民族志是基于线上田野工作的参与观察研究，它使用计算机中介的传播作为资料的来源，以获得民族志对文化或社区现象的理解和描述"。

3．网络民族志的研究过程

库兹奈特在《如何研究网络人群和社区：网络民族志方法实践指导》中给出了网络民族志研究的具体过程，如图 11-5 所示[①]。从图 11-5 中看不出网络民族志与传统民族志在研究过程上的差别，一方面说明网络民族志的根基仍然是传统民族志；另一方面深究"社区"的内涵，发现其

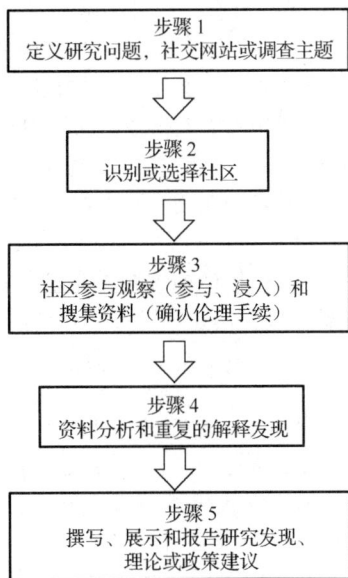

步骤 1
定义研究问题，社交网站或调查主题

步骤 2
识别或选择社区

步骤 3
社区参与观察（参与、浸入）和搜集资料（确认伦理手续）

步骤 4
资料分析和重复的解释发现

步骤 5
撰写、展示和报告研究发现、理论或政策建议

图 11-5　网络民族志研究的具体过程

① 罗伯特·V. 库兹奈特. 如何研究网络人群和社区：网络民族志方法实践指导[M]. 叶韦明，译，重庆：重庆大学出版社，2016.

② 孙信茹. 线上和线下：网络民族志的方法、实践及叙述[J]. 新闻与传播研究，2017(11)：34-48+127.

③ 段永杰，徐开彬. 国内外网络民族志的研究场域与知识生产——基于 CiteSpace 计量分析的对比研究[J]. 新闻与传播评论，2020(2).

差异实际上在于对田野——"社区"的不同界定,一个是实在的地域,另一个是虚拟的社区。正是基于这两个方面,网络民族志的田野调查与传统的田野调查既有共同之处,又有差异。

11.4.3　网络民族志中的"田野"

1. 网络中的"田野"——线上社区

"田野"是民族志乃至人类学研究的核心概念。传统民族志和网络民族志的最大区别在于"田野"的改变。传统民族志的"田野"是现实的、具体的地域,如一个原始部落、一所学校、一个棚户等,田野意味着地点;而网络民族志的"田野"是线上社区(或称虚拟社区),是一个与现实密切相连的虚拟空间。

对于"线上社区",罗伯特·库兹奈特在《如何研究网络人群和社区》中引用了霍德华·莱茵戈尔德 1993 年给出的定义:"从网络兴起的社会集合体,足够多的人进行……足够长时间的公共讨论,伴有充分的人类感情,在赛博空间形成个人关系的网络",之后,他对此做出了自己的解读与"线上社区"的具体标准。

(1)社会集合体:网络民族志的核心主题是集体,研究的是人的群体、聚集或集合,它的分析层次是"中观"层次。

(2)从网络兴起:通过计算机中介的沟通是数据的重要来源。

(3)讨论或沟通:人们使用音频信息、视觉信息或视听信息进行沟通,所有这些都包含了对网络民族志有用的数据。

(4)足够多的人:一定数量人的投入,使得一个线上群体可以成为社区。应该假定最少要有20 人,还应该有个有效沟通的最大数。

(5)公共讨论:讨论不是封闭的,而是开放的。

(6)足够长:关注时间的长度,不是一次的会面,而是持续和重复的互动接触。

(7)充分的人类感情:社区中与其他人真实接触的主观感受,如公开、诚实、相互支持、信任、归属感的表达和交往医院的表达。

(8)形成个人关系的网络:群体中的个体成员之间有社会交往,常常可以将线上语境扩展到人们生活的其他方面。

以上 8 条标准说明并不是任何网站或其他不具有社区性质的空间都能成为网络民族志的田野,那种偶然被访问且不存在持续互动的网站不能成为网络民族志的田野。

2. 选择网上田野的方法

1)从哪里入手选择线上社区

库兹奈特认为,可以通过搜索引擎从论坛、聊天室、游戏空间、虚拟世界的网站、列表、博客、维基、音频/视频网站、社会内容聚合器与社交网站等媒体进行选点。随着互联网的发展,新形式的线上沟通必将层出不穷。

另外,很多研究者选择的田野与自己的经历有关,他们"未入场"就已"在场"。例如,大羊普米族村是孙信茹连续观察了 8 年的田野。2015 年年末,她被邀请加入村民创建的"大羊青年"微信群,开启了她对微信群的民族志研究。孙小晨利用自己是学生辅导员的有利条件,将学生的年级群作为她选定的田野,研究了"95 后"大学生的人际互动过程与模式[①]。"迷你四驱车 QQ 群的记忆生产"的研究者中有一位既是迷你四驱车的爱好者,也是群员。

---

① 杨小晨. 95 后大学生人际互动过程与模式分析——基于微信民族志研究范式[J]. 丽水学院学报, 2018, 40(4): 118-123.

2）怎样选择网上社区

当已经确定好研究问题，并已经发现了一些看起来与研究主题相关的社区与网站时，如何选择最终所要的线上社区？库兹奈特给出了以下 6 条标准[①]。

(1) 相关性：它们与研究焦点和问题相关。

(2) 积极性：它们最近有频繁的沟通。

(3) 互动性：参与者之间有交流。

(4) 重要性：它们有相当数量的，以及一种充满活力的感觉。

(5) 异质性：它们拥有大量不同的参与者。

(6) 丰富的数据，提供更多细节或描述性的丰富数据。

事实上，我们最后选择的社区并非都能满足这 6 条标准，此时研究者需要做出明智的权衡。例如，一个社区规模小但信息丰富，另一个社区规模大但信息少，我们会选择前者而放弃后者。我们也不会选取已经有人将其作为田野进行研究的社区。

3）选择网上田野的注意事项[②]

(1) 选择的社区一定要符合自己的研究需要。"网络民族志田野应该符合你的研究焦点，以及你所要研究的问题。"要做到这一点，在选点之前，一定要把功课做足，必须仔细考查待选社区的特征，对待选的社区有充分的了解，熟悉它的主要情况——成员、关注的主题、使用的语言及运作方式等。

(2) 要注意选择多个田野。尽管这些空间（及其他形式）仍然以相互独立的方式存在，但是互联网和线上沟通的一般趋势是多种形式日益融合。……对于网络民族志研究，重要的是去体验参与者正在体验的线上社会互动。这往往意味着进行多种不同类别、形式和结构的线上沟通——也许要在一天内从订阅属于某个网页的新闻组群或论坛，到阅读和评论某个博客，再到成为社交网站中相关群组的粉丝，甚至和其他群组成员一样，加入在线聊天讨论室。

3．网上田野的特征

区别于传统的田野，网络田野天然带有互联网内在的特征优势，具体表现为数码化、流动性和互动性。

1）数码化

网上田野所构筑的空间和文本都是数码化的，人们的身份、形象、个性、交往等都被信息符号所代替，表现为一种虚拟实在的特性，这给田野调查带来了理论与工具的革新，研究者不必再去远方的田野，不必有田野的"守门人"帮助，只需坐在计算机前按动鼠标，或坐在公园长椅、咖啡馆等自认为舒适的地方利用智能手机，就可以根据研究目的和主题，自主便捷地选择与进入研究的网上田野，能够及时地便捷地保存文本资料，并可供随时调取选用。

2）开放性

网上田野的开放性表现在它改变了传统民族志把田野局限于固定的地域，研究者可以自由地进入不同的网上田野，灵活地挑选进入的时间和地点，打破了以往线上与线下的身份分隔，极大地提高了田野关注的自由度和延展度。例如，杨国斌在过去十几年里研究与中国网络行动相关的问题，其田野包括但不限于大型网络社区天涯、搜狐、网易、新浪和强国论坛等。

3）流动性

网上田野的流动性体现在它不是静止不变的空间，研究对象的生活空间不仅包括现实的实体空间，而且还包括"手机与计算机所承载的私领域"，他们通过自主性行为与线上的人互动和交往，

---

① 罗伯特·V. 库兹奈特. 如何研究网络人群和社区：网络民族志方法实践指导[M]. 叶韦明, 译. 重庆：重庆大学出版社, 2016.

时常穿梭在线上与线下之间，随时与不同的空间发生"关系"并随时转换角色，在现实空间中内向、不善言谈，在线上则十分活跃，绘声绘色。研究对象的流动性必然要求研究者追逐研究对象的足迹，同时掌握研究对象在线上、线下的表现，使研究者的流动性成为必然。

11.4.4　网上田野调查实施中的几个问题

1. 线上与线下

在互联网发展初期，人们感受到和现实生活截然不同的虚拟社区，认为网络民族志中的田野是虚拟的，不是现实的。库兹奈特指出"线上社区不是虚拟的，线上相会的人群也不是虚拟的，它们是真实的社区，在真实的人类中流行"。互联网发展到今天，已经打破了线上与线下、现实与虚拟的二元对立，因此，网络民族志的田野是否包括线下成为研究者关注的问题。

有的研究者主张不应包括线下，网络民族志的田野就是线上。"就网络民族志而言，它的对象只应限于'线上世界'。如果把对'实现世界'的'参与观察'也纳入，那可以说是同时使用了'网络民族志'和'现实民族志'两种方法，而不是说网络民族志的研究一定要从'线上'延伸到'线下'。""网络民族志观察'线上世界'的自我，现实民族志观察'线下世界'的自我。在具体做法上可以延伸，但是在方法层面则无法延伸。"①

有研究者明确提出"虚拟田野无边界"，它不是一个不言自明的边界的研究地点，在虚拟田野中，其边界不能拘泥于虚拟社区的文本、图片、视频的呈现，也不能认为追随虚拟社区中的使用者的其他网络空间的呈现就是边界，线上与线下不能割裂，田野的边界很难确定②。

在进行网络民族志研究中，不能割裂线上与线下的联系，这已经深入很多学者的观念。他们从不同的视角阐明这点。例如，有的提出，网络中的田野是变化和随时流动的，应该根据受访者及研究者的身体流动而流动，不能用特定的空间或地理位置限制③；还有的学者提出，"虚拟民族志将社区概念去空间化(de-spatialized)，注重的是文化过程(cultural process)，而不是物理空间"。马库斯(George Marcus)更具体地提出田野要跟随人群、实物、标志、符号、隐喻的流通、情节、故事、人群生活历史和冲突等转换地点。还有研究者认为，研究对象的"物理环境影响他们的在线行为，如果没有深入研究对象的网下世界，那么网上获得的信息也只是一个片面的、有限的世界"④。

因此，线下的生活对于田野来讲应被视为一种情景，它与网络空间存在着交叉、多层次且相互关联的关系。从这个角度讲，网络民族志的研究过程充满了参与者的意义交织和行为互动，研究者除了借助互联网的平台接触和观察研究对象，也需要了解和体验他们在网络之外的行为互动，尤其需要结合研究对象的生活和文化背景，获得更细致和整体性的理解，从而解读现象背后的深层意义。

从具体的研究过程看，对于网络民族志的田野是否应包括线下，应视不同课题的需要而定，不应局限于人为设定的界限，而应取决于研究者对于完整性的追求程度，以及是否需要线下调查以全面理解研究对象的生命历程，并链接起他/她的线上行动的意义闭环⑤。

"线上与线下不能割裂"不仅深入很多学者的观念，而且贯穿在具体的研究中。例如，《明星代言的价值共创新机制——给予多个粉丝社群的网络民族志》的两位作者进入微博平台后，分别

① 郭建斌. "民族志"与"网络民族志"：变与不变[J]. 南京社会科学, 2017(5)：95-102.

② 张娜. 在互联网如何做田野调查?

③ 孙信茹. 线上和线下：网络民族志的方法、实践及叙述[J]. 新闻与传播研究, 2017(11)：34-48+127.

④ 刘秀秀. 建构成熟的网络民族志研究[J]. 中国社会科学报, 2019, 9(4)：006.

⑤ 郭建斌. "民族志"与"网络民族志"：变与不变[J]. 南京社会科学, 2017(5)：95-102.

用 18 个月、7 个月的时间对明星粉丝的社群进行观察，同时参加了线上和线下粉丝的各种活动。① 再如大学生指导员杨小晨所做的研究中，研究方法不仅包括通过微信参与观察、半结构式访谈，而且包括在线下进行深度访谈，从而揭示大学生网络言说方式背后的"秘密"。

2. 研究方式

1)"到场"的形式与身份选择

田野调查的研究者必须亲身到现场，长期停留，而且在研究过程中不能随意离开田野。网上田野调查的研究者是虚拟账户到场，在自己生活或工作的空间范围内，只要能够联网就可以开展田野工作，通过文字、声音表情符等表示自己在线，而且可以随时抽身，可以"潜水"，或同时登录几个虚拟社区。

研究者进入田野前需要根据研究的目的和获取资料的便利对自身的身份进行定位，同时根据与研究对象的交往互动适当调整自己的研究身份。例如，有的研究（如对某个艾滋病论坛的研究），前期选择了"潜伏"，在搜集了 6 个月的资料后，注册会员并在各个板块公开自己的研究者身份，以积极参与者身份参加论坛互动，建立良好关系，后期成功进行了线上深度访谈，有的甚至进行了面对面访谈。

2)"参与观察"是网上田野调查的基本研究方式

无论是实地田野调查还是网络田野调查，最根本的、最重要的研究方式还是要"在和对方互动的过程中认识对方"，库兹奈特特别指出："参与意味着活跃及其对其他社区成员可见，最好能够对社区及其成员有所贡献。不是所有的网络民族志研究者都需要参与所有形式的社区活动，但是所有的网络民族志研究者都需要参与某种形式的社区活动。一个网络民族志研究者也许不想领导该社区，但他也不能是隐身的。"②

对于网络田野调查如何进行"参与观察"，卜玉梅结合她对虚拟社区的分类，提出了"对话式参与"和"体验式参与"两种方式。

卜玉梅把虚拟社区划分为 4 种类型：①信息社区，如天涯社区等网络论坛，新浪微博、脸书等社交网站。②联结社区，如基于地缘、亲缘、学缘等建立的社区，社区中的联系通常是现实的社会关系在网络上的延伸。此外，还有因共同的特殊身份而建立的社区，如同性恋社区等。③游戏社区，如"魔兽世界"等竞技网络游戏空间。④虚拟世界（虚拟现实世界），如"第二人生"③等。

鉴于信息社区与联结社区的活动是以文本对话为主，研究者可采用对话式参与方式，即通过文本对话，从最初的在虚拟社区发布信息到主动参与交流，再到参与社区组织的活动，甚至最后主动组织社区活动。研究者文本对话的密度标示了参与的程度。对于虚拟世界和游戏社区，研究者应以"居民"的身份或以在其中扮演特定的角色进入研究对象的世界，成为"局内人"，从而体验研究对象的生活方式和文化。至于参与后的"观察"，则应包括屏幕上显示的文本信息、视听觉信息及社区的动态信息④。

网络田野调查与实地田野调查不尽相同的还有"参与"的程度。实地田野调查人员要长时间置身于田野，融于社区，很少能够不参与，而成为一个"完全的观察者"。网络田野调查人员是在

---

① 周懿瑾, 白玫佳黛. 明星代言的价值共创新机制——给予多个粉丝社群的网络民族志[J]. 外国经济与管理, 2021(1): 3-22.

② 罗伯特·V. 库兹奈特. 如何研究网络人群和社区: 网络民族志方法实践指导[M]. 叶韦明, 译. 重庆: 重庆大学出版社, 2016.

③ 第二人生网络社区是第二人生游戏交友网的前身，是一个真实的社交网络。不同于别的交友社区和网上交友平台，在这里，将找到自己的第二人生，开始新的旅途，更有开心农场、快乐庄园、植物大战外星人等数百款人气游戏和新老朋友互动。加入第二人生交友社区不但可以联络朋友，了解朋友们的最新动态，和朋友分享照片、音乐、电影和动漫，还能找到老同学，结识新朋友，用照片和日志记录生活点滴，展示自我。

④ 卜玉梅. 网络民族志的田野工作析论与反思[J]. 民族研究, 2020(2): 69-85.

网上，以虚拟身体置于田野，借助于网络技术，采用"潜水"的方式，完全可以做一个"完全的观察者"。例如，刘亚在对"二奶"阿珍如何在虚拟空间里构建主体的研究过程中，采用的就是"不参与"。她在研究报告中谈到自己的感受："我会在计算机前坐上三四个小时阅读阿珍的故事，阅读网友们的跟帖。同别的网友一样，我好奇、愤怒、伤心、同情、喜悦、焦虑。很多次，我感受到一种冲动，想要加入讨论，最终还是控制了自己"。他之所以采用"潜水"的方式，原因在于"我试图与阿珍建立联系却没有收到任何回音"，"如果'浮出水面'，暴露身份"，担心会"打断论坛的'正常'运作，甚至转移讨论议题"，而且即使他公开自己的身份，人们也不会认真对待，他的"声音也会被越来越多、越来越大的声音所淹没，最终不得不重新潜入水里"[①]。尽管库兹奈特特别指出："一个网络民族志研究者也许不想领导该社区，但他也不能是隐身的"[②]，但从刘亚的案例可以看出，在某些情况下，"潜水"仍是网络田野调查的一种搜集数据的方式。

3)"浸染"——通过虚拟身体实现持久的"精神关注"

"浸染"一词与基督教的洗礼仪式有关，意指被水浸泡或仪式性泼水。田野调查所讲的"浸染"，意指研究者要在一段持续的较长时间段内全身心地在现场进行田野研究工作。实地田野调查的"浸染"要求研究者有半年至一年，甚至更长时间生活在田野，不能随意撤离现场，并且要"深层"地融入。网络田野调查的研究者既在虚拟世界中，又在现实社会中，"浸染"则为通过虚拟身体实现持久的"精神关注"。所谓"持久"，即在身体与时间允许的范围内，每天要确保持续数小时的投入，而且整个研究过程长达数月、一年甚至数年之久。这种投入是一种注意力的聚焦，所谓"精神关注"就是一种被吸引的状态。例如，杨国斌在对 BBS 论坛进行观察时，每天在互联网上用约6个小时观察相关 BBS 论坛，关注网络抗争的发展。有研究者认为，"浸染"是网络研究最重要的方法。

3．研究者的角色

研究者一旦进入网络这个田野，在参与观察过程中，只要"冒泡"，自己便是其中的一员，与研究对象共享相同的集体情感和经验，甚至参与形塑网络空间及建构新型文化。研究者的这种参与是一种"深度参与"。因此，研究者在网络田野调查中的角色除是观察者和参与者外，还常常成为网络文化的积极"实践者"和"创造者"[③]；而实地田野调查的研究者身兼"观察者"与"参与者"。归根到底，他们的参与的目的都是了解研究群体的生活方式，厘清田野中盘根错节的文化脉络，因此，他们的角色更是"文化的阐释者"。

思考与实践

复习思考题

1．解释下列名词：

实地研究	完全的参与者	作为观察者的参与者	
作为参与者的观察者	完全的观察者	民族志	
网络民族志	田野调查	网上田野调查	
个案研究	个案调查	典型调查	蹲点调查

---

① 刘亚. "二奶"阿珍：一个在虚拟世界中构建主体的故事.

② 罗伯特·V. 库兹奈特. 如何研究网络人群和社区：网络民族志方法实践指导[M]. 叶韦明，译. 重庆：重庆大学出版社，2016.

③ 孙信茹. 作为文化实践的网络民族志——研究者的视角与阐释[J]. 中国农业大学学报：社会科学版，2019(8)：102-111.

2．通过本章的学习，你对定量研究范式与定性研究范式的差异有怎样的认识？

3．哪些问题适用于定性研究范式？哪些问题适合用个案研究的方法？

4．田野调查的基本步骤有哪些？

5．研究者进入现场可以采用哪些角色？各种角色的特点是什么？

6．进入现场后，如何与当地人建立与维持友善的关系？

7．如何选择网上田野？网上田野调查与实地田野调查的异同点有哪些？

8．个案调查适用于哪些问题？怎样进行个案调查？

9．行政管理视角下的典型调查适用于哪些问题？典型调查与社会学研究的个案研究有什么共同点和不同点？怎样进行典型调查？如何选择"典型"？

10．对定性实地研究、个案调查、典型调查做出评价。

实践与合作学习

1．就自己感兴趣的问题，上网查阅网络民族志研究和个案研究的论文各一篇。

2．结合本研究小组课题，针对已经得出的研究结论，讨论是否有必要进一步做定性研究，对调查对象开展观察或访谈，以便深化统计分析的结论，或找出某些极端的个案。

第12章 定性资料的搜集

定性资料的来源主要有两个：一是文献资料；二是研究者从调查现场及网络得到的各种以文字、符号表示的记录、访谈记录，以及其他类似的记录材料和搜集的实物。文献资料的搜集已在第2章介绍。在实地研究及网上田野调查中，观察与访谈都是搜集资料的重要环节，可以说贯穿调查的始终。但是，观察法与访谈法绝不仅于此，本章将较详细地介绍定性调查研究中的观察法和访谈法，即不包括结构式观察和结构式访谈。

本章思维导图

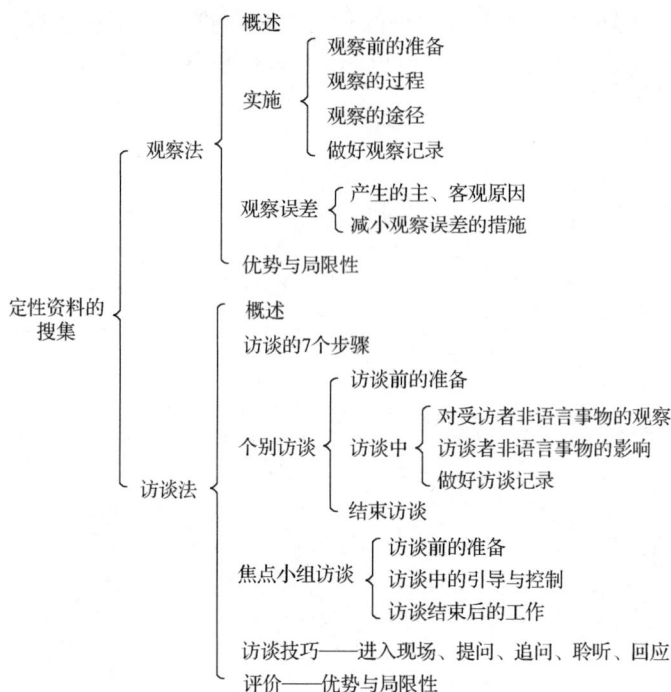

12.1 观 察 法

12.1.1 观察法概述

1. 观察法的概念

所谓"观"，意指看；所谓"察"，意指详审、细看和研究，因此，观察是一种受思维影响的、有意识的、主动的、系统的知觉活动。观察是人们日常生活中广泛采用的一种活动方式。观察法很早就为人们所采用。孔子曾说："始吾于人也，听其言而信其行；今吾于人也，听其言而观其行。"（《论语·公冶长》）就是指用观察法来认识人。英国社会学家莫舍曾说："观察可以认为是科学研究的第一等方法。"恩格斯在研究欧洲工人的生活状况时，亲自到当时英国伦敦工人聚居的贫民窟进行观察，在搜集大量材料的基础上，写成了《英国工人阶级状况》一书。正确运用观察法开展社会调查，是每个社会调查研究人员的基本功。

在社会学中，观察法是指研究者根据所要研究的问题及所要了解的事实，有目的、有计划地运用自己的感觉器官或借助科学观察工具，能动地了解处于自然状态下的社会现象的方法。通过观察主动地获得有关社会现象的非语言资料，成为社会科学研究的最基本方法之一。

采用观察法进行调查，既不同于日常的观察，也不同于其他社会调查方法，它具有以下特点。

(1) 与日常的观察相比，观察者总是要带着一定的研究目的与研究方向，以一定的理性为指导进行自觉的观察。观察前，要有明确的目的或任务，要进行知识准备，拟定观察计划，对观察内容、对象、方法进行系统的思考；观察时，观察者要有正确的观点作指导，仔细观察对象，并进行适当的记录；观察后，要进行整理和总结。观察的过程始终伴有积极的思维活动，观察者要努力做到正确地理解和说明观察对象的各种外部表现、各种社会现象的发生、发展过程。显然，这些既与人们对路旁的建筑、行人的那种自发的不经意的观察不同，也与对他人"察言观色"不同，社会调查中的观察是观察者有目的有计划的一种系统的认识活动。

(2) 与其他社会调查方法相比，使用的工具不同。抽样调查使用的工具是问卷，电话访问时还要用电话等物质工具。而观察法的工具是观察者的所有感觉器官，主要是眼睛、耳朵等，他们全神贯注，仔细地看和听，有时还要借助科学的观察仪器，如照相机、摄像机、录音机、望远镜等，实验室观察还可能用到单向透镜，这些工具是人的感觉器官功能的扩大和延长，可以对观察结果的准确性产生重要的影响。

(3) 观察法是在自然情景下进行的，可以最大限度地减少对观察对象的干扰，观察者可以及时而直观地观察到正在发生的、处于自然状态的社会现象，不仅在一定程度上避免了人为干扰造成的偏差(如调查对象为迎合调查人员而说假话、故意制造人为的假象等)，减小了得出错误结论的概率，而且会获得较生动具体的资料，甚至获得某些意想不到的结果。

2. 观察法的分类

基于研究的目的不同，所需资料的性质不同，观察形式也有很大不同，依据观察场所、观察者角色、观察的程序及观察对象可对观察法做出如下的分类。

(1) 依据观察场所，可分为实验室观察与实地观察。

实验室观察通常在具有单向透镜、录像机、录音机等设备的实验室中进行，有时也会在教室、会议室、俱乐部等自然场所进行，但事前必须经过一定程度的控制，如设置某些观察工具、规定观察的程序和内容等，使这些场地与实验室条件尽可能接近。由于这种观察被置于人为的情境下，能够控制其他变量的干扰，所以有助于获得现象之间的因果关系。但正因为有人为控制，所以观察结果不一定是在自然场景下的真实状态。这种观察在心理学研究中应用较多，社会调查很少使用。

实地观察则是在完全自然的环境中对所发生的现象进行观看、倾听和感受，对观察场所和观察对象没有(也不可能)进行任何控制，因此能够真实地反映现实生活状态，但现场发生的事件有时是具有偶然性的，而观察者计划观察的现象有时需要漫长的等待才能观察到。

(2) 依据观察者角色，可分为参与观察与非参与观察。

第 11.2 节已有介绍，这里不再赘述。

(3) 依据观察的程序，可分为结构式观察与非结构式观察。

结构式观察也称标准化观察、系统观察或有控制观察，在第 11.1 节中作为定量的实地研究，已详细介绍。

非结构式观察也称非标准化观察、简单观察或无控制观察，是实地研究中最主要的观察技术，多采用参与观察的方式。观察者事先并不专注于某些特定的行为或特征，只是有一个总体的观察目的和要求、大致的观察内容和范围。观察者可以依据现象的发生、发展和变化的过程，进行自然观察，随着在实地观察时间的推移，根据对实地环境的了解，就会依据观察对象的具体情况进行有选择的观察。因此，非结构式观察比较灵活，然而对观察者的要求也比较高，敏锐的观察者可以捕捉到许多非常宝贵的资料，而初学的观察者在没有任何事先准备的情况下，可能仅仅搜集到许多比较零碎、分散、缺乏系统的资料，难以进行整理与分析。

(4)依据观察对象，可分为直接观察与间接观察。

直接观察是对当前正在发生、发展和变化着的社会现象进行的观察。研究者亲自耳闻目睹社会上正在发生的各种事件的过程，目睹人们当时的行为表现。直接观察的局限性在于观察者和观察工具对被观察者的影响。

间接观察则是对人们在行为发生之后、事件发生之后留下的痕迹的观察。间接观察包括物质痕迹观察和行为标志观察。物质痕迹是指人们的行为所留下的迹象，包括古迹、遗址及各种损蚀物、遗留物等。行为标志观察则是"通过一些表面的或无意识的现象来推测人们的行为方式和价值观。它假定，这些现象是人们行为和态度的间接反映"[①]。间接观察对被观察者没有任何影响，因此可以搜集到真实行为的资料，但是很难对其有效性进行检验。

根据其他标准，还可以将观察分为一次性观察和连续性观察、静态观察和动态观察、定性观察和定量观察、探求性观察和验证性观察、全面观察和重点观察，以及长期观察和定期观察等。

以上各种观察法之间存在着一定的联系，参与观察显然是实地观察、连续性观察、长期观察、定性观察，并且采用非结构式观察；而实验室观察往往是非参与观察、定量观察，并采用结构式观察。

3. 观察法的作用与适用范围

观察法作为社会调查的主要方法之一，可以提供有关社会行为详细的第一手资料，可以对社会情境有大量而丰富的直接的感性认识，因此，成为取得社会信息的重要手段，成为社会研究的开端，既可以为社会研究发现问题、提出问题提供基础，也可以为研究假设的提出和验证提供基础。

一般地，观察法适用于以下几种情况。

(1)观察法对社会现象的观察具有直接性，可以当时当地观察到社会现象或行为的发生，因此特别适合搜集正在发生的社会事件具体情况的第一手资料。例如，对于社会突发事件，观察者亲临现场，能够把握整个现场的情况，感受当时的氛围，并通过录音、录像得到详细、可靠的信息。

(2)由于观察并不一定要通过语言的交流来获取资料，因此，观察法非常适合调查对象有语言沟通困难或难于配合的情况，如对聋哑人、幼儿、自闭症患者等的研究、对少数民族的研究，可通过观察获取各种非语言信息。

(3)观察一般在自然环境中进行，对研究对象的干扰较小，可以得到真实行为的资料。因此，观察法比较适合调查人们的外在行为。例如，在市场调查中，研究人员可以通过观察消费者的行为来测定品牌偏好和促销的效果。

(4)作为某些研究方法的辅助方法，如在访谈前进行一次预备性的观察，可以使访谈的内容更有针对性。

---

① 袁方，王汉生. 社会研究方法教程(重排本)[M]. 北京：北京大学出版社，2004.

观察法以观察者自己为工具进行调查，限于观察者个人的条件(如活动空间等)，因此比较适用于规模较小的、较深入的调查，而不适用于较大规模的调查；比较适合回答"谁在什么时间、什么地方与谁做了什么"之类的问题，而不适合回答"他们为什么这么做"之类的问题。

12.1.2　实地观察实施中的几个问题

实地研究的步骤和实施中的一些具体问题已在第 11.2 节中有较详尽的说明，这里主要讨论与参与式观察有关的几个问题。

1. 观察前的准备工作

1)确定观察问题

确定观察问题与确定研究问题不同，研究问题一般比较抽象，而观察问题是为了回答研究问题而提出的更加具体的问题。例如"影响学生学习成绩的因素有哪些?"为研究问题，而相应的观察问题则是"排在前十名和后十名的学生是怎么记课堂笔记的?""他们都在什么地方上自习?""他们对老师批改后的作业是否纠错?"等。

2)制订观察计划

观察计划应包括观察的内容、对象、范围和地点，观察的时间、时间长度、次数，观察的方式和手段，观察的程序安排，观察资料的效度，观察中涉及的伦理道德问题等。这些直接影响通过观察获得的资料的质量。例如，对学生在食堂用餐的观察，学生刚下课集中到食堂就餐的场景与 1 小时之后的场景是完全不同的。显然，应该选择学生最多的时段；在观察程序上，是先到各个食堂普遍看一下，然后选择一个有代表性的食堂，还是选择一个学生最多、最拥挤的食堂? 是先观察整个食堂中学生排队、打饭的情况，还是先观察某个或某几个学生的用餐情况? 这些都要反映在观察计划中。

3)设计观察提纲

观察的内容主要包括以下 4 个方面：①实地环境和事件发生的现场情境；②观察对象的外部特征及其相互关系；③人们行动的目的、动机、态度；④社会行动的类型、事件和行为产生发展的过程、性质、细节与影响等。

通过设计观察提纲，可以将观察内容更加具体化。观察提纲一般至少要包括"谁""什么""何时""何地""如何""为什么" 6 个问题。例如，对事件的观察提纲可由以下问题组成。

(1)有谁在场? 他们是什么人? 他们的角色、地位和身份是什么? 有多少人在场? 这是一个什么样的群体? 在场的这些人在群体中各自的角色是什么? 谁是群体的负责人? 谁是积极参与者? 谁是旁观者?

(2)发生了什么事? 在场的人有什么表现? 他们说或做了什么? 他们之间的互动是如何开始的? 哪些行为是日常生活中的常规? 那些是特殊的表现? 不同的参与者在行为上有什么差异? 他们行动的类型、性质、细节、产生与发展的过程是什么? 在观察期间他们的行为是否有所变化? 事件最后是怎样结束的?

(3)事件是什么时候发生的? 事件持续的时间有多长? 出现的频率是多少?

(4)事件是在哪里发生的? 这个地点有什么特点? 其他地方是否也发生过类似的事件?

(5)事件是如何发生的? 事情的各个方面之间存在什么关系? 有什么明显的规范或规则?

(6)事件发生的原因是什么? 人们行为的目的、动机和态度是什么? 对于这件事人们有什么不同的看法? 对此可以向在现场的人进行询问，以便获知当事人及旁观者的想法。

2. 进入研究现场，进行观察活动

1) 观察的途径

在自然情景下，通过观察来获取所需要资料的途径主要是"一看二听"，必要时还可借助仪器。怀特在《街角社会》中曾写到多克对他说的话："比尔，你少提出'谁''什么''为什么''什么时候''在哪儿'这类无聊的问题，你这样一问，人们就什么都不说了。既然人们肯接受你，你就在这一带多串串，日子长了，不用问什么，你也能得出答案。""多串串"就是要让怀特通过多看、多听的方法来了解人们的活动和人与人之间的关系。

看，就是要集中精力去看，仔细地看。参加某个聚会，就要观察人们的穿着、发型、坐姿、坐在哪里、和谁坐在一起，观察他们的表情、手势等非语言交流。之所以要留意这些细节，是因为"社会生活的核心是通过世俗的、琐碎的和日常琐事来进行交流的"①。从中可以解读人们的角色、地位、品味乃至人与人之间的关系。1961年，刘少奇在湖南天华进行实地调查时，有一次，他看到路边有一堆小孩子的粪便，便随手拾了一根小棍子，扒开粪便，看到的都是菜叶，由此得出"大队还是缺粮"的结论。

研究者作为旁人听取别人的谈话，聆听观察对象与他人的谈话，包括那些与观察对象相关的其他人之间的谈话。研究者必须与观察对象成为最低限度的熟人，即观察对象已经习惯了研究者的在场。只有这样，研究者与观察对象及其人际关系才能共处于同一个场景之中，才不至于破坏观察对象与他人聊天的自然情境，参与聊天的人才自在。为了尽量减少研究者的介入及其带来的影响，研究者应该尽量弱化自己，要少插嘴，努力保持观察对象与其朋友始终是交谈的主角，使观察对象最大限度地在自己的人际关系中自由自在地呈现自己。研究者要话里听音，听出各种各样的暗示、隐喻、言外之意，如话里有话、旁敲侧击、指桑骂槐等。这就需要研究者把旁听到的内容与现场观察到的谈话者的动作、表情、神态等非语言表达联系在一起来理解，而且要对与观察对象交谈的那个人或者那些人的基本特征与情况，对研究者参与到其中的反应，对整个交谈的场景与情境等有所把握。

观察法并不限于直接观察，也包括了解日记、信件、回忆录等有关观察对象的历史材料，可以运用录音、录像、照相等方法记录他们的活动，以便根据客观、精确、系统的记录，进行更充分、更翔实的分析研究。但这里涉及伦理或法律问题，原则上利用科学仪器应该得到观察对象的知情同意，但有些"特殊"的观察，会在观察对象未知情的情况下，采用隐蔽观察、伪装观察，这些观察必须在观察目的上没有损害国家、社会和观察对象的动机；在观察过程中没有干扰国家、社会和观察对象的正常活动；没有侵犯观察对象的个人隐私；观察结果没有损害国家、社会和观察对象的利益，可以认为不存在违法，但事后必须向观察对象说明有关情况和原因。

2) 观察是一个从开放观察到焦点较集中的过程

观察始于参与观察者进入现场的那一刻。此时，观察者面对的是一个全新的环境，除了搜集资料，主要通过看和听来熟悉研究现场，包括全面地考查环境(自然条件和社会环境)的主要特征；有意识地了解日常生活中人们的行为方式，注意每个人身上可观察到的外形特征、言谈举止、行为习惯等；观察人们之间交往的方式和人际关系；熟悉和搜集有关人物和事件的资料等。总之，在初期应有一个开放的心态，对研究现场进行全方位的、整体的、感受性的观察。乔金森还提醒观察者，"在你对所发生的事情形成初步印象之前，应该限制你在现场的直接参与。理想的情况是，你出现在现场而不引人注意"②。

---

① 劳伦斯·纽曼. 社会研究方法[M]. 5版. 郝大海，译. 北京：中国人民大学，2012.
② 丹尼·L. 乔金森. 参与观察法[M]. 龙筱红，等译. 重庆：重庆大学出版社，2009.

一旦熟悉了研究现场，就应该根据出现的问题和研究的主题选择观察的重点，进行焦点式（focusing）的观察。做法是从范围最大的现象开始，逐渐将注意力集中到特定的现象上，对它进行更具体、更系统的详尽观察和分析，这又会使你再次聚焦、再次观察，如此不断重复，焦点逐渐缩小。乔金森谈到了他对神秘主义的研究就经历了这样的过程：①

"我对神秘主义最初的兴趣是占卜活动。在确定研究地点的过程中，发现了专门经营神秘主义书籍和用品的商店，观察这些商店，使我列出了一份有关当地某个神秘主义者社区及一些个人和集体的清单。通过对这个社区内各种活动的观察，我获得了传播神秘主义信仰的环境，及神秘主义团体和个人的社会网络的概念。通过这些网络的观察，我将神秘主义社区划分为若干部分。对这些部分的观察使我能够辨别其中的个人和团体。而对这些团体和个人的观察，又让我得以描述他们特殊的信仰、行为习惯和意识形态。"

他给出的结论是，起初的观察会增加一些你感兴趣的问题，对这些问题的关注使你确定其他观察对象，如此循环往复，就像一个永无止境的观察—分析—重新定义—再观察的循环圈。

3．做好观察记录

参与观察的资料主要是观察记录。要保证资料的准确性，就要首先及时地、正确详尽地做记录，其次科学地整理与分析观察记录（将在第 13 章介绍）。

先看一看怀特在科纳维尔进行参与观察时是如何做观察记录的。

怀特在观察以托尼为首的非法团伙时是从绘制地位图开始的。他认为，在做出决定时，社交中关系最密切的人会站在一边，于是着手记录每天晚上在俱乐部里观察到的人群组合情况。当晚间活动达到高潮时，他观察活动室里哪些人在一起交谈、打牌，或有其他相互作用，数着房间里的人数，好知道需要说明多少个人的情况。他在心里形成一幅图，把人们与桌子、椅子、长沙发、收音机等联系起来。当人群之间有某种相互作用时，就努力记在心里。尽管他有时会在这些人待的房间里做一些笔记，不过多数是在回家之后凭着记忆画出来的。在整个过程的观察中，他一共记录了 106 种组合，随着画出来的图越来越多，哪些是比较重要的社交组合，哪些人动摇于俱乐部的两派之间便显而易见了。通过多次审阅、整理这些资料，他发现，在 462 个名字中只有 75 人不完全属于某一派，"这些数字尽管很原始，却似乎表明确实存在着两派。这对于理解该俱乐部的任何决定都将是很重要的"。为了能够发现俱乐部里有影响的人物，他在笔记中将观察到的每个由 A 为 B 发起行动的事件都列成表，通过 6 个月的观察和记录，当他将涉及 3 人以上的事件列成表时，组织中的等级结构就清晰地显现了。

怀特的做法表明：①记录对于实地研究十分重要。不仅为事后的分析提供了一个文本，而且记录事件或行为的过程也是观察者理清事实、不断思考、提出假设的过程。②观察记录最好与观察同步，实在不行，也要在观察后尽快地追记，此时对观察现场的记忆最鲜活。实践证明，"及时"记录，是记录"正确详尽"的前提。为此，可使用自己设计的速记符号，有时也可以事先做些准备，如在参加观察对象的集会之前，先将会议室桌子、椅子会标等的位置画出，然后就可以将出席人员的就座情况既快又准地标出。③记录要翔实、清晰，要按照时间的顺序，将所有发生的事情、环境、具体的细节等进行"全景式"描述，而不是摘要，不是结论式的。

至于观察记录的格式，与观察的内容、观察者的风格、观察的时间、地点及使用的工具都有关系，而且不同的学者也有不同的建议。例如，叙兹曼和斯特劳斯提出观察记录分成 4 个部分：实地笔记，专门用来记录观察者看到和听到的事实性内容；个人笔记，用来记录观察者个人在实地观察时的感受和想法；方法笔记，记录观察者的所使用的具体方法及其作用；理论笔记，用于记录观察者对资料进行的初步理论分析。观察记录的具体形式为表格。例如，表 12-1 乃是对大学食堂所做的观察记录。劳伦斯·纽曼提出的 4 种笔记类型为"直接观察""推论""分析"和"私人日记"[①]。

表 12-1　实地观察记录表[②]

实地笔记	个人笔记	方法笔记	理论笔记
12:00　食堂里约有 300 人，10 个窗口前的队伍平均 4 米长	我感觉很拥挤	这个数字是我的估计，不一定准确	中午 12 点似乎是学生就餐的高峰
…	…	…	…
12:20　一位女生将一勺菜送到旁边男生的嘴边，望着对方的眼睛说："想不想吃这个菜?"	为什么这些恋人在公共食堂如此"放肆"?!我对此有反感	我现在与他们坐在同一张桌子上，可以听到他们的对话	似乎女生喜欢主动向男生"献殷勤"，这与我平时的印象不一样，需要进一步观察和检验

12.1.3　努力减小观察误差

1. 产生观察误差的原因

在现场观察中，产生观察误差往往是难免的，"眼见为实"并不总是正确的。

英国曼彻斯特市的一位医生在给学生上课时，用手指在糖尿病人的尿样里蘸了一下然后尝了尝，他要求学生们照他的样子重复一遍，学生们都愁眉苦脸地勉强照着做了，一致同意尿样是甜的。这位医生笑着说：如果你们仔细观察就会看到，我伸进尿样里的是拇指，舔的却是食指。这个例子说明人为操作的弄虚作假的事物，带有很大的迷惑性和欺骗性，观察者从表象上看到的都是精心设计的假象，但同时我们也看到，学生们对这位医生的信任和观察的粗心也是"喝尿"的重要原因。这就说明，产生观察误差既有主观原因，也有客观原因。

1)主观原因

基于观察者本身的原因主要有以下几个。

(1)观察者的立场、观点不同，观察的社会视角就会不同，感受也就不同。事物的特性是多样的，从视角看是不一样的，人们常说的"横看成岭侧成峰，远近高低各不同"就是这个意思。面对街头那些残疾的乞讨人员，有人看到的是他们的病痛，心中充满了同情，甚至给予帮助；有人则看到的是他们好逸恶劳，心中充满了厌恶。

(2)观察者的兴趣、情绪等不同，观察结果也会不同。在田园风光中，植物学家眼里看到的是植物，动物学家眼里看到的是动物，地质学家注意的是地质构造，农夫注意的是庄稼，关注民生的政府官员注意的是农民的疾苦，一般的旅游者看到的则是赏心悦目的风景。再如，对于图 12-1，当你心情好的时候，能看到少女，而心情不好的时候，看到的却是巫婆。

(3)观察者的素质(思想意识、知识结构、能力与经历等)不同，观察的结果也会有所不同。"外行看热闹，内行看门道"说的就是知识结构问题。图 12-2 所示是一幅测试观察能力的图，图中隐藏着 11 个人头，你能观察到几个?这反映的是观察能力。

(4)受到感觉器官感受能力的限制，观察也会产生误差。近视眼患者对远处物体的形状、色盲患者对物体颜色的观察都会产生误差。人们对图 12-3 中的横线与竖线的长度的观察也会产生错觉。

---

① 劳伦斯·纽曼. 社会研究方法[M]. 5 版. 郝大海，译. 北京: 中国人民大学，2012.
② 陈向明. 质的研究方法与社会科学研究[M]. 北京: 教育科学出版社，2000.

图 12-1　你看到了什么？　　图 12-2　你看到了几个人头？　　图 12-3　哪条线长？

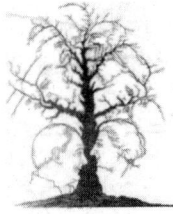

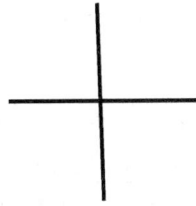

2) 客观原因

产生观察误差的客观原因主要有以下几个。

(1) 客观事物发展不成熟，其本质尚未通过现象充分暴露出来时，观察就难免产生误差。例如，我们看到一个 2 岁的男孩很少说话，往往就认为他可能发育得晚一些，性格有点孤僻，而没有想到他患有自闭症。

(2) 人为制造的假象是造成观察误差的重要原因。例如，在"大跃进"的年代，为制造亩产高达万斤的谎言，把成熟的稻子往一亩地中栽，将人坐在稻穗上说说的照片登在报纸上，造成假象。

(3) 观察活动引起观察对象的反应性心理和行为，虽然这些行为并不是刻意伪装的，但是必然会造成观察误差。例如，有的学生平时与自己要好的同伴有说有笑，甚至是个"话唠"，但在班集体活动录像时却因紧张说话结结巴巴，与平时表现判若两人。

(4) 观察中使用的仪器精度或灵敏度不高、光线较暗、观察现场嘈杂等都会产生观察误差。

2．减小观察误差的措施

观察误差不可避免，只能尽力减小，针对产生观察误差的原因，除要求观察者应感觉器官正常外，还可以采取以下几项措施，力求做到观察结果基本准确。

(1) 不断提高观察者的基本素质，如严谨求实的科学精神和研究作风、认真负责的工作态度、良好的观察习惯和善于将观察与思考紧密结合的思维方式等，都是减小观察误差的基本保证。贝弗里奇在《科学研究的艺术》中指出："在研究工作中养成良好的观察习惯比拥有大量的学术知识更为重要。"他还说："在观察时，人们应该培养善疑、多思的思想方法，任意搜寻值得追踪的线索。"而这些不是一日之功，如果在平日里注重培养能够对观察对象以不同的视角进行观察，则进入观察现场后就能够获得丰富的感性资料，减小观察误差，较全面地认识事物的本来面貌。

(2) 观察是一种技术，提高观察者现场观察的技能十分重要。例如，在实地观察前要做好各项准备，包括掌握现场记录与速记方法，以及各种观察工具的使用方法，要结合实地研究的课题了解有关的学科知识和观察对象的历史与现状、应遵守的伦理道德和纪律等。如果是一个由多人组成的课题组，除进行上述培训外，还可以组织有经验的和无经验的研究人员共同观察同一社会现象，然后进行交流，借以提高无经验的研究人员的观察水平。

(3) 进入现场前，要准备好现场观察所需仪器，在观察现场要及时做好观察记录。

(4) 为避免观察对象出现紧张行为，尽可能减少对观察对象的干扰。在进入实地观察时应采取两项措施。一是观察者应与观察对象建立良好的人际关系，如果观察对象将观察者视为自己人或朋友，那么当观察者参与观察对象的活动时，观察处于一种自然的状态，就不会引起观察对象的异常表现，也有利于了解观察对象使用的俚语、方言，从而不会对观察对象进行的对话、非语言表现产生误解。二是尽可能减少观察活动对观察对象的影响。例如，记录时尽量不要让观察对象觉察，采取隐蔽观察、事后尽快通过回忆进行追记、"微服私访"等。

(5) 将多种调查方法相结合，对不同方法的调查结果进行比较，以减小观察误差，提高观察结果的可信度。例如，对同一社会现象选择多个观察对象进行横向比较，或将多个观察者对同一个观察对象的观察结果进行横向比较；对同一个观察对象在不同时间进行观察，然后进行前后比较；还可用将实地观察与实地访谈结合，一些虚假的情况就会在访谈中被发现。

12.1.4　观察法的优势与局限性

观察法的优势表现在以下 3 个方面。

(1)通过观察，特别是实地观察，观察者直接观察到人的行为和事件发生、发展的过程，能够把握当时的全面情况、特殊的氛围和情境，通常能够获得直接的、具体的、生动的感性认识和丰富的第一手资料。

(2)观察是在自然的情境中进行，对观察对象干扰较少，尽管会有观察误差，但与抽样调查与口头调查相比，所获得的资料相对更真实、可靠。

(3)观察法简便易行，比较灵活，因此应用比较广泛。

观察法的局限性如下。

(1)为了能够观察到想要观察的现象，往往耗时较长，导致调查成本提高。

(2)观察到的往往是表面现象，不能直接观察到事物的本质和人们的思想意识。例如，对人们的动机、价值观等内在的因素较难观察到，即只能说明"是什么"，而很难说明"为什么"，观察不易深入。

(3)观察到的现象往往带有一定的偶然性，因此单凭观察所得到的结果很难下结论。

(4)观察结果的质量受限于观察者的素质。一方面人的感官都有生理限制，超出这个限制就很难直接观察；另一方面，观察结果会受到主观意识的影响。

(5)观察法不适用于大规模调查。

鉴于观察法的局限性，为了能够取得良好的调查结果，需要将观察法与其他调查方法结合起来使用。

12.2　访　谈　法

访谈法是指访问者通过口头交谈的方式，从访谈对象那里搜集有关社会情况或探讨社会问题的第一手资料的调查方法。第 6 章介绍了结构式访谈和电话访谈，本节将对访谈法做出进一步介绍。

在第 6 章中，对访谈对象的称谓是"被访者"。在抽样调查的面对面访谈中，视访谈对象为一个被动的参与者，访谈的过程是一问一答的过程。但是在实地访谈中，访谈是一个双方互动的过程，为反映访谈对象的主动地位和参与深度访谈的积极性，访谈对象的称谓往往为"参与者"或"受访者"等，这里采用"受访者"。

12.2.1　访谈法概述

1. 访谈法的分类

从不同的视角考查访谈法，就会有不同的分类。按访问者与受访者交流的方式，可分为直接访谈与间接访谈；按访问者对访谈控制的程度，可分为结构式访谈、半结构式访谈和无结构式访谈；按访谈的人数又可分为个体访谈和焦点小组访谈等。

1)无结构式访谈与半结构式访谈

无结构式访谈，也称非引导式访谈，访谈者仅仅确定一个题目，鼓励受访者把自己的信仰、价值观、行为以及生活环境客观地加以描述，以便了解受访者对自己和周围社会的认识。在访谈过程中，访谈者只是起到一个辅助的作用，尽量让受访者根据自己的思路自由联想。这种访谈常用于了解有关个人、组织、群体的客观事实及受访者的主观态度。但回答往往要求深入具体，访谈者通过不断的追问和提问获得详细深入的回答。访谈的形式不拘一格，访谈者可以根据现场情况随机应变。因此，无结构式访谈双方都有较大的空间，能够充分地发挥各自的积极性和主动性，访谈所搜集的资料较丰富，不仅有访谈者所需要的东西，而且还会得到受访者的其他信息，甚至意想不到的内容。

半结构式访谈又称半标准化访谈，在访谈过程中，访谈者对访谈的结构具有一定的控制作用，在访谈前没有统一的问卷，而是拟好访谈提纲和主要问题，但可以根据访谈时的情景灵活决定具体如何提问。访谈进程和使用的话语具有一定的自由度，即在访谈者提出问题的同时鼓励受访者提出自己的问题，根据访谈的具体情况可以对访谈的程序和内容进行灵活的调整。半结构式访谈能够比较充分地发挥访谈者的主观能动性，对问题进行更深入的探讨；同时，由于事先拟定好了提纲，所以谈话不会离题。在社会调查、新闻调查中进行的重点访谈和深度访谈都属于半结构式访谈。

在实地研究中，无结构式访谈往往在实地研究的初期使用，以便了解受访者所关心的问题和思考问题的方式，为进一步深入的访谈奠定基础。随着研究的深入，问题不断聚焦，就会使用半结构式访谈，对前面访谈中尚存疑的问题进行追问，以及对焦点问题进行深入访谈。有研究者用两种隐喻说明了这种实地访谈：访问者既是"矿工"，也是"游人"。当采用半结构式访谈时，访谈者的角色是矿工，其工作就是挖掘。当采用无结构式访谈时，访谈者的角色是游人，应该在外在景观之间游移，然后和邂逅的人交谈。游人可以发现一个国家的许多方面，如不知名的地区，或拿着地图在各个地区漫游……游人式的访问者可以和当地居民友好相处，并提出问题引导研究对象说出自己生活中的故事。

2）一次性访谈与多次访谈

这是按照访谈的次数进行的分类。一般地，一次性访谈的内容主要以搜集事实性信息为主，多次访谈则用于深入探究某些问题或追踪调查。一次性访谈往往在抽样调查和普查中采用，而实地访谈一般采用多次访谈。再次或多次访谈大体可分为以下 3 种。

(1) 补充性访谈：是对第一次访谈的补充或修正，如因时间不够需要继续完成原定的访谈计划、发现前次访谈中有些问题遗漏需要补充或某些细节需要完善，甚至有错误需要纠正。

(2) 深入性访谈：对某个问题需要进一步深入探讨。

(3) 追踪性访谈：在前次访谈结束后，为了了解受访者的变化，在间隔一段时间后进行再次访谈。

美国学者塞德曼在其著作中介绍了多尔比里(Dolbeare)和舒曼(Schuman)提出的三轮访谈序列，让访谈者和受访者一起探索经历，并将其置于相应的背景之中。在第一轮访谈中，着眼于生活经历，访谈者的任务是围绕当前的既定研究问题询问受访者，让受访者尽可能多地谈论其经历的背景信息；第二轮访谈了解经历的细节，即集中了解受访者在研究主题范围中的目前生活状态的具体细节；第三轮访谈则反思意义，鼓励受访者反思其经历对自己的意义，尽管这方面的问题可能对受访者的想法会产生一定的影响，但这能揭示受访者的工作、生活和认知及感情之间的联系[①]。当然，进行多次访谈的模式不只三轮访谈一种模式。总体来说，访谈者有一定的问题结构设计，访谈由浅到深、由表层到深层，由事实信息到意义解释。搜集的资料要尽可能达到饱和状态，当从受访人那里再也得不到任何新的资料时，访谈即可结束。

3）个别访谈与焦点小组访谈

个别访谈是访谈者与受访者一对一的面谈，整个过程不受第三者的直接影响。访谈者与受访

---

① 埃文·塞德曼. 质性研究中的访谈：教育与社会科学研究者指南[M]. 3 版. 周海涛, 译. 重庆：重庆大学出版社, 2009.

者有更多的交流机会，受访者更易受到重视，而且由于没有其他人在场，安全感更强，如果对访谈者比较信任，受访者可能对自己的内心世界进行比较深刻的挖掘，访谈内容就会更加深入。

焦点小组访谈是指访谈者邀请若干个参与者，通过集体座谈的方式搜集有关资料。在座谈会上，访谈者主要协调谈话的方向和节奏，让参与者就有关问题充分发表看法，进行讨论。焦点小组访谈是调查研究中常用的一种方法，不仅可提高搜集资料的效率，而且可减轻参与者的心理压力，通过参与者的互动，彼此启发，互相对证，集思广益，有助于提高所搜集资料的全面性和可信度，资料的质量更有保证。但焦点小组访谈可能会产生"团体压力"，有些人有"从众心理"，从而造成某些假象，因此，对于某些敏感性问题，不适宜采用焦点小组访谈。

4) 正式访谈与非正式访谈

根据访谈的正式程度，访谈可分为正式访谈和非正式访谈。正式访谈是事先有计划、有准备、有安排、有预约的访谈。访谈双方在事先约好的时间、地点，就一定的问题和范围进行交谈。而非正式访谈，则是研究者在与对方一起参与活动时，根据当时情景自然地交谈。例如，研究者在街头巷尾、农贸市场、餐馆超市碰上当地人，进行交谈；在参加某些集会时，与坐在旁边的人的交谈等。这些交谈更接近于通常所说的"聊天"，有利于获得自然、真实和灵活的资料，有时还会有意外的收获。

第 6 章还介绍过直接访谈和间接访谈，实地访谈大多采用直接访谈，访问者的言谈举止对访谈的质量至关重要。训练有素的访谈人员会与被访者建立良好的关系，使访谈的内容更深入，也更真实可靠，但若稍有不慎，也会中断访谈。实地访谈只有在极特殊的情况下才采用间接访谈。如很重要的访谈对象因某些原因不在当地，或者在受访者居住得十分分散且访谈工作繁忙的情况下，会采用电话访谈。

2. 实地访谈与抽样调查访谈的比较

实地访谈为半结构式访谈或无结构式访谈，抽样调查访谈是结构式访谈，在整个访谈过程中各个环节的处理上有很多不同。劳伦斯·纽曼给出的说明如表 12-2 所示[①]。

表 12-2　抽样调查访谈与实地访谈的比较

抽样调查访谈(结构式访谈)	实地访谈(无结构式访谈)
有个明确的开始与结束	没有很明确的开始与结束，访问可以在以后随时接上
使用同一份标准化问卷，以相同的顺序来访问所有的被访者	问题与问问题的顺序都配合特定的访问对象与情景而有所变动
访谈者随时保持中立	访谈者对答案表示感兴趣，鼓励与受访者进一步探讨
访谈者问问题，被访者提供答案	好像与友人交谈，但是有较多的访问问题
几乎每次只单独面对一位被访者	访问可以发生在团体情境中，或是有他人在场的情境，随情况而定
有专业化、正规化的语调和焦点，偏离主题的谈话常被忽略	穿插着笑话、故事或其他偏离主题的话题、奇闻逸事，并且都被记录下来
封闭的问题是常见的类型，少有深入的盘查	开放式问题是常见的类型，深入盘查也是常见的现象
访谈者单独控制访问的步调和方向	访谈者与田野受访者共同控制访问的步调与方向
访问发生的社会情境常被忽略，被认为不会造成太大差异	访谈者的社会情境受到注意，并被视为解释答案意义的重要变数
访谈者试图将交流模式放进一个标准框架中	访谈者随田野成员的规范与语言而调整

我们将两者的主要差异概括为以下几点。

---

① 劳伦斯·纽曼. 社会研究方法[M]. 5 版. 郝大海，译. 北京：中国人民大学，2012.

(1)实地访谈是实践过程中习得的一种技术。实地访谈的实施具有较大的弹性,依赖于访谈者的实践技术和个人判断,而抽样调查访谈严格遵循由规则支配的、明确的方法和步骤,是机械式的,无弹性可言。

(2)在实地访谈中,受访者是主动的参与者,访谈是一次观点的互动,正如丹麦心理学家罗宾给出的视觉错觉图(见图 12-4),当我们将关注的重点放在图中的两张脸上时,把他们看成访谈者和受访者,访谈就是这两个人之间的互动。或者,我们将重点放在两张脸之间的花瓶上,这个花瓶就是两个人的观点互动所建构的知识[①]。因此,"访谈是一种知识的社会形成过程"。而抽样调查访谈中的被访者是被动的参与者。

图 12-4　视觉错觉图

(3)实地访谈得到的资料是定性资料,是受访者自己认为重要的问题,是用受访者自己的语言和概念表达自己的观点,对自己生活的许多细节可以进行较细致的描述;而抽样调查访谈得到的资料是定量资料,被访者是按访谈者提出的问题和统一的回答格式给予答案,更详尽、更深层的东西不可能被搜集到。

(4)实地访谈重视访谈者与访谈情境对访谈的影响,而抽样调查访谈则认为访谈情境不会影响访谈结果。

3．实地访谈的作用

实地访谈的作用具体体现在以下几个方面。

(1)通过访谈,可以使访谈者与受访者建立良好的人际关系,进而访谈者能够进入受访者的内心世界,了解他们的价值观念、情感感受和行为规范,了解他们生活中曾经发生的及正在发生的事件,以他们的视角来理解这些事件对他们的影响,了解各种行为背后所隐含的意义。

(2)通过访谈,可以对研究的现象获得比较广泛、整体的视野,从多重角度对事件的过程进行比较深入、细致的描述。

(3)当访谈与其他调查方法,如观察法、抽样调查同时使用时,可以起到检验、扩展研究结果的作用。例如,刘少奇在天华大队调查时,大队干部告诉他没有人浮肿,但他已经见到了浮肿的村民,便知道这位干部说的是假话。

(4)通过访谈,可促使受访者对自己的经历反思,对社会现象进行深层思考,增强受访者的自信,这些都可能对受访者产生积极的影响。

4．访谈的 7 个步骤

丹麦社会学家斯丹纳·苟费尔和斯文·布林克曼特别重视访谈的整体研究设计,并提出了研究性访谈的 7 个理想化步骤。

(1)确定研究主题:在访谈开始之前要系统阐述研究目的和对调查主题的构想。在提出"采用何种方法进行研究及如何研究"之前,要对研究目的和研究内容有明确的概念。

(2)设计:在正式访谈之前,要考虑全部 7 个步骤及研究方案。在研究设计时,首先要考虑是否获得预期的知识,以及是否考虑研究所涉及的伦理道德问题。

(3)访谈:基于访谈提纲,通过对要探寻知识的不断反思及在访谈时与受访者的互动来进行访谈。

(4)转录:准备访谈材料以备分析,这一步通常是将口述材料转换为文字稿的过程。

---

① 斯丹纳·苟费尔, 斯文·布林克曼. 质性研究访谈[M]. 范丽恒, 译. 重庆: 重庆大学出版社, 2013.

(5)分析：根据研究目的和研究主题及访谈材料的性质决定采用哪种分析方法最合适。

(6)验证：确定访谈研究结果的信度、效度和概化。信度是指研究结果的一致性，效度是指访谈研究是否研究了所要研究的内容。

(7)报告：与他人交流研究的成果和符合科学标准的研究方法，考虑访谈的伦理层面，最后形成有可读性的作品[①]。

12.2.2　个别访谈实施中的几个问题

个别访谈从总体上可以分为访谈前的准备、进行访谈和结束访谈3个阶段。这里我们重点讨论访谈前的准备、进行访谈时要关注非言语行为和做好记录，以及如何结束访谈，至于访谈的技巧将在第12.3节讨论。

先看一个案例[②]。有研究者为探讨职务犯罪人员的腐败心理机制，对某监狱的20名职务犯罪人员进行了深度访谈，实施的步骤如下。

第一步，确定访谈对象。根据该监狱监管系统中服刑人员的基本信息筛选被试，入组条件为：犯罪类型为职务犯罪；涉案金额首选"数额特别巨大"，其次为"数额巨大"。

第二步，编制访谈提纲。访谈提纲中的问题涉及成长环境、工作履历、入职动机、人际交往、兴趣爱好、犯罪情节、腐败归因、腐败感知及反腐建议等方面。经过预访谈和专家指导后形成31个问题的板结构正式访问提纲。

第三步，做好访谈准备。在正式访谈开始之前，调取访谈对象的档案，包括服刑人员基本信息登记表、起诉书、刑事判决书等资料，初步掌握访谈对象的基本情况和犯罪情节。

第四步，开展深度访谈。访谈者为一名博士研究人员和一名监狱民警，通过个别访谈的形式完成访谈，访谈过程全程录音。每个访谈对象的访谈时间为60～90分钟。访谈结束后发放日用品作为报酬；所有访谈对象均签署知情同意书。

1．访谈前的准备工作

从上面的案例可以看出，访谈前的准备工作主要包括资料准备、抽取访谈对象、设计访谈提纲，一般还有与访谈对象就某些问题进行协商等。第11章已对抽样进行介绍，这里不再赘述。

1)资料准备

首先，要尽可能了解受访者的有关情况。访谈前应对受访者的情况做尽可能深入的了解。例如，对有关个人生活史的访谈，应了解受访人的经历、价值观、对要调查的问题所持的态度与倾向，甚至性格等，以便访谈开始就有共同语言，能够增进双方之间的融洽关系，也有利于采用适合受访者习惯的语言、方式进行提问，并为判断受访者所述内容的真伪奠定了基础；反之，则会给访谈造成困难，甚至难以进行。例如，美国报刊评论员利布林访问一位著名的赛马骑师，见到骑师的第一句话就是："您赛马时左镫皮带比右镫皮带多放几个眼？"骑师立刻觉得他很内行，就兴高采烈地从马镫谈起他的驭马术。而这位骑师一向不愿与记者交谈，许多记者都认为，让这位骑师开口，比让哑巴说话还难。利布林却让骑师滔滔不绝地同他谈了1小时，而利布林在谈话间只插了十几个字。其实，利布林并不精通马术，只是做了充分的准备，把一般人不注意的细节作为问题提出，骑师既惊讶又高兴，于是"哑巴"开了口。

其次，要了解与访谈问题有关的国家宏观政策、目前的状况及发展趋势。只有掌握了宏观层

---

① 斯丹纳·苛费尔，斯文·布林克曼. 质性研究访谈[M]. 范丽恒，译. 重庆：重庆大学出版社，2013. 需要进一步详细了解7个步骤的读者可阅读该书的第6～16章。

② 赵辉，等. 职务犯罪人腐败心理机制的质性研究[J]. 中国临床心理学杂志，2021(1)：39-45.

面的资料，才能使访谈者对受访者做出正确的分析判断，对相关问题有明确的认知，避免访谈中被受访者误导。

2) 设计访谈提纲

无论是半结构式访谈还是无结构式访谈，事先都要有一个访谈提纲，其目的是提醒自己不要在访谈中遗漏了重要的内容，也有利于受访者回答问题。一个好的深度访谈提纲，可以大大提高访谈的效率。

例如，廉思团队在做北京市新生农民工的访谈时，结合前期的调查问卷设计了访谈提纲，其中包括行业、职业、男女人数；行项目分为"基本信息与经济融入""心理融入与社会认同""社会交往与社会参与情况""其他" 4 项，每项内容又做了细分；而列项目包括"提要""主要问题""追问的信息""结合问卷的题目编号"及"备注"。表 12-3 截取了其中的"家庭与生活"项目的部分内容[①]。

表 12-3　访谈提纲（节选）

提要		主要问题	追问的信息	结合问卷	备注
			基本信息与经济融入		
家庭与生活	家庭状况				
	居住状况				
	未来打算	未来有什么打算呢？	打算留在北京吗？还是回到别的城市？或是返回家乡？可以具体聊聊吗？	C4 题	回家还是留下？职业规划、打算的原因，此题重在追问原因

设计访谈提纲时应注意如下问题。

(1) 访谈应从简短的中性问题开始，问题应该比较开放，不要有前设。例如，对大学新生的访谈，可以问"你对刚刚开始的大学学习生活感觉如何？"，而不要按自己的想法，认为新生不适应大学生活，提出"你对大学的学习生活有哪些不适应？"。

(2) 问题应该简明具体，要使受访者能够听懂，应与所设定的研究问题不同。研究问题通常以理性的问题提出，而访谈提纲中的问题应当用日常用语来表达。表 12-4 所示是《质性研究访谈》中研究中学生学习的内在动机与外在动机的研究问题与访谈问题。

表 12-4　研究问题与访谈问题[②]

研究问题	访谈问题
哪种学习动机在中学占主导地位？	你发现所学课程的重要性了吗？ 你对学习本身有兴趣吗？ 你进中学的主要目的是什么？
成绩以损害对学习的内在动机为代价而推动了外在的工具性动机吗？	你曾经感受到你想读(学)的东西与你 为了拿到好成绩兴趣而不得不去读，这 二者之间冲突吗？
"为成绩而学习"社会化成了"为薪水而工作"吗？	你曾经因为获得好成绩而得到金钱奖励吗？ 你认为钱与成绩之间有关系吗？

① 廉思. 如何有效开展调查研究[M]. 北京: 人民日报出版社, 2019.

② 斯丹纳·苟费尔, 斯文·布林克曼. 质性研究访谈[M]. 范丽恒, 译. 重庆: 重庆大学出版社, 2013.

（3）题目数要适中，陈向明建议"最好只有一页纸，可以一眼就全部看到"。

（4）访谈提纲应随时进行修改，对于同一个访谈者，可根据前一次访谈的情况设计下一次访谈的提纲，或根据对前一位受访者的访谈修改对下一位受访者的访谈提纲。

3）与受访者协商有关事宜

有关访谈事宜，特别是访谈的时间和地点，应该充分协商，安排应尊重受访者的建议。访谈时间包括何时访谈、访谈的时间长度和次数，访谈时间最好安排在受访者工作、学习、家务不太繁忙且心情较好的时段；访谈时间的长度应根据内容而定，有的学者提出 30～90 分钟，也有的提出应在 1 小时以上，不过最好不要超过 2 小时。多尔比里和舒曼所提出的三轮访谈，认为每次访谈时间以 90 分钟最为有效。当进行深度访谈时，可能会对一个人在长达几天、几周或几个月的时期内，在不同的场合对其进行多次为时几小时的访谈。

对于访谈地点，一是要有利于访谈的展开，美联社记者休·马利根认为："假如让你选择访问的场所，要设法做到在后台约见演员，在车站约见侦探，在会议室约见法官，在室外竞选讲台约见政治家，在栏圈约见野牛骑士。这样，即使没有恰当的话可供引用，你至少也可以从他所在的自然环境中找到主题，首要的是，要避免在旅馆的房间里约见被访的人。"二是要从受访者方便的角度考虑，如家中、工作地点或其他受访者认为适宜的地方，应使他们感到安全、轻松，能够自由地进行交谈。

对于不能如约接受访谈的人，要根据不同情况采取不同的措施。对于有客观原因不能如约者，可以根据受访者的要求改变时间、地点；对于不愿意合作的拒访人，要了解拒访的原因，尽可能把工作做细，使受访人转变态度。如经过努力不能办到，当访谈内容为对事件的描述、对受访人基本情况的了解时，可以请熟悉受访者情况的人代为回答，还可以选择与受访者情况类似的其他人作为访谈对象。若以上都不能办到，则只好放弃访谈。

4）物质准备

服装的选择要符合礼仪规范，表明对受访者的尊重，衣着要朴素，避免凸显与受访者身份的差异，更不要着装追逐时尚，佩戴夸张的挂件、饰品。另外，最好事先征得受访者的同意进行录音或拍照，因此要准备好录音笔、照相机、录像机等，以便保留访谈现场实况，便于以后整理；还要准备礼物或一定的礼金，以表达对受访者的感谢。

2．对受访者非语言事物的观察

在访谈过程中，不仅有语言传达的信息，而且有各种非语言事物传达的信息。非语言事物包括人的外部形象、面部表情、动作姿态、说话的音量，还包括环境、用具等，这些非语言事物往往会更加有力地表现出双方的态度、关系及互动的状态，但只有通过细心的观察才能获得它们所承载的信息。

衣着、服饰、打扮及发型等外部形象，反映了一个人的职业、受教育程度、社会地位，甚至性格、爱好等。"眼睛会说话"是人所共知的，访谈中的面部表情、眼神都是受访者内心感受的外部表现，观察其面部表情可以帮助访谈者理解受访者语言。例如，当受访者谈到很伤心的事情经过时，他可能会痛哭，也可能苦笑，甚至微笑，不同的表情反映了受访者对这件事的感受到底是什么，是真话还是假话。再如，受访者频频看表，就表明他希望尽快结束访谈；谈话时手舞足蹈、边笑边说、兴致盎然，表明他谈话正在兴头上，此时马上结束访谈显然就不合时宜。

"听"受访者说话的语态也非常重要。例如，妈妈问儿子："这件事是你干的吗？"儿子不同语态的回答可能表达的是①"我干的。"②"我干的！"③"我干的？"④"是我干的？！"显然它们的内涵是不一样的。

3．访谈者要重视自己对访谈的影响

访谈是一个互动的过程，访谈者与受访者都会受到对方的影响。因此，访谈者在访谈过程中，要将自己对对方的影响程度降到最低。首先，访谈者基本上应是一个倾听者，所提问题是为了将访谈引向深入，问题的提法及访谈过程中对受访者所谈的观点等要尽可能保持中立，不要表态，以使被访谈者不受访谈者的影响，能够将他最深层的想法、情感、行为等毫无顾忌地讲给访谈者。其次，访谈者要重视自己的非语言事物，如果在服饰上与受访者所处的文化环境格格不入，就会影响访谈的进行。例如，如果在受访者讲述自己经历的事件时，访谈者未表现出聚精会神地听，随着情节的发展适度表现出惊讶、高兴或同情，那么受访者就会感到不被重视，不再愿意讲下去。如果访谈者的言谈举止得到了受访者的认同甚至好感，那么访谈气氛就会融洽，对问题的探讨也会比较深入。

4．做好访谈记录

访谈记录和观察记录一样，是实地研究中获取的重要资料，将决定调查研究的质量。访谈记录有两种方式，一种是现场记录，一种是事后追记。

无论是哪种方式，重要的是要尽可能地一字不漏地记录受访者所说的原话，不要用访谈者自己的语言来代替受访者的语言和说话方式，这样才能了解受访者建构世界的方式。为此，可采取两个措施：①在征得受访者同意的情况下，最好全程录音，这样不仅保证了语言的准确性，而且使访谈者的精力更集中于访谈内容，及时地从对方的谈话、非言语事物中捕捉到重要的信息；②如果不能录音，就要设法学会速记，或自己创造一些符号，在访谈时进行速记，事后尽快将细节补充进去。

在记录的内容上，有的学者建议要记要点(主要事实、观点建议等)；记特点(特色事件、表情、语言、思想"火花"等)；记疑点(有疑问的问题，留待后面追问或调查)；记易忘点(人名、地点、组织名、时间和数据等)；主要感受点[1]。还有的学者认为访谈记录有 4 种方式：内容型记录(受访者在访谈中所说的话)、观察型记录(记下访谈者看到的东西)、方法型记录(访谈者自己使用的方法及这些方法对受访人、访谈过程和结果所产生的影响)、内省型记录(访谈者个人对访谈的影响)[2]。还要特别注意，即使受访者已经"跑题"，也要记录下来，也许日后证实，这些材料具有很高的研究价值。

为了提高记录的准确性，在访谈结束前，要将有疑点的问题问清楚，要把容易发生差错的地方和记录的主要内容念给访谈者听，以便核实、更正和补充。

5．结束访谈

这是访谈的最后一个环节，是一个不可忽视的环节。这个环节包含了两项决策：第一，在什么情况下结束访谈，以及如何结束访谈。

当出现下列情况时访谈者应结束访谈：已到了事先约定的时间；已经完成了访谈提纲中的访谈任务；受访者通过非语言行为表达了希望结束访谈的意愿，如总看表、显出倦意、借故离开访谈现场(如去卫生间、去照看孩子、打电话)等；访谈内容不再有新内容，受访者仅仅是在应付访谈者；有突然事件发生，如受访者家中来了客人、办公室有急待处理的公务等。

访谈可以采取下列方式结束：当有突然事件发生时，访谈者可以直接表示结束本次访谈，以便受访者处理自己的事情；在一般的情况下，尽可能以一种轻松、自然的方式结束。例如，给受

---

① 江立华，水延凯. 社会调查教程[M]. 7 版. 北京：中国人民大学出版社，2018.

② 陈向明. 质的研究方法与社会科学研究[M]. 北京：教育科学出版社，2000.

访者语言上的暗示:"您还有什么想说的吗?""您今天还有什么活动安排吗?";也可以给出行动上的暗示:如开始收拾录音笔或笔记本,以暗示今天的访谈就此结束。

在结束之前应对受访者表示感谢,感谢他对自己的信任,能够坦诚地将自己的经历与想法告诉自己;感谢他让自己获得了很多有价值的材料和信息,学到了很多知识;感谢他对研究工作的支持与合作,以及为此付出的时间和精力;一般还应赠送一个小礼物,以示感谢。

如果需要再次访谈,在访谈结束时还应对下一次访谈的时间和地点进行商定。访谈的时间间隔应控制在 3～7 天,这样既可以使受访者反思自己的访谈情况,也不至于忘记两轮访谈之间的关系。

12.2.3　焦点小组访谈实施中的几个问题

焦点小组访谈,也称集体访谈或焦点团体访谈,是访谈者邀请若干个访谈对象,同时进行访谈,通过访谈者与受访者、受访者与受访者之间的多层次互动与交流,了解社会情况或对研究的问题进行探讨。毛泽东曾说:"开调查会,是最简单易行又忠实可靠的方法,我用这个方法得到了很大的益处,这是比什么大学还要高明的学校。"[①]时至今日,召开调查会仍是社会调查的重要方法。焦点小组访谈与个别访谈都是面对面的直接访谈,但焦点小组访谈不仅有访谈者与受访者之间的互动,而且有受访者之间的互动,因此,组织好焦点小组访谈,不仅需要访谈者有娴熟的访谈技巧,而且要在访谈前做充分的准备、在访谈中有驾驭会议的能力,能够组织和引导受访者之间的互动。

1. 焦点小组访谈前的准备

与个别访谈一样,在访谈前要确定访谈的主题、制订访谈大纲、确定访谈地点和时间等,不一样的是要确定小组的规模,而且对访谈对象的选取更为复杂。

小组的规模一般为 6～10 人,也有人认为应为 5～7 人,如果希望在短时间内获得较多人的看法和建议,也可以适当扩大规模。对于一个调查主题,焦点小组访谈要组织多次,一般是 3～6 次,也可能更多。1961 年刘少奇在湖南的调查就召开了 20 多次座谈会。

选取访谈对象的原则一般如下。

(1)访谈对象要具有同质性,他们的个人背景和看问题的角度同质性强,就会有较多的共同语言。

(2)访谈对象之间或者不认识,或者彼此比较信任,否则出于"自卫",会影响受访者在访谈中畅所欲言。

(3)以了解情况为主的访谈,应选择对情况比较了解的主管人、当事人、知情人等参加,如果是以研究问题为主,则应选择对该主题有实践经验的人、有过理论研究的人、有独特见解的人。

(4)敢于直言的人。

(5)有代表性的人。

访谈前要拟定实施访谈的程序表,对要做的工作与时间进行安排。例如,与访谈对象联系,说明访谈的目的与内容,如果访谈对象由于某些原因不能参加,就要及时更换人选;如果访谈对象接受访问,则要请其做好访谈的准备,告知访谈地点与日期、大约要谈多长时间,并在访谈的前一天落实,询问访谈对象是否可以按计划进行。

---

① 毛泽东. 毛泽东农村调查文集[M]. 北京: 人民出版社, 1982.

2．焦点小组访谈的过程

1) 开始访谈

访谈应在轻松、愉快的氛围中开始。访谈者作为主持人可以先简要地介绍访谈的目的、意义、内容和要求，然后请参与者进行自我介绍或主持人向大家介绍与会各位的情况。

为了打破访谈开始时可能出现的暂短的沉默，可在会前安排一位参与者做好准备，第一个发言。

2) 访谈中的引导与控制

个别访谈中的技巧对于焦点小组访谈同样适用(参见第 12.3 节)，需要特别关注的是，面对多人的参与，要通过主持人的问题与行动、表情的使用，把握好访谈的主题，避免"跑题"，防止少数人垄断会场，以保证访谈按计划进行。要做好访谈记录，既有利于访谈后整理，也有利于访谈中的引导。

要把握好访谈的主题。开始时话题可以比较宽泛，然后逐步收紧。讨论热烈之处，有时也是离题之时，主持人不能生硬地制止发言，要因势利导或另辟蹊径，将兴奋中心引向访谈主题。例如，可以采用归纳的方式说："您刚才谈了课堂出勤率问题，现在请您再谈谈学生课堂纪律问题。"以便拉回正题，甚至可以通过送茶水等行为中断谈话，当谈话再次开始时及时提出新的话题。

要保证每个人的发言权，开展平等、民主的对话。当某些参与者左右访谈的进行时，要适时地插话，请其他人发表看法，如"鉴于时间比较紧，请其他老师再谈谈自己的看法"，甚至可以直接请没有机会发言的参与者发表意见。要防止"一边倒"，让持有不同观点的人充分发表看法。要防止出现泛泛而谈，要注意捕捉线索，将事件的过程完整、详尽地描述出来。

3) 结束访谈

当访谈达到了预期的目的，或到了预定的时间，或发现有的参与者明争暗斗甚至争吵时，应及时结束访谈。

结束访谈时，主持人应做以下工作：对整个访谈做简短的总结或概括，如对所研究的问题发表了几种不同的观点，这些看法对今后的研究工作十分有用，并对大家表示感谢，但不可对各种观点进行评论。对于了解情况的访谈，在表示感谢的同时，要再次说明保密原则，不仅访谈者要做到，而且与会的所有参与者都要做到。

3．焦点小组访谈结束后的工作

访谈结束后的主要工作是：结合录音、录像整理访谈记录；回顾和研究访谈情况，对访谈做出实事求是的评价；对发现的问题、不同的观点进行整理；对有关事实和数据进行查证核实；根据发现的新线索、新问题等做补充调查，确定需要进一步补充调查的人，如接受邀请但未出席会议的人、未发言的人及没有讲真话的人等。

12.3　访谈的技巧与访谈法的评价

访谈是一门艺术，是访谈者个性的一种展示，访谈者如何进入访谈现场，访谈过程中如何向受访者提问、倾听受访者的述说及对其回答做出回应，这些访谈技巧是访谈能否成功的重要保证。

12.3.1　访谈的技巧

1．进入访谈现场的技巧

1) 初次接触受访者的方法

访谈是人与人之间社会互动的一种形式，要进行访谈，首先要接触受访者。通常可以通过以下方法接触受访者。

(1) 自然接触：在某种共同的活动(开会、学习、就餐、旅游等)中接触对方。

(2) 第三方介绍：通过朋友、同事、亲属乃至以前的受访人等的介绍进行接触。

(3) 直接接触：开门见山，自我介绍，必要时出示证件、盖有公章的介绍信，说明调查的目的、意义、内容等，然后在对方同意的情况下进行访谈。

(4) 隐蔽接触：以某种伪装的身份、目的接近对方，并在对方没有觉察的情况下开始访谈，这种方法只有在特殊的情况下，对特殊的对象，经审批之后才能使用，否则有违反伦理道德，甚至违反法律的风险。

访谈初次见面的第一个问题就是称呼问题。称呼恰当，就为访谈开了一个好头；如果称呼搞错了，就会闹出笑话，甚至引起对方的反感，影响访谈的正常进行。要做到对受访者的称呼恰当，就需要注意以下几点。

(1) 要入乡随俗，自然亲切。

(2) 要符合彼此的心理距离，初次的称呼通常是"姓+职务(职称)"或"姓+先生"或"大娘""大爷"等。

(3) 要不卑不亢，既不可对人不恭，直呼其名，又不可过于奉承，引起对方的反感。

(4) 要应时而变，注意称呼习俗的变化。例如，20 世纪五六十年代人们之间称"同志"，以后称"师傅"，90 年代习惯称"老板""先生""小姐"。

2) 与受访者建立良好关系，营造融洽的访谈气氛

访谈取得成功的前提条件是访谈者与受访者之间建立了良好的关系，营造出良好的访谈氛围。访谈者初次接触受访者时应介绍自己的研究课题、为什么会选择他作为访谈对象，应以学生向老师求教的态度说明访谈的主题，表明希望了解哪些情况；要坦率、真诚地回答受访者的问题；要向受访者许诺志愿原则并做出明确的保密承诺，让受访者体验到自己的重要性和受到的尊重，以期获得受访人的信任和愿意积极配合的效果。

可采用以下两种方式营造访谈初始的融洽氛围，它依赖于访谈者对受访者的了解。

(1) 寻找共同的话题，即寻求与对方的共同点，消除受访者的紧张戒备心理，激发其对谈话的热情与兴趣。例如，双方是同乡，就可以谈家乡；类似地，同行可以谈专业、谈生意，还可以与受访者谈共同的爱好、共同经历，共同关心的社会热点问题，甚至饮食禁忌等。1986 年 9 月 2 日，美国哥伦比亚广播公司"60 分钟"节目主持人迈克·华莱士访问邓小平，在正式提问之前，两人进行了一段很有意思的对话：

华莱士：我把今天同你的交谈看成一次非常难得的机会。因为像你这样的人物，我们记者不太容易得到专访的机会。

邓小平：我只是一个普普通通的人。

华莱士：我希望我们在一起的一个小时对你是有趣的。

邓小平：我这个人讲话比较随便。因为讲的都是我愿意说的，也都是真实的。我在我们国内提倡少讲空话。

华莱士：你有没有接受过一对一的电视采访？

邓小平：电视记者还没有。与外国记者谈得比较长的是意大利的法拉奇。

华莱士：我读了那篇讲话，感到非常有趣，法拉奇问了你不少很难答的问题。

邓小平：她考了我。我不知道她给我打了多少分。她是一个很不容易对付的人。基辛格告诉我，他被她剋了一顿。

　　华莱士：是的。我采访过法拉奇。但我也问了她一些很难答的问题[①]。

　　华莱士首先表达了自己对这次采访的珍视，然后马上找到了双方都认识的一个人物——意大利女记者奥里亚娜·法拉奇，把她作为共同的话题。就在这种轻松的聊天中，一种亲切、自然的气氛形成了。

　　(2)表示友好关怀，即从帮助、关怀对方入手来联络感情、建立信任。如事先了解到受访者的母亲患病，就可先问"听说您母亲最近病了，现在好些了吗?"，然后谈如何治疗、哪家医院擅长治疗这种病，以及如何调养，使受访者感受到对自己的关心，从而拉近双方的心理距离。

　　整个访谈过程要保持良好的氛围，访谈者必须要有甘当小学生的精神，对访谈者以礼相待、专心聆听、虚心求教，适时给予回应，平等对话，即使对对方的言谈举止有不满意的地方，也不能有鄙视的表示，更不能嘲弄对方。

2．访谈中提问的技巧

　　关于访谈中提问的技巧，这里给出以下几点建议。

　　(1)尽可能使用开放性问题，少使用封闭性问题。

　　访谈的目的是了解受访者对所研究问题的看法和看问题的方式，这就需要所提的问题是开放的，内容应该灵活、宽泛，允许受访者做出多种回答，让受访者能够用自己的语言来表达自己的想法。例如，"您对'单独'可以生二孩有什么想法?""你们公司对员工是如何考评的?""你为什么要选修'英国文学'课?"。"什么""如何""为什么"之类的词语构成了开放性问题的主线。

　　封闭性问题对受访者的回答方式和回答内容都有严格的限制。例如，"您认为改革户籍制度，将户口放开的办法是否可行?"，回答只能是"是""否"或"不好说"。在定性研究中，在某些情况下也会用到封闭性问题，一是受访者对开放性问题不知如何回答(受访者年龄较小或受教育程度较低时易出现)，此时需要封闭性问题作为引导受访者思考的方向；二是在访谈的后期，访谈者为了验证自己的某个初步结论。例如，访谈者发现小区的很多业主对物业管理不满，为了验证这个初步结论，就可以问受访者"您对小区的物业管理满意吗?"。但一般情况下，能不用就不要用，因为这类问题得到的回答对所研究的问题往往无益。有的问题回答并非如此简单，如户籍改革问题，户口是否放开是一个很复杂的问题，不同的情况要有不同的处理，封闭性问题不仅在形式上限制了受访者的回答，而且限制了受访者的思路，有人出于应付，就会简单地给出"可行"或"不可行"的回答，直接影响了资料的可信性。

　　(2)尽可能使用具体的问题，少使用抽象的问题。

　　在访谈中，如果对受访者提出的问题很具体。例如，要了解村民对大学生"村官"的看法，如果问"你们村的大学生'村官'什么时候来的? 他都做些什么?""村里的人觉得他干得怎么样?"，就容易使受访者打开话匣子，绘声绘色地讲许多事情的细节；但是，如果使用抽象的问题"您对大学生当'村官'有何看法?"他可能就无从答起。事实上，具体的问题往往是描述性的问题，容易使受访者进入当时的氛围，有利于对当时的情景和事件的过程、心态的回忆，受访者的描述、神态、动作无疑使访谈者能够更好地了解具体事件的来龙去脉，了解受访者的经历、感情和想法。

　　但是，很多时候访谈者希望了解受访人对某个问题或某种现象的一般看法、概括性的陈述。例如，在探讨离婚率问题时，如果问"您认为现在的离婚率高的原因是什么?"，受访者往往就会在理性的层面上分析，诸如以自我为中心、对婚姻不负责等，按照这样的逻辑讲下去，访谈者很

① 黄奇杰, 等. 社会调查方法概论[M]. 杭州: 浙江大学出版社, 2007.

难有多少收获，而且对有些也不一定是受访者的真实想法或做法。对于这类问题，应该先转化为具体的问题，如"您认识的朋友中有离婚的吗？""他们怎么认识的？""从结婚到离婚大概有多长时间？""他们为什么要离婚？"等，然后在对这些具体问题进行归纳的基础上，进行分析层面上的抽象。

(3)问题叙述要简单明了、通俗易懂，切勿结构复杂让人费解。

访谈问题使用的词语要努力做到通俗化、口语化和地方化，问题所涉及的内容范围要适合受访人的身心发展程度、知识水平，问题的结构要单一，不要层层叠叠。如果问小学生"你们老师的教学水平高吗？""你们的老师用启发式教学吗？"他会听不懂，但问"你们喜欢听老师上的课吗？"他就会马上回答"喜欢"或"不喜欢"；如果问"你们上课时在下面和同桌说话吗？都说些什么？老师发现了吗？他怎么批评你们的？"他很难回答这一串问题，也许只记得回答老师批评自己的话。

(4)借助投射技术，了解受访者的真实想法。

投射技术作为心理学的一项特殊技术，主要体现在个人把自己的思想、态度、愿望、情绪、性格等无意识地反映到对事物的解释之中的心理倾向。其基本假设之一是，个体不自觉地把自己的特质、态度及主观过程归于他人的过程。在访谈中使用投射技术，就是不直接问受访者的态度和行为，而是问他对其他人同类行为和态度的看法。例如，不直接了解受访人对家暴的看法，而是问"听说你们小区有的人和媳妇总吵架，动不动就打媳妇？"通过观察受访人谈论他人时所使用的语言和语气就可以了解其"真实"的想法。

(5)提出问题的顺序应由浅入深、由易到难、由近及远。

一开始提出的问题应该是受访者比较容易理解和回答的问题，应不涉及敏感问题，随着访谈氛围逐步融洽，受访者不再有紧张感、防卫心理，能够比较敞开思绪与访谈者畅谈时，就可以提出一些尖锐的、敏感的，甚至有威胁性的问题，如某些个人隐私、政治上的敏感话题、行为上有违社会公德和触犯法律的问题等。所谓由近及远，就是先问近期的事情和想法，再问那些久远的往事。对此，美国社会学家埃文·赛德曼提醒访谈者，访谈是要求受访者重构，而不是回忆。他说："不是要求受访者回忆个人经历，而是重构个人经历。直接提问'发生了什么'或'你的初中经历是什么样的'，而不是问'你能回想起来你的初中经历吗？'……重构是部分以记忆为基础，部分以受访者对过去事件中重要内容的现在感受为基础。"[①]

(6)提问的方式应顺其自然，因人、因时、因内容而异。

访问是访谈者与受访者彼此互动的过程，应在一种平等、友好的气氛中进行，提问的方式就十分重要。如果像审理案件一样，对受访者简单生硬地一个问题接一个问题地问，就很难使受访者接受。如果与受访者已经建立起友好的关系，对某些问题的提问可以单刀直入，开门见山；如果彼此还不熟悉，或者是敏感的话题，提问的方式就要慎重，采取投石问路、逐步深入的方式为妥。总的原则是顺其自然，不可急于求成；如果受访者对事件的过程比较了解、对问题有着自己成熟的看法，访谈者就要多听少问；如果受访者受教育程度较低，提问就要循循善诱，耐心引导。

(7)问题之间的衔接应自然流畅。

对于访谈者，访谈提纲很有用，但访谈提纲是访谈者感兴趣的话题，不能自顾自地一个个问题依次问下去。问题应该从受访者所讲述的内容中产生，也就是说，前后两个问题在内容上应该有一定的联系，访谈者应该紧跟受访者的谈话，抓住对方前面所谈内容中的某一个词语作为构建下一个问题的契机。例如，"您刚才谈到了大家对收入不公的各种看法，那么有

---

① 埃文·塞德曼. 质性研究中的访谈：教育与社会科学研究者指南[M]. 3版. 周海涛，译. 重庆：重庆大学出版社，2009.

没有议论过解决这个问题的办法呢?",这样问题之间的衔接就比较自然、流畅,不会让受访者感到突然。

3. 访谈中追问的技巧

追问是指"访谈者就受访者所说的某个观点、概念、词语、事件、行为等进一步进行探寻,将其挑选出来继续向对方发问(Seidman,1994)"[①],即追问是为了将访谈进一步深入,用受访者自己的语言和概念来询问受访者自己曾经谈到的看法和行为。

追问,是访谈中一个不可或缺的提问手段,但注意要适时与适度。所谓"适时",就是掌握好追问的时机,即追问的具体时刻要把握好,一是不要在访谈初期就不断地追问,这样做会频繁打断受访者的谈话,引起反感,影响后继的访谈;二是除非一些具体的细节不太清楚(如时间、地点等)可以即时进行追问,对于重大的概念、行为等问题的追问先记下关键词或标记,放在访谈的后期进行,不要为了知道相关情况而打断受访者的讲述。所谓"适度",就是要有分寸,要考虑访谈者与受访者之间信任的程度,追问应以不伤害受访者的感情为原则。

一般地,在下列几种情况下需要进行追问。

(1)对受访者所谈事件、行为的时间、背景不清楚或不理解对方所说的特定含义。例如,"您能再次告诉我这件事发生的时间吗?",使用"再次"是要表明访谈者没有听清,而不是责难受访者没有说清楚;再如,"您说做这件事有点得不偿失,我不清楚'得不偿失'指的是什么?您能具体说一下吗?"。

(2)希望听到更多有关主题的信息。例如,受访者所谈的经历不太完整、所说的事件不够具体、详尽,或者访谈者对受访者所讲的内容非常感兴趣,希望了解更多的情况。

(3)发现受访者所说的内容前后矛盾或有些词不达意,甚至有明显说谎的情况。当然,此时不能直接追问,可以换一个角度或换一个说法从侧面进行追问。

4. 访谈中聆听的技巧

对于访谈者在受访者讲述过程的"听",有的用"倾听",有的用"聆听"。聆听,多用于下级仔细认真地听上级的讲述,如"凝神聆听师长的教诲";"倾听",常用于上级听下级的讲述,如"倾听群众呼声"。鉴于在访谈过程中,访问者应像学生一样听受访者的讲述,所以这里采用"聆听"。

听与提问一样,是一门艺术,是一种直觉、一种感悟。听在某种程度上要比提问重要,因为问题是在听的基础上提出来的,何况与受访者的良好关系建立在积极倾听的基础上。

陈向明给出了 3 个层面的听。在行为层面应该是"积极关注地听",将全部注意力都放在受访者的身上,给予对方最大的、无条件的、真诚的关注,而不是心不在焉地"表面听",更不能边听边做一些小动作。在认知层面应该是"接受地听",主动接受和捕捉受访者发出的信息,注意对方使用的概念,探寻言语背后的含义,理解对方建构意义的方式,甚至做到"建构地听",即在听的同时,与受访者积极地进行对话。情感层面上应努力做到"有感情地听",要对对方的谈话有感情表露,接纳和理解对方的所有情绪反应,甚至"共情地听",使访谈者与对方产生感情上的共鸣,同喜同悲。

赛德曼以访谈者应该在听的过程中做些什么的视角,更具体地提出访谈者必须进行 3 个层面的聆听。第一个层面,聆听受访者讲述了什么。集中心智于实质性内容,以确保对此有真正的理解,估量听到的内容是否与自己所想的一样详细与完整;全神贯注,以使自己能够内化受访者所说的内容;从聆听中能够提出进一步的问题。第二个层面,留心与外部的公众声音相对

① 陈向明. 质的研究方法与社会科学研究[M]. 北京: 教育科学出版社, 2000.

的"内部声音"。例如,"挑战"和"冒险"这种外部声音实际上传达了受访者解决困难,而不是斗争的一种积极经历。第三个层面,聆听谈话内容和过程,以便对访谈进度进行评估(掌握访谈时间、内容进度、受访者的非语言行为等),并对如何根据需要推动访谈向前发展的线索保持敏感。这种积极聆听,要求访谈者注意力集中并超越生活中经常所做的事情,为了更好地利用访谈时间,必须多听少说,同时再次强调,即使有录音,也要做记录,不要打断对方的谈话,有问题留待后面再问[①]。

在聆听受访者讲述的过程中,要容忍对方的沉默。其实,有时沉默实际上只有1～2秒的时间,访谈者自己因焦虑而觉得时间很长,于是为了打破僵局,马上自己发话,或提问,或自己填补"空隙",这样做往往会打断受访者的思路,让访谈者失去宝贵的机会,聆听不到那些从未听过的事情。这种沉默往往由不同的原因引起,访谈者应根据不同的情况采取不同的方式。如果受访者需要一定的时间来思考用什么方式表达自己的想法或对某个事件的具体时间等细节进行回忆,则访谈者可以试探性地询问"您在想什么?";如果受访者对某些问题,特别是一些敏感问题,有意拒绝回答,则访谈者可以委婉地询问是否可以和自己公开地讨论不好回答的原因;如果受访者觉得无话可说或不好意思说,或思想开小差等,也可采取相应措施。

但也要注意,访谈者过长时间的沉默,也可能对受访者带来不必要的压力,使"孕育或宽容"的暂停转变为"尴尬的沉默"。给受访者一定的时间进行考虑、反思,补充他已经说的内容,是非常重要的,可是到底应该容忍多长时间的沉默,真的没有规则,有人仅需要1～2秒,而有人则可能需要20秒。

5. 访谈中回应的技巧

在访谈的过程中,访谈者不仅要主动提问题、认真聆听,而且要对受访者的讲述给予适当的回应,即对受访者的言行做出语言的或非语言的反应,以表明访谈者在聚精会神地听对方讲述,同时也将自己的态度、意向和想法传递给受访者。

回应的方式主要有以下5种。

(1)认可:这里不是指对受访者观点的认可,而是表明"我听到了,请继续讲下去"。这种认可可以是语言"是的""嗯""很好",也可以是点头、微笑、鼓励的目光等非语言行为。

(2)重复、重组和总结:无论是重复受访者的话语,还是将受访者所说的话,换个方式说出来,或者用一两句话概括受访者所说的一段话,目的都是以受访者的视角厘清谈话的内容,检验自己的理解是否正确,以及鼓励受访者继续谈下去。

(3)当访谈者与受访者有类似的经历或经验时,访谈者将类似的经历和经验以坦率的、私人的方式回应受访者,让受访者分享自己的经历或经验。这将拉近彼此的关系,使访谈气氛更加轻松,更加具有互动性。

(4)当对方对某些话题或自己所谈的内容有顾虑时,可以采用鼓励、安抚对方的方式做出回应,使受访人在可能的范围内继续他的讲述。

(5)当受访者"跑题"或"过于健谈"时,做引导性回应。对跑题者的回应要注意婉转地拉回主题,对健谈者可以直接打断他:"对不起,因时间关系,我不得不再问您另一个问题。"因为他平时健谈,已经习惯于别人打断他的谈话,所以不会引起不良后果。

在回应受访者的过程中,要注意以下两点:①要适度。访谈主要是聆听受访者的陈述,频繁地回应、滔滔不绝地谈论自己的经历或经验或者很少回应,都会适得其反。②不要用访谈者的价值判断给出评论性的回应,也不要用某些理论性的论述来回应受访者所说的内容。例如,当一个

---

① 埃文·塞德曼. 质性研究中的访谈: 教育与社会科学研究者指南[M]. 3版. 周海涛, 译. 重庆: 重庆大学出版社, 2009.

工作十分勤奋的教师讲她经常工作到深夜时，给出的回应是"您这样做是不是想得到领导和同事的赞扬？""有学者说，如果一个人工作过分努力，可能说明这个人有人格上的某种缺陷，您是不是也有某种心理问题？"试想，此时这位教师的反应会怎样？

最后需要说明的是，访谈技巧尽管很重要，但它只是获得访谈成功的必要条件而非充分条件。访谈者的素质、与受访者之间的关系都会影响访谈的质量。赛德曼说："访谈者最重要的个人特质是，必须对他人有真正的兴趣。……一个人拥有对他人感兴趣的气质，便有了学习访谈技巧并练习该技巧的基础。"[①]陈向明也指出："访谈的成功不仅需要访谈者将自己的'心'打开，而且需要想办法让受访者打开自己的'心'。只有'心'与'心'之间进行交流，我们才有可能进入'心'的深处；而对'深处'进行探究才是访谈的真正使命。"[②]要成为一名成功的访谈者，不仅要学习必需的访谈技术，而且还要在日常生活中培养自己理解他人、关心他人、与他人和睦相处的能力，这点应该是更重要的。

12.3.2　访谈法的评价

访谈法最大的特点是与受访者面对面地接触，访谈者与受访者相互作用、相互影响，贯穿调查过程的始终，并对调查结果产生影响。这种交流不仅能搜集到其他方法所能搜集到的资料，而且通过对被访者所处环境的了解，以及访谈过程中的非语言信息，还能搜集到其他方法不能搜集到的资料。袁方主编的《社会研究方法教程》中指出："访问由于包括结构式访问和非结构式访问两种方式，这就使得它既能用于定量研究，也可以用于定性研究；既可以用于大规模调查，又可以用于小规模研究；既可以了解主观动机、感情、价值方面的问题，又可以了解客观问题，既可以了解现实资料，又可以了解历史资料，即长的历史发展和短的历史变化；既可以用于验证某种假设，又可以用于提出假设和理论；既可获得语言提供的信息，又可以获得大量非语言提供的信息；既可以用于文化水平高的调查对象，又可以用于文化水平低的调查对象。因此，与其他调查方法相比，访问可以获得的资料更丰富，实行起来也更灵活，弹性更大，应用范围更广泛，且有利于对问题进行更深入的探索。"[③]廉思则认为访谈法具有目的性强、深入性强和灵活性强三大优点[④]。对访谈法的这些评价和见解已渐成为社会学界的共识。

焦点小组访谈参与的人数多、彼此进行互动，比个别访谈效率更高，有利于集思广益，有利于更广泛地了解社会真实情况，能够更深入地认识事物的本质和发展规律，有利于共同探讨解决社会问题的途径和方法。

当然，任何方法都有其局限性，访谈法也不例外。首先，访谈法的结果与质量会在一定程度上受到主观因素的影响，在很大程度上取决于访谈者的素质和受访者的合作态度与回答能力。若访谈者素质高，就可以了解更多的信息，而不停留在表面上，若受访者素质高，则可以提供许多有价值的信息，而不是敷衍，甚至提供假信息。访谈过程是访谈者与受访者互动的过程，特别是非结构式访谈，彼此的价值观、社会经验、思想方法等无法互不影响，焦点小组访谈还可能会产生"团体压力"，而造成某些假象，这些主观因素都会导致出现访谈误差。其次，鉴于访谈法的匿名性差，对敏感问题、尖锐问题和隐秘问题进行调查时，回答的真实性往往受到影响，甚至不能采取焦点小组访谈的方式。最后，个别访谈法投入的成本较高，所花费的人力、时间及经费较多。

① 埃文·塞德曼. 质性研究中的访谈：教育与社会科学研究者指南[M]. 3 版. 周海涛，译. 重庆：重庆大学出版社，2009.

② 陈向明. 质的研究方法与社会科学研究[M]. 北京：教育科学出版社，2000.

③ 袁方，王汉生. 社会研究方法教程(重排本)[M]. 北京：北京大学出版社，2004.

④ 廉思. 如何开展有效调查研究[M]. 北京：人民日报出版社，2019.

思考与实践

复习思考题

1. 解释下列名词：

| 实地观察 | 参与观察 | 非参与观察 | 结构式观察 | 非结构式观察 |

实地观察　　　参与观察　　　非参与观察　　　结构式观察　　　非结构式观察

直接观察　　　间接观察　　　结构式访谈　　　非结构式访谈　　　半结构式访谈

个别访谈　　　焦点小组访谈

2. 调查研究中的观察法具有哪些特点？适用于哪些情况？可以起到怎样的作用？

3. 在进行入现场观察之前，应做好哪些准备？观察过程中需要注意哪些问题？

4. 观察过程中产生误差的主客观原因有哪些？怎样才能减少观察误差？

5. 怎样评价观察法？其最大优点和最大缺点分别是什么？

6. 作为定性研究的访谈法可以分为哪些种类？每类的特点是什么？

7. 实地访谈与抽样调查访谈有何不同？

8. 在通过个别访谈进行调查时，需要做好哪些工作？

9. 观察记录与访谈记录的重要性有哪些？怎样做好观察记录和访谈记录？各自应包括哪些内容？

10. 何时需要通过焦点小组访谈的方式进行调查？怎样才能做好焦点小组访谈？

11. 通过使用哪些技巧可以提高访谈的质量？

12. 在调查研究的过程中，使用访谈法的优势在哪里？有哪些局限性？

实践与合作学习

1. 上网查阅一篇采用深度访谈法进行调研的调查报告，并做出评价。

2. 选择一个观察地点(如教室、图书馆、食堂、运动场等)花大约1小时的时间观察这个场所，并做观察笔记。就以下方面讨论你的观察：为什么要选择这里而不是别处？选择什么内容做笔记？观察到了哪些现象？中间遇到了哪些困难？通过观察得到了哪些结论？

3. 根据本研究小组的选题，通过小组讨论制订访谈提纲，确定3位访谈对象并进行访谈。

第13章 定性资料的整理与分析

定性资料的整理与分析，就是按照一定的标准，将原始资料进行浓缩，通过各种分析手段，将资料整理为一个有一定结构、条理和内在联系的意义系统。

英国科学家培根认为，对原始资料的处理有 3 种方法，一是蜘蛛式的，只从自己的肚子里抽丝布网，埋头制造理论；二是蚂蚁式的，只搜集不分析，不建立理论；三是蜜蜂式的，既搜集也加工，酿出理论之蜜。因此，他提出科学研究应该采取蜜蜂的方法。本章的任务就是介绍如何将采集的"花粉"(定性资料)酿出研究成果之"蜜"。

对定性资料的分析有两种方法，即数量化方法与非数量化方法。

数量化方法是指采用数量化理论对定性资料进行定量分析。数量化理论属于统计学的一个分支，是对由观察、调查社会现象、自然现象所获得的定性资料研究如何数量化，以进行统计分析的理论和方法。这一理论是 20 世纪五六十年代由日本统计学家林知己夫所倡导并系统地发展和完善的，在这之前也有人从不同侧面进行过某些研究。

非数量化方法就是定性分析的方法，这是绝大部分研究者所采用的分析方法。美国社会学家艾尔•巴比对定性资料的分析给出的解释是："定性资料分析是对参与、参观、内容分析、深度访谈和其他形式的定性研究技术的观察进行非数字化的评估。"

目前已有许多用于定性资料分析的计算机辅助软件，本章将重点介绍传统方法，这是使用相关软件的基础；同时也对用于定性资料分析的软件 NVivo 进行简要的介绍。

本章思维导图

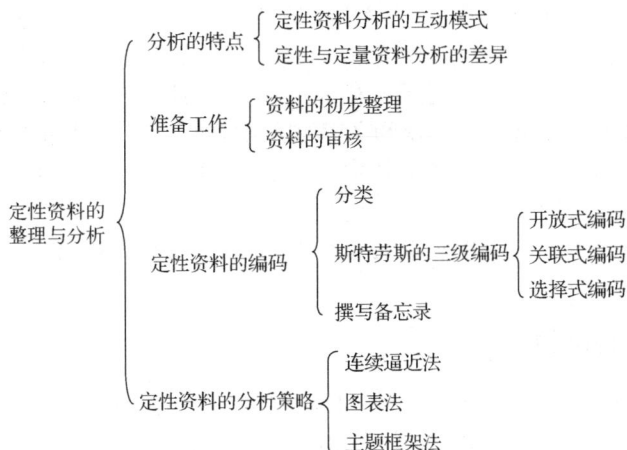

13.1 定性资料分析概述

13.1.1 定性资料的性质

定性资料是人们所熟悉的以文字形式表现的资料，它是以非数量化的形式呈现的。在社会调查中，定性资料是指从实地研究中通过非结构式访谈、观察所得到的各种以文字、符号表示的观察记录、访谈笔记，以及其他类似的记录材料和以文字形式叙述的文献资料。

与定量资料相比，定性资料具有以下特点。

1. 来源的多样性

定性资料既有观察得到的资料，也有访谈过程中记录的笔记和对录音、录像整理得到的文字资料，还包括研究者自己写的各种笔记(如随笔、日记等)、在现场得到的其他相关材料。总而言之，包括看到的、听到的、问到的和想到的一切，这种来源的多样性使得定性资料在形式上及构成上都要比问卷调查更加复杂。

2. 形式上的无规范性

定性资料在形式上不像问卷调查那样规范。实地调查中的资料，无论是观察记录还是访谈笔记，都没有统一的规范，尽管各类教材中对记录的形式有所建议，但实际上不同的研究者的记录风格是很不相同的。因此，从内容到形式，定性资料都具有明显的无规范性，处于一种零散的、杂乱的、无固定结构的状态。

3. 调查过程中的变异性

抽样调查所得到的资料就是调查对象在问卷中填写的内容，而定性资料在整个调查研究过程中有不同的形式：访谈和现场观察产生的是原始记录；然后研究者会随时进行整理，产生主题编码、分析备忘录等资料；在离开调查现场之后进行资料整理时，又会产生整理与编码之后的资料。这些资料的产生与对资料的分析是同步进行的。

4. 含义的丰富性

定量资料是通过概念的操作化进行测量而得到的数字。例如，对"聪明"的描述，定量资料的描述是用智力量表测到的智商分数，而定性资料中描述"聪明"的不是简单的数字，而是非常丰富的内容，如才华横溢、出类拔萃、别具慧眼、料事如神、颖悟绝伦、好汉不吃眼前亏，等等。

定性资料的最大优势是它来源于自然情景里自然地反复出现的日常事件，能够让我们看到社会的"真实生活"，而资料的丰富性使它有可能通过"浓厚的描述"展现事物的复杂性。但是，定性资料往往难以提供有力的证据来说明事物之间的因果关系，一般只是提出某种可能关系的尝试性解释，即只提出假设。特别地，定性资料并不像表面看上去的那样单纯，它是由研究者搜集与记录的，不可避免地会受到研究者潜在观念的影响。例如，看见某人握起拳头，皱起眉头，研究者可能会根据自己的直接经验，在笔记本上写下"气愤"二字作为对他的情感描述，然而这种描述并不一定准确。

13.1.2 定性分析的目的

定性分析是对事物质的分析。定性分析的目的与定量分析的目的不同，定量分析的目的是通过部分来认识总体，检验已有的理论(如某些变量之间关系的抽象假设)和证实普遍性的法则。定性资料分析不是进行假设检验，而是一种个案式的解释，仅涉及具体研究对象本身的描述，定性研究有时候只是为了纯粹的描述。例如，人类学家的民族志就详细地描述先前不为人知的某个部落的生活细节。但是，建构理论是社会科学研究的内在要求，也是研究结果的必然归宿。更多的定性分析是通过说明或描绘证据，表明某个理论、概念或诠释的可靠性，以此来建立新的概念和理论。按艾尔·巴比的说法，对定性资料进行分析，"其目的是要发现内在的意义和关系模式"，"试图在纯粹归纳的基础上建构理论"，即通过对定性资料的分析，对所做的观察寻求与之相关的概括和理论解释，识别人们的行为模式，发现各种资料背后隐含的社会学意义。这种理论是在原始资料的基础上建立起来的，只适用于在特定情境中解释特定的社会现象，一般不涉及普遍性的法则。

13.1.3　定性资料分析的互动模式

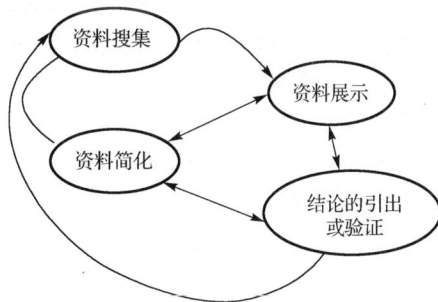

美国社会学家迈尔斯与休伯曼指出，定性资料分析由 3 种活动共同组成：资料简化、资料展示和结论的引出或验证，如图 13-1 所示。这 3 种活动是同时进行的，在资料搜集的前、中、后阶段，互相纠结在一起，共同构成了一个领域，也就是所谓的"分析"[①]。

资料简化是指将清理过的原始资料进行选择、聚焦、单纯化、抽象化与转化的过程。资料简化并不独立于分析之外，是分析的一部分。"资料简化是分析的一种形式，它将资料予以凸现、分类、聚焦、抛弃，并组织起来，使研究者得以引出与证明'最终的'结论"。例如，从所搜集的资料中提炼出重要的核心概念或主题，然后进行编码，再根据编码将资料聚类、写备忘录等。

资料展示是将简化的信息通过延伸式文本和各种图表展示出来，它是经过组织和压缩过的集合体。迈尔斯和休伯曼并不认为延伸式文本是一种好的资料展示方法，他们更倡导资料的展示应以资料的简化为基础，用一种视觉方式系统地呈现资料，让资料的使用者可由此引出有效的结论。资料的展示要有清晰的焦点，可以让人一眼在一个页面上看到一组完整的资料，能够系统地回答手头的研究问题。资料展示有两大类：矩阵表和网状图。矩阵表是由行与列组成的表格，而网状图则有一系列"连接点"。例如，人们已经非常熟悉的思维导图就可以作为资料的一种展示方法。

资料简化与资料分析中的其他部分(资料搜集、资料展示和结论引出或验证)之间是相互作用的关系。资料搜集后需要同时进行简化和展示，资料展示是资料简化的一种方式，资料简化又为资料展示提供了可能。资料经过简化和展示后产生结论，反过来为资料简化和资料展示提供了新的线索。对产生的结论进行论证时又可能发现存在漏洞，需要更多的或其他资料进行补充论证，于是为进一步搜集资料提供了依据。此后，新一轮循环开始，直到资料饱和、结论充实为止。为了说明 3 种活动与资料搜集活动形成了一个穿梭的、循环的过程，迈尔斯与休伯曼用图 13-2 来表示定性资料分析的过程。在资料搜集阶段，研究者需要稳定地在 4 个环节之间移动，接下来的阶段才是在资料简化、资料展示、结论的引出或验证之间来回穿梭。他们将这种分析资料的模式称为互动模式。

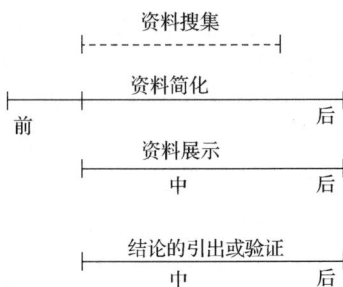

图 13-1　定性资料分析的组成　　　　　图 13-2　定性资料分析的过程

13.1.4　定性与定量资料分析的差异

通过前面的分析，可知定性资料分析与定量资料分析主要有以下几点不同。

---

① 迈尔斯, 休伯曼. 质性资料的分析: 方法与实践[M]. 张芬芬, 等译. 重庆: 重庆大学出版社, 2008.

(1)两种分析面对的样本不同。定量分析面对的是大样本，而其中所测量的内容相对较少。定性分析面对的是小样本，但所测量的内容相对较多，从而可以进行多层次与多视角的分析比较。

(2)两种分析的程序与技术的标准化程度不同。定量研究者是在一组特殊化、标准化的资料分析技术中进行选择，不同的社会研究项目一般涉及统计分析方法和假设检验，定量分析已经得到了高度的发展，其基础是统计学和应用数学。鉴于定性资料的丰富性，定性资料的整理与分析没有一套固定的、适用于所有情境的规则和程序，"定性分析既是一门科学，又是一门艺术"。因此，定性资料分析不可能机械地、按照一套固定的程序进行，研究程序与技术是多样化的，具有灵活性与特殊性。研究者必须针对自己的研究目的和资料所具有的特性选择合适的方法。

(3)两种分析的过程不同。定量资料分析一般是在完成了资料搜集、整理并进行编码和数据输入之后，作为一个独立的数据分析阶段进行的。但是对于定性分析，尽管在讨论如何整理和分析时可以分开，然而在实际操作上，两者是同步进行的。定性资料的分析在研究中不是一个独立的阶段。"整理必须(也必然)建立在一定的分析基础之上，而任何整理行为又都受制于一定的分析体系"。图 13-3 表明，定性资料的整理和分析是一个整体，不可能截然分成两个相互独立的部分，它们相互联结，同时受到研究中其他部分的制约①。

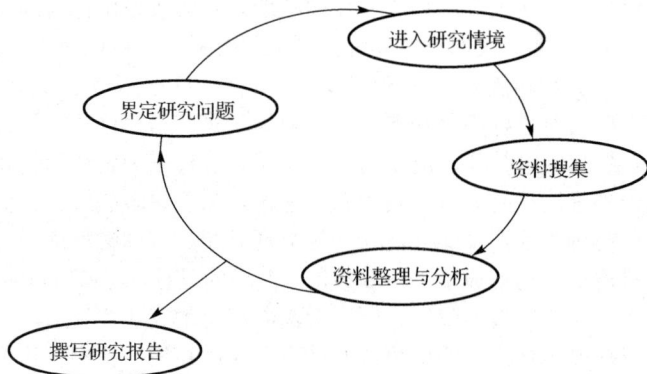

图 13-3　定性资料的整理和分析关系图

当了解了定性资料分析的这一特点之后，在进行定性资料的分析时，就必须改变先前存在并已形成定势的线性思维模式，即总想将对定性资料的分析像定量分析一样，划分为几个阶段，总希望有一个独立的分析阶段，这个阶段一旦完成，就可以进入最终撰写调查报告阶段。事实是，对于定性分析来说，没有独立的分析阶段。

定性资料分析的这一特点，必然要求资料整理与分析要及时，这是保证调查研究质量的重要措施。所谓及时，是相对于搜集资料而言的，资料的搜集与资料的整理分析是一个相互交叉、重叠发生、同步进行的过程。现实中至少会遇到两个问题：一是访谈和观察时往往比较仓促，对有些细节的记录不够详细，不及时补上遗漏的细节，就很可能丢失某些对调查工作极为重要的信息，也难以发现调查过程中的问题；二是访谈和观察记录越来越多，如果不及时整理与分析，那么"堆积如山"的资料就很难下手整理。因此，需要及时整理和分析所搜集的资料，而且最好亲自整理，这样才能在脑海里形成自己对调查资料的全面认识。陈向明指出："对资料及时进行整理和分析不仅可以对已经搜集到的资料有比较系统的把握，而且可以为下一步的资料

---

① 陈向明. 质的研究方法与社会科学研究[M]. 北京：教育科学出版社，2000.

搜集提供方向和聚焦的依据。"《街角社会》的作者威廉·富特·怀特用自己的经历说明了及时整理与分析资料的重要性[①]：

> 在我搜集初步的研究资料时，我必须确定对这些笔记如何处理。在研究的最初阶段，我是单纯地按照时间顺序，将全部笔记收入一个文件夹。但是随着继续对多种不同群体和不同问题进行研究，这种办法显然就行不通了。
>
> 我只好将笔记进一步分类。似乎可能有两种主要的分类：我可以按题目来组织，依政治、职业、宗教、家庭等分门别类；或者，可以按群体将有关的资料分类，即按诺顿帮、意大利人社区俱乐部等来划分。当时我并未考虑成熟，于是开始根据群体将资料归档，并想等我以后对应该设什么题目有了进一步了解之后，再重新分类。
>
> 随着各个文件夹里的资料越积越多，我渐渐意识到，按照社会群体来整理笔记适合于我的研究进展情况……
>
> 随着时间的流逝，各个文件夹里积攒的笔记太多了，以致凭我的记忆，已无法将新的材料迅速放入它应放的地方。于是我设计了一个初步的索引系统，……当我要重温笔记或引用笔记来写东西时，只需查阅 5～10 分钟，就足以完全记起我都掌握了什么资料，以及各种资料放在什么地方了。

(4) 两种分析的抽象化程度不同。定量分析以抽象的数据为信息载体，以统计分析技术作为分析工具，运用符号语言来探讨变量间的因果关系，在这种分析中，只能抓住主要影响因素，而忽略其他因素的影响，这就会造成部分信息的丢失。定性分析则以文字资料为信息载体，以主观理解为主要分析手段，相对于定量资料而言，文字资料是不精确的、模糊的，并且是基于特定情境的，然而文字资料具有较强的开放性，意义丰富，描述性分析结果与解释性分析结果都更具体，"比较有办法连接各种论述和表达的主题，也更能打动聪明的读者"。

13.2　定性资料的审核与整理

第 12 章介绍了搜集定性资料的途径与方法，利用这些方法可以得到丰富的原始资料。但这些资料也是粗糙的、杂乱的，只有对这些资料进行审核，去伪存真，通过编码汇总使其系统化和条理化之后，才能分类并做进一步深入的分析。本节集中讨论对定性资料进行分析之前的准备工作，即对资料进行审核与整理。

13.2.1　定性资料的审核

审核资料的目的是清理并消除原始资料中的虚假、差错、短缺、余冗等现象，以保证资料真实、可信、有效、完整、合格，从而为进一步整理分析打下基础。定性资料的审核主要集中在来源的真实性、内容的准确性和资料的适用性上[②]。

定性资料的审核工作在两个时间段进行，在搜集资料的过程中进行的，称为实地审核，即一边搜集资料，一边进行审核，对所搜集的资料及时做出信度与效度的评估，一旦发现问题，就及时修正或进行补充调查；在搜集资料完成后集中进行的审核，称为系统审核。

在审核过程中最需要注意的是，搜集资料过程本身存在的"测不准效应"对资料信度与效度产生的影响。在社会调查中，测不准效应是指以调查人员本身为工具产生的调查资料，与事实总

---

① 威廉·富特·怀特. 街角社会——一个意大利人贫民区的社会结构[M]. 黄育馥，译. 北京：商务印书馆，1994.
② 袁方，王汉生. 社会研究方法教程(重排本)[M]. 北京：北京大学出版社，2004.

会存在误差。一方面，由于调查人员的参与，改变了调查对象(个人或单位)的自然状态，他们可能以种种假象来掩饰事实的本来面目，或为迎合调查人员而说假话，使真实的状态"测不准"；另一方面，调查人员对社会现象的感知与解释，与其本身的价值观及以往的经验相关联，由于调查人员在认知上的偏差、对受访者所谈内容理解不够甚至误解，也会产生测不准效应。因此，在对资料进行审核时，应注意调查对象的态度和素质，还应关注调查人员的个人倾向性、对调查对象的理解能力和记忆表达能力等对资料的可靠性与有效性的影响。

1．资料来源真实性的审核

资料来源的真实性是指判明调查所得的文献资料、观察和访谈记录等资料本身是否造假。一般采用以下两种方法。

(1)外观审核，即从资料的作者、编者、出版者、版本、印刷技术等外在情况来判断其真伪。例如，在实地调查时调查对象提供了他几十年前写的日记，但通过对笔记本的纸张、印刷水平及字迹的审核，表明是近期写的，那么这本日记显然是假的。

(2)内涵审核，即从内容及使用的词汇、概念、写作技巧和写作风格等内在情况来判断其真伪。例如，访谈记录内容贫乏、不填写访谈时间、地点，或时间、地点与实际调查工作安排矛盾(如当日调查组开会，不可能去访谈)等，就可以断定这份访谈记录是调查人员伪造的。

2．资料内容准确性的审核

资料内容准确性即资料内容的真实性，是指资料的内容是否真实可靠地反映了调查对象的客观情况，因此也称信度审核。一般可采用以下4种方法。

(1)根据已有的经验和常识进行判断，如果违反了常识或通常的实践经验，就要再次根据事实进行核实。

(2)资料对事实的描述是否准确、清晰，特别是有关事件、人物、时间、地点及数字等叙述，如果事实不清、数据不准，就需要进一步核实；如果不能进一步澄清事实，则分析时不能采用，要坚决剔除。

(3)根据材料的内在逻辑进行核查，如果资料前后有矛盾，或违背事物的发展规律，就要找出问题所在，剔出不符合事实的部分。

(4)当资料有多种来源时，通过资料间的比较进行审核。例如，对于某一问题，有观察记录、访谈记录，还有文献资料，就可以将三者进行比较。再如，对某一事实进行核实，可以通过对不同的调查对象的访谈、观察记录进行比较。

(5)根据资料的来源判断资料的可靠性。一般来说，当事人反映的情况比局外人反映的情况可靠性更高，多数人反映的情况要比少数人反映的情况可靠性更高，有文字记录的情况比口耳相传的情况可靠性更高，引用率高的情况比引用率低的情况可靠性要更高等。

3．资料适用性的审核

审核资料的适用性，即根据所研究的问题，判断搜集到的资料是否适合对问题的分析和解释，或者说，资料对于分析的效用如何，因此也称效度审核。一般从两个方面进行审核：一是从量上看，数量是否合适，即对于课题的研究来说，现有的资料够不够用，如果已有资料尚不能满足分析与解释的需要，就要进行补充调查；二是从质上看，资料是否紧扣研究的目的，资料所包含的内容是否适合研究问题的分析与解释，深度与广度如何。具体有以下两个方面。

(1)对于离题太远的资料，对分析所研究的问题效用不大的资料，应剔除。

(2)对于文献资料的适用性，还要考虑文献编写的时间、地点、作者、目的和方法对文献内容的影响。例如，文献的年代、作者及地区都可能会给文献资料带来特定的价值倾向，写作时间距离事件发生时间的远近也会影响对事件描述的清晰程度，进而影响文献材料的适用性。

13.2.2　定性资料的整理

在对资料进行审核之后，首先要对原始资料进行全面的整理。所谓全面，就是涉及的所有事情都是资料，都在整理的范围之内，而且要将资料内容一字不漏地、正确地记录下来。这种整理工作包括对访谈记录、观察记录的补记和追记；编制全部资料的清单，即建立编号系统；将录音、录像资料整理为文本资料等。

对于访谈笔记与观察笔记的整理，要尽可能复原现场情境，不仅有受访者的谈话，而且应有表情、动作等细节。请看一位实地研究者整理后的笔记[①]：

> 由于刚参加完一个晚会，星期四我打着领带到啤酒屋去，萨姆立刻就注意到了，说："该死的，我曾经戴过这东西一次——就是我结婚的时候，看看之后发生了什么！上帝呀，下一次将由殡葬化妆师替我戴上。"我点了杯啤酒，然后问他："那你为什么要结婚呢？"他笑着眨了下眼睛回答说："要不然你要做什么？你不能一生都在换同居的女人吧？我单身时，这样的经验已经够多了。"他停下来又叫了杯啤酒，点了根香烟，然后继续说："一个男人迟早会想要有自己的家、一群小孩，和一些你必须结婚才能有的东西。毫无例外，它们完全把你套住了。"我说："海伦（他的太太）似乎是个不错的人。"他回答说："哦，她不是个坏人，但是她是个臭女人，让我深恶痛绝，简直把我给气炸了。如果你要去一个舞会，当你刚开始玩得起劲时，太太却说，我们回家吧。"

根据访谈录音整理的文字稿，称为逐字稿，体现了录音资料的完整性。对访谈中的录音进行整理时，不能用整理者的语言来描述，或用概括性的语言来代替受访者的谈话，也不能将自己认为不重要的东西忽略不计，擅自删除。事实上，很可能在今后分析资料时这些资料有非常重要的价值。在整理录音资料时，不仅要逐字逐句地整理出受访者所讲的话（包括不合文法的谈话、俚语等），而且要记录他谈话的语气、速度、音量，在何时沉默、发笑、痛哭等非语言行为，要知道，"笑可以是痛苦的哭，沉默可以是呐喊"[②]。

进行定性资料整理时，保证原始资料的完整性十分重要。要使输入计算机后所形成的文本与原始记录在内容、文字、时间、前后顺序、各种符号等方面完全一致，作为文件保存起来，不要做任何处理。当需要对文件编码、摘录、增添、删改时，一定要在复制的文件上进行编辑，不要破坏原始资料的完整性。

在整理资料后需要对每一份原始资料编页码，并进行分类编号，然后在这个基础上对原始资料按时间建立一个编号系统，在计算机上创建一个类似于表 13-1 的文件，以便以后查找。

表 13-1　原始资料编号系统

编号	资料类型	资料提供者				资料搜集			调查人员			排列序号
		姓名	性别	年龄	职业	时　间	地点	情境	姓名	性别	职业	
1	访谈	张华	女	19	学生	2020.5.3，15 时 40 分～16 时 35 分	办公室	无其他人	李新	女	教师	第一次
2	观察					2020.7.3，12 时 10 分～12 时 20 分	学生食堂	学生蜂拥而至	王峰	男	教师	
3	…	…	…	…	…	…	…	…	…	…	…	…

① 劳伦斯·纽曼. 社会研究方法——定性和定量的去向[M]. 5 版. 郝大海, 译. 北京: 中国人民大学, 2007.
② 埃文·塞德曼. 质性研究中的访谈: 教育与社会科学研究者指南[M]. 3 版. 周海涛, 译. 重庆: 重庆大学出版社, 2009.

定性分析虽然不存在固定的步骤，但是"它仍然有其自己的逻辑和技术"。

13.3　定性资料的编码

13.3.1　编码的意义

对"编码"一词我们并不陌生，在对调查问卷进行统计分析之前，需要将问卷中的问题进行编码，将文字转化为数字，以便应用 SPSS 等软件进行统计分析。编码只是定量分析过程中的一项规则十分明确的、程序化的准备工作。

编码对于定性资料的分析具有不同的意义。研究者在研究问题的引导下，通过编码把大量杂乱的、分散的原始资料组织到不同的概念类别中，使资料不断地整合、简化。在这个过程中，研究者要不断地进行思维加工，从资料中形成新的概念或提炼概念、创造新的主题、发现新问题，为最终引出研究结论奠定基础。正因为如此，美国社会学家、扎根理论[①]的提出者斯特劳斯认为"对于缺少经验的研究者来说，编码是最难了解和掌握的一项操作"[②]。

编码包括两项同时进行的活动：机械式的资料缩减与对资料进行分析性的分类处理。因此，本节从分类开始，然后具体地介绍如何对定性资料进行编码。

13.3.2　定性资料的分类

1．分类的概念与作用

分类是"根据事物的共同点和差异点，将事物区分为不同的种类。它以比较为基础，通过比较识别事物之间的共同点和差异点；然后根据共同点将事物综合为较大的类，根据差异点将事物划分为较小的类，从而将事物区分为具有一定从属关系的不同等级的系统"[③]。

依据分类的一般概念，对定性资料分类是指通过比较，识别出资料之间的共同点和差异点，然后根据资料的共同点和差异点，将资料区分为具有一定从属关系的不同等级的系统。

分类的过程，是将主题或概念相同或相似的资料归并为一类，而将主题或概念不相同的资料分为不同的类。分类的目的是将众多的原始资料条理化和系统化，为找出规律性的联系提供依据。将大量相类似的资料聚集在一起，并弄清其间的关系，形成有一定从属关系的不同层次的系统，不仅可以帮助记忆、提供便于检索的手段，而且有助于形成和保持自己的思路，能在不同的层次上认识这些信息。

对于定性资料，分类的具体作用如下。

(1)通过分类可以反映总体的内部结构，如通过性别、年龄的划分，可以了解人口结构的状态，通过对企业所有制的分类可以反映社会经济结构。

(2)根据分类可以用比较法对不同类型的社会现象进行比较，描述每一类型的特点，分析产生差异的原因，进而分析社会现象间的依存关系，并做出理论上的解释。例如，将城市居民按年龄段分类比较消费水平的差异，就会得出消费观、收入水平对消费水平的影响。

比较与分类作为人类思维的两种重要方式在定性分析中得到了充分的运用，通过比较进行分类，在分类的基础上更深入地进行比较，循环往复，在这个过程中，对事物的认识从表面的、对

① 扎根理论是一种研究方法，其主要宗旨是在经验资料的基础上建立理论。研究者在开始之前一般没有理论假设，直接从原始资料中归纳出概念和命题，然后上升为理论。

② 劳伦斯·纽曼. 社会研究方法——定性和定量的去向[M]. 5 版. 郝大海，译. 北京：中国人民大学，2007.

③ 彭漪涟，等. 逻辑学大辞典[M]. 上海：上海辞书出版社，2010.

现象的分类深化到对本质的分类。

2．分类的标准

社会调查的原始资料所涉及的对象主要是具有各种社会属性的人或事，因此分类标准的选择必须十分慎重。分类标准是否合理直接影响对资料的分析质量，进而关系到调查研究的成败。分类一旦确定，对资料的分析就会在此分类下进行，就会突出在此标准下的性质差异，而掩盖了其他标准下的差异，正如列宁所言：“由于分类的方法不同，同一个材料竟会提出截然相反的结论。”[①]

正确分类的关键在于正确地确定分类标准。一般地，无论是社会科学还是自然科学，确定分类标准时一般都应遵循以下几点。

(1) 分类标准必须服从研究目的。因为事物的属性或关系是多方面的，目的不同就要有不同的分类。

(2) 分类标准要符合研究假设的需要。例如，要研究影响青年人择业行为的因素，提出的研究假设是：家庭的社会经济背景是影响青年人择业的重要因素。那么，就要用能够反映家庭社会经济背景的特征作为分类标准，如父母的职业、文化程度、家庭的经济状况等。

(3) 分类标准必须能够反映事物的重要特征。例如，了解学生的学习态度，身高是无关特征，学习方法是一般特征，而学习兴趣、学习目标是重要特征，应选择后者作为分类标准。

(4) 分类标准要满足互斥性与完备性，对类别的划分要不重、不漏，即每条资料都属于且只能属于一个类别。

(5) 划分的各类必须处于同一个分类层次。例如，婚姻状况的划分，“已婚”与“未婚”为第一层级(称为主类或母类)，而“初婚”“再婚”“丧偶”为“已婚”的下一个层级(称为子类)。

(6) 所有子类之和必须等于主类。例如，把直系亲属划分为“父母”与“子女”两个子类，其和将小于主类，因为漏掉了“配偶”这个子类；如果主类包括的子类数目过多，则可取主要的子类，而将其他子类归并为“其他”一个子类。例如，对婚姻状况的分类，以现实可能的状态作为分类标准，分为“未婚”“初婚”“离婚”“再婚”“丧偶”“其他”，其中的“其他”包含了“同居”和“分居”。

(7) 不能在分类标准中出现以下错误：①在一个层级上只有一个子类；②子类同其主类属于同一类(并列错误)，“未婚、已婚、初婚、离婚、再婚、丧偶”的划分就属于并列错误。③有的子类与其他子类所属种类不同(从属关系错误)，如将“食物”的子类列为“稻米”“鱼”“啤酒”“筷子”，“啤酒”属于“饮料”，而“筷子”属于“进食工具”，均不属于“食物”，犯了从属关系错误。

当然，也有学者认为，对实地研究中得到的定性资料，其分类标准不能完全遵照传统的研究方法及其思维方式中的标准，实地研究应更强调从当事人的角度看世界。

3．定性资料分类的操作方法

对定性资料分类是在对定性资料编码之后，传统的“手工+糨糊”的方法已很少使用，可利用计算机进行人工分类，也可以利用计算机软件进行分类。

如果原始材料已输入计算机，且相应的部分已标注好标签，便可重新创建一个文件夹，文件夹中的每个文件，都是将具有相同标签的文档通过复制与粘贴归并而成的，然后用“数字排序+标签”原则命名，如“3.1 饮食习惯”，这样所有的文件名都会按编码的顺序在文件夹中排列，便于检索。

---

① 列宁. 列宁全集(第27卷)[M]. 北京: 人民出版社, 1990.

13.3.3　斯特劳斯的三级编码

扎根理论的提出者格拉斯和斯特劳斯从建构理论的视角将编码分为3种，实际上是将编码的过程分为三级：开放式编码、关联式编码和选择式编码。在编码的过程中，最基本的工作是给相关的资料指定标签(或称代码、码号)。

1．标签的设定

"编码"一词有两种含义，一是作为动词，指一种活动或种操作；二是作为名词，"编码是一种标签"。为了区别，对于后者一般用"标签"一词。

标签通常可以是字词、词组甚至句子，要能够概括所对应的原始资料。因此，对于标签来说，重要的不是字词本身，而是它能否反映这部分资料的意义。对同一段话，不同的人很可能给出不同的标签。例如，一位大学生在谈到自己的学习时说：

> 为了供我上大学，爸爸妈妈辛辛苦苦地挣钱，爸爸在车站做搬运工，妈妈在农贸市场卖菜，每天天不亮就要去进菜。我要好好学习，将来让他们过上好日子。

对于这段话，如果要给予一个标签，就可以用"动机"两个字，但有的人可能用"为父母而学习"或"感恩"，而不是"动机"作为标签。

标签有以下3种[①]。

第一种是描述性标签，只是把一类现象归为一个词，这是一种比较低诠释性的标签。

第二种是诠释性标签，是对调查对象有了更深层次的了解之后，透过表面现象给出的一个更复杂、更"幕后"的诠释。例如，在公司里，某位员工工作十分勤奋，经常会提出某些新的建议，表现得很积极，其目的是获得提升的机会。于是就可以将描述该位员工工作的段落标示为"表面-动机"与"私下-动机"。

第三种是主题或模式标签，其推理性与诠释性更高。这种标签可以把大量材料汇集在更有意义、更精炼的分析单位中。"模式编码通常有4类：主旨、原因或解释、人际关系和更理论性的结构。"它可以是观察到的一再重复的行为、规范、关系，也可是人们意识到的意义与解释，当然也可以是常识性或概念性的解释。

在具体设定标签时需要注意以下几点。

(1)标签的详略程度要视研究而定。一般是对较大的单位做编码，如一句话、一个段落，或反映某个主题的一个"文块"。标签有时需要有一定的层级，但层级不能太多，否则很难将资料汇集起来，分析时也较难应用。

(2)并不是每段资料都要设定标签。事实上，在搜集的资料中，有些段落或"文块"是与研究问题无关的"垃圾"，不需要编码，但不要"扔掉"，因为有时候某些"垃圾"后来会成为宝物。

(3)标签的用词、句子要与它所代表的词语在语意上比较贴切，不要用数字当作标签，如23、A1等，要让人从标签很快想到它代表的概念。

(4)设定标签时，要确认所有的标签都能纳入一个结构中，还要考虑标签与标签之间的关系，以及标签是否具有某种概念上和结构上的顺序。

2．开放式编码

开放式编码也称一级编码，"是在对新近搜集到的资料进行第一次审查过程中完成的。在对庞

---

① 迈尔斯，休伯曼. 质性资料的分析: 方法与实践[M]. 张芬芬, 等译. 重庆: 重庆大学出版社, 2008.

杂的资料进行分类的初步尝试中，研究者要以一种开放的心态，将所有的资料按其本身所呈现的状态定位主题，并指定最初的编码或标签"[①]。更直白地说，开放式编码是一个将所有文本资料打散、合并、提炼抽象概念，再以新的方式进行重新排列组合的操作过程。开放式编码的过程类似漏斗，要求研究者放下"个人的预见"及已有的"定见"，尽可能按照文本资料最原始的状态进行分类与编码[②]。

开放式编码关注的是资料本身，让资料内部的主题浮现出来。例如，在对家庭生活方式的研究中，对资料进行开放式编码时，设定的标签可以是起居饮食、消费水平、消费观、夫妻感情交流、社会交往、闲暇生活、子女教育、婆媳关系、经济收入、住房条件、人口结构等。

开放式编码的具体做法如下。

(1)慢慢地阅读所搜集的原始资料，如观察记录、访谈记录、自己写的备忘录、历史资料或其他资料，不要漏掉任何重要的信息，从中寻找关键词、关键事件或主题，并做记录。

(2)将初步的概念或标签标示到相应资料的旁边，标签要醒目，可以用彩笔标注或特殊符号等凸显出来。此时的主题抽象层次较低，可以根据最初的研究问题、相关文献中的概念、社会背景中人们所用的词语，以及研究者在阅读资料时所涌现的想法来设定主题，用当事人的原话或研究者自己的语言作标签。

(3)制作一份主题清单。例如，张海在对网络用户信息茧房形成机制的研究[③]中，将18位受访者深度访谈的录音整理为逐字稿后，结合抽象化概念出现的频次及小组综合意见，得到21个有效概念，然后进行合并、整理及规范化处理，得出社群影响、信息过载、人际交流方式等有效范畴，如表13-2所示。

表 13-2　网络用户信息茧房形成机制的开放式编码范畴化

典型初始语句(部分)	概　念	范畴化
我更愿意阅读用户分享或直接推送给我的信息	亲人、朋友的信息推荐	社群影响
每天都会接收到这种公众号和信息提供商推送的信息，可供选择的信息非常多、非常杂	信息量庞大	信息过载
想和家人在看电视和吃饭的时候面对面交流，但是他们经常各自看手机，在交流过程中几乎没有回应，却能快速地回复手机信息和在评论区发表观点	面对面交流出现障碍	人际交流方式

这类主题清单有3种功能：①帮助研究者一眼看到凸显的主题；②刺激研究者在后来的开放式编码工作中能够找出主题；利用这份清单构建研究的全部主题稽核，以后分析时，可以将之重组、筛选、删除或扩展。

有人建议除主题清单外，还要有一份标签定义表，对标签给出清晰、精确的操作定义，一是为了能在研究中始终用定义去思考同一现象；二是为了使其他研究者对标签不产生歧义，便于分析与交流。例如，表 13-3 是对医院护士服务态度研究进行开放式编码时对标签的定义表。

表 13-3　标签定义表示例

标　签	定　义
服务态度	在服务患者的过程中，护士说话的语气、表情及表达方式等

① 劳伦斯·纽曼. 社会研究方法——定性和定量的去向[M]. 5 版. 郝大海, 译. 北京: 中国人民大学, 2007.
② 陈向明. 质的研究方法与社会科学研究[M]. 北京: 教育科学出版社, 2000.
③ 张海. 基于扎根理论的对网络用户信息茧房形成机制的质性研究[J]. 情报杂志, 2021(3): 168-174.

续表

标　签	定　义
态度-沟通	护患沟通是护患双方围绕患者健康问题及诊断治疗进行的信息交流，一般包括信息交换和情感支持两方面，沟通分为技术沟通和非技术沟通，前者用于病史采集、病情及治疗措施告知等；后者属于情感交流，如礼貌、同情、关心、尊重等
……	……
因素-素质	护士个人综合素质包括护理业务能力、沟通能力、自我控制能力等
……	……

3. 关联式编码

在进行开放式编码时，研究者关注的是资料本身，不断为资料中的所呈现的各种主题指定标签，并不重视各个主题之间的关系，也不解析主题所代表的概念使其精确化。关联式编码也称轴心式编码、主线编码、二级编码，是资料的"第二道关卡"，其主要任务是在开放式编码的基础上，从一组已经被组织过的初步编码或初始概念入手，进行加工提炼、归类合并，发现和建立各个主题之间、概念之间的各种联系，以表现资料中各部分之间的关系，形成"轴心"，从而归纳和总结出主范畴。

在关联式编码过程中，研究者比较重视经过初步编码的主题，而不是资料本身，思考原因和结果、条件和互动、策略与过程等问题，记录随时出现的额外标签或新想法，并一步步地组织想法和主题，寻找那些比较相近的类别或概念，以确定每次只对哪个类属(问题)进行深度分析，围绕这个类属寻找相关关系，因此称这个问题为"轴心"。

在关联式编码过程中，可以向提出类似下列问题的问题：已有的概念能否再分解为维度或次级类别？能否将某些紧密相关的概念结合成一个更一般性的概念？能否以某种先后顺序、地理位置或与某个主题的关系而进行分类？例如，研究家庭生活方式时，在进行关联式编码过程中，可以将开放式编码中的各个标签在 3 个主题下面联系起来，即"家庭生活观念""家庭生活活动"和"家庭生活条件"。在每个主题下面分别列出相关的子类。例如，在"家庭生活观念"下有家庭理想、家庭性别角色观、道德观、生育观、消费观、审美观、营养观等；在"家庭生活活动"下有饮食营养习惯、消费方式、闲暇利用方式、夫妻间性生活方式、家庭人际交往方式等；在"家庭生活条件"下有经济条件、居住条件、社会条件等。当然，也可以将开放式编码中的标签用"家庭生活观念""物质生活方式"和"精神生活方式"3 个类属联系起来，每个类属下面再分为各个子类。

关联式编码过程会促使研究者对概念或主题之间的相关性进行思考，同时也会引出新的问题，需要扬弃某些主题，或更深入地检验另一些主题。例如，可能会发现原先主题中有未能包含的主题或概念，这时需要补充；也可能会出现原有的某些主题或概念根本用不上或不管用，这时需要删除；还可能出现某个主题下包含的资料太多，造成分析上的困难，需要在这个主题类别之下建立次级类别；可能发现原先的标签不甚合适，需要用新的标签代替原有标签；等等。所有这一切，都说明研究者要有一个开放的态度，根据实际情况做好修订编码的工作。此外，关联式编码过程还会增强证据与概念之间的相关性，在确定编码、找出证据时，会在许多地方发现核心主题的证据，并由资料编织起支持这些主题的浓密网络。例如，在对家庭生活方式的研究中，发现无论是消费观念，还是消费水平、对子女的教育、娱乐方式等，都会与"家庭生活条件"主题联系在一起，"家庭生活条件"成为一个核心主题；还发现，家庭的生活方式甚至观念与是否为独生子女家庭紧密相关，从而产生了"独生子女家庭"这一新的主题。

再如，在对网络用户信息茧房形成机制的研究的关联式编码阶段，将出现频次没有超过的范畴进行删除，经过加工、提炼和不断修正，得到 15 个有效范畴，然后进行关联和进一步归纳合并，最终得到 5 个主范畴，分别是信息人因素、信息因素、信息环境因素、信息技术因素和信息茧房，如表 13-4 所示[①]。

表 13-4 主范畴与子范畴的关系（节选）

主范畴	独立范畴	内 涵
信息人因素	信息痕迹	用户过往浏览、阅读等信息行为对信息茧房形成的影响
	用户兴趣	用户的阅读偏好和情感因素对信息茧房形成的影响
	信息素养	用户的信息意识、信息能力对信息茧房形成的影响
信息因素	信息有用性	信息提升用户生活质量及有用程度对信息茧房形成的影响
	信息娱乐性	指针带给用户身心愉悦的程度对信息茧房形成的影响
	信息价值传递	信息蕴含的价值观念对信息茧房形成的影响
……	……	……

4．选择式编码

选择式编码也称第三级编码。在大部分或所有资料搜集已经完成后，研究者围绕几个核心概念或观点，通过比较和对比，确定该项研究的首要主题，并完成筹划整体性分析，就会进行选择性编码，这是对资料的最后一次处理。

研究者选择的首要主题，具有统领其他主题的作用，像一个渔网的拉线，将所有其他主题串成一个整体拉起来，始终引领整个研究工作。

选择式编码的过程是，研究者再次浏览自己的原始资料，根据所选定的首要主题，对所有已经列出的主题系统进行分析、再组织。仍以家庭生活方式研究为例，通过分析比较，决定将"独生子女家庭生活方式的基本特征"作为首要主题，在进行选择性编码时，就要在浏览原始资料的过程中，找出独生子女家庭与非独生子女家庭在家庭经济水平、消费观、消费方式、闲暇利用方式、家庭人际交往方式及子女在家庭中的地位、对子女的教育等方面的差异，然后对比独生子女家庭与非独生子女家庭的家庭生活观念、生活活动及生活条件，归纳出独生子女家庭生活方式的特点。

同样，对网络用户信息茧房形成机制的研究在选择阶段，最终确定的核心范畴是网络用户信息茧房，主范畴如信息人因素、信息因素等与核心因素之间是因果关系，进而形成了主范畴与核心范畴的关系结构（如表 13-5 所示），而最终的结构模型如图 13-4 所示。

表 13-5 主范畴与核心范畴的关系结构

关系结构	关系结构定义	受访者的典型语句
信息人因素→信息茧房	用户的信息痕迹、用户兴趣及信息素养是引发用户产生信息茧房的信息人因素	我接收到的信息看起来很熟悉，感觉和我以往的浏览记录和点赞、收藏的信息有关，这些感兴趣的信息我很难拒绝；我的直觉告诉我，事物具有两面性，不能一概认同，也不应该一律拒绝
信息因素→信息茧房	信息有用性、信息娱乐性、信息同质性及信息价值传递是引发用户产生信息茧房的信息因素	有趣的信息和符合我价值观的信息越多，我越愿意接受，越不愿意浪费口舌与他人争论

[①] 张海. 基于扎根理论的对网络用户信息茧房形成机制的质性研究[J]. 情报杂志，2021(3)：168-174.

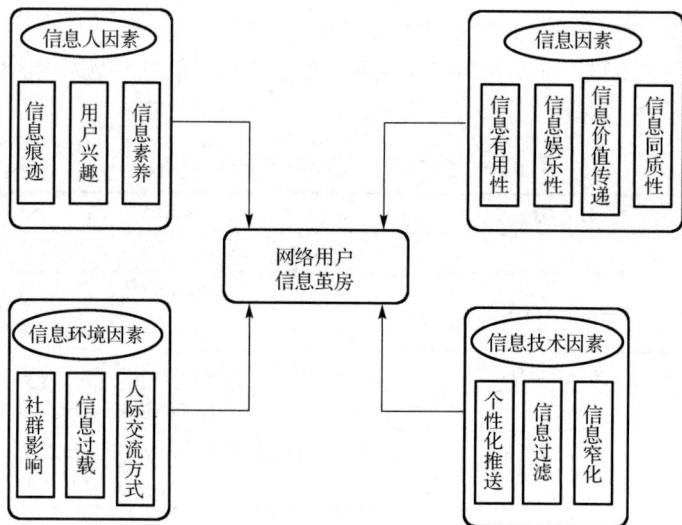

图 13-4　网络用户信息茧房形成机制的研究模型

13.3.4　撰写备忘录

在研究的过程中,除与其他研究者、同行、同事、朋友等进行交流外,进行自我对话也十分重要,即随时将自己对资料的分析记录下来,这个过程就是进一步思考的过程,这是研究者进行资料分析的重要手段。做自我文字记录有两种方式,一是写备忘录,二是记日记、写总结和内容提要。本节仅对备忘录的写法做些说明。

一般地,备忘录是将事情经过、概况、处理意见、想法等写下来,以防事后忘记的文字记录,是一种特殊类型的笔记。在对定性资料的分析过程中,写备忘录是记录研究者自己的发现、想法和初步结论的方式,主要目的是通过写作对自己的研究进行思考。正如 Glaser(1978)对备忘录所描述的,"备忘录是试图将一些想法形成理论所写下来的东西。当分析者编码时,被某些标签及其关系撞击时,就可以将这些想法写成备忘录……备忘录可能是一个句子、段落或几页文字……分析者竭力把对有关资料的瞬间的构想写下来,这可能是带有一些概念方面的阐述"①。

备忘录最重要的作用是将很多转瞬即逝的思想火花、事件、话语等及时记下来,以备研究之用。例如,调查对象所说的某句话、自己对研究方法的反思、在阅读资料时产生的灵感、在分析资料时涌现的感悟,以及自己发现某些现象、概念、主题的过程和初步的理论探讨等。

在各种备忘录中,分析性备忘录是最常用的一种。它是研究者自己对社会现象或概念分析的记录,是对资料和编码的反省和思考,"是关于编码程序的想法与思路的备忘或讨论。每一种编码主题或概念都是形成一篇独立的备忘录的基础,备忘录包括了对主题或概念的讨论。粗略的理论笔记构成分析性备忘录的开始"。分析性备忘录是在具体资料或原始证据与较抽象的理论思考之间构筑的一架桥梁,用每一种类型的编码审阅资料时都会用到它,从而成为研究报告中资料分析的基础,甚至经过改写,可以成为最终调查报告的一部分。

撰写备忘录时应注意以下问题。

(1)要把写备忘录当作优先的事情去做。随身携带笔记本,当一个想法涌现时,要立刻停止手边的事,把想法写下来,哪怕这个想法并不十分清晰,也不必考虑措辞。

---

① 迈尔斯, 休伯曼. 质性资料的分析: 方法与实践[M]. 张芬芬, 等译. 重庆: 重庆大学出版社, 2008.

（2）写备忘录要从调查工作的开始一直写到调查报告完成。

（3）每篇备忘录都要标上时间，这样可以看出研究的进展、自己思路的发展，并为日后重读提供方便。

（4）要给备忘录分类编码。用基本概念为备忘录加上标题，同一个主题或概念的备忘录要归档，以便于查找。鉴于此，若同时产生两个想法，要分别写备忘录，以便于分档。

（5）对备忘录内出现的新概念，要用红笔或明显的符号标示出来，并与已有的概念进行比较，考查它们之间的异同及可能的因果关系。因此，写备忘录时，要将标签清单放在手边，可能随时会产生某些新的想法。

（6）备忘录要写自己的想法，而不是人、事或互动，也不是复述调查资料，这些想法应在对资料进行分析时起引导作用。

（7）不要把备忘录的格式或风格标准化，想到什么就写什么，特别是在团队研究中，不要做任何规定。

13.4　定性资料的分析策略

与定量资料分析相比，定性资料分析的难度更大，分析策略更加多样化，标准化程度相对较低，研究者对研究过程的描述相对模糊。尽管在很大程度上定性分析依赖于研究者个人的主观因素，但依然积累了很多比较成功的分析策略。除了大部分定性资料分析的形式涉及编码与撰写分析性备忘录，劳伦斯·纽曼的《社会研究方法》中集中介绍了叙事、理想类型、连续逼近法、例证法、路径依赖与偶然事件、主题框架法和分析性比较法，还提到了其他有关的技术，如网络分析、多重分类过程、图表、用于定性分析的软件及事件-结构分析。这些方法更适用于社会科学的理论研究。本节仅介绍连续逼近法，结合社会调查，对图表法和主题框架法进行简单的介绍。

13.4.1　连续逼近法

连续逼近法（successive approximation）是指研究者从比较模糊的观念及杂乱、具体的资料细节开始，通过不断循环的步骤，获得概括性的综合分析的结果。

具体地说，研究者从所研究的问题和一种概念与假设的框架出发，通过阅读和探查资料，寻找各种证据，并分析概念与资料中所发现的证据之间的适合性，以及概念对资料中的特性的揭示程度。研究者也通过对经验证据进行抽象来创造新的概念，或者修正原来的概念，以使它们更好地与证据相适应。然后研究者从资料中搜集另外的证据，对前一阶段中所出现的尚未解决的问题进行探讨。研究者不断地重复这一过程。在每个阶段，证据与理论也不断地进行相互塑造。这种过程就称为连续逼近，因为经过多次的循环，修改后的概念和模型几乎"逼近"所有的证据，并且这种被连续地、一遍又一遍地修改的概念和模型也更加准确。

例如，历史学家在研究百年历史的时候，需要将一百年划分为几个阶段，刚开始，他可能有一个关于划分几个时期及划分的标准的一般概念，还可以从理论上找到评价一个事件是重要事件还是平常小事的标准，于是进行了初步的划分；但是在检查过证据之后，他会调整历史分期的数量和长短，以及各个分期的起始位置；然后他用更多的资料再次验证证据，再次调整历史分期。经过几次循环后，他在不断进行理论化和查阅资料的基础上，逐渐把一百年分割成一组不同的历史时期。

13.4.2　图表法

图表法可以比较集中、生动地展现资料中蕴含的各种意义关系，制作图表的过程就是分析各种主题或概念的过程。图表帮助研究者组织想法，系统地探究资料中的关系，并把结果传达给读者。迈尔斯和休伯曼非常重视图表在定性分析中的作用，指出图表展示与分析性文字两者之间存在着互动关系，甚至认为利用图表展示资料是定性分析的关键。

1. 图形

利用图形展示对定性资料的分析，就是将标签和次标签用各种图形显示其结构或联系。劳伦斯·纽曼在《社会研究方法》中提出使用空间或时间地图、类型或关系图；而迈尔斯和休伯曼除此之外，还详尽地介绍了使用流程图、组织图、因果图及各种清单和网络来说明分析的方法[①]；约瑟夫·A.马克斯威尔在其《质的研究设计：一种互动的取向》中提出了概念图等。可见，在定性资料分析中采用图形法是一种重要的策略。应该说，本书每章开头给出的思维导图，就是一种定性资料分析的图形。现仅就概念图做些说明。

概念图通过表示概念与概念之间的关系，实现理论的直观展示。概念图的一般做法是，将某一主题的有关概念置于圆圈或方框内，然后用连线将相关的概念或命题连接起来，连线上标明两个概念之间的意义或关系。概念图画好后，要有一段说明文字，用语言来表达体现在图中的思想，为理论的提出奠定基础。图 13-5 所示是一幅概念图，展示的是决定将孩子留在家中的各类因素[②]。

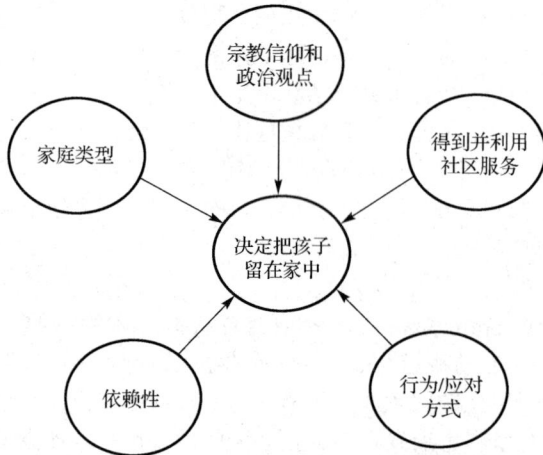

图 13-5　决定将孩子留在家中的各类因素

当标签之间的关系较复杂时，可以只用带有方向的线将其连接起来。图 13-6 所示是一幅模式标签的连接图[①]，讨论的问题是"什么因素会影响人们对研究发现的理解程度"。研究者有了第一层级的标签，还有一些是逐渐浮现出来的模式标签，如"对研究发现的曲解"和"实施者之间的意见不一"。如果用 13-7 所示概念图来展示，图形就会显得复杂一些，但也许有人会认为这样画可使标签彼此的关系更清楚。因此，究竟用哪种图形来进行展示，与研究者的思维习惯、表达风格有关，没有一定之规。

图形并不只是文字、几何图形，其作法非常灵活，也不必在形式上花费很多精力，关键是它是一种促进思考的工具，将隐而不显的理论用直观的方式展示出来，使其内在的逻辑关系和它们与当前研究的关系更加清晰。当然，图形也会随着对研究现象理解的深入，进行不断的修改与完善。

---

① 迈尔斯, 休伯曼. 质性资料的分析: 方法与实践[M]. 张芬芬, 等译. 重庆: 重庆大学出版社, 2008.
② 约瑟夫·A.马克斯威尔. 质的研究设计: 一种互动的取向[M]. 朱光明, 译. 重庆: 重庆大学出版社, 2007.

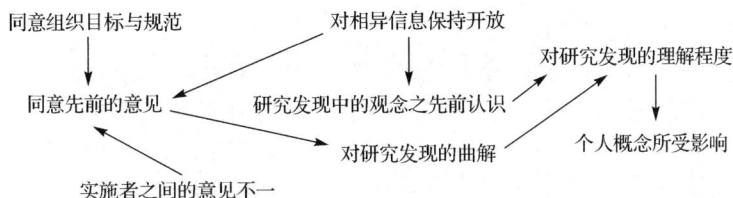

图 13-6 模式标签的连接图

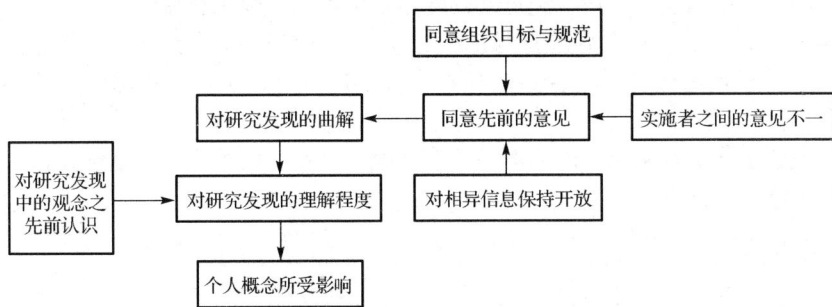

图 13-7 概念图

图形一方面帮助我们组织、表达自己的想法，另一方面还应促使我们将研究问题想得更深、更全面，有助于发现失误甚至错误，并产生新的思路或想法。因此，在画好图形之后，要进一步提出关系性的问题，如"这幅图是否准确表现了资料中的内容？""是否正确表达了各个主题或概念之间的关系？""还有什么问题我没有考虑到？""在这幅图中是否还要增加某些概念或主题？""图中所呈现的关系对吗？"等。

2．表格

设计表格的过程就是思考的过程，将资料填入表格，就是将资料分与并的过程，用表格来展示资料，可以使研究内容一目了然，有利于发现事物的异同、事物发展的轨迹（时间表）及事物之间的联系。当然，要使表格发挥作用，关键是在阅读资料的过程中善于运用分类与比较、分析与综合等思维加工方式，并在不断实践的过程中学会设计表格。

表 13-6 描述的是 4 个不同角色的人在访谈中对教育改革的反应，从中可明显地看出不同角色的人对改革的不同的态度。采用表格的缺点是，由于篇幅有限，研究者不得不强行对资料进行简化，看不到受访者的原话。

表 13-6 角色排序表[①]

角色		认为方案的特征	对改革的评估	预期班级/组织的改变	与先前风格/组织情境的搭配
教师	英文教师 Kennedy 第 4 年采用	吓人的表格、过多目标、大量讲义	困难、复杂没有自由	要组织教学团队	很差；采用者觉得她被锁在结构中和别人的计划里
学科召集人	Mannhoeller 英语召集人	课程的横向和纵向均良好	观念正确	不明-1	搭配不错；部分方案填补了课程缝隙
校长	McCarthy Tindale 高中	不明-2	不明-2	不明-2	搭配不错；维持原有秩序，没有特别要求
教育局官员	Mann 局长	不明-2	不明-2	没有提问	搭配不错；……

注：不明-1—没有提问；不明-2—问了，但没有答案（回应者迷失在问题里，不知道答案）。

① 迈尔斯，休伯曼. 质性资料的分析：方法与实践[M]. 张芬芬，等译. 重庆：重庆大学出版社，2008.

建立表格时需要注意以下几点。

(1)行与列的数目一般不超过 12 个，最好是 5～6 个，若很多，则应精简或分成几个表。

(2)措辞尽量精炼，尽可能反映资料中有意义的差异，但不必太苛刻。

(3)若设计的主题有顺序性，则排列要遵从顺序；若具有层次性，则有时需要引入多维表。

(4)表的制作不是一次成型的，搜集资料的初期，表格可以粗略一些；随着资料的不断增加，考虑的问题也更加深入，需要多次修改。有时在设计表格时觉得不错，但在填写资料的过程中就会发现问题，因此表格的设计往往要经过好几轮，直到后期才会比较完善。

填表时需要注意的是，要做好选择与浓缩；在表中注明资料的出处，以便需要时可以轻松地查到原出处；可以使用代码(如表 13-4 中的"不明-1")，并在表注中说明含义，这使表格显得清晰。

填表后应做的工作是看从表中能够引出什么结论，以及这些结论是否能够经得起检验、这些结论有没有实际意义等。

13.4.3 主题框架法

1. 简介

1974 年，社会学家 E. 戈夫曼(Goffman)出版《框架分析》，对框架研究产生了直接的影响。吉特林(Gitlin)发展了戈夫曼的框架定义，指出框架是"关于对存在着什么、发生了什么和有什么意义这些问题进行选择、强调和表现时所使用的准则"。框架不仅是意义的生产，也是一种有规律的筛选手段。

主题框架法(thematic framework approach)形成于 20 世纪 80 年代，其特点如下。

(1)核心是"主题框架"的确立。

(2)是一种建立在表格基础上的分析方法，资料整理和分析过程透明。

(3)对资料的分析过程相对标准，具有可操作性，比较容易掌握。

2. 步骤

主题框架法包括资料的整理和分析两步，其中，资料整理过程又由确定分析主题、资料标记、资料归类，以及资料的总结或综合等内容构成。主题框架法的具体步骤如下。

(1)熟悉原始资料。在对资料的细节和特点有了全面的认识后，确定在此过程中浮现的主题和概念，这些可以是研究对象的态度、行为、动机和观点，也可以是访谈过程中的气氛或探索某特定事物的难易程度等。

(2)制订主题框架。明确主题之后，需要利用原始资料，并根据调查目的所设计的问题制订主题框架。在此基础上，将主题进一步分类及汇总，形成若干总主题及相应的分主题，并通过编制表格使主题框架更精炼有序。

(3)对所有资料编码、索引或标记。仔细阅读每一段文字，明确其核心内容，并运用框架中适当的主题进行标记。手工标记往往使用不同色彩的笔将原始资料中与某一主题相符合的文字标出，然后在文字的页边标注上该主题，标记既可以使用文字，也可以用其代码。如果在计算机上操作，则可以利用 WPS 的"审阅"功能。在此过程中，还可以根据资料所反映的实际情况对主题框架进行修改和完善。

(4)制作初表，按主题对资料进行归类，将内容或性质相近的材料放在表的同一列中。

(5)通过表格对资料进行总结或综合。在资料的综合过程中，需要创建主题表，表中要放入足够的信息和上下文背景，以确保分析人员不需要回到原始资料就能够理解已经综合的信息。同时，相关信息应经过研究人员的提炼或总结后才能放入主题表。在资料综合的过程中，对于关键性的词语或表达，应尽量保留被调查人员的原话。另外，对于一些目前尚不能明确判断是否与研究目的有关的材料，不能轻易舍弃。

（6）对初表进行再分析。仔细阅读每个分主题的内容，记录各种看法、观点、经历或者行为。在此基础上进行深入探索，着手再归类并提炼出主要的层面，使早期的分类更精炼、包括的范围更广泛。在对分好的类别进一步完善、精炼，修改初表之后，对最终的表格附以描述性的说明。通过描述性分析，既可以了解多数研究对象对各个主题的看法、观点等的共性，又可以针对每个具体的对象了解其特性。

综上所述，可以将主题框架法的步骤归纳为图 13-8。

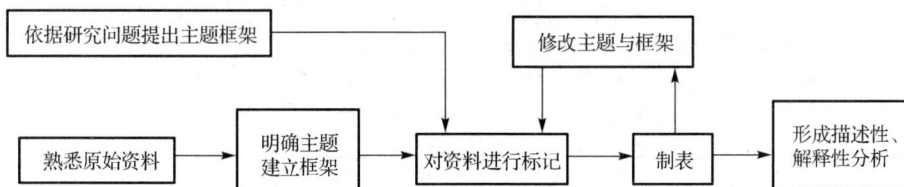

图 13-8　主题框架法的步骤

13.5　定性研究数据分析软件 NVivo 简介

随着计算机软件的发展，不仅定量研究可以借助 SPSS、SAS 等软件对数据进行统计分析，而且定性资料分析也可以利用相关软件进行整理与分析，主要有 NVivo、MaxQDA、ATLAS.ti 等。目前，NVivo 12 已经有中文版，凡是需要对音频、视频、图片或文档等定性资料进行资料的整理与分析的，如教育学、社会学、心理学、医学等学科的研究，政府部门、企业等都可以选择使用 NVivo 软件。本节仅对该软件做简介，具体操作可参考有关著作与资料①。

13.5.1　NVivo 的含义

NVivo 是澳大利亚 QSR 公司研发的、用于质性研究分析的软件，目前已在约 90 个国家/地区使用，在我国也得到了很好的应用。

NVivo 即 Nudis Vivo，Nudis 是 Non-numerical Unstructured Data by Techniques of Indexing Searching and Theorizing 的缩写，意为非数值型、非结构化数据的索引、搜寻、理论化，而 Vivo 意为自由自在，表明该软件能够帮助研究者管理、定型和分析几乎任何语言的任何信息。这里的"非数值型、非结构化数据"即文档、音频、视频和图片。

13.5.2　NVivo 的功能

NVivo 有两个版本，NVivo Pro 为专业版，NVivo Plus 为增强版。NVivo 12 的 Plus 与 Pro 版本的绝大多数功能相同，只是增加了社交网络功能分析、自动挖掘和自我中心化网络图等功能。Nvivo Plus 可以切换到 NVivo Pro 版本，但 NVivo Pro 版本无法切换到 NVivo Plus 版本。NVivo 的功能如表 13-7 所示。

---

① 如冯狄著《质性研究数据分析工具 NVivo 12 实用教程》，2020 年由人民邮电出版社出版；腾讯课堂：NVivo 定性研究分析软件使用课堂。

表 13-7　NVivo 功能一览表①

版本	功能	功能
NVivo Pro	针对范围最广泛的数据分析和更复杂的分析	● 可处理文本、PDF、音频、视频、图像、电子表格、Web 和社交媒体数据； ● 在单个位置保存您的所有信息； ● 组织和搜索数据，查找您所需要的内容； ● 使用简单的文本、编码和视频查询功能，以探究数据和发现数据中浮现的主题； ● 使用查询功能回答复杂的问题和在数据中识别含义； ● 使用图表可视化研究者的数据并导出，以共享所发现的成果； ● 创建可视化图以创意和分析关联； ● 合并项目和比较团队成员的分析，以确保其一致性
NVivo Plus	针对更加快速地得出结构和对网络进行分析	● 包含 Pro 版本的所有功能； ● 高效处理大量、复杂的数据； ● 瞬间(几分钟内)发现数据中浮现的主题和情感因素； ● 将社交媒体或项目数据的社会网络关系可视化； ● 通过网络指标发现关键网络角色，如影响者、连接者和中间人

13.5.3　NVivo 的质性分析流程图与操作步骤

图 13-9 所示为 NVivo 质性分析流程图，由此可以得出利用 NVivo 进行定性资料的整理与分析的步骤。

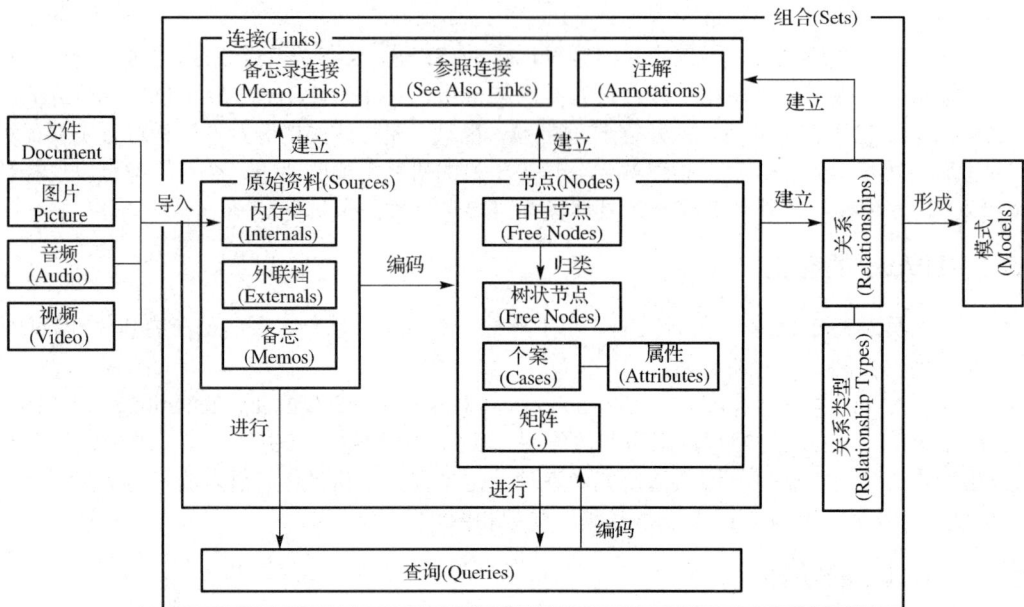

图 13-9　NVivo 质性分析流程图②

(1)准备阶段:在进行数据分析前做一些必要的准备工作,包括新增项目建立和整理原始资料。所谓"项目",是指为研究任务而建立的源数据,如访谈的笔记、录音、录像等,也包括由这些源数据分析的结果。导入的数据源可以有多种格式,包括 Word(doc、docx)、可移植文档(pdf)、纯

---

① 资料来自 KSOFT 科软网。

② 丁杰. 质性数据分析方法与分析工具简介.

文本(txt)、视频(mpg、mpeg、wmv、avi、mov、qt、mp4)、音频(mp3、wma、wav)、图片(bmp、gif、jpg、jpeg、tif 或 tiff)。

(2)编码阶段：建立节点，利用个案属性进行编码，利用关键字进行编码。

(3)质性分析阶段：树状节点分析和矩阵节点分析，如通过树状节点分析，可以观察了解哪些节点涉及的信息比较多，从这些节点浏览与节点相关的论述，并将相关论述做比较，还可以针对这些节点通过备忘录加入个人的看法。

(4)组合并建立模型：图 13-10 所示是对访谈资料建立的模型示例。

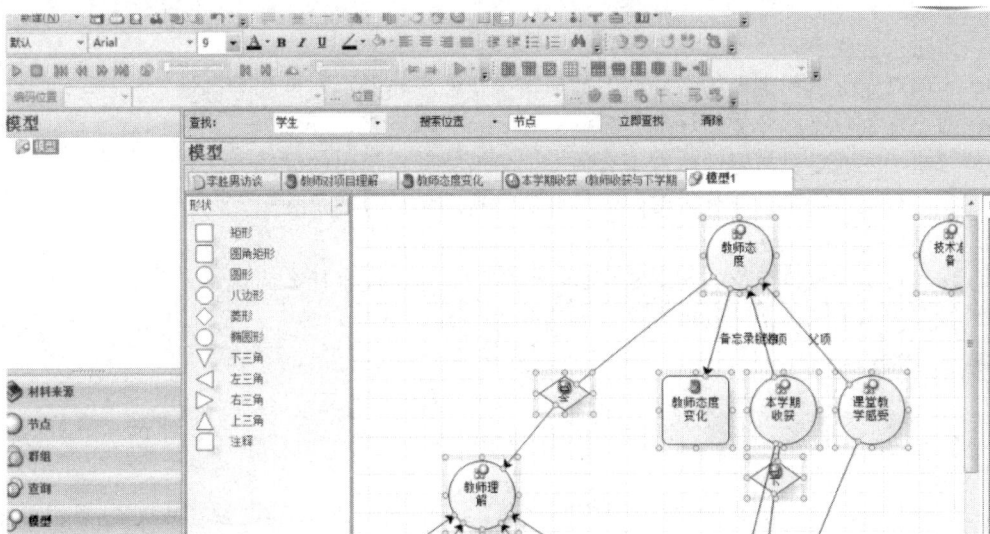

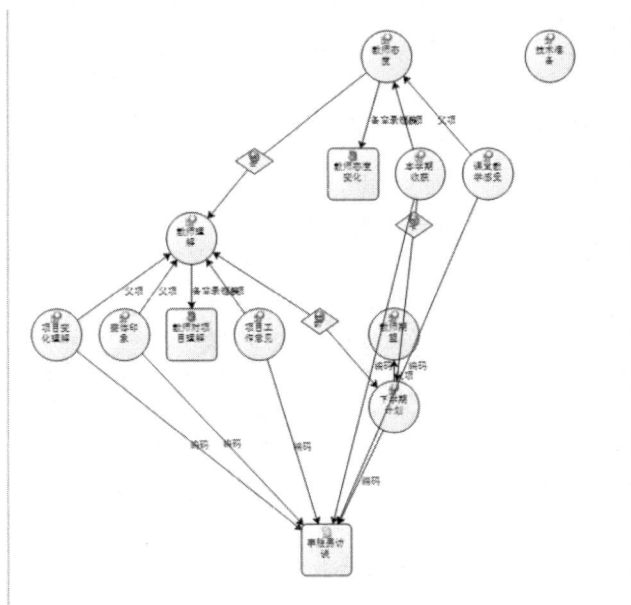

图 13-10　经 NVivo 质性分析后得到的模型示例[①]

① 丁杰. 质性数据分析方法与分析工具简介.

思考与实践

复习思考题

1. 解释下列名词：

定性资料　　定性资料分析的互动模式　　编码　　分类
开放式编码　关联式编码　选择式编码　备忘录　连续逼近法　主题框架法

2. 定量与定性资料分析有哪些差异？

3. 说明对定性资料审核的必要性，如何审核定性资料的真实性和准确性？

4. 对定性资料进行分类的标准有哪些？

5. 资料编码在定量与定性研究中有何不同？斯特劳斯提出的编码方法是哪3种？

6. 在进行定性资料分析分析时，书写分析性备忘录的目的是什么？

7. 试描述连续逼近法。

8. 图表对定性资料分析的作用是什么？制作图表时应注意什么问题？

9. 说明采用主题框架法分析定性资料的过程。

实践与合作学习

1. 对研究小组目前搜集到的资料，如访谈记录、观察记录、研究过程中的活动记事等进行整理与分析。

2. 下载NVivo12，阅读《质性研究数据分析工具NVivo 12实用教程》(冯狄著)等相关著作，并通过对自己的文档或视频、图片进行整理与分析，自学该软件的操作过程。

第五篇 定量与定性结合范式的社会调查——混合方法研究

美国人格心理学家赫根汉曾说，研究对象就像漆黑房间里一件不能直接触摸到的物体，研究范式则是从各个角度投向该物体的光束。光束越多，照射角度越不同，人们对该物体获得的信息就越多。混合方法研究（mixed methods research）是指在单一研究项目中同时使用定量研究和定性研究的方法与技术的研究范式。混合方法研究的中心假设是，把定性和定量方法混合起来使用比单一方法能更好地理解和解决研究问题。混合方法研究被看作继定性和定量方法之后的"第三次方法论运动"，成为社会科学研究新的方法论取向和发展趋势。本篇将对混合方法研究的基本概念、适用范围、研究设计类型、具体实施步骤等进行介绍，以便读者在开展调查研究时能够有意识、有计划地采用混合方法研究范式，以提高调查研究的质量。

学习导航

(1)本章的重点是理解混合方法研究的适用范围、研究设计类型及其实施步骤，以便在今后的学习与调查研究工作中注意运用混合方法研究范式，以提高调查研究的质量。

(2)本篇参考书目如下。

① 塔沙克里·特德莱. 混合方法论：定性方法与定量方法的结合[M]. 唐海华，译. 重庆：重庆大学出版社，2010.

② 约翰·W. 克雷斯威尔. 研究设计与写作指导：定性、定量与混合研究的路径[M]. 崔延强，译. 重庆：重庆大学出版社，2007.

③ 陈向明. 质的研究方法与社会科学研究[M]. 北京：教育科学出版社，2000.

④ 徐建平，等. 量化和质性研究的超越：混合方法研究类型及应用[J]. 苏州大学学报：教育科学版，2019(1)：50-59.

第14章　混合方法研究

本章思维导图

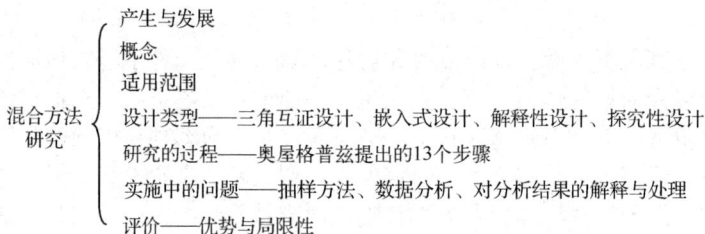

混合方法
研究
┤
- 产生与发展
- 概念
- 适用范围
- 设计类型——三角互证设计、嵌入式设计、解释性设计、探究性设计
- 研究的过程——奥屋格普兹提出的13个步骤
- 实施中的问题——抽样方法、数据分析、对分析结果的解释与处理
- 评价——优势与局限性

14.1　混合方法研究概述

混合方法研究有许多不同的称谓，如三角互证设计(triangulation design)、定性与定量方法(quantitative and qualitative method)、多重方法(multimethod)、整合方法(integrated method)和联合方法(combined method)等，近几年的文献中基本采用"混合方法研究(mixed methods research)"。

不同的混合方法研究者对混合方法研究的定义有所不同[①]。

例如，约翰逊(Johnson)和奥屋格普兹(Onwuegbuzie)认为是"研究者在同一研究中综合调配或混合了定量和定性研究的技术、方法、手段、概念或语言的研究类别"。它与定量和定性研究方法的主要区别是，在同一个研究中运用一种或多种定性和定量方法。

又如，克雷斯威尔认为"混合方法研究是一种结合了定性和定量研究形式的研究方法。它涉及哲学假设，定性和定量的使用，以及在一个研究中两种方法的混合。因此，它不仅是简单搜集和分析两种类型的数据，也涉及两种方法的同步使用，以便混合方法研究的综合优势要多于定性研究或定量研究"。

2007年，国际学术界第一本专门针对混合研究的杂志《混合方法研究》的创刊号中，将混合方法定义为"调查人员在单个研究或某个研究方案中同时使用定性和定量研究方法来搜集、分析数据资料，整合研究发现及做出推断"的研究。

尽管学者们对混合方法研究有不同的阐述，但其共同点是：混合方法研究中包含了定量研究和定性研究的运用；定量与定性方法的混合可能发生在研究的每一个阶段；使用混合方法研究的目的是利用不同方法、策略的互补优势来更全面、更深入、更正确地理解研究问题和呈现研究结果。

14.1.1　采用混合方法研究的必要性

依据马克思主义哲学原理中质与量的对立统一原理，任何客观事物都是质与量的有机统一整

---

① 安黎黎. 混合方法研究的理论与应用[D]. 上海: 华东师范大学, 2010.

体，对一个事物的研究，既要注重考查量的方面的规定性，又要注重考查质的方面的规定性，只有经过定量与定性两方面的研究，才有可能对一个事物进行全面的了解和揭示，因此定量研究与定性研究的结合在哲学原理上也是有据可寻的。

事实上，混合方法研究把定性和定量方法混合起来使用比单一方法能更好地理解和解决研究问题。两种研究范式各有优势，也各有其局限性。

在社会科学中，定量分析研究方法的优势在于，可借助数学工具、统计工具等找出隐藏在社会现象、事件之间的数量关系特征，找寻社会事件之间的某种规律性，在整体性与宏观层面上，在对能够体现较强普遍规律的研究中，能够起到很强的说明作用。但是，在很多微观层面上，在个体性事件及状态中，还有很多具备独特性的、不能被量化的研究现象和社会事件，社会科学研究中的规律和本质并不都能在数量关系上有所体现，社会生活中的所有事件、现象背后的本质性规律和关联并不都能用量化分析的数量关系、统计数字、图表表征出来。这种由数量分析得出的结论不能替代或等同于对社会现象、事件的内在本质的揭示。正如小山庆太所言："人类的知识活动形态是多种多样的，而自然科学只不过是其中的一种形态。如果无论什么都想以数量解析方法来解决，那可是相当无聊的。"[①]定性研究则通过观察、深度访谈等在对个案的深度挖掘、全面把握等方面比定量研究更具优势。对于社会微观层面上的研究，对于那些注重研究对象中的个体性、差异性及特殊性等的研究，定性研究大有用武之地。因此，要想实现社会科学研究的客观性和确定性，对于复杂多样的社会现象与社会事件，需要采用混合方法研究范式。

14.1.2 混合方法研究的作用与适用范围

混合方法研究并不适用于所有的研究，因此，在选用之前一定要对准备使用的多种方法进行清晰、详尽的思考，要考虑需求与可行性，只有当能够从混合方法的使用中获得益处时，在研究者同时具备开展定量与定性研究的条件(包括研究者的能力、精力投入与研究经费等)时，才可以选择使用混合方法进行研究。也就是说，研究者应当根据研究目的、数据类型，甚至研究者的资质，选择一种合适的策略来系统地联结数据及合适的数据分析方法。

塔什亚考里和泰德利认为，采用两种研究范式相结合有以下 5 个方面的作用。

(1)聚合作用：在研究的各个结果中寻找趋于相同的结果。

(2)补充作用：检查同一现象相互重叠和不同的方面。

(3)创新作用：发现矛盾、冲突之处，提出新的视角。

(4)发展作用：先后使用不同的研究方法，在第一种方法的使用中加入第二种研究方法的使用。

(5)扩展作用：不同方法的结合扩大了研究的规模与范围。

根据上述作用，使用混合方法研究可以满足以下 4 个方面的需求。

(1)提高研究结果的准确性：通过"三角互证"，把定量数据的结果与定性数据的结果进行比较，便提供了一个用不同方法验证研究结果的机会，当这些结果或多或少具有一致性时，便会使研究结果更加自信。

(2)进一步优化研究结果：多种研究方法的使用可以使人从不同的视角看问题，即在多种方法的结果比较中寻求解释、例证、改进和澄清，甚至用某个方法的结果来丰富另一种方法的结论。有不同方法的"互补"，对研究问题与研究结果的描述与解释就会更充分、更全面。用登青(Denzin N.K.)的话说就是：通过联合多个观察者、多种理论、多重方法和数据资源，研究者可以克服来自单一观察者、单一理论和单一方法的内在偏差。

(3)通过不同方法的使用，产生新的观点：当原有方法的研究结果中含有无法解释的问题时，

---

① 小山庆太. 自然科学与社会科学[J]. 国外社会科学, 1986(8)：32-35.

引入新的方法获得进一步的数据，就可能揭示研究问题重构过程中似是而非的观点和矛盾，解释最初研究结果中存在的问题，从而产生新的观点。

(4)通过使用多种方法来"扩展"研究的广度和范围。

因此，当处于以下几种情况时，比较适合选择混合方法研究。

(1)当所研究的问题呈现多元性的面向时，如知识的、情感的、政治的，或个人、社会的多重因素的组合，单一研究类型所得到的数据就不能充分表达研究问题，也可能得出的研究结果不完整，就需要进一步采集更多、更详细的数据来扩展或解释最初搜集到的数据资料。而多元方法能够克服单一方法的直线关系和局限性，通过采用混合方法研究，增加方法的层面，提供多角度的审视而带来多重层面研究上的效益。

(2)当有条件同时开展定性研究与定量研究，或手中既有定量数据又有定性数据，且将两种类型数据结合起来比单独使用一种类型数据能更好地解决问题时，应使用混合方法进行研究。

(3)如果在前一阶段的研究中，发现某些结论不易解释或存在某些极端情况，就可以进一步采取不同的研究方法，进一步探讨，或许能够发现新问题、新关系和新需求，进而扩展研究内容。

(4)如果在针对某一问题的以往研究中，仅仅使用了单一的研究方法(定量研究或定性研究)，需要在研究方法上创新，以突出研究者的个性及与其他研究成果的差异，进一步深化该问题的研究，则也可以采用混合方法研究。

14.2　混合方法研究的设计类型

定性研究与定量研究的混合形式是多样的，而且在单一研究项目中构建错综复杂的联合是可能的。根据不同的标准，可以对混合方法研究进行不同的分类。塔什亚考里和泰德利在文献综述中介绍了 40 多种分类方法；克雷斯威尔等人在 2003 年对过去 15 年里有关混合方法的论著进行了分析，总结出 12 种分类方法。这些分类方法反映了混合方法研究不断变化的特征。尽管不同学科的研究者对混合方法设计有不同的关注点，但是他们的分类具有某种相似性。

2007 年，陈向明在《在参与和对话中理解和解释》[①]中依据混合方法研究的现状，对定性研究与定量研究结合的方式进行了说明，这里将其归纳为图 14-1 所示的树形图。

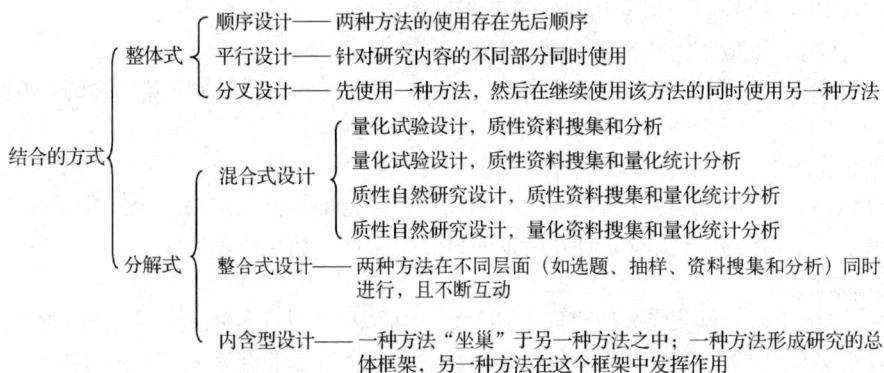

图 14-1　定性研究与定量研究结合的方式

事实上，决定设计类型的关键是两个问题：一是两种方法的整合是同时进行，还是有先有后之分？即两种方法使用的顺序是什么？二是是否更注重其中一种方法，即以一种方法为主，还是

---

① 陈向明为重庆大学出版社出版的《质性研究方法译丛》所作的总序。

同时并重？克雷斯威尔等人于 2007 提出 4 种混合方法设计类型，即三角互证设计、嵌入式设计、解释性设计和探究性设计，依据的就是这种思路。

14.2.1　三角互证设计

三角互证设计(triangulation design)的目的是"更好地理解所要研究的问题而获得关于同一个主题不同的，但相辅相成的数据"。这种设计既可以将定量统计结果与定性发现进行直接比较，又可以用定性数据来验证或推广定量统计结果。三角互证设计是指一个特定阶段的研究设计，在该设计中，研究者同时、同等地使用定量和定性方法，如图 14-2 所示。由于该方法经常并行和分别地搜集与分析定量和定性数据[①]，因此该设计又被称为并行三角互证设计。研究者在分析中将定量和定性数据合起来进行解释，或者通过转换数据来整合这两种数据。由于在同一个研究阶段同时搜集与分析两种数据，因而是一种高效的设计。

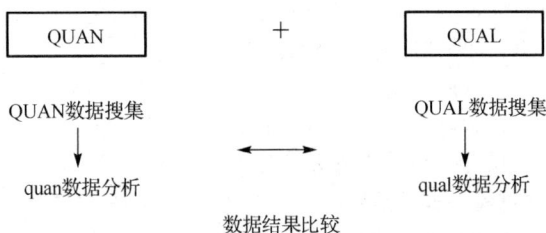

注："+"表示同时搜集两种数据；QUAN(quantitative 的缩写)代表定量研究；QUAL(qualitative 的缩写)代表定性研究。方框突出定性和定量的数据搜集；大写字母表示处于优先地位；小写字母表示处于次优地位；箭头表示按顺序搜集数据。这些符号代表的意义在其他 3 种设计类型的可视模型中同样适用。

图 14-2　三角互证设计的可视模型[②]

在这个设计中，用不同的方法解决不同层次的问题，并对每个层次的发现进行概括而形成一个整体解释。例如，2009 年教育部开始实施"基础学科拔尖学生培养试验计划"，需要掌握一手数据以便总结与反思。陆一和于海琴所做的基于生命科学学生调查和科学家访谈的混合研究"'拔尖计划'学生的学习有何不同"就是在这样的背景下进行的。它们的研究设计采用的就是三角互证设计。定量研究是通过问卷调查，检验该专业的拔尖计划学生与非拔尖计划学生的学习情况的差异，反映拔尖计划的实际作为；定性研究是通过与资深生命科学领域的专家及拔尖计划教学管理的直接负责人的深度访谈，了解其对拔尖人才培养的关键点、做法的看法。表 14-1 列出了该调查涉及的定量研究和定性研究一一对应又共同关注的议题。在研究过程中定量研究与定性研究同步搜集数据，在结论分析中整合两种研究途径各自的结果，相互补充和印证[③]。

表 14-1　定量研究与定性研究的议题

	定量研究(针对学生)	定性研究(针对学科专家、教育者)
学习投入时间的分配	客观数值	学习投入时间的意义、经验等
学习动力与学术兴趣	自我报告的学习动力大小和主要来源、对学术研究的兴趣等	对当今学生学习动力与学术兴趣的看法及相关影响因素讨论

---

① 定性数据是指定性资料，以下同。

② 约翰·W. 克雷斯威尔. 研究设计与写作指导: 定性、定量与混合研究的路径[M]. 崔延强, 译. 重庆: 重庆大学出版社, 2007. 图 14-3~图 14-5 所示可视模型来自同一页，不再赘述。

③ 陆一, 于海琴. "拔尖计划"学生的学习有何不同——基于生命科学学生调查和科学家访谈的混合研究[J]. 高等教育研究, 2016(5): 57-67.

	定量研究(针对学生)	定性研究(针对学科专家、教育者)
志向与价值观	自我报告的学术志趣与发展规划	志向与价值观对拔尖人才培养的重要性
师生互动质量	学生反馈的师生互动质量	理想的导师职责定位与具体操作性建议
非专业性的培养:通识教育与跨学科	自我评估项可迁移技能比刚入学时的提升水平	关于通识教育与跨学科能力等的讨论

　　三角互证设计面临的挑战是,不仅需要付出很多努力,而且要有良好的专业素养,甚至需要处理两种数据结果不一致的棘手问题。

14.2.2　嵌入式设计

　　嵌入式设计(embed design)是以一种研究方法为主、另一种研究方法为辅的混合方法设计,在主要的研究方法中没有优先次序,另一种研究方法嵌入其中。例如,研究者可以将定性数据嵌入定量框架,或者将定量数据嵌入定性框架,如图 14-3 所示。嵌入式设计搜集定量和定性两种数据,其中一种数据在整个研究设计中发挥辅助作用。采用这种设计的前提是一种方法提供的数据信息是不充分的,需要用不同的数据来回答不同的问题。

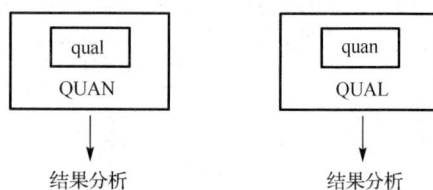

图 14-3　嵌入式设计的可视模型

　　在一个大规模的定量或定性研究中,当研究者需要用定量和定性数据来回答研究问题时,可使用嵌入式设计。当研究者需要在定量设计中使用定性数据时,这种设计特别有用。例如,为了研发某种治疗手段、检验有关变量的干预过程、跟踪试验结果,研究者往往在试验研究中使用定性数据。

　　嵌入式设计在搜集大量定量或定性数据时,不需要花费太多的时间和资源,因为其中一种数据是辅助性的,这种数据的数量要比另一种数据少得多。嵌入式设计的不足是,研究者必须详细说明在定量研究中搜集定性数据的目的。如果用两种方法回答不同的研究问题,就很难对所获得的结果进行整合。

14.2.3　解释性设计

　　解释性设计(explanatory design)又称解释性顺序设计,是一种两阶段的混合方法设计。该设计的总体目标是用定性数据来帮助解释初步的定量结果。因此,该设计始于搜集和分析定量数据,再搜集和分析定性资料,最后将两种数据分析结果进行整合,如图 14-4 所示。由于该研究从定量阶段开始,因此调查人员更重视定量方法。

　　当研究者要用定性数据来解释显著性统计结果、异常结果或令人吃惊的结果时,用解释性设计比较适合这样的研究。例如,有的学者对教室环境的研究就采用了这种设计,他们从定量调查研究开始,确认了统计上的显著性差异和反常结果,然后用定性研究来解释为什么会有这些结果。

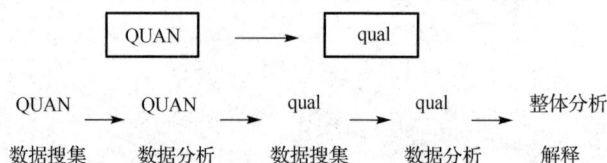

图 14-4　解释性设计的可视模型

解释性设计的步骤清晰明了、便于操作，非常适合单个研究者进行研究，也适用于多阶段调查及单独的混合方法研究。由于它通常从定量研究开始，因此对定量研究者更有吸引力。解释性设计面临的挑战是，实施两个阶段的调查很费时间，很难合理安排定性阶段的时间；研究者需要决定是否在两个阶段使用相同的参与者。

14.2.4　探究性设计

探究性设计(exploratory design)又称探索性顺序设计，也是一个两阶段方法，该设计的意图是使定性方法有助于拓展和深化定量方法。因此，该设计始于定性方法，搜集与分析定性研究数据，用来探索某个社会现象，然后进入定量研究，搜集与分析定量数据。研究者用定性结果来探索和发展研究主题，为定量研究确定关键变量，并在此基础上编制调查问卷。在研究中，定性研究具有优先性，并将两个阶段的结果在解释阶段进行整合，如图 14-5 所示。由于该设计始于定性研究，因此往往把重点放在定性数据上。

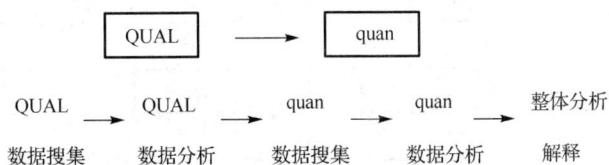

图 14-5　探究性设计的可视模型

当缺乏现成的问卷、变量或概念框架时，可以使用探究性设计。该设计是从定性研究开始的，最适合用来探索某种社会现象，如将结果推广到其他人群、检验分类是否恰当、测量某个现象的流行情况等。

例如，汤志伟等人对政府网站公众持续使用意向的混合研究，其研究设计就使用了 QUAL→QUAN 方法，如图 14-6 所示。通过这一研究，探索出影响政府网站公众持续使用的关键要素，并阐明主要变量之间的关系，从而进行验证与优化，定量与定性研究结果的互证，增强了研究的解释度。

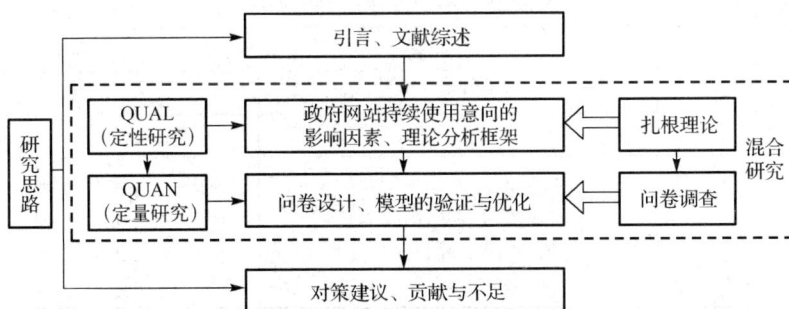

图 14-6　QUAL→QUAN 研究设计[①]

探究性设计的长处是特别适合多阶段研究，设计的描述、实施和报告相对简单；所面临的挑战是，需要用大量时间来实施两个阶段的数据搜集和分析，同时还要决定是否在两个阶段使用相同的受访者。

---

① 汤志伟, 等. 政府网站公众持续使用意向的混合研究[J]. 软科学, 2017(5)：128-132.

14.2.5 综合各类设计类型的整合方案

2009 年，里奇等人开发出一种详细综合的结构来理解各种类型的混合方法研究设计。其结构图如图 14-7 所示，共有 3 个维度：一是"混合的层面"，指混合研究是在部分层面，还是在整个研究过程中；二是"时间导向"，指定量和定性方法是同时在研究各阶段采用，还是有先后顺序；三是"方法的强调"，指定量和定性方法在研究中是处在同等重要的地位，还是有主从之分，于是将混合方法研究的设计整合为 8 种类型。其中，左边 4 种设计方法只在研究过程的最后阶段采用，右边 4 种设计方法是在整个研究的多个阶段都可以采用。

事实上，如果将上述 8 种方法简化为表 14-2，可能对方法的分类更明晰一些。

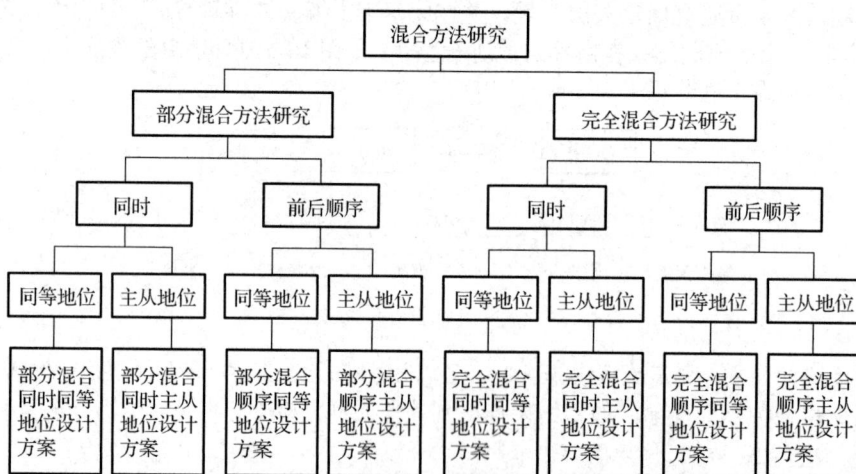

资料来源：Leech N L, Onwuegbuzie A J. A typology of mixed methods research designs[J]. Quality and Quantity, 2009, 43 (2):265-275.[①]

图 14-7　混合方法研究分类结构图

表 14-2　混合方法研究的类型

方法重要性	时间顺序	
	同时进行	先后进行
同等地位	质+量	质→量；量→质
主次地位	质(主)+量(次) 量(主)+质(次)	质(主)→量(次) 质(次)→量(主) 量(主)→质(次) 量(次)→质(主)

注："质"：质化方法，"量"：量化方法；"+"：同时进行，"→"：先后顺序；"主"：占主要地位，"次"：占次要地位。

需要说明的是，在混合研究实施过程中，不同的设计思路对应着完全不同的研究程序和方法，因此要在研究过程中定期审视和评估混合方法的实施，以便确定在后继的研究中是继续执行，还是调整原有的研究计划。

近年来，两者的结合呈现 3 个新趋势：将定性数据尽可能量化；方法论多元化，即在应用研

---

① 张绘. 混合研究方法的形成、研究设计与应用价值——对第三种教育研究范式的探究[J]. 复旦教育论坛, 2012(5)：54. 此处将图中的"混合研究方法"按通常的提法改为"混合方法研究"。

究过程中，通过核心概念的测量模型，把定性研究与定量研究结合在一起；通过定性研究方法来弥补定量方法的不足之处。

在塔沙克里和特德莱的《混合方法论：定性方法与定量方法的结合》中，按 3 个维度将研究方法分为 8 类，其中 2 种是传统的定量分析模式与定性分析模式，另 6 种如表 14-3 所示。这 3 个维度如下。

(1) 研究类型的维度或阶段：探索型研究与确证型(confirmatory)研究。

(2) 资料搜集和操作类型的维度或阶段：定性资料搜集与操作和定量资料搜集与操作。

(3) 分析和推论类型的维度或阶段：定性分析与推论和统计分析与推论。

表 14-3 研究方法的分类[①]

确证型研究				探索型研究			
定量资料搜集与操作		定性资料搜集与操作		定量资料搜集与操作		定性资料搜集与操作	
统计分析与推论	定性分析与推论	统计分析与推论	定性分析与推论	统计分析与推论	定性分析与推论	统计分析与推论	定性分析与推论
纯定量	混合类型 V（罕见）	混合类型 I	混合类型 II	混合类型 III	混合类型 VI	混合类型 IV	纯定性

注：另两个更为复杂的混合方法研究模型为平行混合模型设计VII和顺序混合模型设计VIII。

14.3 混合方法研究的实施与评价

14.3.1 混合方法研究的过程

奥屋格普兹等人根据研究的进展将混合方法研究的过程分为 13 个步骤，如图 14-8 所示。

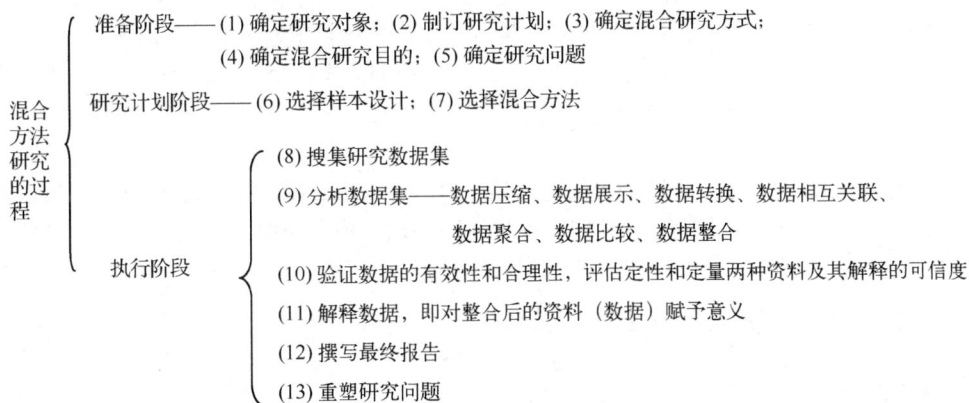

混合方法研究的过程 ⎰
准备阶段——(1) 确定研究对象；(2) 制订研究计划；(3) 确定混合研究方式；
(4) 确定混合研究目的；(5) 确定研究问题

研究计划阶段——(6) 选择样本设计；(7) 选择混合方法

执行阶段 ⎰
(8) 搜集研究数据集
(9) 分析数据集——数据压缩、数据展示、数据转换、数据相互关联、数据聚合、数据比较、数据整合
(10) 验证数据的有效性和合理性，评估定性和定量两种资料及其解释的可信度
(11) 解释数据，即对整合后的资料（数据）赋予意义
(12) 撰写最终报告
(13) 重塑研究问题

其中，"(9) 分析数据集"中的 7 个环节的含义是：数据压缩(data reduction)，运用描述性统计对定量数据进行分析和探查主题对定性数据进行分析；数据展示(data display)，用直观图和矩阵对两组数据进行解释和说明；数据转换(data transformation)——定量数据转化为描述编码进行定性分析，并将定性数据转换成数字编码进行定量分析；数据相互关联(data correlation)，将定性与定量数据或定量数据与定性数据之间建立关系；数据聚合(data consolidation)，将定性数据和定量数据进行整合，以创造新的数据集；数据比较(data comparison)，将不同类型的数据和数据集

---

① 塔沙里克, 等. 混合方法论: 定性方法和定量方法的结合[M]. 唐海华, 译. 重庆大学出版社, 2010.

进行对比；数据整合(data integration)，将定性数据和定量数据整合成协调的单一整体进行分析和解释。①

约翰逊和奥屋格普兹将混合方法研究的过程分为以下 8 个步骤：确定研究问题；确定采用混合方法研究是否正确；选择混合方法研究类型；搜集资料；分析资料；解释资料；信度验证；得出结论并撰写最终报告。

黎安安在其硕士论文中给出了在研究设计阶段的以下 8 个步骤②，可供采用混合方法研究设计时参考。

(1)判断可需性：确定采用混合方法研究的目的，是否需要采用混合方法研究。

(2)考虑可行性：确定研究者是否具备足够的定量与定性研究的专业知识和资源(时间、精力)等。

(3)描述研究问题：确定既用定量方法也用定性方法描述研究问题。通过定量方法描述可检验的研究假设，通过定性方法描述要研究的现象。

(4)决定数据搜集方法的类型：在单一项目的混合方法研究中，至少要包括一种定量和定性搜集数据的方法。对于定量方法，主要是通过测量工具或结构式访谈、观察搜集到的封闭式数据信息。对于开放式的定性数据，搜集方法主要是访谈、观察(从参与式观察到非参与式观察)、文献资料(从个人档案到公众档案)和音/视频资料。

(5)评估权重：定量与定性方法在应用时所处的重要程度或主、从地位，还包括确定这两种方法的顺序。

(6)呈现可视模型：在第(5)步的基础上用可视模型来表示两种方法的主、从地位及顺序。

(7)确定如何分析数据：对于平行模型，两种数据的分析是独立进行的，融合发生在研究的解释阶段。如果研究结果矛盾，则可采取的措施有：用相关理论解释矛盾；搜集更多的信息来解决矛盾；指明矛盾的产生是本研究的一个局限或弱点。对于顺序模型，数据的分析是按顺序的。如果先对定性数据进行分析，则可以将其转换为定类变量，然后通过统计分析来检验假设和研究问题，可能会在更深的层次上发现极端值或极端情况；如果先进行定量分析，如对所涉及的变量(各类问题)进行因子分析或卡方检验来比较，则这些因子便可以作为进一步访谈的主题，从而通过访谈、观察等获取更深入的资料，挖掘问题背后的深层原因。

(8)制订研究计划。

综上可知，混合方法研究范式倡导多元策略，力图最大限度地利用定量和定性方法的优势，所做的类型区分与程序规范为研究者提供了可依循的架构，但并不制约研究范式应有的灵活性。因此，面对多彩纷呈的社会问题研究，从研究设计、资料分析到成果呈现，有相当大的自由度。

14.3.2 混合方法研究实施中的几个问题

1. 抽样方法

泰德利在其著作中曾说："在研究中，抽样决定命运"，抽样方法对混合方法研究有更加特殊的意义。定量研究主要采用概率抽样，使得由样本的结论可以推论到调查总体上；定性研究主要采用目的抽样，通过抽取少数样本，可以得到丰富的资料。两种方法都会在混合方法研究的抽样中使用。具体地，根据泰德利的划分，有 4 种抽样策略可以采用：基本抽样法、顺序抽样法、并行抽样法和多层混合抽样法。

---

① 刘俊洁, 等. 混合方法对体育科学研究的启示[J]. 体育研究与教育, 2012(2): 6-10.
② 安黎黎. 混合方法研究的理论与应用[D]. 上海：华东师范大学, 2010: 27-30.

1) 基本抽样法——分层目的抽样

分层目的抽样 (stratified purposive sampling) 也称定额抽样 (quota sampling)，具体方法是先将调查总体进行目的分层，然后在每个层中进行概率抽样；或者先用概率抽样分层，然后在每个层中进行目的抽样。例如，考查北京市不同类型的理工科高等学校的学生对学校教学改革的评价，可以先进行 2×3 分层：第一个维度为学科，即理科和工科；第二个维度为类型：双一流[①]、一般公办院校和民办院校。于是，将北京市高等院校分成了 6 个层级，在每个层级中采用目的抽样方法抽取少量(如 2 所)院校，然后在每所院校中随机抽取 100 名学生进行调查。

2) 顺序抽样法

顺序抽样法是按照研究设计中定量与定性研究实施的顺序进行抽样。显然，第二阶段的抽样受到第一阶段抽样的影响。

在定量-定性研究中，定性阶段的样本是从定量阶段抽取的样本中抽取的。例如，英国有一项调查，考查英国居民对社区教育服务的看法和体验，首先运用整群抽样和随机抽样的方法，在一个县的 365 个区中选择了 13 个区，然后按每 28 名居民中随机抽取 1 名的方法抽取调查对象，对抽到的 2747 位居民进行问卷调查，并进行统计分析。进入定性研究阶段后，根据问卷的得分情况排序，分别在最高分和最低分部分抽取 20 名，在没有获得社区教育服务的人中抽取 10 名，总计 50 名作为定性研究阶段的样本。

在定性-定量研究中，首先将定性阶段搜集的信息进行编码、分类，转换为变量，定量阶段的问卷是根据定性阶段的分析结果设计的，然后进行抽样调查。例如，赵春艳等人对北京市失能老人对上门医疗服务利用现状的混合研究[②]，首先采用目的抽样选取 8 名失能老人的主要照顾者进行个人深度访谈，之后采用多阶段抽样方法对北京市 6 家社区卫士服务中心的 370 名失能老人的主要照顾者进行问卷调查。

3) 并行抽样法

对于采用三角互证设计的混合方法研究，可以采用以下两种并行抽样的程序。

(1) 定性的目的抽样与定量的随机抽样各自独立进行。例如，前面提到的 "'拔尖计划'学生的学习有何不同" 的混合研究就采用了这一方法。

(2) 通过随机抽样与目的抽样的共同使用获得一个单一的样本，然后通过这个样本同时获得定性与定量数据。例如，要研究具有创新性思维的学生在学习上的特点，便可以在学校中从历届创新大赛获奖的学生和一般学生中各随机抽取部分学生构成一个样本，然后对他们用量表进行创造性思维的测试，同时要求他们回答有关学习方法的开放式问题，这样便可以同时得到定量数据与定性数据。

4) 多层混合抽样法

多层混合抽样法往往应用在具有多个层次的组织结构或群体中，以便获得关于行为或事件的更具综合性的推论。例如，对普通高中的学生 "出国上大学" 的意愿进行调查时，多层抽样技术就会包括以下 4 个层次：学区、学校、班级或教师、学生，由此便会产生多种抽样方法的应用。在学区和学校层次上，可以采用目标抽样，对学区、学校领导进行访谈；在班级或教师层次上，可对学生进行以班为单位的整群抽样调查，对所抽到的班级的班主任进行访谈。塔沙里克指出：
"在教育学研究中，在学生层次上所搜集的资料会与有关教师的属性、学校的特点之资料联系起来。研究者也不是将学生层次上的变量 '求平均' 以获得班级层次上的资料，相反，研究者会使用复杂模型同时分析学生层次的资料和班级层次的资料。"[③]

---

① 2019 年 11 月 28 日中华人民共和国教育部公布，将 "211 工程" 和 "985 工程" 等重点建设项目统筹为 "双一流" 建设。

② 赵春艳, 等. 北京市失能老人对上门医疗服务利用现状的混合方法学研究[J]. 中国全科医学, 2021(5): 1676-1683.

③ 塔沙里克, 等. 混合方法论：定性方法和定量方法的结合[M]. 唐海华, 译. 重庆：重庆大学出版社, 2010.

2. 数据分析

对于定量数据采用的统计分析方法和定性资料的分析方法已分别在第7~9章和第13章介绍，这里主要是说明混合方法研究的替代性分析策略。塔沙里克在《混合方法论：定性方法和定量方法的结合》中将替代性混合方法研究资料分析策略分为 3 个大类，每个大类又分为 3 个小类，这里将其归纳为表 14-4，并做出某些说明。

表 14-4　替代性混合方法研究资料分析策略分类

同步型混合分析	不同资料的同步分析	平行混合分析
	同一资料的同步分析	定量化
		定性化
顺序型 定性-定量分析	通过定性资料分析建构不同的人或环境的群组→运用定量分析对群组进行比较研究	
	通过定性资料分析建构不同的属性或主题的群组→确证性定量分析(因子分析等)	
	通过探索性定性分析建立某种关系或因果关系的理论顺序→运用定量分析对理论顺序进行确证	
顺序型 定量-定性分析	在定量数据基础上建构不同的人或环境的群组→运用定性分析对群组进行比较研究	
	通过探索性定量分析建构不同的属性或主题的群组(如因子分析、多维度量表)→通过新获得的(或新的)定性资料和分析继续确认	
	通过探索性定量分析(如路径分析等)建立某种关系或因果关系的理论顺序→运用定性分析对理论顺序进行确证	

1) 平行混合分析

平行混合分析是应用最多的混合资料分析策略，即分别对所搜集的定量与定性资料进行统计分析和内容分析。

2) 定量化

定量化即两种方法应用于同一种定性资料的同步分析。定量化是指将定性资料转化为可以定量进行统计分析的数字代码，转化后的资料称为定量化资料。转化的方法是：将特定的主题、回答、行为或事件转化为定类、定序变量，然后进行频数分析；将事件、行为和表达的强度和力度转化为定距、定比变量，然后进行因子分析、相关分析和回归分析等。

3) 定性化

定性化即两种方法应用于同一种定量资料的同步分析。定性化是指将定量数据转化为可以进行定性分析的叙述，转化后的资料称为定性化资料。例如，有一项关于救治婚姻关系的研究，研究者的样本是 102 对夫妻，通过"明尼苏达多阶段个性目录(MMPI)"的测试，按得分将这些夫妻分成 5 种不同的夫妻类型：冲突型、消沉型、不满型、烦躁型和家庭和睦型。将这份样本复制，将各对夫妻进行对比，从而找出之间的异同，同样发现了这 5 种夫妻类型。然后通过对每个组群的特征进行识别，对每个组群的夫妻都构建了一个叙述性形象，其中对"消沉型"的描述是：[1]

> (这种类型)通常是在测试时总体上显得焦虑、担忧和消极的配偶。这种类型的配偶表现出兴趣狭窄、挫折承受性差、情绪低落，并且常常缺乏自信。较之于其他组群(第 5 种组群除外)，这种类型的夫妻并没有太多的不一致之处，也没有对两人间的冲突陷入过度反应。但是，他们对于婚姻的不满程度相对较高。

4) 顺序型定性-定量分析

最常用的方法是在问卷设计之前，依据开放式问卷通过访谈得到定性资料，然后将这些资料进行内容分析，再编制问卷，当问卷编制好之后，通过施测得到相关数据，进行统计分析。例如，张雯对突发风险事件中公众跟帖行为影响因素的混合研究，其研究设计如图 14-8 所示①。第一阶段通过滚雪球方法招募访谈对象，访谈内容围绕"风险事件中(不)跟帖的原因"展开，之后对访谈资料进行开放式、关联式和选择式三级编码，得到 5 个核心范畴：情绪满足、获得认同、线上贡献、主观成本与客观成本，共同影响网民的跟帖行为。第二阶段，对 5 个核心范畴与跟帖行为建构假设模型，如图 14-9 所示。第三阶段，对假设模型进行检验，首先通过两轮预测试确定最终问卷，并通过网络发放问卷，最终收到 688 份；然后对样本进行加权，以便使样本结构尽量与中国网民总体结构相符合；最后，在进行信度与效度分析之后，利用基于协方差的最大似然估计结构方程对假设模型进行检验，得到的结论为该结构方程整体适配度合格，拟合良好，如图 14-10 所示。

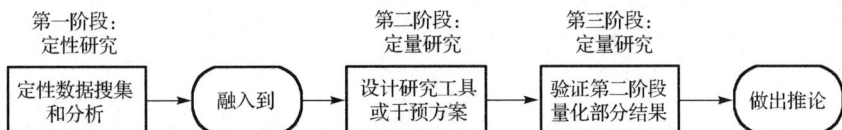

图 14-8 研究设计

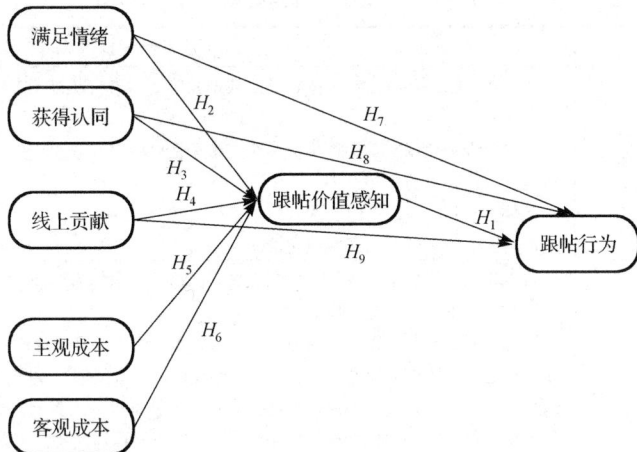

图 14-9 跟帖行为影响因素假设模型

5) 顺序型定量-定性分析

最常见的类型是先利用定量分析的结果将人或环境分类，再通过定性研究对各类进行比较。以学生学习成绩影响因素的研究为例，先对教师和学生分别进行问卷调查，教师用认知效能测试量表，学生用学生学习动机量表。在此基础上进行定量分析，将教师划分为 4 个组群：由"高效-低效"和"学习的成功源于内部-外部"交叉而形成 4 个分类，然后对这 4 个组群的教师进行观察，并根据由此获得的定性资料进行对比研究。我们一般认为，学生的学习成绩与学习态度是正相关的，在对学生施测后发现并不完全如此。于是，在接下来的定性研究中，就对学校的任课教师、学生班主任及排名为前十名与后十名的学生进行访谈，从中发现影响学习成绩的因素并不仅仅是学习态度，还涉及学生的原有基础、学习方法等内在因素，个别学生还涉及家庭状况等外在因素。

另外，克雷斯威尔在 2008 年提出了一个依据混合方法研究设计类型如何进行数据分析的框架，如表 14-5 所示，可供读者参考。

① 张雯. 突发风险事件中公众跟帖行为影响因素分析——基于探索性序列设计的混合研究[J]. 情报杂志, 2019(7)：138-145.

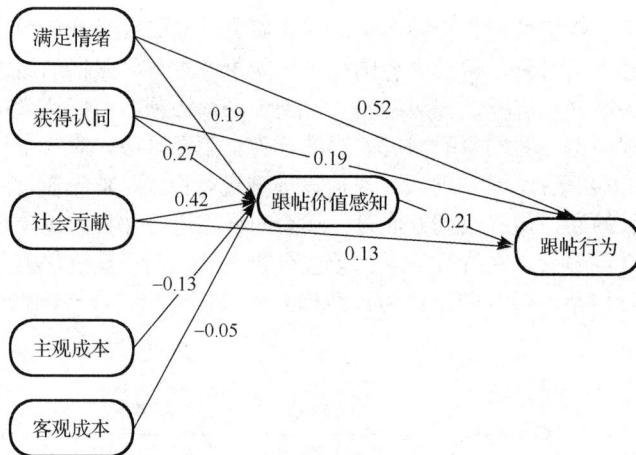

图 14-10　跟帖行为影响因素检验模型

表 14-5　混合方法研究的数据分析技术[①]

混合方法设计类型	数据分析和解释技术
顺序性解释设计 (定量数据搜集在前,定性数据搜集在后)	跟进异常值或极端案例:搜集定量数据并确定异常值或极端案例;搜集定性数据来探索这些个案的特征; 结果解释:通过定量调查确定两个或多个团体在某个变量上的区别,跟进定性的访谈,探索这些区别存在的深层原因; 类属分析:实施定量调查并利用因素分析法分析存在的因素,把这些因素作为类属以确定定性数据中的主题,如观察或访谈
顺序性探究设计 (定性数据搜集在前,定量数据搜集在后)	选择工具:搜集定性数据并确定主题,把这些主题作为选择测量工具的基础,所选工具要使用与定性主题相平行的概念; 开发工具:获得主题和支持这些主题的具体陈述,接下来利用这些主题和陈述编制量表,或者把这些主题作为问卷的具体题目;寻找通过修改能够与定型的主题和陈述相符合的已有测量工具,工具开发好以后,用能代表总体的样本检验工具的有效性; 类属分析:在第一阶段的定性研究中搜集的不同群体的特征可以作为第二阶段相关分析或回归分析的分类变量; 运用极端的定性案例:在比较分析中出现的极端的定性数据个案,随后跟进定量的调查
三角互证设计 (同时搜集定量数据和定性数据)	量化定性数据:将定性数据编码,记录编码出现的次数。定量数据用出现的频数进行描述性分析,比较这两类数据; 质化定量数据:对问卷中的定量数据进行因素分析,这些因素可作为主题,与通过分析定性数据得出的主题进行比较; 结果比较:来自定量数据的结果可以直接与来自定性数据的结果进行比较,定性的主题会支持定量的统计趋势,反之亦然; 数据聚合:聚合定性和定量的数据形成新的变量,原始的定量变量和定性的主题相比较形成新的定量变量
并行嵌套设计 (同时搜集定量数据和定性数据)	数据压缩:压缩定性的数据资料,提炼主题;用相关的统计技术压缩定量的数据资料,描述总体的趋势和相关关系; 结果解释:在解释阶段结合定量和定性两种数据,全面深入的描述研究问题

资料来源:John W. Creswell. Educational Research: Planning, Conducting and Evaluating Quantitative and Qualitative Research[M]. 3th ed. Pearson Merrill Prentice Hall., 2008: 565. 安黎黎对原表做了相关的修改。

[①] 安黎黎. 混合方法研究的理论与应用[D]. 上海: 华东师范大学, 2010.

3．对分析结果的解释与处理

混合研究与定量研究、定性研究的一个很大的不同点是，在进行定量与定性分析之后，对研究结果的解释有可能出现 3 种情况。第一种情况是两种分析方法得出的结论一致，提高了研究结果的信度。第二种情况是得出的结论趋同或互补，在不同层次上使用不同的研究方法，得出的研究结果便可以互补，对研究问题的认识更为全面和深刻。第三种情况是对同一个问题，不同的方法得出了有部分差异甚至相互矛盾的结论。应该说，这不是坏事，这将促使我们对研究过程进行反思并纠错，或找出新的关注点。关键是这种情况下，研究者应如何解释和处理研究的结果呢？

1) 反思过程，改进研究

对于同一个研究问题，采用不同的方法得出不同的研究结论，首先要进行反思，考查研究过程是否存在不足。如果在一个定量-定性的顺序研究中，搜集的定性资料不能够解释之前定量分析中所发现的问题，或者在定性-定量的顺序研究中，定性研究所划分的组群并没有在随后的定量研究中发现不同组群之间的显著性差异，或者在平行研究中出现研究结果矛盾，就需要仔细地辨别和分析出现这些情况的原因，考查在数据搜集、整理与分析的整个过程中是否有误。如果原始的数据资料无误，则要考虑是否是分析方法不当引起的，并利用原始资料重新进行分析，以便对研究结果做出判断，改进研究工作。

2) 反思解释理论，发展解释理论

在数据搜集、分析方法无误的情况下，要考查是否对研究结果的理论解释不当甚至是错误造成的，进一步寻求能够对互异的研究结果做出解释的相关理论。如果发现这种互异是一种先前没有提出过的新信息，就需要在现有定性和定量资料的基础上，从一种新的视角来审视这种互异，提出一个全新的理论来进行解释或提出新的研究方向。"科学上的新发现常常建立在与现有理论相矛盾的实证资料基础之上"，这是一个发现新理论或扩展已有理论的契机。

3) 增加研究阶段，使获取的信息更全面

针对两种研究方法得出的研究结果存在差异的情况，一种有效的策略是增加一个额外的研究阶段，以便获得更全面、综合的信息，使得研究结果更准确。此时需要考虑的问题是在额外的研究阶段，需要搜集哪种资料。对定性资料与定量资料做一个比较，哪种资料显得欠缺（如抽样调查的回收率较低，造成对总体的代表性差；访谈时仅仅访谈了极端人物或事件等），就进一步搜集哪种资料，在此基础上再进行分析。

4) 考查数据有效性，确定数据优先权

为了解决研究结论出现矛盾的问题，凯斯勒（Chesla）提出了确定赋予数据优先权的方法。他建议通过权衡搜集的资料，比较来自不同研究形式的数据，并通过辨别哪种方法发展得更充分更有效来决定优先权，整合后的研究结论应按获得优先权的研究结果给出。洛斯克和温伯格在研究初级中学科技产品的运用问题时使用了这种方法。他们运用调查问卷、访谈和观察等方法研究教师在落实计算器和计算机课程时的焦虑水平。当对这些数据进行分析时，定量数据的结论与定性数据的结论出现了不一致的情况。他们认为用两种形式（访谈和观察）得到的定性数据要比仅用问卷得到的数据有效，将优先权赋予定性数据，将定性数据得出的结论作为整体研究的结论。

14.3.3　混合方法研究的评价

1．混合方法研究的优势

社会调查是针对社会现象和社会问题进行的调查研究。社会现象错综复杂，是一个多层次、多元化的系统，采用混合方法开展社会调查的优势显得更为突出。正如阿巴斯·塔沙里克等人所说："就社会科学和行为科学的大多数课题而论，其研究的问题大都可以用混合方法或混合模型设计来求得最佳的解答，远胜于单一地依赖于定性研究或定量研究路径。"许多学者(如美国学者斯科莱斯特和斯戴娜、约翰逊和奥屋格普兹等)也都从不同的侧面对混合方法研究的优势做出了说明，归结起来，主要体现在以下3个方面。

(1)对研究问题的描述更为全面，提高了调查研究的有效性。任何事物都有质与量的两个属性，采用混合方法研究范式能够最大限度地发挥两种范式的优势，弥补两种范式的不足，能够获取研究对象更多的有关质的和量的信息资料，从更多的视角全面描述和解释研究问题，将研究问题扩展到更宽、更全面的范围。在同一研究中，综合运用混合方法，既可以用定性研究得到的访谈、观察记录等文字、图片和影像资料来增加其中数字的意义，看到研究问题、研究对象丰富多彩的表现，又可以用定量研究获得的数字信息，来增加文字、图片和影像资料的准确性，定量研究方法和定性研究方法扬长补短，可以减少单方面信息造成的偏见。而且，采用混合方法研究的研究者更有可能根据他们的研究问题，而不是根据一些在社会科学研究中预先形成的关于研究范式的偏见来选择研究方法和手段。在探索提升调查研究质量的历程中，混合方法研究将释放出越来越大的能量。

(2)通过综合解释、互证不同方法得出的研究结果，提高了调查研究的可信度。混合方法研究通过定量与定性研究结果的集中和相互对照、相互证实，形成交叉性优势，提升了研究结果的概括化水平。当不同的研究方法获得的资料和研究结论具有或多或少的一致性时，便为研究结论提供了更有力的证据，从而提高了调查研究的可信度。

(3)分析手段更加多样化，有利于发现新问题，提出新观点，形成新的理论。混合方法研究既采用定量研究方法也采用定性研究方法，综合运用各种分析手段和技术，如定性分析中的分析与综合、归纳与演绎、抽象与具体，以及定量分析中的描述统计、推论统计、因素分析等方法，使分析手段更加多样化。基于这种定性与定量分析手段的合理结合，研究者能够对某一研究问题做更加深入细致的分析，从而进一步探寻研究现象背后的深层次的原因，描述解释研究现象的一般规律和总体趋势，还能够避免仅使用单一方法而可能忽略了某些具有理论和现实意义的"洞察和理解"，发现研究中的矛盾和悖论，从而找到更多深层次的问题，提高研究的深刻性，开辟新的研究课题与研究领域，产生沟通理论与实践所需要的更加完全的知识。

总之，混合方法研究采用的是多样的视角、理论和研究方法，它以某种方式将量化和质化研究方法、途径、过程、概念和其他研究范式的特点进行周密的战略性混合，形成的是一个被广泛认可的、具有互补优势和非重叠式弱点的整体设计，这正是它的迷人之处，魅力所在！

2．混合方法研究的局限性

在对混合方法给予很高评价的同时，我们不能忘记每种方法都有它的利和弊，没有任何一种方法能够凌驾于其他方法之上，混合方法研究在具有上述优势的同时，也存在以下局限性。

(1)对研究者的素质要求较高。由于需要综合运用两种方法，这对仅具有一种研究背景的研究者会产生较大的困难，因此需要研究者不断学习，改善自己的知识结构，不断进行探索，丰富自己的研究实践经验，掌握混合方法的操作技术、步骤、方法，以及如何合理应用等知识，提高运用混合方法研究的能力。只有研究者具备较高的研究水平，才能合理使用混合方法进行调查研究工作。

(2)研究的投入较大。在采用混合方法研究时，由于需要使用多种定量和定性研究方法进行研究，一个研究者往往难以同时运用多种方法对同一研究内容进行研究，因此常常要求定量研究与定性研究两类人员组成一个团队开展研究，要保证研究质量，就需要在研究时间、精力上投入更多，同时也需要有更多研究经费的支持，费时费力，成本较高。

(3)混合方法研究的一些细节问题还有待于进一步研究。混合方法研究的历史相对较短，对于许多理论问题，社会科学研究领域的学者们尚认识不一致。相对于定量或定性研究范式，混合方法研究还处于研究与发展之中，一些具体操作问题也需要进一步解决。例如，如何用定量方法对定性数据进行分析、怎样解释相互矛盾的结果等。

因此，作为本章的结束语，请读者牢记，在做社会调查乃至做任何事情时，都要选择最简单的方法解决复杂深奥的问题。

思考与实践

复习思考题

1. 解释下列名词：

混合方法研究　　　三角互证设计　　　嵌入式设计　　　解释性顺序设计
探究性顺序设计　　定量数据的定性化　　　　　　　　定性数据的定量化

2. 混合方法研究作为第三种研究范式有什么特点？

3. 混合方法研究的适用范围有哪些？

4. 混合方法研究设计可以分为哪几类？试对每类列举一个案例。

5. 采用混合方法研究法进行调查研究一般有哪些步骤？

6. 对定量数据怎样进行定性化？对定性资料如何定量化？

7. 在对定量数据分析与定性数据分析之后，如何将两种研究结果进行整合？

8. 如果平行三角互证模式得出的两种研究结果出现矛盾，应怎样处理？

9. 混合方法研究的优势与局限性表现在哪些方面？

实践与合作学习

1. 上网下载并研读一篇采用混合方法研究的论文，以便更具体地体验混合方法研究的过程。

2. 在研究小组中研讨：本组的课题是否可以采用混合方法研究范式？如果认为这样做能够提高调查的质量，则应如何进行设计？如果在学习定性研究范式时，已经结合课题进行了访谈调查或观察，并得出了研究结论，那么现在如何将两种研究的结论进行整合？

第六篇 总结阶段

调查报告是在进行有目的、系统的全面深入调查和对资料进行详尽分析的基础上，运用一定的理论观点和方法，将所得到的材料和结论进行综合整理后，撰写的书面报告。调查报告是调查结果的集中表现，是交流、使用和保存调查成果的重要载体。因此，调查报告直接关系到调查成果的质量，关系到在多大程度上能够得到社会的承认和运用。好的调查报告有望为相关各方提供有价值的成果与资讯。例如，为人们的社会实践提供指导，为政策的制定、修改、调整提供事实和理论的依据，为相关的理论研究所依据或借鉴等。因此，撰写调查报告是社会调查总结阶段的一项重要工作。

学习导航

(1)本章的重点是掌握调查报告的一般结构及其各部分的主要内容,掌握学术型和应用型调查报告的写法,并在实际写作过程中遵循有关规范。

(2)结合本章的学习，撰写本研究小组的调查报告，通过实践体会撰写调查报告的要领。

(3)本篇参考书目如下。

① 江立华，水延凯. 社会调查教程[M]. 7 版. 北京：中国人民大学出版社，2018.

② 陈向明. 质的研究方法与社会科学研究[M]. 北京：教育科学出版社，2000.

③ 劳伦斯·纽曼. 社会研究方法——定性和定量的去向[M]. 5 版. 郝大海，译. 北京：中国人民大学，2007.

④ 张宇. 怎样写调查报告[M]. 2 版. 北京：中国民主法制出版社，2011.

⑤ 陈方柱. 怎样写好调研文章[M]. 2 版. 北京：中国言实出版社，2011.

⑥ 叶继元，等. 学术规范通论[M]. 2 版. 上海：华东师范大学出版社，2017.

第 15 章　调查报告的撰写

15.1　调查报告质量的评价标准

调查报告是以文字、图表等形式反映调查对象实际情况、表达研究者通过调查研究所得出的观点和结论的书面报告。它是调查与研究、理论与实际、客观与主观相结合的实用性文体。调查报告无论在内容上，还是在表述方面都有自身的特点。调查报告作为社会科学研究的成果，其评价标准不同于自然科学研究成果的评价标准。本节将结合国家社会科学基金项目成果评估指标体系(研究报告类)，来说明一篇高质量的社会调查报告应具备的条件。

15.1.1　内容的真实性、可靠性

真实性是调查报告最重要的特点，也是社会调查报告的生命力所在。社会调查是人们通过直接地、系统地搜集有关社会现象的经验材料，并对这些材料进行分析与综合，进而科学地阐明社会生活状况和社会运行规律的科学认识活动。作为社会调查的成果，调查报告要真正起到其应有的作用。首先，引用材料要具有真实性，必须从实际情况出发，用事实说话，对所使用的材料要经过反复核实，确认是真实的，而不是虚假的、歪曲的；对事实的描述一定是具体的、清晰的，而不是笼统的、模糊的；必须是准确的，而不是道听途说的；必须是全面的，而不是断章取义、为我所用的。其次，在详尽地、系统地、全面占有资料的基础上，必须经过认真的分析、综合、提炼和概括，得出的结论是符合实际的、科学的，不能把特殊条件下产生的结论作为普遍规律提出；论证必须严密，应符合逻辑，不能凭想象、推论或主观臆断做结论；也不能迎合上级领导意图，以偏概全。这些都是对调查报告真实性的基本要求。

国家社会科学基金项目成果评估指标体系(研究报告类)中 A 级标准对"成熟程度"提出了 2 个二级指标：

> 可靠性：资料和数据准确系统，论证严密。
> 可行性：具有很强的适用性或操作性。

国家社会科学基金项目成果评估指标体系[论文(集)类]中 A 级标准对"完备性"提出 3 个二级指标：

> 可靠性：理论前提科学，资料准确充实，研究方法科学适当。
> 逻辑性：概念明确，逻辑严密。
> 引证规范：所有引用资料、观点来源清楚。

一篇优秀的调查报告的真实性，以及学术型调查报告的严密性应该体现在上述标准之中。

15.1.2　主题的针对性

任何社会调查都是为了一定的目的而开展的，调查课题总是围绕在政治、经济上最重要的，

人民群众最关心的，涉及最迫切需要解决或突发性的重大问题展开，无论是学术性调查研究还是应用性调查研究，选题时目的性必然十分明确，这就决定了调查报告作为研究成果，在报告的论题上及其完成后的应用上，必须要具有针对性。调查报告要明确针对的是哪类问题，是为领导决策提供参考，还是为揭示事物的本质和规律；是为呼吁社会关注，还是为认清真相，从而得出符合实际的结论。一篇高质量的调查报告必须主题鲜明。

不同的目的决定了调查报告的读者对象不同，因此在写法上必须针对读者对象的特点和需求。对于上级领导、决策机关和职能部门，他们最希望看到的是有关社情、民情，现行政策执行中的问题和经验，群众的各种反映，最感兴趣的是报告中有针对性的建议，因此要求报告简明、开门见山、直截了当。社会科学工作者则关心调查报告中的新观点、新成果，并要求在研究方法上给予详尽的说明，以判断结论的可靠性和正确性。一般群众关心更多的是民生问题、对各种社会现象产生原因的解释、国家相关政策的落实情况。显然，写给上级主管部门、写给同行及写给一般群众看的调查报告在内容和写法上应是不同的。

15.1.3　见解的新颖性

课题就是问题，进行社会调查是为了发现问题、解决问题，尽管调查报告本身不能直接解决问题，但是它要为解决问题提供依据，为决策提供参考。调查报告的价值就在于展示新发现的社会现象和社会问题，提出新见解和新思路，给出科学的结论，揭示新的社会规律。调查报告的新颖性反映的是调查研究课题成果的创造性。国家社会科学基金项目成果评估指标体系(研究报告类)中 A 级标准对"成果价值"(权重为 4.0)提出要具备社会价值和/或学术价值：

> 具备下列任何一项即可：
> 1. 发现了经济社会发展中的重大问题。
> 2. 对解决经济社会发展中的重大问题提出了符合实际的新思路和对策，具有很大的应用价值和理论价值。

国家社会科学基金项目成果评估指标体系[论文(集)类]中 A 级标准对"创新程度"(包括理论创新和方法创新，权重为 3.5)提出的要求是：

> 具备下列任何一项即可：
> 1. 提出新的重要理论观点，使研究取得突破性进展。
> 2. 提出新的研究方法，使研究取得突破性进展。
> 3. 通过新的论证，丰富和完善了某种学说或重要理论观点，使研究取得突破性进展。
> 4. 对重要领域或重要问题做出新的系统分析和概括，得出新的认识。

对成果价值(包括学术价值和社会价值，权重 1.5)提出的标准是：

> 具备以下任何一项即可：
> 1. 对解决重大理论或现实问题有推动作用。
> 2. 对学科发展有奠基作用。

从以上所给出的权重(研究报告类为 4.0、论文类为 5.0)便可看出，作为一项社会科学研究，创新性可以说是对整个研究评价的重中之重。调查报告中如果仅仅是人所共知的事实、已有的观点和结论，那么就失去了撰写的意义和存在的价值。

15.1.4　价值的时效性

信息的时效性是指信息的效用依赖于时间并有一定的期限，其价值的大小与提供信息的时间密切相关，这是由事物发展的客观规律所决定的。实践证明，信息一经形成，所提供的速度越快、时间越早，其实现价值越大；当信息已经完全不能反映客观现实时，它价值也随之消失。这就是人们所说的"今天的消息是金子，昨天的消息是银子，前天的消息是垃圾"。

调查报告作为一种文化信息，必须讲究时效性。可以说，绝大多数调查报告所反映的是当前现实社会生活中迫切需要解决的问题。面对瞬息万变的当今社会，调查报告的写作或发表，一旦错过了时机，新问题已经被解决，"新"便不再存在，调查报告便失去了存在的意义。因此，资料分析工作一旦完成，就要讲究时效，抓紧时间撰写调查报告，及时提供新的信息、建议和方法，以发挥调查报告的作用。

15.2　撰写调查报告的一般过程

尽管撰写调查报告是社会调查的最后环节，但是在真正动笔之前，大量的准备工作并非仅仅始于数据统计分析之后。事实上，撰写调查报告不仅取决于撰写人的写作能力，更为重要的是取决于社会调查设计与实施、对资料的分析和理论解释能力。因此，调查报告的形成贯穿于社会调查的整个过程。正如有的学者所言[①]：

> 如果我们同意写作本身就是思考的话，那么写作的过程实际上也就是作者不断做出决策的一个动态过程。写作并非一个简单的、工具化的机械运作，而是包含了理论与实践之间相互作用的一个行动历程。在写作中，作者需要不断地与资料和理论进行对话，不断从原始资料中寻找思想、模式和意义解释，同时在自己的思想和现存理论中寻找分析的资源。因此，作为作者，我们不要将写作留到研究的最后阶段进行，也不要希冀在一个特定的时间内一口气完成写作。相反，我们应该在研究一开始就进行写作，将写作作为一种思考活动贯穿于研究的全过程。

撰写调查报告的过程可分为 3 个阶段：准备阶段、撰写初稿阶段和修稿与定稿阶段。

本节主要介绍撰写调查报告的一般过程，在此基础上，第 15.4 节将对撰写学术性调查报告做出比较详尽的说明。

15.2.1　提炼调查报告的主题思想

主题思想是调查报告中所要阐述的中心思想和基本观点，是调查报告的核心，调查报告结构的安排、内容的选择都是围绕主题思想展开的。主题思想是调查人员从确定社会调查的目的开始，随着调查工作的开展，调查所获得的材料不断丰富、数据分析和理论分析的结果不断深入，不断修改、完善而最终形成的。也就是说，主题思想的提炼不仅取决于调查的目的，而且要依据整个调查工作的进展情况。因此，社会调查的主题与调查报告的主题不一定是完全一致的。例如，以大学生就业问题为中心的社会调查，主题是当前大学生就业的状况、特点和问题，但由于调查不仅涉及学生本身，而且涉及用人单位，一份报告很难将所有问题都说清楚，随着调查的深入，调查人员认为关于大学生就业的调查已有许多，当前最突出的问题是女大学生的就业问题，却没有引起足够的关注，因此有可能将调查报告的主题转变为女大学生就业的状况、特点和问题。

---

① 陈向明. 社会科学研究中写作的功能[J].学术界, 2000(5)：81-86.

调查报告的主题思想应非常明确，要真实地反映社会客观情况，真正具有理论意义或现实意义；主题内容不应过于宽泛，若涉及的面过宽，就很难对问题做深入的分析；主题要充分反映调查中所发现的新现象、得出的新观点、提出的新见解，即要有新意，而不是老生常谈。

15.2.2　确定调查报告的组成和类型

1．确定调查报告的组成

一般地，一项调查通常只撰写一份调查报告，但是，正如大学生就业问题的调查一样，有时调查的范围较广、涉及的问题较多，就需要将内容细化，分解为多个调查报告。还有些调查研究课题，除需要写出一份总报告(或综合报告)外，还可能针对当前的热点问题撰写多份分报告。例如，在对北京市大学生的学情调查中，除总报告外，还撰写了 3 个专题报告(《关于大学生考试作弊的调查分析与应对策略》《大学生学习焦虑因素分析与应对策略》和《关于大学生对教学工作评价的分析与应对策略》)。作为案例，参与研究的各课题组院校还撰写了各自的分报告。对于一项调查，需要分成多少份调查报告，在调查设计中就要明确。特别是对于大型调查，明确的分工能使执笔人将精力更多地集中于所写的主题，使调查报告更为深入。当然，在调查的过程中，也会因出现某些变化而增加或删减某个专题的报告。

2．确定调查报告的类型

确定调查报告的类型也是在撰写报告之前必须做的工作，通常是从以下 3 种视角对调查报告的类型进行划分。

根据报告的写作目的与读者对象，可以粗分为学术性报告和应用性报告。学术性报告可以根据研究的类型细分为理论型和应用型。学术性报告是以学术研究为目的撰写的报告，是研究课题的成果，科学严谨；调查报告往往是通过专著或专业期刊、专业网站发表，或在学术会议上交流；主要读者是专业人员，如对该题目感兴趣的研究者、同行业的人士和专家等。应用性报告根据读者对象可分为参阅型和通俗型。应用性报告是以现实应用为目的而撰写的，如为各级领导部门决策或制定政策需要而写的调查报告、为支持新生事物或揭露问题所写的调查报告等；报告要求简明、通俗易懂，有实效；为领导决策所写的报告往往只对调查过程、研究方法做十分简洁的介绍，重点在调查结果及对策与建议；报告往往送交组织调查的相关部门，或发表在某些报刊上。将调查报告细分可能更有益于指导报告的撰写。表 15-1 列出了 4 种类型的调查报告。

表 15-1　4 种类型的调查报告

项目	学术性调查报告		应用性调查报告	
	理论型	应用型	参阅型	通俗型
写作目的	进行理论研究；探索事物发展的规律性	进行应用研究；为实际应用提供咨询	了解社会情况、分析生活问题，为决策、制定政策服务	反映热点问题；形成与引导社会舆论
读者对象	相关理论研究人员	相关专业人员	各级领导与领导机关	一般普通读者
报告特点	理论性专业性强	针对性实用性强	言简意赅，少而精	通俗易懂，可读性强
内容重点	对社会现象或行为进行定性、定量分析，由此得出相应结论	为解决相关问题提出指导性意见并说明其依据	反映现实问题，总结经验教训，对相关问题的解决提出具体的政策性建议和措施	对热点问题做出描述和解释，并说明其影响、后果、发展趋势等

续表

项目	学术性调查报告		应用性调查报告	
	理论型	应用型	参阅型	通俗型
写作特点	①详细介绍调查的背景、过程与研究方法，结尾处要说明调查分析的局限性，对今后研究的建议；理论分析要有深度；②可以使用较多的技术术语，提出研究假设	①相对于调查细节，更重视说明研究结果适用的范围、调查的信度与效度；②可以使用有关的常用术语；③文字力求简明	①对调查材料有深入分析论证，对存在的问题要明白无误地指出，所提建议要有的放矢；②所用材料经严格筛选，典型、准确，用词精练；③不用专业术语，多用统计图表，使之一目了然	①语言通俗易懂，生动活泼，不使用专业术语；②图表、数据尽可能简单明了
发表	通过专著或专业期刊、专业网站发表，或在学术(或专业)会议上交流		报送相关领导与部门，有些刊登在内部刊物上	通过各种媒体发表

如果将学术性应用型调查报告和应用性调查报告归为一大类，那么可将以现实应用为主要目的的调查报告分成以下类型：以经验总结为目的的调查报告、以揭露问题为目的的调查报告、以支持新生事物为目的的调查报告、以政策研究为目的的调查报告，以及以认识社会为目的的调查报告等。

根据主题与内容的不同，调查报告可以分为综合性报告和专题性报告。综合性报告较多地反映某个总体各方面的情况或某种现象各个侧面的情况，因此涉及面较广，内容较丰富，报告的篇幅也较长。例如，曹锦清撰写的《黄河边的中国》，全书近 62 万字，记录了正在转型中的中原乡村社会，涉及农民与土地、市场、血缘人情网络、地方政府关系的变化现状，涉及农村、农民、农业、收支等诸多方面，均是中国农村根本性、普遍性的问题，也是影响中国改革和现代化进程的亟待解决的重大课题。该书成为观察研究中国当下农村社会的、流行的作品，荣获第五届"上海文学艺术奖"，并有英译本出版。专题性报告针对的是某个特定的问题或社会现象，特别是社会热点问题或亟须解决的问题，因此问题相对集中，内容专一，资料翔实，时效性较强，针对性强。一般地，这类报告的篇幅较短，但某些重大的或对社会影响深远的专题报告篇幅也会很长。例如，2018 年由社会科学文献出版社出版的《中国卡车司机调查》，课题组基于调查问卷和个案访谈所得到的数据和材料，较全面地勾勒出我国卡车司机群体基本的人口社会学特征，详细描述并分析了卡车司机群体劳动过程的基本特点，总结了影响和制约卡车司机群体工作的制度背景，并且针对卡车司机群体所面临的若干主要问题，进一步提出了 9 条比较具体的对策建议。撰写这份调查报告的初衷是希望这些建言献策能够引起有关部门的重视，促成有利于化解卡车司机群体所面临的困境的政策出台，并使社会公众更加了解和关爱卡车司机群体，理解并尊重他们的劳动。

根据功能不同，调查报告可以分为描述性报告和解释性报告。描述性报告对某社会现象或社会问题的基本现状、特点和问题做出具体的描述，主要通过定量或定性的方法回答"是什么"和"怎么样"的问题，在写作上资料丰富、描述细腻，对某社会现象或社会问题做出全面、系统的反映。解释性报告则在对事物或现象做出简略描述的基础上，重点深入探求事物之间的关系，说明现象产生的原因，侧重于回答"为什么"的问题，有些报告还会做某些趋势预测，在写作上要求内容更加集中与深入，具有实证性和针对性。将报告划分为描述性与解释性报告有时是比较困难的，很多调查报告既有描述又有解释的内容。事实上，也不必过于严格，这种分类只是为了提示撰写调查报告时要明确侧重点。

15.2.3　整理分析各类材料

在社会调查过程中，不仅要整理、分析由调查问卷所提供的数据，而且从一开始就要进行相关文献的搜集与整理工作。鉴于这项工作的重要性，本书第 2 章中就提出了文献资料的研读问题。整理分析各类材料绝不是动手写报告时才做的工作，这项工作应贯穿于调查工作的始终。

以文献的搜集为例，在撰写调查报告，特别是学术性调查报告时，需要对文献进行综述，所使用的材料就不仅限于调查之初所搜集的资料。一方面，随着时间的推移，必定有许多新的研究成果出现，调查人员必须不断跟踪相关领域研究的新发展；另一方面，随着调查的不断深入和数据统计分析结果的展现，可能会有新的问题需要研究和解释，因此需要进一步扩大搜集文献资料的范围。在撰写报告的过程中，也可能发现某些方面的文献资料有所欠缺，需要进一步补充和完善已有的资料。

对于所搜集的文献、事实、文字材料和统计分析的结果，不能只是简单地堆积在一起，等到撰写调查报告时再进行分析处理，而应该随时进行归纳、分类、综合，去粗取精、去伪存真，进行理论分析。只有这样，才能使调查的主题逐步明晰，面对调查所得的丰富材料，清楚自己要写什么，不要写什么，哪些材料可以采用，哪些材料没必要放在报告中，哪些材料有问题不能用，为撰写调查报告精选真实、准确、全面、系统的各类材料，以最少的笔墨写出最能表达主题思想的报告。

在整理分析各类材料的过程中，要注意精选 4 类材料，即典型材料、综合材料、对比材料和统计材料。典型材料是最能反映事物本质、说明和表现主题的材料，如典型事件、典型案例、典型经验等；综合材料是指能说明事物总体概貌的材料；对比材料是有可比性的材料，如历史的与现实的、成功的与失败的等；统计材料是指相关的统计数据。

15.2.4 拟定写作提纲

写作提纲是对整个调查报告的总体设想和规划，或者说是调查报告的基本框架。尽管一份标准化的调查报告在结构上有固定的格式，但不同的调查报告在正文部分，根据自己的主题有不同的基本逻辑框架。一份高质量的写作提纲无疑是产生高质量调查报告的重要基础。

在拟定写作提纲时，需要着重考虑以下两个问题：第一，如何围绕报告主题科学地安排结构层次，做到结构严谨、逻辑层次清楚；第二，如何合理地使用调查材料，做到观点和材料统一，用材料论证观点，用观点统帅材料。

写作提纲主要应包括 4 个方面的内容：①报告的总题目；②报告分成几大部分，即报告的结构，确定各部分的层级和标题，通过不同形式的逻辑分层，表现报告中不同层次内容的深度、上下级层的连接关系和并列标题的对应关系；③写出各个层次的主要观点与内容概要；④每部分的内容使用哪些材料，如选择哪些统计分析的结果、文献资料中的哪些部分可用。

写作提纲的拟定不是一蹴而就的，早在研究设计阶段，对如何写调查报告就应有最初的、基本的思路，随后在不断研究调查材料的过程中，在调查主题不断明晰的过程中，搭建报告总体框架的思路也会逐步明朗，最后写成书面形式，完成撰写调查报告的最后准备工作。

对于一个大型的社会调查项目，拟定写作提纲应充分集合课题组成员的集体智慧，在拟定初稿后，应组织课题组成员进行充分的集思广益。讨论的题目可围绕以下内容。

(1)报告的总题目是否反映了报告的内容？

(2)报告的各部分是否齐备？结构是否完整？

(3)各层次的标题是否反映了报告的总体结构？命名是否合适？

(4)材料的选取是否合适？报告中应重点突出哪些材料和观点？

然后结合大家的意见对写作提纲进行修改定稿。

当然，在撰写的过程中，可能会产生新的"灵感"，而对某一部分的提纲进行调整、修改和完善，但总的框架不应有特别大的变化。

15.2.5　撰写初稿

确定写作提纲后，就可以正式起草调查报告了。撰写调查报告初稿时，必须根据调查报告的一般结构格式进行写作，具体的要求，将在第 15.3 节～第 15.5 节介绍。

15.2.6　修稿与定稿

初稿完成之后要进行反复修改，才能保证调查报告的质量。在审读报告初稿时，需要从以下方面进行检查。

(1)报告中所涉及的概念是否界定得清楚，即操作化定义是否科学，与相关理论中的界定有何共同之处，有什么差异。

(2)报告的观点与结论是否正确、客观，用词是否准确。

(3)对调查研究方法的介绍是否全面、翔实。

(4)论证过程中所引用的材料是否恰当、真实，充分，有没有错误；是否需要进一步补充相关文献资料，是否对引用的相关文献资料都给出了准确的注释。

(5)对统计分析的方法进一步审核，有没有使用错误的方法或不满足前提条件的方法；对统计分析结果的表述是否规范，解释是否准确；有没有需要做进一步统计分析的内容，以便对报告做相应的补充。

(6)报告的文字是否准确、简洁、朴实，图表、公式、数字和标点符号使用是否规范；针对读者对象，有没有过于专业的术语或晦涩的语言。

(7)附录部分的材料是否充分，有没有遗漏，是否将不必要的资料放了进去。

在修改调查报告初稿时，要集思广益，除调查组成员的集体讨论外，还应请有关专家提出修改意见。如果是为领导机关决策、政策制定与修改而做的调查，还应请相关部门参与初稿的修改。

在定稿之后，还要对整个报告再进行一次认真的阅读，特别是有无错字、别字，标点符号的使用有无不妥。

15.3　调查报告的基本结构

调查报告的写法没有一定之规，不同类型的调查报告有不同的特点，调查主题不同、研究者的背景和专业不同也会有不同的风格。但调查报告作为一种文体，也有其基本固定的格式。一般地，调查报告可分为 3 部分：前置部分(总标题、摘要、目录)、主体部分(前言、主体、结束语)和附录部分。当然，并不是每篇调查报告都要包括所有的这些内容。这里，本节仅介绍调查报告的几个基本部分(总标题、前言、主体、结尾、附录)的一般写法。

15.3.1　总标题

报告的总标题(或称总题目)是整个报告的"点睛"之笔，必须准确揭示报告的主题思想，做到题文相符，同时要简明、具有较强的吸引力。

标题的写法通常分为单标题与双标题。

1. 单标题

单标题是用一句话或一个短语概括调查报告的主题或要回答的问题，有陈述式与提问警示式之分。

陈述式标题用的是一个简单的陈述句或带有若干限定语的名词性短语，表明社会调查的对象和调查主题,或者揭示主题,并表明作者的态度。用一个简单的陈述句作为标题的方法应用最为广泛,特别是学术性调查报告,如《青少年创造能力调查》《农民工生活质量调查》等,优点是主题突出、开门见山。用带有若干限定语的名词性短语作为标题的方法多用于政策研究、经验总结、社会热点问题等应用性调查报告,如《大学生就业问题不容乐观》等,这类标题比较吸引人。

提问警示式标题是以一个简单的问句来点明社会调查的内容和关键,多用于揭露现实中存在的问题,如《十名婴儿死亡的原因在哪里?》,优点是直面问题,有较强的冲击力与吸引力,比较适用于新闻调查,学术性调查报告一般不用这种形式。

2.双标题

双标题也称复标题,是由两个标题共同构成调查报告的题目。双标题也有两种形式,一种是由主标题与副标题共同构成的,另一种由引题和主标题组成。

在第一种形式中,主标题用于揭示调查报告的主题、主要内容或作者的态度,副标题则标示出调查对象或范围,主、副标题之间用破折号连接,如《大学生就业问题不容乐观——对××市应届大学毕业生就业现状的调查》。

在第二种形式中,引题只起引导作用,吸引读者的注意,主标题才道出调查的主题。两个标题之间用冒号或破折号连接,如《一个值得重视的社会现象:城市中的闪婚》。

双标题的优点是两个标题相互呼应,对调查的主题、调查对象、调查结果,甚至作者的态度都有较好的说明,但文字往往较多,应用相对较少。

当调查报告在学术刊物上发表时,总标题便是文章的篇名。《中国高等学校社会科学学报编排规范》中对篇名的要求是:"篇名简明、具体、确切,能概括文章的特定内容,符合编制题录、索引和检索的有关原则,一般不超过 20 个字。必要时可加副篇名,用较小字号另行起排。篇名应尽量避免使用非公用的缩略语、字符、代号和公式。"[①]

15.3.2　前言

前言是调查报告开始的部分,有的标示为引言或导言,也有的以"问题的提出"等为标题而不用"前言"。前言主要向读者提供调查的背景资料和相关信息,使读者对调查报告有初步的了解,激发读者阅读的兴趣,同时也可以让读者判断报告是否是自己所需要的,从而决定要不要继续读下去。

1.主要内容

对于不同类型的调查报告,前言包括的内容不尽相同,叙述详略不一。一般地,前言主要包括以下内容。

(1)简要说明本次社会调查的目的与意义,要说明调查的主题是什么,为什么要进行这次调查。在写法上应先从较大的背景谈起,逐步落实到调查的主题,使读者了解进行这项调查的重要性和必要性,知道调查的中心议题。

(2)简要说明社会调查的基本情况,如调查项目的来源,调查的对象、时间、地点、调查方法、步骤等,使读者了解调查是如何进行的,以便对调查结论的科学性、可信度有基本的判断。

2.常见写法

前言没有固定的写法,众多介绍调查报告写作方法的著作的提法也各有千秋。这里将常用的写法归结为以下两种。

---

① 杨玉圣, 张保生. 学术规范导论[M]. 北京: 高等教育出版社, 2004.

(1)陈述式前言，即在前言中直接介绍调查的目的、时间、地点、对象、过程、方法等具体情况。根据情况，可以简要说明调查的基本结论，也可以说明调查的背景和目的，当然也可以对调查的基本情况做出交代。

(2)反问式前言，以设问或反问的方式提出人们关心的问题，设置悬念，不进行正面回答，以引发读者寻求答案的积极性。

有人提出议论式前言也是常用的写法之一，即将与调查主题有关的议论作为前言，目的是引起读者对调查主题的共鸣，为引出主体铺路。事实上，议论式前言与陈述式前言很难区分，陈述的过程不可能没有议论，而对调查主题的议论又脱离不了调查的背景。

前言的撰写是很个性化的，包含的内容也并不完全一样，有的篇幅很短，有的则较长。但是，无论如何写，一定都要交代清楚为什么要做这项调查，以及调查的主要内容和调查的基本情况。

15.3.3　主体

主体是调查报告的核心部分，一份调查报告的质量如何，主要看主体写得如何：主题是否鲜明；观点是否明确，材料是否真实、充实、恰当；论述是否围绕调查主题展开；结构是否紧凑、层次是否清晰。

对于主体的写法，同样是因题而异，因人而异。通常有以下两种方法。

1．并列法

并列法是把社会调查的事实和形成的观点，按性质或类别分成若干部分，分别描述，从不同的方面来说明调查的主题。因此，从主体的结构上说，并列法也称横向结构方式的写法。例如，在《2019 年全国未成年人互联网使用情况研究报告》中，主体围绕主题分为以下 7 个部分。[1]

(1)未成年人互联网普及情况；

(2)未成年人互联网应用使用情况；

(3)未成年人利用互联网学习的情况；

(4)未成年人利用互联网娱乐和社交的情况；

(5)未成年人网络素养相关情况；

(6)未成年人网络安全与防护情况；

(7)主要发现与建议。

2．逐步深入法

顾名思义，逐步深入法就是在叙述调查内容的基础上，逐步深入，从现象本身深入各种现象之间的内在联系，探讨其产生的原因，预测其发展趋势，最后提出建议与对策。因此，从主体的结构上说，逐步深入法也称纵向结构方式的写法。例如，由肖汉仕、李美英撰写的《贫困女大学生心理健康调查与分析》中，在引言之后主体分为 3 个部分：①贫困女大学生的心理现状；②贫困女大学生心理问题产生的原因分析；③贫困女大学生的心理问题的对策探析。

15.3.4　结束语

结束语位于调查报告主体部分的最后，往往以"结论与讨论""对策与建议"作为标题。结束语一般涉及以下内容。

(1)对整个报告的总结：用精练的语言讲明报告的基本观点，给出社会调查的主要结论及研究

---

[1] 团中央维护青少年权益部，中国互联网络信息中心. 2019 年全国未成年人互联网使用情况研究报告.

的理论价值与实际意义。

　　(2)根据主体中对各种资料的分析,提出需要解决的问题,并给出某些建议与对策。

　　(3)说明本次调查研究取得的主要成果、研究假设是否得到证实、怎样解释调查的结果、研究存在的局限性,以及对下一步研究工作的建议。

　　(4)对曾给予调查工作大力支持的单位和个人郑重致谢。

15.4　学术性调查报告的撰写

　　学术性调查报告的写法与一般的调查报告基本相同,但更突出学术性的特点,因此在结构及具体写法上与一般报告存在某些不同之处。例如,一般报告没有文献综述部分,对研究方法的叙述也比较简单,但是作为学术性调查报告,文献综述是必需的,研究方法甚至要作为单独的一部分给予详尽的说明。抽样调查的调查报告,可能属于学术性调查报告,也可能属于应用性调查报告。在完成抽样调查之后,应首先按学术性调查报告完成写作,出版专著或在学术刊物上发表;在此基础上根据不同的需要进行删减,将研究过程、调查方法等的叙述只做简单的说明,重点在统计分析结果、调查结论和对策建议,可改写成应用性调查报告,送交有关部门或媒体发表。

　　本节主要结合采用定量研究范式的抽样调查报告的写法,说明如何撰写学术性调查报告,然后对实地调查研究报告的不同特点进行说明。当然,与一般调查报告的共同之处本节不再重复,仅就不同之处做出必要的介绍。

15.4.1　文献综述的撰写

　　学术性的调查报告要充分体现学术性,调查的背景不仅有社会现实问题提出的实践背景,而且要有通过文献综述给出的理论背景,在此基础上,提出自己的研究目的、研究内容,包括研究假设及其理论模型等。

　　作为学术研究,文献综述是一项十分重要的工作。任何一项调查研究,都不可能全部是原创性的,多是在前人工作的基础上进行的。因此,在报告中就必须说明前人在这一主题上在哪些方面做了研究工作,使用了哪些研究方法(包括曾有过的调查),取得了哪些成果,有哪些不同的观点或理论,还存在什么问题,在此基础上才方便引出自己要做的调查工作。

　　撰写文献综述时,应注意以下两点。

　　(1)要精选文献,并对文献进行认真的梳理、精心的组织和安排。所引文献必须是与自己的调查工作紧密相关且有重大影响的。

　　(2)对各种主要学派的观点进行客观的介绍,不能为我所需、以偏概全,只陈述与自己观点相同的内容,同时还应做出自己的评价,使读者不仅了解该领域中已有的研究成果,而且可进一步理解自己所做的工作和研究成果。例如,同一个概念,不同的学者依据不同的理论、从不同的视角会给出不同的解释,综述时就要对主要的提法进行全面客观的介绍,只有在这样的基础上,才能在撰写调查报告时对同一概念给出自己的操作化定义,使读者知道报告中的概念与其他研究中的同一概念有何异同。

　　另外,如果文献综述的篇幅较长,则不必放在前言中,可单独作为一部分。

15.4.2　研究目的、假设与模型的撰写

　　简要介绍自己的研究目的、研究假设、研究模型等通常也是调查报告的重要组成部分。

　　在研究目的与研究内容的陈述上,学术性调查报告要比一般的调查报告更加明确和具体。例

如，卢家银、白洁撰写的调查报告《中国青年的网络隐私忧虑及其影响因素研究——基于对 1599 名共青团员的实证调查》，首先结合当前的社会现实问题与研究现状说明了为什么要进行这项研究，进而对隐私忧虑的概念做出界定，说明需要研究的问题有 2 个：

　　研究问题 1：中国青年网民的网络隐私忧虑和个人信息提供的总体状况如何？
　　研究问题 2：我国青年网民网络隐私忧虑受哪些因素的影响，以及与隐私心理需要和权利保障感知之间有何关系？

然后每对文献的一个方面进行综述，就提出自己的一项研究假设，总共有 4 项：

H_1：网络信息接触能够正向预测权利保障感知(H_{1a})和隐私心理需要(H_{1b})。
H_2：网络信息接触能够正向预测网络隐私忧虑(H_{2a})和个人信息提供(H_{2b})。
H_3：权利保障感知能够正向预测微量隐私忧虑(H_{3a})和个人信息提供(H_{3b})。
H_4：隐私心理需要能够正向预测网络隐私忧虑(H_{4a})和个人信息提供(H_{4b})。

文中给出了如图 15-1 所示的理论架构与研究假设[①]。

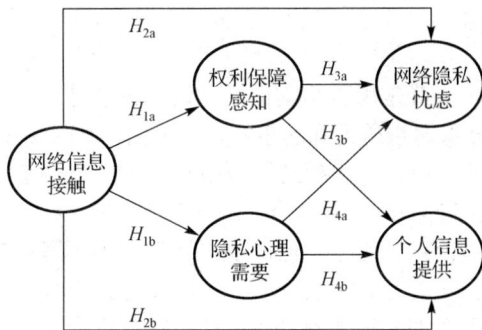

图 15-1　理论架构与研究假设

15.4.3　研究方法的撰写

　　研究方法的陈述是学术性调查报告的重要组成部分。研究方法依其叙述的详略程度，有的作为前言的一部分，有的单独为一部分，冠之以"研究设计"或"研究方法"等，有的抽样调查报告将其作为"技术报告"放在附件中。撰写研究方法时要对研究设计做出全面、客观、如实的陈述。
　　研究方法部分通常包括对调查总体与样本的说明、对调查问卷及统计分析方法的说明。

1．对调查总体与样本的说明

对调查总体与样本进行说明的内容如下。
(1)对调查总体的说明：包括调查对象的界定、构成及调查对象的分布。
(2)对抽样框的说明：包括抽样框的来源、构造方法，特别要说明抽样框的不足，以及可能存在的缺陷。
(3)抽样方法和搜集数据过程的说明：包括对抽样方法的详细介绍。
(4)样本情况的说明：包括问卷发放、回收的情况(回收率、有效回收率)，样本的构成，是否

---

① 卢家银, 白洁. 中国青年的网络隐私忧虑及其影响因素研究——基于对 1599 名共青团员的实证调查[J]. 新闻记者, 2021(2)：69-79.

对样本加权,有效样本代表性的评估等。

2. 对调查问卷的说明

对调查问卷的说明,包括问卷设计与质量评估。例如,调查涉及哪些变量、相关概念的操作化定义、采用已有量表还是在已有量表的基础上进行了修订、是否是自行设计的问卷、问卷的基本结构及问卷的信度与效度等。

3. 对统计分析方法的说明

抽样调查的最大特点是应用统计分析方法对调查主题进行定量研究,因此所得到的结论与数据分析密切相关。要使读者相信调查的结论,就必须将统计分析方法及有关问题(如数据处理中的问题、统计分析所使用的软件等)讲清楚,而一般的调查报告不会出现这个情况。

对统计分析的说明,有些要在陈述调查结论的过程中给出,有些则在阐明研究方法时给出。一般地,对于常用的统计分析方法,不必进行解释,但当统计方法对读者来说是不熟悉的,就要做出简要的说明,为不打断读者的思路,可以将说明作为注释。如果使用了少见的或对调查报告的理解很关键的数学表达式,则要给出相关公式。

15.4.4 调查结果的撰写

首先,调查报告的特点之一就是用事实说话,一切结论都是产生于调查之后,而不是调查之前。在撰写调查报告时,应尊重调查所得到的事实,不歪曲,不隐瞒;正确解释统计分析的结果,不应以自己的好恶或某种需要取材,不应随意删改数据,更不能伪造统计结果。

其次,调查结果是调查报告的核心内容,即第 15.3 节中所说的"主体"部分。与一般调查报告相同的是,3 个基本要素"论点、论据、论证或论述"仍为撰写报告时必须遵循的基本方法,论点明确,论据充分,论述层次清楚、主次分明。一般要先给出总体的、一般性的陈述,再进行个别的、操作性的陈述。学术性调查报告的"实证性"特点更为突出,与一般调查报告最大的不同点是用数字、表格、图形等材料来说明、解释调查的主要结论。正确地使用图表,将图表与陈述有机地结合起来是撰写这部分内容的一项基本功。

正确地使用图表,应做到以下 3 点。

(1)精选图与表:通过统计分析软件 SPSS 可输出大量图表,在调查报告中不可能也不应该全都给出,只能根据需要,选择最能反映调查结论的统计图与统计表,同时要尽量一个图反映一个研究结果,避免额外的信息,以防出现"图表垃圾"。能够简单地用几句话说清楚的数据就不要用图表来表示。

(2)作图与制表要符合制作图表的规范。

(3)将陈述与图表有机地结合起来,是指在说明与解释的文字中,不要笼统地下结论,而是要"手把手地引导读者找出图表中的主要结果"。

在撰写统计分析结果时,应注意以下几点。

(1)无论是对样本的描述,还是通过样本对总体的推断,都要在报告中说明相应的统计分析方法。如果要将调查报告发表在专业期刊上,那么应假设读者具备一定的统计学知识,在撰写统计推断的结论时,应将 SPSS 输出的统计表完整地给出,并说明给定的显著性水平及统计结论,如"由方差分析表可知,四个年级环境利用的平均分具有显著性差异($P<0.05$)"。

(2)在列举系列统计结果时,为确保这些统计数据之间的关系及它们各自的标志清晰、明确,可以用"分别""依次"之类的词阐明其中的关系,如"一至四年级学生的环境利用平均分(标准差)分别为 23.4(2.34)、24.37(2.56)、23.49(3.44)、25.67(2.87)"。

(3) 统计符号的书写和使用要规范。

15.4.5　讨论的撰写

讨论的撰写首先应明确说明研究假设得到了证实、证伪或部分证实或部分修改和补充。但是，不要简单重复结论部分已经阐述的观点，要在它的基础上挖掘更深层、更新鲜的东西。

撰写讨论部分，一般来应包括以下内容。

(1) 与文献综述中列举的研究结果相比较，本次调查有哪些新发现、新启示。

(2) 本次调查的样本有何特点，这些特点对调查结论可能产生哪些影响。

(3) 根据本次调查的结论，能够做出哪些推论，在理论与实践方面有何意义。

(4) 若要推广本次调研的结论，则必须具备哪些条件，可能受到哪些方面条件的限制。

(5) 本次调查出现了哪些相反的结果或出乎意料的结果，可能原因是什么。

此外，还应坦率地说明，本次调查存在哪些缺陷、失误或遗憾；有哪些问题未能得到合理的解释或回答；调查过程中出现了哪些新情况、新问题，应如何探讨和解决。如果可能，最好能提出一些关于进一步开展研究的建议。

讨论部分不要写得太多，应少而精。

15.4.6　附录的撰写

调查报告的主体、结束语之后是附录部分，主要是与调查报告主题不直接相关、正文中没有提及但又必须加以说明的资料，是对正文的必要补充和更详尽的说明。量表、调查问卷、问卷编码表、原始统计数据、访谈记录、参与调查工作的单位与个人等均应列入附录中。附录的作用在于使读者可以更深入地了解调查过程中的各种细节，特别是对调查问卷的深入了解。在发表调查报告时，往往由于附录所占的篇幅较大而不予刊登。即使如此，在撰写调查报告时也不要忽略这部分，特别是学术性调查报告，附录是不可或缺的。

15.4.7　实地调查研究报告的撰写特点

实地调查研究报告在结构上与抽样调查报告是一样的，均由前言(问题的提出、研究的目的与意义、研究的背景等)、研究方法、研究结果、讨论、参考文献及附录等构成，在期刊上发表时，还要有摘要和关键词。但是，实地调查研究报告的形式要比抽样调查研究报告灵活。例如，有时为了吸引读者的注意，会将研究结论放在报告的最前面，而不必非将文献综述放在最前面。

在具体的内容、文体上，实地调查研究报告也有很多不同。

(1) 对于研究方法的撰写，不仅包括研究概念的界定、研究对象的明确化、抽样方法和过程，对应于抽样调查的资料搜集，实地调查研究报告还要说明进入现场和研究对象建立关系的方式，用相当大的篇幅介绍调查的地点、时间、社区、人物、事件和活动等。

(2) 在研究结果部分，抽样调查得出的结论依据的是对数据资料的分析，实地调查研究报告的调查结论依据的是通过观察、访谈所得到的资料，因此要对事件的细节、事件之间的联系、具体情境及事情的发生和发展变化过程给出深入的描绘，研究结果中的每个结论都必须来自资料，并确实得到资料的支持。

(3) 在讨论部分，除要说明研究的不足、结论的推广度外，还要对研究的信度与效度加以分析，对在调查中遇到的伦理道德问题等做出说明。而抽样调查是在研究方法部分说明调查问卷的信度与效度，而非研究的信度与效度。

(4) 人称视角的多元化：在抽样调查报告中，分析的对象是数据，用数据说话，因此在叙述中往往采用诸如"通过方差分析知，不同年级在学习的自主性上差异显著"的句子，以示调查的客观性。在实地调查研究报告中，有多元的人称视角，第一人称、第三人称或二者结合的联合讲述，都可以采用。采用第一人称叙述，发挥了研究者在研究过程中的主观性，让研究者在文中作为向导带领读者不断地接近研究对象和事物的真相；而在第一、三人称联合使用时，"在联合讲述的故事中，研究者让不同的声音和不同观点在本中同时展开，特别是那些在传统的文本中被迫沉默的声音。它保留了文化现实中的不同视野，将文本转换成摆脱视野的展示和互动"。

15.5　应用性调查报告的撰写

第15.2 节中将应用性调查报告按读者对象分为参阅型和通俗型，为阐述调查报告的撰写方法，本节将按内容的性质来进行分类，即分为反映情况的调查报告、揭示问题的调查报告、总结经验的调查报告、体现民意的调查报告及形势分析与预测的调查报告。本节主要介绍撰写揭示问题的调查报告和总结经验的调查报告。撰写应用性调查报告是从事各项管理工作的人员必须掌握的一项基本功。

15.5.1　揭示问题的调查报告

揭示问题的调查报告，是指调查人员在实施调查工作之后，对所搜集的各种信息进行综合分析、加工提炼之后，所形成的调查报告，内容以了解和反映实际工作中存在的突出问题或社会、经济发展中的重大问题，包括突发应急公共事件的产生与发展，以分析问题原因并提出对策建议为主。这类报告往往会产生较大的社会影响，甚至会造成震撼性的社会效应。

1．分类与特点

根据调查报告的反映形式，揭示问题的调查报告可以分为两类。一类是供领导和领导机关内部参阅、以简报或报告为主要载体、公文体式的调查报告。例如，2019 年 6 月 19 日在山西宁武发生了一起煤矿生产事故，造成 6 人死亡，经济损失达 891 万元，事故调查组撰写的《山西宁武大运华盛庄煤业有限公司 "6·19" 较大顶板事故调查报告》便属于这类。另一类是以社会公众为主要对象，以报纸、杂志为主要载体，以反映社会情况和公共事务为主要内容的、新闻体式的调查报告。对于同一个问题的揭示，往往公文体式与新闻体式的调查报告都需要。例如，对于上述事故，新闻记者所写的调查报告即为第二类调查报告。

揭示问题的调查报告的最大特点，一是报告所揭示的问题均属于社会现实中的突出问题或重大问题，影响巨大；二是报告的客观性要求更高，如对事故的调查报告，不仅要识别和描述事故的真实过程（发生时间和地点，以及发生了什么），而且要识别导致事故发生的各种因素（为什么发生），找到导致事故发生的各种直接或间接的可能原因。为此，必须把事实写清楚，包括具体时间、地点、情节，乃至一句话、一个词都必须准确无误；必须要尊重科学规律，以事实为依据，以法律、政策为准绳，严谨负责，使得调查报告根据 "现场勘查、技术取样、科学分析、专家论证，得出一个实事求是、经得起历史检验的结论"。

2．写法

1）标题

对于公文体式的调查报告，一般采用公文形式的标题，要体现报告的主要内容，如《关于……的调查报告》。对于新闻体式的调查报告，往往采用主、副标题的结构形式，如《深度贫困区域绿色脱贫之路——五莲县莲西脱贫攻坚调查报告》。

2) 开头与结尾

开头主要采用 4 种形式：介绍调查对象的基本情况；直接指出问题的严重性及其危害；说明开展调查的缘由、对象、方法等基本情况；运用对比（如过去与现实对比）、反差的手法开头，衬托出问题的严重性。

揭示问题的调查报告一般采用自然结尾的方式，即主体内容写完之后自然结束。

3) 主体结构

一般采用纵向结构的方式，以问题的发生、发展过程为线索组织材料。首先介绍问题的基本情况，指出其性质与危害，然后采取倒叙的手法，写问题产生的原因（包括历史的与现实的、主观的与客观的、直接的与间接的、主要的与次要的等），问题是如何发展的，问题的现状、特点与发展趋势，最后针对原因提出意见与建议。例如，上述"6•19"煤矿生产事故的调查报告分为 8 个部分：事故单位概况；事故发生经过及应急处置情况；事故原因分析；事故造成的人员伤亡和直接经济损失；事故发生前的安全管理情况；事故原因和性质；责任划分与处理建议；防范和整改措施及建议。

15.5.2 总结经验的调查报告

树立与宣传先进典型，是在长期工作实践中总结出来的行之有效的领导艺术和工作方法。第 11 章中已经对典型的选择进行了介绍，经过对先进典型的调查，写出的报告类型就属于总结经验的调查报告。这类调查报告通过对先进典型的分析研究，总结其成功经验，提出具有普遍指导意义的认识与做法。通过发表总结经验的调查报告，可以树立与宣传先进典型，以利于推广和运用先进典型的经验，发挥其示范带动作用，更好地指导工作。

1. 分类与特点

从撰写者的角度，总结经验的调查报告可分为两类：第一类是自我总结，写成典型经验材料，在会议上或以书面的形式发表在报纸、杂志上进行交流；第二类是记者或调查组组织进行调查写出的调查报告，在会议或报刊上继续宣传。

总结经验的调查报告的写作特点如下。

(1) 真实客观，把握好分寸：一定要以事实为基础，如实反映调查对象（或自己）的做法、成效和经验，不弄虚作假，不人为拔高，不主观臆断，实事求是地进行介绍。

(2) 有思想性，主题深刻：总结经验不能就事论事，要经过综合分析，概括提炼。对于典型的经验，不仅要突出其特点和做法，同中求异、异中求新，而且要将其上升到理论的高度，找出对实际工作具有一般指导意义的经验。

2. 写法

总结经验的调查报告可以采用以下几种方式开头。

(1) 介绍情况：概括介绍调查的目的、范围，调查对象的历史和现状等基本情况，娓娓而来，循序渐进地引入主体。

(2) 概括成效：在开篇就讲调查对象的工作成效，用典型事实或具体数据概括出来，以增强调查报告的说服力。

(3) 揭示经验：开门见山，将调查对象的基本经验概括置于篇首，起到高屋建瓴、突出主旨的作用。

(4) 阐述意义：把调查对象的主要做法和基本经验放在政治与社会的大背景下去写，更能体现经验的普遍指导意义。

(5)提出问题：将调查对象的经验放在复杂的社会问题和矛盾之中，体现其典型意义和示范作用，或者直接提出问题，引发人们的思考，并把问题的答案留给下文。

调查报告的结尾一般采用自然结尾的方式，即主体内容写完之后自然结束。但也有的调查报告为了强调主要观点或作者的写作意图，最后有一个结尾段。

结尾段的写法有以下 3 种。

(1)升华主旨：在结尾处对主旨进行概括提炼。

(2)强调意义：进一步强调其基本经验所揭示的政治和社会意义，以及带给人们的教益与启示。

(3)描述前景：给出调查对象的美好前景，既体现先进典型的勃勃生机，又激发人们向先进典型学习的热情。

总结经验的调查报告的主体一般采用横向结构式或纵向结构式。

15.6　撰写调查报告的若干规范

15.6.1　撰写调查报告的规范化

撰写调查报告必须规范化，特别是学术性调查报告，但许多时候这点尚未引起人们的足够重视。例如，某调查报告对调查内容、对象和调查目的只笼统地说"本次调查试图从信息应用、职业认知、自我认知、个人调适、职业态度、价值观念、职业选择、条件评估 8 个维度来考查学生的职业成熟度，并对××高校新生、应届生和待就业学生进行了实证测量，以了解该校学生的职业成熟度究竟处在何种水平"，但是文中并没有给出 8 个维度的操作化定义，没有给出问卷的信度与效度，也没有给出样本的基本信息(样本量、样本结构等)，这将使读者无法确定该调查有多大的价值，也无法判断调查结论在多大程度上反映了现实的情况。因此，在付出大量精力做抽样调查之后，如何将抽样调查报告写得规范，以实现其应有的价值，是一个需要认真解决的问题。

另外，任何一项社会调查都可能会因某些主客观原因做得不那么尽善尽美。例如，样本与调查总体在结构上可能会出现某些偏差；在考查某一事件的影响因素时，总要进行简化，从而使研究设计的模型并不能全面地反映事物的真实情况，等等。因此，在调查报告中对调查的局限性一定要如实做出陈述，使读者明白，在何时可以应用调查的结果，何时不能用，以及应用的程度。这样的说明，提示了读者在引用这些结论时要慎重，同时也提供了今后的研究方向。

15.6.2　语言的运用

调查报告的语言运用，是衡量调查报告质量和实现其社会价值的重要方面。试想，一份调查报告尽管主题突出、结构严谨，材料运用也很得体，但是很多地方词不达意，或者华而不实，或者生涩难懂，或者废话很多，读者读起来一定会感到不快，甚至弃而不读。因此在撰写调查报告时，一定要注意语言的运用，要反复推敲，力求做到语言准确、简洁、朴实和通俗易懂。

1. 语言准确

(1)要用词准确，特别是结论性的叙述更不能随便，应避免使用"大概""可能"等模棱两可的不确定词语。

(2)评论要把握分寸，以事实为依据，既不任意拔高，也不随意贬低。

(3)不说大话、空话，要言之有物，言之有理。只有准确地遣词造句，精确地表达材料，才能使调查报告全面正确地反映社会事实，揭示出事物发展的规律。

(4)对数据信息和数学概念的叙述要准确。数据虽然不会说话，但能够高效清晰地传递信息，而能否做到这点，取决于作者在报告中处理数据的方法。首先，避免在括号中包含比例，如"年轻的员工更有可能比年长的工作人员在工作流动上(12%VS4%)"不如"大约 12%的年轻员工更换过工作单位，而在年长员工中该比例只有 4%"；其次，尽可能将大数字减小到易于理解的水平，如"在去年 2468 亿美元的零售支出中，消费者在汽车及零件上消费了 864 亿美元，在食品饮料上消费了 593 亿美元"不如"在去年每 100 美元的零售支出中，消费者在汽车及零件上消费 35 美元，而在食品饮料上的消费是 24 美元"。

2．语言简明

语言简明，就是要用尽可能少的字句，表达尽可能丰富的内容。在写作初稿时，可以将材料、事实、观点等放开写，把想说的都写出来，不要怕字数多。在修稿时就要站在客观的立场上，将自己的角色从写作者转换为读者，以挑剔的眼光来审读初稿，叙事是否过多、论证是否过繁，大刀阔斧地将无用的、可要可不要的内容统统删除，再细读、斟酌每一句话、每一个字的去与留。同时，要以清楚表达事实为标准，尽可能不用长句，一句写不清楚，就分为两句。

标题力求简短、明确，题末不用标点符号(问号、叹号、省略号除外)；层次不宜过多，一般不超过 5 级。

3．语言朴实

语言朴实，本质上是文风问题。"文如其人"，文风反映了一个人做学问的态度，一个严谨治学的人，绝不会在报告中使用华而不实的辞藻，更不会热衷于摆弄某些看来时髦的词语或让人读不懂的生僻术语。调查报告不是文学作品，没有必要做强烈的渲染；相反，需要用平常的语言来说明事实、观点和结论。朴实的语言将使读者感受到作者的求实作风，提高调查报告的可信度。另外，调查报告反映调查人员通过调查所形成的结论与观点，必然与调查人员的价值观、思维方式息息相关，万不可认为自己"无懈可击"，唯我正确，用语盛气凌人。行文中尽量避免使用诸如"我认为"之类的词语，以免给人以居高临下、将观点强加于人的感觉，一般采用第三人称，如"本研究认为……""根据资料可以发现……""以上数据表明……"。

4．语言通俗易懂

语言通俗易懂，就是调查报告要用常用的语言进行写作，深入浅出，即使非专业的读者也能看懂。为此，一是尽可能少用专业术语；二是非用不可时，要用具体的例子来说明这些概念，使读者结合自身的经验和具体的事例理解报告的观点和结论；三是对统计方法的说明，不需要写出计算公式，只要给出一个简明的注释即可。有的人在写调查报告时，总以为多用专业术语、公式能体现报告的学术性，实际并非如此。非专业读者不懂专业术语，对公式不感兴趣，他们想看的是调查的过程与结论；而专业读者对统计方法已有所了解，因此并不需要给出具体的公式。

语言的运用除与文风有关外，还与撰写人的文字功底密切相关，而这不是一蹴而就的，为了写出一份质量高的报告，要在自己修改的基础上多听他人的意见与建议。

15.6.3　摘要的撰写与关键词的选取

1．摘要的撰写

摘要是对调查报告内容简短而全面的概括，是整篇报告中重要的组成部分。摘要的作用有两个：一是使读者大概了解进行该调查的目的、基本过程、研究方法和主要结论，以决定是否要阅读全文；二是当报告在期刊上发表之后，摘要就会进入相关的数据库，当人们通过计算机检索系统搜索所需要的文献时，就会显示摘要，为进一步研究提供了方便。

　　摘要位于标题之后、关键词之前，但摘要的写作却是在完成调查报告之后才动笔的，因为摘要应能客观准确地反映调查报告的目的与主要内容，是对整个调查报告的概括，具有高度的信息浓缩性。同时，为适应作为各种数据库检索对象，摘要要具有可读性，因此结构应完整并能够独立成篇。撰写摘要时要一字一句地斟酌，做到语言通俗、精练，又能最大限度地提供报告的信息。

　　如果报告刊登在学术刊物上，则要撰写中、英文两份摘要，英文摘要的内容要与中文摘要对应。《中国高等学校社会科学学报编排规范》中规定：中文摘要前以"摘要："或[摘要]作为标志；英文摘要以"Abstract"作为标志。

2．关键词的选取

　　国内外的科技期刊基本都要求在论文的正文之前标注主题词(又称叙词)或关键词。主题词用来表达文献所论述和研究的具体对象和问题，即主题内容的词或词组。叙词取自主题词表(又称叙词表)，是经过规范化处理的词。表达同一主题的叙词，在任何情况下都具有完全一致的字面形式。

　　关键词则是直接从文章的题目、摘要和正文中抽取的，包括主题词表中的词，以及主题表中未选入，而随科技飞速发展所出现的一类词，后者称为补充词或自由词。

　　标注关键词比标注叙词要简单一些，因此多数刊物采用关键词标注。中文关键词写在中文摘要之后，另起一行，先写黑体"关键词"或"键词"，空一格后列出 3~8 个关键词，各关键词间空一格，不加标点符号；英文关键词写在英文摘要之后，另起一行，先著黑体"Key Words"，空一格后列出英文关键词。

　　也有些刊物只是笼统地注明为"主题词"及"Subject Terms"。

15.6.4　参考文献与注释的撰写

　　参考文献是研究者在研究过程中所阅读或引用的资料，包括专著、论文及各种相关的资料。注释则是在行文中注明引用他人的研究资料、观点的出处，或对报告中某一特定内容做必要的解释或说明。研究实践表明，每个研究者在写作的过程中都难免直接或间接、有意或无意地引用他人的观点或思想，调查报告的撰写也不例外，应该说这是在学术发展过程中必然的、正常的现象。但是，在写作过程中必须尊重知识产权和学术伦理，严禁抄袭剽窃，不能将他人的学术成果据为己有；不能对注释中的出处弄虚作假，明明是转引，却标注为直接引用，明明是引用中译本的原文，却写成引用原文；不能为了说明自己观点、结论的正确性，引用他人的观点作为旁证时肆意断章取义。一定要在调查报告中将引用的资料通过注释和参考文献如实地反映出来，明确哪些是引用他人的原文、观点、方案、资料和数据等材料(无论这些材料是否发表)，哪些是自己调查的结果、自己的独到见解。这样做，一方面是对他人劳动成果的尊重，也是对自己人格的尊重，反映的是一种严谨、实事求是的学术态度；另一方面，也为那些对调查主题感兴趣的读者提供了一份比较完整的参考文献索引。因此，尽管一般的调查报告不需要列出参考文献，但学术性调查报告要求列出完整的注释，并在正文之后列出主要的参考文献。

　　在具体写作上，引用他人的原话、原文时，文字少于 40 字时，可以用加引号的方式表示；当引用的内容多于 40 字时，可以单独作为一段，并在字体或排版方式上进行区别；只引用他人的观点、结论，而非原话、原文时，可以不用引号。无论哪种情况，都要给出注释，指明出处。

　　调查报告中的注释方式通常有脚注、尾注和文中注。脚注是在报告的一页最下方列出本页中引用的资料，用编号排序时，可以每页单独排序，也可以在整份调查报告中连续排序。尾注是将所有的引用按照在文中出现的顺序排序，并将其放在调查报告的正文之后、参考文献之前。序号一般用带圆圈的阿拉伯数字表示。文中注是在引文之后用括号的方式随时标注引文的出处，括号内通常只有作者名和时间，详细的内容则在参考文献中列出。对文中有关特定内容的注释，如果文字较少，则可用文中注；如果文字较多，则放在正文中，容易造成读者的思路中断时，应作为脚注或尾注。

2015 年 5 月 15 日，中国国家标准化管理委员会发布了《信息与文献参考文献著录规则》（GB/T 7714—2015），并于 2015 年 12 月 1 日开始实施。建议读者在撰写调查报告时，学习并参考该标准列出参考文献。

思考与实践

复习思考题

1. 解释下列名词：

标题　摘要　关键词　前言　主体　附录　横向式结构　纵向式结构　参考文献

2. 具有什么特点的书面报告称为调查报告？

3. 应在哪些方面下功夫才能写出一份高质量的调查报告？

4. 调查报告从不同的视角可以分为哪些类型？各有什么特点？

5. 撰写调查报告一般有哪些步骤？调查报告一般由哪些部分组成？

6. 相比于一般的调查报告，学术性调查报告有哪些特殊的要求？

7. 实地调查研究报告与抽样调查报告在写法上有什么不同？

8. 应用性调查报告按内容的不同有哪些类型？揭示问题的调查报告与总结经验的调查报告各有什么特点？如何进行撰写？

9. 在撰写调查报告时，应注意哪些写作规范？

实践与合作学习

1. 画出本章知识结构的思维导图。

2. 结合前期所阅读的大量案例，从研究方法的视角用思维导图的形式对本书内容做一个全面的总结。

3. 写出本研究小组课题的调查报告。小组成员可以在讨论拟定写作提纲的基础上，每人分工撰写一部分。

4. 阅读一篇应用性调查报告，写出对它的评价。

参 考 文 献①

[1] 房晓莉. 方法的重要性[J]. 金融经济，2007(8)：66.

[2] 汤华臻. 有必要强对社会调查的规范[N]. 北京日报，2013-5-17(3).

[3] 国际 21 世纪委员会. 学习——内在的财富[M]. 北京：教育科学出版社，1998.

[4] 联合国教科文组织国际教育发展委员会. 学会生存——教育世界的今天和明天[M]. 北京：教育科学出版社，1997.

[5] 黄盈盈，潘绥铭. 中国社会调查中的研究伦理：方法论层次的反思[J]. 中国社会科学，2009(2)：149-162+207.

[6] 贝尔蒙报告：保护人类受试者的伦理原则与准则[C]. 中华医学会第十三次全国医学科学研究管理学学术会议暨 2012 第四届全国医学科研管理论坛论文集，2012.

[7] 世界银行和联合国教科文组织的高等教育与社会特别工作组. 发展中国家的高等教育：危机与出路[M]. 蒋凯，译. 北京：教育科学出版社，2001.

[8] 范伟达，等. 社会调查研究方法[M]. 上海：复旦大学出版社，2012.

[9] 郝德元，周谦. 教育科学研究法[M]. 北京：教育科学出版社，1990.

[10] W.G. 科克伦. 抽样技术[M]. 张尧庭，吴辉，译. 北京：中国统计出版社，1985.

[11] 孙艳. 运用混合模式提升调查数据质量的国际经验[J]. 调研世界，2020(5)：59-64.

[12] 卢淑华. 社会统计学概要[M]. 北京：北京大学出版社，2016.

[13] 樊文强，杜智敏. SPSS 社会调查应用教程——基本原理与实操案例[M]. 北京：电子工业出版社，2021.

[14] 杜琳琳，等. SPSS 统计分析从入门到精通[M]. 2 版. 北京：清华大学出版社，2020.

[15] 朱红兵. 问卷调查及统计分析方法——基于 SPSS[M]. 北京：电子工业出版社，2019.

[16] 黄希庭，等. 青少年时间管理倾向量表的编制[J]. 心理学报，2001(4)：337-343.

[17] 冯狄. 质性研究数据分析工具 NVivo 12 实用教程[M]. 北京：人民邮电出版社，2020.

[18] 张宇. 怎样写调查报告[M]. 北京：中国民主法制出版社，2011.

[19] 陈方柱. 怎样写好调研文章[M]. 2 版. 北京：中国言实出版社，2011.

[20] 叶继元，等. 学术规范通论[M]. 2 版. 上海：华东师范大学出版社，2017.

[21] 杨玉圣，张保生. 学术规范导论[M]. 北京：高等教育出版社，2004.

---

① 已在正文脚注中给出的参考文献此处不再列出。